中华人民共和国国家统计局贸易外经统计司
中华人民共和国商务部市场运行和消费促进司 编
中 国 商 业 联 合 会 信 息 部

Compiled by
Department of Trade and External Economic Relations Statistics, National Bureau of Statistics of China
Department of Market Operation and Consumption Promotion, Ministry of Commerce of China
China General Chamber of Commerce Information Department

2012

中国零售和餐饮连锁企业统计年鉴

STATISTICAL YEARBOOK OF CHINA CHAIN STORES OF RETAIL TRADES AND CATERING SERVICES

中国统计出版社
China Statistics Press

图书在版编目(CIP)数据

中国零售和餐饮连锁企业统计年鉴. 2012 / 中华人民共和国国家统计局贸易外经统计司，中华人民共和国商务部市场运行和消费促进司，中国商业联合会信息部编. -- 北京：中国统计出版社，2012.11
ISBN 978-7-5037-6737-1

Ⅰ. ①中… Ⅱ. ①中… ②中… ③中… Ⅲ. ①零售企业 - 连锁企业 - 统计资料 - 中国 - 2012 - 年鉴②饮食业 - 连锁企业 - 统计资料 - 中国 - 2012 - 年鉴 Ⅳ. ① F721.7-66 ② F719.3-66

中国版本图书馆 CIP 数据核字(2012)第 247722 号

中国零售和餐饮连锁企业统计年鉴 -2012

作　　者/中华人民共和国国家统计局贸易外经统计司
　　　　　中华人民共和国商务部市场运行和消费促进司
　　　　　中国商业联合会信息部
责任编辑/马　平
封面设计/李雪燕
出版发行/中国统计出版社
通信地址/北京市丰台区西三环南路甲6号　邮政编码/100073
电　　话/邮购（010）63376909　书店（010）68783171
网　　址/http://csp.stats.gov.cn
印　　刷/河北天普润印刷厂
经　　销/新华书店
开　　本/880mm × 1230mm　1/16
字　　数/1570千字
印　　张/50
版　　别/2012年11月第1版
版　　次/2012年11月第1次印刷
定　　价/370.00元

如有印装差错，由本社发行部调换。

《中国零售和餐饮连锁企业统计年鉴—2012》

编辑委员会

编辑说明 PREFACE

一、《中国零售和餐饮连锁企业统计年鉴-2012》是反映我国零售和餐饮连锁企业情况的资料性工具书。旨在通过大量、丰富、详实、具体和权威的统计数据，全面系统和多角度地反映我国零售和餐饮业连锁企业发展的规模、水平。

二、本年鉴正文内容分为五部分：第一部分，零售企业综合篇；第二部分，零售企业地区篇；第三部分，餐饮企业综合篇；第四部分，餐饮企业地区篇；第五部分，连锁企业情况。同时，还附有主要统计指标解释。

三、本年鉴中涉及的全国性统计资料，均未包括台湾省、香港特别行政区和澳门特别行政区数据。

四、本年鉴中资料来源于2011年零售和餐饮连锁企业统计年报，时期数据为2011年年度数据，时点数据为2011年年末数据。

五、本年鉴中各表中的“空格”表示该项统计指标数据不足本表最小单位数、不详或无该项数据。

目录

CONTENTS

第一部分　零售企业综合篇

第二部分　零售企业地区篇

第一部分

零售企业综合篇

1-1　连锁零售企业总体情况

项　　目	单位	总计		直营店		加盟店	
		2011年	2010年	2011年	2010年	2011年	2010年
连锁总店数	个	2411					
连锁门店总数	个	195779	180825	112428	104847	83351	75978
年末从业人员	人	2490554	2241959	2152618	1903690	337936	338269
年末零售营业面积	平方米	136706596	125283834	127173925	116014848	9532671	9268986
连锁门店商品购进总额	万元	296529940	245640884	283697468	233902097	12832472	11738787
其中：统一配送商品购进额	万元	229196443	186521442	217617937	176302796	11578507	10218646
其中：自有配送中心	万元	134587638	111794653	127169832	104912475	7417806	6882178
非自有配送中心	万元	33840663	29528769	32581176	28249419	1259488	1279350
商品销售额	万元	345106927	283603311	329075037	267892365	16031890	15710946
其中：零售额	万元	238124554	190113958	226564902	178742366	11559651	11371592

1-2 连锁零售企业基本情况

项目	连锁总店数（个）	门店数（个）		年末从业人员（人）		年末零售营业面积（平方米）	
	2011年	2011年	2010年	2011年	2010年	2011年	2010年
总　计	**2411**	**195779**	**180825**	**2490554**	**2241959**	**136706596**	**125283834**
一、按登记注册类型分							
内资企业	2193	169699	160531	1982213	1767241	114757526	105086481
国有企业	174	16508	16119	142769	141956	11362972	11014146
集体企业	34	2941	2851	9824	9943	424850	380603
股份合作企业	14	570	576	4536	4599	199744	208476
联营企业	4	372	406	2272	2291	49202	35198
国有联营企业	2	348	382	2010	2018	42760	28756
集体联营企业							
国有与集体联营企业	1	5	5	41	52	928	928
其他联营企业	1	19	19	221	221	5514	5514
有限责任公司	891	59202	56342	621432	579235	26872165	23334879
国有独资公司	12	600	167	3851	3087	324031	298509
其他有限责任公司	879	58602	56175	617581	576148	26548134	23036370
股份有限公司	260	48461	46676	857309	724177	64627168	60146604
私营企业	776	40610	36496	331059	292556	10707740	9452663
私营独资企业	30	1863	1794	6357	6558	149856	158203
私营合伙企业	5	309	256	4245	4772	239081	228386
私营有限责任公司	696	34498	30686	280487	250061	9043254	7923537
私营股份有限公司	45	3940	3760	39970	31165	1275549	1142537
其他企业	40	1035	1065	13012	12484	513685	513912
港、澳、台商投资企业	85	5624	5307	200383	191145	8576552	7551358
合资经营企业	33	2639	2523	31917	31659	1512120	1422906
合作经营企业	6	286	261	51025	50510	1910202	1598467
独资经营企业	44	2426	2299	80510	77614	2638103	2249986
投资股份有限公司							
其他港澳台商投资企业	2	273	224	36931	31362	2516127	2279999
外商投资企业	133	20456	14987	307958	283573	13372518	12645995
中外合资经营企业	59	4503	4295	181686	170341	8923833	8291148
中外合作经营企业	14	2013	1955	30654	27207	663672	605514
外资企业	58	13918	8718	94999	85373	3731495	3418782
外商投资股份有限公司	2	22	19	619	652	53518	330551
其他外商投资企业							
二、按行业分							
批发业	298	53167	49504	319599	289555	35868592	34612844
农畜产品批发	4	2914	2427	8539	6848	5010	5105
食品、饮料及烟草制品专门批发	59	5282	4636	33746	33716	760322	732096
纺织、服装及日用品批发	14	7052	5271	28456	24535	411372	308825
文化、体育用品及器材批发	8	485	449	14420	15192	706231	688080
医药及医疗器材批发	38	3664	3422	13027	11757	230880	188474
矿产品、建材及化工产品批发	145	30917	30719	207740	184123	33463789	32448834
机械设备、五金交电及电子产品批发	19	1870	1684	10643	10764	210778	167076
贸易经纪与代理							
其他批发	11	983	896	3028	2620	80210	74354
零售业	2113	142612	131321	2170955	1952404	100838004	90670990
综合零售	766	63493	60501	1350762	1247420	60800718	54649797
食品、饮料及烟草制品专门零售	135	7516	7030	40794	36874	510592	433343
纺织、服装及日用品专门零售	139	18185	12996	80749	66908	1523273	1330065
文化、体育用品及器材专门零售	78	1643	1608	32913	33123	1057879	1027422
医药及医疗器材专门零售	585	32486	30996	186825	178020	3976935	3477095

1-2 续表 1

项 目	连锁总店数(个)	门店数(个)		年末从业人员(人)		年末零售营业面积(平方米)	
	2011年	2011年	2010年	2011年	2010年	2011年	2010年
汽车、摩托车、燃料及零配件专门零售	171	13711	13404	145904	134510	16923154	17165055
家用电器及电子产品专门零售	206	5144	4275	318761	242302	15295070	11782444
五金、家具及室内装修材料专门零售	20	147	158	11356	10078	689834	739715
无店铺及其他零售	13	287	353	2891	3169	60549	66054
三、按业态分							
便利店	83	13609	12795	70977	70140	1096650	1003348
折扣店	4	948	882	8109	8363	268552	266950
超市	408	38554	37090	589505	538063	21908917	20210384
大型超市	132	2542	2272	332818	305381	17606241	15704421
仓储会员店	6	265	245	59354	58000	2341744	2002572
百货店	94	4826	4786	265355	244929	17222969	15123362
专业店	1354	95680	90320	963436	838069	71425310	66507168
其中：加油站	228	31845	31531	316560	281306	47378976	46676026
专卖店	256	31768	25090	167492	145949	3667129	3337298
家居建材商店	15	116	97	7831	7554	607638	618288
厂家直销中心	4	74	59	535	373	1581	386
其他	55	7397	7189	25142	25138	559865	509657
直营门店合计		**112428**	**104847**	**2152618**	**1903690**	**127173925**	**116014848**
一、按登记注册类型分							
内资企业		103171	96582	1761215	1537078	108186863	98519454
国有企业		11651	10967	123809	120386	10185424	9775908
集体企业		557	567	5214	5552	287715	259448
股份合作企业		121	127	3141	3251	183601	192494
联营企业		297	328	1846	1934	37951	30430
国有联营企业		273	304	1584	1661	31509	23988
集体联营企业							
国有与集体联营企业		5	5	41	52	928	928
其他联营企业		19	19	221	221	5514	5514
有限责任公司		36108	33114	557180	511979	24864186	21359871
国有独资公司		557	156	3687	3054	319731	297509
其他有限责任公司		35551	32958	553493	508925	24544455	21062362
股份有限公司		34886	33788	791286	658974	62948845	58513977
私营企业		18780	16925	266523	223592	9189774	7902248
私营独资企业		744	681	4430	4353	91653	112397
私营合伙企业		309	256	4245	4772	239081	228386
私营有限责任公司		15100	13551	222574	187914	7704702	6537834
私营股份有限公司		2627	2437	35274	26553	1154338	1023631
其他企业		771	766	12216	11410	489367	485078
港、澳、台商投资企业		3773	3461	149648	141905	6703832	5978324
合资经营企业		2153	2017	30880	30637	1483070	1394703
合作经营企业		189	180	5283	6244	146540	136124
独资经营企业		1158	1040	76554	73662	2558095	2167498
投资股份有限公司							
其他港澳台商投资企业		273	224	36931	31362	2516127	2279999
外商投资企业		5484	4804	241755	224707	12283230	11517070
中外合资经营企业		3335	2885	156023	141353	8474793	7653528
中外合作经营企业		215	185	16173	13270	379113	342343
外资企业		1912	1715	68940	69432	3375806	3190648
外商投资股份有限公司		22	19	619	652	53518	330551
其他外商投资企业							

1-2 续表 2

项　　目	连锁总店数(个)	门店数(个)		年末从业人员(人)		年末零售营业面积(平方米)	
	2011年	2011年	2010年	2011年	2010年	2011年	2010年
二、按行业分							
批发业		28847	27719	256251	230219	34023048	32862140
农畜产品批发		94	72	1508	982	2150	2245
食品、饮料及烟草制品专门批发		2008	1677	27906	28675	615081	601562
纺织、服装及日用品批发		730	459	4659	3444	80661	57667
文化、体育用品及器材批发		485	449	14420	15192	706231	688080
医药及医疗器材批发		1086	1018	5489	4970	114481	98090
矿产品、建材及化工产品批发		22223	22041	190735	165877	32272511	31227390
机械设备、五金交电及电子产品批发		1749	1518	9798	9342	189538	145606
贸易经纪与代理							
其他批发		472	485	1736	1737	42395	41500
零售业		83581	77128	1896367	1673471	93150877	83152708
综合零售		32861	30128	1155281	1039464	54647266	48600376
食品、饮料及烟草制品专门零售		5160	4675	34325	30323	385858	331434
纺织、服装及日用品专门零售		3355	3147	42801	39663	1014048	957598
文化、体育用品及器材专门零售		1445	1408	32166	32426	1050476	1020071
医药及医疗器材专门零售		21787	20025	156148	144854	3322625	2812443
汽车、摩托车、燃料及零配件专门零售		13458	12999	142946	131481	16696031	16855973
家用电器及电子产品专门零售		5087	4238	318470	242025	15284990	11769544
五金、家具及室内装修材料专门零售		147	158	11356	10078	689834	739715
无店铺及其他零售		281	350	2874	3157	59749	65554
三、按业态分							
便利店		8798	8154	53430	52247	815592	743104
折扣店		820	740	7226	7232	245884	241920
超市		16483	15180	488915	423351	18869274	16919520
大型超市		2426	2193	328172	301236	17435362	15529394
仓储会员店		142	138	13613	13735	575444	537591
百货店		2255	2059	242546	221776	16416638	14355185
专业店		71152	66852	897990	771942	69208363	64207507
其中：加油站		31144	30670	307798	271828	46568156	45769296
专卖店		8607	7788	98423	89828	2713628	2593515
家居建材商店		116	97	7831	7554	607638	618288
厂家直销中心		68	59	507	373	1001	386
其他		1561	1587	13965	14416	285101	268438
加盟门店总计		**83351**	**75978**	**337936**	**338269**	**9532671**	**9268986**
一、按登记注册类型分							
内资企业		66528	63949	220998	230163	6570663	6567027
国有企业		4857	5152	18960	21570	1177548	1238238
集体企业		2384	2284	4610	4391	137135	121155
股份合作企业		449	449	1395	1348	16143	15982
联营企业		75	78	426	357	11251	4768
国有联营企业		75	78	426	357	11251	4768
集体联营企业							
国有与集体联营企业							
其他联营企业							
有限责任公司		23094	23228	64252	67256	2007979	1975008
国有独资公司		43	11	164	33	4300	1000
其他有限责任公司		23051	23217	64088	67223	2003679	1974008
股份有限公司		13575	12888	66023	65203	1678323	1632627
私营企业		21830	19571	64536	68964	1517966	1550415
私营独资企业		1119	1113	1927	2205	58203	45806
私营合伙企业							
私营有限责任公司		19398	17135	57913	62147	1338552	1385703
私营股份有限公司		1313	1323	4696	4612	121211	118906

1-2 续表 3

项目	连锁总店数（个）	门店数（个）		年末从业人员（人）		年末零售营业面积（平方米）	
	2011年	2011年	2010年	2011年	2010年	2011年	2010年
其他企业		264	299	796	1074	24318	28834
港、澳、台商投资企业		1851	1846	50735	49240	1872720	1573034
合资经营企业		486	506	1037	1022	29050	28203
合作经营企业		97	81	45742	44266	1763662	1462343
独资经营企业		1268	1259	3956	3952	80008	82488
投资股份有限公司							
其他港澳台商投资企业							
外商投资企业		14972	10183	66203	58866	1089288	1128925
中外合资经营企业		1168	1410	25663	28988	449040	637620
中外合作经营企业		1798	1770	14481	13937	284559	263171
外资企业		12006	7003	26059	15941	355689	228134
外商投资股份有限公司							
其他外商投资企业							
二、按行业分							
批发业		24320	21785	63348	59336	1845544	1750704
农畜产品批发		2820	2355	7031	5866	2860	2860
食品、饮料及烟草制品专门批发		3274	2959	5840	5041	145241	130534
纺织、服装及日用品批发		6322	4812	23797	21091	330711	251158
文化、体育用品及器材批发							
医药及医疗器材批发		2578	2404	7538	6787	116399	90384
矿产品、建材及化工产品批发		8694	8678	17005	18246	1191278	1221444
机械设备、五金交电及电子产品批发		121	166	845	1422	21240	21470
贸易经纪与代理							
其他批发		511	411	1292	883	37815	32854
零售业		59031	54193	274588	278933	7687127	7518282
综合零售		30632	30373	195481	207956	6153452	6049421
食品、饮料及烟草制品专门零售		2356	2355	6469	6551	124734	101909
纺织、服装及日用品专门零售		14830	9849	37948	27245	509225	372467
文化、体育用品及器材专门零售		198	200	747	697	7403	7351
医药及医疗器材专门零售		10699	10971	30677	33166	654310	664652
汽车、摩托车、燃料及零配件专门零售		253	405	2958	3029	227123	309082
家用电器及电子产品专门零售		57	37	291	277	10080	12900
五金、家具及室内装修材料专门零售							
无店铺及其他零售		6	3	17	12	800	500
三、按业态分							
便利店		4811	4641	17547	17893	281058	260244
折扣店		128	142	883	1131	22668	25030
超市		22071	21910	100590	114712	3039643	3290864
大型超市		116	79	4646	4145	170879	175027
仓储会员店		123	107	45741	44265	1766300	1464981
百货店		2571	2727	22809	23153	806331	768177
专业店		24528	23468	65446	66127	2216947	2299661
其中：加油站		701	861	8762	9478	810820	906730
专卖店		23161	17302	69069	56121	953501	743783
家居建材商店							
厂家直销中心		6		28		580	
其他		5836	5602	11177	10722	274764	241219

1-3 连锁零售企业

项目	商品购进总额		统一配送商品购进额	
	2011年	2010年	2011年	2010年
总计	**296529940**	**245640884**	**229196443**	**186521442**
一、按登记注册类型分				
内资企业	255449644	211728832	199477435	161898060
国有企业	42039265	34051038	40182177	32366302
集体企业	496371	392853	309727	254322
股份合作企业	282569	175698	253043	157351
联营企业	83057	79971	83057	79971
国有联营企业	56626	58194	56626	58194
集体联营企业				
国有与集体联营企业	609	699	609	699
其他联营企业	25822	21079	25822	21079
有限责任公司	43563425	35881033	33509873	27512233
国有独资公司	411024	267094	345582	256730
其他有限责任公司	43152401	35613940	33164290	27255503
股份有限公司	153696679	128417787	111603337	90832444
私营企业	14553537	11977116	12858137	9984438
私营独资企业	141020	99373	125607	82761
私营合伙企业	232813	150208	231272	149896
私营有限责任公司	11882427	9785890	10326721	7928385
私营股份有限公司	2297278	1941645	2174537	1823396
其他企业	734741	753335	678085	711000
港、澳、台商投资企业	15543821	12287189	12077688	9018096
合资经营企业	3128741	2546440	2799534	2315147
合作经营企业	3376339	2643496	3286496	2541947
独资经营企业	5375569	4292621	3282092	2860931
投资股份有限公司				
其他港澳台商投资企业	3663173	2804632	2709566	1300072
外商投资企业	25536475	21624864	17641320	15605286
中外合资经营企业	15279466	13311581	10326982	9425683
中外合作经营企业	2068751	1947736	1186016	1022242
外资企业	8148424	6317575	6091272	5140269
外商投资股份有限公司	39835	47972	37050	17092
其他外商投资企业				
二、按行业分				
批发业	95503134	79048762	83027638	68055514
农畜产品批发	1632603	1121713	1632603	1121713
食品、饮料及烟草制品专门批发	5051997	4326144	4265464	3643487
纺织、服装及日用品批发	685244	480303	682389	475342
文化、体育用品及器材批发	2335805	2220004	2335805	2220004
医药及医疗器材批发	538407	464127	364446	328225
矿产品、建材及化工产品批发	84041108	69478194	72633316	59332876
机械设备、五金交电及电子产品批发	968713	760917	886815	748078
贸易经纪与代理				
其他批发	249257	197359	226801	185790
零售业	201026806	166592123	146168805	118465929
综合零售	91623011	74616511	61681315	48916928
食品、饮料及烟草制品专门零售	1789919	1458779	1490514	1276661
纺织、服装及日用品专门零售	2551595	2049706	1593732	1387632
文化、体育用品及器材专门零售	2727278	2211906	2639168	2079198
医药及医疗器材专门零售	4408617	3850856	3996007	3502605

经营情况

单位：万元

自有配送中心配送商品购进额		非自有配送中心配送商品购进额		商品销售额		零售额	
2011年	2010年	2011年	2010年	2011年	2010年	2011年	2010年
134587638	**111794653**	**33840663**	**29528769**	**345106927**	**283603311**	**238124554**	**190113958**
118186470	98297227	29763142	26398445	295301383	241843817	196253794	155311803
22365322	17368470	7484114	6699961	46005240	36359092	24393251	18457964
239776	197612	19633	9037	508631	404575	429551	351105
236382	144056	2066	1944	280964	192298	186953	129424
1891	58194			69613	85685	56296	75981
1891	58194			37996	57335	37996	57335
				796	869	796	869
				30821	27481	17503	17778
17609962	14676120	4776820	4206173	48224002	40513506	36571456	31358305
289279	209758	13549	6611	448900	292899	94992	69527
17320682	14466362	4763271	4199562	47775102	40220607	36476463	31288778
71619130	60794901	16248412	14495008	182610276	150197582	118820444	92487619
5681642	4553332	1170941	938600	16164134	13326694	14865222	11704726
50189	37264	2222	2212	152347	112446	120604	90614
207722	126141	23550	23755	259628	248346	259628	248346
4945613	4085693	1133144	901509	13380441	10824215	12192890	9255578
478118	304233	12025	11123	2371718	2141686	2292099	2110188
432366	504542	61157	47722	1438523	764386	930621	746678
7794581	5728568	1047352	721643	20779506	16717841	16723458	13229998
2157679	1775937	44508	32391	3716318	3052084	3590239	2589940
1306012	1010810			6368477	4818655	3364117	2566727
2343947	2043208	280221	287793	7252875	6119851	6349640	5365964
1986943	898613	722623	401459	3441837	2727252	3419463	2707368
8606587	7768858	3030169	2408681	29026038	25041653	25147301	21572157
5702527	5190047	1817507	1475623	19148559	16141294	16430748	13738527
885922	832757	135421	55442	2416277	2304260	1671272	1640296
1981087	1728963	1077242	877616	7395071	6542623	6979150	6139859
37050	17092			66132	53476	66132	53476
52280250	43888709	12128077	10945591	108499762	86662569	50530399	35949019
1577489	1072002	48084	43999	1665812	1114931	9470	6733
2921531	2428722	43305	22618	6646982	5356484	364700	323890
612977	455113	5207	12983	864843	634925	733322	539218
2243010	2113962	71523	91017	2168282	2169586	902976	511492
150575	146414	32805	28688	586564	485530	282980	226896
44684530	37532687	11373960	10328730	95242560	75845378	47843134	34014232
62926	118891	539640	417557	1061677	844635	185159	144554
27213	20918	13554		263043	211101	208659	182005
82307389	67905944	21712587	18583178	236607165	196940742	187594155	154164939
36036631	28735106	8407840	7279104	107337226	91568274	89085216	75939204
974315	819291	90197	160609	2226421	1735872	1894535	1446652
1053374	957520	123129	91654	3395244	2786749	2932315	2381493
1989257	1589225	37168	33722	2739101	2239537	2203547	1922321
2576960	2387762	494837	365873	5017311	4374751	4631735	3974443

1-3 续表 1

项　　目	商品购进总额		统一配送商品购进额	
	2011年	2010年	2011年	2010年
汽车、摩托车、燃料及零配件专门零售	62144638	48320960	50690863	38465819
家用电器及电子产品专门零售	34585200	32844185	23531151	22328910
五金、家具及室内装修材料专门零售	540885	670244	357842	360656
无店铺及其他零售	655663	568976	188214	147520
三、按业态分				
便利店	1861130	1669604	1095544	950579
折扣店	419591	379988	294889	280020
超市	30518610	25195913	25766633	20563323
大型超市	23011899	19194703	15087382	12088380
仓储会员店	5156758	3844842	3436369	2624235
百货店	26632021	21406051	13329562	10243580
专业店	197840684	164239192	161460858	132229714
其中：加油站	133811474	107025068	113781909	89713920
专卖店	8729335	7490517	6842498	5825634
家居建材商店	429362	568259	247068	260039
厂家直销中心	14005	13297	12648	13297
其他	1916545	1638518	1622992	1442643
直营门店合计	**283697468**	**233902098**	**217617937**	**176302796**
一、按登记注册类型分				
内资企业	247369671	204208817	192590814	155877351
国有企业	40655351	32771580	38882794	31156997
集体企业	361503	283003	215019	176271
股份合作企业	252163	149293	222638	130945
联营企业	65208	73345	65208	73345
国有联营企业	38778	51568	38778	51568
集体联营企业				
国有与集体联营企业	609	699	609	699
其他联营企业	25822	21079	25822	21079
有限责任公司	42051918	34523329	32418504	26504752
国有独资公司	401527	265830	343693	255466
其他有限责任公司	41650391	34257499	32074811	26249286
股份有限公司	149788593	124984472	108193620	87865665
私营企业	13476067	10683184	11929287	9269626
私营独资企业	135428	95410	120118	79331
私营合伙企业	232813	150208	231272	149896
私营有限责任公司	10897889	8595224	9415736	7240955
私营股份有限公司	2209938	1842344	2162161	1799445
其他企业	718868	740611	663745	699750
港、澳、台商投资企业	12567804	10068618	9104182	6801423
合资经营企业	3091391	2511771	2764695	2282376
合作经营企业	451151	473250	361308	371701
独资经营企业	5362090	4278964	3268613	2847273
投资股份有限公司				
其他港澳台商投资企业	3663173	2804632	2709566	1300072
外商投资企业	23759992	19624663	15922940	13624023
中外合资经营企业	14260499	11959690	9326045	8074899
中外合作经营企业	1503266	1471749	630604	554088
外资企业	7956393	6145252	5929241	4977945
外商投资股份有限公司	39835	47972	37050	17092
其他外商投资企业				

单位：万元

自有配送中心配送商品购进额		非自有配送中心配送商品购进额		商品销售额		零售额	
2011年	2010年	2011年	2010年	2011年	2010年	2011年	2010年
23472926	18097996	10186502	8563531	75427363	58908916	55350972	42192279
15943898	15073460	2305447	2024710	38911143	33893419	30184715	25098071
188607	182884	23179	23064	869563	867481	787406	771667
71421	62702	44287	40910	683794	565743	523714	438811
443081	394011	259047	256084	2259794	1961086	2070096	1789247
158407	150388	2365	3145	476251	435377	436839	408464
16393588	13452282	4192331	3912036	33982220	30430720	28261936	25099307
7387055	5554329	2153797	1763167	25945400	22818628	23084672	20010041
1218516	928662	381780	312612	7956842	6158483	5026562	3985170
9069390	6814779	1153565	828716	32268155	26945907	28047128	23113045
94514398	79835033	24945857	21763481	229192752	183881948	142091537	107925819
64012265	52629397	17511546	14816366	157426063	123926577	95376424	69576282
4190247	3585556	412600	329439	10310079	8507036	7518746	6311919
78812	83067	23200	23064	646660	700109	590628	629313
50				29229	26169	3535	1080
1134095	996547	316121	337024	2039545	1737850	992875	840554
127169832	**104912475**	**32581176**	**28249419**	**329075037**	**267892365**	**226564902**	**178742366**
113603138	94206942	28553098	25187648	284273934	230517260	189681532	148318689
22134088	17126225	7067077	6154425	42307589	33020628	23680222	17786186
145069	119561	19633	9037	372314	293178	293234	239708
206088	117682	2066	1944	250302	162880	186841	129387
1891	51568			57672	79821	44355	70117
1891	51568			26055	51471	26055	51471
				796	869	796	869
				30821	27481	17503	17778
16819328	13933090	4578243	4027001	46468810	38936276	35037434	29985272
289279	209758	11660	5347	441483	290678	87745	67350
16530049	13723333	4566584	4021654	46027327	38645598	34949689	29917922
68903461	58355160	15731118	14087529	178529862	145541102	115877344	88683582
4966311	4002067	1099019	863657	14863844	11732736	13645618	10690732
45832	34766	2222	2212	146765	106756	115022	84923
207722	126141	23550	23755	259628	248346	259628	248346
4243716	3541810	1061222	826567	12187350	9351385	11080456	8362711
469041	299350	12025	11123	2270101	2026249	2190511	1994751
426902	501589	55942	44055	1423541	750640	916484	733704
6592106	4813600	1047352	721643	17792696	14490921	13736661	11003149
2139225	1743166	44508	32391	3674197	3015477	3548118	2553333
135470	142271			3443558	2648389	439209	396532
2330468	2029550	280221	287793	7233105	6099803	6329870	5345916
1986943	898613	722623	401459	3441837	2727252	3419463	2707368
6974588	5891934	2980726	2340127	27008407	22884184	23146710	19420528
4751761	3908324	1769099	1408257	18059935	14842039	15359164	12445111
330511	364602	135421	55442	1756672	1735628	1011667	1071664
1855267	1601917	1076206	876428	7125668	6253042	6709748	5850278
37050	17092			66132	53476	66132	53476

1-3 续表 2

项目	商品购进总额		统一配送商品购进额	
	2011年	2010年	2011年	2010年
二、按行业分				
批发业	92854536	76991462	80521897	66109827
农畜产品批发	1388119	953466	1388119	953466
食品、饮料及烟草制品专门批发	4999384	4276400	4213907	3596803
纺织、服装及日用品批发	259409	177599	256554	172638
文化、体育用品及器材批发	2335805	2220004	2335805	2220004
医药及医疗器材批发	447972	403178	322866	296227
矿产品、建材及化工产品批发	82234078	68022846	70909577	57953017
机械设备、五金交电及电子产品批发	961832	752929	880594	740789
贸易经纪与代理				
其他批发	227937	185040	214475	176883
零售业	190842932	156910635	137096039	110192969
综合零售	83609610	66933098	54724944	42611936
食品、饮料及烟草制品专门零售	1519233	1227974	1220500	1047028
纺织、服装及日用品专门零售	2298814	1784724	1346311	1125416
文化、体育用品及器材专门零售	2694654	2208647	2606543	2075939
医药及医疗器材专门零售	4076869	3549068	3710493	3226825
汽车、摩托车、燃料及零配件专门零售	60897682	47149753	49445263	37294613
家用电器及电子产品专门零售	34550046	32818344	23495997	22303070
五金、家具及室内装修材料专门零售	540885	670244	357842	360656
无店铺及其他零售	655139	568783	188147	147487
三、按业态分				
便利店	1456714	1301376	844571	724236
折扣店	394049	354322	269347	254353
超市	27126273	21215434	22781473	17438339
大型超市	22762465	18999982	14894241	11938206
仓储会员店	2231537	1674703	511149	454095
百货店	25644722	20488211	12776916	9656842
专业店	194931451	161792808	158690483	129894186
其中：加油站	132772404	106197821	112742839	88886672
专卖店	7391014	6420040	5509989	4759039
家居建材商店	429362	568259	247068	260039
厂家直销中心	12648	13297	12648	13297
其他	1317231	1073667	1080050	910165
加盟门店总计	**12832472**	**11738787**	**11578507**	**10218646**
一、按登记注册类型分				
内资企业	8079972	7520015	6886621	6020710
国有企业	1383914	1279458	1299384	1209305
集体企业	134868	109850	94707	78051
股份合作企业	30406	26406	30406	26406
联营企业	17849	6626	17849	6626
国有联营企业	17849	6626	17849	6626
集体联营企业				
国有与集体联营企业				
其他联营企业				
有限责任公司	1511507	1357705	1091369	1007481
国有独资公司	9497	1264	1889	1264
其他有限责任公司	1502010	1356441	1089479	1006217
股份有限公司	3908086	3433315	3409717	2966779
私营企业	1077470	1293932	928849	714811
私营独资企业	5592	3964	5489	3430
私营合伙企业				
私营有限责任公司	984538	1190666	910985	687430
私营股份有限公司	87340	99302	12376	23951

单位：万元

自有配送中心配送商品购进额		非自有配送中心配送商品购进额		商品销售额		零售额	
2011年	2010年	2011年	2010年	2011年	2010年	2011年	2010年
50486834	42468978	11859736	10670133	103462124	82461637	49268130	34910127
1344283	913605	40871	37399	1448615	959652	5584	3789
2880543	2385607	34156	20010	6592483	5303023	310201	270429
225810	153550	5207	12983	311283	217338	187405	123828
2243010	2113962	71523	91017	2168282	2169586	902976	511492
128276	129998	14802	14251	468028	401614	232963	185771
43593141	36648642	11139983	10076916	91182466	72378251	47247948	33502396
56705	111603	539640	417557	1054366	836282	177848	136201
15068	12011	13554		236601	195891	203205	176220
76682998	62443498	20721440	17579286	225612914	185430728	177296772	143832240
31812949	24511275	7700436	6671274	98882376	82402949	80724797	67349041
763062	651801	89743	160374	1888462	1446927	1646710	1227996
817929	716285	112287	72115	2933385	2321589	2528355	1978080
1957378	1586834	36422	32854	2707212	2237069	2177079	1919955
2442039	2219516	418608	309389	4650470	4047585	4279101	3690869
22713585	17456845	9991031	8244596	74123509	57676840	54481893	41386625
15916096	15055389	2305447	2024710	38874581	33864756	30148153	25069407
188607	182884	23179	23064	869563	867481	787406	771667
71354	62669	44287	40910	683356	565532	523277	438600
372372	331477	170161	161417	1798818	1554148	1617131	1390211
133372	125599	1857	2268	450537	403591	411125	376678
14116331	10860122	3584232	3408596	30389829	25245907	24685790	20425807
7193915	5404913	2153797	1763014	25708893	22589180	22848165	19780593
47942	60228	381780	312612	5031587	3988309	2101307	1814996
8596202	6300536	1153565	828716	31131946	25870469	26931879	22050818
92556210	78288030	24545470	21275637	223924795	179284550	140379599	106429135
63316852	52066689	17445819	14760561	154157696	121051410	94713005	69055031
3325682	2813911	402299	312533	8579416	7119595	6344832	5300732
78812	83067	23200	23064	646660	700109	590628	629313
50				27634	26169	1939	1080
748945	644593	164815	161562	1384921	1110338	652506	543003
7417806	**6882178**	**1259488**	**1279350**	**16031890**	**15710946**	**11559651**	**11371592**
4583332	4090285	1210044	1210796	11027449	11326557	6572263	6993114
231235	242246	417037	545536	3697650	3338465	713029	671778
94707	78051			136317	111397	136317	111396
30293	26374			30662	29418	112	37
	6626			11941	5864	11941	5864
	6626			11941	5864	11941	5864
790633	743029	198576	179172	1755192	1577230	1534021	1373034
		1889	1264	7417	2222	7247	2177
790633	743029	196687	177908	1747775	1575009	1526774	1370856
2715669	2439741	517293	407479	4080414	4656481	2943101	3804037
715331	551265	71923	74943	1300290	1593957	1219604	1013994
4357	2499			5582	5690	5582	5690
701898	543883	71923	74943	1193091	1472830	1112433	892867
9076	4884			101616	115437	101588	115437

1-3 续表 3

项 目	商品购进总额		统一配送商品购进额	
	2011年	2010年	2011年	2010年
其他企业	15873	12724	14340	11251
港、澳、台商投资企业	2976017	2218572	2973506	2216674
合资经营企业	37350	34669	34839	32771
合作经营企业	2925188	2170246	2925188	2170246
独资经营企业	13479	13657	13479	13657
投资股份有限公司				
其他港澳台商投资企业				
外商投资企业	1776483	2000201	1718380	1981263
中外合资经营企业	1018967	1351891	1000937	1350785
中外合作经营企业	565485	475987	555412	468155
外资企业	192031	172324	162031	162324
外商投资股份有限公司				
其他外商投资企业				
二、按行业分				
批发业	2648598	2057300	2505741	1945686
农畜产品批发	244484	168247	244484	168247
食品、饮料及烟草制品专门批发	52614	49744	51557	46684
纺织、服装及日用品批发	425835	302704	425835	302704
文化、体育用品及器材批发				
医药及医疗器材批发	90435	60949	41580	31998
矿产品、建材及化工产品批发	1807030	1455349	1723739	1379859
机械设备、五金交电及电子产品批发	6881	7988	6221	7289
贸易经纪与代理				
其他批发	21320	12319	12326	8907
零售业	10183874	9681487	9072766	8272960
综合零售	8013401	7683414	6956372	6304992
食品、饮料及烟草制品专门零售	270686	230805	270013	229633
纺织、服装及日用品专门零售	252781	264982	247421	262216
文化、体育用品及器材专门零售	32625	3259	32625	3259
医药及医疗器材专门零售	331748	301788	285514	275780
汽车、摩托车、燃料及零配件专门零售	1246957	1171206	1245600	1171206
家用电器及电子产品专门零售	35154	25841	35154	25841
五金、家具及室内装修材料专门零售				
无店铺及其他零售	524	193	67	33
三、按业态分				
便利店	404416	368228	250973	226343
折扣店	25542	25666	25542	25666
超市	3392337	3980480	2985159	3124984
大型超市	249433	194721	193141	150174
仓储会员店	2925220	2170140	2925220	2170140
百货店	987298	917840	552646	586738
专业店	2909233	2446384	2770375	2335528
其中：加油站	1039069	827248	1039069	827248
专卖店	1338322	1070477	1332508	1066595
家居建材商店				
厂家直销中心	1356			
其他	599314	564852	542942	532478

单位：万元

自有配送中心配送商品购进额		非自有配送中心配送商品购进额		商品销售额		零售额	
2011年	2010年	2011年	2010年	2011年	2010年	2011年	2010年
5465	2953	5216	3667	14982	13746	14137	12974
1202476	914968			2986810	2226920	2986798	2226849
18455	32771			42121	36606	42121	36606
1170542	868540			2924920	2170266	2924908	2170194
13479	13657			19769	20048	19769	20048
1631998	1876924	49444	68554	2017631	2157468	2000591	2151629
950766	1281724	48408	67367	1088624	1299256	1071584	1293416
555412	468155			659604	568632	659604	568632
125820	127046	1036	1188	269403	289581	269403	289581
1793416	1419731	268341	275458	5037638	4200932	1262269	1038893
233207	158397	7213	6600	217197	155278	3886	2944
40989	43115	9149	2608	54498	53461	54498	53461
387167	301563			553560	417587	545917	415390
22299	16416	18003	14437	118536	83917	50017	41125
1091389	884045	233977	251814	4060094	3467127	595186	511835
6221	7289			7311	8353	7311	8353
12146	8907			26442	15210	5453	5785
5624390	5462447	991147	1003892	10994252	11510014	10297382	10332699
4223681	4223831	707405	607830	8454850	9165325	8360419	8590163
211253	167490	455	236	337959	288946	247824	218656
235444	241235	10842	19539	461859	465160	403960	403413
31879	2391	745	868	31889	2468	26467	2366
134921	168246	76230	56484	366841	327166	352634	283574
759341	641150	195471	318935	1303854	1232076	869078	805653
27803	18071			36561	28664	36561	28664
67	33			438	211	438	211
70709	62534	88887	94667	460976	406937	452965	399036
25034	24789	508	877	25714	31786	25714	31786
2277256	2592160	608099	503440	3592391	5184812	3576146	4673500
193141	149416		154	236507	229448	236507	229448
1170574	868434			2925255	2170173	2925255	2170173
473188	514242			1136209	1075439	1115248	1062227
1958188	1547003	400388	487844	5267957	4597398	1711938	1496684
695413	562708	65728	55805	3268367	2875167	663419	521251
864565	771644	10301	16906	1730663	1387441	1173914	1011187
				1595		1595	
385151	351954	151305	175462	654623	627512	340369	297550

1-4 按行业与登记注册类型分连锁零售企业基本情况

内资企业

项目	连锁总店数(个)	门店数(个)		年末从业人员(人)		年末零售营业面积(平方米)	
	2011年	2011年	2010年	2011年	2010年	2011年	2010年
总　计	**2193**	**169699**	**160531**	**1982213**	**1767241**	**114757526**	**105086481**
批发业	**288**	**52426**	**48769**	**313481**	**283741**	**35815695**	**34560750**
农畜产品批发	3	2905	2418	8168	6723	3910	3910
食品、饮料及烟草制品专门批发	55	4985	4350	31035	31057	748922	721058
纺织、服装及日用品批发	13	6803	5044	27526	23735	387358	286724
文化、体育用品及器材批发	8	485	449	14420	15192	706231	688080
医药及医疗器材批发	38	3664	3422	13027	11757	230880	188474
矿产品、建材及化工产品批发	143	30852	30647	206248	182524	33455766	32440534
机械设备、五金交电及电子产品批发	19	1870	1684	10643	10764	210778	167076
贸易经纪与代理							
其他批发	9	862	755	2414	1989	71850	64894
零售业	**1905**	**117273**	**111762**	**1668732**	**1483500**	**78941831**	**70525731**
综合零售	648	56474	54072	947373	867037	43433001	38817205
食品、饮料及烟草制品专门零售	123	6995	6537	37223	33819	469408	397583
纺织、服装及日用品专门零售	100	3213	3102	26621	24010	506567	472286
文化、体育用品及器材专门零售	77	1636	1601	32756	32964	1028568	998511
医药及医疗器材专门零售	580	31052	29575	181591	172714	3858779	3374525
汽车、摩托车、燃料及零配件专门零售	157	12657	12389	128565	121017	14859898	15033921
家用电器及电子产品专门零售	199	4919	4088	306645	224538	14536728	11127261
五金、家具及室内装修材料专门零售	9	97	108	5285	4387	191163	240971
无店铺及其他零售	12	230	290	2673	3014	57719	63468
直营门店合计		**103171**	**96582**	**1761215**	**1537078**	**108186863**	**98519454**
批发业		**28334**	**27196**	**251328**	**225602**	**33992995**	**32831636**
农畜产品批发		85	63	1137	857	1050	1050
食品、饮料及烟草制品专门批发		1739	1416	25288	26106	605728	592424
纺织、服装及日用品批发		651	389	4119	2944	71444	49256
文化、体育用品及器材批发		485	449	14420	15192	706231	688080
医药及医疗器材批发		1086	1018	5489	4970	114481	98090
矿产品、建材及化工产品批发		22188	21999	189955	165085	32270488	31225090
机械设备、五金交电及电子产品批发		1749	1518	9798	9342	189538	145606
贸易经纪与代理							
其他批发		351	344	1122	1106	34035	32040

1-4 续表 1

内资企业

项目	连锁总店数(个)	门店数(个)		年末从业人员(人)		年末零售营业面积(平方米)	
	2011年	2011年	2010年	2011年	2010年	2011年	2010年
零售业		**74837**	**69386**	**1509887**	**1311476**	**74193868**	**65687818**
综合零售		27449	25515	828621	737613	39686777	35051471
食品、饮料及烟草制品专门零售		4753	4334	31137	27742	348834	299926
纺织、服装及日用品专门零售		2059	1893	23714	21041	454518	419709
文化、体育用品及器材专门零售		1438	1401	32009	32267	1021165	991160
医药及医疗器材专门零售		21551	19813	154504	143175	3275069	2782413
汽车、摩托车、燃料及零配件专门零售		12404	11984	125607	117988	14632775	14724839
家用电器及电子产品专门零售		4862	4051	306354	224261	14526648	11114361
五金、家具及室内装修材料专门零售		97	108	5285	4387	191163	240971
无店铺及其他零售		224	287	2656	3002	56919	62968
加盟门店合计		**66528**	**63949**	**220998**	**230163**	**6570663**	**6567027**
批发业		**24092**	**21573**	**62153**	**58139**	**1822700**	**1729114**
农畜产品批发		2820	2355	7031	5866	2860	2860
食品、饮料及烟草制品专门批发		3246	2934	5747	4951	143194	128634
纺织、服装及日用品批发		6152	4655	23407	20791	315914	237468
文化、体育用品及器材批发							
医药及医疗器材批发		2578	2404	7538	6787	116399	90384
矿产品、建材及化工产品批发		8664	8648	16293	17439	1185278	1215444
机械设备、五金交电及电子产品批发		121	166	845	1422	21240	21470
贸易经纪与代理							
其他批发		511	411	1292	883	37815	32854
零售业		**42436**	**42376**	**158845**	**172024**	**4747963**	**4837913**
综合零售		29025	28557	118752	129424	3746224	3765734
食品、饮料及烟草制品专门零售		2242	2203	6086	6077	120574	97657
纺织、服装及日用品专门零售		1154	1209	2907	2969	52049	52577
文化、体育用品及器材专门零售		198	200	747	697	7403	7351
医药及医疗器材专门零售		9501	9762	27087	29539	583710	592112
汽车、摩托车、燃料及零配件专门零售		253	405	2958	3029	227123	309082
家用电器及电子产品专门零售		57	37	291	277	10080	12900
五金、家具及室内装修材料专门零售							
无店铺及其他零售		6	3	17	12	800	500

1-4 续表 2

国有企业

项　目	连锁总店数（个）	门店数（个）		年末从业人员（人）		年末零售营业面积（平方米）	
	2011年	2011年	2010年	2011年	2010年	2011年	2010年
总　计	**174**	**16508**	**16119**	**142769**	**141956**	**11362972**	**11014146**
批发业	**55**	**8950**	**8628**	**69282**	**69423**	**5610264**	**4826366**
农畜产品批发	1	7	7	67	67	1050	1050
食品、饮料及烟草制品专门批发	20	178	180	13200	13989	163364	148934
纺织、服装及日用品批发							
文化、体育用品及器材批发	3	392	353	7810	8426	334894	321255
医药及医疗器材批发	3	1072	1070	5405	5388	65500	64740
矿产品、建材及化工产品批发	27	7259	6978	42388	41155	5032865	4278663
机械设备、五金交电及电子产品批发							
贸易经纪与代理							
其他批发	1	42	40	412	398	12591	11724
零售业	**119**	**7558**	**7491**	**73487**	**72533**	**5752708**	**6187780**
综合零售	18	1112	1106	13674	14619	438168	380247
食品、饮料及烟草制品专门零售	10	273	261	1404	1568	45139	23049
纺织、服装及日用品专门零售	2	34	33	413	380	5817	6091
文化、体育用品及器材专门零售	25	197	184	4019	3938	165029	173278
医药及医疗器材专门零售	23	1210	1334	7849	9797	144968	140150
汽车、摩托车、燃料及零配件专门零售	40	4729	4570	45996	42099	4948587	5459965
家用电器及电子产品专门零售							
五金、家具及室内装修材料专门零售							
无店铺及其他零售	1	3	3	132	132	5000	5000
直营门店合计		**11651**	**10967**	**123809**	**120386**	**10185424**	**9775908**
批发业		**5138**	**4873**	**56772**	**56404**	**4705121**	**3932013**
农畜产品批发		7	7	67	67	1050	1050
食品、饮料及烟草制品专门批发		178	180	13200	13989	163364	148934
纺织、服装及日用品批发							
文化、体育用品及器材批发		392	353	7810	8426	334894	321255
医药及医疗器材批发		51	50	300	288	4240	3540
矿产品、建材及化工产品批发		4468	4243	34983	33236	4188982	3445510
机械设备、五金交电及电子产品批发							
贸易经纪与代理							
其他批发		42	40	412	398	12591	11724

1-4 续表 3

国有企业

项目	连锁总店数（个）	门店数（个）		年末从业人员（人）		年末零售营业面积（平方米）	
	2011年	2011年	2010年	2011年	2010年	2011年	2010年
零售业		**6513**	**6094**	**67037**	**63982**	**5480303**	**5843895**
综合零售		509	495	9836	10010	397121	335812
食品、饮料及烟草制品专门零售		158	145	1163	1370	19299	19059
纺织、服装及日用品专门零售		34	33	413	380	5817	6091
文化、体育用品及器材专门零售		196	183	4016	3935	164979	173228
医药及医疗器材专门零售		1046	975	7420	7988	136403	115643
汽车、摩托车、燃料及零配件专门零售		4567	4260	44057	40167	4751684	5189062
家用电器及电子产品专门零售							
五金、家具及室内装修材料专门零售							
无店铺及其他零售		3	3	132	132	5000	5000
加盟门店合计		**4857**	**5152**	**18960**	**21570**	**1177548**	**1238238**
批发业		**3812**	**3755**	**12510**	**13019**	**905143**	**894353**
农畜产品批发							
食品、饮料及烟草制品专门批发							
纺织、服装及日用品批发							
文化、体育用品及器材批发							
医药及医疗器材批发		1021	1020	5105	5100	61260	61200
矿产品、建材及化工产品批发		2791	2735	7405	7919	843883	833153
机械设备、五金交电及电子产品批发							
贸易经纪与代理							
其他批发							
零售业		**1045**	**1397**	**6450**	**8551**	**272405**	**343885**
综合零售		603	611	3838	4609	41047	44435
食品、饮料及烟草制品专门零售		115	116	241	198	25840	3990
纺织、服装及日用品专门零售							
文化、体育用品及器材专门零售		1	1	3	3	50	50
医药及医疗器材专门零售		164	359	429	1809	8565	24507
汽车、摩托车、燃料及零配件专门零售		162	310	1939	1932	196903	270903
家用电器及电子产品专门零售							
五金、家具及室内装修材料专门零售							
无店铺及其他零售							

1-4 续表 4

集体企业

项目	连锁总店数(个)	门店数(个)		年末从业人员(人)		年末零售营业面积(平方米)	
	2011年	2011年	2010年	2011年	2010年	2011年	2010年
总　计	**34**	**2941**	**2851**	**9824**	**9943**	**424850**	**380603**
批发业	**9**	**2379**	**2299**	**4935**	**4908**	**194422**	**184180**
农畜产品批发							
食品、饮料及烟草制品专门批发	3	922	994	1836	2088	43798	43815
纺织、服装及日用品批发							
文化、体育用品及器材批发							
医药及医疗器材批发							
矿产品、建材及化工产品批发	4	1341	1195	2753	2455	140618	125878
机械设备、五金交电及电子产品批发	1	113	107	320	337	9426	13907
贸易经纪与代理							
其他批发	1	3	3	26	28	580	580
零售业	**25**	**562**	**552**	**4889**	**5035**	**230428**	**196423**
综合零售	15	364	339	3843	3692	209720	178872
食品、饮料及烟草制品专门零售	1	24	22	58	56	750	580
纺织、服装及日用品专门零售	1	8	8	146	144	1078	1078
文化、体育用品及器材专门零售	2	12	12	162	190	2396	2612
医药及医疗器材专门零售	4	110	122	570	836	10124	9881
汽车、摩托车、燃料及零配件专门零售	1	24	29	30	45	360	400
家用电器及电子产品专门零售	1	20	20	80	72	6000	3000
五金、家具及室内装修材料专门零售							
无店铺及其他零售							
直营门店合计		**557**	**567**	**5214**	**5552**	**287715**	**259448**
批发业		**162**	**165**	**859**	**986**	**74987**	**76395**
农畜产品批发							
食品、饮料及烟草制品专门批发		49	52	445	541	16343	15680
纺织、服装及日用品批发							
文化、体育用品及器材批发							
医药及医疗器材批发							
矿产品、建材及化工产品批发		98	95	263	255	54258	52078
机械设备、五金交电及电子产品批发		12	15	125	162	3806	8057
贸易经纪与代理							
其他批发		3	3	26	28	580	580

1-4 续表 5

集体企业

项目	连锁总店数(个)	门店数(个)		年末从业人员(人)		年末零售营业面积(平方米)	
	2011年	2011年	2010年	2011年	2010年	2011年	2010年
零售业		**395**	**402**	**4355**	**4566**	**212728**	**183053**
综合零售		198	190	3321	3233	192170	165652
食品、饮料及烟草制品专门零售		24	22	58	56	750	580
纺织、服装及日用品专门零售		7	7	134	134	928	928
文化、体育用品及器材专门零售		12	12	162	190	2396	2612
医药及医疗器材专门零售		110	122	570	836	10124	9881
汽车、摩托车、燃料及零配件专门零售		24	29	30	45	360	400
家用电器及电子产品专门零售		20	20	80	72	6000	3000
五金、家具及室内装修材料专门零售							
无店铺及其他零售							
加盟门店合计		**2384**	**2284**	**4610**	**4391**	**137135**	**121155**
批发业		**2217**	**2134**	**4076**	**3922**	**119435**	**107785**
农畜产品批发							
食品、饮料及烟草制品专门批发		873	942	1391	1547	27455	28135
纺织、服装及日用品批发							
文化、体育用品及器材批发							
医药及医疗器材批发							
矿产品、建材及化工产品批发		1243	1100	2490	2200	86360	73800
机械设备、五金交电及电子产品批发		101	92	195	175	5620	5850
贸易经纪与代理							
其他批发							
零售业		**167**	**150**	**534**	**469**	**17700**	**13370**
综合零售		166	149	522	459	17550	13220
食品、饮料及烟草制品专门零售							
纺织、服装及日用品专门零售		1	1	12	10	150	150
文化、体育用品及器材专门零售							
医药及医疗器材专门零售							
汽车、摩托车、燃料及零配件专门零售							
家用电器及电子产品专门零售							
五金、家具及室内装修材料专门零售							
无店铺及其他零售							

1-4 续表 6

股份合作企业

项目	连锁总店数（个）	门店数（个）		年末从业人员（人）		年末零售营业面积（平方米）	
	2011年	2011年	2010年	2011年	2010年	2011年	2010年
总计	**14**	**570**	**576**	**4536**	**4599**	**199744**	**208476**
批发业	**4**	**462**	**469**	**1886**	**1846**	**35266**	**36392**
农畜产品批发							
食品、饮料及烟草制品专门批发	2	17	24	429	435	13831	14957
纺织、服装及日用品批发							
文化、体育用品及器材批发							
医药及医疗器材批发							
矿产品、建材及化工产品批发	2	445	445	1457	1411	21435	21435
机械设备、五金交电及电子产品批发							
贸易经纪与代理							
其他批发							
零售业	**10**	**108**	**107**	**2650**	**2753**	**164478**	**172084**
综合零售	5	61	59	2251	2352	97416	105323
食品、饮料及烟草制品专门零售	2	15	15	31	26	482	261
纺织、服装及日用品专门零售	1	3	4	24	20	230	150
文化、体育用品及器材专门零售							
医药及医疗器材专门零售	2	29	29	344	355	66350	66350
汽车、摩托车、燃料及零配件专门零售							
家用电器及电子产品专门零售							
五金、家具及室内装修材料专门零售							
无店铺及其他零售							
直营门店合计		**121**	**127**	**3141**	**3251**	**183601**	**192494**
批发业		**18**	**25**	**501**	**503**	**19331**	**20457**
农畜产品批发							
食品、饮料及烟草制品专门批发		17	24	429	435	13831	14957
纺织、服装及日用品批发							
文化、体育用品及器材批发							
医药及医疗器材批发							
矿产品、建材及化工产品批发		1	1	72	68	5500	5500
机械设备、五金交电及电子产品批发							
贸易经纪与代理							
其他批发							

1-4 续表 7

股份合作企业

项目	连锁总店数（个）	门店数（个）		年末从业人员（人）		年末零售营业面积（平方米）	
	2011年	2011年	2010年	2011年	2010年	2011年	2010年
零售业		**103**	**102**	**2640**	**2748**	**164270**	**172037**
综合零售		61	59	2251	2352	97416	105323
食品、饮料及烟草制品专门零售		10	10	21	21	274	214
纺织、服装及日用品专门零售		3	4	24	20	230	150
文化、体育用品及器材专门零售							
医药及医疗器材专门零售		29	29	344	355	66350	66350
汽车、摩托车、燃料及零配件专门零售							
家用电器及电子产品专门零售							
五金、家具及室内装修材料专门零售							
无店铺及其他零售							
加盟门店合计		**449**	**449**	**1395**	**1348**	**16143**	**15982**
批发业		**444**	**444**	**1385**	**1343**	**15935**	**15935**
农畜产品批发							
食品、饮料及烟草制品专门批发							
纺织、服装及日用品批发							
文化、体育用品及器材批发							
医药及医疗器材批发							
矿产品、建材及化工产品批发		444	444	1385	1343	15935	15935
机械设备、五金交电及电子产品批发							
贸易经纪与代理							
其他批发							
零售业		**5**	**5**	**10**	**5**	**208**	**47**
综合零售							
食品、饮料及烟草制品专门零售		5	5	10	5	208	47
纺织、服装及日用品专门零售							
文化、体育用品及器材专门零售							
医药及医疗器材专门零售							
汽车、摩托车、燃料及零配件专门零售							
家用电器及电子产品专门零售							
五金、家具及室内装修材料专门零售							
无店铺及其他零售							

1-4 续表 8

联营企业

项目	连锁总店数（个）	门店数（个）		年末从业人员（人）		年末零售营业面积（平方米）	
	2011年	2011年	2010年	2011年	2010年	2011年	2010年
总计	**4**	**372**	**406**	**2272**	**2291**	**49202**	**35198**
批发业							
农畜产品批发							
食品、饮料及烟草制品专门批发							
纺织、服装及日用品批发							
文化、体育用品及器材批发							
医药及医疗器材批发							
矿产品、建材及化工产品批发							
机械设备、五金交电及电子产品批发							
贸易经纪与代理							
其他批发							
零售业	**4**	**372**	**406**	**2272**	**2291**	**49202**	**35198**
综合零售	1	19	19	221	221	5514	5514
食品、饮料及烟草制品专门零售							
纺织、服装及日用品专门零售							
文化、体育用品及器材专门零售							
医药及医疗器材专门零售	3	353	387	2051	2070	43688	29684
汽车、摩托车、燃料及零配件专门零售							
家用电器及电子产品专门零售							
五金、家具及室内装修材料专门零售							
无店铺及其他零售							
直营门店合计		**297**	**328**	**1846**	**1934**	**37951**	**30430**
批发业							
农畜产品批发							
食品、饮料及烟草制品专门批发							
纺织、服装及日用品批发							
文化、体育用品及器材批发							
医药及医疗器材批发							
矿产品、建材及化工产品批发							
机械设备、五金交电及电子产品批发							
贸易经纪与代理							
其他批发							

1-4 续表 9

联营企业

项目	连锁总店数（个）	门店数（个）		年末从业人员（人）		年末零售营业面积（平方米）	
	2011年	2011年	2010年	2011年	2010年	2011年	2010年
零售业		**297**	**328**	**1846**	**1934**	**37951**	**30430**
综合零售		19	19	221	221	5514	5514
食品、饮料及烟草制品专门零售							
纺织、服装及日用品专门零售							
文化、体育用品及器材专门零售							
医药及医疗器材专门零售		278	309	1625	1713	32437	24916
汽车、摩托车、燃料及零配件专门零售							
家用电器及电子产品专门零售							
五金、家具及室内装修材料专门零售							
无店铺及其他零售							
加盟门店合计		**75**	**78**	**426**	**357**	**11251**	**4768**
批发业							
农畜产品批发							
食品、饮料及烟草制品专门批发							
纺织、服装及日用品批发							
文化、体育用品及器材批发							
医药及医疗器材批发							
矿产品、建材及化工产品批发							
机械设备、五金交电及电子产品批发							
贸易经纪与代理							
其他批发							
零售业		**75**	**78**	**426**	**357**	**11251**	**4768**
综合零售							
食品、饮料及烟草制品专门零售							
纺织、服装及日用品专门零售							
文化、体育用品及器材专门零售							
医药及医疗器材专门零售		75	78	426	357	11251	4768
汽车、摩托车、燃料及零配件专门零售							
家用电器及电子产品专门零售							
五金、家具及室内装修材料专门零售							
无店铺及其他零售							

1-4 续表 10

有限责任公司

项　目	连锁总店数(个)	门店数(个)		年末从业人员(人)		年末零售营业面积(平方米)	
	2011年	2011年	2010年	2011年	2010年	2011年	2010年
总　计	**891**	**59202**	**56342**	**621432**	**579235**	**26872165**	**23334879**
批发业	**79**	**6503**	**6231**	**28276**	**29361**	**1262536**	**1264418**
农畜产品批发	1	40	40	81	78	2860	2860
食品、饮料及烟草制品专门批发	18	1577	1252	8793	8613	315743	318627
纺织、服装及日用品批发	3	104	238	1277	2804	30287	53003
文化、体育用品及器材批发	2	7	7	624	638	9731	9731
医药及医疗器材批发	19	1099	890	4855	3771	111816	85387
矿产品、建材及化工产品批发	27	3159	3284	10402	11209	707828	736232
机械设备、五金交电及电子产品批发	7	41	48	1359	1350	48065	22716
贸易经纪与代理							
其他批发	2	476	472	885	898	36206	35862
零售业	**812**	**52699**	**50111**	**593156**	**549874**	**25609629**	**22070461**
综合零售	286	27175	25931	362443	335394	16773666	14738864
食品、饮料及烟草制品专门零售	57	2518	2338	15909	14978	178449	163506
纺织、服装及日用品专门零售	38	2278	2041	16884	13830	268883	229491
文化、体育用品及器材专门零售	24	737	727	12649	12969	378001	361716
医药及医疗器材专门零售	281	17825	17208	94615	93261	1997689	1721250
汽车、摩托车、燃料及零配件专门零售	15	209	183	2341	2156	192875	181683
家用电器及电子产品专门零售	98	1787	1517	82282	71814	5607840	4411730
五金、家具及室内装修材料专门零售	6	82	74	4895	3924	183063	233871
无店铺及其他零售	7	88	92	1138	1548	29163	28350
直营门店合计		**36108**	**33114**	**557180**	**511979**	**24864186**	**21359871**
批发业		**3513**	**3089**	**21670**	**20996**	**959689**	**911871**
农畜产品批发							
食品、饮料及烟草制品专门批发		1346	1020	8360	8069	305873	310407
纺织、服装及日用品批发		104	118	1277	1347	30287	27176
文化、体育用品及器材批发		7	7	624	638	9731	9731
医药及医疗器材批发		540	484	3391	2966	75783	63652
矿产品、建材及化工产品批发		1208	1145	6065	6014	471718	459957
机械设备、五金交电及电子产品批发		41	48	1359	1350	48065	22716
贸易经纪与代理							
其他批发		267	267	594	612	18232	18232

1-4　续表 11

有限责任公司

项　目	连锁总店数(个)	门店数(个)		年末从业人员(人)		年末零售营业面积(平方米)	
	2011年	2011年	2010年	2011年	2010年	2011年	2010年
零售业		**32595**	**30025**	**535510**	**490983**	**23904497**	**20448000**
综合零售		15538	14366	327839	301284	15495800	13542346
食品、饮料及烟草制品专门零售		2085	1848	12695	11537	140729	127170
纺织、服装及日用品专门零售		1317	1100	14455	11629	230830	192731
文化、体育用品及器材专门零售		566	555	12462	12780	370649	354416
医药及医疗器材专门零售		10939	10297	77525	74408	1660908	1385303
汽车、摩托车、燃料及零配件专门零售		203	183	2313	2156	192295	181683
家用电器及电子产品专门零售		1778	1511	82190	71719	5601360	4402430
五金、家具及室内装修材料专门零售		82	74	4895	3924	183063	233871
无店铺及其他零售		87	91	1136	1546	28863	28050
加盟门店合计		**23094**	**23228**	**64252**	**67256**	**2007979**	**1975008**
批发业		**2990**	**3142**	**6606**	**8365**	**302847**	**352547**
农畜产品批发		40	40	81	78	2860	2860
食品、饮料及烟草制品专门批发		231	232	433	544	9870	8220
纺织、服装及日用品批发			120		1457		25827
文化、体育用品及器材批发							
医药及医疗器材批发		559	406	1464	805	36033	21735
矿产品、建材及化工产品批发		1951	2139	4337	5195	236110	276275
机械设备、五金交电及电子产品批发							
贸易经纪与代理							
其他批发		209	205	291	286	17974	17630
零售业		**20104**	**20086**	**57646**	**58891**	**1705132**	**1622461**
综合零售		11637	11565	34604	34110	1277866	1196518
食品、饮料及烟草制品专门零售		433	490	3214	3441	37720	36336
纺织、服装及日用品专门零售		961	941	2429	2201	38053	36760
文化、体育用品及器材专门零售		171	172	187	189	7352	7300
医药及医疗器材专门零售		6886	6911	17090	18853	336781	335947
汽车、摩托车、燃料及零配件专门零售		6		28		580	
家用电器及电子产品专门零售		9	6	92	95	6480	9300
五金、家具及室内装修材料专门零售							
无店铺及其他零售		1	1	2	2	300	300

1-4 续表 12

股份有限公司

项目	连锁总店数(个)	门店数(个)		年末从业人员(人)		年末零售营业面积(平方米)	
	2011年	2011年	2010年	2011年	2010年	2011年	2010年
总计	**260**	**48461**	**46676**	**857309**	**724177**	**64627168**	**60146604**
批发业	**82**	**22425**	**21778**	**168952**	**143767**	**28000113**	**27700061**
农畜产品批发	1	2858	2371	8020	6578		
食品、饮料及烟草制品专门批发	1	2	3	73	42	206	196
纺织、服装及日用品批发	1	30	20	155	72	300	200
文化、体育用品及器材批发	1	82	82	5905	5970	360766	356151
医药及医疗器材批发	1	7	5	102	76	6440	786
矿产品、建材及化工产品批发	74	17921	17992	147906	125027	27528845	27257531
机械设备、五金交电及电子产品批发	3	1525	1305	6791	6002	103556	85197
贸易经纪与代理							
其他批发							
零售业	**178**	**26036**	**24898**	**688357**	**580410**	**36627055**	**32446543**
综合零售	64	13357	12751	401085	366670	19907383	17870867
食品、饮料及烟草制品专门零售	4	1497	1382	2837	2501	48375	42895
纺织、服装及日用品专门零售	3	63	69	834	720	10250	10887
文化、体育用品及器材专门零售	6	497	490	12221	11339	254392	238238
医药及医疗器材专门零售	15	1249	1226	7837	7472	222294	193936
汽车、摩托车、燃料及零配件专门零售	76	7452	7378	76903	73799	9500011	9187121
家用电器及电子产品专门零售	8	1817	1425	185447	116757	6665534	4875721
五金、家具及室内装修材料专门零售							
无店铺及其他零售	2	104	177	1193	1152	18816	26878
直营门店合计		**34886**	**33788**	**791286**	**658974**	**62948845**	**58513977**
批发业		**17723**	**17542**	**161760**	**137669**	**27999952**	**27686399**
农畜产品批发		78	56	1070	790		
食品、饮料及烟草制品专门批发		2	3	73	42	206	196
纺织、服装及日用品批发		25	19	140	69	220	190
文化、体育用品及器材批发		82	82	5905	5970	360766	356151
医药及医疗器材批发		7	5	102	76	6440	786
矿产品、建材及化工产品批发		16004	16072	147679	124720	27528764	27243879
机械设备、五金交电及电子产品批发		1525	1305	6791	6002	103556	85197
贸易经纪与代理							
其他批发							

1-4 续表 13

股份有限公司

项　目	连锁总店数（个）	门店数（个）		年末从业人员（人）		年末零售营业面积（平方米）	
	2011年	2011年	2010年	2011年	2010年	2011年	2010年
零售业		**17163**	**16246**	**629526**	**521305**	**34948893**	**30827578**
综合零售		6082	5577	346013	311137	18303077	16330924
食品、饮料及烟草制品专门零售		68	90	727	643	6118	4438
纺织、服装及日用品专门零售		63	69	834	720	10250	10887
文化、体育用品及器材专门零售		471	463	11664	10834	254391	238237
医药及医疗器材专门零售		1186	1157	7701	7321	217736	188951
汽车、摩托车、燃料及零配件专门零售		7372	7288	75947	72741	9472971	9151542
家用电器及电子产品专门零售		1817	1425	185447	116757	6665534	4875721
五金、家具及室内装修材料专门零售							
无店铺及其他零售		104	177	1193	1152	18816	26878
加盟门店合计		**13575**	**12888**	**66023**	**65203**	**1678323**	**1632627**
批发业		**4702**	**4236**	**7192**	**6098**	**161**	**13662**
农畜产品批发		2780	2315	6950	5788		
食品、饮料及烟草制品专门批发							
纺织、服装及日用品批发		5	1	15	3	80	10
文化、体育用品及器材批发							
医药及医疗器材批发							
矿产品、建材及化工产品批发		1917	1920	227	307	81	13652
机械设备、五金交电及电子产品批发							
贸易经纪与代理							
其他批发							
零售业		**8873**	**8652**	**58831**	**59105**	**1678162**	**1618965**
综合零售		7275	7174	55072	55533	1604306	1539943
食品、饮料及烟草制品专门零售		1429	1292	2110	1858	42257	38457
纺织、服装及日用品专门零售							
文化、体育用品及器材专门零售		26	27	557	505	1	1
医药及医疗器材专门零售		63	69	136	151	4558	4985
汽车、摩托车、燃料及零配件专门零售		80	90	956	1058	27040	35579
家用电器及电子产品专门零售							
五金、家具及室内装修材料专门零售							
无店铺及其他零售							

1-4 续表 14

私营企业

项目	连锁总店数（个）	门店数（个）		年末从业人员（人）		年末零售营业面积（平方米）	
	2011年	2011年	2010年	2011年	2010年	2011年	2010年
总　计	**776**	**40610**	**36496**	**331059**	**292556**	**10707740**	**9452663**
批发业	**57**	**11695**	**9352**	**39975**	**34263**	**711564**	**547153**
农畜产品批发							
食品、饮料及烟草制品专门批发	11	2289	1897	6704	5890	211980	194529
纺织、服装及日用品批发	9	6669	4786	26094	20859	356771	233521
文化、体育用品及器材批发	2	4	7	81	158	840	943
医药及医疗器材批发	13	1474	1445	2490	2349	45594	35381
矿产品、建材及化工产品批发	9	727	753	1342	1267	24175	20795
机械设备、五金交电及电子产品批发	8	191	224	2173	3075	49731	45256
贸易经纪与代理							
其他批发	5	341	240	1091	665	22473	16728
零售业	**719**	**28915**	**27144**	**291084**	**258293**	**9996176**	**8905510**
综合零售	246	14005	13486	157599	138095	5727789	5256252
食品、饮料及烟草制品专门零售	46	2545	2403	15834	13561	187043	156982
纺织、服装及日用品专门零售	54	817	937	8134	8610	212024	216304
文化、体育用品及器材专门零售	18	175	174	3068	3864	219997	213359
医药及医疗器材专门零售	241	9935	8883	66568	56924	1332807	1164969
汽车、摩托车、燃料及零配件专门零售	20	119	106	1251	1324	72332	76834
家用电器及电子产品专门零售	89	1269	1103	38030	35270	2231344	1810470
五金、家具及室内装修材料专门零售	3	15	34	390	463	8100	7100
无店铺及其他零售	2	35	18	210	182	4740	3240
直营门店合计		**18780**	**16925**	**266523**	**223592**	**9189774**	**7902248**
批发业		**1768**	**1490**	**9591**	**8871**	**232385**	**202321**
农畜产品批发							
食品、饮料及烟草制品专门批发		147	137	2781	3030	106111	102250
纺织、服装及日用品批发		522	252	2702	1528	40937	21890
文化、体育用品及器材批发		4	7	81	158	840	943
医药及医疗器材批发		476	467	1521	1467	26488	27932
矿产品、建材及化工产品批发		409	443	893	792	21266	18166
机械设备、五金交电及电子产品批发		171	150	1523	1828	34111	29636
贸易经纪与代理							
其他批发		39	34	90	68	2632	1504

1-4 续表 15

私营企业

项目	连锁总店数(个)	门店数(个)		年末从业人员(人)		年末零售营业面积(平方米)	
	2011年	2011年	2010年	2011年	2010年	2011年	2010年
零售业		**17012**	**15435**	**256932**	**214721**	**8957389**	**7699927**
综合零售		4810	4547	133247	103717	4933995	4293521
食品、饮料及烟草制品专门零售		2285	2103	15323	12986	172494	138155
纺织、服装及日用品专门零售		625	670	7668	7852	198178	200637
文化、体育用品及器材专门零售		175	174	3068	3864	219997	213359
医药及医疗器材专门零售		7733	6714	57964	49259	1120909	961011
汽车、摩托车、燃料及零配件专门零售		118	105	1246	1320	71732	76234
家用电器及电子产品专门零售		1221	1072	37831	35088	2227744	1806870
五金、家具及室内装修材料专门零售		15	34	390	463	8100	7100
无店铺及其他零售		30	16	195	172	4240	3040
加盟门店合计		**21830**	**19571**	**64536**	**68964**	**1517966**	**1550415**
批发业		**9927**	**7862**	**30384**	**25392**	**479179**	**344832**
农畜产品批发							
食品、饮料及烟草制品专门批发		2142	1760	3923	2860	105869	92279
纺织、服装及日用品批发		6147	4534	23392	19331	315834	211631
文化、体育用品及器材批发							
医药及医疗器材批发		998	978	969	882	19106	7449
矿产品、建材及化工产品批发		318	310	449	475	2909	2629
机械设备、五金交电及电子产品批发		20	74	650	1247	15620	15620
贸易经纪与代理							
其他批发		302	206	1001	597	19841	15224
零售业		**11903**	**11709**	**34152**	**43572**	**1038787**	**1205583**
综合零售		9195	8939	24352	34378	793794	962731
食品、饮料及烟草制品专门零售		260	300	511	575	14549	18827
纺织、服装及日用品专门零售		192	267	466	758	13846	15667
文化、体育用品及器材专门零售							
医药及医疗器材专门零售		2202	2169	8604	7665	211898	203958
汽车、摩托车、燃料及零配件专门零售		1	1	5	4	600	600
家用电器及电子产品专门零售		48	31	199	182	3600	3600
五金、家具及室内装修材料专门零售							
无店铺及其他零售		5	2	15	10	500	200

1-4 续表 16

其他企业

项　目	连锁总店数(个)	门店数(个)		年末从业人员(人)		年末零售营业面积(平方米)	
	2011年	2011年	2010年	2011年	2010年	2011年	2010年
总　计	**40**	**1035**	**1065**	**13012**	**12484**	**513685**	**513912**
批发业	**2**	**12**	**12**	**175**	**173**	**1530**	**2180**
农畜产品批发							
食品、饮料及烟草制品专门批发							
纺织、服装及日用品批发							
文化、体育用品及器材批发							
医药及医疗器材批发	2	12	12	175	173	1530	2180
矿产品、建材及化工产品批发							
机械设备、五金交电及电子产品批发							
贸易经纪与代理							
其他批发							
零售业	**38**	**1023**	**1053**	**12837**	**12311**	**512155**	**511732**
综合零售	13	381	381	6257	5994	273345	281266
食品、饮料及烟草制品专门零售	3	123	116	1150	1129	9170	10310
纺织、服装及日用品专门零售	1	10	10	186	306	8285	8285
文化、体育用品及器材专门零售	2	18	14	637	664	8753	9308
医药及医疗器材专门零售	11	341	386	1757	1999	40859	48305
汽车、摩托车、燃料及零配件专门零售	5	124	123	2044	1594	145733	127918
家用电器及电子产品专门零售	3	26	23	806	625	26010	26340
五金、家具及室内装修材料专门零售							
无店铺及其他零售							
直营门店合计		**771**	**766**	**12216**	**11410**	**489367**	**485078**
批发业		**12**	**12**	**175**	**173**	**1530**	**2180**
农畜产品批发							
食品、饮料及烟草制品专门批发							
纺织、服装及日用品批发							
文化、体育用品及器材批发							
医药及医疗器材批发		12	12	175	173	1530	2180
矿产品、建材及化工产品批发							
机械设备、五金交电及电子产品批发							
贸易经纪与代理							
其他批发							

1-4 续表 17

其他企业

项　目	连锁总店数(个)	门店数(个)		年末从业人员(人)		年末零售营业面积(平方米)	
	2011年	2011年	2010年	2011年	2010年	2011年	2010年
零售业		**759**	**754**	**12041**	**11237**	**487837**	**482898**
综合零售		232	262	5893	5659	261684	272379
食品、饮料及烟草制品专门零售		123	116	1150	1129	9170	10310
纺织、服装及日用品专门零售		10	10	186	306	8285	8285
文化、体育用品及器材专门零售		18	14	637	664	8753	9308
医药及医疗器材专门零售		230	210	1355	1295	30202	30358
汽车、摩托车、燃料及零配件专门零售		120	119	2014	1559	143733	125918
家用电器及电子产品专门零售		26	23	806	625	26010	26340
五金、家具及室内装修材料专门零售							
无店铺及其他零售							
加盟门店合计		**264**	**299**	**796**	**1074**	**24318**	**28834**
批发业							
农畜产品批发							
食品、饮料及烟草制品专门批发							
纺织、服装及日用品批发							
文化、体育用品及器材批发							
医药及医疗器材批发							
矿产品、建材及化工产品批发							
机械设备、五金交电及电子产品批发							
贸易经纪与代理							
其他批发							
零售业		**264**	**299**	**796**	**1074**	**24318**	**28834**
综合零售		149	119	364	335	11661	8887
食品、饮料及烟草制品专门零售							
纺织、服装及日用品专门零售							
文化、体育用品及器材专门零售							
医药及医疗器材专门零售		111	176	402	704	10657	17947
汽车、摩托车、燃料及零配件专门零售		4	4	30	35	2000	2000
家用电器及电子产品专门零售							
五金、家具及室内装修材料专门零售							
无店铺及其他零售							

1-4 续表 18

港澳台商投资企业

项　　目	连锁总店数(个)	门店数(个)		年末从业人员(人)		年末零售营业面积(平方米)	
	2011年	2011年	2010年	2011年	2010年	2011年	2010年
总　计	**85**	**5624**	**5307**	**200383**	**191145**	**8576552**	**7551358**
批发业	**3**	**389**	**365**	**1475**	**1096**	**27278**	**25255**
农畜产品批发	1	9	9	371	125	1100	1195
食品、饮料及烟草制品专门批发	1	131	129	174	171	2164	1959
纺织、服装及日用品批发	1	249	227	930	800	24014	22101
文化、体育用品及器材批发							
医药及医疗器材批发							
矿产品、建材及化工产品批发							
机械设备、五金交电及电子产品批发							
贸易经纪与代理							
其他批发							
零售业	**82**	**5235**	**4942**	**198908**	**190049**	**8549274**	**7526103**
综合零售	44	2454	2230	181126	173818	7969311	6988325
食品、饮料及烟草制品专门零售	9	386	374	2065	1818	18693	17354
纺织、服装及日用品专门零售	24	979	910	10609	9820	466149	429538
文化、体育用品及器材专门零售							
医药及医疗器材专门零售	3	1355	1361	4158	4209	90791	86800
汽车、摩托车、燃料及零配件专门零售							
家用电器及电子产品专门零售							
五金、家具及室内装修材料专门零售	1	4	4	732	229	1500	1500
无店铺及其他零售	1	57	63	218	155	2830	2586
直营门店合计		**3773**	**3461**	**149648**	**141905**	**6703832**	**5978324**
批发业		**219**	**208**	**1085**	**796**	**12481**	**11565**
农畜产品批发		9	9	371	125	1100	1195
食品、饮料及烟草制品专门批发		131	129	174	171	2164	1959
纺织、服装及日用品批发		79	70	540	500	9217	8411
文化、体育用品及器材批发							
医药及医疗器材批发							
矿产品、建材及化工产品批发							
机械设备、五金交电及电子产品批发							
贸易经纪与代理							
其他批发							

1-4 续表 19

港澳台商投资企业

项 目	连锁总店数（个）	门店数（个）		年末从业人员（人）		年末零售营业面积（平方米）	
	2011年	2011年	2010年	2011年	2010年	2011年	2010年
零售业		**3554**	**3253**	**148563**	**141109**	**6691351**	**5966759**
综合零售		2332	2117	135384	129535	6201903	5520848
食品、饮料及烟草制品专门零售		296	241	1827	1459	16933	15002
纺织、服装及日用品专门零售		708	676	9834	9149	447994	412563
文化、体育用品及器材专门零售							
医药及医疗器材专门零售		157	152	568	582	20191	14260
汽车、摩托车、燃料及零配件专门零售							
家用电器及电子产品专门零售							
五金、家具及室内装修材料专门零售		4	4	732	229	1500	1500
无店铺及其他零售		57	63	218	155	2830	2586
加盟门店合计		**1851**	**1846**	**50735**	**49240**	**1872720**	**1573034**
批发业		**170**	**157**	**390**	**300**	**14797**	**13690**
农畜产品批发							
食品、饮料及烟草制品专门批发							
纺织、服装及日用品批发		170	157	390	300	14797	13690
文化、体育用品及器材批发							
医药及医疗器材批发							
矿产品、建材及化工产品批发							
机械设备、五金交电及电子产品批发							
贸易经纪与代理							
其他批发							
零售业		**1681**	**1689**	**50345**	**48940**	**1857923**	**1559344**
综合零售		122	113	45742	44283	1767408	1467477
食品、饮料及烟草制品专门零售		90	133	238	359	1760	2352
纺织、服装及日用品专门零售		271	234	775	671	18155	16975
文化、体育用品及器材专门零售							
医药及医疗器材专门零售		1198	1209	3590	3627	70600	72540
汽车、摩托车、燃料及零配件专门零售							
家用电器及电子产品专门零售							
五金、家具及室内装修材料专门零售							
无店铺及其他零售							

1-4 续表 20

外商投资企业

项 目	连锁总店数(个)	门店数(个)		年末从业人员(人)		年末零售营业面积(平方米)	
	2011年	2011年	2010年	2011年	2010年	2011年	2010年
总 计	**133**	**20456**	**14987**	**307958**	**283573**	**13372518**	**12645995**
批发业	**7**	**352**	**370**	**4643**	**4718**	**25619**	**26839**
农畜产品批发							
食品、饮料及烟草制品专门批发	3	166	157	2537	2488	9236	9079
纺织、服装及日用品批发							
文化、体育用品及器材批发							
医药及医疗器材批发							
矿产品、建材及化工产品批发	2	65	72	1492	1599	8023	8300
机械设备、五金交电及电子产品批发							
贸易经纪与代理							
其他批发	2	121	141	614	631	8360	9460
零售业	**126**	**20104**	**14617**	**303315**	**278855**	**13346899**	**12619156**
综合零售	74	4565	4199	222263	206565	9398406	8844267
食品、饮料及烟草制品专门零售	3	135	119	1506	1237	22491	18406
纺织、服装及日用品专门零售	15	13993	8984	43519	33078	550557	428241
文化、体育用品及器材专门零售	1	7	7	157	159	29311	28911
医药及医疗器材专门零售	2	79	60	1076	1097	27365	15770
汽车、摩托车、燃料及零配件专门零售	14	1054	1015	17339	13493	2063256	2131134
家用电器及电子产品专门零售	7	225	187	12116	17764	758342	655183
五金、家具及室内装修材料专门零售	10	46	46	5339	5462	497171	497244
无店铺及其他零售							
直营门店合计		**5484**	**4804**	**241755**	**224707**	**12283230**	**11517070**
批发业		**294**	**315**	**3838**	**3821**	**17572**	**18939**
农畜产品批发							
食品、饮料及烟草制品专门批发		138	132	2444	2398	7189	7179
纺织、服装及日用品批发							
文化、体育用品及器材批发							
医药及医疗器材批发							
矿产品、建材及化工产品批发		35	42	780	792	2023	2300
机械设备、五金交电及电子产品批发							
贸易经纪与代理							
其他批发		121	141	614	631	8360	9460

1-4 续表 21

外商投资企业

项目	连锁总店数(个)	门店数(个)		年末从业人员(人)		年末零售营业面积(平方米)	
	2011年	2011年	2010年	2011年	2010年	2011年	2010年
零售业		**5190**	**4489**	**237917**	**220886**	**12265658**	**11498131**
综合零售		3080	2496	191276	172316	8758586	8028057
食品、饮料及烟草制品专门零售		111	100	1361	1122	20091	16506
纺织、服装及日用品专门零售		588	578	9253	9473	111536	125326
文化、体育用品及器材专门零售		7	7	157	159	29311	28911
医药及医疗器材专门零售		79	60	1076	1097	27365	15770
汽车、摩托车、燃料及零配件专门零售		1054	1015	17339	13493	2063256	2131134
家用电器及电子产品专门零售		225	187	12116	17764	758342	655183
五金、家具及室内装修材料专门零售		46	46	5339	5462	497171	497244
无店铺及其他零售							
加盟门店合计		**14972**	**10183**	**66203**	**58866**	**1089288**	**1128925**
批发业		**58**	**55**	**805**	**897**	**8047**	**7900**
农畜产品批发							
食品、饮料及烟草制品专门批发		28	25	93	90	2047	1900
纺织、服装及日用品批发							
文化、体育用品及器材批发							
医药及医疗器材批发							
矿产品、建材及化工产品批发		30	30	712	807	6000	6000
机械设备、五金交电及电子产品批发							
贸易经纪与代理							
其他批发							
零售业		**14914**	**10128**	**65398**	**57969**	**1081241**	**1121025**
综合零售		1485	1703	30987	34249	639820	816210
食品、饮料及烟草制品专门零售		24	19	145	115	2400	1900
纺织、服装及日用品专门零售		13405	8406	34266	23605	439021	302915
文化、体育用品及器材专门零售							
医药及医疗器材专门零售							
汽车、摩托车、燃料及零配件专门零售							
家用电器及电子产品专门零售							
五金、家具及室内装修材料专门零售							
无店铺及其他零售							

1-5 按行业与登记注册类型分

内资企业

项　目	商品购进总额		统一配送商品购进额	
	2011年	2010年	2011年	2010年
总　计	**255449644**	**211728832**	**199477435**	**161898060**
批发业	**94374182**	**78150414**	**81898687**	**67162126**
农畜产品批发	1629638	1119251	1629638	1119251
食品、饮料及烟草制品专门批发	4525676	3930432	3739143	3247775
纺织、服装及日用品批发	642625	446201	639770	446201
文化、体育用品及器材批发	2335805	2220004	2335805	2220004
医药及医疗器材批发	538407	464127	364446	328225
矿产品、建材及化工产品批发	83505492	69029090	72097700	58883771
机械设备、五金交电及电子产品批发	968713	760917	886815	748078
贸易经纪与代理				
其他批发	227827	180392	205371	168822
零售业	**161075461**	**133578418**	**117578748**	**94735934**
综合零售	59536435	48185437	38879390	30090207
食品、饮料及烟草制品专门零售	1692353	1383068	1416233	1226870
纺织、服装及日用品专门零售	970160	794855	599669	473202
文化、体育用品及器材专门零售	2692938	2183896	2639167	2079198
医药及医疗器材专门零售	4324019	3768273	3920745	3426088
汽车、摩托车、燃料及零配件专门零售	58625866	45521146	48092737	36410670
家用电器及电子产品专门零售	32408323	30982786	21695149	20736426
五金、家具及室内装修材料专门零售	196588	216837	174328	172610
无店铺及其他零售	628779	542119	161330	120664
直营门店合计	**247369671**	**204208817**	**192590814**	**155877351**
批发业	**91998543**	**76310320**	**79665905**	**65433646**
农畜产品批发	1385154	951004	1385154	951004
食品、饮料及烟草制品专门批发	4474482	3881650	3689005	3202052
纺织、服装及日用品批发	233174	155805	230319	155805
文化、体育用品及器材批发	2335805	2220004	2335805	2220004
医药及医疗器材批发	447972	403178	322866	296227
矿产品、建材及化工产品批发	81953618	67777678	70629116	57707849
机械设备、五金交电及电子产品批发	961832	752929	880594	740789
贸易经纪与代理				
其他批发	206508	168072	193045	159916

连锁零售企业经营情况

自有配送中心配送商品购进额		非自有配送中心配送商品购进额		商品销售额		零售额	
2011年	2010年	2011年	2010年	2011年	2010年	2011年	2010年
118186470	**98297227**	**29763142**	**26398445**	**295301383**	**241843817**	**196253794**	**155311803**
51716520	**43405460**	**12114523**	**10945591**	**107072316**	**85589613**	**49884337**	**35400243**
1577489	1072002	48084	43999	1550616	1111141	3886	2944
2919652	2423719	43305	22618	5965372	4828105	344634	310324
586741	425972	5207	12983	822224	600822	690702	510077
2243010	2113962	71523	91017	2168282	2169586	902976	511492
150575	146414	32805	28688	586564	485530	282980	226896
44148914	37083582	11373960	10328730	94682515	75364772	47283090	33533626
62925	118891	539640	417557	1061677	844635	185159	144554
27213	20918			235066	185021	190910	160332
66469950	**54891767**	**17648620**	**15452854**	**188229067**	**156254205**	**146369457**	**119911560**
22669706	17949337	6319064	5644087	69902714	59565781	57475416	49094970
903735	773007	89364	159764	2075644	1625228	1760199	1347755
393804	276136	90439	84004	1259326	991164	959835	718113
1989257	1589225	37168	33722	2684221	2208305	2148667	1891089
2501699	2311245	494837	365873	4927855	4282280	4559008	3901423
22816636	17544186	9061700	7794760	69629250	54551435	50607561	38861204
14971328	14233766	1511761	1329734	36740150	32140065	28044095	23396080
152363	152162			374849	357720	312791	281141
71421	62702	44287	40910	635057	532226	501885	419784
113603138	**94206942**	**28553098**	**25187648**	**284273934**	**230517260**	**189681532**	**148318689**
50178259	**42201974**	**11846182**	**10670133**	**102332769**	**81637958**	**48920160**	**34610627**
1344283	913605	40871	37399	1333419	955863		
2878664	2380604	34156	20010	5912410	4775808	291672	258027
199575	136717	5207	12983	285048	195544	161170	106996
2243010	2113962	71523	91017	2168282	2169586	902976	511492
128276	129998	14802	14251	468028	401614	232963	185771
43312680	36403474	11139983	10076916	90902592	72133449	46968075	33257595
56705	111603	539640	417557	1054366	836282	177848	136201
15068	12011			208625	169811	185457	154547

1-5 续表 1

内资企业

项 目	商品购进总额		统一配送商品购进额	
	2011年	2010年	2011年	2010年
零售业	**155371128**	**127898497**	**112924910**	**90443704**
综合零售	55770811	44263421	36112692	27527675
食品、饮料及烟草制品专门零售	1431788	1162494	1156339	1007468
纺织、服装及日用品专门零售	938660	759331	571018	438545
文化、体育用品及器材专门零售	2660314	2180637	2606543	2075939
医药及医疗器材专门零售	3992633	3466964	3635593	3150787
汽车、摩托车、燃料及零配件专门零售	57378910	44349940	46847137	35239463
家用电器及电子产品专门零售	32373169	30956946	21659995	20710585
五金、家具及室内装修材料专门零售	196588	216837	174328	172610
无店铺及其他零售	628255	541927	161263	120631
加盟门店合计	**8079972**	**7520015**	**6886621**	**6020710**
批发业	**2375639**	**1840093**	**2232782**	**1728480**
农畜产品批发	244484	168247	244484	168247
食品、饮料及烟草制品专门批发	51194	48783	50137	45723
纺织、服装及日用品批发	409451	290396	409451	290396
文化、体育用品及器材批发				
医药及医疗器材批发	90435	60949	41580	31998
矿产品、建材及化工产品批发	1551874	1251412	1468583	1175922
机械设备、五金交电及电子产品批发	6881	7988	6221	7289
贸易经纪与代理				
其他批发	21320	12319	12326	8907
零售业	**5704333**	**5679921**	**4653839**	**4292229**
综合零售	3765624	3922016	2766698	2562532
食品、饮料及烟草制品专门零售	260565	220574	259893	219402
纺织、服装及日用品专门零售	31500	35524	28651	34656
文化、体育用品及器材专门零售	32625	3259	32625	3259
医药及医疗器材专门零售	331385	301309	285151	275301
汽车、摩托车、燃料及零配件专门零售	1246957	1171206	1245600	1171206
家用电器及电子产品专门零售	35154	25841	35154	25841
五金、家具及室内装修材料专门零售				
无店铺及其他零售	524	193	67	33

自有配送中心配送商品购进额		非自有配送中心配送商品购进额		商品销售额		零售额	
2011年	2010年	2011年	2010年	2011年	2010年	2011年	2010年
63424879	**52004968**	**16706916**	**14517516**	**181941165**	**148879302**	**140761371**	**113708062**
20797091	16063867	5661103	5104811	65771122	54147535	53421215	44246047
702602	615749	88909	159529	1747270	1346909	1521948	1139654
376131	261477	79597	64465	1170545	902899	928952	691595
1957378	1586834	36422	32854	2652333	2205837	2122200	1888723
2367140	2143478	418608	309389	4561442	3955626	4206802	3618361
22057295	16903036	8866229	7475825	68325396	53319359	49738483	38055551
14943526	14215696	1511761	1329734	36703588	32111401	28007533	23367417
152363	152162			374849	357720	312791	281141
71354	62669	44287	40910	634620	532015	501447	419573
4583332	**4090285**	**1210044**	**1210796**	**11027449**	**11326557**	**6572263**	**6993114**
1538261	**1203486**	**268340**	**275458**	**4739546**	**3951655**	**964177**	**789616**
233207	158397	7213	6600	217197	155278	3886	2944
40989	43115	9149	2608	52962	52297	52962	52297
387167	289255			537176	405278	529533	403081
22299	16416	18003	14437	118536	83917	50017	41125
836234	680108	233977	251814	3779923	3231322	315015	276031
6221	7289			7311	8353	7311	8353
12146	8907			26442	15210	5453	5785
3045071	**2886799**	**941704**	**935338**	**6287902**	**7374902**	**5608085**	**6203498**
1872615	1885470	657961	539276	4131592	5418246	4054201	4848923
201133	157258	455	236	328374	278319	238251	208101
17674	14660	10842	19539	88781	88265	30883	26518
31879	2391	745	868	31889	2468	26467	2366
134559	167767	76230	56484	366413	326654	352206	283062
759341	641150	195471	318935	1303854	1232076	869078	805653
27803	18071			36561	28664	36561	28664
67	33			438	211	438	211

1-5 续表 2

国有企业

项　目	商品购进总额		统一配送商品购进额	
	2011年	2010年	2011年	2010年
总　计	**42039265**	**34051038**	**40182177**	**32366302**
批发业	**20399939**	**16904499**	**19260373**	**15713858**
农畜产品批发	22779	16024	22779	16024
食品、饮料及烟草制品专门批发	3372191	3015446	2764921	2443114
纺织、服装及日用品批发				
文化、体育用品及器材批发	991913	885661	991913	885661
医药及医疗器材批发	87556	69071	54638	43471
矿产品、建材及化工产品批发	15750747	12772707	15251368	12179998
机械设备、五金交电及电子产品批发				
贸易经纪与代理				
其他批发	174755	145590	174755	145590
零售业	**21639325**	**17146540**	**20921804**	**16652444**
综合零售	445160	409413	214558	214589
食品、饮料及烟草制品专门零售	158057	108406	110412	81785
纺织、服装及日用品专门零售	4836	4824	4836	4824
文化、体育用品及器材专门零售	192738	183374	179890	161808
医药及医疗器材专门零售	221048	201538	152213	144626
汽车、摩托车、燃料及零配件专门零售	20616232	16237837	20258640	16043665
家用电器及电子产品专门零售				
五金、家具及室内装修材料专门零售				
无店铺及其他零售	1255	1147	1255	1147
直营门店合计	**40655351**	**32771580**	**38882794**	**31156997**
批发业	**19691571**	**16326742**	**18580964**	**15158390**
农畜产品批发	22779	16024	22779	16024
食品、饮料及烟草制品专门批发	3372191	3015446	2764921	2443114
纺织、服装及日用品批发				
文化、体育用品及器材批发	991913	885661	991913	885661
医药及医疗器材批发	27756	23071	23402	19443
矿产品、建材及化工产品批发	15102178	12240950	14603195	11648558
机械设备、五金交电及电子产品批发				
贸易经纪与代理				
其他批发	174755	145590	174755	145590

单位：万元

自有配送中心配送商品购进额		非自有配送中心配送商品购进额		商品销售额		零售额	
2011年	2010年	2011年	2010年	2011年	2010年	2011年	2010年
22365322	**17368470**	**7484114**	**6699960**	**46005240**	**36359092**	**24393251**	**18457964**
10781809	**8796719**	**2021827**	**1604405**	**22730538**	**17833516**	**5916915**	**4363893**
22779	16024			23078	20096		
2132216	1760309			4680977	3814372	12708	19078
911092	794644	71523	91017	931649	859667	409186	39709
21864	17611	20263	15868	119855	94190	59936	46239
7693859	6208130	1930041	1497520	16800224	12899601	5260329	4113277
				174755	145590	174755	145590
11583514	**8571752**	**5462287**	**5095556**	**23274701**	**18525576**	**18476336**	**14094071**
58038	45463	30027	21409	562948	540914	562460	535004
78479	58297	41	41	164994	139560	147788	120182
4836	4824			15899	14827	15865	14393
170528	153774			192619	179280	185391	164491
95240	99267	18209	19459	254221	244230	242785	188020
11175139	8208979	5414010	5054647	22082821	17405565	17320848	13070781
1255	1147			1200	1201	1200	1201
22134088	**17126225**	**7067077**	**6154425**	**42307589**	**33020628**	**23680222**	**17786186**
10680883	**8681108**	**1805648**	**1375484**	**19774620**	**15287794**	**5838366**	**4315045**
22779	16024			23078	20096		
2132216	1760309			4680977	3814372	12708	19078
911092	794644	71523	91017	931649	859667	409186	39709
6503	5795	4387	3656	34575	28590	16776	13039
7608294	6104335	1729738	1280811	13929586	10419480	5224940	4097629
				174755	145590	174755	145590

1-5 续表 3

国有企业

项　目	商品购进总额		统一配送商品购进额	
	2011年	2010年	2011年	2010年
零售业	**20963780**	**16444838**	**20301830**	**15998607**
综合零售	366062	342352	190531	195087
食品、饮料及烟草制品专门零售	120951	86413	73306	59792
纺织、服装及日用品专门零售	4836	4824	4836	4824
文化、体育用品及器材专门零售	192649	183281	179801	161715
医药及医疗器材专门零售	212482	195496	144148	138889
汽车、摩托车、燃料及零配件专门零售	20065545	15631324	19707953	15437152
家用电器及电子产品专门零售				
五金、家具及室内装修材料专门零售				
无店铺及其他零售	1255	1147	1255	1147
加盟门店合计	**1383914**	**1279458**	**1299384**	**1209305**
批发业	**708369**	**577757**	**679410**	**555468**
农畜产品批发				
食品、饮料及烟草制品专门批发				
纺织、服装及日用品批发				
文化、体育用品及器材批发				
医药及医疗器材批发	59800	46000	31236	24028
矿产品、建材及化工产品批发	648569	531757	648173	531440
机械设备、五金交电及电子产品批发				
贸易经纪与代理				
其他批发				
零售业	**675545**	**701701**	**619974**	**653837**
综合零售	79098	67062	24027	19503
食品、饮料及烟草制品专门零售	37106	21992	37106	21992
纺织、服装及日用品专门零售				
文化、体育用品及器材专门零售	89	93	89	93
医药及医疗器材专门零售	8566	6042	8065	5737
汽车、摩托车、燃料及零配件专门零售	550687	606513	550687	606513
家用电器及电子产品专门零售				
五金、家具及室内装修材料专门零售				
无店铺及其他零售				

单位：万元

自有配送中心配送商品购进额		非自有配送中心配送商品购进额		商品销售额		零售额	
2011年	2010年	2011年	2010年	2011年	2010年	2011年	2010年
11453205	**8445117**	**5261429**	**4778941**	**22532969**	**17732833**	**17841856**	**13471141**
34010	25961	30027	21409	489405	466882	488917	460972
41376	36308	38	38	119965	117447	118587	98069
4836	4824			15899	14827	15865	14393
170439	153681			192532	179177	185390	164490
94239	94517	12825	19439	240085	215279	230524	182450
11107050	8128679	5218539	4738055	21473883	16738020	16801374	12549566
1255	1147			1200	1201	1200	1201
231235	**242246**	**417037**	**545536**	**3697650**	**3338465**	**713029**	**671778**
100926	**115611**	**216179**	**228921**	**2955918**	**2545722**	**78549**	**48848**
15361	11816	15876	12212	85280	65600	43160	33200
85565	103795	200303	216709	2870638	2480122	35389	15648
130309	**126635**	**200858**	**316615**	**741732**	**792743**	**634480**	**622930**
24027	19503			73543	74032	73543	74032
37103	21989	3	3	45028	22113	29200	22113
89	93			87	103	1	1
1001	4750	5384	20	14136	28951	12261	5570
68088	80300	195471	316592	608938	667545	519474	521215

1-5 续表 4

集体企业

项　目	商品购进总额		统一配送商品购进额	
	2011年	2010年	2011年	2010年
总　计	**496371**	**392853**	**309727**	**254322**
批发业	**224392**	**175708**	**170997**	**130257**
农畜产品批发				
食品、饮料及烟草制品专门批发	37569	27282	37569	27282
纺织、服装及日用品批发				
文化、体育用品及器材批发				
医药及医疗器材批发				
矿产品、建材及化工产品批发	142562	116070	92144	73416
机械设备、五金交电及电子产品批发	41945	30259	41285	29560
贸易经纪与代理				
其他批发	2316	2097		
零售业	**271979**	**217145**	**138729**	**124064**
综合零售	232481	180535	99812	87944
食品、饮料及烟草制品专门零售	6576	6933	6576	6933
纺织、服装及日用品专门零售	3696	2992	3696	2992
文化、体育用品及器材专门零售	2715	2332	2133	1843
医药及医疗器材专门零售	17169	17253	17169	17253
汽车、摩托车、燃料及零配件专门零售	844	684	844	684
家用电器及电子产品专门零售	8500	6416	8500	6416
五金、家具及室内装修材料专门零售				
无店铺及其他零售				
直营门店合计	**361503**	**283003**	**215019**	**176271**
批发业	**100918**	**75002**	**87684**	**61351**
农畜产品批发				
食品、饮料及烟草制品专门批发	32798	21307	32798	21307
纺织、服装及日用品批发				
文化、体育用品及器材批发				
医药及医疗器材批发				
矿产品、建材及化工产品批发	27162	24670	16244	13116
机械设备、五金交电及电子产品批发	38642	26928	38642	26928
贸易经纪与代理				
其他批发	2316	2097		

自有配送中心配送商品购进额		非自有配送中心配送商品购进额		商品销售额		零售额	
2011年	2010年	2011年	2010年	2011年	2010年	2011年	2010年
239776	**197612**	**19633**	**9037**	**508631**	**404575**	**429551**	**351105**
160337	**129798**	**10660**	**460**	**233748**	**185403**	**170268**	**141598**
26909	26823	10660	460	41918	31970	28095	26229
92144	73416			144874	117772	132165	105461
41285	29560			43956	32935	7213	7356
				3000	2726	2795	2553
79439	**67814**	**8973**	**8578**	**274883**	**219171**	**259283**	**209507**
49698	40290		214	225448	172786	209848	163324
6576	6933			7083	7472	7083	7472
3696	2992			10411	8774	10411	8774
2133	1843			3646	3281	3646	3281
7993	8657	8973	8364	19169	19153	19169	18951
844	684			1227	1011	1227	1011
8500	6416			7900	6693	7900	6693
145069	**119561**	**19633**	**9037**	**372313**	**293178**	**293234**	**239708**
77024	**60891**	**10660**	**460**	**108293**	**83228**	**44814**	**39423**
22138	20848	10660	460	36150	25345	22327	19605
16244	13116			29074	25922	16365	13611
38642	26928			40070	29234	3327	3655
				3000	2726	2795	2553

1-5 续表 5

集体企业

项　目	商品购进总额		统一配送商品购进额	
	2011年	2010年	2011年	2010年
零售业	**260585**	**208001**	**127335**	**114920**
综合零售	221220	171483	88551	78892
食品、饮料及烟草制品专门零售	6576	6933	6576	6933
纺织、服装及日用品专门零售	3563	2900	3563	2900
文化、体育用品及器材专门零售	2715	2332	2133	1843
医药及医疗器材专门零售	17169	17253	17169	17253
汽车、摩托车、燃料及零配件专门零售	844	684	844	684
家用电器及电子产品专门零售	8500	6416	8500	6416
五金、家具及室内装修材料专门零售				
无店铺及其他零售				
加盟门店合计	**134868**	**109850**	**94707**	**78051**
批发业	**123474**	**100706**	**83313**	**68907**
农畜产品批发				
食品、饮料及烟草制品专门批发	4771	5975	4771	5975
纺织、服装及日用品批发				
文化、体育用品及器材批发				
医药及医疗器材批发				
矿产品、建材及化工产品批发	115400	91400	75900	60300
机械设备、五金交电及电子产品批发	3303	3331	2643	2632
贸易经纪与代理				
其他批发				
零售业	**11394**	**9144**	**11394**	**9144**
综合零售	11261	9052	11261	9052
食品、饮料及烟草制品专门零售				
纺织、服装及日用品专门零售	133	92	133	92
文化、体育用品及器材专门零售				
医药及医疗器材专门零售				
汽车、摩托车、燃料及零配件专门零售				
家用电器及电子产品专门零售				
五金、家具及室内装修材料专门零售				
无店铺及其他零售				

自有配送中心配送商品购进额		非自有配送中心配送商品购进额		商品销售额		零售额	
2011年	2010年	2011年	2010年	2011年	2010年	2011年	2010年
68045	**58670**	**8973**	**8578**	**264020**	**209950**	**248420**	**200286**
38437	31238		214	214935	163845	199335	154383
6576	6933			7083	7472	7083	7472
3563	2900			10061	8494	10061	8494
2133	1843			3646	3281	3646	3281
7993	8657	8973	8364	19169	19153	19169	18951
844	684			1227	1011	1227	1011
8500	6416			7900	6693	7900	6693
94707	**78051**			**136317**	**111397**	**136317**	**111396**
83313	**68907**			**125454**	**102176**	**125454**	**102175**
4771	5975			5768	6625	5768	6624
75900	60300			115800	91850	115800	91850
2643	2632			3886	3701	3886	3701
11394	**9144**			**10863**	**9221**	**10863**	**9221**
11261	9052			10513	8941	10513	8941
133	92			350	280	350	280

1-5 续表 6

股份合作企业

项目	商品购进总额		统一配送商品购进额	
	2011年	2010年	2011年	2010年
总计	**282569**	**175698**	**253043**	**157351**
批发业	**91897**	**64296**	**72246**	**49697**
农畜产品批发				
食品、饮料及烟草制品专门批发	19651	14599		
纺织、服装及日用品批发				
文化、体育用品及器材批发				
医药及医疗器材批发				
矿产品、建材及化工产品批发	72246	49697	72246	49697
机械设备、五金交电及电子产品批发				
贸易经纪与代理				
其他批发				
零售业	**190672**	**111402**	**180797**	**107653**
综合零售	178106	101236	169891	99419
食品、饮料及烟草制品专门零售	745	693	179	50
纺织、服装及日用品专门零售	60	85	60	85
文化、体育用品及器材专门零售				
医药及医疗器材专门零售	11761	9388	10668	8100
汽车、摩托车、燃料及零配件专门零售				
家用电器及电子产品专门零售				
五金、家具及室内装修材料专门零售				
无店铺及其他零售				
直营门店合计	**252163**	**149293**	**222638**	**130945**
批发业	**61604**	**37922**	**41953**	**23323**
农畜产品批发				
食品、饮料及烟草制品专门批发	19651	14599		
纺织、服装及日用品批发				
文化、体育用品及器材批发				
医药及医疗器材批发				
矿产品、建材及化工产品批发	41953	23323	41953	23323
机械设备、五金交电及电子产品批发				
贸易经纪与代理				
其他批发				

自有配送中心配送商品购进额		非自有配送中心配送商品购进额		商品销售额		零售额	
2011年	2010年	2011年	2010年	2011年	2010年	2011年	2010年
236382	**144056**	**2066**	**1944**	**280964**	**192298**	**186953**	**129424**
72246	**49697**			**102759**	**71114**	**9382**	**8811**
				22281	17983	7408	6900
72246	49697			80478	53131	1974	1911
164136	**94359**	**2066**	**1944**	**178205**	**121184**	**177572**	**120613**
164136	94359	2066	1944	164779	109022	164779	109022
				971	761	338	191
				192	160	192	160
				12263	11240	12263	11240
206088	**117682**	**2066**	**1944**	**250302**	**162880**	**186841**	**129387**
41953	**23323**			**72210**	**41733**	**9382**	**8811**
				22281	17983	7408	6900
41953	23323			49929	23750	1974	1911

1-5 续表 7

股份合作企业

项　目	商品购进总额		统一配送商品购进额	
	2011年	2010年	2011年	2010年
零售业	**190559**	**111370**	**180685**	**107622**
综合零售	178106	101236	169891	99419
食品、饮料及烟草制品专门零售	633	661	67	18
纺织、服装及日用品专门零售	60	85	60	85
文化、体育用品及器材专门零售				
医药及医疗器材专门零售	11761	9388	10668	8100
汽车、摩托车、燃料及零配件专门零售				
家用电器及电子产品专门零售				
五金、家具及室内装修材料专门零售				
无店铺及其他零售				
加盟门店合计	**30406**	**26406**	**30406**	**26406**
批发业	**30293**	**26374**	**30293**	**26374**
农畜产品批发				
食品、饮料及烟草制品专门批发				
纺织、服装及日用品批发				
文化、体育用品及器材批发				
医药及医疗器材批发				
矿产品、建材及化工产品批发	30293	26374	30293	26374
机械设备、五金交电及电子产品批发				
贸易经纪与代理				
其他批发				
零售业	**112**	**32**	**112**	**32**
综合零售				
食品、饮料及烟草制品专门零售	112	32	112	32
纺织、服装及日用品专门零售				
文化、体育用品及器材专门零售				
医药及医疗器材专门零售				
汽车、摩托车、燃料及零配件专门零售				
家用电器及电子产品专门零售				
五金、家具及室内装修材料专门零售				
无店铺及其他零售				

自有配送中心配送商品购进额		非自有配送中心配送商品购进额		商品销售额		零售额	
2011年	2010年	2011年	2010年	2011年	2010年	2011年	2010年
164136	**94359**	**2066**	**1944**	**178093**	**121147**	**177459**	**120576**
164136	94359	2066	1944	164779	109022	164779	109022
				859	724	225	154
				192	160	192	160
				12263	11240	12263	11240
30293	**26374**			**30662**	**29418**	**112**	**37**
30293	**26374**			**30550**	**29381**		
30293	26374			30550	29381		
				112	**37**	**112**	**37**
				112	37	112	37

1-5 续表 8

联营企业

项　目	商品购进总额		统一配送商品购进额	
	2011年	2010年	2011年	2010年
总　计	**83057**	**79971**	**83057**	**79971**
批发业				
农畜产品批发				
食品、饮料及烟草制品专门批发				
纺织、服装及日用品批发				
文化、体育用品及器材批发				
医药及医疗器材批发				
矿产品、建材及化工产品批发				
机械设备、五金交电及电子产品批发				
贸易经纪与代理				
其他批发				
零售业	**83057**	**79971**	**83057**	**79971**
综合零售	25822	21079	25822	21079
食品、饮料及烟草制品专门零售				
纺织、服装及日用品专门零售				
文化、体育用品及器材专门零售				
医药及医疗器材专门零售	57235	58893	57235	58893
汽车、摩托车、燃料及零配件专门零售				
家用电器及电子产品专门零售				
五金、家具及室内装修材料专门零售				
无店铺及其他零售				
直营门店合计	**65208**	**73345**	**65208**	**73345**
批发业				
农畜产品批发				
食品、饮料及烟草制品专门批发				
纺织、服装及日用品批发				
文化、体育用品及器材批发				
医药及医疗器材批发				
矿产品、建材及化工产品批发				
机械设备、五金交电及电子产品批发				
贸易经纪与代理				
其他批发				

自有配送中心配送商品购进额		非自有配送中心配送商品购进额		商品销售额		零售额	
2011年	2010年	2011年	2010年	2011年	2010年	2011年	2010年
1891	**58194**			**69613**	**85685**	**56296**	**75981**
1891	**58194**			**69613**	**85685**	**56296**	**75981**
				30821	27481	17503	17778
1891	58194			38793	58204	38793	58204
1891	**51568**			**57672**	**79821**	**44355**	**70117**

1-5 续表 9

联营企业

项目	商品购进总额		统一配送商品购进额	
	2011年	2010年	2011年	2010年
零售业	**65208**	**73345**	**65208**	**73345**
综合零售	25822	21079	25822	21079
食品、饮料及烟草制品专门零售				
纺织、服装及日用品专门零售				
文化、体育用品及器材专门零售				
医药及医疗器材专门零售	39386	52266	39386	52266
汽车、摩托车、燃料及零配件专门零售				
家用电器及电子产品专门零售				
五金、家具及室内装修材料专门零售				
无店铺及其他零售				
加盟门店合计	**17849**	**6626**	**17849**	**6626**
批发业				
农畜产品批发				
食品、饮料及烟草制品专门批发				
纺织、服装及日用品批发				
文化、体育用品及器材批发				
医药及医疗器材批发				
矿产品、建材及化工产品批发				
机械设备、五金交电及电子产品批发				
贸易经纪与代理				
其他批发				
零售业	**17849**	**6626**	**17849**	**6626**
综合零售				
食品、饮料及烟草制品专门零售				
纺织、服装及日用品专门零售				
文化、体育用品及器材专门零售				
医药及医疗器材专门零售	17849	6626	17849	6626
汽车、摩托车、燃料及零配件专门零售				
家用电器及电子产品专门零售				
五金、家具及室内装修材料专门零售				
无店铺及其他零售				

自有配送中心配送商品购进额		非自有配送中心配送商品购进额		商品销售额		零售额	
2011年	2010年	2011年	2010年	2011年	2010年	2011年	2010年
1891	**51568**			**57672**	**79821**	**44355**	**70117**
				30821	27481	17503	17778
1891	51568			26852	52340	26852	52340
	6626			**11941**	**5864**	**11941**	**5864**
	6626			**11941**	**5864**	**11941**	**5864**
	6626			11941	5864	11941	5864

1-5 续表 10

有限责任公司

项 目	商品购进总额		统一配送商品购进额	
	2011年	2010年	2011年	2010年
总 计	**43563425**	**35881033**	**33509873**	**27512233**
批发业	**5388518**	**4346246**	**4499327**	**3918610**
农畜产品批发	4065	3250	4065	3250
食品、饮料及烟草制品专门批发	936032	736416	818179	672838
纺织、服装及日用品批发	128007	119866	128007	119866
文化、体育用品及器材批发	210571	337904	210571	337904
医药及医疗器材批发	345209	296820	226133	204419
矿产品、建材及化工产品批发	3460723	2606156	2885849	2344574
机械设备、五金交电及电子产品批发	289826	233847	214535	226211
贸易经纪与代理				
其他批发	14085	11989	11988	9548
零售业	**38174907**	**31534787**	**29010545**	**23593622**
综合零售	21287032	16292345	15502999	11586818
食品、饮料及烟草制品专门零售	831100	639727	674313	544661
纺织、服装及日用品专门零售	598904	494574	382950	294199
文化、体育用品及器材专门零售	1533168	1245520	1517118	1171898
医药及医疗器材专门零售	2275597	2048798	2113051	1917270
汽车、摩托车、燃料及零配件专门零售	1331654	1209907	600870	430288
家用电器及电子产品专门零售	9992269	9314268	7897015	7368705
五金、家具及室内装修材料专门零售	168310	173107	167561	165420
无店铺及其他零售	156875	116542	154667	114362
直营门店合计	**42051918**	**34523328**	**32418504**	**26504752**
批发业	**5154665**	**4102974**	**4316115**	**3716597**
农畜产品批发				
食品、饮料及烟草制品专门批发	934609	732684	816756	671115
纺织、服装及日用品批发	128007	100750	128007	100750
文化、体育用品及器材批发	210571	337904	210571	337904
医药及医疗器材批发	329404	291126	220514	199595
矿产品、建材及化工产品批发	3252749	2399345	2716977	2174056
机械设备、五金交电及电子产品批发	289826	233847	214535	226211
贸易经纪与代理				
其他批发	9498	7318	8755	6966

自有配送中心配送商品购进额		非自有配送中心配送商品购进额		商品销售额		零售额	
2011年	2010年	2011年	2010年	2011年	2010年	2011年	2010年
17609962	**14676120**	**4776820**	**4206173**	**48224002**	**40513506**	**36571456**	**31358305**
2060414	**1945757**	**58628**	**55732**	**6230916**	**5063124**	**1850970**	**1544558**
				3886	2944	3886	2944
689135	569778	10800	7954	1028632	802123	193047	160455
128007	119866			137286	138017	54393	67925
199685	324609			226116	338022	4510	4873
109450	100069	12542	12820	358720	286305	178819	145346
916730	749050	35287	34958	4124996	3217750	1387097	1145131
8641	75151			334657	263393	15858	5696
8765	7234			16624	14571	13360	12189
15549548	**12730363**	**4718192**	**4150441**	**41993086**	**35450382**	**34720486**	**29813747**
6953531	5172423	3033079	2676103	23344337	19346575	17794568	15214624
392915	297002	70412	156706	983854	713432	878858	666289
310276	202067	23308	40983	749022	594487	477285	362233
1176340	912760	34688	31163	1587733	1287084	1200935	1075974
1211106	1172041	373085	274740	2682837	2373781	2495442	2162812
139415	132436	122870	42880	1290159	1121221	1031665	854722
5154610	4639463	1016463	886957	10849799	9586879	10432065	9151962
146595	145773			341524	314285	285734	243600
64758	56400	44287	40910	163821	112637	123935	81532
16819328	**13933090**	**4578243**	**4027001**	**46468810**	**38936276**	**35037434**	**29985272**
1944264	**1810000**	**22827**	**18769**	**5986750**	**4797839**	**1685461**	**1357535**
687712	568055	10800	7954	1026824	797459	191239	155791
128007	100750			137286	115379	54393	45287
199685	324609			226116	338022	4510	4873
106346	97859	10415	10595	338279	278833	174128	141006
808340	638926	1613	220	3912418	2995967	1237427	998478
8641	75151			334657	263393	15858	5696
5532	4652			11171	8786	7907	6404

1-5 续表 11

有限责任公司

项　目	商品购进总额		统一配送商品购进额	
	2011年	2010年	2011年	2010年
零售业	**36897254**	**30420355**	**28102389**	**22788155**
综合零售	20356143	15463347	14911588	11053059
食品、饮料及烟草制品专门零售	728468	563423	572259	469232
纺织、服装及日用品专门零售	583611	480410	367657	280035
文化、体育用品及器材专门零售	1502818	1244136	1486768	1170514
医药及医疗器材专门零售	2087121	1863590	1952661	1744913
汽车、摩托车、燃料及零配件专门零售	1330298	1209907	600870	430288
家用电器及电子产品专门零售	9983678	9305928	7888425	7360365
五金、家具及室内装修材料专门零售	168310	173107	167561	165420
无店铺及其他零售	156808	116509	154600	114329
加盟门店合计	**1511507**	**1357705**	**1091369**	**1007481**
批发业	**233853**	**243273**	**183213**	**202013**
农畜产品批发	4065	3250	4065	3250
食品、饮料及烟草制品专门批发	1423	3732	1423	1723
纺织、服装及日用品批发		19116		19116
文化、体育用品及器材批发				
医药及医疗器材批发	15805	5693	5620	4824
矿产品、建材及化工产品批发	207974	206811	168872	170518
机械设备、五金交电及电子产品批发				
贸易经纪与代理				
其他批发	4587	4671	3233	2582
零售业	**1277653**	**1114432**	**908156**	**805468**
综合零售	930888	828997	591411	533759
食品、饮料及烟草制品专门零售	102632	76305	102053	75429
纺织、服装及日用品专门零售	15293	14164	15293	14164
文化、体育用品及器材专门零售	30350	1384	30350	1384
医药及医疗器材专门零售	188476	185208	160390	172358
汽车、摩托车、燃料及零配件专门零售	1356			
家用电器及电子产品专门零售	8591	8340	8591	8340
五金、家具及室内装修材料专门零售				
无店铺及其他零售	67	33	67	33

自有配送中心配送商品购进额		非自有配送中心配送商品购进额		商品销售额		零售额	
2011年	2010年	2011年	2010年	2011年	2010年	2011年	2010年
14875065	**12123090**	**4555416**	**4008232**	**40482060**	**34138437**	**33351973**	**28627737**
6514328	4770225	2931935	2582194	22274280	18371270	16799238	14298610
291313	221805	69960	156474	858845	619097	754516	572296
297344	190279	21082	39064	682241	532402	468403	353660
1146736	912244	33942	30295	1558117	1286501	1176654	1075391
1122514	1056369	314876	229459	2474288	2204875	2290778	2006695
139415	132436	122870	42880	1288564	1121221	1030070	854722
5152128	4637593	1016463	886957	10840447	9576182	10422713	9141265
146595	145773			341524	314285	285734	243600
64691	56367	44287	40910	163754	112604	123868	81498
790633	**743029**	**198576**	**179172**	**1755192**	**1577230**	**1534021**	**1373034**
116150	**135756**	**35801**	**36963**	**244166**	**265285**	**165508**	**187023**
				3886	2944	3886	2944
1423	1723			1808	4664	1808	4664
	19116				22637		22637
3104	2210	2127	2225	20440	7472	4691	4340
108390	110125	33674	34738	212579	221783	149670	146653
3233	2582			5453	5785	5453	5785
674483	**607273**	**162776**	**142209**	**1511025**	**1311945**	**1368513**	**1186011**
439203	402198	101144	93909	1070057	975305	995330	916013
101602	75197	451	232	125009	94335	124341	93993
12932	11788	2226	1919	66781	62085	8882	8573
29605	516	745	868	29616	583	24281	583
88592	115672	58209	45281	208548	168906	204664	156117
				1595		1595	
2482	1870			9352	10698	9352	10698
67	33			67	33	67	33

1-5 续表 12

股份有限公司

项　　目	商品购进总额		统一配送商品购进额	
	2011年	2010年	2011年	2010年
总　　计	**153696679**	**128417787**	**111603337**	**90832444**
批发业	**67211803**	**55879983**	**56939878**	**46644298**
农畜产品批发	1602794	1099977	1602794	1099977
食品、饮料及烟草制品专门批发	10012	2202	10012	2202
纺织、服装及日用品批发	4134	6611	4134	6611
文化、体育用品及器材批发	1128349	990848	1128349	990848
医药及医疗器材批发	2788	786	2788	786
矿产品、建材及化工产品批发	63968582	53403912	53696657	44168226
机械设备、五金交电及电子产品批发	495144	375649	495144	375649
贸易经纪与代理				
其他批发				
零售业	**86484876**	**72537804**	**54663459**	**44188146**
综合零售	31729514	27028724	18049645	15123780
食品、饮料及烟草制品专门零售	111927	89890	111927	89890
纺织、服装及日用品专门零售	7854	7558	7854	7558
文化、体育用品及器材专门零售	729890	601678	729890	601678
医药及医疗器材专门零售	197004	230643	189153	224131
汽车、摩托车、燃料及零配件专门零售	36156762	27432709	26835699	19444785
家用电器及电子产品专门零售	17089264	16733830	8737304	8694345
五金、家具及室内装修材料专门零售				
无店铺及其他零售	462661	412771	1987	1979
直营门店合计	**149788593**	**124984472**	**108193620**	**87865665**
批发业	**66451770**	**55345685**	**56179846**	**46110000**
农畜产品批发	1362375	934981	1362375	934981
食品、饮料及烟草制品专门批发	10012	2202	10012	2202
纺织、服装及日用品批发	3534	5651	3534	5651
文化、体育用品及器材批发	1128349	990848	1128349	990848
医药及医疗器材批发	2788	786	2788	786
矿产品、建材及化工产品批发	63449568	53035570	53177644	43799885
机械设备、五金交电及电子产品批发	495144	375649	495144	375649
贸易经纪与代理				
其他批发				

自有配送中心配送商品购进额		非自有配送中心配送商品购进额		商品销售额		零售额	
2011年	2010年	2011年	2010年	2011年	2010年	2011年	2010年
71619130	**60794901**	**16248412**	**14495008**	**182610276**	**150197582**	**118820444**	**92487619**
38028497	**32035733**	**9937829**	**9203886**	**76504450**	**61466594**	**41113103**	**28725637**
1554710	1055978	48084	43999	1523652	1088101		
10012	2202			11215	2708	11215	2708
4134	6611			4468	7182	3000	3500
1128349	990848			1005135	966259	486764	463816
2788	786			3618	1175	1428	1175
35328504	29979309	9394601	8784239	73412894	58987374	40485219	28157348
		495144	375649	543468	413795	125477	97089
33590633	**28759168**	**6310583**	**5291122**	**106105826**	**88730988**	**77707342**	**63761983**
13279361	10970133	2773092	2594547	39610379	34549358	32986336	28933264
48711	37855			150923	119150	86677	65974
6469	6203			17646	15411	17408	14897
584784	463415			662169	575388	570483	512562
173005	211885	1516	1541	233772	229423	233772	229423
11156277	8757272	3514502	2686764	44788249	35363950	31304930	24289846
8340038	8310426	21473	8270	20180086	17466045	12138421	9385090
1987	1979			462602	412264	369315	330928
68903461	**58355160**	**15731118**	**14087529**	**178529862**	**145541102**	**115877344**	**88683582**
37275677	**31508035**	**9930616**	**9197286**	**75771904**	**60933008**	**41108313**	**28711204**
1321504	897581	40871	37399	1310341	935767		
10012	2202			11215	2708	11215	2708
3534	5651			4247	6182	3000	3500
1128349	990848			1005135	966259	486764	463816
2788	786			3618	1175	1428	1175
34809491	29610968	9394601	8784239	72893880	58607122	40480430	28142915
		495144	375649	543468	413795	125477	97089

1-5 续表 13

股份有限公司

项　　目	商品购进总额		统一配送商品购进额	
	2011年	2010年	2011年	2010年
零售业	**83336823**	**69638787**	**52013774**	**41755665**
综合零售	29363781	24767803	16182279	13329394
食品、饮料及烟草制品专门零售	23173	16952	23173	16952
纺织、服装及日用品专门零售	7854	7558	7854	7558
文化、体育用品及器材专门零售	727705	599897	727705	599897
医药及医疗器材专门零售	196247	229797	188397	223285
汽车、摩托车、燃料及零配件专门零售	35466138	26870180	26145076	18882257
家用电器及电子产品专门零售	17089264	16733830	8737304	8694345
五金、家具及室内装修材料专门零售				
无店铺及其他零售	462661	412771	1987	1979
加盟门店合计	**3908086**	**3433315**	**3409717**	**2966779**
批发业	**760033**	**534298**	**760033**	**534298**
农畜产品批发	240419	164997	240419	164997
食品、饮料及烟草制品专门批发				
纺织、服装及日用品批发	600	960	600	960
文化、体育用品及器材批发				
医药及医疗器材批发				
矿产品、建材及化工产品批发	519013	368341	519013	368341
机械设备、五金交电及电子产品批发				
贸易经纪与代理				
其他批发				
零售业	**3148053**	**2899017**	**2649685**	**2432481**
综合零售	2365734	2260921	1867365	1794386
食品、饮料及烟草制品专门零售	88754	72938	88754	72938
纺织、服装及日用品专门零售				
文化、体育用品及器材专门零售	2185	1782	2185	1782
医药及医疗器材专门零售	756	847	756	847
汽车、摩托车、燃料及零配件专门零售	690623	562529	690623	562529
家用电器及电子产品专门零售				
五金、家具及室内装修材料专门零售				
无店铺及其他零售				

自有配送中心配送商品购进额		非自有配送中心配送商品购进额		商品销售额		零售额	
2011年	2010年	2011年	2010年	2011年	2010年	2011年	2010年
31627784	**26847126**	**5800502**	**4890243**	**102757957**	**84608094**	**74769031**	**59972378**
12045994	9649969	2263011	2196011	37077820	31088283	30453777	25472211
12317	8260			29979	23439	29979	23439
6469	6203			17646	15411	17408	14897
582599	461634			659983	573606	568297	510780
172726	211568	1516	1541	232215	227625	232215	227625
10465654	8197086	3514502	2684421	44097626	34801421	30959618	24007410
8340038	8310426	21473	8270	20180086	17466045	12138421	9385090
1987	1979			462602	412264	369315	330928
2715669	**2439741**	**517293**	**407479**	**4080414**	**4656481**	**2943101**	**3804037**
752820	**527698**	**7213**	**6600**	**732546**	**533586**	**4789**	**14433**
233207	158397	7213	6600	213311	152334		
600	960			221	1000		
519013	368341			519013	380252	4789	14433
1962849	**1912043**	**510081**	**400879**	**3347869**	**4122895**	**2938311**	**3789604**
1233367	1320164	510081	398536	2532559	3461074	2532559	3461053
36394	29595			120945	95712	56699	42536
2185	1782			2185	1782	2185	1782
279	317			1557	1799	1557	1799
690623	560185		2343	690623	562529	345312	282436

1-5 续表 14

私营企业

项　目	商品购进总额		统一配送商品购进额	
	2011年	2010年	2011年	2010年
总　计	**14553537**	**11977116**	**12858136**	**9984438**
批发业	**1055079**	**776789**	**953311**	**702514**
农畜产品批发				
食品、饮料及烟草制品专门批发	150221	134488	108462	102339
纺织、服装及日用品批发	510483	319724	507628	319724
文化、体育用品及器材批发	4973	5591	4973	5591
医药及医疗器材批发	100300	94559	78332	76657
矿产品、建材及化工产品批发	110633	80549	99436	67860
机械设备、五金交电及电子产品批发	141798	121162	135851	116659
贸易经纪与代理				
其他批发	36671	20716	18628	13684
零售业	**13498458**	**11200327**	**11904826**	**9281923**
综合零售	5431603	3976958	4622808	2796575
食品、饮料及烟草制品专门零售	566772	524475	497354	492552
纺织、服装及日用品专门零售	340297	276928	185759	155649
文化、体育用品及器材专门零售	202169	130855	177877	121834
医药及医疗器材专门零售	1510871	1172980	1351028	1028978
汽车、摩托车、燃料及零配件专门零售	201545	234848	114907	107526
家用电器及电子产品专门零售	5208936	4827893	4944904	4568444
五金、家具及室内装修材料专门零售	28278	43730	6768	7190
无店铺及其他零售	7988	11659	3421	3176
直营门店合计	**13476067**	**10683184**	**11929287**	**9269626**
批发业	**535462**	**419103**	**456790**	**361094**
农畜产品批发				
食品、饮料及烟草制品专门批发	105221	95412	64519	64315
纺织、服装及日用品批发	101632	49405	98777	49405
文化、体育用品及器材批发	4973	5591	4973	5591
医药及医疗器材批发	85470	85303	73608	73511
矿产品、建材及化工产品批发	80007	53820	73104	48911
机械设备、五金交电及电子产品批发	138220	116505	132273	112002
贸易经纪与代理				
其他批发	19938	13068	9536	7359

自有配送中心配送商品购进额		非自有配送中心配送商品购进额		商品销售额		零售额	
2011年	2010年	2011年	2010年	2011年	2010年	2011年	2010年
5681642	**4553332**	**1170941**	**938600**	**16164134**	**13326693**	**14865222**	**11704726**
612494	**447430**	**85579**	**81109**	**1266542**	**967081**	**822076**	**614558**
61381	64608	21845	14204	180349	158950	92161	94954
454600	299495	5207	12983	680470	455624	633310	438652
3884	3861			5382	5638	2516	3094
15750	27621			101009	101081	41172	32947
45432	23980	14031	12013	119049	89143	16306	10498
13000	14181	44496	41908	139596	134513	36612	34414
18448	13684			40688	22134		
5069148	**4105902**	**1085362**	**857491**	**14897592**	**12359612**	**14043145**	**11090168**
2054685	1532346	424643	304363	5755205	4665610	5540538	3975096
364583	363421	15911	1517	749495	630654	622852	474427
54013	52157	67131	43021	452244	336043	424762	299425
45697	51668	2480	2559	199480	130004	149638	101688
996262	746685	91055	61055	1645147	1315636	1479823	1206716
76541	72599	10318	10469	455820	246708	428254	231865
1468180	1277462	473824	434507	5599441	4985398	5362785	4757287
5768	6390			33325	43435	27057	37541
3421	3176			7435	6124	7435	6124
4966311	**4002067**	**1099019**	**863657**	**14863844**	**11732736**	**13645618**	**10690732**
157736	**118290**	**76431**	**78134**	**615630**	**491576**	**232200**	**177421**
26586	29192	12697	11596	134963	117941	46775	53945
68034	30317	5207	12983	143515	73983	103777	58208
3884	3861			5382	5638	2516	3094
11915	25231			88194	90236	39005	29362
28359	12806	14031	11646	87706	61208	6940	3050
9422	9524	44496	41908	136171	129861	33187	29762
9536	7359			19699	12709		

1-5 续表 15

私营企业

项　目	商品购进总额		统一配送商品购进额	
	2011年	2010年	2011年	2010年
零售业	**12940605**	**10264081**	**11472497**	**8908532**
综合零售	5058816	3225892	4354499	2594187
食品、饮料及烟草制品专门零售	534811	475168	465487	443541
纺织、服装及日用品专门零售	324223	255660	172535	135249
文化、体育用品及器材专门零售	202169	130855	177877	121834
医药及医疗器材专门零售	1401489	1076701	1259292	945551
汽车、摩托车、燃料及零配件专门零售	200915	234183	114277	106861
家用电器及电子产品专门零售	5182373	4810392	4918341	4550943
五金、家具及室内装修材料专门零售	28278	43730	6768	7190
无店铺及其他零售	7531	11500	3421	3176
加盟门店合计	**1077470**	**1293932**	**928849**	**714811**
批发业	**519617**	**357686**	**496521**	**341420**
农畜产品批发				
食品、饮料及烟草制品专门批发	45000	39076	43943	38024
纺织、服装及日用品批发	408851	270320	408851	270320
文化、体育用品及器材批发				
医药及医疗器材批发	14830	9256	4724	3146
矿产品、建材及化工产品批发	30626	26729	26332	18949
机械设备、五金交电及电子产品批发	3578	4657	3578	4657
贸易经纪与代理				
其他批发	16733	7648	9092	6325
零售业	**557853**	**936245**	**432329**	**373391**
综合零售	372787	751066	268308	202388
食品、饮料及烟草制品专门零售	31961	49307	31867	49010
纺织、服装及日用品专门零售	16074	21268	13225	20400
文化、体育用品及器材专门零售				
医药及医疗器材专门零售	109382	96280	91735	83427
汽车、摩托车、燃料及零配件专门零售	630	665	630	665
家用电器及电子产品专门零售	26563	17501	26563	17501
五金、家具及室内装修材料专门零售				
无店铺及其他零售	457	160		

自有配送中心配送商品购进额		非自有配送中心配送商品购进额		商品销售额		零售额	
2011年	2010年	2011年	2010年	2011年	2010年	2011年	2010年
4808575	**3883777**	**1022588**	**785523**	**14248214**	**11241161**	**13413418**	**10513312**
1890991	1398248	381167	260521	5314553	3770344	5101707	3589068
338549	332943	15911	1517	712215	564532	594954	425004
49404	49377	58515	25401	430594	310143	403112	281760
45697	51668	2480	2559	199480	130004	149638	101688
955977	708781	80373	50549	1523491	1203107	1366616	1101609
75911	71934	10318	10469	455260	246218	427694	231375
1442859	1261260	473824	434507	5572232	4967433	5335576	4739321
5768	6390			33325	43435	27057	37541
3421	3176			7065	5946	7065	5946
715331	**551265**	**71923**	**74943**	**1300289**	**1593957**	**1219604**	**1013994**
454758	**329140**	**9149**	**2975**	**650912**	**475506**	**589877**	**437137**
34794	35416	9149	2608	45386	41009	45386	41009
386567	269179			536955	381641	529533	380444
3835	2390			12815	10844	2166	3585
17072	11173		367	31343	27935	9367	7448
3578	4657			3425	4652	3425	4652
8912	6325			20989	9425		
260572	**222126**	**62774**	**71968**	**649377**	**1118452**	**629727**	**576857**
163694	134098	43476	43842	440651	895267	438832	386028
26034	30478			37280	66123	27898	49423
4609	2780	8616	17620	21651	25900	21651	17665
40285	37904	10682	10506	121656	112529	113208	105107
630	665			560	490	560	490
25321	16201			27209	17966	27209	17966
				371	178	371	178

1-5 续表 16

其他企业

项　　目	商品购进总额		统一配送商品购进额	
	2011年	2010年	2011年	2010年
总　　计	**734741**	**753335**	**678085**	**711000**
批发业	**2554**	**2892**	**2554**	**2892**
农畜产品批发				
食品、饮料及烟草制品专门批发				
纺织、服装及日用品批发				
文化、体育用品及器材批发				
医药及医疗器材批发	2554	2892	2554	2892
矿产品、建材及化工产品批发				
机械设备、五金交电及电子产品批发				
贸易经纪与代理				
其他批发				
零售业	**732187**	**750443**	**675531**	**708108**
综合零售	206718	175147	193855	160005
食品、饮料及烟草制品专门零售	17177	12944	15471	11000
纺织、服装及日用品专门零售	14515	7893	14515	7893
文化、体育用品及器材专门零售	32258	20136	32258	20136
医药及医疗器材专门零售	33335	28780	30229	26836
汽车、摩托车、燃料及零配件专门零售	318830	405163	281777	383722
家用电器及电子产品专门零售	109354	100380	107425	98516
五金、家具及室内装修材料专门零售				
无店铺及其他零售				
直营门店合计	**718868**	**740611**	**663745**	**699750**
批发业	**2554**	**2892**	**2554**	**2892**
农畜产品批发				
食品、饮料及烟草制品专门批发				
纺织、服装及日用品批发				
文化、体育用品及器材批发				
医药及医疗器材批发	2554	2892	2554	2892
矿产品、建材及化工产品批发				
机械设备、五金交电及电子产品批发				
贸易经纪与代理				
其他批发				

自有配送中心配送商品购进额		非自有配送中心配送商品购进额		商品销售额		零售额	
2011年	2010年	2011年	2010年	2011年	2010年	2011年	2010年
432366	**504542**	**61157**	**47722**	**1438523**	**764386**	**930621**	**746678**
723	**327**			**3362**	**2780**	**1625**	**1189**
723	327			3362	2780	1625	1189
431643	**504215**	**61157**	**47722**	**1435161**	**761606**	**928996**	**745490**
110259	94323	56157	45509	208798	154035	199384	146860
12471	9500	3000	1500	18325	14198	16603	13220
14515	7893			13912	21462	13912	18232
9775	5765			38575	33268	38575	33093
16202	14516	2000	714	41655	30614	36962	26056
268421	372218			1010973	412980	520637	412980
				102924	95049	102924	95049
426902	**501589**	**55942**	**44055**	**1423541**	**750640**	**916484**	**733704**
723	**327**			**3362**	**2780**	**1625**	**1189**
723	327			3362	2780	1625	1189

1-5 续表 17

其他企业

项目	商品购进总额		统一配送商品购进额	
	2011年	2010年	2011年	2010年
零售业	**716314**	**737719**	**661191**	**696858**
综合零售	200861	170230	189531	156560
食品、饮料及烟草制品专门零售	17177	12944	15471	11000
纺织、服装及日用品专门零售	14515	7893	14515	7893
文化、体育用品及器材专门零售	32258	20136	32258	20136
医药及医疗器材专门零售	26979	22474	23872	20530
汽车、摩托车、燃料及零配件专门零售	315170	403663	278117	382222
家用电器及电子产品专门零售	109354	100380	107425	98516
五金、家具及室内装修材料专门零售				
无店铺及其他零售				
加盟门店合计	**15873**	**12724**	**14340**	**11251**
批发业				
农畜产品批发				
食品、饮料及烟草制品专门批发				
纺织、服装及日用品批发				
文化、体育用品及器材批发				
医药及医疗器材批发				
矿产品、建材及化工产品批发				
机械设备、五金交电及电子产品批发				
贸易经纪与代理				
其他批发				
零售业	**15873**	**12724**	**14340**	**11251**
综合零售	5857	4918	4324	3444
食品、饮料及烟草制品专门零售				
纺织、服装及日用品专门零售				
文化、体育用品及器材专门零售				
医药及医疗器材专门零售	6356	6306	6356	6306
汽车、摩托车、燃料及零配件专门零售	3660	1500	3660	1500
家用电器及电子产品专门零售				
五金、家具及室内装修材料专门零售				
无店铺及其他零售				

自有配送中心配送商品购进额		非自有配送中心配送商品购进额		商品销售额		零售额	
2011年	2010年	2011年	2010年	2011年	2010年	2011年	2010年
426179	**501262**	**55942**	**44055**	**1420179**	**747860**	**914860**	**732516**
109196	93869	52897	42519	204529	150407	195960	144004
12471	9500	3000	1500	18325	14198	16603	13220
14515	7893			13912	21462	13912	18232
9775	5765			38575	33268	38575	33093
11801	12017	45	36	33080	22009	28386	17451
268421	372218			1008835	411467	518500	411467
				102924	95049	102924	95049
5465	**2953**	**5216**	**3667**	**14982**	**13746**	**14137**	**12974**
5465	**2953**	**5216**	**3667**	**14982**	**13746**	**14137**	**12974**
1064	455	3261	2990	4269	3628	3424	2856
4401	2499	1955	678	8576	8605	8576	8605
				2138	1513	2138	1513

1-5 续表 18

港澳台商投资企业

项目	商品购进总额		统一配送商品购进额	
	2011年	2010年	2011年	2010年
总计	**15543821**	**12287189**	**12077688**	**9018096**
批发业	**47464**	**41567**	**47464**	**36606**
农畜产品批发	2966	2462	2966	2462
食品、饮料及烟草制品专门批发	1879	5003	1879	5003
纺织、服装及日用品批发	42619	34102	42619	29142
文化、体育用品及器材批发				
医药及医疗器材批发				
矿产品、建材及化工产品批发				
机械设备、五金交电及电子产品批发				
贸易经纪与代理				
其他批发				
零售业	**15496357**	**12245622**	**12030224**	**8981490**
综合零售	14480876	11538858	11610916	8616593
食品、饮料及烟草制品专门零售	53905	31645	53905	31645
纺织、服装及日用品专门零售	889701	599528	302865	263727
文化、体育用品及器材专门零售				
医药及医疗器材专门零售	31986	33328	22650	27261
汽车、摩托车、燃料及零配件专门零售				
家用电器及电子产品专门零售				
五金、家具及室内装修材料专门零售	13004	15407	13004	15407
无店铺及其他零售	26884	26856	26884	26856
直营门店合计	**12567804**	**10068617**	**9104182**	**6801422**
批发业	**31080**	**29259**	**31080**	**24298**
农畜产品批发	2966	2462	2966	2462
食品、饮料及烟草制品专门批发	1879	5003	1879	5003
纺织、服装及日用品批发	26235	21794	26235	16833
文化、体育用品及器材批发				
医药及医疗器材批发				
矿产品、建材及化工产品批发				
机械设备、五金交电及电子产品批发				
贸易经纪与代理				
其他批发				

自有配送中心配送商品购进额		非自有配送中心配送商品购进额		商品销售额		零售额	
2011年	2010年	2011年	2010年	2011年	2010年	2011年	2010年
7794581	**5728568**	**1047352**	**721643**	**20779506**	**16717841**	**16723458**	**13229998**
28114	**34144**			**165939**	**44456**	**56327**	**39495**
				115196	3789	5584	3789
1879	5003			8124	6564	8124	6564
26235	29142			42619	34102	42619	29142
7766467	**5694423**	**1047352**	**721643**	**20613567**	**16673385**	**16667131**	**13190503**
7555086	5508560	1044152	717815	19215675	15602452	15431276	12252997
50203	28137	833	845	81641	56294	77354	56215
138529	130465	2367	2984	1214155	921380	1098905	820813
22650	27261			37086	40000	21492	21708
				16274	19742	16274	19742
				48736	33517	21830	19027
6592106	**4813600**	**1047352**	**721643**	**17792696**	**14490921**	**13736660**	**11003149**
28114	**21836**			**149555**	**32147**	**39943**	**27186**
				115196	3789	5584	3789
1879	5003			8124	6564	8124	6564
26235	16833			26235	21794	26235	16833

1-5 续表 19

港澳台商投资企业

项　目	商品购进总额		统一配送商品购进额	
	2011年	2010年	2011年	2010年
零售业	**12536724**	**10039359**	**9073103**	**6777125**
综合零售	11551561	9362748	8681601	6440483
食品、饮料及烟草制品专门零售	48340	24247	48340	24247
纺织、服装及日用品专门零售	865312	577253	280987	243350
文化、体育用品及器材专门零售				
医药及医疗器材专门零售	31624	32849	22287	26782
汽车、摩托车、燃料及零配件专门零售				
家用电器及电子产品专门零售				
五金、家具及室内装修材料专门零售	13004	15407	13004	15407
无店铺及其他零售	26884	26856	26884	26856
加盟门店合计	**2976017**	**2218572**	**2973506**	**2216674**
批发业	**16384**	**12309**	**16384**	**12309**
农畜产品批发				
食品、饮料及烟草制品专门批发				
纺织、服装及日用品批发	16384	12309	16384	12309
文化、体育用品及器材批发				
医药及医疗器材批发				
矿产品、建材及化工产品批发				
机械设备、五金交电及电子产品批发				
贸易经纪与代理				
其他批发				
零售业	**2959633**	**2206263**	**2957122**	**2204365**
综合零售	2929316	2176110	2929316	2176110
食品、饮料及烟草制品专门零售	5565	7399	5565	7399
纺织、服装及日用品专门零售	24390	22275	21879	20377
文化、体育用品及器材专门零售				
医药及医疗器材专门零售	362	479	362	479
汽车、摩托车、燃料及零配件专门零售				
家用电器及电子产品专门零售				
五金、家具及室内装修材料专门零售				
无店铺及其他零售				

自有配送中心配送商品购进额		非自有配送中心配送商品购进额		商品销售额		零售额	
2011年	2010年	2011年	2010年	2011年	2010年	2011年	2010年
6563991	**4791764**	**1047352**	**721643**	**17643141**	**14458774**	**13696717**	**10975963**
6380416	4634156	1044152	717815	16283330	13425282	12498931	10075827
44638	20739	833	845	76375	49306	72100	49299
116650	110088	2367	2984	1181768	891439	1066519	790873
22287	26782			36658	39488	21064	21196
				16274	19742	16274	19742
				48736	33517	21830	19027
1202476	**914968**			**2986810**	**2226920**	**2986798**	**2226849**
	12309			**16384**	**12309**	**16384**	**12309**
	12309			16384	12309	16384	12309
1202476	**902659**			**2970426**	**2214611**	**2970414**	**2214540**
1174670	874404			2932345	2177171	2932345	2177171
5565	7399			5267	6988	5255	6917
21879	20377			32386	29941	32386	29941
362	479			428	512	428	512

1-5 续表 20

外商投资企业

项目	商品购进总额		统一配送商品购进额	
	2011年	2010年	2011年	2010年
总　计	**25536475**	**21624864**	**17641319**	**15605286**
批发业	**1081488**	**856781**	**1081488**	**856781**
农畜产品批发				
食品、饮料及烟草制品专门批发	524442	390709	524442	390709
纺织、服装及日用品批发				
文化、体育用品及器材批发				
医药及医疗器材批发				
矿产品、建材及化工产品批发	535616	449105	535616	449105
机械设备、五金交电及电子产品批发				
贸易经纪与代理				
其他批发	21430	16967	21430	16967
零售业	**24454987**	**20768083**	**16559832**	**14748505**
综合零售	17605700	14892216	11191009	10210128
食品、饮料及烟草制品专门零售	43661	44066	20377	18146
纺织、服装及日用品专门零售	691733	655323	691198	650703
文化、体育用品及器材专门零售	34340	28009		
医药及医疗器材专门零售	52612	49256	52612	49256
汽车、摩托车、燃料及零配件专门零售	3518772	2799813	2598126	2055149
家用电器及电子产品专门零售	2176877	1861398	1836002	1592485
五金、家具及室内装修材料专门零售	331293	438000	170509	172639
无店铺及其他零售				
直营门店合计	**23759992**	**19624663**	**15922940**	**13624023**
批发业	**824913**	**651883**	**824913**	**651883**
农畜产品批发				
食品、饮料及烟草制品专门批发	523022	389748	523022	389748
纺织、服装及日用品批发				
文化、体育用品及器材批发				
医药及医疗器材批发				
矿产品、建材及化工产品批发	280461	245168	280461	245168
机械设备、五金交电及电子产品批发				
贸易经纪与代理				
其他批发	21430	16967	21430	16967

自有配送中心配送商品购进额		非自有配送中心配送商品购进额		商品销售额		零售额	
2011年	2010年	2011年	2010年	2011年	2010年	2011年	2010年
8606587	**7768858**	**3030169**	**2408681**	**29026038**	**25041653**	**25147301**	**21572157**
535616	**449105**	**13554**		**1261507**	**1028500**	**589734**	**509281**
				673486	521814	11941	7002
535616	449105			560045	480606	560045	480606
		13554		27977	26080	17748	21673
8070971	**7319754**	**3016615**	**2408681**	**27764531**	**24013153**	**24557567**	**21062876**
5811839	5277209	1044624	917203	18218838	16400041	16178525	14591236
20377	18146			69136	54350	56981	42682
521040	550918	30324	4667	921763	874205	873575	842566
				54880	31232	54880	31232
52612	49256			52369	52471	51235	51312
656290	553810	1124802	768771	5798114	4357481	4743411	3331074
972570	839693	793687	694976	2170993	1753355	2140620	1701990
36244	30721	23179	23064	478440	490019	458340	470784
6974588	**5891934**	**2980726**	**2340127**	**27008407**	**22884184**	**23146710**	**19420528**
280461	**245168**	**13554**		**979799**	**791532**	**308027**	**272314**
				671950	520651	10405	5839
280461	245168			279873	244802	279873	244802
		13554		27977	26080	17748	21673

1-5 续表 21

外商投资企业

项　目	商品购进总额		统一配送商品购进额	
	2011年	2010年	2011年	2010年
零售业	**22935079**	**18972780**	**15098027**	**12972140**
综合零售	16287239	13306929	9930651	8643778
食品、饮料及烟草制品专门零售	39106	41233	15821	15313
纺织、服装及日用品专门零售	494842	448141	494306	443521
文化、体育用品及器材专门零售	34340	28009		
医药及医疗器材专门零售	52612	49256	52612	49256
汽车、摩托车、燃料及零配件专门零售	3518772	2799813	2598126	2055149
家用电器及电子产品专门零售	2176877	1861398	1836002	1592485
五金、家具及室内装修材料专门零售	331293	438000	170509	172639
无店铺及其他零售				
加盟门店合计	**1776483**	**2000200**	**1718380**	**1981263**
批发业	**256575**	**204898**	**256575**	**204898**
农畜产品批发				
食品、饮料及烟草制品专门批发	1420	961	1420	961
纺织、服装及日用品批发				
文化、体育用品及器材批发				
医药及医疗器材批发				
矿产品、建材及化工产品批发	255155	203937	255155	203937
机械设备、五金交电及电子产品批发				
贸易经纪与代理				
其他批发				
零售业	**1519908**	**1795303**	**1461805**	**1776365**
综合零售	1318461	1585287	1260358	1566350
食品、饮料及烟草制品专门零售	4555	2833	4555	2833
纺织、服装及日用品专门零售	196891	207182	196891	207182
文化、体育用品及器材专门零售				
医药及医疗器材专门零售				
汽车、摩托车、燃料及零配件专门零售				
家用电器及电子产品专门零售				
五金、家具及室内装修材料专门零售				
无店铺及其他零售				

自有配送中心配送商品购进额		非自有配送中心配送商品购进额		商品销售额		零售额	
2011年	2010年	2011年	2010年	2011年	2010年	2011年	2010年
6694128	**5646766**	**2967172**	**2340127**	**26028608**	**22092652**	**22838683**	**19148214**
4635443	3813252	995181	848649	16827924	14830133	14804651	13027167
15821	15313			64817	50711	52662	39044
325148	344720	30324	4667	581072	527251	532884	495612
				54880	31232	54880	31232
52612	49256			52369	52471	51235	51312
656290	553810	1124802	768771	5798114	4357481	4743411	3331074
972570	839693	793687	694976	2170993	1753355	2140620	1701990
36244	30721	23179	23064	478440	490019	458340	470784
1631998	**1876924**	**49444**	**68554**	**2017631**	**2157468**	**2000591**	**2151629**
255155	**203937**			**281707**	**236968**	**281707**	**236968**
				1536	1163	1536	1163
255155	203937			280171	235804	280171	235804
1376843	**1672988**	**49444**	**68554**	**1735924**	**1920501**	**1718884**	**1914661**
1176396	1463957	49444	68554	1390914	1569908	1373874	1564069
4555	2833			4319	3639	4319	3639
195892	206198			340691	346954	340691	346954

1-6 按行业与业态分连锁零售企业基本情况

便利店

项目	连锁总店数(个)	门店数(个)		年末从业人员(人)		年末零售营业面积(平方米)	
	2011年	2011年	2010年	2011年	2010年	2011年	2010年
总　计	**83**	**13609**	**12795**	**70977**	**70140**	**1096650**	**1003348**
批发业							
农畜产品批发							
食品、饮料及烟草制品专门批发							
纺织、服装及日用品批发							
文化、体育用品及器材批发							
医药及医疗器材批发							
矿产品、建材及化工产品批发							
机械设备、五金交电及电子产品批发							
贸易经纪与代理							
其他批发							
零售业	**83**	**13609**	**12795**	**70977**	**70140**	**1096650**	**1003348**
综合零售	83	13609	12795	70977	70140	1096650	1003348
食品、饮料及烟草制品专门零售							
纺织、服装及日用品专门零售							
文化、体育用品及器材专门零售							
医药及医疗器材专门零售							
汽车、摩托车、燃料及零配件专门零售							
家用电器及电子产品专门零售							
五金、家具及室内装修材料专门零售							
无店铺及其他零售							
直营门店合计		**8798**	**8154**	**53430**	**52247**	**815592**	**743104**
批发业							
农畜产品批发							
食品、饮料及烟草制品专门批发							
纺织、服装及日用品批发							
文化、体育用品及器材批发							
医药及医疗器材批发							
矿产品、建材及化工产品批发							
机械设备、五金交电及电子产品批发							
贸易经纪与代理							
其他批发							

1-6 续表 1

便利店

项　　目	连锁总店数(个)	门店数(个)		年末从业人员(人)		年末零售营业面积(平方米)	
	2011年	2011年	2010年	2011年	2010年	2011年	2010年
零售业		**8798**	**8154**	**53430**	**52247**	**815592**	**743104**
综合零售		8798	8154	53430	52247	815592	743104
食品、饮料及烟草制品专门零售							
纺织、服装及日用品专门零售							
文化、体育用品及器材专门零售							
医药及医疗器材专门零售							
汽车、摩托车、燃料及零配件专门零售							
家用电器及电子产品专门零售							
五金、家具及室内装修材料专门零售							
无店铺及其他零售							
加盟门店合计		**4811**	**4641**	**17547**	**17893**	**281058**	**260244**
批发业							
农畜产品批发							
食品、饮料及烟草制品专门批发							
纺织、服装及日用品批发							
文化、体育用品及器材批发							
医药及医疗器材批发							
矿产品、建材及化工产品批发							
机械设备、五金交电及电子产品批发							
贸易经纪与代理							
其他批发							
零售业		**4811**	**4641**	**17547**	**17893**	**281058**	**260244**
综合零售		4811	4641	17547	17893	281058	260244
食品、饮料及烟草制品专门零售							
纺织、服装及日用品专门零售							
文化、体育用品及器材专门零售							
医药及医疗器材专门零售							
汽车、摩托车、燃料及零配件专门零售							
家用电器及电子产品专门零售							
五金、家具及室内装修材料专门零售							
无店铺及其他零售							

1-6 续表 2

折扣店

项　　目	连锁总店数（个）	门店数（个）		年末从业人员（人）		年末零售营业面积（平方米）	
	2011年	2011年	2010年	2011年	2010年	2011年	2010年
总　　计	**4**	**948**	**882**	**8109**	**8363**	**268552**	**266950**
批发业							
农畜产品批发							
食品、饮料及烟草制品专门批发							
纺织、服装及日用品批发							
文化、体育用品及器材批发							
医药及医疗器材批发							
矿产品、建材及化工产品批发							
机械设备、五金交电及电子产品批发							
贸易经纪与代理							
其他批发							
零售业	**4**	**948**	**882**	**8109**	**8363**	**268552**	**266950**
综合零售	3	941	875	7494	7778	217617	216520
食品、饮料及烟草制品专门零售							
纺织、服装及日用品专门零售	1	7	7	615	585	50935	50430
文化、体育用品及器材专门零售							
医药及医疗器材专门零售							
汽车、摩托车、燃料及零配件专门零售							
家用电器及电子产品专门零售							
五金、家具及室内装修材料专门零售							
无店铺及其他零售							
直营门店合计		**820**	**740**	**7226**	**7232**	**245884**	**241920**
批发业							
农畜产品批发							
食品、饮料及烟草制品专门批发							
纺织、服装及日用品批发							
文化、体育用品及器材批发							
医药及医疗器材批发							
矿产品、建材及化工产品批发							
机械设备、五金交电及电子产品批发							
贸易经纪与代理							
其他批发							

1-6 续表 3

折扣店

项目	连锁总店数（个）	门店数（个）		年末从业人员（人）		年末零售营业面积（平方米）	
	2011年	2011年	2010年	2011年	2010年	2011年	2010年
零售业		**820**	**740**	**7226**	**7232**	**245884**	**241920**
综合零售		813	733	6611	6647	194949	191490
食品、饮料及烟草制品专门零售							
纺织、服装及日用品专门零售		7	7	615	585	50935	50430
文化、体育用品及器材专门零售							
医药及医疗器材专门零售							
汽车、摩托车、燃料及零配件专门零售							
家用电器及电子产品专门零售							
五金、家具及室内装修材料专门零售							
无店铺及其他零售							
加盟门店合计		**128**	**142**	**883**	**1131**	**22668**	**25030**
批发业							
农畜产品批发							
食品、饮料及烟草制品专门批发							
纺织、服装及日用品批发							
文化、体育用品及器材批发							
医药及医疗器材批发							
矿产品、建材及化工产品批发							
机械设备、五金交电及电子产品批发							
贸易经纪与代理							
其他批发							
零售业		**128**	**142**	**883**	**1131**	**22668**	**25030**
综合零售		128	142	883	1131	22668	25030
食品、饮料及烟草制品专门零售							
纺织、服装及日用品专门零售							
文化、体育用品及器材专门零售							
医药及医疗器材专门零售							
汽车、摩托车、燃料及零配件专门零售							
家用电器及电子产品专门零售							
五金、家具及室内装修材料专门零售							
无店铺及其他零售							

1-6 续表 4

超市

项目	连锁总店数(个)	门店数(个)		年末从业人员(人)		年末零售营业面积(平方米)	
	2011年	2011年	2010年	2011年	2010年	2011年	2010年
总　计	**408**	**38554**	**37090**	**589505**	**538063**	**21908917**	**20210384**
批发业							
农畜产品批发							
食品、饮料及烟草制品专门批发							
纺织、服装及日用品批发							
文化、体育用品及器材批发							
医药及医疗器材批发							
矿产品、建材及化工产品批发							
机械设备、五金交电及电子产品批发							
贸易经纪与代理							
其他批发							
零售业	**408**	**38554**	**37090**	**589505**	**538063**	**21908917**	**20210384**
综合零售	408	38554	37090	589505	538063	21908917	20210384
食品、饮料及烟草制品专门零售							
纺织、服装及日用品专门零售							
文化、体育用品及器材专门零售							
医药及医疗器材专门零售							
汽车、摩托车、燃料及零配件专门零售							
家用电器及电子产品专门零售							
五金、家具及室内装修材料专门零售							
无店铺及其他零售							
直营门店合计		**16483**	**15180**	**488915**	**423351**	**18869274**	**16919520**
批发业							
农畜产品批发							
食品、饮料及烟草制品专门批发							
纺织、服装及日用品批发							
文化、体育用品及器材批发							
医药及医疗器材批发							
矿产品、建材及化工产品批发							
机械设备、五金交电及电子产品批发							
贸易经纪与代理							
其他批发							

1-6 续表 5

超市

项　目	连锁总店数（个）	门店数（个）		年末从业人员（人）		年末零售营业面积（平方米）	
	2011年	2011年	2010年	2011年	2010年	2011年	2010年
零售业		**16483**	**15180**	**488915**	**423351**	**18869274**	**16919520**
综合零售		16483	15180	488915	423351	18869274	16919520
食品、饮料及烟草制品专门零售							
纺织、服装及日用品专门零售							
文化、体育用品及器材专门零售							
医药及医疗器材专门零售							
汽车、摩托车、燃料及零配件专门零售							
家用电器及电子产品专门零售							
五金、家具及室内装修材料专门零售							
无店铺及其他零售							
加盟门店合计		**22071**	**21910**	**100590**	**114712**	**3039643**	**3290864**
批发业							
农畜产品批发							
食品、饮料及烟草制品专门批发							
纺织、服装及日用品批发							
文化、体育用品及器材批发							
医药及医疗器材批发							
矿产品、建材及化工产品批发							
机械设备、五金交电及电子产品批发							
贸易经纪与代理							
其他批发							
零售业		**22071**	**21910**	**100590**	**114712**	**3039643**	**3290864**
综合零售		22071	21910	100590	114712	3039643	3290864
食品、饮料及烟草制品专门零售							
纺织、服装及日用品专门零售							
文化、体育用品及器材专门零售							
医药及医疗器材专门零售							
汽车、摩托车、燃料及零配件专门零售							
家用电器及电子产品专门零售							
五金、家具及室内装修材料专门零售							
无店铺及其他零售							

1-6 续表 6

大型超市

项　　目	连锁总店数（个）	门店数（个）		年末从业人员（人）		年末零售营业面积（平方米）	
	2011年	2011年	2010年	2011年	2010年	2011年	2010年
总　　计	**132**	**2542**	**2272**	**332818**	**305381**	**17606241**	**15704421**
批发业							
农畜产品批发							
食品、饮料及烟草制品专门批发							
纺织、服装及日用品批发							
文化、体育用品及器材批发							
医药及医疗器材批发							
矿产品、建材及化工产品批发							
机械设备、五金交电及电子产品批发							
贸易经纪与代理							
其他批发							
零售业	**132**	**2542**	**2272**	**332818**	**305381**	**17606241**	**15704421**
综合零售	132	2542	2272	332818	305381	17606241	15704421
食品、饮料及烟草制品专门零售							
纺织、服装及日用品专门零售							
文化、体育用品及器材专门零售							
医药及医疗器材专门零售							
汽车、摩托车、燃料及零配件专门零售							
家用电器及电子产品专门零售							
五金、家具及室内装修材料专门零售							
无店铺及其他零售							
直营门店合计		**2426**	**2193**	**328172**	**301236**	**17435362**	**15529394**
批发业							
农畜产品批发							
食品、饮料及烟草制品专门批发							
纺织、服装及日用品批发							
文化、体育用品及器材批发							
医药及医疗器材批发							
矿产品、建材及化工产品批发							
机械设备、五金交电及电子产品批发							
贸易经纪与代理							
其他批发							

1-6 续表 7

大型超市

项　目	连锁总店数（个）	门店数（个）		年末从业人员（人）		年末零售营业面积（平方米）	
	2011年	2011年	2010年	2011年	2010年	2011年	2010年
零售业		**2426**	**2193**	**328172**	**301236**	**17435362**	**15529394**
综合零售		2426	2193	328172	301236	17435362	15529394
食品、饮料及烟草制品专门零售							
纺织、服装及日用品专门零售							
文化、体育用品及器材专门零售							
医药及医疗器材专门零售							
汽车、摩托车、燃料及零配件专门零售							
家用电器及电子产品专门零售							
五金、家具及室内装修材料专门零售							
无店铺及其他零售							
加盟门店合计		**116**	**79**	**4646**	**4145**	**170879**	**175027**
批发业							
农畜产品批发							
食品、饮料及烟草制品专门批发							
纺织、服装及日用品批发							
文化、体育用品及器材批发							
医药及医疗器材批发							
矿产品、建材及化工产品批发							
机械设备、五金交电及电子产品批发							
贸易经纪与代理							
其他批发							
零售业		**116**	**79**	**4646**	**4145**	**170879**	**175027**
综合零售		116	79	4646	4145	170879	175027
食品、饮料及烟草制品专门零售							
纺织、服装及日用品专门零售							
文化、体育用品及器材专门零售							
医药及医疗器材专门零售							
汽车、摩托车、燃料及零配件专门零售							
家用电器及电子产品专门零售							
五金、家具及室内装修材料专门零售							
无店铺及其他零售							

1-6 续表 8

仓储会员店

项　目	连锁总店数（个）	门店数（个）		年末从业人员（人）		年末零售营业面积（平方米）	
	2011年	2011年	2010年	2011年	2010年	2011年	2010年
总　计	**6**	**265**	**245**	**59354**	**58000**	**2341744**	**2002572**
批发业							
农畜产品批发							
食品、饮料及烟草制品专门批发							
纺织、服装及日用品批发							
文化、体育用品及器材批发							
医药及医疗器材批发							
矿产品、建材及化工产品批发							
机械设备、五金交电及电子产品批发							
贸易经纪与代理							
其他批发							
零售业	**6**	**265**	**245**	**59354**	**58000**	**2341744**	**2002572**
综合零售	5	157	138	59034	57677	2333104	1996892
食品、饮料及烟草制品专门零售							
纺织、服装及日用品专门零售							
文化、体育用品及器材专门零售							
医药及医疗器材专门零售	1	108	107	320	323	8640	5680
汽车、摩托车、燃料及零配件专门零售							
家用电器及电子产品专门零售							
五金、家具及室内装修材料专门零售							
无店铺及其他零售							
直营门店合计		**142**	**138**	**13613**	**13735**	**575444**	**537591**
批发业							
农畜产品批发							
食品、饮料及烟草制品专门批发							
纺织、服装及日用品批发							
文化、体育用品及器材批发							
医药及医疗器材批发							
矿产品、建材及化工产品批发							
机械设备、五金交电及电子产品批发							
贸易经纪与代理							
其他批发							

1-6 续表 9

仓储会员店

项目	连锁总店数(个)	门店数(个)		年末从业人员(人)		年末零售营业面积(平方米)	
	2011年	2011年	2010年	2011年	2010年	2011年	2010年
零售业		**142**	**138**	**13613**	**13735**	**575444**	**537591**
综合零售		69	66	13328	13447	569604	534711
食品、饮料及烟草制品专门零售							
纺织、服装及日用品专门零售							
文化、体育用品及器材专门零售							
医药及医疗器材专门零售		73	72	285	288	5840	2880
汽车、摩托车、燃料及零配件专门零售							
家用电器及电子产品专门零售							
五金、家具及室内装修材料专门零售							
无店铺及其他零售							
加盟门店合计		**123**	**107**	**45741**	**44265**	**1766300**	**1464981**
批发业							
农畜产品批发							
食品、饮料及烟草制品专门批发							
纺织、服装及日用品批发							
文化、体育用品及器材批发							
医药及医疗器材批发							
矿产品、建材及化工产品批发							
机械设备、五金交电及电子产品批发							
贸易经纪与代理							
其他批发							
零售业		**123**	**107**	**45741**	**44265**	**1766300**	**1464981**
综合零售		88	72	45706	44230	1763500	1462181
食品、饮料及烟草制品专门零售							
纺织、服装及日用品专门零售							
文化、体育用品及器材专门零售							
医药及医疗器材专门零售		35	35	35	35	2800	2800
汽车、摩托车、燃料及零配件专门零售							
家用电器及电子产品专门零售							
五金、家具及室内装修材料专门零售							
无店铺及其他零售							

1-6 续表 10

百货店

项　目	连锁总店数(个)	门店数(个)		年末从业人员(人)		年末零售营业面积(平方米)	
	2011年	2011年	2010年	2011年	2010年	2011年	2010年
总　计	**94**	**4826**	**4786**	**265355**	**244929**	**17222969**	**15123362**
批发业							
农畜产品批发							
食品、饮料及烟草制品专门批发							
纺织、服装及日用品批发							
文化、体育用品及器材批发							
医药及医疗器材批发							
矿产品、建材及化工产品批发							
机械设备、五金交电及电子产品批发							
贸易经纪与代理							
其他批发							
零售业	**94**	**4826**	**4786**	**265355**	**244929**	**17222969**	**15123362**
综合零售	94	4826	4786	265355	244929	17222969	15123362
食品、饮料及烟草制品专门零售							
纺织、服装及日用品专门零售							
文化、体育用品及器材专门零售							
医药及医疗器材专门零售							
汽车、摩托车、燃料及零配件专门零售							
家用电器及电子产品专门零售							
五金、家具及室内装修材料专门零售							
无店铺及其他零售							
直营门店合计		**2255**	**2059**	**242546**	**221776**	**16416638**	**14355185**
批发业							
农畜产品批发							
食品、饮料及烟草制品专门批发							
纺织、服装及日用品批发							
文化、体育用品及器材批发							
医药及医疗器材批发							
矿产品、建材及化工产品批发							
机械设备、五金交电及电子产品批发							
贸易经纪与代理							
其他批发							

1-6 续表 11

百货店

项目	连锁总店数(个)	门店数(个)		年末从业人员(人)		年末零售营业面积(平方米)	
	2011年	2011年	2010年	2011年	2010年	2011年	2010年
零售业		**2255**	**2059**	**242546**	**221776**	**16416638**	**14355185**
综合零售		2255	2059	242546	221776	16416638	14355185
食品、饮料及烟草制品专门零售							
纺织、服装及日用品专门零售							
文化、体育用品及器材专门零售							
医药及医疗器材专门零售							
汽车、摩托车、燃料及零配件专门零售							
家用电器及电子产品专门零售							
五金、家具及室内装修材料专门零售							
无店铺及其他零售							
加盟门店合计		**2571**	**2727**	**22809**	**23153**	**806331**	**768177**
批发业							
农畜产品批发							
食品、饮料及烟草制品专门批发							
纺织、服装及日用品批发							
文化、体育用品及器材批发							
医药及医疗器材批发							
矿产品、建材及化工产品批发							
机械设备、五金交电及电子产品批发							
贸易经纪与代理							
其他批发							
零售业		**2571**	**2727**	**22809**	**23153**	**806331**	**768177**
综合零售		2571	2727	22809	23153	806331	768177
食品、饮料及烟草制品专门零售							
纺织、服装及日用品专门零售							
文化、体育用品及器材专门零售							
医药及医疗器材专门零售							
汽车、摩托车、燃料及零配件专门零售							
家用电器及电子产品专门零售							
五金、家具及室内装修材料专门零售							
无店铺及其他零售							

1-6 续表 12

专业店(含加油站)

项目	连锁总店数(个)	门店数(个)		年末从业人员(人)		年末零售营业面积(平方米)	
	2011年	2011年	2010年	2011年	2010年	2011年	2010年
总　计	**1354**	**95680**	**90320**	**963436**	**838069**	**71425310**	**66507168**
批发业	**217**	**38797**	**36477**	**259211**	**233756**	**34564334**	**33428157**
农畜产品批发	3	2874	2387	8458	6770	2150	2245
食品、饮料及烟草制品专门批发	31	2626	1857	19528	18764	202614	189558
纺织、服装及日用品批发	3	968	294	1396	682	50771	22371
文化、体育用品及器材批发	5	419	377	12401	12937	668096	643173
医药及医疗器材批发	28	1999	1920	5960	5326	136910	102619
矿产品、建材及化工产品批发	129	27809	27642	203453	179971	33289237	32297624
机械设备、五金交电及电子产品批发	13	1514	1423	6091	7381	150959	108581
贸易经纪与代理							
其他批发	5	588	577	1924	1925	63597	61986
零售业	**1137**	**56883**	**53843**	**704225**	**604313**	**36860976**	**33079011**
综合零售	36	2353	2038	23144	21140	379722	360637
食品、饮料及烟草制品专门零售	58	2611	2471	13613	11852	142478	126076
纺织、服装及日用品专门零售	65	1075	1055	13962	13057	250442	223451
文化、体育用品及器材专门零售	64	1039	1032	19248	20134	711746	690844
医药及医疗器材专门零售	561	31064	29587	179166	170106	3823478	3338603
汽车、摩托车、燃料及零配件专门零售	157	13644	13344	144621	133174	16879900	17116570
家用电器及电子产品专门零售	184	4895	4053	308033	232211	14616135	11140377
五金、家具及室内装修材料专门零售	5	28	28	404	544	10263	32336
无店铺及其他零售	7	174	235	2034	2095	46812	50117
直营门店合计		**71152**	**66852**	**897990**	**771942**	**69208363**	**64207507**
批发业		**26059**	**25231**	**230198**	**206369**	**33294523**	**32166847**
农畜产品批发		94	72	1508	982	2150	2245
食品、饮料及烟草制品专门批发		919	504	15847	16392	107687	108228
纺织、服装及日用品批发		148	128	297	316	15159	13213
文化、体育用品及器材批发		419	377	12401	12937	668096	643173
医药及医疗器材批发		859	824	4366	3932	94171	78912
矿产品、建材及化工产品批发		21862	21711	189162	164474	32241594	31199285
机械设备、五金交电及电子产品批发		1393	1257	5246	5959	129719	87111
贸易经纪与代理							
其他批发		365	358	1371	1377	35947	34680

1-6 续表 13

专业店(含加油站)

项　目	连锁总店数(个)	门店数(个)		年末从业人员(人)		年末零售营业面积(平方米)	
	2011年	2011年	2010年	2011年	2010年	2011年	2010年
零售业		**45093**	**41621**	**667792**	**565573**	**35913840**	**32040660**
综合零售		1761	1505	20819	19533	326447	311482
食品、饮料及烟草制品专门零售		2348	2041	12900	10331	132579	112892
纺织、服装及日用品专门零售		894	851	13234	12260	234590	206091
文化、体育用品及器材专门零售		867	859	19058	19942	704344	683494
医药及医疗器材专门零售		20791	19149	149922	138797	3199593	2709183
汽车、摩托车、燃料及零配件专门零售		13398	12940	141696	130149	16653957	16808088
家用电器及电子产品专门零售		4838	4016	307742	231934	14606055	11127477
五金、家具及室内装修材料专门零售		28	28	404	544	10263	32336
无店铺及其他零售		168	232	2017	2083	46012	49617
加盟门店合计		**24528**	**23468**	**65446**	**66127**	**2216947**	**2299661**
批发业		**12738**	**11246**	**29013**	**27387**	**1269811**	**1261310**
农畜产品批发		2780	2315	6950	5788		
食品、饮料及烟草制品专门批发		1707	1353	3681	2372	94927	81330
纺织、服装及日用品批发		820	166	1099	366	35612	9158
文化、体育用品及器材批发							
医药及医疗器材批发		1140	1096	1594	1394	42739	23707
矿产品、建材及化工产品批发		5947	5931	14291	15497	1047643	1098339
机械设备、五金交电及电子产品批发		121	166	845	1422	21240	21470
贸易经纪与代理							
其他批发		223	219	553	548	27650	27306
零售业		**11790**	**12222**	**36433**	**38740**	**947136**	**1038351**
综合零售		592	533	2325	1607	53275	49155
食品、饮料及烟草制品专门零售		263	430	713	1521	9899	13184
纺织、服装及日用品专门零售		181	204	728	797	15852	17360
文化、体育用品及器材专门零售		172	173	190	192	7402	7350
医药及医疗器材专门零售		10273	10438	29244	31309	623885	629420
汽车、摩托车、燃料及零配件专门零售		246	404	2925	3025	225943	308482
家用电器及电子产品专门零售		57	37	291	277	10080	12900
五金、家具及室内装修材料专门零售							
无店铺及其他零售		6	3	17	12	800	500

1-6 续表 14

加油站

项目	连锁总店数(个)	门店数(个)		年末从业人员(人)		年末零售营业面积(平方米)	
	2011年	2011年	2010年	2011年	2010年	2011年	2010年
总　计	**228**	**31845**	**31531**	**316560**	**281306**	**47378976**	**46676026**
批发业	**99**	**19644**	**19530**	**190163**	**165940**	**32317759**	**31315920**
农畜产品批发							
食品、饮料及烟草制品专门批发							
纺织、服装及日用品批发							
文化、体育用品及器材批发							
医药及医疗器材批发							
矿产品、建材及化工产品批发	99	19644	19530	190163	165940	32317759	31315920
机械设备、五金交电及电子产品批发							
贸易经纪与代理							
其他批发							
零售业	**129**	**12201**	**12001**	**126397**	**115366**	**15061217**	**15360106**
综合零售							
食品、饮料及烟草制品专门零售							
纺织、服装及日用品专门零售							
文化、体育用品及器材专门零售							
医药及医疗器材专门零售							
汽车、摩托车、燃料及零配件专门零售	129	12201	12001	126397	115366	15061217	15360106
家用电器及电子产品专门零售							
五金、家具及室内装修材料专门零售							
无店铺及其他零售							
直营门店合计		**31144**	**30670**	**307798**	**271828**	**46568156**	**45769296**
批发业		**19152**	**19036**	**183218**	**158418**	**31598479**	**30583269**
农畜产品批发							
食品、饮料及烟草制品专门批发							
纺织、服装及日用品批发							
文化、体育用品及器材批发							
医药及医疗器材批发							
矿产品、建材及化工产品批发		19152	19036	183218	158418	31598479	30583269
机械设备、五金交电及电子产品批发							
贸易经纪与代理							
其他批发							

1-6 续表 15

加油站

项目	连锁总店数(个)	门店数(个)		年末从业人员(人)		年末零售营业面积(平方米)	
	2011年	2011年	2010年	2011年	2010年	2011年	2010年
零售业		**11992**	**11634**	**124580**	**113410**	**14969677**	**15186027**
综合零售							
食品、饮料及烟草制品专门零售							
纺织、服装及日用品专门零售							
文化、体育用品及器材专门零售							
医药及医疗器材专门零售							
汽车、摩托车、燃料及零配件专门零售		11992	11634	124580	113410	14969677	15186027
家用电器及电子产品专门零售							
五金、家具及室内装修材料专门零售							
无店铺及其他零售							
加盟门店合计		**701**	**861**	**8762**	**9478**	**810820**	**906730**
批发业		**492**	**494**	**6945**	**7522**	**719280**	**732651**
农畜产品批发							
食品、饮料及烟草制品专门批发							
纺织、服装及日用品批发							
文化、体育用品及器材批发							
医药及医疗器材批发							
矿产品、建材及化工产品批发		492	494	6945	7522	719280	732651
机械设备、五金交电及电子产品批发							
贸易经纪与代理							
其他批发							
零售业		**209**	**367**	**1817**	**1956**	**91540**	**174079**
综合零售							
食品、饮料及烟草制品专门零售							
纺织、服装及日用品专门零售							
文化、体育用品及器材专门零售							
医药及医疗器材专门零售							
汽车、摩托车、燃料及零配件专门零售		209	367	1817	1956	91540	174079
家用电器及电子产品专门零售							
五金、家具及室内装修材料专门零售							
无店铺及其他零售							

1-6 续表 16

专卖店

项　目	连锁总店数(个)	门店数(个)		年末从业人员(人)		年末零售营业面积(平方米)	
	2011年	2011年	2010年	2011年	2010年	2011年	2010年
总　计	**256**	**31768**	**25090**	**167492**	**145949**	**3667129**	**3337298**
批发业	**33**	**7019**	**5922**	**36819**	**32430**	**816828**	**728493**
农畜产品批发	1	40	40	81	78	2860	2860
食品、饮料及烟草制品专门批发	14	201	236	5248	5167	384634	369890
纺织、服装及日用品批发	7	6013	4933	26131	23020	354886	281839
文化、体育用品及器材批发							
医药及医疗器材批发	5	176	176	859	812	16646	16826
矿产品、建材及化工产品批发	2	188	188	333	299	8124	8124
机械设备、五金交电及电子产品批发	3	343	249	4079	2923	49278	48554
贸易经纪与代理							
其他批发	1	58	100	88	131	400	400
零售业	**223**	**24749**	**19168**	**130673**	**113519**	**2850301**	**2608805**
综合零售	5	511	507	2435	2312	35498	34233
食品、饮料及烟草制品专门零售	72	4856	4514	25988	23858	358007	301914
纺织、服装及日用品专门零售	73	17103	11934	66172	53266	1221896	1056184
文化、体育用品及器材专门零售	14	604	576	13665	12989	346133	336578
医药及医疗器材专门零售	22	1260	1248	7209	7469	140581	128637
汽车、摩托车、燃料及零配件专门零售	12	49	48	1141	1222	37648	43459
家用电器及电子产品专门零售	20	225	204	10183	9578	624024	605123
五金、家具及室内装修材料专门零售	1	41	33	3257	1980	75033	89091
无店铺及其他零售	4	100	104	623	845	11481	13586
直营门店合计		**8607**	**7788**	**98423**	**89828**	**2713628**	**2593515**
批发业		**1231**	**943**	**13578**	**11120**	**512634**	**477093**
农畜产品批发							
食品、饮料及烟草制品专门批发		201	236	5248	5167	384634	369890
纺织、服装及日用品批发		516	288	3448	2298	59867	39849
文化、体育用品及器材批发							
医药及医疗器材批发		100	98	644	597	12755	12700
矿产品、建材及化工产品批发		51	51	131	112	5800	5800
机械设备、五金交电及电子产品批发		343	249	4079	2923	49278	48554
贸易经纪与代理							
其他批发		20	21	28	23	300	300

1-6 续表 17

专卖店

项　目	连锁总店数(个)	门店数(个)		年末从业人员(人)		年末零售营业面积(平方米)	
	2011年	2011年	2010年	2011年	2010年	2011年	2010年
零售业		**7376**	**6845**	**84845**	**78708**	**2200994**	**2116422**
综合零售		256	238	1460	1227	19400	15490
食品、饮料及烟草制品专门零售		2764	2590	20233	18829	243182	213199
纺织、服装及日用品专门零售		2454	2289	28952	26818	728523	701077
文化、体育用品及器材专门零售		578	549	13108	12484	346132	336577
医药及医疗器材专门零售		910	791	5893	5729	116171	99420
汽车、摩托车、燃料及零配件专门零售		48	47	1136	1218	37048	42859
家用电器及电子产品专门零售		225	204	10183	9578	624024	605123
五金、家具及室内装修材料专门零售		41	33	3257	1980	75033	89091
无店铺及其他零售		100	104	623	845	11481	13586
加盟门店合计		**23161**	**17302**	**69069**	**56121**	**953501**	**743783**
批发业		**5788**	**4979**	**23241**	**21310**	**304194**	**251400**
农畜产品批发		40	40	81	78	2860	2860
食品、饮料及烟草制品专门批发							
纺织、服装及日用品批发		5497	4645	22683	20722	295019	241990
文化、体育用品及器材批发							
医药及医疗器材批发		76	78	215	215	3891	4126
矿产品、建材及化工产品批发		137	137	202	187	2324	2324
机械设备、五金交电及电子产品批发							
贸易经纪与代理							
其他批发		38	79	60	108	100	100
零售业		**17373**	**12323**	**45828**	**34811**	**649307**	**492383**
综合零售		255	269	975	1085	16098	18743
食品、饮料及烟草制品专门零售		2092	1924	5755	5029	114825	88715
纺织、服装及日用品专门零售		14649	9645	37220	26448	493373	355107
文化、体育用品及器材专门零售		26	27	557	505	1	1
医药及医疗器材专门零售		350	457	1316	1740	24410	29217
汽车、摩托车、燃料及零配件专门零售		1	1	5	4	600	600
家用电器及电子产品专门零售							
五金、家具及室内装修材料专门零售							
无店铺及其他零售							

1-6 续表 18

家居建材商店

项目	连锁总店数(个)	门店数(个)		年末从业人员(人)		年末零售营业面积(平方米)	
	2011年	2011年	2010年	2011年	2010年	2011年	2010年
总计	**15**	**116**	**97**	**7831**	**7554**	**607638**	**618288**
批发业	**1**	**38**		**136**		**3100**	
农畜产品批发							
食品、饮料及烟草制品专门批发							
纺织、服装及日用品批发							
文化、体育用品及器材批发							
医药及医疗器材批发							
矿产品、建材及化工产品批发	1	38		136		3100	
机械设备、五金交电及电子产品批发							
贸易经纪与代理							
其他批发							
零售业	**14**	**78**	**97**	**7695**	**7554**	**604538**	**618288**
综合零售							
食品、饮料及烟草制品专门零售							
纺织、服装及日用品专门零售							
文化、体育用品及器材专门零售							
医药及医疗器材专门零售							
汽车、摩托车、燃料及零配件专门零售							
家用电器及电子产品专门零售							
五金、家具及室内装修材料专门零售	14	78	97	7695	7554	604538	618288
无店铺及其他零售							
直营门店合计		**116**	**97**	**7831**	**7554**	**607638**	**618288**
批发业		**38**		**136**		**3100**	
农畜产品批发							
食品、饮料及烟草制品专门批发							
纺织、服装及日用品批发							
文化、体育用品及器材批发							
医药及医疗器材批发							
矿产品、建材及化工产品批发		38		136		3100	
机械设备、五金交电及电子产品批发							
贸易经纪与代理							
其他批发							

1-6 续表 19

家居建材商店

项目	连锁总店数(个)	门店数(个)		年末从业人员(人)		年末零售营业面积(平方米)	
	2011年	2011年	2010年	2011年	2010年	2011年	2010年
零售业		**78**	**97**	**7695**	**7554**	**604538**	**618288**
综合零售							
食品、饮料及烟草制品专门零售							
纺织、服装及日用品专门零售							
文化、体育用品及器材专门零售							
医药及医疗器材专门零售							
汽车、摩托车、燃料及零配件专门零售							
家用电器及电子产品专门零售							
五金、家具及室内装修材料专门零售		78	97	7695	7554	604538	618288
无店铺及其他零售							
加盟门店合计							
批发业							
农畜产品批发							
食品、饮料及烟草制品专门批发							
纺织、服装及日用品批发							
文化、体育用品及器材批发							
医药及医疗器材批发							
矿产品、建材及化工产品批发							
机械设备、五金交电及电子产品批发							
贸易经纪与代理							
其他批发							
零售业							
综合零售							
食品、饮料及烟草制品专门零售							
纺织、服装及日用品专门零售							
文化、体育用品及器材专门零售							
医药及医疗器材专门零售							
汽车、摩托车、燃料及零配件专门零售							
家用电器及电子产品专门零售							
五金、家具及室内装修材料专门零售							
无店铺及其他零售							

1-6 续表 20

厂家直销中心

项　目	连锁总店数(个)	门店数(个)		年末从业人员(人)		年末零售营业面积(平方米)	
	2011年	2011年	2010年	2011年	2010年	2011年	2010年
总　计	**4**	**74**	**59**	**535**	**373**	**1581**	**386**
批发业	**1**	**51**	**46**	**372**	**320**	**214**	**204**
农畜产品批发							
食品、饮料及烟草制品专门批发	1	51	46	372	320	214	204
纺织、服装及日用品批发							
文化、体育用品及器材批发							
医药及医疗器材批发							
矿产品、建材及化工产品批发							
机械设备、五金交电及电子产品批发							
贸易经纪与代理							
其他批发							
零售业	**3**	**23**	**13**	**163**	**53**	**1367**	**182**
综合零售							
食品、饮料及烟草制品专门零售	2	17	13	135	53	787	182
纺织、服装及日用品专门零售							
文化、体育用品及器材专门零售							
医药及医疗器材专门零售							
汽车、摩托车、燃料及零配件专门零售	1	6		28		580	
家用电器及电子产品专门零售							
五金、家具及室内装修材料专门零售							
无店铺及其他零售							
直营门店合计		**68**	**59**	**507**	**373**	**1001**	**386**
批发业		**51**	**46**	**372**	**320**	**214**	**204**
农畜产品批发							
食品、饮料及烟草制品专门批发		51	46	372	320	214	204
纺织、服装及日用品批发							
文化、体育用品及器材批发							
医药及医疗器材批发							
矿产品、建材及化工产品批发							
机械设备、五金交电及电子产品批发							
贸易经纪与代理							
其他批发							

1-6 续表 21

厂家直销中心

项目	连锁总店数(个)	门店数(个)		年末从业人员(人)		年末零售营业面积(平方米)	
	2011年	2011年	2010年	2011年	2010年	2011年	2010年
零售业		**17**	**13**	**135**	**53**	**787**	**182**
综合零售							
食品、饮料及烟草制品专门零售		17	13	135	53	787	182
纺织、服装及日用品专门零售							
文化、体育用品及器材专门零售							
医药及医疗器材专门零售							
汽车、摩托车、燃料及零配件专门零售							
家用电器及电子产品专门零售							
五金、家具及室内装修材料专门零售							
无店铺及其他零售							
加盟门店合计		**6**		**28**		**580**	
批发业							
农畜产品批发							
食品、饮料及烟草制品专门批发							
纺织、服装及日用品批发							
文化、体育用品及器材批发							
医药及医疗器材批发							
矿产品、建材及化工产品批发							
机械设备、五金交电及电子产品批发							
贸易经纪与代理							
其他批发							
零售业		**6**		**28**		**580**	
综合零售							
食品、饮料及烟草制品专门零售							
纺织、服装及日用品专门零售							
文化、体育用品及器材专门零售							
医药及医疗器材专门零售							
汽车、摩托车、燃料及零配件专门零售		6		28		580	
家用电器及电子产品专门零售							
五金、家具及室内装修材料专门零售							
无店铺及其他零售							

1-6 续表 22

其他

项　目	连锁总店数(个)	门店数(个)		年末从业人员(人)		年末零售营业面积(平方米)	
	2011年	2011年	2010年	2011年	2010年	2011年	2010年
总　计	**55**	**7397**	**7189**	**25142**	**25138**	**559865**	**509657**
批发业	**46**	**7262**	**7059**	**23061**	**23049**	**484116**	**455990**
农畜产品批发							
食品、饮料及烟草制品专门批发	13	2404	2497	8598	9465	172860	172444
纺织、服装及日用品批发	4	71	44	929	833	5715	4615
文化、体育用品及器材批发	3	66	72	2019	2255	38135	44907
医药及医疗器材批发	5	1489	1326	6208	5619	77324	69029
矿产品、建材及化工产品批发	13	2882	2889	3818	3853	163328	143086
机械设备、五金交电及电子产品批发	3	13	12	473	460	10541	9941
贸易经纪与代理							
其他批发	5	337	219	1016	564	16213	11968
零售业	**9**	**135**	**130**	**2081**	**2089**	**75749**	**53667**
综合零售							
食品、饮料及烟草制品专门零售	3	32	32	1058	1111	9320	5171
纺织、服装及日用品专门零售							
文化、体育用品及器材专门零售							
医药及医疗器材专门零售	1	54	54	130	122	4236	4175
汽车、摩托车、燃料及零配件专门零售	1	12	12	114	114	5026	5026
家用电器及电子产品专门零售	2	24	18	545	513	54911	36944
五金、家具及室内装修材料专门零售							
无店铺及其他零售	2	13	14	234	229	2256	2351
直营门店合计		**1561**	**1587**	**13965**	**14416**	**285101**	**268438**
批发业		**1468**	**1499**	**11967**	**12410**	**212577**	**217996**
农畜产品批发							
食品、饮料及烟草制品专门批发		837	891	6439	6796	122546	123240
纺织、服装及日用品批发		66	43	914	830	5635	4605
文化、体育用品及器材批发		66	72	2019	2255	38135	44907
医药及医疗器材批发		127	96	479	441	7555	6478
矿产品、建材及化工产品批发		272	279	1306	1291	22017	22305
机械设备、五金交电及电子产品批发		13	12	473	460	10541	9941
贸易经纪与代理							
其他批发		87	106	337	337	6148	6520

1-6 续表 23

其他

项目	连锁总店数(个)	门店数(个)		年末从业人员(人)		年末零售营业面积(平方米)	
	2011年	2011年	2010年	2011年	2010年	2011年	2010年
零售业		**93**	**88**	**1998**	**2006**	**72524**	**50442**
综合零售							
食品、饮料及烟草制品专门零售		31	31	1057	1110	9310	5161
纺织、服装及日用品专门零售							
文化、体育用品及器材专门零售							
医药及医疗器材专门零售		13	13	48	40	1021	960
汽车、摩托车、燃料及零配件专门零售		12	12	114	114	5026	5026
家用电器及电子产品专门零售		24	18	545	513	54911	36944
五金、家具及室内装修材料专门零售							
无店铺及其他零售		13	14	234	229	2256	2351
加盟门店合计		**5836**	**5602**	**11177**	**10722**	**274764**	**241219**
批发业		**5794**	**5560**	**11094**	**10639**	**271539**	**237994**
农畜产品批发							
食品、饮料及烟草制品专门批发		1567	1606	2159	2669	50314	49204
纺织、服装及日用品批发		5	1	15	3	80	10
文化、体育用品及器材批发							
医药及医疗器材批发		1362	1230	5729	5178	69769	62551
矿产品、建材及化工产品批发		2610	2610	2512	2562	141311	120781
机械设备、五金交电及电子产品批发							
贸易经纪与代理							
其他批发		250	113	679	227	10065	5448
零售业		**42**	**42**	**83**	**83**	**3225**	**3225**
综合零售							
食品、饮料及烟草制品专门零售		1	1	1	1	10	10
纺织、服装及日用品专门零售							
文化、体育用品及器材专门零售							
医药及医疗器材专门零售		41	41	82	82	3215	3215
汽车、摩托车、燃料及零配件专门零售							
家用电器及电子产品专门零售							
五金、家具及室内装修材料专门零售							
无店铺及其他零售							

1-7 按行业与业态分连锁

便利店

项　目	商品购进总额		统一配送商品购进额	
	2011年	2010年	2011年	2010年
总　计	**1861130**	**1669604**	**1095544**	**950579**
批发业				
农畜产品批发				
食品、饮料及烟草制品专门批发				
纺织、服装及日用品批发				
文化、体育用品及器材批发				
医药及医疗器材批发				
矿产品、建材及化工产品批发				
机械设备、五金交电及电子产品批发				
贸易经纪与代理				
其他批发				
零售业	**1861130**	**1669604**	**1095544**	**950579**
综合零售	1861130	1669604	1095544	950579
食品、饮料及烟草制品专门零售				
纺织、服装及日用品专门零售				
文化、体育用品及器材专门零售				
医药及医疗器材专门零售				
汽车、摩托车、燃料及零配件专门零售				
家用电器及电子产品专门零售				
五金、家具及室内装修材料专门零售				
无店铺及其他零售				
直营门店合计	**1456714**	**1301376**	**844571**	**724236**
批发业				
农畜产品批发				
食品、饮料及烟草制品专门批发				
纺织、服装及日用品批发				
文化、体育用品及器材批发				
医药及医疗器材批发				
矿产品、建材及化工产品批发				
机械设备、五金交电及电子产品批发				
贸易经纪与代理				
其他批发				

零售企业经营情况

自有配送中心配送商品购进额		非自有配送中心配送商品购进额		商品销售额		零售额	
2011年	2010年	2011年	2010年	2011年	2010年	2011年	2010年
443081	**394011**	**259047**	**256084**	**2259794**	**1961086**	**2070096**	**1789247**
443081	**394011**	**259047**	**256084**	**2259794**	**1961086**	**2070096**	**1789247**
443081	394011	259047	256084	2259794	1961086	2070096	1789247
372372	**331477**	**170161**	**161417**	**1798818**	**1554148**	**1617131**	**1390211**

1-7 续表 1

便利店

项　目	商品购进总额		统一配送商品购进额	
	2011年	2010年	2011年	2010年
零售业	**1456714**	**1301376**	**844571**	**724236**
综合零售	1456714	1301376	844571	724236
食品、饮料及烟草制品专门零售				
纺织、服装及日用品专门零售				
文化、体育用品及器材专门零售				
医药及医疗器材专门零售				
汽车、摩托车、燃料及零配件专门零售				
家用电器及电子产品专门零售				
五金、家具及室内装修材料专门零售				
无店铺及其他零售				
加盟门店合计	**404416**	**368228**	**250973**	**226343**
批发业				
农畜产品批发				
食品、饮料及烟草制品专门批发				
纺织、服装及日用品批发				
文化、体育用品及器材批发				
医药及医疗器材批发				
矿产品、建材及化工产品批发				
机械设备、五金交电及电子产品批发				
贸易经纪与代理				
其他批发				
零售业	**404416**	**368228**	**250973**	**226343**
综合零售	404416	368228	250973	226343
食品、饮料及烟草制品专门零售				
纺织、服装及日用品专门零售				
文化、体育用品及器材专门零售				
医药及医疗器材专门零售				
汽车、摩托车、燃料及零配件专门零售				
家用电器及电子产品专门零售				
五金、家具及室内装修材料专门零售				
无店铺及其他零售				

自有配送中心配送商品购进额		非自有配送中心配送商品购进额		商品销售额		零售额	
2011年	2010年	2011年	2010年	2011年	2010年	2011年	2010年
372372	**331477**	**170161**	**161417**	**1798818**	**1554148**	**1617131**	**1390211**
372372	331477	170161	161417	1798818	1554148	1617131	1390211
70709	**62534**	**88887**	**94667**	**460976**	**406937**	**452965**	**399036**
70709	**62534**	**88887**	**94667**	**460976**	**406937**	**452965**	**399036**
70709	62534	88887	94667	460976	406937	452965	399036

1-7 续表 2

折扣店

项　目	商品购进总额		统一配送商品购进额	
	2011年	2010年	2011年	2010年
总　计	**419591**	**379988**	**294889**	**280020**
批发业				
农畜产品批发				
食品、饮料及烟草制品专门批发				
纺织、服装及日用品批发				
文化、体育用品及器材批发				
医药及医疗器材批发				
矿产品、建材及化工产品批发				
机械设备、五金交电及电子产品批发				
贸易经纪与代理				
其他批发				
零售业	**419591**	**379988**	**294889**	**280020**
综合零售	294889	280020	294889	280020
食品、饮料及烟草制品专门零售				
纺织、服装及日用品专门零售	124702	99968		
文化、体育用品及器材专门零售				
医药及医疗器材专门零售				
汽车、摩托车、燃料及零配件专门零售				
家用电器及电子产品专门零售				
五金、家具及室内装修材料专门零售				
无店铺及其他零售				
直营门店合计	**394049**	**354322**	**269347**	**254353**
批发业				
农畜产品批发				
食品、饮料及烟草制品专门批发				
纺织、服装及日用品批发				
文化、体育用品及器材批发				
医药及医疗器材批发				
矿产品、建材及化工产品批发				
机械设备、五金交电及电子产品批发				
贸易经纪与代理				
其他批发				

自有配送中心配送商品购进额		非自有配送中心配送商品购进额		商品销售额		零售额	
2011年	2010年	2011年	2010年	2011年	2010年	2011年	2010年
158407	**150388**	**2365**	**3145**	**476251**	**435377**	**436839**	**408464**
158407	**150388**	**2365**	**3145**	**476251**	**435377**	**436839**	**408464**
158407	150388	2365	3145	321823	313839	293496	297757
				154428	121538	143343	110707
133372	**125599**	**1857**	**2268**	**450537**	**403591**	**411125**	**376678**

1-7 续表 3

折扣店

项　　目	商品购进总额		统一配送商品购进额	
	2011年	2010年	2011年	2010年
零售业	**394049**	**354322**	**269347**	**254353**
综合零售	269347	254353	269347	254353
食品、饮料及烟草制品专门零售				
纺织、服装及日用品专门零售	124702	99968		
文化、体育用品及器材专门零售				
医药及医疗器材专门零售				
汽车、摩托车、燃料及零配件专门零售				
家用电器及电子产品专门零售				
五金、家具及室内装修材料专门零售				
无店铺及其他零售				
加盟门店合计	**25542**	**25666**	**25542**	**25666**
批发业				
农畜产品批发				
食品、饮料及烟草制品专门批发				
纺织、服装及日用品批发				
文化、体育用品及器材批发				
医药及医疗器材批发				
矿产品、建材及化工产品批发				
机械设备、五金交电及电子产品批发				
贸易经纪与代理				
其他批发				
零售业	**25542**	**25666**	**25542**	**25666**
综合零售	25542	25666	25542	25666
食品、饮料及烟草制品专门零售				
纺织、服装及日用品专门零售				
文化、体育用品及器材专门零售				
医药及医疗器材专门零售				
汽车、摩托车、燃料及零配件专门零售				
家用电器及电子产品专门零售				
五金、家具及室内装修材料专门零售				
无店铺及其他零售				

自有配送中心配送商品购进额		非自有配送中心配送商品购进额		商品销售额		零售额	
2011年	2010年	2011年	2010年	2011年	2010年	2011年	2010年
133372	**125599**	**1857**	**2268**	**450537**	**403591**	**411125**	**376678**
133372	125599	1857	2268	296110	282053	267782	265971
				154428	121538	143343	110707
25034	**24789**	**508**	**877**	**25714**	**31786**	**25714**	**31786**
25034	**24789**	**508**	**877**	**25714**	**31786**	**25714**	**31786**
25034	24789	508	877	25714	31786	25714	31786

1-7 续表 4

超市

项 目	商品购进总额		统一配送商品购进额	
	2011年	2010年	2011年	2010年
总 计	**30518610**	**25195913**	**25766633**	**20563323**
批发业				
农畜产品批发				
食品、饮料及烟草制品专门批发				
纺织、服装及日用品批发				
文化、体育用品及器材批发				
医药及医疗器材批发				
矿产品、建材及化工产品批发				
机械设备、五金交电及电子产品批发				
贸易经纪与代理				
其他批发				
零售业	**30518610**	**25195913**	**25766633**	**20563323**
综合零售	30518610	25195913	25766633	20563323
食品、饮料及烟草制品专门零售				
纺织、服装及日用品专门零售				
文化、体育用品及器材专门零售				
医药及医疗器材专门零售				
汽车、摩托车、燃料及零配件专门零售				
家用电器及电子产品专门零售				
五金、家具及室内装修材料专门零售				
无店铺及其他零售				
直营门店合计	**27126273**	**21215434**	**22781473**	**17438339**
批发业				
农畜产品批发				
食品、饮料及烟草制品专门批发				
纺织、服装及日用品批发				
文化、体育用品及器材批发				
医药及医疗器材批发				
矿产品、建材及化工产品批发				
机械设备、五金交电及电子产品批发				
贸易经纪与代理				
其他批发				

自有配送中心配送商品购进额		非自有配送中心配送商品购进额		商品销售额		零售额	
2011年	2010年	2011年	2010年	2011年	2010年	2011年	2010年
16393588	**13452282**	**4192331**	**3912036**	**33982220**	**30430720**	**28261936**	**25099307**
16393588	**13452282**	**4192331**	**3912036**	**33982220**	**30430720**	**28261936**	**25099307**
16393588	13452282	4192331	3912036	33982220	30430720	28261936	25099307
14116331	**10860122**	**3584232**	**3408596**	**30389829**	**25245907**	**24685790**	**20425807**

1-7 续表 5

超市

项目	商品购进总额		统一配送商品购进额	
	2011年	2010年	2011年	2010年
零售业	**27126273**	**21215434**	**22781473**	**17438339**
综合零售	27126273	21215434	22781473	17438339
食品、饮料及烟草制品专门零售				
纺织、服装及日用品专门零售				
文化、体育用品及器材专门零售				
医药及医疗器材专门零售				
汽车、摩托车、燃料及零配件专门零售				
家用电器及电子产品专门零售				
五金、家具及室内装修材料专门零售				
无店铺及其他零售				
加盟门店合计	**3392337**	**3980480**	**2985159**	**3124984**
批发业				
农畜产品批发				
食品、饮料及烟草制品专门批发				
纺织、服装及日用品批发				
文化、体育用品及器材批发				
医药及医疗器材批发				
矿产品、建材及化工产品批发				
机械设备、五金交电及电子产品批发				
贸易经纪与代理				
其他批发				
零售业	**3392337**	**3980480**	**2985159**	**3124984**
综合零售	3392337	3980480	2985159	3124984
食品、饮料及烟草制品专门零售				
纺织、服装及日用品专门零售				
文化、体育用品及器材专门零售				
医药及医疗器材专门零售				
汽车、摩托车、燃料及零配件专门零售				
家用电器及电子产品专门零售				
五金、家具及室内装修材料专门零售				
无店铺及其他零售				

自有配送中心配送商品购进额		非自有配送中心配送商品购进额		商品销售额		零售额	
2011年	2010年	2011年	2010年	2011年	2010年	2011年	2010年
14116331	**10860122**	**3584232**	**3408596**	**30389829**	**25245907**	**24685790**	**20425807**
14116331	10860122	3584232	3408596	30389829	25245907	24685790	20425807
2277256	**2592160**	**608099**	**503440**	**3592391**	**5184812**	**3576146**	**4673500**
2277256	**2592160**	**608099**	**503440**	**3592391**	**5184812**	**3576146**	**4673500**
2277256	2592160	608099	503440	3592391	5184812	3576146	4673500

1-7 续表 6

大型超市

项　目	商品购进总额		统一配送商品购进额	
	2011年	2010年	2011年	2010年
总　计	**23011899**	**19194703**	**15087382**	**12088380**
批发业				
农畜产品批发				
食品、饮料及烟草制品专门批发				
纺织、服装及日用品批发				
文化、体育用品及器材批发				
医药及医疗器材批发				
矿产品、建材及化工产品批发				
机械设备、五金交电及电子产品批发				
贸易经纪与代理				
其他批发				
零售业	**23011899**	**19194703**	**15087382**	**12088380**
综合零售	23011899	19194703	15087382	12088380
食品、饮料及烟草制品专门零售				
纺织、服装及日用品专门零售				
文化、体育用品及器材专门零售				
医药及医疗器材专门零售				
汽车、摩托车、燃料及零配件专门零售				
家用电器及电子产品专门零售				
五金、家具及室内装修材料专门零售				
无店铺及其他零售				
直营门店合计	**22762465**	**18999982**	**14894241**	**11938206**
批发业				
农畜产品批发				
食品、饮料及烟草制品专门批发				
纺织、服装及日用品批发				
文化、体育用品及器材批发				
医药及医疗器材批发				
矿产品、建材及化工产品批发				
机械设备、五金交电及电子产品批发				
贸易经纪与代理				
其他批发				

自有配送中心配送商品购进额		非自有配送中心配送商品购进额		商品销售额		零售额	
2011年	2010年	2011年	2010年	2011年	2010年	2011年	2010年
7387055	**5554329**	**2153797**	**1763167**	**25945400**	**22818628**	**23084672**	**20010041**
7387055	**5554329**	**2153797**	**1763167**	**25945400**	**22818628**	**23084672**	**20010041**
7387055	5554329	2153797	1763167	25945400	22818628	23084672	20010041
7193915	**5404913**	**2153797**	**1763014**	**25708893**	**22589180**	**22848165**	**19780593**

1-7 续表 7

大型超市

项 目	商品购进总额		统一配送商品购进额	
	2011年	2010年	2011年	2010年
零售业	**22762465**	**18999982**	**14894241**	**11938206**
综合零售	22762465	18999982	14894241	11938206
食品、饮料及烟草制品专门零售				
纺织、服装及日用品专门零售				
文化、体育用品及器材专门零售				
医药及医疗器材专门零售				
汽车、摩托车、燃料及零配件专门零售				
家用电器及电子产品专门零售				
五金、家具及室内装修材料专门零售				
无店铺及其他零售				
加盟门店合计	**249433**	**194721**	**193141**	**150174**
批发业				
农畜产品批发				
食品、饮料及烟草制品专门批发				
纺织、服装及日用品批发				
文化、体育用品及器材批发				
医药及医疗器材批发				
矿产品、建材及化工产品批发				
机械设备、五金交电及电子产品批发				
贸易经纪与代理				
其他批发				
零售业	**249433**	**194721**	**193141**	**150174**
综合零售	249433	194721	193141	150174
食品、饮料及烟草制品专门零售				
纺织、服装及日用品专门零售				
文化、体育用品及器材专门零售				
医药及医疗器材专门零售				
汽车、摩托车、燃料及零配件专门零售				
家用电器及电子产品专门零售				
五金、家具及室内装修材料专门零售				
无店铺及其他零售				

自有配送中心配送商品购进额		非自有配送中心配送商品购进额		商品销售额		零售额	
2011年	2010年	2011年	2010年	2011年	2010年	2011年	2010年
7193915	**5404913**	**2153797**	**1763014**	**25708893**	**22589180**	**22848165**	**19780593**
7193915	5404913	2153797	1763014	25708893	22589180	22848165	19780593
193141	**149416**		**154**	**236507**	**229448**	**236507**	**229448**
193141	**149416**		**154**	**236507**	**229448**	**236507**	**229448**
193141	149416		154	236507	229448	236507	229448

1-7 续表 8

仓储会员店

项　目	商品购进总额		统一配送商品购进额	
	2011年	2010年	2011年	2010年
总　计	**5156758**	**3844842**	**3436369**	**2624235**
批发业				
农畜产品批发				
食品、饮料及烟草制品专门批发				
纺织、服装及日用品批发				
文化、体育用品及器材批发				
医药及医疗器材批发				
矿产品、建材及化工产品批发				
机械设备、五金交电及电子产品批发				
贸易经纪与代理				
其他批发				
零售业	**5156758**	**3844842**	**3436369**	**2624235**
综合零售	5154258	3842392	3433869	2622335
食品、饮料及烟草制品专门零售				
纺织、服装及日用品专门零售				
文化、体育用品及器材专门零售				
医药及医疗器材专门零售	2500	2450	2500	1900
汽车、摩托车、燃料及零配件专门零售				
家用电器及电子产品专门零售				
五金、家具及室内装修材料专门零售				
无店铺及其他零售				
直营门店合计	**2231537**	**1674703**	**511149**	**454095**
批发业				
农畜产品批发				
食品、饮料及烟草制品专门批发				
纺织、服装及日用品批发				
文化、体育用品及器材批发				
医药及医疗器材批发				
矿产品、建材及化工产品批发				
机械设备、五金交电及电子产品批发				
贸易经纪与代理				
其他批发				

自有配送中心配送商品购进额		非自有配送中心配送商品购进额		商品销售额		零售额	
2011年	2010年	2011年	2010年	2011年	2010年	2011年	2010年
1218516	**928662**	**381780**	**312612**	**7956842**	**6158483**	**5026562**	**3985170**
1218516	**928662**	**381780**	**312612**	**7956842**	**6158483**	**5026562**	**3985170**
1216016	926762	381780	312612	7954236	6156492	5023956	3983179
2500	1900			2606	1991	2606	1991
47942	**60228**	**381780**	**312612**	**5031587**	**3988309**	**2101307**	**1814996**

1-7 续表 9

仓储会员店

项 目	商品购进总额		统一配送商品购进额	
	2011年	2010年	2011年	2010年
零售业	**2231537**	**1674703**	**511149**	**454095**
综合零售	2229847	1672883	509459	452825
食品、饮料及烟草制品专门零售				
纺织、服装及日用品专门零售				
文化、体育用品及器材专门零售				
医药及医疗器材专门零售	1690	1820	1690	1270
汽车、摩托车、燃料及零配件专门零售				
家用电器及电子产品专门零售				
五金、家具及室内装修材料专门零售				
无店铺及其他零售				
加盟门店合计	**2925220**	**2170140**	**2925220**	**2170140**
批发业				
农畜产品批发				
食品、饮料及烟草制品专门批发				
纺织、服装及日用品批发				
文化、体育用品及器材批发				
医药及医疗器材批发				
矿产品、建材及化工产品批发				
机械设备、五金交电及电子产品批发				
贸易经纪与代理				
其他批发				
零售业	**2925220**	**2170140**	**2925220**	**2170140**
综合零售	2924410	2169510	2924410	2169510
食品、饮料及烟草制品专门零售				
纺织、服装及日用品专门零售				
文化、体育用品及器材专门零售				
医药及医疗器材专门零售	810	630	810	630
汽车、摩托车、燃料及零配件专门零售				
家用电器及电子产品专门零售				
五金、家具及室内装修材料专门零售				
无店铺及其他零售				

自有配送中心配送商品购进额		非自有配送中心配送商品购进额		商品销售额		零售额	
2011年	2010年	2011年	2010年	2011年	2010年	2011年	2010年
47942	**60228**	**381780**	**312612**	**5031587**	**3988309**	**2101307**	**1814996**
46252	58958	381780	312612	5029825	3986982	2099546	1813669
1690	1270			1762	1327	1762	1327
1170574	**868434**			**2925255**	**2170173**	**2925255**	**2170173**
1170574	**868434**			**2925255**	**2170173**	**2925255**	**2170173**
1169764	867804			2924410	2169510	2924410	2169510
810	630			845	664	845	664

1-7 续表 10

百货店

项　目	商品购进总额		统一配送商品购进额	
	2011年	2010年	2011年	2010年
总　计	**26632021**	**21406051**	**13329562**	**10243580**
批发业				
农畜产品批发				
食品、饮料及烟草制品专门批发				
纺织、服装及日用品批发				
文化、体育用品及器材批发				
医药及医疗器材批发				
矿产品、建材及化工产品批发				
机械设备、五金交电及电子产品批发				
贸易经纪与代理				
其他批发				
零售业	**26632021**	**21406051**	**13329562**	**10243580**
综合零售	26632021	21406051	13329562	10243580
食品、饮料及烟草制品专门零售				
纺织、服装及日用品专门零售				
文化、体育用品及器材专门零售				
医药及医疗器材专门零售				
汽车、摩托车、燃料及零配件专门零售				
家用电器及电子产品专门零售				
五金、家具及室内装修材料专门零售				
无店铺及其他零售				
直营门店合计	**25644722**	**20488211**	**12776916**	**9656842**
批发业				
农畜产品批发				
食品、饮料及烟草制品专门批发				
纺织、服装及日用品批发				
文化、体育用品及器材批发				
医药及医疗器材批发				
矿产品、建材及化工产品批发				
机械设备、五金交电及电子产品批发				
贸易经纪与代理				
其他批发				

自有配送中心配送商品购进额		非自有配送中心配送商品购进额		商品销售额		零售额	
2011年	2010年	2011年	2010年	2011年	2010年	2011年	2010年
9069390	**6814779**	**1153565**	**828716**	**32268155**	**26945907**	**28047128**	**23113045**
9069390	**6814779**	**1153565**	**828716**	**32268155**	**26945907**	**28047128**	**23113045**
9069390	6814779	1153565	828716	32268155	26945907	28047128	23113045
8596202	**6300536**	**1153565**	**828716**	**31131946**	**25870469**	**26931879**	**22050818**

1-7 续表 11

百货店

项 目	商品购进总额		统一配送商品购进额	
	2011年	2010年	2011年	2010年
零售业	**25644722**	**20488211**	**12776916**	**9656842**
综合零售	25644722	20488211	12776916	9656842
食品、饮料及烟草制品专门零售				
纺织、服装及日用品专门零售				
文化、体育用品及器材专门零售				
医药及医疗器材专门零售				
汽车、摩托车、燃料及零配件专门零售				
家用电器及电子产品专门零售				
五金、家具及室内装修材料专门零售				
无店铺及其他零售				
加盟门店合计	**987298**	**917840**	**552646**	**586738**
批发业				
农畜产品批发				
食品、饮料及烟草制品专门批发				
纺织、服装及日用品批发				
文化、体育用品及器材批发				
医药及医疗器材批发				
矿产品、建材及化工产品批发				
机械设备、五金交电及电子产品批发				
贸易经纪与代理				
其他批发				
零售业	**987298**	**917840**	**552646**	**586738**
综合零售	987298	917840	552646	586738
食品、饮料及烟草制品专门零售				
纺织、服装及日用品专门零售				
文化、体育用品及器材专门零售				
医药及医疗器材专门零售				
汽车、摩托车、燃料及零配件专门零售				
家用电器及电子产品专门零售				
五金、家具及室内装修材料专门零售				
无店铺及其他零售				

自有配送中心配送商品购进额		非自有配送中心配送商品购进额		商品销售额		零售额	
2011年	2010年	2011年	2010年	2011年	2010年	2011年	2010年
8596202	**6300536**	**1153565**	**828716**	**31131946**	**25870469**	**26931879**	**22050818**
8596202	6300536	1153565	828716	31131946	25870469	26931879	22050818
473188	**514242**			**1136209**	**1075439**	**1115248**	**1062227**
473188	**514242**			**1136209**	**1075439**	**1115248**	**1062227**
473188	514242			1136209	1075439	1115248	1062227

1-7 续表 12

专业店(含加油站)

项　　目	商品购进总额		统一配送商品购进额	
	2011年	2010年	2011年	2010年
总　　计	**197840684**	**164239192**	**161460858**	**132229714**
批发业	**91415125**	**75854387**	**79547284**	**65258352**
农畜产品批发	1628538	1118463	1628538	1118463
食品、饮料及烟草制品专门批发	3636409	3225320	3260635	2843375
纺织、服装及日用品批发	27718	13271	24863	13271
文化、体育用品及器材批发	2250339	2124864	2250339	2124864
医药及医疗器材批发	404137	370336	300247	276951
矿产品、建材及化工产品批发	82567085	68317550	71196859	58211227
机械设备、五金交电及电子产品批发	702039	516739	689040	504797
贸易经纪与代理				
其他批发	198859	167845	196763	165405
零售业	**106425559**	**88384805**	**81913574**	**66971362**
综合零售	4051485	2944430	2580919	2091833
食品、饮料及烟草制品专门零售	683697	501261	533747	448838
纺织、服装及日用品专门零售	489593	434232	384130	333068
文化、体育用品及器材专门零售	1776936	1388015	1726024	1285129
医药及医疗器材专门零售	4188682	3658352	3791925	3318849
汽车、摩托车、燃料及零配件专门零售	61461961	47460667	50443363	38241504
家用电器及电子产品专门零售	33205273	31483578	22351522	21158515
五金、家具及室内装修材料专门零售	49878	47898	49129	46530
无店铺及其他零售	518056	466372	52814	47096
直营门店合计	**194931451**	**161792808**	**158690483**	**129894186**
批发业	**90164530**	**74890915**	**78383174**	**64374120**
农畜产品批发	1388119	953466	1388119	953466
食品、饮料及烟草制品专门批发	3594800	3193894	3219231	2811949
纺织、服装及日用品批发	10998	7001	8143	7001
文化、体育用品及器材批发	2250339	2124864	2250339	2124864
医药及医疗器材批发	398394	365654	295479	273230
矿产品、建材及化工产品批发	81634415	67576079	70347480	57545246
机械设备、五金交电及电子产品批发	695158	508752	682820	497509
贸易经纪与代理				
其他批发	192306	161207	191563	160856

自有配送中心配送商品购进额		非自有配送中心配送商品购进额		商品销售额		零售额	
2011年	2010年	2011年	2010年	2011年	2010年	2011年	2010年
94514398	**79835033**	**24945857**	**21763481**	**229192752**	**183881948**	**142091537**	**107925819**
49970955	**41964874**	**11663756**	**10479857**	**103950800**	**83080703**	**48825601**	**34581351**
1577489	1072002	48084	43999	1661926	1111987	5584	3789
1990495	1690087	16843	10658	5048812	4073903	162719	134862
7832	6025			31637	16274	9085	6928
2238365	2109839			2065093	2073077	900974	508692
125974	127645	10415	10595	425570	370641	208136	169495
43958801	36900710	11239364	10165483	93764745	74688015	47255768	33508804
61090	49189	349051	249123	746371	572289	87783	83074
10909	9378			206646	174518	195552	165707
44543443	**37870159**	**13282101**	**11283624**	**125241953**	**100801245**	**93265936**	**73344468**
1359395	1433749	182138	135272	4454598	2813150	2231041	1588655
304568	248526	70502	156379	788249	583381	677565	522562
117427	110377	52989	34940	691634	588440	459521	361729
1217253	931008	37168	33722	1835906	1425694	1391082	1172034
2450882	2230352	483736	356067	4789134	4162338	4467629	3825973
23275248	17909756	10186502	8563531	74724706	58090823	54894669	41615734
15762017	14954475	2224780	1962803	37384147	32631680	28690262	23858397
48129	45730			53055	52727	26930	27708
8527	6186	44287	40910	520523	453012	427236	371676
92556210	**78288030**	**24545470**	**21275637**	**223924795**	**179284550**	**140379599**	**106429135**
48965444	**41210909**	**11548845**	**10382083**	**100471340**	**80124496**	**48447649**	**34255386**
1344283	913605	40871	37399	1448615	959652	5584	3789
1957389	1661269	8546	8050	5006751	4044248	120658	105207
980	896			16233	9188	1103	1039
2238365	2109839			2065093	2073077	900974	508692
122484	125069	10415	10595	416990	364406	204660	166392
43241365	36353502	11139962	10076916	90579237	71943087	46944100	33235624
54870	41901	349051	249123	739060	563936	80472	74721
5709	4829			199362	166902	190099	159922

1-7 续表 13

专业店(含加油站)

项　目	商品购进总额		统一配送商品购进额	
	2011年	2010年	2011年	2010年
零售业	**104766922**	**86901893**	**80307309**	**65520066**
综合零售	4029214	2926235	2564112	2078949
食品、饮料及烟草制品专门零售	673083	490393	523650	438131
纺织、服装及日用品专门零售	477417	419115	371954	317951
文化、体育用品及器材专门零售	1746497	1386538	1695585	1283651
医药及医疗器材专门零售	3886192	3417670	3535372	3104155
汽车、摩托车、燃料及零配件专门零售	60216991	46290126	49198393	37070962
家用电器及电子产品专门零售	33170120	31457738	22316368	21132674
五金、家具及室内装修材料专门零售	49878	47898	49129	46530
无店铺及其他零售	517531	466180	52747	47063
加盟门店合计	**2909233**	**2446384**	**2770375**	**2335528**
批发业	**1250595**	**963472**	**1164110**	**884232**
农畜产品批发	240419	164997	240419	164997
食品、饮料及烟草制品专门批发	41609	31426	41403	31426
纺织、服装及日用品批发	16720	6270	16720	6270
文化、体育用品及器材批发				
医药及医疗器材批发	5743	4682	4768	3721
矿产品、建材及化工产品批发	932670	741471	849379	665981
机械设备、五金交电及电子产品批发	6881	7988	6221	7289
贸易经纪与代理				
其他批发	6553	6638	5200	4549
零售业	**1658638**	**1482912**	**1606264**	**1451296**
综合零售	22271	18195	16807	12884
食品、饮料及烟草制品专门零售	10614	10867	10097	10707
纺织、服装及日用品专门零售	12176	15117	12176	15117
文化、体育用品及器材专门零售	30439	1477	30439	1477
医药及医疗器材专门零售	302490	240681	256554	214695
汽车、摩托车、燃料及零配件专门零售	1244970	1170541	1244970	1170541
家用电器及电子产品专门零售	35154	25841	35154	25841
五金、家具及室内装修材料专门零售				
无店铺及其他零售	524	193	67	33

自有配送中心配送商品购进额		非自有配送中心配送商品购进额		商品销售额		零售额	
2011年	2010年	2011年	2010年	2011年	2010年	2011年	2010年
43590765	**37077121**	**12996625**	**10893555**	**123453455**	**99160054**	**91931950**	**72173749**
1344806	1420865	179919	135272	4425170	2788730	2201613	1564235
294471	237818	70502	156379	774905	569349	664328	508886
117228	110181	42147	21138	671967	563939	439854	337228
1187559	930399	36422	32854	1806202	1425007	1366800	1171450
2339364	2120299	407536	299603	4431478	3845247	4124180	3552474
22516536	17269271	9991031	8244596	73423007	56859237	54027746	40810571
15734214	14936404	2224780	1962803	37347586	32603017	28653700	23829733
48129	45730			53055	52727	26930	27708
8460	6153	44287	40910	520085	452802	426799	371465
1958188	**1547003**	**400388**	**487844**	**5267957**	**4597398**	**1711938**	**1496684**
1005510	**753965**	**114911**	**97775**	**3479460**	**2956207**	**377952**	**325965**
233207	158397	7213	6600	213311	152334		
33106	28818	8297	2608	42061	29655	42061	29655
6852	5129			15405	7086	7982	5889
3490	2576			8579	6235	3476	3103
717436	547208	99401	88567	3185508	2744928	311668	273180
6221	7289			7311	8353	7311	8353
5200	4549			7285	7616	5453	5785
952678	**793038**	**285477**	**390069**	**1788498**	**1641191**	**1333986**	**1170719**
14589	12884	2219		29428	24420	29428	24420
10097	10707			13344	14032	13237	13676
199	196	10842	13802	19667	24501	19667	24501
29694	609	745	868	29703	686	24282	584
111518	110052	76200	56464	357657	317091	343450	273499
758711	640485	195471	318935	1301699	1231586	866923	805163
27803	18071			36561	28664	36561	28664
67	33			438	211	438	211

1-7 续表 14

加油站

项 目	商品购进总额		统一配送商品购进额	
	2011年	2010年	2011年	2010年
总　计	**133811474**	**107025068**	**113781909**	**89713920**
批发业	**79299149**	**66191075**	**68786132**	**56740986**
农畜产品批发				
食品、饮料及烟草制品专门批发				
纺织、服装及日用品批发				
文化、体育用品及器材批发				
医药及医疗器材批发				
矿产品、建材及化工产品批发	79299149	66191075	68786132	56740986
机械设备、五金交电及电子产品批发				
贸易经纪与代理				
其他批发				
零售业	**54512325**	**40833994**	**44995777**	**32972933**
综合零售				
食品、饮料及烟草制品专门零售				
纺织、服装及日用品专门零售				
文化、体育用品及器材专门零售				
医药及医疗器材专门零售				
汽车、摩托车、燃料及零配件专门零售	54512325	40833994	44995777	32972933
家用电器及电子产品专门零售				
五金、家具及室内装修材料专门零售				
无店铺及其他零售				
直营门店合计	**132772404**	**106197821**	**112742839**	**88886672**
批发业	**79228632**	**66135090**	**68715615**	**56685002**
农畜产品批发				
食品、饮料及烟草制品专门批发				
纺织、服装及日用品批发				
文化、体育用品及器材批发				
医药及医疗器材批发				
矿产品、建材及化工产品批发	79228632	66135090	68715615	56685002
机械设备、五金交电及电子产品批发				
贸易经纪与代理				
其他批发				

自有配送中心配送商品购进额		非自有配送中心配送商品购进额		商品销售额		零售额	
2011年	2010年	2011年	2010年	2011年	2010年	2011年	2010年
64012265	**52629397**	**17511546**	**14816366**	**157426063**	**123926577**	**95376424**	**69576282**
42104607	**35914220**	**11190067**	**10118511**	**90403832**	**72592753**	**46446926**	**32811041**
42104607	35914220	11190067	10118511	90403832	72592753	46446926	32811041
21907659	**16715178**	**6321480**	**4697855**	**67022231**	**51333825**	**48929498**	**36765240**
21907659	16715178	6321480	4697855	67022231	51333825	48929498	36765240
63316852	**52066689**	**17445819**	**14760561**	**154157696**	**121051410**	**94713005**	**69055031**
42099817	**35911697**	**11124339**	**10065050**	**88163740**	**70549090**	**46406748**	**32780961**
42099817	35911697	11124339	10065050	88163740	70549090	46406748	32780961

1-7 续表 15

加油站

项　目	商品购进总额		统一配送商品购进额	
	2011年	2010年	2011年	2010年
零售业	**53543773**	**40062731**	**44027225**	**32201670**
综合零售				
食品、饮料及烟草制品专门零售				
纺织、服装及日用品专门零售				
文化、体育用品及器材专门零售				
医药及医疗器材专门零售				
汽车、摩托车、燃料及零配件专门零售	53543773	40062731	44027225	32201670
家用电器及电子产品专门零售				
五金、家具及室内装修材料专门零售				
无店铺及其他零售				
加盟门店合计	**1039069**	**827248**	**1039069**	**827248**
批发业	**70517**	**55984**	**70517**	**55984**
农畜产品批发				
食品、饮料及烟草制品专门批发				
纺织、服装及日用品批发				
文化、体育用品及器材批发				
医药及医疗器材批发				
矿产品、建材及化工产品批发	70517	55984	70517	55984
机械设备、五金交电及电子产品批发				
贸易经纪与代理				
其他批发				
零售业	**968552**	**771263**	**968552**	**771263**
综合零售				
食品、饮料及烟草制品专门零售				
纺织、服装及日用品专门零售				
文化、体育用品及器材专门零售				
医药及医疗器材专门零售				
汽车、摩托车、燃料及零配件专门零售	968552	771263	968552	771263
家用电器及电子产品专门零售				
五金、家具及室内装修材料专门零售				
无店铺及其他零售				

自有配送中心配送商品购进额		非自有配送中心配送商品购进额		商品销售额		零售额	
2011年	2010年	2011年	2010年	2011年	2010年	2011年	2010年
21217035	**16154992**	**6321480**	**4695512**	**65993956**	**50502321**	**48306258**	**36274070**
21217035	16154992	6321480	4695512	65993956	50502321	48306258	36274070
695413	**562708**	**65728**	**55805**	**3268367**	**2875167**	**663419**	**521251**
4790	**2523**	**65728**	**53462**	**2240092**	**2043663**	**40178**	**30081**
4790	2523	65728	53462	2240092	2043663	40178	30081
690623	**560185**		**2343**	**1028275**	**831504**	**623241**	**491170**
690623	560185		2343	1028275	831504	623241	491170

1-7 续表 16

专卖店

项　　目	商品购进总额		统一配送商品购进额	
	2011年	2010年	2011年	2010年
总　计	**8729335**	**7490517**	**6842498**	**5825634**
批发业	**2336948**	**1661155**	**1938657**	**1390498**
农畜产品批发	4065	3250	4065	3250
食品、饮料及烟草制品专门批发	926793	706358	596427	440664
纺织、服装及日用品批发	550635	386051	550635	381090
文化、体育用品及器材批发				
医药及医疗器材批发	23858	19688	23858	19686
矿产品、建材及化工产品批发	598850	337251	598850	337251
机械设备、五金交电及电子产品批发	216443	197017	148518	197017
贸易经纪与代理				
其他批发	16304	11540	16304	11540
零售业	**6392387**	**5829362**	**4903841**	**4435136**
综合零售	98720	83399	92517	76878
食品、饮料及烟草制品专门零售	1078891	933160	955545	825738
纺织、服装及日用品专门零售	1937300	1515506	1209602	1054564
文化、体育用品及器材专门零售	950342	823891	913143	794070
医药及医疗器材专门零售	215200	188060	199345	179861
汽车、摩托车、燃料及零配件专门零售	638665	834626	204845	198650
家用电器及电子产品专门零售	1321324	1313061	1179106	1169897
五金、家具及室内装修材料专门零售	61946	54087	61946	54087
无店铺及其他零售	89999	83573	87791	81393
直营门店合计	**7391014**	**6420040**	**5509989**	**4759039**
批发业	**1536893**	**1130930**	**1138602**	**860272**
农畜产品批发				
食品、饮料及烟草制品专门批发	926793	706358	596427	440664
纺织、服装及日用品批发	142120	90576	142120	85615
文化、体育用品及器材批发				
医药及医疗器材批发	19074	16072	19074	16069
矿产品、建材及化工产品批发	223105	113725	223105	113725
机械设备、五金交电及电子产品批发	216443	197017	148518	197017
贸易经纪与代理				
其他批发	9358	7182	9358	7182

自有配送中心配送商品购进额		非自有配送中心配送商品购进额		商品销售额		零售额	
2011年	2010年	2011年	2010年	2011年	2010年	2011年	2010年
4190247	**3585556**	**412600**	**329439**	**10310079**	**8507036**	**7518746**	**6311919**
1177043	**929403**	**148220**	**128751**	**2657305**	**1935666**	**885506**	**643854**
				3886	2944	3886	2944
582094	429773			1098945	870126	70645	55131
518730	381090			720062	537778	703923	512817
4522	3049	2127	2225	14062	12393	9874	10875
55393	35914			570016	300226	1974	1911
	68037	146093	126526	234244	200726	95205	60176
16304	11540			16089	11473		
3013204	**2656153**	**264380**	**200688**	**7652774**	**6571370**	**6633240**	**5668065**
9700	8806	82817	68072	151001	128453	72891	57973
669561	570629	19654	4189	1412072	1130736	1190870	902334
935947	847142	70140	56714	2549181	2076772	2329451	1909058
772004	658217			903195	813843	812465	750286
123579	155510	11101	9806	223525	208570	159454	144627
197679	188239			656637	791356	410282	549807
181881	118985	80667	61907	1468634	1212744	1436092	1190679
61946	54087			172748	114645	172748	114645
60907	54537			115781	94251	48989	48656
3325682	**2813911**	**402299**	**312533**	**8579416**	**7119595**	**6344832**	**5300732**
774286	**615588**	**146093**	**126526**	**1752497**	**1317282**	**340304**	**227305**
582094	429773			1098945	870126	70645	55131
139016	85615			182128	128277	165989	103316
1865	1657			9490	8289	6493	6771
41953	23323			218492	102671	1974	1911
	68037	146093	126526	234244	200726	95205	60176
9358	7182			9198	7194		

1-7 续表 17

专卖店

项目	商品购进总额		统一配送商品购进额	
	2011年	2010年	2011年	2010年
零售业	**5854121**	**5289110**	**4371387**	**3898767**
综合零售	91028	74623	84824	68186
食品、饮料及烟草制品专门零售	818825	713227	695635	606818
纺织、服装及日用品专门零售	1696695	1265641	974357	807465
文化、体育用品及器材专门零售	948157	822109	910958	792288
医药及医疗器材专门零售	188112	128827	172556	120649
汽车、摩托车、燃料及零配件专门零售	638035	833961	204215	197985
家用电器及电子产品专门零售	1321324	1313061	1179106	1169897
五金、家具及室内装修材料专门零售	61946	54087	61946	54087
无店铺及其他零售	89999	83573	87791	81393
加盟门店合计	**1338322**	**1070477**	**1332508**	**1066595**
批发业	**800055**	**530225**	**800055**	**530225**
农畜产品批发	4065	3250	4065	3250
食品、饮料及烟草制品专门批发				
纺织、服装及日用品批发	408515	295475	408515	295475
文化、体育用品及器材批发				
医药及医疗器材批发	4784	3616	4784	3616
矿产品、建材及化工产品批发	375745	223527	375745	223527
机械设备、五金交电及电子产品批发				
贸易经纪与代理				
其他批发	6946	4358	6946	4358
零售业	**538267**	**540252**	**532453**	**536370**
综合零售	7693	8775	7693	8692
食品、饮料及烟草制品专门零售	260066	219932	259911	218920
纺织、服装及日用品专门零售	240605	249865	235245	247099
文化、体育用品及器材专门零售	2185	1782	2185	1782
医药及医疗器材专门零售	27088	59233	26790	59212
汽车、摩托车、燃料及零配件专门零售	630	665	630	665
家用电器及电子产品专门零售				
五金、家具及室内装修材料专门零售				
无店铺及其他零售				

自有配送中心配送商品购进额		非自有配送中心配送商品购进额		商品销售额		零售额	
2011年	2010年	2011年	2010年	2011年	2010年	2011年	2010年
2551396	**2198324**	**256206**	**186007**	**6826919**	**5802313**	**6004527**	**5073427**
9700	8806	75125	59380	101785	85481	72891	57738
468408	413849	19203	3957	1087462	855827	956288	697360
700702	606103	70140	50977	2106990	1636112	1945158	1530146
769819	656436			901010	812062	810279	748505
100985	97946	11071	9786	216433	200326	152362	136383
197049	187574			656077	790866	409722	549317
181881	118985	80667	61907	1468634	1212744	1436092	1190679
61946	54087			172748	114645	172748	114645
60907	54537			115781	94251	48989	48656
864565	**771644**	**10301**	**16906**	**1730663**	**1387441**	**1173914**	**1011187**
402758	**313815**	**2127**	**2225**	**904808**	**618384**	**545201**	**416549**
				3886	2944	3886	2944
379715	295475			537935	409501	537935	409501
2657	1392	2127	2225	4572	4104	3381	4104
13440	12591			351524	197555		
6946	4358			6891	4280		
461807	**457829**	**8174**	**14682**	**825855**	**769056**	**628713**	**594638**
		7693	8692	49215	42973		235
201154	156780	451	232	324610	274908	234582	204975
235245	241039		5737	442192	440659	384293	378912
2185	1782			2185	1782	2185	1782
22594	57564	30	20	7092	8245	7092	8245
630	665			560	490	560	490

1-7 续表 18

家居建材商店

项目	商品购进总额		统一配送商品购进额	
	2011年	2010年	2011年	2010年
总　计	**429362**	**568259**	**247068**	**260039**
批发业	**301**		**301**	
农畜产品批发				
食品、饮料及烟草制品专门批发				
纺织、服装及日用品批发				
文化、体育用品及器材批发				
医药及医疗器材批发				
矿产品、建材及化工产品批发	301		301	
机械设备、五金交电及电子产品批发				
贸易经纪与代理				
其他批发				
零售业	**429061**	**568259**	**246767**	**260039**
综合零售				
食品、饮料及烟草制品专门零售				
纺织、服装及日用品专门零售				
文化、体育用品及器材专门零售				
医药及医疗器材专门零售				
汽车、摩托车、燃料及零配件专门零售				
家用电器及电子产品专门零售				
五金、家具及室内装修材料专门零售	429061	568259	246767	260039
无店铺及其他零售				
直营门店合计	**429362**	**568259**	**247068**	**260039**
批发业	**301**		**301**	
农畜产品批发				
食品、饮料及烟草制品专门批发				
纺织、服装及日用品批发				
文化、体育用品及器材批发				
医药及医疗器材批发				
矿产品、建材及化工产品批发	301		301	
机械设备、五金交电及电子产品批发				
贸易经纪与代理				
其他批发				

自有配送中心配送商品购进额		非自有配送中心配送商品购进额		商品销售额		零售额	
2011年	2010年	2011年	2010年	2011年	2010年	2011年	2010年
78812	**83067**	**23200**	**23064**	**646660**	**700109**	**590628**	**629313**
280		**21**		**2900**		**2900**	
280		21		2900		2900	
78532	**83067**	**23179**	**23064**	**643760**	**700109**	**587728**	**629313**
78532	83067	23179	23064	643760	700109	587728	629313
78812	**83067**	**23200**	**23064**	**646660**	**700109**	**590628**	**629313**
280		**21**		**2900**		**2900**	
280		21		2900		2900	

1-7 续表 19

家居建材商店

项　目	商品购进总额		统一配送商品购进额	
	2011年	2010年	2011年	2010年
零售业	**429061**	**568259**	**246767**	**260039**
综合零售				
食品、饮料及烟草制品专门零售				
纺织、服装及日用品专门零售				
文化、体育用品及器材专门零售				
医药及医疗器材专门零售				
汽车、摩托车、燃料及零配件专门零售				
家用电器及电子产品专门零售				
五金、家具及室内装修材料专门零售	429061	568259	246767	260039
无店铺及其他零售				
加盟门店合计				
批发业				
农畜产品批发				
食品、饮料及烟草制品专门批发				
纺织、服装及日用品批发				
文化、体育用品及器材批发				
医药及医疗器材批发				
矿产品、建材及化工产品批发				
机械设备、五金交电及电子产品批发				
贸易经纪与代理				
其他批发				
零售业				
综合零售				
食品、饮料及烟草制品专门零售				
纺织、服装及日用品专门零售				
文化、体育用品及器材专门零售				
医药及医疗器材专门零售				
汽车、摩托车、燃料及零配件专门零售				
家用电器及电子产品专门零售				
五金、家具及室内装修材料专门零售				
无店铺及其他零售				

自有配送中心配送商品购进额		非自有配送中心配送商品购进额		商品销售额		零售额	
2011年	2010年	2011年	2010年	2011年	2010年	2011年	2010年
78532	**83067**	**23179**	**23064**	**643760**	**700109**	**587728**	**629313**
78532	83067	23179	23064	643760	700109	587728	629313

1-7 续表 20

厂家直销中心

项　目	商品购进总额		统一配送商品购进额	
	2011年	2010年	2011年	2010年
总　计	**14005**	**13297**	**12648**	**13297**
批发业	**12441**	**13119**	**12441**	**13119**
农畜产品批发				
食品、饮料及烟草制品专门批发	12441	13119	12441	13119
纺织、服装及日用品批发				
文化、体育用品及器材批发				
医药及医疗器材批发				
矿产品、建材及化工产品批发				
机械设备、五金交电及电子产品批发				
贸易经纪与代理				
其他批发				
零售业	**1564**	**178**	**207**	**178**
综合零售				
食品、饮料及烟草制品专门零售	207	178	207	178
纺织、服装及日用品专门零售				
文化、体育用品及器材专门零售				
医药及医疗器材专门零售				
汽车、摩托车、燃料及零配件专门零售	1356			
家用电器及电子产品专门零售				
五金、家具及室内装修材料专门零售				
无店铺及其他零售				
直营门店合计	**12648**	**13297**	**12648**	**13297**
批发业	**12441**	**13119**	**12441**	**13119**
农畜产品批发				
食品、饮料及烟草制品专门批发	12441	13119	12441	13119
纺织、服装及日用品批发				
文化、体育用品及器材批发				
医药及医疗器材批发				
矿产品、建材及化工产品批发				
机械设备、五金交电及电子产品批发				
贸易经纪与代理				
其他批发				

自有配送中心配送商品购进额		非自有配送中心配送商品购进额		商品销售额		零售额	
2011年	2010年	2011年	2010年	2011年	2010年	2011年	2010年
50				**29229**	**26169**	**3535**	**1080**
				27047	**25723**	**1352**	**635**
				27047	25723	1352	635
50				**2182**	**446**	**2182**	**446**
50				587	446	587	446
				1595		1595	
50				**27634**	**26169**	**1939**	**1080**
				27047	**25723**	**1352**	**635**
				27047	25723	1352	635

1-7 续表 21

厂家直销中心

项　目	商品购进总额		统一配送商品购进额	
	2011年	2010年	2011年	2010年
零售业	**207**	**178**	**207**	**178**
综合零售				
食品、饮料及烟草制品专门零售	207	178	207	178
纺织、服装及日用品专门零售				
文化、体育用品及器材专门零售				
医药及医疗器材专门零售				
汽车、摩托车、燃料及零配件专门零售				
家用电器及电子产品专门零售				
五金、家具及室内装修材料专门零售				
无店铺及其他零售				
加盟门店合计	**1356**			
批发业				
农畜产品批发				
食品、饮料及烟草制品专门批发				
纺织、服装及日用品批发				
文化、体育用品及器材批发				
医药及医疗器材批发				
矿产品、建材及化工产品批发				
机械设备、五金交电及电子产品批发				
贸易经纪与代理				
其他批发				
零售业	**1356**			
综合零售				
食品、饮料及烟草制品专门零售				
纺织、服装及日用品专门零售				
文化、体育用品及器材专门零售				
医药及医疗器材专门零售				
汽车、摩托车、燃料及零配件专门零售	1356			
家用电器及电子产品专门零售				
五金、家具及室内装修材料专门零售				
无店铺及其他零售				

自有配送中心配送商品购进额		非自有配送中心配送商品购进额		商品销售额		零售额	
2011年	2010年	2011年	2010年	2011年	2010年	2011年	2010年
50				**587**	**446**	**587**	**446**
50				587	446	587	446
				1595		**1595**	
				1595		**1595**	
				1595		1595	

1-7 续表 22

其他

项　目	商品购进总额		统一配送商品购进额	
	2011年	2010年	2011年	2010年
总　计	**1916545**	**1638518**	**1622992**	**1442643**
批发业	**1738319**	**1520101**	**1528955**	**1393546**
农畜产品批发				
食品、饮料及烟草制品专门批发	476354	381348	395961	346329
纺织、服装及日用品批发	106891	80982	106891	80982
文化、体育用品及器材批发	85466	95140	85466	95140
医药及医疗器材批发	110412	74103	40341	31588
矿产品、建材及化工产品批发	874871	823394	837305	784398
机械设备、五金交电及电子产品批发	50231	47161	49256	46264
贸易经纪与代理				
其他批发	34094	17974	13734	8845
零售业	**178226**	**118417**	**94038**	**49097**
综合零售				
食品、饮料及烟草制品专门零售	27124	24181	1014	1908
纺织、服装及日用品专门零售				
文化、体育用品及器材专门零售				
医药及医疗器材专门零售	2236	1995	2236	1995
汽车、摩托车、燃料及零配件专门零售	42655	25666	42655	25666
家用电器及电子产品专门零售	58603	47545	524	499
五金、家具及室内装修材料专门零售				
无店铺及其他零售	47608	19031	47608	19031
直营门店合计	**1317231**	**1073667**	**1080050**	**910165**
批发业	**1140371**	**956499**	**987379**	**862317**
农畜产品批发				
食品、饮料及烟草制品专门批发	465349	363030	385807	331071
纺织、服装及日用品批发	106291	80022	106291	80022
文化、体育用品及器材批发	85466	95140	85466	95140
医药及医疗器材批发	30504	21453	8313	6928
矿产品、建材及化工产品批发	376257	333043	338691	294047
机械设备、五金交电及电子产品批发	50231	47161	49256	46264
贸易经纪与代理				
其他批发	26273	16651	13554	8845

自有配送中心配送商品购进额		非自有配送中心配送商品购进额		商品销售额		零售额	
2011年	2010年	2011年	2010年	2011年	2010年	2011年	2010年
1134095	**996547**	**316121**	**337024**	**2039545**	**1737850**	**992875**	**840554**
1131972	**994432**	**316079**	**336983**	**1861710**	**1620476**	**815041**	**723180**
348943	308862	26462	11960	472178	386731	129984	133262
86414	67999	5207	12983	113144	80873	20314	19473
4645	4123	71523	91017	103188	96509	2002	2800
20079	15720	20263	15868	146932	102496	64970	46526
670056	596063	134575	163247	904899	857137	582493	503516
1835	1665	44496	41908	81062	71620	2172	1305
		13554		40307	25109	13107	16298
2123	**2115**	**41**	**41**	**177834**	**117374**	**177834**	**117374**
136	136	41	41	25513	21310	25513	21310
				2046	1852	2046	1852
				44426	26737	44426	26737
				58361	48995	58361	48995
1987	1979			47489	18480	47489	18480
748945	**644593**	**164815**	**161562**	**1384921**	**1110338**	**652506**	**543003**
746824	**642481**	**164777**	**161524**	**1208340**	**994136**	**475925**	**426801**
341060	294565	25610	11960	459741	362926	117546	109457
85814	67039	5207	12983	112923	79873	20314	19473
4645	4123	71523	91017	103188	96509	2002	2800
3926	3272	4387	3656	41548	28919	21810	12608
309543	271816			381837	332493	298975	264861
1835	1665	44496	41908	81062	71620	2172	1305
		13554		28041	21796	13107	16298

1-7 续表 23

其他

项　　目	商品购进总额		统一配送商品购进额	
	2011年	2010年	2011年	2010年
零售业	**176860**	**117168**	**92671**	**47848**
综合零售				
食品、饮料及烟草制品专门零售	27118	24175	1008	1902
纺织、服装及日用品专门零售				
文化、体育用品及器材专门零售				
医药及医疗器材专门零售	876	751	876	751
汽车、摩托车、燃料及零配件专门零售	42655	25666	42655	25666
家用电器及电子产品专门零售	58603	47545	524	499
五金、家具及室内装修材料专门零售				
无店铺及其他零售	47608	19031	47608	19031
加盟门店合计	**599314**	**564852**	**542942**	**532478**
批发业	**597948**	**563603**	**541576**	**531229**
农畜产品批发				
食品、饮料及烟草制品专门批发	11005	18318	10154	15258
纺织、服装及日用品批发	600	960	600	960
文化、体育用品及器材批发				
医药及医疗器材批发	79908	52650	32028	24660
矿产品、建材及化工产品批发	498614	490351	498614	490351
机械设备、五金交电及电子产品批发				
贸易经纪与代理				
其他批发	7821	1324	180	
零售业	**1366**	**1249**	**1366**	**1249**
综合零售				
食品、饮料及烟草制品专门零售	6	6	6	6
纺织、服装及日用品专门零售				
文化、体育用品及器材专门零售				
医药及医疗器材专门零售	1360	1243	1360	1243
汽车、摩托车、燃料及零配件专门零售				
家用电器及电子产品专门零售				
五金、家具及室内装修材料专门零售				
无店铺及其他零售				

自有配送中心配送商品购进额		非自有配送中心配送商品购进额		商品销售额		零售额	
2011年	2010年	2011年	2010年	2011年	2010年	2011年	2010年
2121	**2112**	**38**	**38**	**176581**	**116202**	**176581**	**116202**
134	134	38	38	25508	21305	25508	21305
				798	685	798	685
				44426	26737	44426	26737
				58361	48995	58361	48995
1987	1979			47489	18480	47489	18480
385151	**351954**	**151305**	**175462**	**654623**	**627512**	**340369**	**297550**
385148	**351951**	**151302**	**175459**	**653370**	**626340**	**339116**	**296379**
7883	14297	851		12437	23805	12437	23805
600	960			221	1000		
16152	12448	15876	12212	105384	73578	43160	33918
360513	324247	134575	163247	523062	524644	283519	238655
				12266	3313		
3	**3**	**3**	**3**	**1253**	**1172**	**1253**	**1172**
3	3	3	3	5	5	5	5
				1248	1167	1248	1167

1-8 按登记注册类型与业态分连锁零售企业基本情况

便利店

项　　目	连锁总店数（个）	门店数（个）		年末从业人员（人）		年末零售营业面积（平方米）	
	2011年	2011年	2010年	2011年	2010年	2011年	2010年
总　　计	**83**	**13609**	**12795**	**70977**	**70140**	**1096650**	**1003348**
内资企业	73	11705	11208	59231	60007	935042	880806
国有企业	5	869	870	5103	6404	58747	59712
集体企业							
股份合作企业							
联营企业							
有限责任公司	39	8833	8476	43859	44477	618148	578343
股份有限公司	3	333	297	1547	1883	65945	59845
私营企业	23	1607	1479	7894	6352	145534	138852
其他企业	3	63	86	828	891	46668	44054
港、澳、台商投资企业	5	734	678	4632	4467	44873	41635
外商投资企业	5	1170	909	7114	5666	116735	80907
直营门店合计		**8798**	**8154**	**53430**	**52247**	**815592**	**743104**
内资企业		7440	7077	45420	45760	694654	657442
国有企业		344	348	2832	3338	27668	28948
集体企业							
股份合作企业							
联营企业							
有限责任公司		5986	5640	34908	35848	468826	438802
股份有限公司		333	297	1547	1883	65945	59845
私营企业		729	712	5317	3812	86447	86093
其他企业		48	80	816	879	45768	43754
港、澳、台商投资企业		703	642	4622	4451	42865	39139
外商投资企业		655	435	3388	2036	78073	46523
加盟门店合计		**4811**	**4641**	**17547**	**17893**	**281058**	**260244**
内资企业		4265	4131	13811	14247	240388	223364
国有企业		525	522	2271	3066	31079	30764
集体企业							
股份合作企业							
联营企业							
有限责任公司		2847	2836	8951	8629	149322	139541
股份有限公司							
私营企业		878	767	2577	2540	59087	52759
其他企业		15	6	12	12	900	300
港、澳、台商投资企业		31	36	10	16	2008	2496
外商投资企业		515	474	3726	3630	38662	34384

1-8 续表 1

折扣店

项　　目	连锁总店数(个)	门店数(个)		年末从业人员(人)		年末零售营业面积(平方米)	
	2011年	2011年	2010年	2011年	2010年	2011年	2010年
总　　计	**4**	**948**	**882**	**8109**	**8363**	**268552**	**266950**
内资企业	2	543	467	4640	4163	157295	153508
国有企业							
集体企业							
股份合作企业							
联营企业							
有限责任公司	1	536	460	4025	3578	106360	103078
股份有限公司							
私营企业	1	7	7	615	585	50935	50430
其他企业							
港、澳、台商投资企业							
外商投资企业	2	405	415	3469	4200	111257	113442
直营门店合计		**820**	**740**	**7226**	**7232**	**245884**	**241920**
内资企业		543	467	4640	4163	157295	153508
国有企业							
集体企业							
股份合作企业							
联营企业							
有限责任公司		536	460	4025	3578	106360	103078
股份有限公司							
私营企业		7	7	615	585	50935	50430
其他企业							
港、澳、台商投资企业							
外商投资企业		277	273	2586	3069	88589	88412
加盟门店合计		**128**	**142**	**883**	**1131**	**22668**	**25030**
内资企业							
国有企业							
集体企业							
股份合作企业							
联营企业							
有限责任公司							
股份有限公司							
私营企业							
其他企业							
港、澳、台商投资企业							
外商投资企业		128	142	883	1131	22668	25030

1-8 续表 2

超市

项 目	连锁总店数（个）	门店数（个）		年末从业人员（人）		年末零售营业面积（平方米）	
	2011年	2011年	2010年	2011年	2010年	2011年	2010年
总　计	**408**	**38554**	**37090**	**589505**	**538063**	**21908917**	**20210384**
内资企业	391	35619	34218	495941	448418	18497485	16991950
国有企业	7	104	104	5651	5400	173908	151811
集体企业	8	242	217	1902	1995	69283	55103
股份合作企业	5	61	59	2251	2352	97416	105323
联营企业	1	19	19	221	221	5514	5514
有限责任公司	154	14803	14209	185254	171046	8264149	7484241
股份有限公司	23	9097	8694	179014	159494	5719196	5407329
私营企业	185	10995	10646	118840	105313	4061692	3672595
其他企业	8	298	270	2808	2597	106327	110034
港、澳、台商投资企业	10	617	627	14361	13600	374460	353644
外商投资企业	7	2318	2245	79203	76045	3036972	2864790
直营门店合计		**16483**	**15180**	**488915**	**423351**	**18869274**	**16919520**
内资企业		14377	13383	417840	359624	15889673	14322611
国有企业		92	81	4163	3936	166108	140308
集体企业		76	68	1380	1536	51733	41883
股份合作企业		61	59	2251	2352	97416	105323
联营企业		19	19	221	221	5514	5514
有限责任公司		6633	6115	165508	151315	7496188	6739742
股份有限公司		4301	4008	143267	123612	4612793	4357605
私营企业		3031	2876	98594	74378	3364355	2830789
其他企业		164	157	2456	2274	95566	101447
港、澳、台商投资企业		617	627	14361	13600	374460	353644
外商投资企业		1489	1170	56714	50127	2605141	2243265
加盟门店合计		**22071**	**21910**	**100590**	**114712**	**3039643**	**3290864**
内资企业		21242	20835	78101	88794	2607812	2669339
国有企业		12	23	1488	1464	7800	11503
集体企业		166	149	522	459	17550	13220
股份合作企业							
联营企业							
有限责任公司		8170	8094	19746	19731	767961	744499
股份有限公司		4796	4686	35747	35882	1106403	1049724
私营企业		7964	7770	20246	30935	697337	841806
其他企业		134	113	352	323	10761	8587
港、澳、台商投资企业							
外商投资企业		829	1075	22489	25918	431831	621525

1-8 续表 3

大型超市

项目	连锁总店数（个）	门店数（个）		年末从业人员（人）		年末零售营业面积（平方米）	
	2011年	2011年	2010年	2011年	2010年	2011年	2010年
总　计	**132**	**2542**	**2272**	**332818**	**305381**	**17606241**	**15704421**
内资企业	62	1611	1421	140274	126933	8931692	7688252
国有企业	1	5	5	263	260	30150	30150
集体企业							
股份合作企业							
联营企业							
有限责任公司	35	682	620	77636	66403	4874973	3863136
股份有限公司	10	412	378	42514	41672	2880757	2704781
私营企业	15	494	400	17263	16164	1030462	974835
其他企业	1	18	18	2598	2434	115350	115350
港、澳、台商投资企业	16	335	294	77159	73108	3667357	3299871
外商投资企业	54	596	557	115385	105340	5007192	4716298
直营门店合计		**2426**	**2193**	**328172**	**301236**	**17435362**	**15529394**
内资企业		1508	1354	139517	126358	8907472	7648496
国有企业		5	5	263	260	30150	30150
集体企业							
股份合作企业							
联营企业							
有限责任公司		674	612	77165	65928	4855503	3826136
股份有限公司		412	378	42514	41672	2880757	2704781
私营企业		399	341	16977	16064	1025712	972079
其他企业		18	18	2598	2434	115350	115350
港、澳、台商投资企业		335	294	77159	73108	3667357	3299871
外商投资企业		583	545	111496	101770	4860533	4581027
加盟门店合计		**116**	**79**	**4646**	**4145**	**170879**	**175027**
内资企业		103	67	757	575	24220	39756
国有企业							
集体企业							
股份合作企业							
联营企业							
有限责任公司		8	8	471	475	19470	37000
股份有限公司							
私营企业		95	59	286	100	4750	2756
其他企业							
港、澳、台商投资企业							
外商投资企业		13	12	3889	3570	146659	135271

1-8 续表 4

仓储会员店

项目	连锁总店数（个）	门店数（个）		年末从业人员（人）		年末零售营业面积（平方米）	
	2011年	2011年	2010年	2011年	2010年	2011年	2010年
总计	**6**	**265**	**245**	**59354**	**58000**	**2341744**	**2002572**
内资企业	3	116	116	710	609	39640	33508
国有企业	1	108	107	320	323	8640	5680
集体企业							
股份合作企业							
联营企业							
有限责任公司	1	6	2	367	214	26000	16000
股份有限公司							
私营企业							
其他企业	1	2	7	23	72	5000	11828
港、澳、台商投资企业	1	90	74	46900	46577	1800000	1489031
外商投资企业	2	59	55	11744	10814	502104	480033
直营门店合计		**142**	**138**	**13613**	**13735**	**575444**	**537591**
内资企业		81	81	675	574	36840	30708
国有企业		73	72	285	288	5840	2880
集体企业							
股份合作企业							
联营企业							
有限责任公司		6	2	367	214	26000	16000
股份有限公司							
私营企业							
其他企业		2	7	23	72	5000	11828
港、澳、台商投资企业		2	2	1194	2347	36500	26850
外商投资企业		59	55	11744	10814	502104	480033
加盟门店合计		**123**	**107**	**45741**	**44265**	**1766300**	**1464981**
内资企业		35	35	35	35	2800	2800
国有企业		35	35	35	35	2800	2800
集体企业							
股份合作企业							
联营企业							
有限责任公司							
股份有限公司							
私营企业							
其他企业							
港、澳、台商投资企业		88	72	45706	44230	1763500	1462181
外商投资企业							

1-8 续表 5

百货店

项目	连锁总店数（个）	门店数（个）		年末从业人员（人）		年末零售营业面积（平方米）	
	2011年	2011年	2010年	2011年	2010年	2011年	2010年
总　计	**94**	**4826**	**4786**	**265355**	**244929**	**17222969**	**15123362**
内资企业	80	4273	4318	223966	206143	14547859	12757894
国有企业	4	115	108	2493	2391	173833	137044
集体企业	7	122	122	1941	1697	140437	123769
股份合作企业							
联营企业							
有限责任公司	35	718	698	40043	37581	2681433	2499496
股份有限公司	23	3144	3104	171712	158547	11128271	9619742
私营企业	11	174	286	7777	5927	423885	377843
其他企业							
港、澳、台商投资企业	10	536	450	36041	34286	2050964	1776671
外商投资企业	4	17	18	5348	4500	624146	588797
直营门店合计		**2255**	**2059**	**242546**	**221776**	**16416638**	**14355185**
内资企业		1705	1596	201183	183027	13743428	11992517
国有企业		49	42	2414	2312	171665	134876
集体企业		122	122	1941	1697	140437	123769
股份合作企业							
联营企业							
有限责任公司		550	540	36235	34128	2374013	2260516
股份有限公司		839	741	152907	139376	10642418	9137023
私营企业		145	151	7686	5514	414895	336333
其他企业							
港、澳、台商投资企业		533	445	36015	34249	2049064	1773871
外商投资企业		17	18	5348	4500	624146	588797
加盟门店合计		**2571**	**2727**	**22809**	**23153**	**806331**	**768177**
内资企业		2568	2722	22783	23116	804431	765377
国有企业		66	66	79	79	2168	2168
集体企业							
股份合作企业							
联营企业							
有限责任公司		168	158	3808	3453	307420	238980
股份有限公司		2305	2363	18805	19171	485853	482719
私营企业		29	135	91	413	8990	41510
其他企业							
港、澳、台商投资企业		3	5	26	37	1900	2800
外商投资企业							

1-8 续表 6

专业店(含加油站)

项　目	连锁总店数(个)	门店数(个)		年末从业人员(人)		年末零售营业面积(平方米)	
	2011年	2011年	2010年	2011年	2010年	2011年	2010年
总　计	**1354**	**95680**	**90320**	**963436**	**838069**	**71425310**	**66507168**
内资企业	1307	92158	86942	917939	791700	68363327	63505362
国有企业	135	11497	11130	116261	114198	10536240	10302997
集体企业	14	1808	1671	4283	4320	191765	178424
股份合作企业	5	40	45	457	479	66922	67024
联营企业	3	353	387	2051	2070	43688	29684
有限责任公司	508	27614	26186	218392	205991	8810471	7356909
股份有限公司	188	33062	32022	442026	345220	44355242	41845851
私营企业	434	17265	14931	129986	114932	4164502	3533495
其他企业	20	519	570	4483	4490	194497	190978
港、澳、台商投资企业	14	1847	1822	10603	9790	141431	136790
外商投资企业	33	1675	1556	34894	36579	2920552	2865016
直营门店合计		**71152**	**66852**	**897990**	**771942**	**69208363**	**64207507**
内资企业		68927	64826	856371	729611	66220162	61282021
国有企业		10493	9839	106941	102975	9611339	9278354
集体企业		187	202	983	1338	76450	75439
股份合作企业		40	45	457	479	66922	67024
联营企业		278	309	1625	1713	32437	24916
有限责任公司		17944	16307	195487	180250	8172417	6686162
股份有限公司		28048	27503	433237	337436	44311513	41784135
私营企业		11533	10231	113590	101669	3767244	3194960
其他企业		404	390	4051	3751	181840	171031
港、澳、台商投资企业		568	489	6811	5840	69233	62060
外商投资企业		1657	1537	34808	36491	2918968	2863426
加盟门店合计		**24528**	**23468**	**65446**	**66127**	**2216947**	**2299661**
内资企业		23231	22116	61568	62089	2143165	2223341
国有企业		1004	1291	9320	11223	924901	1024643
集体企业		1621	1469	3300	2982	115315	102985
股份合作企业							
联营企业		75	78	426	357	11251	4768
有限责任公司		9670	9879	22905	25741	638054	670747
股份有限公司		5014	4519	8789	7784	43729	61716
私营企业		5732	4700	16396	13263	397258	338535
其他企业		115	180	432	739	12657	19947
港、澳、台商投资企业		1279	1333	3792	3950	72198	74730
外商投资企业		18	19	86	88	1584	1590

1-8 续表 7

加油站

项　目	连锁总店数（个）	门店数（个）		年末从业人员（人）		年末零售营业面积（平方米）	
	2011年	2011年	2010年	2011年	2010年	2011年	2010年
总　计	**228**	**31845**	**31531**	**316560**	**281306**	**47378976**	**46676026**
内资企业	216	30994	30705	301966	270509	45808721	45020663
国有企业	56	8062	7757	80016	75152	8926584	8737793
集体企业	1	8	5	72	68	2700	520
股份合作企业							
联营企业							
有限责任公司	11	460	423	5806	5617	430932	403880
股份有限公司	142	22339	22395	214121	188092	36308699	35739779
私营企业	4	10	10	140	137	18373	18373
其他企业	2	115	115	1811	1443	121433	120318
港、澳、台商投资企业							
外商投资企业	12	851	826	14594	10797	1570255	1655363
直营门店合计		**31144**	**30670**	**307798**	**271828**	**46568156**	**45769296**
内资企业		30293	29844	293204	261031	44997901	44113933
国有企业		7442	6990	72221	66796	8142884	7880293
集体企业		8	5	72	68	2700	520
股份合作企业							
联营企业							
有限责任公司		460	423	5806	5617	430932	403880
股份有限公司		22258	22301	213154	186970	36281579	35690549
私营企业		10	10	140	137	18373	18373
其他企业		115	115	1811	1443	121433	120318
港、澳、台商投资企业							
外商投资企业		851	826	14594	10797	1570255	1655363
加盟门店合计		**701**	**861**	**8762**	**9478**	**810820**	**906730**
内资企业		701	861	8762	9478	810820	906730
国有企业		620	767	7795	8356	783700	857500
集体企业							
股份合作企业							
联营企业							
有限责任公司							
股份有限公司		81	94	967	1122	27120	49230
私营企业							
其他企业							
港、澳、台商投资企业							
外商投资企业							

1-8 续表 8

专卖店

项 目	连锁总店数（个）	门店数（个）		年末从业人员（人）		年末零售营业面积（平方米）	
	2011年	2011年	2010年	2011年	2010年	2011年	2010年
总 计	**256**	**31768**	**25090**	**167492**	**145949**	**3667129**	**3337298**
内资企业	216	16369	14802	114285	104099	2629184	2461572
国有企业	15	700	677	5010	5080	158259	117278
集体企业	1	44	44	327	302	4114	4039
股份合作企业	3	53	56	527	510	21095	21818
联营企业							
有限责任公司	97	4782	4583	43760	42198	1268517	1221961
股份有限公司	11	2373	2150	20242	17190	475561	506865
私营企业	83	8294	7188	42173	36842	655895	548043
其他企业	6	123	104	2246	1977	45743	41568
港、澳、台商投资企业	28	1461	1358	9955	9088	495967	452216
外商投资企业	12	13938	8930	43252	32762	541978	423510
直营门店合计		**8607**	**7788**	**98423**	**89828**	**2713628**	**2593515**
内资企业		7069	6306	80742	72617	2148634	2051841
国有企业		477	453	4652	4781	131729	112598
集体企业		44	44	327	302	4114	4039
股份合作企业		20	23	433	420	19263	20147
联营企业							
有限责任公司		2931	2576	36343	33507	1159823	1085720
股份有限公司		918	831	17575	14827	433303	468407
私营企业		2556	2275	19166	16803	354659	319362
其他企业		123	104	2246	1977	45743	41568
港、澳、台商投资企业		1011	958	8754	8081	462853	421389
外商投资企业		527	524	8927	9130	102141	120285
加盟门店合计		**23161**	**17302**	**69069**	**56121**	**953501**	**743783**
内资企业		9300	8496	33543	31482	480550	409731
国有企业		223	224	358	299	26530	4680
集体企业							
股份合作企业		33	33	94	90	1832	1671
联营企业							
有限责任公司		1851	2007	7417	8691	108694	136241
股份有限公司		1455	1319	2667	2363	42258	38458
私营企业		5738	4913	23007	20039	301236	228681
其他企业							
港、澳、台商投资企业		450	400	1201	1007	33114	30827
外商投资企业		13411	8406	34325	23632	439837	303225

1-8 续表 9

家居建材商店

项目	连锁总店数(个)	门店数(个)		年末从业人员(人)		年末零售营业面积(平方米)	
	2011年	2011年	2010年	2011年	2010年	2011年	2010年
总　计	**15**	**116**	**97**	**7831**	**7554**	**607638**	**618288**
内资企业	5	69	50	1883	1990	110600	121250
国有企业							
集体企业							
股份合作企业							
联营企业							
有限责任公司	3	22	22	1479	1641	103500	118250
股份有限公司							
私营企业	2	47	28	404	349	7100	3000
其他企业							
港、澳、台商投资企业	1	4	4	732	229	1500	1500
外商投资企业	9	43	43	5216	5335	495538	495538
直营门店合计		**116**	**97**	**7831**	**7554**	**607638**	**618288**
内资企业		69	50	1883	1990	110600	121250
国有企业							
集体企业							
股份合作企业							
联营企业							
有限责任公司		22	22	1479	1641	103500	118250
股份有限公司							
私营企业		47	28	404	349	7100	3000
其他企业							
港、澳、台商投资企业		4	4	732	229	1500	1500
外商投资企业		43	43	5216	5335	495538	495538
加盟门店合计							
内资企业							
国有企业							
集体企业							
股份合作企业							
联营企业							
有限责任公司							
股份有限公司							
私营企业							
其他企业							
港、澳、台商投资企业							
外商投资企业							

1-8 续表 10

厂家直销中心

项 目	连锁总店数(个)	门店数(个)		年末从业人员(人)		年末零售营业面积(平方米)	
	2011年	2011年	2010年	2011年	2010年	2011年	2010年
总　计	**4**	**74**	**59**	**535**	**373**	**1581**	**386**
内资企业	3	23	13	163	53	1367	182
国有企业							
集体企业							
股份合作企业							
联营企业							
有限责任公司	2	20	13	103	53	767	182
股份有限公司							
私营企业	1	3		60		600	
其他企业							
港、澳、台商投资企业							
外商投资企业	1	51	46	372	320	214	204
直营门店合计		**68**	**59**	**507**	**373**	**1001**	**386**
内资企业		17	13	135	53	787	182
国有企业							
集体企业							
股份合作企业							
联营企业							
有限责任公司		14	13	75	53	187	182
股份有限公司							
私营企业		3		60		600	
其他企业							
港、澳、台商投资企业							
外商投资企业		51	46	372	320	214	204
加盟门店合计		**6**		**28**		**580**	
内资企业		6		28		580	
国有企业							
集体企业							
股份合作企业							
联营企业							
有限责任公司		6		28		580	
股份有限公司							
私营企业							
其他企业							
港、澳、台商投资企业							
外商投资企业							

1-8 续表 11

其他

项目	连锁总店数(个)	门店数(个)		年末从业人员(人)		年末零售营业面积(平方米)	
	2011年	2011年	2010年	2011年	2010年	2011年	2010年
总　计	**55**	**7397**	**7189**	**25142**	**25138**	**559865**	**509657**
内资企业	51	7213	6976	23181	23126	544035	492197
国有企业	6	3110	3118	7668	7900	223195	209474
集体企业	4	725	797	1371	1629	19251	19268
股份合作企业	1	416	416	1301	1258	14311	14311
联营企业							
有限责任公司	16	1186	1073	6514	6053	117847	93283
股份有限公司	2	40	31	254	171	2196	2191
私营企业	21	1724	1531	6047	6092	167135	153570
其他企业	1	12	10	26	23	100	100
港、澳、台商投资企业							
外商投资企业	4	184	213	1961	2012	15830	17460
直营门店合计		**1561**	**1587**	**13965**	**14416**	**285101**	**268438**
内资企业		1435	1429	12809	13301	277318	258878
国有企业		118	127	2259	2496	40925	47794
集体企业		128	131	583	679	14981	14318
股份合作企业							
联营企业							
有限责任公司		812	827	5588	5517	101369	85283
股份有限公司		35	30	239	168	2116	2181
私营企业		330	304	4114	4418	117827	109202
其他企业		12	10	26	23	100	100
港、澳、台商投资企业							
外商投资企业		126	158	1156	1115	7783	9560
加盟门店合计		**5836**	**5602**	**11177**	**10722**	**274764**	**241219**
内资企业		5778	5547	10372	9825	266717	233319
国有企业		2992	2991	5409	5404	182270	161680
集体企业		597	666	788	950	4270	4950
股份合作企业		416	416	1301	1258	14311	14311
联营企业							
有限责任公司		374	246	926	536	16478	8000
股份有限公司		5	1	15	3	80	10
私营企业		1394	1227	1933	1674	49308	44368
其他企业							
港、澳、台商投资企业							
外商投资企业		58	55	805	897	8047	7900

1-9 按登记注册类型与业态分

便利店

项　目	商品购进总额		统一配送商品购进额	
	2011年	2010年	2011年	2010年
总　计	**1861130**	**1669604**	**1095544**	**950579**
内资企业	1517287	1365642	780967	662067
国有企业	145197	136852	30887	24285
集体企业				
股份合作企业				
联营企业				
有限责任公司	1041254	947772	551298	477560
股份有限公司	102705	84021	36969	26902
私营企业	202175	172968	138957	112523
其他企业	25956	24029	22856	20798
港、澳、台商投资企业	120719	116614	91454	101163
外商投资企业	223124	187348	223124	187348
直营门店合计	**1456714**	**1301376**	**844571**	**724236**
内资企业	1200698	1092604	617821	530915
国有企业	85033	82535	7825	5710
集体企业				
股份合作企业				
联营企业				
有限责任公司	848922	773443	442777	379822
股份有限公司	102705	84021	36969	26902
私营企业	138897	128951	108210	98058
其他企业	25140	23654	22040	20423
港、澳、台商投资企业	116163	110725	86897	95274
外商投资企业	139853	98047	139853	98047
加盟门店合计	**404416**	**368228**	**250973**	**226343**
内资企业	316590	273038	163146	131152
国有企业	60164	54317	23062	18575
集体企业				
股份合作企业				
联营企业				
有限责任公司	192332	174329	108521	97738
股份有限公司				
私营企业	63277	44017	30747	14465
其他企业	816	375	816	375
港、澳、台商投资企业	4556	5889	4556	5889
外商投资企业	83270	89301	83270	89301

连锁零售企业经营情况

单位：万元

自有配送中心配送商品购进额		非自有配送中心配送商品购进额		商品销售额		零售额	
2011年	2010年	2011年	2010年	2011年	2010年	2011年	2010年
443081	**394011**	**259047**	**256084**	**2259794**	**1961086**	**2070096**	**1789247**
368333	304433	189998	188691	1742541	1552463	1599224	1425603
28965	22421			142457	144616	141969	138806
234812	202450	164842	165038	1241749	1120823	1158456	1045179
36969	26902			117696	84901	80826	56843
65240	50148	25156	23653	210985	177142	188320	159794
2347	2512			29654	24981	29654	24981
74748	89578	3123	4540	163662	134265	163562	134265
		65927	62853	353592	274358	307310	229379
372372	**331477**	**170161**	**161417**	**1798818**	**1554148**	**1617131**	**1390211**
302180	247788	149863	149486	1417028	1261402	1275642	1136613
5903	3846			83374	83972	82885	78162
202172	171022	124819	125927	1041015	938062	959652	864489
36969	26902			117696	84901	80826	56843
55606	43880	25044	23559	146106	129861	123441	112513
1530	2138			28837	24606	28837	24606
70191	83689	3123	4540	156130	127561	156030	127561
		17175	7391	225660	165186	185460	126038
70709	**62534**	**88887**	**94667**	**460976**	**406937**	**452965**	**399036**
66153	56645	40135	39205	325512	291061	323583	288991
23062	18575			59083	60644	59083	60644
32640	31428	40023	39111	200734	182761	198804	180690
9634	6268	112	93	64879	47281	64879	47281
816	375			816	375	816	375
4556	5889			7532	6704	7532	6704
		48752	55462	127932	109172	121850	103341

1-9 续表 1

折扣店

项　目	商品购进总额		统一配送商品购进额	
	2011年	2010年	2011年	2010年
总　计	**419591**	**379988**	**294889**	**280020**
内资企业	258819	226455	134117	126487
国有企业				
集体企业				
股份合作企业				
联营企业				
有限责任公司	134117	126487	134117	126487
股份有限公司				
私营企业	124702	99968		
其他企业				
港、澳、台商投资企业				
外商投资企业	160772	153533	160772	153533
直营门店合计	**394049**	**354322**	**269347**	**254353**
内资企业	258819	226455	134117	126487
国有企业				
集体企业				
股份合作企业				
联营企业				
有限责任公司	134117	126487	134117	126487
股份有限公司				
私营企业	124702	99968		
其他企业				
港、澳、台商投资企业				
外商投资企业	135230	127867	135230	127867
加盟门店合计	**25542**	**25666**	**25542**	**25666**
内资企业				
国有企业				
集体企业				
股份合作企业				
联营企业				
有限责任公司				
股份有限公司				
私营企业				
其他企业				
港、澳、台商投资企业				
外商投资企业	25542	25666	25542	25666

单位：万元

自有配送中心配送商品购进额		非自有配送中心配送商品购进额		商品销售额		零售额	
2011年	2010年	2011年	2010年	2011年	2010年	2011年	2010年
158407	**150388**	**2365**	**3145**	**476251**	**435377**	**436839**	**408464**
				300253	263167	289168	252336
				145825	141629	145825	141629
				154428	121538	143343	110707
158407	150388	2365	3145	175999	172210	147671	156128
133372	**125599**	**1857**	**2268**	**450537**	**403591**	**411125**	**376678**
				300253	263167	289168	252336
				145825	141629	145825	141629
				154428	121538	143343	110707
133372	125599	1857	2268	150285	140424	121957	124342
25034	**24789**	**508**	**877**	**25714**	**31786**	**25714**	**31786**
25034	24789	508	877	25714	31786	25714	31786

1-9 续表 2

超市

项目	商品购进总额		统一配送商品购进额	
	2011年	2010年	2011年	2010年
总 计	**30518610**	**25195913**	**25766633**	**20563323**
内资企业	24817079	20145030	20719186	15823574
国有企业	102329	155298	79164	140384
集体企业	102220	69529	56136	49095
股份合作企业	178106	101236	169891	99419
联营企业	25822	21079	25822	21079
有限责任公司	10085034	7787741	8597198	6256417
股份有限公司	10557209	9296899	8516875	7456229
私营企业	3711023	2662253	3228527	1761867
其他企业	55337	50995	45574	39083
港、澳、台商投资企业	1082048	892698	711698	597513
外商投资企业	4619483	4158185	4335749	4142237
直营门店合计	**27126273**	**21215434**	**22781473**	**17438339**
内资企业	22402940	17468237	18694193	14001170
国有企业	84361	143482	79164	140384
集体企业	90959	60477	44875	40043
股份合作企业	178106	101236	169891	99419
联营企业	25822	21079	25822	21079
有限责任公司	9619694	7359649	8155927	5861366
股份有限公司	8902845	7738609	7136139	6186871
私营企业	3450858	1997254	3040310	1615994
其他企业	50296	46452	42066	36014
港、澳、台商投资企业	1082048	892698	711698	597513
外商投资企业	3641286	2854499	3375582	2839656
加盟门店合计	**3392337**	**3980480**	**2985159**	**3124984**
内资企业	2414140	2676794	2024993	1822404
国有企业	17969	11817		
集体企业	11261	9052	11261	9052
股份合作企业				
联营企业				
有限责任公司	465340	428092	441271	395051
股份有限公司	1654365	1558291	1380736	1269358
私营企业	260165	665000	188217	145873
其他企业	5041	4543	3508	3070
港、澳、台商投资企业				
外商投资企业	978197	1303686	960167	1302580

单位：万元

自有配送中心配送商品购进额		非自有配送中心配送商品购进额		商品销售额		零售额	
2011年	2010年	2011年	2010年	2011年	2010年	2011年	2010年
16393588	**13452282**	**4192331**	**3912036**	**33982220**	**30430720**	**28261936**	**25099307**
11701429	9135259	3871992	3541999	27965914	25174175	23257574	20669548
20	21	30027	21409	109264	176837	109264	176737
41021	33441		214	99625	67819	84397	59215
164136	94359	2066	1944	164779	109022	164779	109022
				30821	27481	17503	17778
4448721	3033645	1432529	1196294	10665335	9029453	8613736	7448990
5871778	5074992	2087530	2079229	12976553	12627308	10508898	10372086
1156149	885589	294697	218926	3864960	3085185	3707964	2438023
19605	13212	25143	23984	54578	51070	51033	47698
409895	345489	301804	229084	1203318	978141	1106134	878025
4282264	3971534	18536	140953	4812988	4278404	3898229	3551734
14116331	**10860122**	**3584232**	**3408596**	**30389829**	**25245907**	**24685790**	**20425807**
10384156	7833464	3264076	3050774	25395095	21219859	20692040	17226535
20	21	30027	21409	95585	164193	95585	164093
29760	24389		214	89112	58878	73884	50274
164136	94359	2066	1944	164779	109022	164779	109022
				30821	27481	17503	17778
4076085	2694548	1379101	1150189	10110393	8473888	8061414	6894695
5045582	4207360	1577449	1680693	11303617	10050058	8835962	7794857
1049216	799655	253551	175332	3549664	2288522	3394489	2150599
19358	13132	21883	20995	51125	47816	48425	45216
409895	345489	301804	229084	1203318	978141	1106134	878025
3322281	2681169	18352	128739	3791416	3047908	2887616	2321247
2277256	**2592160**	**608099**	**503440**	**3592391**	**5184812**	**3576146**	**4673500**
1317274	1301795	607915	491226	2570819	3954316	2565533	3443013
				13679	12644	13679	12644
11261	9052			10513	8941	10513	8941
372636	339097	53428	46106	554943	555566	552322	554295
826196	867632	510081	398536	1672936	2577250	1672936	2577228
106933	85934	41146	43595	315295	796662	313476	287424
247	80	3261	2990	3452	3254	2607	2482
959983	1290366	184	12215	1021572	1230496	1010613	1230487

1-9 续表 3

大型超市

项 目	商品购进总额		统一配送商品购进额	
	2011年	2010年	2011年	2010年
总 计	**23011899**	**19194703**	**15087382**	**12088380**
内资企业	7919761	6689072	5712374	4743757
国有企业	21801	16904		
集体企业				
股份合作企业				
联营企业				
有限责任公司	4096936	3450691	2756354	2309778
股份有限公司	2729008	2383768	2013669	1724211
私营企业	952731	743570	823066	615631
其他企业	119284	94138	119284	94138
港、澳、台商投资企业	5207494	4406801	3654358	2425118
外商投资企业	9884644	8098831	5720650	4919506
直营门店合计	**22762465**	**18999982**	**14894241**	**11938206**
内资企业	7901779	6660985	5710612	4742385
国有企业	21801	16904		
集体企业				
股份合作企业				
联营企业				
有限责任公司	4080088	3423372	2755726	2309173
股份有限公司	2729008	2383768	2013669	1724211
私营企业	951597	742802	821933	614863
其他企业	119284	94138	119284	94138
港、澳、台商投资企业	5207494	4406801	3654358	2425118
外商投资企业	9653192	7932197	5529272	4770704
加盟门店合计	**249433**	**194721**	**193141**	**150174**
内资企业	17982	28087	1762	1372
国有企业				
集体企业				
股份合作企业				
联营企业				
有限责任公司	16849	27319	629	604
股份有限公司				
私营企业	1133	768	1133	768
其他企业				
港、澳、台商投资企业				
外商投资企业	231452	166634	191379	148802

单位：万元

自有配送中心配送商品购进额		非自有配送中心配送商品购进额		商品销售额		零售额	
2011年	2010年	2011年	2010年	2011年	2010年	2011年	2010年
7387055	**5554329**	**2153797**	**1763167**	**25945400**	**22818628**	**23084672**	**20010041**
3111117	2504755	1495209	1380921	9488241	8208984	8336946	7058959
				27034	19888	27034	19888
1241348	958755	909950	906639	4978779	4467092	3934405	3405565
1242211	1079881	483338	407427	3339032	2761969	3232110	2673471
539287	392308	70906	46528	1024743	888213	1024743	888213
88271	73811	31014	20327	118653	71823	118653	71823
2904770	1894288	253991	137060	6394089	5508566	5735601	4871079
1371168	1155286	404597	245187	10063070	9101078	9012125	8080003
7193915	**5404913**	**2153797**	**1763014**	**25708893**	**22589180**	**22848165**	**19780593**
3109355	2504141	1495209	1380767	9467431	8177990	8316136	7027965
				27034	19888	27034	19888
1240720	958755	909950	906639	4960128	4436958	3915754	3375431
1242211	1079881	483338	407427	3339032	2761969	3232110	2673471
538153	391694	70906	46374	1022584	887353	1022584	887353
88271	73811	31014	20327	118653	71823	118653	71823
2904770	1894288	253991	137060	6394089	5508566	5735601	4871079
1179789	1006484	404597	245187	9847373	8902623	8796428	7881549
193141	**149416**		**154**	**236507**	**229448**	**236507**	**229448**
1762	614		154	20810	30994	20810	30994
629				18651	30134	18651	30134
1133	614		154	2160	860	2160	860
191379	148802			215697	198454	215697	198454

1-9 续表 4

仓储会员店

项目	商品购进总额		统一配送商品购进额	
	2011年	2010年	2011年	2010年
总 计	**5156758**	**3844842**	**3436369**	**2624235**
内资企业	21238	9077	21238	8527
国有企业	2500	2450	2500	1900
集体企业				
股份合作企业				
联营企业				
有限责任公司	12597	641	12597	641
股份有限公司				
私营企业				
其他企业	6141	5985	6141	5985
港、澳、台商投资企业	3039948	2304935	3039948	2304935
外商投资企业	2095572	1530831	375183	310773
直营门店合计	**2231537**	**1674703**	**511149**	**454095**
内资企业	20428	8447	20428	7897
国有企业	1690	1820	1690	1270
集体企业				
股份合作企业				
联营企业				
有限责任公司	12597	641	12597	641
股份有限公司				
私营企业				
其他企业	6141	5985	6141	5985
港、澳、台商投资企业	115538	135426	115538	135426
外商投资企业	2095572	1530831	375183	310773
加盟门店合计	**2925220**	**2170140**	**2925220**	**2170140**
内资企业	810	630	810	630
国有企业	810	630	810	630
集体企业				
股份合作企业				
联营企业				
有限责任公司				
股份有限公司				
私营企业				
其他企业				
港、澳、台商投资企业	2924410	2169510	2924410	2169510
外商投资企业				

单位：万元

自有配送中心配送商品购进额		非自有配送中心配送商品购进额		商品销售额		零售额	
2011年	2010年	2011年	2010年	2011年	2010年	2011年	2010年
1218516	**928662**	**381780**	**312612**	**7956842**	**6158483**	**5026562**	**3985170**
2537	6688	6597	1838	18383	9187	12514	5384
2500	1900			2606	1991	2606	1991
		6597	641	9863	1035	9863	1035
37	4788		1197	5913	6161	44	2358
1215979	921974			5964358	4455747	3039948	2286237
		375183	310773	1974101	1693549	1974101	1693549
47942	**60228**	**381780**	**312612**	**5031587**	**3988309**	**2101307**	**1814996**
1727	6058	6597	1838	17538	8523	11669	4720
1690	1270			1762	1327	1762	1327
		6597	641	9863	1035	9863	1035
37	4788		1197	5913	6161	44	2358
46215	54170			3039948	2286237	115538	116727
		375183	310773	1974101	1693549	1974101	1693549
1170574	**868434**			**2925255**	**2170173**	**2925255**	**2170173**
810	630			845	664	845	664
810	630			845	664	845	664
1169764	867804			2924410	2169510	2924410	2169510

1-9 续表 5

百货店

项 目	商品购进总额		统一配送商品购进额	
	2011年	2010年	2011年	2010年
总 计	**26632021**	**21406051**	**13329562**	**10243580**
内资企业	21038404	16862873	8896259	6593786
国有企业	172443	95401	101119	44962
集体企业	130261	111006	43677	38849
股份合作企业				
联营企业				
有限责任公司	3148033	2261280	2129428	1547500
股份有限公司	17133687	14078249	6299254	4733775
私营企业	453981	316938	322782	228701
其他企业				
港、澳、台商投资企业	4971511	3779689	4057773	3153063
外商投资企业	622106	763489	375531	496731
直营门店合计	**25644722**	**20488211**	**12776916**	**9656842**
内资企业	20051455	15945745	8343962	6007759
国有企业	171478	94473	100154	44034
集体企业	130261	111006	43677	38849
股份合作企业				
联营企业				
有限责任公司	2905976	2077192	2097285	1516910
股份有限公司	16427810	13379798	5818116	4212927
私营企业	415930	283276	284731	195039
其他企业				
港、澳、台商投资企业	4971162	3778977	4057423	3152352
外商投资企业	622106	763489	375531	496731
加盟门店合计	**987298**	**917840**	**552646**	**586738**
内资企业	986949	917128	552297	586027
国有企业	965	928	965	928
集体企业				
股份合作企业				
联营企业				
有限责任公司	242056	184088	32144	30589
股份有限公司	705878	698451	481138	520848
私营企业	38050	33662	38050	33662
其他企业				
港、澳、台商投资企业	349	711	349	711
外商投资企业				

单位：万元

自有配送中心配送商品购进额		非自有配送中心配送商品购进额		商品销售额		零售额	
2011年	2010年	2011年	2010年	2011年	2010年	2011年	2010年
9069390	**6814779**	**1153565**	**828716**	**32268155**	**26945907**	**28047128**	**23113045**
6175383	4592348	490314	327294	25997029	21593656	21879686	18202411
29052	23021			280476	194491	280476	194491
8677	6849			125823	104967	125451	104109
813135	668810	374373	313538	3500801	2873378	3312935	2697469
5075595	3722464	88959		21565610	18023645	17638489	14810374
248924	171205	26982	13756	524320	397175	522336	395968
2894007	2222431	485235	347131	5432037	4471809	5328353	4030192
		178017	154292	839089	880442	839089	880442
8596202	**6300536**	**1153565**	**828716**	**31131946**	**25870469**	**26931879**	**22050818**
5702544	4078817	490314	327294	24861222	20519174	20764839	17141141
28087	22093			279695	193747	279695	193747
8677	6849			125823	104967	125451	104109
780991	638220	374373	313538	3265527	2720274	3098621	2557576
4673915	3274112	88959		20711167	17142771	16784046	13929501
210874	137543	26982	13756	479011	357416	477027	356208
2893658	2221719	485235	347131	5431635	4470852	5327951	4029235
		178017	154292	839089	880442	839089	880442
473188	**514242**			**1136209**	**1075439**	**1115248**	**1062227**
472839	513531			1135807	1074481	1114846	1061270
965	928			781	744	781	744
32144	30589			235274	153104	214314	139893
401679	448352			854443	880874	854443	880874
38050	33662			45309	39760	45309	39760
349	711			402	957	402	957

1-9 续表 6

专业店(含加油站)

项　目	商品购进总额		统一配送商品购进额	
	2011年	2010年	2011年	2010年
总　计	**197840684**	**164239192**	**161460858**	**132229714**
内资企业	191229403	158886171	156150817	127927246
国有企业	39864020	32301905	38525695	31050032
集体企业	224280	186890	172620	143047
股份合作企业	13652	11354	10727	8184
联营企业	57235	58893	57235	58893
有限责任公司	21329020	17776718	16628536	14287717
股份有限公司	121837606	101458907	93403308	75777135
私营企业	7547091	6654453	7001232	6168995
其他企业	356498	437051	351463	433244
港、澳、台商投资企业	206507	170279	201662	165933
外商投资企业	6404775	5182742	5108379	4136534
直营门店合计	**194931451**	**161792808**	**158690483**	**129894186**
内资企业	188326773	156448158	153387045	125600090
国有企业	39239365	31636108	37901936	30384858
集体企业	102107	88053	90608	76009
股份合作企业	13652	11354	10727	8184
联营企业	39387	52266	39387	52266
有限责任公司	20902741	17417210	16277383	13985760
股份有限公司	120381302	100358013	91947004	74676241
私营企业	7301737	6455909	6778554	5991334
其他企业	346482	429245	341447	425438
港、澳、台商投资企业	201357	163138	196513	158792
外商投资企业	6403322	5181512	5106925	4135304
加盟门店合计	**2909233**	**2446384**	**2770375**	**2335528**
内资企业	2902630	2438012	2763771	2327157
国有企业	624655	665796	623759	665174
集体企业	122173	98837	82012	67038
股份合作企业				
联营企业	17849	6626	17849	6626
有限责任公司	426278	359508	351153	301957
股份有限公司	1456304	1100894	1456304	1100894
私营企业	245355	198545	222679	177661
其他企业	10016	7806	10016	7806
港、澳、台商投资企业	5150	7142	5150	7142
外商投资企业	1453	1230	1453	1230

单位：万元

自有配送中心配送商品购进额		非自有配送中心配送商品购进额		商品销售额		零售额	
2011年	2010年	2011年	2010年	2011年	2010年	2011年	2010年
94514398	**79835033**	**24945857**	**21763481**	**229192752**	**183881948**	**142091537**	**107925819**
92706121	78297991	23002573	20299734	219977656	176903018	134831235	102618438
21673665	16811325	7227041	6408379	43544926	34333121	23630989	17737753
172417	142815			235517	196999	184778	156147
				14513	13342	13879	12772
1891	58194			38793	58204	38793	58204
9058039	8173742	1782816	1515953	23338338	19076141	16445181	14007942
58743337	50407189	13421019	11873557	143317870	115662166	86285844	63717474
2750910	2303771	569697	501131	8432273	7100175	7674833	6475634
305862	400954	2000	714	1055427	462869	556939	452513
86911	60214			363756	213710	156593	130639
1721365	1476828	1943284	1463747	8851340	6765220	7103709	5176742
92556210	**78288030**	**24545470**	**21275637**	**223924795**	**179284550**	**140379599**	**106429135**
90753537	76758375	22602185	19811890	214716140	172313791	133125738	101129925
21605297	16726812	6960458	6038305	40609292	31607875	23064708	17195982
90405	75777			112294	98068	61554	57215
				14513	13342	13879	12772
1891	51568			26852	52340	26852	52340
8841081	7994174	1687992	1433167	22850229	18650526	16033700	13672706
57294723	49315769	13413806	11864614	141888186	114562303	85929007	63415856
2618680	2195820	539884	475767	8170061	6876588	7449812	6280659
301460	398455	45	36	1044714	452752	546226	442395
81762	53072			358571	206966	151407	123895
1720912	1476583	1943284	1463747	8850084	6763793	7102454	5175315
1958188	**1547003**	**400388**	**487844**	**5267957**	**4597398**	**1711938**	**1496684**
1952584	1539616	400388	487844	5261517	4589227	1705497	1488513
68369	84513	266583	370073	2935635	2725246	566281	541770
82012	67038			123223	98932	123223	98931
	6626			11941	5864	11941	5864
216958	179568	94824	82786	488109	425616	411481	335236
1448614	1091421	7213	8943	1429684	1099864	356837	301618
132230	107951	29814	25364	262212	223588	225020	194975
4401	2499	1955	678	10713	10118	10713	10118
5150	7142			5185	6744	5185	6744
454	246			1255	1427	1255	1427

1-9 续表 7

加油站

项 目	商品购进总额		统一配送商品购进额	
	2011年	2010年	2011年	2010年
总 计	**133811474**	**107025068**	**113781909**	**89713920**
内资企业	131355432	105092318	111840072	88212580
国有企业	32443614	25247367	31889690	24596017
集体企业	10918	11554		
股份合作企业				
联营企业				
有限责任公司	3519538	2444806	2682891	2020530
股份有限公司	95055488	76969908	76988483	61215646
私营企业	57453	46464	10587	8169
其他企业	268421	372218	268421	372218
港、澳、台商投资企业				
外商投资企业	2456042	1932751	1941836	1501339
直营门店合计	**132772404**	**106197821**	**112742839**	**88886672**
内资企业	130316362	104265070	110801003	87385333
国有企业	32099957	24985171	31546033	24333821
集体企业	10918	11554		
股份合作企业				
联营企业				
有限责任公司	3519538	2444806	2682891	2020530
股份有限公司	94360076	76404857	76293070	60650595
私营企业	57453	46464	10587	8169
其他企业	268421	372218	268421	372218
港、澳、台商投资企业				
外商投资企业	2456042	1932751	1941836	1501339
加盟门店合计	**1039069**	**827248**	**1039069**	**827248**
内资企业	1039069	827248	1039069	827248
国有企业	343657	262196	343657	262196
集体企业				
股份合作企业				
联营企业				
有限责任公司				
股份有限公司	695413	565051	695413	565051
私营企业				
其他企业				
港、澳、台商投资企业				
外商投资企业				

单位：万元

自有配送中心配送商品购进额		非自有配送中心配送商品购进额		商品销售额		零售额	
2011年	2010年	2011年	2010年	2011年	2010年	2011年	2010年
64012265	**52629397**	**17511546**	**14816366**	**157426063**	**123926577**	**95376424**	**69576282**
64012265	52629397	16386745	14047595	152689411	120436608	91385302	66849673
18060493	13666959	5580140	4434335	35130481	26674186	20622696	15160521
				12130	11976	2203	2172
512267	345765	118854	39744	4050953	2980003	1813191	1356626
45164806	38238939	10687751	9573516	112477446	90343448	68428154	49910880
6278	5517			60053	49977	51047	42457
268421	372218			958348	377018	468012	377018
		1124802	768771	4736652	3489970	3991122	2726609
63316852	**52066689**	**17445819**	**14760561**	**154157696**	**121051410**	**94713005**	**69055031**
63316852	52066689	16321017	13991790	149421044	117561441	90721883	66328422
18060493	13666959	5514412	4380873	32557527	24375981	20309378	14936139
				12130	11976	2203	2172
512267	345765	118854	39744	4050953	2980003	1813191	1356626
44469393	37676231	10687751	9571172	111782034	89766486	68078053	49614011
6278	5517			60053	49977	51047	42457
268421	372218			958348	377018	468012	377018
		1124802	768771	4736652	3489970	3991122	2726609
695413	**562708**	**65728**	**55805**	**3268367**	**2875167**	**663419**	**521251**
695413	562708	65728	55805	3268367	2875167	663419	521251
0	0	65728	53462	2572954	2298205	313318	224382
695413	562708		2343	695413	576962	350101	296869

1-9 续表 8

专卖店

项　目	商品购进总额		统一配送商品购进额	
	2011年	2010年	2011年	2010年
总　计	**8729335**	**7490517**	**6842498**	**5825634**
内资企业	7168964	6227980	5900209	4934818
国有企业	1347914	914931	1101684	715255
集体企业	8973	8364	8973	8364
股份合作企业	73958	49324	55572	35964
联营企业				
有限责任公司	2969630	2949321	2096921	2009266
股份有限公司	1330342	1107354	1327142	1105604
私营企业	1267145	1058047	1177675	943111
其他企业	171002	140638	132243	117254
港、澳、台商投资企业	902591	600766	307792	254964
外商投资企业	657781	661772	634497	635852
直营门店合计	**7391014**	**6420040**	**5509989**	**4759039**
内资企业	6072186	5401608	4806734	4110430
国有企业	948509	682008	702279	482333
集体企业	8973	8364	8973	8364
股份合作企业	60405	36702	42020	23342
联营企业				
有限责任公司	2815473	2770081	1943123	1830846
股份有限公司	1239402	1032634	1236202	1030884
私营企业	828423	731180	741895	617408
其他企业	171002	140638	132243	117254
港、澳、台商投资企业	861039	565446	268752	221542
外商投资企业	457788	452986	434504	427066
加盟门店合计	**1338322**	**1070477**	**1332508**	**1066595**
内资企业	1096777	826372	1093475	824388
国有企业	399405	232922	399405	232922
集体企业				
股份合作企业	13553	12623	13553	12623
联营企业				
有限责任公司	154157	179240	153797	178420
股份有限公司	90940	74720	90940	74720
私营企业	438722	326867	435780	325703
其他企业				
港、澳、台商投资企业	41551	35320	39040	33422
外商投资企业	199993	208785	199993	208785

单位：万元

自有配送中心配送商品购进额		非自有配送中心配送商品购进额		商品销售额		零售额	
2011年	2010年	2011年	2010年	2011年	2010年	2011年	2010年
4190247	**3585556**	**412600**	**329439**	**10310079**	**8507036**	**7518746**	**6311919**
3444209	2825245	403873	320944	8170959	6685265	5501028	4587505
525690	390472	644		1467558	1033382	139541	135471
		8973	8364	11454	10433	11454	10433
55393	35914			85520	53960	8295	7630
1328315	1217105	103379	108070	3503514	3120750	2592705	2314937
643119	474885	167566	134796	1287121	1028940	1069349	852399
875447	697604	120311	68214	1644094	1292619	1507985	1121630
16246	9265	3000	1500	171698	145181	171698	145006
208271	194595	3200	3829	1242011	935862	1176994	879819
537767	565716	5528	4667	897110	885909	840724	844595
3325682	**2813911**	**402299**	**312533**	**8579416**	**7119595**	**6344832**	**5300732**
2802293	2295808	393572	304038	6833330	5689995	4720136	3968418
488590	368485	644		1085408	827126	110346	113364
		8973	8364	11454	10433	11454	10433
41953	23323			71010	40515	8183	7593
1193016	1055021	93078	96900	3262383	2896974	2459356	2187753
604539	443508	167566	134796	1163991	931447	1010465	808082
457950	396205	120311	62477	1067386	838318	948635	696187
16246	9265	3000	1500	171698	145181	171698	145006
185615	161173	3200	3829	1192731	892857	1127726	836885
337774	356931	5528	4667	553355	536743	496969	495429
864565	**771644**	**10301**	**16906**	**1730663**	**1387441**	**1173914**	**1011187**
641916	529437	10301	16906	1337628	995270	780892	619088
37100	21987			382150	206255	29195	22108
13440	12591			14510	13445	112	37
135299	162084	10301	11169	241131	223775	133349	127183
38580	31376			123130	97493	58884	44317
417497	301400		5737	576708	454301	559351	425442
22656	33422			49280	43005	49268	42934
199993	208785			343755	349165	343755	349165

1-9 续表 9

家居建材商店

项　目	商品购进总额		统一配送商品购进额	
	2011年	2010年	2011年	2010年
总　计	**429362**	**568259**	**247068**	**260039**
内资企业	121309	145573	99798	102714
国有企业				
集体企业				
股份合作企业				
联营企业				
有限责任公司	99497	109032	99497	102714
股份有限公司				
私营企业	21812	36541	301	
其他企业				
港、澳、台商投资企业	13004	15407	13004	15407
外商投资企业	295049	407279	134265	141918
直营门店合计	**429362**	**568259**	**247068**	**260039**
内资企业	121309	145573	99798	102714
国有企业				
集体企业				
股份合作企业				
联营企业				
有限责任公司	99497	109032	99497	102714
股份有限公司				
私营企业	21812	36541	301	
其他企业				
港、澳、台商投资企业	13004	15407	13004	15407
外商投资企业	295049	407279	134265	141918
加盟门店合计				
内资企业				
国有企业				
集体企业				
股份合作企业				
联营企业				
有限责任公司				
股份有限公司				
私营企业				
其他企业				
港、澳、台商投资企业				
外商投资企业				

单位：万元

自有配送中心配送商品购进额		非自有配送中心配送商品购进额		商品销售额		零售额	
2011年	2010年	2011年	2010年	2011年	2010年	2011年	2010年
78812	**83067**	**23200**	**23064**	**646660**	**700109**	**590628**	**629313**
78812	83067	21		188098	222025	132308	151340
78532	83067			159341	185484	103551	114799
280		21		28757	36541	28757	36541
				16274	19742	16274	19742
		23179	23064	442288	458343	442046	458232
78812	**83067**	**23200**	**23064**	**646660**	**700109**	**590628**	**629313**
78812	83067	21		188098	222025	132308	151340
78532	83067			159341	185484	103551	114799
280		21		28757	36541	28757	36541
				16274	19742	16274	19742
		23179	23064	442288	458343	442046	458232

1-9 续表 10

厂家直销中心

项　目	商品购进总额		统一配送商品购进额	
	2011年	2010年	2011年	2010年
总　计	**14005**	**13297**	**12648**	**13297**
内资企业	1564	178	207	178
国有企业				
集体企业				
股份合作企业				
联营企业				
有限责任公司	1514	178	157	178
股份有限公司				
私营企业	50		50	
其他企业				
港、澳、台商投资企业				
外商投资企业	12441	13119	12441	13119
直营门店合计	**12648**	**13297**	**12648**	**13297**
内资企业	207	178	207	178
国有企业				
集体企业				
股份合作企业				
联营企业				
有限责任公司	157	178	157	178
股份有限公司				
私营企业	50		50	
其他企业				
港、澳、台商投资企业				
外商投资企业	12441	13119	12441	13119
加盟门店合计	**1356**			
内资企业	1356			
国有企业				
集体企业				
股份合作企业				
联营企业				
有限责任公司	1356			
股份有限公司				
私营企业				
其他企业				
港、澳、台商投资企业				
外商投资企业				

单位：万元

自有配送中心配送商品购进额		非自有配送中心配送商品购进额		商品销售额		零售额	
2011年	2010年	2011年	2010年	2011年	2010年	2011年	2010年
50				**29229**	**26169**	**3535**	**1080**
50				2182	446	2182	446
				1982	446	1982	446
50				200		200	
				27047	25723	1352	635
50				**27634**	**26169**	**1939**	**1080**
50				587	446	587	446
				387	446	387	446
50				200		200	
				27047	25723	1352	635
				1595		**1595**	
				1595		1595	
				1595		1595	

1-9 续表 11

其他

项　目	商品购进总额		统一配送商品购进额	
	2011年	2010年	2011年	2010年
总　计	**1916545**	**1638518**	**1622992**	**1442643**
内资企业	1355817	1170782	1062264	974906
国有企业	383059	427298	341130	389483
集体企业	30638	17064	28322	14967
股份合作企业	16853	13783	16853	13783
联营企业				
有限责任公司	645793	471172	503768	393975
股份有限公司	6121	8590	6121	8590
私营企业	272830	232377	165547	153610
其他企业	524	499	524	499
港、澳、台商投资企业				
外商投资企业	560728	467736	560728	467736
直营门店合计	**1317231**	**1073667**	**1080050**	**910165**
内资企业	1013078	810828	775897	647326
国有企业	103113	114250	89747	98408
集体企业	29204	15103	26888	13006
股份合作企业				
联营企业				
有限责任公司	632655	466043	499915	390854
股份有限公司	5521	7630	5521	7630
私营企业	242061	207304	153303	136931
其他企业	524	499	524	499
港、澳、台商投资企业				
外商投资企业	304153	262839	304153	262839
加盟门店合计	**599314**	**564852**	**542942**	**532478**
内资企业	342739	359954	286367	327580
国有企业	279946	313048	251383	291076
集体企业	1434	1961	1434	1961
股份合作企业	16853	13783	16853	13783
联营企业				
有限责任公司	13138	5129	3854	3121
股份有限公司	600	960	600	960
私营企业	30768	25074	12244	16680
其他企业				
港、澳、台商投资企业				
外商投资企业	256575	204898	256575	204898

单位：万元

自有配送中心配送商品购进额		非自有配送中心配送商品购进额		商品销售额		零售额	
2011年	2010年	2011年	2010年	2011年	2010年	2011年	2010年
1134095	**996547**	**316121**	**337024**	**2039545**	**1737850**	**992875**	**840554**
598480	547442	302567	337024	1450128	1231433	411930	339835
105429	119310	226402	270173	430918	454768	61374	52828
17661	14507	10660	460	36212	24356	23472	21201
16853	13783			16152	15973		
407059	338546	2333		678476	497276	252817	180316
6121	8590			6396	8654	4928	4972
45356	52706	63171	66392	279373	228106	66740	78218
				2600	2300	2600	2300
535616	449105	13554		589417	506417	580945	500719
748945	**644593**	**164815**	**161562**	**1384921**	**1110338**	**652506**	**543003**
468484	399425	151261	161562	1077212	840889	353268	279253
4501	3697	75948	94711	125440	122500	18209	19623
16227	12546	10660	460	33631	20832	20891	17677
406732	338283	2333		663719	491002	249311	174714
5521	7630			6175	7654	4928	4972
35503	37269	62320	66392	245647	196601	57331	59967
				2600	2300	2600	2300
280461	245168	13554		307710	269449	299238	263751
385151	**351954**	**151305**	**175462**	**654623**	**627512**	**340369**	**297550**
129996	148017	151305	175462	372916	390544	58662	60583
100929	115614	150454	175462	305478	332268	43165	33205
1434	1961			2581	3524	2581	3524
16853	13783			16152	15973		
328	263			14757	6274	3506	5602
600	960			221	1000		
9852	15437	851		33727	31505	9410	18251
255155	203937			281707	236968	281707	236968

1-10 连锁零售企业门店分布情况

单位：个

门店所在地	门店数		直营门店		加盟门店	
	2011年	2010年	2011年	2010年	2011年	2010年
总　计	**195779**	**180825**	**112428**	**104847**	**83351**	**75978**
北　京	8142	8101	5571	5425	2571	2676
天　津	2462	2381	2019	2065	443	316
河　北	5475	4800	3903	3752	1572	1048
山　西	2974	2607	1441	1324	1533	1283
内蒙古	2147	1993	1734	1701	413	292
辽　宁	6940	6432	4507	4187	2433	2245
吉　林	1587	1188	930	910	657	278
黑龙江	2187	1920	1653	1518	534	402
上　海	16123	15693	9334	8800	6789	6893
江　苏	18673	17906	11615	10731	7058	7175
浙　江	23824	21881	11003	10151	12821	11730
安　徽	10127	9003	3962	3517	6165	5486
福　建	4400	3831	3258	2818	1142	1013
江　西	3644	3323	2171	2129	1473	1194
山　东	10440	9861	6808	6757	3632	3104
河　南	7003	6737	4369	4347	2634	2390
湖　北	5347	4604	3935	3546	1412	1058
湖　南	6048	5140	3309	3057	2739	2083
广　东	17251	16713	11249	10654	6002	6059
广　西	4111	4026	2611	2448	1500	1578
海　南	416	272	253	130	163	142
重　庆	12025	10894	3348	2672	8677	8222
四　川	10730	9760	4935	4402	5795	5358
贵　州	1064	922	623	581	441	341
云　南	4350	3757	3202	2902	1148	855
西　藏	80	55	15	15	65	40
陕　西	1202	908	658	603	544	305
甘　肃	772	558	437	398	335	160
青　海	201	153	76	80	125	73
宁　夏	1962	1735	403	317	1559	1418
新　疆	3990	3593	3024	2848	966	745
港澳台及国外	82	78	72	62	10	16

1-11 连锁零售企业配送中心分布情况

单位：个

所在地	配送中心数		自有配送中心数	
	2011年	2010年	2011年	2010年
全　国	**2705**	**2600**	**2223**	**2154**
北　京	117	114	79	81
天　津	24	31	20	17
河　北	82	88	74	80
山　西	35	31	33	30
内蒙古	56	55	55	54
辽　宁	60	59	42	41
吉　林	23	25	20	22
黑龙江	36	36	31	31
上　海	72	69	55	52
江　苏	338	322	259	250
浙　江	259	258	214	215
安　徽	154	142	118	108
福　建	111	114	106	109
江　西	70	65	65	61
山　东	146	150	134	139
河　南	134	134	114	113
湖　北	119	93	117	91
湖　南	80	72	72	68
广　东	254	243	203	194
广　西	57	58	46	47
海　南	4	4	4	4
重　庆	102	78	81	74
四　川	94	84	81	73
贵　州	17	17	13	12
云　南	43	49	33	38
西　藏				
陕　西	24	24	23	23
甘　肃	14	14	12	12
青　海	1	1	1	1
宁　夏	45	46	22	21
新　疆	133	123	95	92
港澳台及国外	1	1	1	1

1-12 连锁零售企业门店在36城市分布情况

单位：个

门店所在地	门店数		直营门店		加盟门店	
	2011年	2010年	2011年	2010年	2011年	2010年
合　　计	**95965**	**88661**	**55454**	**51549**	**40511**	**37112**
北　　京	8142	8101	5571	5425	2571	2676
天　　津	2462	2381	2019	2065	443	316
石 家 庄	1343	1170	734	697	609	473
太　　原	1975	1728	679	632	1296	1096
呼和浩特	280	234	132	130	148	104
沈　　阳	1431	1318	1269	1165	162	153
大　　连	3099	2876	1674	1631	1425	1245
长　　春	873	810	700	678	173	132
哈 尔 滨	1467	1275	1262	1174	205	101
上　　海	16123	15693	9334	8800	6789	6893
南　　京	2600	2409	1952	1762	648	647
杭　　州	4777	4349	2850	2717	1927	1632
宁　　波	2546	2461	1655	1560	891	901
合　　肥	3326	3006	626	506	2700	2500
福　　州	702	639	486	451	216	188
厦　　门	1413	1220	811	689	602	531
南　　昌	929	963	450	493	479	470
济　　南	982	934	665	672	317	262
青　　岛	2973	2787	1359	1257	1614	1530
郑　　州	1228	1043	804	763	424	280
武　　汉	3437	2928	2721	2395	716	533
长　　沙	2026	1689	835	817	1191	872
广　　州	5465	5275	3698	3452	1767	1823
深　　圳	2909	2865	2114	1955	795	910
南　　宁	1041	1049	517	545	524	504
海　　口	333	195	242	123	91	72
重　　庆	12025	10894	3348	2672	8677	8222
成　　都	4118	3483	3518	3137	600	346
贵　　阳	579	527	311	304	268	223
昆　　明	1904	1605	1430	1315	474	290
拉　　萨	46	33	15	15	31	18
西　　安	847	674	452	449	395	225
兰　　州	607	428	334	298	273	130
西　　宁	133	89	42	45	91	44
银　　川	711	601	147	119	564	482
乌鲁木齐	1113	929	698	641	415	288

1-13　连锁零售企业配送中心在36城市分布情况

单位：个

所在地	配送中心数		自有配送中心数	
	2011年	2010年	2011年	2010年
合　计	**1153**	**1104**	**880**	**864**
北　京	117	114	79	81
天　津	24	31	20	17
石家庄	10	10	10	10
太　原	10	10	10	10
呼和浩特	8	8	8	8
沈　阳	15	15	10	10
大　连	19	19	9	9
长　春	7	7	4	4
哈尔滨	17	17	13	13
上　海	72	69	55	52
南　京	29	26	19	18
杭　州	76	79	68	72
宁　波	28	28	25	25
合　肥	49	46	22	21
福　州	29	28	28	27
厦　门	32	32	31	31
南　昌	25	23	21	20
济　南	9	9	8	8
青　岛	40	37	31	31
郑　州	44	43	37	36
武　汉	59	61	58	60
长　沙	31	27	25	24
广　州	122	118	87	83
深　圳	30	25	24	21
南　宁	18	17	15	14
海　口	2	2	2	2
重　庆	102	78	81	74
成　都	35	31	28	26
贵　阳	3	4	1	1
昆　明	26	32	16	21
拉　萨				
西　安	9	9	8	8
兰　州	6	6	6	6
西　宁				
银　川	12	12	5	5
乌鲁木齐	38	31	16	16

第二部分

零售企业地区篇

2-1 各地区连锁零售企业基本情况

项目	连锁总店数（个）	门店数（个）		年末从业人员（人）		年末零售营业面积（平方米）	
	2011年	2011年	2010年	2011年	2010年	2011年	2010年
全　国	**2411**	**195779**	**180825**	**2490554**	**2241959**	**136706596**	**125283834**
北　京	147	6950	6883	149893	142472	6371717	5988386
天　津	38	1866	1939	37950	35720	2512608	2518892
河　北	88	4168	4097	49646	47832	5137938	5145764
山　西	43	2376	2282	33417	32336	1223770	1129892
内蒙古	17	1772	1744	14176	14034	429312	383066
辽　宁	86	5547	5283	57823	57261	3644058	3204935
吉　林	25	867	851	11666	11907	592667	1440625
黑龙江	36	1520	1391	21117	18514	607067	579047
上　海	90	19658	19028	308583	303498	9875547	9008308
江　苏	166	18247	17301	422079	346390	18610314	16315345
浙　江	233	27346	24491	171298	136931	10624906	9948298
安　徽	64	8811	8049	85909	78522	4551857	3675219
福　建	131	3526	3078	73683	66954	5305149	4566575
江　西	69	2996	2889	47913	43443	2921693	2626976
山　东	139	9123	9210	168018	154018	10897454	9729531
河　南	141	5719	5932	70062	64227	5698143	5091520
湖　北	106	4803	4329	122682	98754	5756697	4804543
湖　南	84	5548	4518	63247	55241	4860001	4278013
广　东	213	29170	24167	276969	257955	20991367	20132056
广　西	61	3438	3454	37704	35425	3362699	3260282
海　南	4	234	115	1430	1252	36338	33698
重　庆	88	11316	10409	86202	75875	3329573	2850716
四　川	112	9770	9221	69101	65005	2070092	1949428
贵　州	23	723	686	4695	4183	93394	68718
云　南	43	3632	3325	35187	32831	1956442	1857610
西　藏	2	15	15	623	595	24730	23346
陕　西	26	652	587	19000	18523	711919	492675
甘　肃	13	407	371	5709	4958	224095	195853
青　海	8	76	81	5305	3623	142736	123995
宁　夏	20	1897	1690	10257	8805	642227	498571
新　疆	95	3606	3409	29210	24875	3500086	3361951

2-2 各地区连锁零售企业直营门店基本情况

项 目	门店数（个）		年末从业人员（人）		年末零售营业面积（平方米）	
	2011年	2010年	2011年	2010年	2011年	2010年
全 国	**112428**	**104847**	**2152618**	**1903690**	**127173925**	**116014848**
北 京	4870	4799	137864	130814	6090905	5700185
天 津	1815	1877	37766	35458	2507348	2512036
河 北	3892	3771	49425	46717	5119138	5123014
山 西	1394	1291	28969	27424	1178548	1088980
内蒙古	1704	1682	14052	13911	425235	379361
辽 宁	3857	3595	51630	50248	3461030	3021614
吉 林	864	851	11660	11907	592477	1440625
黑龙江	1520	1391	21117	18514	607067	579047
上 海	11486	10885	216982	213805	7030477	6483345
江 苏	12790	11536	386997	307610	17650771	15166265
浙 江	10454	9427	124380	95686	9473964	8901487
安 徽	3458	3183	65958	60244	4145762	3343962
福 建	3153	2724	72630	65993	5268245	4552289
江 西	2074	2063	43884	39849	2737654	2446359
山 东	6706	6723	156529	142081	10558736	9400823
河 南	4302	4310	67329	61250	5555446	4886424
湖 北	4215	3728	120231	95727	5628651	4703201
湖 南	3174	2965	59598	53038	4744154	4188904
广 东	11629	11070	217015	205585	19369672	18613292
广 西	2455	2308	33319	30563	3242520	3088341
海 南	234	115	1430	1252	36338	33698
重 庆	3187	2540	72228	50191	3030907	2354389
四 川	4779	4284	58707	53779	1865813	1724730
贵 州	580	553	4400	3986	87015	63753
云 南	3138	2835	34245	31890	1886531	1789432
西 藏	15	15	623	595	24730	23346
陕 西	543	498	16957	16909	544619	396095
甘 肃	405	369	5682	4948	223095	194853
青 海	76	81	5305	3623	142736	123995
宁 夏	603	507	7565	6467	553009	423971
新 疆	3056	2871	28141	23626	3391332	3267032

2-3 各地区连锁零售企业加盟门店基本情况

项　目	门店数(个)		年末从业人员(人)		年末零售营业面积(平方米)	
	2011年	2010年	2011年	2010年	2011年	2010年
全　国	**83351**	**75978**	**337936**	**338269**	**9532671**	**9268986**
北　京	2080	2084	12029	11658	280812	288201
天　津	51	62	184	262	5260	6856
河　北	276	326	221	1115	18800	22750
山　西	982	991	4448	4912	45222	40912
内蒙古	68	62	124	123	4077	3705
辽　宁	1690	1688	6193	7013	183028	183321
吉　林	3		6		190	
黑龙江						
上　海	8172	8143	91601	89693	2845070	2524963
江　苏	5457	5765	35082	38780	959543	1149080
浙　江	16892	15064	46918	41245	1150942	1046811
安　徽	5353	4866	19951	18278	406095	331257
福　建	373	354	1053	961	36904	14286
江　西	922	826	4029	3594	184039	180617
山　东	2417	2487	11489	11937	338718	328708
河　南	1417	1622	2733	2977	142697	205096
湖　北	588	601	2451	3027	128046	101342
湖　南	2374	1553	3649	2203	115847	89109
广　东	17541	13097	59954	52370	1621695	1518764
广　西	983	1146	4385	4862	120179	171941
海　南						
重　庆	8129	7869	13974	25684	298666	496327
四　川	4991	4937	10394	11226	204279	224698
贵　州	143	133	295	197	6379	4965
云　南	494	490	942	941	69911	68178
西　藏						
陕　西	109	89	2043	1614	167300	96580
甘　肃	2	2	27	10	1000	1000
青　海						
宁　夏	1294	1183	2692	2338	89218	74600
新　疆	550	538	1069	1249	108754	94919

2-4 各地区连锁零售

项目	商品购进总额		统一配送商品购进额		自有配送中心配送商品购进额	
	2011年	2010年	2011年	2010年	2011年	2010年
全国	**296529940**	**245640884**	**229196443**	**186521442**	**134587638**	**111794653**
北京	20687313	17395624	9943302	7695967	3050594	2499909
天津	7025600	5869781	5513441	4549927	454594	381356
河北	9581992	7001205	6312342	4508260	4193993	3159053
山西	2117112	1954002	997238	929625	244311	190300
内蒙古	5568339	4593564	5540854	4572772	4972651	4067366
辽宁	7671665	5928275	5907137	4216682	2677528	2114485
吉林	1367425	1059191	1266583	973207	1069833	782910
黑龙江	2234814	1806603	2113666	1673691	1560793	1186096
上海	27797360	23334779	20690550	18349057	9822223	8527595
江苏	45009568	40545606	36085621	32015471	33444427	29756957
浙江	19844980	15950777	18102344	14663456	13490937	11269437
安徽	12855949	10153524	10106135	7656479	4608280	3314038
福建	7693505	6220587	4731214	3202907	1694638	797366
江西	4619217	4083171	3915549	3590878	2062535	1938096
山东	20124665	17307402	13990802	12258876	11752901	10242236
河南	6899364	5462038	3730657	2873717	1886899	1508673
湖北	10201158	8839428	7539131	6559219	5834751	4748110
湖南	7091194	5922119	6104688	4849048	1997983	1823654
广东	49371646	41169419	43584227	35063262	16405280	13964277
广西	3508048	3013152	3175516	2700420	1331695	1097344
海南	38045	28254	34985	25834	4682	2605
重庆	8306489	5382435	5048039	2433751	3066914	1689277
四川	3879721	3270488	3582998	2924313	1494989	1214808
贵州	112520	101041	112057	99318	47045	42778
云南	2919820	2227306	2812887	2152698	838703	857886
西藏	21741	18348	21741	18348		
陕西	1903771	1551283	1280629	1050658	895049	659400
甘肃	877806	713666	877806	713666	50723	54067
青海	95353	87704	53904	64100		
宁夏	1725124	1118574	1678079	1086239	1647457	1060368
新疆	5378640	3531540	4342326	3049600	3985230	2844207

企业经营情况

单位：万元

非自有配送中心配送商品购进额		商品销售额		零售额	
2011年	2010年	2011年	2010年	2011年	2010年
33840663	**29528769**	**345106927**	**283603311**	**238124554**	**190113958**
2532664	2165062	23521514	19621679	17376359	14619981
5024880	4147134	6899930	6140058	4732977	4001185
168010	87719	10542861	8375249	6127522	4472117
22923	45139	3281570	2384144	2502255	1843931
5221	5703	5646440	4647506	5606648	4619450
1200797	700178	8601106	6601191	5060052	4490998
		1457690	1069587	1314114	1049386
231048	207880	2444335	1704477	1963440	1582151
3054903	3092844	35738347	31626151	22442413	20600467
1712221	1279573	52328901	43044082	31389754	25227120
464935	605009	21157109	17143172	15421657	9981320
325743	337017	13418735	10183497	8383743	6952800
365565	240489	10793100	7874687	9313181	6789160
341616	153786	9011653	7137420	4813354	3581487
1056941	905616	23371569	20362312	17560227	13440581
57703	33924	7205538	5831660	5371221	4321751
521798	416361	11897615	9230387	9973398	7836999
83454	48206	8161032	6682596	7212068	5496359
15258683	14218220	53983866	47231581	40475601	33732385
34701	25259	7097778	5358967	3534509	2511211
		36915	22597	34295	22597
615188	359857	8625278	6102349	6406208	4030219
192847	79404	4305932	3570759	3382000	2776058
19240	14408	119760	109771	116645	106680
98603	93786	4427293	3498549	2455195	1978349
		18505	15804	18505	15804
77510	47803	2449811	1945764	877848	705795
23	902	877071	759357	721162	636228
		144889	108086	139874	105017
17080	12752	1509183	1186292	691699	532464
356368	204735	6031604	4033582	2706632	2053910

2-5 各地区连锁零售企业

项目	商品购进总额		统一配送商品购进额		自有配送中心配送商品购进额	
	2011年	2010年	2011年	2010年	2011年	2010年
全国	**283697468**	**233902098**	**217617937**	**176302796**	**127169832**	**104912475**
北京	20386497	17121735	9712829	7495364	2886913	2359411
天津	7021048	5866150	5508952	4547095	450654	379206
河北	9558929	6979503	6289280	4486558	4170931	3137351
山西	2017718	1870285	992992	924318	240065	186244
内蒙古	5566650	4591570	5539175	4570814	4971680	4066428
辽宁	7601027	5873928	5836499	4162335	2677528	2114485
吉林	1367089	1059191	1266583	973207	1069833	782910
黑龙江	2234814	1806603	2113666	1673691	1560793	1186096
上海	22749793	19257073	15711735	14356265	7220899	6342894
江苏	43111433	38417500	34203383	29902659	31581820	27649477
浙江	18792848	15086609	17116106	13841288	12657232	10580459
安徽	11768280	9148300	9251978	6901544	4098803	2875446
福建	7640811	6185822	4683555	3171870	1647869	766693
江西	4355670	3869341	3832758	3518574	2032105	1909135
山东	19636423	16909961	13768798	12071007	11541196	10059205
河南	6596978	5215337	3438927	2635205	1879518	1502137
湖北	10150014	8791156	7489720	6513119	5789561	4706247
湖南	7010127	5869361	6027160	4799461	1964098	1798142
广东	48320349	40027697	42590136	33966669	15645779	13207592
广西	3474120	2984388	3155839	2688826	1315108	1088044
海南	38045	28254	34985	25834	4682	2605
重庆	8134389	4825907	4919842	2343489	2957927	1611366
四川	3803520	3201503	3512086	2858451	1441456	1158947
贵州	109738	97909	109276	96186	47045	42778
云南	2547881	2007704	2441849	1933965	837140	856244
西藏	21741	18348	21741	18348		
陕西	1826979	1508069	1273975	1045975	895049	659400
甘肃	868607	712780	868607	712780	50723	54067
青海	95353	87704	53904	64100		
宁夏	1601245	1022576	1594194	1021581	1563951	995710
新疆	5289355	3459832	4257410	2982220	3969476	2833755

直营门店经营情况

单位：万元

非自有配送中心配送商品购进额		商品销售额		零售额	
2011年	2010年	2011年	2010年	2011年	2010年
32581176	**28249419**	**329075037**	**267892365**	**226564902**	**178742366**
2469686	2108314	23159645	19288453	17048691	14330035
5024331	4146451	6893722	6135876	4726770	3997003
168010	87719	10519798	8346938	6104460	4443805
22923	43889	3178102	2298398	2398787	1758186
4513	4682	5644780	4645908	5604987	4617852
1170854	665915	8495091	6501048	4954036	4390856
		1457137	1069587	1314114	1049386
231048	207880	2444335	1704477	1963440	1582151
2498646	2640716	30108674	26386702	17271247	15764388
1711241	1276487	50148457	40791355	29742150	23361037
395167	532061	19936882	16117256	14245766	8985280
103955	94170	12771844	9193942	8170470	6382478
365053	240126	10730031	7834809	9266607	6749625
341616	153786	8777055	6960905	4663961	3471359
1054388	903647	22904281	19865027	17103933	12960189
56503	32724	6843476	5513618	5073178	4068321
517857	412457	11837148	9168495	9912931	7775108
75735	45993	8072357	6622004	7129556	5435766
15043362	13879274	50656373	43947395	39339971	32558851
34603	25177	7057101	5312309	3497637	2468026
		36915	22597	34295	22597
604004	355258	8430422	5455334	6271742	3939071
192387	78466	4209133	3486660	3291024	2695981
16557	12551	117328	107690	114213	104599
97298	92410	4077209	3304625	2447471	1971090
		18505	15804	18505	15804
77510	47803	2341821	1883020	769858	643052
23	902	863488	752196	721162	636228
		144889	108086	139874	105017
16702	12752	1385046	1089942	574454	440394
287206	147807	5813995	3961913	2649612	2018833

2-6 各地区连锁零售

项目	商品购进总额		统一配送商品购进额		自有配送中心配送商品购进额	
	2011年	2010年	2011年	2010年	2011年	2010年
全国	**12832472**	**11738787**	**11578507**	**10218646**	**7417806**	**6882178**
北京	300817	273889	230473	200603	163681	140499
天津	4551	3631	4489	2832	3940	2150
河北	23062	21702	23062	21702	23062	21702
山西	99394	83717	4246	5307	4246	4056
内蒙古	1689	1994	1679	1959	971	938
辽宁	70638	54347	70638	54347		
吉林	336					
黑龙江						
上海	5047567	4077706	4978815	3992792	2601324	2184701
江苏	1898136	2128106	1882238	2112812	1862607	2107481
浙江	1052132	864168	986238	822168	833705	688978
安徽	1087669	1005224	854157	754935	509477	438592
福建	52694	34764	47658	31036	46769	30673
江西	263547	213830	82791	72304	30431	28960
山东	488242	397442	222004	187870	211706	183030
河南	302386	246700	291730	238512	7381	6536
湖北	51143	48272	49411	46100	45190	41862
湖南	81067	52758	77528	49587	33885	25512
广东	1051297	1141721	994090	1096593	759501	756685
广西	33928	28763	19677	11593	16587	9300
海南						
重庆	172100	556529	128197	90262	108988	77911
四川	76201	68984	70912	65863	53533	55861
贵州	2782	3132	2782	3132		
云南	371939	219602	371037	218733	1563	1642
西藏						
陕西	76792	43214	6654	4683		
甘肃	9199	886	9199	886		
青海						
宁夏	123880	95998	83884	64658	83506	64658
新疆	89285	71709	84916	67380	15755	10452

企业加盟门店经营情况

单位：万元

非自有配送中心配送商品购进额		商品销售额		零售额	
2011年	2010年	2011年	2010年	2011年	2010年
1259488	**1279350**	**16031890**	**15710946**	**11559651**	**11371592**
62977	56748	361869	333226	327668	289946
549	682	6208	4183	6208	4183
		23062	28312	23062	28312
	1250	103468	85746	103468	85746
708	1021	1660	1599	1660	1599
29943	34263	106016	100143	106016	100143
		553			
556257	452128	5629673	5239449	5171166	4836079
981	3086	2180444	2252727	1647603	1866083
69768	72948	1220227	1025916	1175890	996040
221788	242847	646891	989555	213273	570322
513	363	63070	39877	46574	39535
		234598	176516	149392	110128
2553	1969	467287	497285	456294	480392
1200	1200	362062	318043	298044	253429
3941	3904	60467	61892	60467	61892
7719	2213	88675	60592	82512	60592
215321	338946	3327493	3284186	1135630	1173533
98	82	40677	46658	36872	43185
11184	4600	194856	647016	134466	91148
460	938	96799	84099	90976	80076
2683	1857	2432	2081	2432	2081
1305	1376	350085	193924	7724	7259
		107990	62744	107990	62744
		13583	7161		
378		124137	96350	117246	92070
69162	56928	217609	71669	57019	35077

2-7 按登记注册类型分各地区连锁零售企业基本情况

内资企业

项目	连锁总店数(个)	门店数(个)		年末从业人员(人)		年末零售营业面积(平方米)	
	2011年	2011年	2010年	2011年	2010年	2011年	2010年
全 国	**2193**	**169699**	**160531**	**1982213**	**1767241**	**114757526**	**105086481**
北 京	118	6026	5959	111930	105138	4902474	4582469
天 津	29	1539	1561	24533	23407	1965224	1982073
河 北	86	4148	4080	46546	44416	5003345	5015095
山 西	42	2367	2273	33307	32226	1222654	1128776
内蒙古	17	1772	1744	14176	14034	429312	383066
辽 宁	79	5480	5222	48590	48853	3031053	2635147
吉 林	22	846	823	11074	10998	569797	1411981
黑龙江	34	1503	1382	19409	16906	528838	503136
上 海	66	17320	17200	219527	216885	6545833	5924665
江 苏	146	15418	14629	292302	218593	13648573	11855204
浙 江	222	26918	24084	159534	126469	9962817	9354091
安 徽	61	8784	8028	82595	75717	4333629	3514419
福 建	116	2342	1990	36241	35865	2234112	1922139
江 西	68	2994	2887	47876	43402	2921393	2626676
山 东	130	8796	8926	156164	143100	10384640	9220348
河 南	138	5591	5836	59513	54619	5116650	4709002
湖 北	98	4547	4090	115219	92656	5568667	4653603
湖 南	77	5326	4324	55137	47433	4515198	3988807
广 东	168	12857	12688	170693	163786	16916740	16114772
广 西	61	3438	3454	37704	35425	3362699	3260282
海 南	4	234	115	1430	1252	36338	33698
重 庆	83	11129	10234	72373	63470	2721690	2290717
四 川	107	9624	9123	64350	61248	1915196	1832296
贵 州	22	664	645	3992	3457	74103	60762
云 南	37	3437	3130	29194	27367	1629714	1538070
西 藏	2	15	15	623	595	24730	23346
陕 西	26	652	587	19000	18523	711919	492675
甘 肃	13	407	371	5709	4958	224095	195853
青 海	8	76	81	5305	3623	142736	123995
宁 夏	19	1846	1644	9885	8485	642013	498367
新 疆	94	3603	3406	28282	24335	3471344	3210951

2-7 续表 1

国有企业

项 目	连锁总店数(个)	门店数(个)		年末从业人员(人)		年末零售营业面积(平方米)	
	2011年	2011年	2010年	2011年	2010年	2011年	2010年
全 国	**174**	**16508**	**16119**	**142769**	**141956**	**11362972**	**11014146**
北 京	3	63	64	567	585	12147	13160
天 津	4	560	574	8617	8164	1355144	1383715
河 北	9	1057	1013	7699	8378	2185333	1822223
山 西	4	273	271	2064	1850	112937	116207
内蒙古	1	1530	1523	9145	9068	194313	192920
辽 宁	4	242	213	3416	3698	58160	27081
吉 林	1	270	267	3050	3025	150000	1035598
黑龙江	3	25	27	2676	2756	9030	9030
上 海	6	793	1085	6973	9066	131810	126718
江 苏	2	103	116	679	691	8198	19073
浙 江	2	377	326	6081	6428	300829	280300
安 徽	4	3455	3426	12533	11120	736345	661930
福 建	12	385	320	2773	2641	141491	66448
江 西	16	552	542	10509	11071	496923	401771
山 东	7	111	110	2201	2180	47482	48606
河 南	12	511	633	2948	3168	221030	257845
湖 北	8	479	465	6281	6375	220298	217938
湖 南	8	357	352	2777	2665	383243	348627
广 东	12	2493	2407	29422	29667	2749224	2598816
广 西	4	85	72	1341	1110	125746	66041
海 南							
重 庆	7	484	153	5417	3191	274397	83701
四 川	4	82	81	1303	1330	20898	20898
贵 州							
云 南	2	239	231	1534	1458	65000	29800
西 藏	1	13	13	75	73	4130	3346
陕 西	4	34	33	4197	4095	11620	11500
甘 肃	1	22	22	227	210	5169	5143
青 海							
宁 夏	2	13	13	435	443	11609	11609
新 疆	31	1900	1767	7829	7450	1330466	1154102

2-7 续表 2

集体企业

项目	连锁总店数(个)	门店数(个)		年末从业人员(人)		年末零售营业面积(平方米)	
	2011年	2011年	2010年	2011年	2010年	2011年	2010年
全国	**34**	**2941**	**2851**	**9824**	**9943**	**424850**	**380603**
北京	5	305	305	1464	1521	91345	84797
天津							
河北	1	3	3	188	191	4500	4500
山西							
内蒙古	1	14	10	240	260	20000	10000
辽宁							
吉林							
黑龙江	1	24	29	30	45	360	400
上海	3	72	71	629	612	5849	4991
江苏	3	197	178	879	835	27190	22440
浙江	1	113	107	320	337	9426	13907
安徽	1	21	21	116	135	2990	2990
福建	1	5	5	82	85	1196	1412
江西							
山东	2	11	8	98	96	3280	1100
河南	3	34	31	375	394	14500	11900
湖北	1	57	55	1020	750	80000	70000
湖南	1	17	16	242	308	6853	6853
广东	3	682	767	1271	1802	17066	17528
广西							
海南							
重庆	4	129	129	264	246	8635	8635
四川							
贵州							
云南	1	6	8	66	76	300	350
西藏							
陕西							
甘肃							
青海							
宁夏	1	1243	1100	2490	2200	86360	73800
新疆	1	8	8	50	50	45000	45000

2-7 续表 3

股份合作企业

项目	连锁总店数（个）	门店数（个）		年末从业人员（人）		年末零售营业面积（平方米）	
	2011年	2011年	2010年	2011年	2010年	2011年	2010年
全国	**14**	**570**	**576**	**4536**	**4599**	**199744**	**208476**
北京	2	15	15	31	26	482	261
天津	1	2	6	74	87	160	342
河北	1	14	15	1414	1519	79000	89000
山西							
内蒙古							
辽宁	1	5	5	44	55	1350	1350
吉林							
黑龙江							
上海							
江苏							
浙江	1	12	11	142	103	4456	2863
安徽	1	20	20	498	498	7960	7960
福建							
江西							
山东	1	15	18	355	348	13671	14615
河南	1	3	4	24	20	230	150
湖北	1	24	24	300	300	65000	65000
湖南							
广东	2	31	31	173	175	8624	8624
广西							
海南							
重庆	1	416	416	1301	1258	14311	14311
四川							
贵州							
云南							
西藏							
陕西							
甘肃							
青海							
宁夏	1	13	11	180	210	4500	4000
新疆							

2-7 续表 4

联营企业

项　目	连锁总店数（个）	门店数（个）		年末从业人员（人）		年末零售营业面积（平方米）	
	2011年	2011年	2010年	2011年	2010年	2011年	2010年
全　国	**4**	**372**	**406**	**2272**	**2291**	**49202**	**35198**
北　京	1	5	5	41	52	928	928
天　津							
河　北							
山　西							
内蒙古							
辽　宁							
吉　林							
黑龙江							
上　海							
江　苏	1	19	19	221	221	5514	5514
浙　江							
安　徽							
福　建							
江　西							
山　东							
河　南							
湖　北							
湖　南							
广　东	2	348	382	2010	2018	42760	28756
广　西							
海　南							
重　庆							
四　川							
贵　州							
云　南							
西　藏							
陕　西							
甘　肃							
青　海							
宁　夏							
新　疆							

2-7 续表 5

有限责任公司

项　目	连锁总店数(个)	门店数(个)		年末从业人员(人)		年末零售营业面积(平方米)	
	2011年	2011年	2010年	2011年	2010年	2011年	2010年
全　国	**891**	**59202**	**56342**	**621432**	**579235**	**26872165**	**23334879**
北　京	62	2715	2854	63103	59081	2866499	2766263
天　津	13	706	691	11622	11306	539374	530318
河　北	38	745	726	10552	9708	413558	398095
山　西	10	789	745	11851	12145	146191	141469
内蒙古	8	133	119	3266	3180	140225	106396
辽　宁	32	2004	1915	15202	16210	576482	408102
吉　林	11	252	230	4053	3673	266718	220260
黑龙江	15	367	341	4011	3796	138221	134852
上　海	37	9390	9042	99616	99135	2779631	2532625
江　苏	56	4715	4426	30217	30012	943090	907431
浙　江	89	9970	9653	46077	43499	2054882	1889018
安　徽	22	511	409	14251	11690	686204	466107
福　建	41	633	458	12989	11411	543281	477689
江　西	22	373	330	13987	11821	864095	588037
山　东	51	2603	2598	41405	41147	3375012	2860350
河　南	52	1486	1413	29404	24393	1048578	880822
湖　北	49	1795	1543	31078	25628	1421793	1252688
湖　南	20	1613	1374	16845	15008	1348777	1007506
广　东	76	3595	3464	64403	54781	2932181	2489297
广　西	21	1361	1449	11537	10550	366879	400320
海　南	3	195	84	567	446	28338	20698
重　庆	29	4893	4488	17851	16504	505295	381523
四　川	51	5692	5460	30685	29994	1001631	877626
贵　州	15	429	447	2961	2553	51928	42895
云　南	16	967	926	10152	11442	452444	451869
西　藏							
陕　西	12	289	249	7897	8347	438329	313700
甘　肃	6	172	144	2139	1892	49485	28770
青　海	6	66	71	4442	2864	123291	104550
宁　夏	6	269	236	3331	2747	244105	141777
新　疆	22	474	457	5938	4272	525648	513826

2-7 续表 6

股份有限公司

项　目	连锁总店数（个）	门店数（个）		年末从业人员（人）		年末零售营业面积（平方米）	
	2011年	2011年	2010年	2011年	2010年	2011年	2010年
全　国	**260**	**48461**	**46676**	**857309**	**724177**	**64627168**	**60146604**
北　京	9	1239	1156	35499	33784	1639911	1425388
天　津							
河　北	20	1913	1947	18207	18002	2031416	2422645
山　西	4	447	409	8229	7926	519913	477863
内蒙古	1	3	3	31	34	240	240
辽　宁	10	1023	959	15127	14439	1850558	1723893
吉　林	2	190	196	1984	2100	61510	53710
黑龙江	4	838	790	3409	3729	137982	128024
上　海	5	6111	6107	97848	96346	2828415	2739227
江　苏	8	7865	7399	236833	166378	11952039	10158052
浙　江	10	3499	3258	44683	22612	5903344	5732733
安　徽	11	4268	3690	48258	44768	2686396	2169759
福　建	16	615	563	7759	10120	1010754	869288
江　西	18	1862	1801	14877	14576	1279738	1412652
山　东	17	4905	5130	102459	90475	6539247	5915503
河　南	24	1938	2056	13811	13908	3358457	3112680
湖　北	9	1122	1008	60977	44164	3318644	2653412
湖　南	20	1975	1900	23146	21915	2464860	2371088
广　东	21	4295	4222	50631	51484	10368849	10207297
广　西	24	1554	1517	21071	20349	2778537	2708952
海　南							
重　庆	4	638	602	18308	16890	1015239	1064003
四　川	5	1271	1138	18918	16759	353141	403396
贵　州							
云　南	1	186	174	1980	1962	717939	724384
西　藏							
陕　西	2	19	16	2571	2436	172796	99986
甘　肃	2	121	124	1880	1441	142000	135442
青　海							
宁　夏	3	145	107	1952	1787	249945	227123
新　疆	10	419	404	6861	5793	1245298	1209864

2-7 续表 7

私营企业

项 目	连锁总店数(个)	门店数(个)		年末从业人员(人)		年末零售营业面积(平方米)	
	2011年	2011年	2010年	2011年	2010年	2011年	2010年
全 国	**776**	**40610**	**36496**	**331059**	**292556**	**10707740**	**9452663**
北 京	36	1684	1560	11225	10089	291162	291672
天 津	10	191	210	3626	3203	61946	56928
河 北	16	405	366	8433	6558	288638	277732
山 西	24	858	848	11163	10305	443613	393237
内蒙古	4	54	51	1216	1248	67862	67862
辽 宁	32	2206	2130	14801	14451	544503	474721
吉 林	8	134	130	1987	2200	91569	102413
黑龙江	11	249	195	9283	6580	243245	230830
上 海	15	954	895	14461	11726	800128	521104
江 苏	73	2445	2410	23188	20189	707467	736389
浙 江	118	12881	10675	61913	53190	1673668	1419300
安 徽	22	509	462	6939	7506	213734	205673
福 建	44	663	600	11729	10791	510300	480032
江 西	12	207	214	8503	5934	280637	224216
山 东	39	880	810	6723	6242	272789	251551
河 南	44	1575	1655	10275	10224	354905	326655
湖 北	24	863	802	12468	12665	335769	266177
湖 南	25	1285	601	11512	6855	297112	228235
广 东	51	1403	1405	22597	23553	789751	756169
广 西	12	438	416	3755	3416	91537	84969
海 南	1	39	31	863	806	8000	13000
重 庆	36	1525	1400	28750	24729	890833	720611
四 川	47	2579	2444	13444	13165	539526	530376
贵 州	7	235	198	1031	904	22175	17867
云 南	17	2039	1791	15462	12429	394031	331667
西 藏	1	2	2	548	522	20600	20000
陕 西	6	285	242	3909	3215	59174	53489
甘 肃	4	92	81	1463	1415	27441	26498
青 海	2	10	10	863	759	19445	19445
宁 夏	6	163	177	1497	1098	45494	40058
新 疆	29	757	685	7432	6589	320686	283787

2-7 续表 8

其他企业

项　目	连锁总店数(个)	门店数(个)		年末从业人员(人)		年末零售营业面积(平方米)	
	2011年	2011年	2010年	2011年	2010年	2011年	2010年
全　国	**40**	**1035**	**1065**	**13012**	**12484**	**513685**	**513912**
北　京							
天　津	1	80	80	594	647	8600	10770
河　北	1	11	10	53	60	900	900
山　西							
内蒙古	2	38	38	278	244	6672	5648
辽　宁							
吉　林							
黑龙江							
上　海							
江　苏	3	74	81	285	267	5075	6305
浙　江	1	66	54	318	300	16212	15970
安　徽							
福　建	2	41	44	909	817	27090	27270
江　西							
山　东	13	271	252	2923	2612	133159	128623
河　南	2	44	44	2676	2512	118950	118950
湖　北	6	207	193	3095	2774	127163	128388
湖　南	3	79	81	615	682	14353	26498
广　东	1	10	10	186	306	8285	8285
广　西							
海　南							
重　庆	2	44	46	482	652	12980	17933
四　川							
贵　州							
云　南							
西　藏							
陕　西	2	25	47	426	430	30000	14000
甘　肃							
青　海							
宁　夏							
新　疆	1	45	85	172	181	4246	4372

2-7 续表 9

港、澳、台商投资企业

项目	连锁总店数(个)	门店数(个)		年末从业人员(人)		年末零售营业面积(平方米)	
	2011年	2011年	2010年	2011年	2010年	2011年	2010年
全国	**85**	**5624**	**5307**	**200383**	**191145**	**8576552**	**7551358**
北京	8	315	315	9224	8730	158911	150695
天津	4	231	287	8844	8312	368313	359628
河北							
山西	1	9	9	110	110	1116	1116
内蒙古							
辽宁	2	30	25	2643	2054	373210	330477
吉林	2	18	25	249	250	4870	5200
黑龙江	1	9	1	112	12	2500	182
上海	10	525	417	55430	54128	2010217	1689036
江苏	8	436	419	36306	39108	878783	767895
浙江	5	260	264	2302	1804	81815	71775
安徽	1	2	2	486	458	16298	16298
福建	5	502	437	27871	22652	2012519	1796145
江西							
山东	2	85	67	1077	741	24236	17668
河南	2	117	87	10314	9379	555573	361158
湖北	2	133	113	1098	986	13945	11710
湖南	4	167	138	2847	2680	72929	69345
广东	19	2338	2266	28098	27152	1370468	1315242
广西							
海南							
重庆	4	180	168	11829	11055	537883	509999
四川	2	93	90	677	695	30090	21230
贵州							
云南	3	174	177	866	839	62876	56559
西藏							
陕西							
甘肃							
青海							
宁夏							
新疆							

2-7 续表 10

外商投资企业

项目	连锁总店数(个)	门店数(个)		年末从业人员(人)		年末零售营业面积(平方米)	
	2011年	2011年	2010年	2011年	2010年	2011年	2010年
全国	**133**	**20456**	**14987**	**307958**	**283573**	**13372518**	**12645995**
北京	21	609	609	28739	28604	1310332	1255222
天津	5	96	91	4573	4001	179071	177191
河北	2	20	17	3100	3416	134593	130669
山西							
内蒙古							
辽宁	5	37	36	6590	6354	239795	239311
吉林	1	3	3	343	659	18000	23444
黑龙江	1	8	8	1596	1596	75729	75729
上海	14	1813	1411	33626	32485	1319497	1394607
江苏	12	2393	2253	93471	88689	4082958	3692246
浙江	6	168	143	9462	8658	580274	522432
安徽	2	25	19	2828	2347	201930	144502
福建	10	682	651	9571	8437	1058518	848291
江西	1	2	2	37	41	300	300
山东	7	242	217	10777	10177	488578	491515
河南	1	11	9	235	229	25920	21360
湖北	6	123	126	6365	5112	174085	139230
湖南	3	55	56	5263	5128	271874	219861
广东	26	13975	9213	78178	67017	2704159	2702042
广西							
海南							
重庆	1	7	7	2000	1350	70000	50000
四川	3	53	8	4074	3062	124806	95902
贵州	1	59	41	703	726	19291	7956
云南	3	21	18	5127	4625	263852	262981
西藏							
陕西							
甘肃							
青海							
宁夏	1	51	46	372	320	214	204
新疆	1	3	3	928	540	28742	151000

2-8 按登记注册类型分各地区连锁零售企业直营门店基本情况

内资企业

项目	门店数（个）		年末从业人员（人）		年末零售营业面积（平方米）	
	2011年	2010年	2011年	2010年	2011年	2010年
全国	**103171**	**96582**	**1761215**	**1537078**	**108186863**	**98519454**
北京	3997	3969	100309	94318	4630316	4310235
天津	1488	1499	24349	23145	1959964	1975217
河北	3872	3754	46325	43301	4984545	4992345
山西	1385	1282	28859	27314	1177432	1087864
内蒙古	1704	1682	14052	13911	425235	379361
辽宁	3790	3534	42397	41840	2848025	2451826
吉林	843	823	11068	10998	569607	1411981
黑龙江	1503	1382	19409	16906	528838	503136
上海	10137	9736	179392	175828	5531525	4909973
江苏	10922	10014	279636	204890	13104467	11298754
浙江	10159	9152	112945	85844	8843600	8339597
安徽	3431	3162	62644	57439	3927534	3183162
福建	2101	1800	35594	35387	2201101	1911843
江西	2072	2061	43847	39808	2737354	2446059
山东	6380	6440	145075	131563	10055922	8901640
河南	4174	4214	56780	51642	4973953	4503906
湖北	3961	3491	112781	89642	5440821	4552461
湖南	2952	2771	51488	45230	4399351	3899698
广东	9833	9362	152143	143367	15949542	15126112
广西	2455	2308	33319	30563	3242520	3088341
海南	234	115	1430	1252	36338	33698
重庆	3000	2365	58399	37786	2423024	1794390
四川	4670	4222	54052	50110	1717757	1614078
贵州	521	512	3697	3260	67724	55797
云南	2943	2640	28252	26426	1559803	1469892
西藏	15	15	623	595	24730	23346
陕西	543	498	16957	16909	544619	396095
甘肃	405	369	5682	4948	223095	194853
青海	76	81	5305	3623	142736	123995
宁夏	552	461	7193	6147	552795	423767
新疆	3053	2868	27213	23086	3362590	3116032

2-8 续表 1

国有企业

项　目	门店数(个)		年末从业人员(人)		年末零售营业面积(平方米)	
	2011年	2010年	2011年	2010年	2011年	2010年
全　国	**11651**	**10967**	**123809**	**120386**	**10185424**	**9775908**
北　京	63	64	567	585	12147	13160
天　津	560	574	8617	8164	1355144	1383715
河　北	781	761	7478	7603	2166533	1804583
山　西	273	271	2064	1850	112937	116207
内蒙古	1530	1523	9145	9068	194313	192920
辽　宁	242	213	3416	3698	58160	27081
吉　林	270	267	3050	3025	150000	1035598
黑龙江	25	27	2676	2756	9030	9030
上　海	544	545	4923	5297	119531	96433
江　苏	103	116	679	691	8198	19073
浙　江	370	319	6056	6400	300407	279878
安　徽	1485	1456	12230	10817	615345	561460
福　建	271	205	2533	2444	115661	62468
江　西	552	542	10509	11071	496923	401771
山　东	98	98	2131	2115	46777	47255
河　南	338	313	2029	2219	153280	116245
湖　北	479	465	6281	6375	220298	217938
湖　南	357	352	2777	2665	383243	348627
广　东	946	849	14890	14652	1852623	1698570
广　西	85	72	1341	1110	125746	66041
海　南						
重　庆	402	145	5273	3151	270297	81318
四　川	81	80	1302	1329	20888	20888
贵　州						
云　南	130	122	1416	1356	64300	29100
西　藏	13	13	75	73	4130	3346
陕　西	34	33	4197	4095	11620	11500
甘　肃	20	20	200	200	4169	4143
青　海						
宁　夏	13	13	435	443	11609	11609
新　疆	1586	1509	7519	7134	1302115	1115951

2-8 续表 2

集体企业

项目	门店数(个)		年末从业人员(人)		年末零售营业面积(平方米)	
	2011年	2010年	2011年	2010年	2011年	2010年
全国	**557**	**567**	**5214**	**5552**	**287715**	**259448**
北京	29	29	861	924	68160	61612
天津						
河北	3	3	188	191	4500	4500
山西						
内蒙古	14	10	240	260	20000	10000
辽宁						
吉林						
黑龙江	24	29	30	45	360	400
上海	72	71	629	612	5849	4991
江苏	31	29	357	376	9640	9220
浙江	12	15	125	162	3806	8057
安徽	21	21	116	135	2990	2990
福建	5	5	82	85	1196	1412
江西						
山东	11	8	98	96	3280	1100
河南	34	31	375	394	14500	11900
湖北	57	55	1020	750	80000	70000
湖南	17	16	242	308	6853	6853
广东	84	100	471	842	12646	12428
广西						
海南						
重庆	129	129	264	246	8635	8635
四川						
贵州						
云南	6	8	66	76	300	350
西藏						
陕西						
甘肃						
青海						
宁夏						
新疆	8	8	50	50	45000	45000

2-8 续表 3

股份合作企业

项目	门店数(个)		年末从业人员(人)		年末零售营业面积(平方米)	
	2011年	2010年	2011年	2010年	2011年	2010年
全国	**121**	**127**	**3141**	**3251**	**183601**	**192494**
北京	10	10	21	21	274	214
天津	2	6	74	87	160	342
河北	14	15	1414	1519	79000	89000
山西						
内蒙古						
辽宁	5	5	44	55	1350	1350
吉林						
黑龙江						
上海						
江苏						
浙江	12	11	142	103	4456	2863
安徽	20	20	498	498	7960	7960
福建						
江西						
山东	15	18	355	348	13671	14615
河南	3	4	24	20	230	150
湖北	24	24	300	300	65000	65000
湖南						
广东	3	3	89	90	7000	7000
广西						
海南						
重庆						
四川						
贵州						
云南						
西藏						
陕西						
甘肃						
青海						
宁夏	13	11	180	210	4500	4000
新疆						

2-8 续表 4

联营企业

项目	门店数(个)		年末从业人员(人)		年末零售营业面积(平方米)	
	2011年	2010年	2011年	2010年	2011年	2010年
全国	**297**	**328**	**1846**	**1934**	**37951**	**30430**
北京	5	5	41	52	928	928
天津						
河北						
山西						
内蒙古						
辽宁						
吉林						
黑龙江						
上海						
江苏	19	19	221	221	5514	5514
浙江						
安徽						
福建						
江西						
山东						
河南						
湖北						
湖南						
广东	273	304	1584	1661	31509	23988
广西						
海南						
重庆						
四川						
贵州						
云南						
西藏						
陕西						
甘肃						
青海						
宁夏						
新疆						

2-8 续表 5

有限责任公司

项　目	门店数(个)		年末从业人员(人)		年末零售营业面积(平方米)	
	2011年	2010年	2011年	2010年	2011年	2010年
全　国	**36108**	**33114**	**557180**	**511979**	**24864186**	**21359871**
北　京	2019	2097	58641	54750	2769372	2660690
天　津	690	664	11576	11194	537804	528082
河　北	745	652	10552	9368	413558	392985
山　西	268	260	9246	9193	117015	113339
内蒙古	87	79	3227	3140	138397	104808
辽　宁	1742	1647	14882	15039	543621	377375
吉　林	249	230	4047	3673	266528	220260
黑龙江	367	341	4011	3796	138221	134852
上　海	6448	6107	89704	89632	2620069	2371418
江　苏	3899	3473	25337	24565	678637	643097
浙　江	3004	2869	30456	28922	1474368	1332564
安　徽	501	406	14112	11675	681576	464307
福　建	554	412	12664	11208	538420	474293
江　西	363	321	11284	9461	724095	448037
山　东	1972	1843	39196	38169	3298754	2764272
河　南	1016	947	28816	23774	1016011	856496
湖　北	1549	1251	30454	24741	1406013	1233498
湖　南	818	685	16551	14720	1330795	989868
广　东	3059	2807	62515	52448	2897120	2447222
广　西	605	524	8207	6939	288835	270599
海　南	195	84	567	446	28338	20698
重　庆	1135	1001	11156	9529	388703	291595
四　川	2392	2147	24173	22472	867851	729643
贵　州	362	374	2799	2481	48042	39897
云　南	876	836	9936	11201	442755	443803
西　藏						
陕　西	285	246	7385	7838	290329	233700
甘　肃	172	144	2139	1892	49485	28770
青　海	66	71	4442	2864	123291	104550
宁　夏	269	236	3331	2747	244105	141777
新　疆	401	360	5774	4102	502078	497376

2-8 续表 6

股份有限公司

项目	门店数(个)		年末从业人员(人)		年末零售营业面积(平方米)	
	2011年	2010年	2011年	2010年	2011年	2010年
全国	**34886**	**33788**	**791286**	**658974**	**62948845**	**58513977**
北京	871	852	31394	30282	1575470	1367414
天津						
河北	1913	1947	18207	18002	2031416	2422645
山西	447	409	8229	7926	519913	477863
内蒙古	3	3	31	34	240	240
辽宁	1023	953	15127	14391	1850558	1716693
吉林	190	196	1984	2100	61510	53710
黑龙江	838	790	3409	3729	137982	128024
上海	2649	2606	71981	70167	2026502	1954193
江苏	5022	4509	232117	161135	11797038	9970051
浙江	3163	2956	44143	22096	5877762	5709278
安徽	966	888	29528	27540	2413889	1949452
福建	615	563	7759	10120	1010754	869288
江西	1045	1060	13784	13560	1244155	1377752
山东	3277	3547	94176	82468	6296562	5701454
河南	1938	2056	13811	13908	3358457	3112680
湖北	1050	926	60567	43153	3301089	2627055
湖南	1382	1372	22262	21086	2436540	2347852
广东	4290	4220	50616	51389	10368769	10190204
广西	1431	1397	20248	19325	2743882	2673932
海南						
重庆	638	602	18308	16890	1015239	1064003
四川	1245	1111	18361	16254	353140	403395
贵州						
云南	186	174	1980	1962	717939	724384
西藏						
陕西	19	16	2571	2436	172796	99986
甘肃	121	124	1880	1441	142000	135442
青海						
宁夏	145	107	1952	1787	249945	227123
新疆	419	404	6861	5793	1245298	1209864

2-8 续表 7

私营企业

项目	门店数(个)		年末从业人员(人)		年末零售营业面积(平方米)	
	2011年	2010年	2011年	2010年	2011年	2010年
全国	**18780**	**16925**	**266523**	**223592**	**9189774**	**7902248**
北京	1000	912	8784	7704	203965	206217
天津	191	210	3626	3203	61946	56928
河北	405	366	8433	6558	288638	277732
山西	397	342	9320	8345	427567	380455
内蒙古	54	51	1216	1248	67862	67862
辽宁	778	716	8928	8657	394336	329327
吉林	134	130	1987	2200	91569	102413
黑龙江	249	195	9283	6580	243245	230830
上海	424	407	12155	10120	759574	482938
江苏	1783	1797	20660	17655	600905	646034
浙江	3594	2979	31863	28010	1171101	995457
安徽	438	371	6160	6774	205774	196993
福建	630	577	11659	10725	508880	477412
江西	112	138	8270	5716	272181	218499
山东	786	714	6305	5846	267719	246321
河南	801	819	9049	8815	312525	287485
湖北	595	577	11064	11549	241258	210582
湖南	355	322	9263	6011	233262	185695
广东	1168	1069	21792	21979	771590	738415
广西	334	315	3523	3189	84057	77769
海南	39	31	863	806	8000	13000
重庆	652	461	22916	7510	727170	336106
四川	952	884	10216	10055	475878	460152
贵州	159	138	898	779	19682	15900
云南	1745	1500	14854	11831	334509	272255
西藏	2	2	548	522	20600	20000
陕西	184	160	2408	2145	41874	38909
甘肃	92	81	1463	1415	27441	26498
青海	10	10	863	759	19445	19445
宁夏	112	94	1295	960	42636	39258
新疆	605	557	6859	5926	264585	245361

2-8 续表 8

其他企业

项目	门店数(个)		年末从业人员(人)		年末零售营业面积(平方米)	
	2011年	2010年	2011年	2010年	2011年	2010年
全国	**771**	**766**	**12216**	**11410**	**489367**	**485078**
北京						
天津	45	45	456	497	4910	6150
河北	11	10	53	60	900	900
山西						
内蒙古	16	16	193	161	4423	3531
辽宁						
吉林						
黑龙江						
上海						
江苏	65	71	265	247	4535	5765
浙江	4	3	160	151	11700	11500
安徽						
福建	26	38	897	805	26190	26970
江西						
山东	221	212	2814	2521	129159	126623
河南	44	44	2676	2512	118950	118950
湖北	207	193	3095	2774	127163	128388
湖南	23	24	393	440	8658	20803
广东	10	10	186	306	8285	8285
广西						
海南						
重庆	44	27	482	460	12980	12733
四川						
贵州						
云南						
西藏						
陕西	21	43	396	395	28000	12000
甘肃						
青海						
宁夏						
新疆	34	30	150	81	3514	2480

2-8 续表 9

港、澳、台商投资企业

项目	门店数(个)		年末从业人员(人)		年末零售营业面积(平方米)	
	2011年	2010年	2011年	2010年	2011年	2010年
全国	**3773**	**3461**	**149648**	**141905**	**6703832**	**5978324**
北京	315	315	9224	8730	158911	150695
天津	231	287	8844	8312	368313	359628
河北						
山西	9	9	110	110	1116	1116
内蒙古						
辽宁	30	25	2643	2054	373210	330477
吉林	18	25	249	250	4870	5200
黑龙江	9	1	112	12	2500	182
上海	336	275	9259	9488	242787	223442
江苏	266	262	35916	38808	863986	754205
浙江	175	171	2266	1754	74825	63693
安徽	2	2	486	458	16298	16298
福建	370	273	27465	22169	2008626	1792155
江西						
山东	85	67	1077	741	24236	17668
河南	117	87	10314	9379	555573	361158
湖北	133	113	1098	986	13945	11710
湖南	167	138	2847	2680	72929	69345
广东	1100	1012	24462	23473	1297698	1240044
广西						
海南						
重庆	180	168	11829	11055	537883	509999
四川	56	54	581	607	23250	14750
贵州						
云南	174	177	866	839	62876	56559
西藏						
陕西						
甘肃						
青海						
宁夏						
新疆						

2-8 续表 10

外商投资企业

项 目	门店数（个）		年末从业人员（人）		年末零售营业面积（平方米）	
	2011年	2010年	2011年	2010年	2011年	2010年
全 国	**5484**	**4804**	**241755**	**224707**	**12283230**	**11517070**
北 京	558	515	28331	27766	1301678	1239255
天 津	96	91	4573	4001	179071	177191
河 北	20	17	3100	3416	134593	130669
山 西						
内蒙古						
辽 宁	37	36	6590	6354	239795	239311
吉 林	3	3	343	659	18000	23444
黑龙江	8	8	1596	1596	75729	75729
上 海	1013	874	28331	28489	1256165	1349930
江 苏	1602	1260	71445	63912	3682318	3113306
浙 江	120	104	9169	8088	555539	498197
安 徽	25	19	2828	2347	201930	144502
福 建	682	651	9571	8437	1058518	848291
江 西	2	2	37	41	300	300
山 东	241	216	10377	9777	478578	481515
河 南	11	9	235	229	25920	21360
湖 北	121	124	6352	5099	173885	139030
湖 南	55	56	5263	5128	271874	219861
广 东	696	696	40410	38745	2122432	2247136
广 西						
海 南						
重 庆	7	7	2000	1350	70000	50000
四 川	53	8	4074	3062	124806	95902
贵 州	59	41	703	726	19291	7956
云 南	21	18	5127	4625	263852	262981
西 藏						
陕 西						
甘 肃						
青 海						
宁 夏	51	46	372	320	214	204
新 疆	3	3	928	540	28742	151000

2-9 按登记注册类型分各地区连锁零售企业加盟门店基本情况

内资企业

项　目	门店数(个)		年末从业人员(人)		年末零售营业面积(平方米)	
	2011年	2010年	2011年	2010年	2011年	2010年
全　国	**66528**	**63949**	**220998**	**230163**	**6570663**	**6567027**
北　京	2029	1990	11621	10820	272158	272234
天　津	51	62	184	262	5260	6856
河　北	276	326	221	1115	18800	22750
山　西	982	991	4448	4912	45222	40912
内蒙古	68	62	124	123	4077	3705
辽　宁	1690	1688	6193	7013	183028	183321
吉　林	3		6		190	
黑龙江						
上　海	7183	7464	40135	41057	1014308	1014692
江　苏	4496	4615	12666	13703	544106	556450
浙　江	16759	14932	46589	40625	1119217	1014494
安　徽	5353	4866	19951	18278	406095	331257
福　建	241	190	647	478	33011	10296
江　西	922	826	4029	3594	184039	180617
山　东	2416	2486	11089	11537	328718	318708
河　南	1417	1622	2733	2977	142697	205096
湖　北	586	599	2438	3014	127846	101142
湖　南	2374	1553	3649	2203	115847	89109
广　东	3024	3326	18550	20419	967198	988660
广　西	983	1146	4385	4862	120179	171941
海　南						
重　庆	8129	7869	13974	25684	298666	496327
四　川	4954	4901	10298	11138	197439	218218
贵　州	143	133	295	197	6379	4965
云　南	494	490	942	941	69911	68178
西　藏						
陕　西	109	89	2043	1614	167300	96580
甘　肃	2	2	27	10	1000	1000
青　海						
宁　夏	1294	1183	2692	2338	89218	74600
新　疆	550	538	1069	1249	108754	94919

2-9 续表 1

国有企业

项　目	门店数（个）		年末从业人员（人）		年末零售营业面积（平方米）	
	2011年	2010年	2011年	2010年	2011年	2010年
全　国	**4857**	**5152**	**18960**	**21570**	**1177548**	**1238238**
北　京						
天　津						
河　北	276	252	221	775	18800	17640
山　西						
内蒙古						
辽　宁						
吉　林						
黑龙江						
上　海	249	540	2050	3769	12279	30285
江　苏						
浙　江	7	7	25	28	422	422
安　徽	1970	1970	303	303	121000	100470
福　建	114	115	240	197	25830	3980
江　西						
山　东	13	12	70	65	705	1351
河　南	173	320	919	949	67750	141600
湖　北						
湖　南						
广　东	1547	1558	14532	15015	896601	900246
广　西						
海　南						
重　庆	82	8	144	40	4100	2383
四　川	1	1	1	1	10	10
贵　州						
云　南	109	109	118	102	700	700
西　藏						
陕　西						
甘　肃	2	2	27	10	1000	1000
青　海						
宁　夏						
新　疆	314	258	310	316	28351	38151

2-9 续表 2

集体企业

项　目	门店数（个）		年末从业人员（人）		年末零售营业面积（平方米）	
	2011年	2010年	2011年	2010年	2011年	2010年
全　国	**2384**	**2284**	**4610**	**4391**	**137135**	**121155**
北　京	276	276	603	597	23185	23185
天　津						
河　北						
山　西						
内蒙古						
辽　宁						
吉　林						
黑龙江						
上　海						
江　苏	166	149	522	459	17550	13220
浙　江	101	92	195	175	5620	5850
安　徽						
福　建						
江　西						
山　东						
河　南						
湖　北						
湖　南						
广　东	598	667	800	960	4420	5100
广　西						
海　南						
重　庆						
四　川						
贵　州						
云　南						
西　藏						
陕　西						
甘　肃						
青　海						
宁　夏	1243	1100	2490	2200	86360	73800
新　疆						

2-9 续表 3

股份合作企业

项 目	门店数(个)		年末从业人员(人)		年末零售营业面积(平方米)	
	2011年	2010年	2011年	2010年	2011年	2010年
全 国	**449**	**449**	**1395**	**1348**	**16143**	**15982**
北 京	5	5	10	5	208	47
天 津						
河 北						
山 西						
内蒙古						
辽 宁						
吉 林						
黑龙江						
上 海						
江 苏						
浙 江						
安 徽						
福 建						
江 西						
山 东						
河 南						
湖 北						
湖 南						
广 东	28	28	84	85	1624	1624
广 西						
海 南						
重 庆	416	416	1301	1258	14311	14311
四 川						
贵 州						
云 南						
西 藏						
陕 西						
甘 肃						
青 海						
宁 夏						
新 疆						

2-9 续表 4

联营企业

项目	门店数(个)		年末从业人员(人)		年末零售营业面积(平方米)	
	2011年	2010年	2011年	2010年	2011年	2010年
全国	**75**	**78**	**426**	**357**	**11251**	**4768**
北京						
天津						
河北						
山西						
内蒙古						
辽宁						
吉林						
黑龙江						
上海						
江苏						
浙江						
安徽						
福建						
江西						
山东						
河南						
湖北						
湖南						
广东	75	78	426	357	11251	4768
广西						
海南						
重庆						
四川						
贵州						
云南						
西藏						
陕西						
甘肃						
青海						
宁夏						
新疆						

2-9 续表 5

有限责任公司

项目	门店数(个)		年末从业人员(人)		年末零售营业面积(平方米)	
	2011年	2010年	2011年	2010年	2011年	2010年
全国	**23094**	**23228**	**64252**	**67256**	**2007979**	**1975008**
北京	696	757	4462	4331	97127	105573
天津	16	27	46	112	1570	2236
河北		74		340		5110
山西	521	485	2605	2952	29176	28130
内蒙古	46	40	39	40	1828	1588
辽宁	262	268	320	1171	32861	30727
吉林	3		6		190	
黑龙江						
上海	2942	2935	9912	9503	159562	161207
江苏	816	953	4880	5447	264453	264334
浙江	6966	6784	15621	14577	580514	556454
安徽	10	3	139	15	4628	1800
福建	79	46	325	203	4861	3396
江西	10	9	2703	2360	140000	140000
山东	631	755	2209	2978	76258	96078
河南	470	466	588	619	32567	24326
湖北	246	292	624	887	15780	19190
湖南	795	689	294	288	17982	17638
广东	536	657	1888	2333	35061	42075
广西	756	925	3330	3611	78044	129721
海南						
重庆	3758	3487	6695	6975	116592	89928
四川	3300	3313	6512	7522	133780	147983
贵州	67	73	162	72	3886	2998
云南	91	90	216	241	9689	8066
西藏						
陕西	4	3	512	509	148000	80000
甘肃						
青海						
宁夏						
新疆	73	97	164	170	23570	16450

2-9 续表 6

股份有限公司

项目	门店数(个)		年末从业人员(人)		年末零售营业面积(平方米)	
	2011年	2010年	2011年	2010年	2011年	2010年
全国	**13575**	**12888**	**66023**	**65203**	**1678323**	**1632627**
北京	368	304	4105	3502	64441	57974
天津						
河北						
山西						
内蒙古						
辽宁		6		48		7200
吉林						
黑龙江						
上海	3462	3501	25867	26179	801913	785034
江苏	2843	2890	4716	5243	155001	188001
浙江	336	302	540	516	25582	23455
安徽	3302	2802	18730	17228	272507	220307
福建						
江西	817	741	1093	1016	35583	34900
山东	1628	1583	8283	8007	242685	214049
河南						
湖北	72	82	410	1011	17555	26357
湖南	593	528	884	829	28320	23236
广东	5	2	15	95	80	17093
广西	123	120	823	1024	34655	35020
海南						
重庆						
四川	26	27	557	505	1	1
贵州						
云南						
西藏						
陕西						
甘肃						
青海						
宁夏						
新疆						

2-9 续表 7

私营企业

项　目	门店数（个）		年末从业人员（人）		年末零售营业面积（平方米）	
	2011年	2010年	2011年	2010年	2011年	2010年
全　国	**21830**	**19571**	**64536**	**68964**	**1517966**	**1550415**
北　京	684	648	2441	2385	87197	85455
天　津						
河　北						
山　西	461	506	1843	1960	16046	12782
内蒙古						
辽　宁	1428	1414	5873	5794	150167	145394
吉　林						
黑龙江						
上　海	530	488	2306	1606	40554	38166
江　苏	662	613	2528	2534	106562	90355
浙　江	9287	7696	30050	25180	502567	423843
安　徽	71	91	779	732	7960	8680
福　建	33	23	70	66	1420	2620
江　西	95	76	233	218	8456	5717
山　东	94	96	418	396	5070	5230
河　南	774	836	1226	1409	42380	39170
湖　北	268	225	1404	1116	94511	55595
湖　南	930	279	2249	844	63850	42540
广　东	235	336	805	1574	18161	17754
广　西	104	101	232	227	7480	7200
海　南						
重　庆	3873	3939	5834	17219	163663	384505
四　川	1627	1560	3228	3110	63648	70224
贵　州	76	60	133	125	2493	1967
云　南	294	291	608	598	59522	59412
西　藏						
陕　西	101	82	1501	1070	17300	14580
甘　肃						
青　海						
宁　夏	51	83	202	138	2858	800
新　疆	152	128	573	663	56101	38426

2-9 续表 8

其他企业

项　目	门店数（个）		年末从业人员（人）		年末零售营业面积（平方米）	
	2011年	2010年	2011年	2010年	2011年	2010年
全　国	**264**	**299**	**796**	**1074**	**24318**	**28834**
北　京						
天　津	35	35	138	150	3690	4620
河　北						
山　西						
内蒙古	22	22	85	83	2249	2117
辽　宁						
吉　林						
黑龙江						
上　海						
江　苏	9	10	20	20	540	540
浙　江	62	51	158	149	4512	4470
安　徽						
福　建	15	6	12	12	900	300
江　西						
山　东	50	40	109	91	4000	2000
河　南						
湖　北						
湖　南	56	57	222	242	5695	5695
广　东						
广　西						
海　南						
重　庆		19		192		5200
四　川						
贵　州						
云　南						
西　藏						
陕　西	4	4	30	35	2000	2000
甘　肃						
青　海						
宁　夏						
新　疆	11	55	22	100	732	1892

2-9　续表 9

港、澳、台商投资企业

项　目	门店数(个)		年末从业人员(人)		年末零售营业面积(平方米)	
	2011年	2010年	2011年	2010年	2011年	2010年
全　国	**1851**	**1846**	**50735**	**49240**	**1872720**	**1573034**
北　京						
天　津						
河　北						
山　西						
内蒙古						
辽　宁						
吉　林						
黑龙江						
上　海	189	142	46171	44640	1767430	1465594
江　苏	170	157	390	300	14797	13690
浙　江	85	93	36	50	6990	8082
安　徽						
福　建	132	164	406	483	3893	3990
江　西						
山　东						
河　南						
湖　北						
湖　南						
广　东	1238	1254	3636	3679	72770	75198
广　西						
海　南						
重　庆						
四　川	37	36	96	88	6840	6480
贵　州						
云　南						
西　藏						
陕　西						
甘　肃						
青　海						
宁　夏						
新　疆						

2-9 续表 10

外商投资企业

项　目	门店数(个)		年末从业人员(人)		年末零售营业面积(平方米)	
	2011年	2010年	2011年	2010年	2011年	2010年
全　国	**14972**	**10183**	**66203**	**58866**	**1089288**	**1128925**
北　京	51	94	408	838	8654	15967
天　津						
河　北						
山　西						
内蒙古						
辽　宁						
吉　林						
黑龙江						
上　海	800	537	5295	3996	63332	44677
江　苏	791	993	22026	24777	400640	578940
浙　江	48	39	293	570	24735	24235
安　徽						
福　建						
江　西						
山　东	1	1	400	400	10000	10000
河　南						
湖　北	2	2	13	13	200	200
湖　南						
广　东	13279	8517	37768	28272	581727	454906
广　西						
海　南						
重　庆						
四　川						
贵　州						
云　南						
西　藏						
陕　西						
甘　肃						
青　海						
宁　夏						
新　疆						

2-10 按登记注册类型分各地区连锁零售企业经营情况

内资企业　　　　单位：万元

项　目	商品购进总额		统一配送商品购进额	
	2011年	2010年	2011年	2010年
全　国	**255449644**	**211728832**	**199477435**	**161898060**
北　京	17373217	14373451	8056207	6126796
天　津	6142043	5157458	5387858	4433721
河　北	9477643	6954261	6275292	4491168
山　西	2110379	1947580	990504	923203
内蒙古	5568339	4593564	5540854	4572772
辽　宁	7143841	5642868	5633577	4142779
吉　林	1351580	1033209	1255141	952293
黑龙江	2105325	1697107	1984177	1564195
上　海	20024617	17693188	16155734	14680424
江　苏	36035368	32595552	27470374	24401943
浙　江	18910809	14931592	17464485	13702471
安　徽	12672174	9896535	10082499	7523120
福　建	4108170	3268315	2778367	2282174
江　西	4613159	4075333	3909492	3583041
山　东	18437920	15934905	13205147	11617209
河　南	5905330	4775675	3607216	2775304
湖　北	9941497	8336548	7290366	6067912
湖　南	6729465	5622941	5984431	4750751
广　东	40731940	34301488	36064905	29006143
广　西	3508048	3013152	3175516	2700420
海　南	38045	28254	34985	25834
重　庆	6598152	4103299	3343262	1268074
四　川	3596231	3039096	3316043	2707689
贵　州	71909	63117	71446	61394
云　南	2323019	1679591	2216086	1604983
西　藏	21741	18348	21741	18348
陕　西	1903771	1551283	1280629	1050658
甘　肃	877806	713666	877806	713666
青　海	95353	87704	53904	64100
宁　夏	1712683	1105455	1665637	1073120
新　疆	5320071	3494297	4283757	3012357

2-10 续表 1

内资企业

项　目	自有配送中心配送商品购进额		非自有配送中心配送商品购进额	
	2011年	2010年	2011年	2010年
全　国	**118186470**	**98297227**	**29763142**	**26398445**
北　京	2813550	2275087	1097482	992727
天　津	331377	268134	5022514	4144150
河　北	4156943	3141961	168010	87719
山　西	244311	190300	22923	45139
内蒙古	4972651	4067366	5221	5703
辽　宁	2677528	2114485	1194103	695061
吉　林	1069833	782910		
黑龙江	1559041	1186047	231048	207880
上　海	8255721	7348474	2965159	3009936
江　苏	26303668	23458606	510215	489432
浙　江	13136483	10880045	420789	375854
安　徽	4608280	3201327	325743	337017
福　建	828095	698448	99262	153704
江　西	2062535	1938096	341616	153786
山　东	11693424	10153704	831205	720284
河　南	1827146	1460237	57703	33924
湖　北	5811611	4725436	521772	416336
湖　南	1929278	1770807	66851	32505
广　东	12021216	10233856	15036077	14005511
广　西	1331695	1097344	34701	25259
海　南	4682	2605		
重　庆	1922372	870732	54953	12727
四　川	1471960	1193862	186973	79404
贵　州	6433	4854	19240	14408
云　南	626747	651706	98603	93786
西　藏				
陕　西	895049	659399	77510	47803
甘　肃	50723	54067	23	902
青　海				
宁　夏	1647457	1060368	17080	12752
新　疆	3926661	2806963	356368	204735

单位：万元

商品销售额		零售额	
2011年	2010年	2011年	2010年
295301383	**241843817**	**196253794**	**155311803**
19788499	16371562	13869726	11555242
5987486	5323874	3859126	3215361
10429351	8334556	6014013	4431424
3274836	2377727	2495521	1837514
5646440	4647506	5606648	4619450
7950408	6071228	4409354	3961035
1440177	1039920	1296601	1019720
2297720	1592545	1816824	1470219
24604948	22661168	14600254	14165147
41678648	33756133	22350633	17699569
20010682	15989053	14295916	8836298
13114015	9933234	8079024	6702537
5051601	3761337	4539489	3219691
9004583	7129091	4810859	3577000
21417047	18761365	16790859	12826248
6132861	5003848	4298545	3493938
11562261	8977054	9639668	7583666
7803353	6341349	6854922	5155837
45279131	39486134	32250442	26798709
7097778	5358967	3534509	2511211
36915	22597	34295	22597
6949303	4675354	4752606	2623108
4008380	3324647	3100932	2546863
82756	71216	79641	68124
3706350	2857656	1777181	1371178
18505	15804	18505	15804
2449811	1945764	877848	705795
877071	759357	721162	636228
144889	108086	139874	105017
1482136	1160568	690347	531829
5973441	3985118	2648469	2005446

2-10 续表 2

国有企业

项　目	商品购进总额		统一配送商品购进额		自有配送中心配送商品购进额	
	2011年	2010年	2011年	2010年	2011年	2010年
全　国	**42039265**	**34051038**	**40182177**	**32366302**	**22365322**	**17368470**
北　京	14645	15852	7978	6811	6990	5752
天　津	5019665	4141113	5019120	4140629	379	1144
河　北	1994764	1378051	1920606	1326606	1227517	758287
山　西	566633	408375	353101	234217		
内蒙古	5333123	4426846	5333123	4426846	4853142	3996610
辽　宁	349211	511805	48236	35326	25162	16500
吉　林	901858	600102	901858	600102	901858	600102
黑龙江	1006801	753793	1006801	753793	1006801	753793
上　海	279702	213724	118304	67017	41456	41425
江　苏	14175	20038	14175	20038	13531	20038
浙　江	915523	798675	915523	798675	915523	798675
安　徽	3664970	3186433	3664970	3186433	85565	103795
福　建	235118	160988	129123	153923	52574	42990
江　西	2361275	1991350	2276793	1937545	1078841	969570
山　东	60916	64681	60705	64681	2363	1994
河　南	390664	282509	362163	259023	10420	10090
湖　北	1811954	1469083	1811954	1469083	1066083	856078
湖　南	1379711	1106879	1194109	957277	299680	236557
广　东	9487963	8503966	9435492	8465311	7519952	6248499
广　西	372136	225991	372136	225991	119121	51723
海　南						
重　庆	763453	85292	708904	43741	669411	12899
四　川	421488	393268	267539	196453	708	193
贵　州						
云　南	1326021	754351	1326021	754351		
西　藏	6543	6594	6543	6594		
陕　西	1131799	949013	898141	756887	818847	602443
甘　肃	119199	95886	119199	95886		
青　海						
宁　夏	46971	40666	46971	40666	45871	40666
新　疆	2062984	1465716	1862588	1342399	1603529	1198649

单位：万元

非自有配送中心配送商品购进额		商品销售额		零售额	
2011年	2010年	2011年	2010年	2011年	2010年
7484114	**6699960**	**46005240**	**36359092**	**24393251**	**18457964**
		22685	25433	22685	19998
5018741	4139485	4819532	4213569	2735339	2170675
		2378525	1980179	1107369	732681
10740	8215	691783	484224	404380	243753
		5333123	4426846	5333123	4426846
		378755	339147	166835	167642
		949326	614190	831741	614190
		1090613	554346	734924	533651
		275931	253396	275931	206349
644		17907	16445	17895	16445
		839623	771195	415481	42402
134575	163247	3841812	2386795	2574739	2120032
16132	18917	701349	422909	555743	262750
199914	103174	3839975	3004390	765392	455194
		62090	66388	28914	25226
		458900	348500	380706	287816
107015	51910	2030878	1683559	1437282	1081736
		1393578	1117544	1289405	1016974
1731486	2071222	9782171	9047925	2693982	2671661
		382039	234730	78041	77868
5766		862847	132192	844724	95781
41	41	511681	511815	246309	217408
		1343290	870367	743873	453014
		5917	5739	5917	5739
		1562114	1232953		
		91376	78688		
		58501	50526	9278	8286
259059	143750	2278919	1485105	693246	503847

2-10 续表 3

集体企业

项目	商品购进总额		统一配送商品购进额		自有配送中心配送商品购进额	
	2011年	2010年	2011年	2010年	2011年	2010年
全国	**496371**	**392853**	**309727**	**254322**	**239776**	**197612**
北京	112578	97849	32448	30754	32246	30522
天津						
河北	5160	4855	5160	4855		
山西						
内蒙古	6972	4876				
辽宁						
吉林						
黑龙江	844	684	844	684	844	684
上海	22645	11680	22645	11680	3012	2856
江苏	52228	45218	52228	45000	42273	34202
浙江	41945	30259	41285	29560	41285	29560
安徽	10647	12346	5324	6173	5324	6173
福建	1273	1093	1273	1093	1273	1093
江西						
山东	13234	13651				
河南	38475	11201	8500	6416	8500	6416
湖北	35000	32000	35000	32000		
湖南	3813	4383				
广东	12876	12693	12876	12693	12876	12693
广西						
海南						
重庆	17590	13372	13462	10608	13462	10608
四川						
贵州						
云南	2909	2788				
西藏						
陕西						
甘肃						
青海						
宁夏	115400	91400	75900	60300	75900	60300
新疆	2782	2507	2782	2507	2782	2507

单位：万元

非自有配送中心配送商品购进额		商品销售额		零售额	
2011年	2010年	2011年	2010年	2011年	2010年
19633	**9037**	**508631**	**404575**	**429551**	**351105**
		110152	93002	108864	90243
		5793	5311	5793	5311
		4853	3878	4853	3878
		1227	1011	1227	1011
19633	8824	24928	14117	15723	14117
	214	51658	45977	49068	42824
		43956	32935	7213	7356
		13678	11223	9608	7286
		1822	1654	1822	1654
		15130	14702	4998	4725
		34426	11478	27533	11478
		34000	30000	34000	30000
		4201	4118	2526	2603
		23465	23756	20135	20572
		17969	14449	17597	13592
		2792	2606	2792	2606
		115800	91850	115800	91850
		2782	2507		

2-10 续表 4

股份合作企业

项目	商品购进总额		统一配送商品购进额		自有配送中心配送商品购进额	
	2011年	2010年	2011年	2010年	2011年	2010年
全国	**282569**	**175698**	**253043**	**157351**	**236382**	**144056**
北京	745	693	179	50		
天津	1266	1239				
河北	164136	94359	164136	94359	164136	94359
山西						
内蒙古						
辽宁	1442	1762	349	474		
吉林						
黑龙江						
上海						
江苏						
浙江	2934	2202	2934	2202		
安徽	2416	2184	755	915		
福建						
江西						
山东	18385	13360				
河南	60	85	60	85		
湖北	10319	7626	10319	7626		
湖南						
广东	57459	37858	57459	37858	55393	35914
广西						
海南						
重庆	16853	13783	16853	13783	16853	13783
四川						
贵州						
云南						
西藏						
陕西						
甘肃						
青海						
宁夏	6555	548				
新疆						

单位：万元

非自有配送中心配送商品购进额		商品销售额		零售额	
2011年	2010年	2011年	2010年	2011年	2010年
2066	**1944**	**280964**	**192298**	**186953**	**129424**
		971	761	338	191
		1266	1239	1266	1239
		148766	96101	148766	96101
		1994	1989	1994	1989
		2591	2023	2591	2023
		2328	2016	2328	2016
		21015	16744	6142	5661
		192	160	192	160
		10269	9251	10269	9251
2066	1944	66510	39131	4158	3884
		16152	15973		
		8911	6910	8911	6910

2-10 续表 5

联营企业

项　目	商品购进总额		统一配送商品购进额		自有配送中心配送商品购进额	
	2011年	2010年	2011年	2010年	2011年	2010年
全　国	**83057**	**79971**	**83057**	**79971**	**1891**	**58194**
北　京	609	699	609	699		
天　津						
河　北						
山　西						
内蒙古						
辽　宁						
吉　林						
黑龙江						
上　海						
江　苏	25822	21079	25822	21079		
浙　江						
安　徽						
福　建						
江　西						
山　东						
河　南						
湖　北						
湖　南						
广　东	56626	58194	56626	58194	1891	58194
广　西						
海　南						
重　庆						
四　川						
贵　州						
云　南						
西　藏						
陕　西						
甘　肃						
青　海						
宁　夏						
新　疆						

单位：万元

非自有配送中心配送商品购进额		商品销售额		零售额	
2011年	2010年	2011年	2010年	2011年	2010年
		69613	**85685**	**56296**	**75981**
		796	869	796	869
		30821	27481	17503	17778
		37996	57335	37996	57335

2-10 续表 6

有限责任公司

项 目	商品购进总额		统一配送商品购进额		自有配送中心配送商品购进额	
	2011年	2010年	2011年	2010年	2011年	2010年
全 国	**43563425**	**35881033**	**33509873**	**27512233**	**17609962**	**14676120**
北 京	8057457	6841588	6054640	4712716	1283473	1111817
天 津	996734	888066	317725	258161	313952	253496
河 北	950276	731320	907392	708288	767326	622533
山 西	160586	145567	68518	71884	27763	19612
内蒙古	206471	143821	186087	128065	108433	61380
辽 宁	587425	513489	492290	473131	132023	124663
吉 林	321265	272460	271704	231884	139677	109330
黑龙江	260081	274814	239427	230896	71785	87952
上 海	6532122	5455170	3351671	2901821	680347	588784
江 苏	1941841	1570704	1768980	1482776	1367534	1153773
浙 江	2766860	2351740	2431951	2061389	1781359	1523326
安 徽	726371	539886	586019	421470	88399	97499
福 建	967146	812200	771496	651983	227282	174627
江 西	1538346	1260172	1156924	1030862	715040	770372
山 东	3627742	2664708	3182966	2318034	2659165	1718717
河 南	1144232	1013321	1030667	897413	807488	723657
湖 北	2194210	1781195	1618736	1323007	975244	681571
湖 南	1427306	1139545	1322412	1054510	543637	599436
广 东	4328435	3764474	4099306	3499212	2609650	2387832
广 西	517224	448496	320024	275303	163805	148583
海 南	13899	10326	10839	7906	4682	2605
重 庆	777430	504472	735986	475718	674664	456887
四 川	1186575	1068099	1127632	998507	451680	306986
贵 州	57793	49695	57330	47972	2085	1867
云 南	623847	581976	547617	574188	343841	421744
西 藏						
陕 西	533942	414754	176836	127164	62743	45982
甘 肃	32818	34955	32818	34955	23620	29854
青 海	91347	84702	49899	61099		
宁 夏	337151	240396	337151	240196	337151	240196
新 疆	656494	278924	254831	211724	246115	211039

单位：万元

非自有配送中心配送商品购进额		商品销售额		零售额	
2011年	2010年	2011年	2010年	2011年	2010年
4776820	**4206173**	**48224002**	**40513506**	**36571456**	**31358305**
1077667	988472	8777700	7522493	6112770	5303253
3773	4665	1026576	972050	982410	906430
63969	50508	1046549	823549	548122	516532
		195245	156404	195245	156404
		243930	168121	204138	140065
106437	89084	647351	563415	589309	503132
		325606	276609	320957	275656
		358089	403221	356030	403221
1069975	1035740	8611524	7412893	4680948	4460841
197442	251520	2134611	1791971	1537986	1324756
221706	192253	2879772	2514879	2259326	1916926
43194	39992	710704	551202	683501	530318
12611	77995	1102575	879728	1064273	850870
127390	42926	1578197	1247178	1068832	860572
14031	10218	3449859	2887480	2920663	2414462
16451	5936	1177695	1049270	1062043	905330
411656	362822	2402606	1792814	2063749	1578537
3546	1535	1454994	1379774	1221175	1031094
1031368	789201	4601483	3974414	4297123	3694628
34701	25259	622041	496547	455269	384301
		15630	10519	13010	10519
41027	5636	835757	519091	599019	462630
97091	76204	1342793	1062745	1215613	1010619
19240	14408	67201	56828	65185	54944
97298	92410	675108	605153	583409	502784
77510	47803	645010	514781	635161	507765
23	902	37887	34898	29325	31211
		139012	103775	135903	100706
		314752	257952	298874	237588
8716	685	803744	483752	372088	282210

2-10 续表 7

股份有限公司

项　　目	商品购进总额		统一配送商品购进额		自有配送中心配送商品购进额	
	2011年	2010年	2011年	2010年	2011年	2010年
全　　国	**153696679**	**128417787**	**111603337**	**90832444**	**71619130**	**60794901**
北　　京	8747576	7001869	1747719	1213018	1337030	1000857
天　　津						
河　　北	6104340	4549910	3041800	2229712	1870155	1579415
山　　西	831934	852771	197881	195747		
内 蒙 古	1406	1301	1406	1301		
辽　　宁	5316059	3879459	4299120	2944493	2296591	1769464
吉　　林	32546	76913	28298	73478	28298	73478
黑 龙 江	328036	284865	267444	230006	267444	230006
上　　海	11369286	10199404	10924776	9972837	7518063	6703181
江　　苏	32670062	29768747	24450230	21817086	24409083	21780154
浙　　江	13181072	10244847	12230112	9447208	9136660	7597714
安　　徽	8090634	5996305	5703508	3803796	4352743	2937766
福　　建	2296645	1756457	1334691	988390	415086	359485
江　　西	543320	711483	352794	539322	198757	172438
山　　东	14099439	12660706	9464233	8802513	8739467	8166885
河　　南	3882441	3061741	1794570	1252190	835325	572004
湖　　北	5332344	4432063	3271222	2634864	3269202	2632054
湖　　南	3549217	3123010	3163632	2528026	920056	819659
广　　东	25833955	21104097	21487627	16142889	1160048	892724
广　　西	2498864	2238802	2366435	2101774	1012426	865857
海　　南						
重　　庆	3408284	2590203	315878	310020	929	
四　　川	1341737	1057589	1341737	1057589	908463	798769
贵　　州						
云　　南						
西　　藏						
陕　　西	179754	147932	179754	147932	3517	3351
甘　　肃	698685	558612	698685	558612		
青　　海						
宁　　夏	1150402	689972	1150402	689972	1150402	689972
新　　疆	2208640	1428730	1789384	1149668	1789384	1149668

单位：万元

非自有配送中心配送商品购进额		商品销售额		零售额	
2011年	2010年	2011年	2010年	2011年	2010年
16248412	**14495008**	**182610276**	**150197582**	**118820444**	**92487619**
		10308286	8210403	7124613	5676130
110	240	6542147	5216691	3903735	2870039
		1644962	1101327	1199007	845570
1406	1301	1474	1290	1474	1290
1042057	568329	5978136	4377149	2786285	2550029
		46565	52621	46565	52621
		350529	294240	227380	192610
1863682	1954904	13840257	13114140	7783732	7624530
41148	36932	38000389	30582275	19448442	15167973
146093	126526	13934518	10886017	9525144	5215432
142784	130999	8359737	6797280	4628153	3863436
21473	8270	2595674	1891634	2324829	1597203
		3325832	2674438	2728811	2062368
719124	628932	16962191	15212529	13089579	10003420
3292	3249	3979384	3204742	2374509	1918084
		5777799	4832282	5301070	4274163
41715	24384	4522632	3524874	3955628	2817997
12138118	11010942	29699330	25462641	24231634	19562214
		5973786	4515797	2913054	1980157
		3757736	2952938	1910176	1568208
87411		1387087	1129064	912796	751179
		1346629	1046338	161596	125560
		179639	149213	179639	149213
		713304	615464	657332	574710
		931159	710705	234454	171628
		2451094	1641492	1170807	871858

2-10 续表 8

私营企业

项　目	商品购进总额		统一配送商品购进额		自有配送中心配送商品购进额	
	2011年	2010年	2011年	2010年	2011年	2010年
全　国	**14553537**	**11977116**	**12858136**	**9984438**	**5681642**	**4553332**
北　京	439608	414901	212633	162749	153811	126139
天　津	112679	117987	39312	25878	5345	4441
河　北	257086	194445	234316	126029	127808	87367
山　西	551226	540867	371005	421354	216549	170687
内蒙古	15981	13170	15981	13170	9376	9376
辽　宁	889705	736352	793581	689356	223752	203858
吉　林	95911	83733	53282	46830		
黑龙江	509564	382951	469661	348817	212168	113613
上　海	1820862	1813211	1738338	1727069	12842	12228
江　苏	1320522	1159742	1150890	1007523	464042	462812
浙　江	1998649	1500199	1842680	1363438	1261656	930771
安　徽	177135	159382	121923	104334	76250	56094
福　建	498739	437048	432536	386256	129532	117742
江　西	170219	112329	122981	75312	69897	25715
山　东	500222	419413	423674	364760	274678	247933
河　南	326612	310163	288409	263521	77143	74259
湖　北	254164	217915	239629	204666	224891	177503
湖　南	356817	240758	291678	202573	156132	109390
广　东	940111	812314	901004	782092	646890	590108
广　西	119824	99863	116921	97351	36343	31182
海　南	24146	17928	24146	17928		
重　庆	1604607	886114	1544764	406662	545378	375969
四　川	646432	520141	579135	455139	111110	87913
贵　州	14116	13422	14116	13422	4349	2988
云　南	370242	340476	342448	276444	282906	229962
西　藏	15197	11754	15197	11754		
陕　西	47916	33320	18638	15642	9942	7624
甘　肃	27103	24213	27103	24213	27103	24213
青　海	4006	3002	4006	3002		
宁　夏	56204	42474	55213	41987	38133	29235
新　疆	387935	317529	372936	305167	283615	244209

单位：万元

非自有配送中心配送商品购进额		商品销售额		零售额	
2011年	2010年	2011年	2010年	2011年	2010年
1170941	**938600**	**16164134**	**13326693**	**14865222**	**11704726**
19815	4255	567909	518601	499660	464559
		125002	127513	125002	127513
103932	36971	305603	211204	298260	209239
12184	36925	742846	635772	696889	591787
1256	1012	58453	43839	58453	43839
45609	37648	944173	789529	864931	738243
		118680	96501	97338	77254
231048	207880	497263	339727	497263	339727
11869	10467	1852308	1866623	1843919	1859310
270981	200767	1431225	1280473	1270173	1120332
52989	57076	2306678	1778631	2086161	1652159
5189	2779	185757	184718	180696	179451
49046	48523	549032	471407	491675	413208
14312	7686	260579	203085	247825	198865
75466	59343	779734	459918	619904	273380
6947	4412	360165	315458	334908	299246
101	104	309157	223122	287818	206186
19591	5873	411209	296312	369450	268618
133040	132202	1054263	859471	951502	770183
		119912	111893	88144	68884
		21285	12078	21285	12078
8160	7091	1445778	1031329	1368026	473517
2430	3159	766819	621024	726215	567657
		15556	14388	14457	13180
1305	1376	338531	333192	285511	287213
		12588	10065	12588	10065
		55244	42208	55244	42208
		34504	30307	34504	30307
		5877	4311	3971	4311
17080	12752	53014	42625	23031	15568
88593	60300	434991	371371	410417	346641

2-10 续表 9

其他企业

项 目	商品购进总额		统一配送商品购进额		自有配送中心配送商品购进额	
	2011年	2010年	2011年	2010年	2011年	2010年
全 国	**734741**	**753335**	**678085**	**711000**	**432366**	**504542**
北 京						
天 津	11700	9054	11700	9054	11700	9054
河 北	1882	1320	1882	1320		
山 西						
内蒙古	4386	3550	4259	3390	1700	
辽 宁						
吉 林						
黑龙江						
上 海						
江 苏	10718	10025	8048	8442	7204	7627
浙 江	3826	3672				
安 徽						
福 建	109248	100530	109248	100530	2347	2512
江 西						
山 东	117981	98386	73569	67220	17752	18174
河 南	122847	96655	122847	96655	88271	73811
湖 北	303506	396665	303506	396665	276191	378229
湖 南	12600	8366	12600	8366	9775	5765
广 东	14515	7893	14515	7893	14515	7893
广 西						
海 南						
重 庆	9936	10064	7415	7541	1676	586
四 川						
贵 州						
云 南						
西 藏						
陕 西	10360	6264	7260	3033		
甘 肃						
青 海						
宁 夏						
新 疆	1236	891	1236	891	1236	891

单位：万元

非自有配送中心配送商品购进额		商品销售额		零售额	
2011年	2010年	2011年	2010年	2011年	2010年
61157	**47722**	**1438523**	**764386**	**930621**	**746678**
		15109	9504	15109	9504
		1967	1522	1967	1522
2559	3390	4608	3533	4608	3533
		12038	11512	9568	9460
		3545	3372		
		101148	94004	101148	94004
22585	21791	127028	103603	120659	99374
31014	20327	122099	74240	118653	71823
3000	1500	997553	406025	505480	403793
2000	714	16739	18727	16739	18552
		13912	21462	13912	18232
		13064	9382	13064	9382
		7804	6609	7804	6609
		1911	891	1911	891

2-10 续表 10

港、澳、台商投资企业

项目	商品购进总额		统一配送商品购进额		自有配送中心配送商品购进额	
	2011年	2010年	2011年	2010年	2011年	2010年
全国	**15543821**	**12287189**	**12077688**	**9018096**	**7794581**	**5728568**
北京	491967	432730	267411	234891	26396	20474
天津	465838	337419	125583	116206	123217	113223
河北						
山西	6733	6422	6733	6422		
内蒙古						
辽宁	113205	75649	40154	18832		
吉林	4403	5070				
黑龙江	1752	49	1752	49	1752	49
上海	4085399	3049851	3526659	2741161	1363722	1048817
江苏	2423499	2086773	2261565	1923709	1996325	1715708
浙江	122114	145857	70972	98606	29228	31575
安徽	23636	20647	23636	20647		
福建	2081977	1676341	1106897	155708	866543	98918
江西						
山东	49463	25137	49463	25137	1744	1651
河南	930346	636385	59753	48436	59753	48436
湖北	19516	19351	19516	19351	19490	19326
湖南	88793	71877	85308	68547	68705	52847
广东	2748071	2293602	2565272	2154592	2048173	1711704
广西						
海南						
重庆	1633336	1169136	1629777	1165676	1144542	818546
四川	39564	35713	23029	20946	23029	20946
贵州						
云南	214210	199181	214210	199181	21964	26350
西藏						
陕西						
甘肃						
青海						
宁夏						
新疆						

单位：万元

非自有配送中心配送商品购进额		商品销售额		零售额	
2011年	2010年	2011年	2010年	2011年	2010年
1047352	**721643**	**20779506**	**16717841**	**16723458**	**13229998**
125176	108731	585223	532102	471096	436785
2367	2984	457745	399449	429682	380757
		6733	6417	6733	6417
		146380	100309	146380	100309
		6352	5807	6352	5807
		2533	71	2533	71
39019	24868	7275852	5481573	4351442	3312064
89890	72000	3547311	3225559	2846717	2530531
	67031	228800	187895	219073	178884
		25957	22784	25957	22784
237388	54329	2050232	1463039	1940621	1463039
47719	23485	69492	29495	69172	29261
		1011375	778040	1011375	778040
26	25	37163	22719	37163	22719
16603	15700	99778	98269	99245	97544
3930	5360	3357192	2783101	3269888	2353359
485235	347131	1569438	1321891	1547064	1302006
		51938	50518	35454	33601
		250013	208804	207513	176022

2-10 续表 11

外商投资企业

项目	商品购进总额		统一配送商品购进额		自有配送中心配送商品购进额	
	2011年	2010年	2011年	2010年	2011年	2010年
全国	**25536475**	**21624864**	**17641319**	**15605286**	**8606587**	**7768858**
北京	2822129	2589443	1619684	1334280	210648	204349
天津	417719	374903				
河北	104348	46944	37050	17092	37050	17092
山西						
内蒙古						
辽宁	414619	209758	233407	55071		
吉林	11442	20913	11442	20913		
黑龙江	127737	109447	127737	109447		
上海	3687343	2591740	1008158	927472	202780	130304
江苏	6550701	5863281	6353683	5689820	5144434	4582643
浙江	812058	873328	566887	862379	325227	357816
安徽	160139	236342		112711		112711
福建	1503358	1275931	845949	765025		
江西	6057	7838	6057	7838		
山东	1637282	1347360	736192	616531	57733	86881
河南	63688	49977	63688	49977		
湖北	240144	483529	229249	471956	3650	3348
湖南	272937	227301	34949	29749		
广东	5891634	4574329	4954050	3902527	2335891	2018717
广西						
海南						
重庆	75000	110000	75000			
四川	243926	195678	243926	195678		
贵州	40612	37924	40612	37924	40612	37924
云南	382591	348535	382591	348535	189992	179830
西藏						
陕西						
甘肃						
青海						
宁夏	12441	13119	12441	13119		
新疆	58569	37243	58569	37243	58569	37243

单位：万元

非自有配送中心配送商品购进额		商品销售额		零售额	
2011年	2010年	2011年	2010年	2011年	2010年
3030169	**2408681**	**29026038**	**25041653**	**25147301**	**21572157**
1310006	1063605	3147791	2718014	3035538	2627953
		454699	416735	444169	405068
		113510	40693	113510	40693
6694	5118	504318	429655	504318	429655
		11161	23859	11161	23859
		144083	111861	144083	111861
50726	58041	3857547	3483409	3490717	3123256
1112117	718141	7102942	6062390	6192403	4997021
44146	162124	917627	966224	906668	966138
		278762	227478	278762	227478
28915	32457	3691267	2650311	2833071	2106431
		7070	8329	2494	4488
178017	161847	1885031	1571452	700196	585072
		61301	49773	61301	49773
		298191	230615	296567	230615
		257901	242978	257901	242978
218675	207349	5347543	4962345	4955272	4580317
75000		106537	105104	106537	105104
5874		245614	195594	245614	195594
		37003	38556	37003	38556
		470930	432090	470501	431150
		27047	25723	1352	635
		58163	48464	58163	48464

2-11 按登记注册类型分各地区

内资企业

项　目	商品购进总额		统一配送商品购进额		自有配送中心配送商品购进额	
	2011年	2010年	2011年	2010年	2011年	2010年
全　国	**247369671**	**204208817**	**192590814**	**155877351**	**113603138**	**94206942**
北　京	17081065	14114362	7834399	5940994	2656684	2146794
天　津	6137492	5153827	5383369	4430889	327437	265984
河　北	9454581	6932559	6252230	4469466	4133881	3120259
山　西	2010985	1863862	986258	917896	240065	186244
内蒙古	5566650	4591570	5539175	4570814	4971680	4066428
辽　宁	7073204	5588521	5562939	4088433	2677528	2114485
吉　林	1351244	1033209	1255141	952293	1069833	782910
黑龙江	2105325	1697107	1984177	1564195	1559041	1186047
上　海	18034674	15889924	14234543	12962073	6874975	6048252
江　苏	35104592	31750797	26555495	23572481	25391508	22634165
浙　江	17885708	14096697	16487323	12908470	12311854	10207679
安　徽	11584505	8891311	9228342	6768186	4098803	2762735
福　建	4062775	3242111	2735496	2257800	786113	674438
江　西	4349612	3861504	3826701	3510737	2032105	1909135
山　东	17979678	15547464	12983142	11429339	11481719	9970673
河　南	5602944	4528975	3315486	2536792	1819765	1453701
湖　北	9890808	8288522	7241409	6022058	5766875	4683819
湖　南	6648398	5570183	5906904	4701165	1895393	1745295
广　东	40322170	33745439	35702193	28487391	11891490	10053391
广　西	3474120	2984388	3155839	2688826	1315108	1088044
海　南	38045	28254	34985	25834	4682	2605
重　庆	6426052	3546771	3215065	1177812	1813384	792821
四　川	3532571	2982541	3257672	2654255	1430969	1150429
贵　州	69127	59985	68664	58262	6433	4854
云　南	1951080	1459989	1845049	1386250	625184	650064
西　藏	21741	18348	21741	18348		
陕　西	1826979	1508069	1273975	1045975	895049	659399
甘　肃	868607	712780	868607	712780	50723	54067
青　海	95353	87704	53904	64100		
宁　夏	1588803	1009457	1581753	1008462	1563951	995710
新　疆	5230786	3422588	4198841	2944977	3910906	2796511

连锁零售企业直营门店经营情况

单位：万元

非自有配送中心配送商品购进额		商品销售额		零售额	
2011年	2010年	2011年	2010年	2011年	2010年
28553098	**25187648**	**284273934**	**230517260**	**189681532**	**148318689**
1035012	936856	19434100	16058532	13549528	11285492
5021965	4143468	5981278	5319692	3852919	3211178
168010	87719	10406288	8306244	5990950	4403112
22923	43889	3171368	2291981	2392053	1751768
4513	4682	5644780	4645908	5604987	4617852
1164160	660797	7844393	5971085	4303338	3860892
		1439625	1039920	1296601	1019720
231048	207880	2297720	1592545	1816824	1470219
2457125	2612959	22080412	19718304	12528144	11619823
509762	486656	40507628	32704295	21712455	17034375
351021	314462	18811455	14994135	13130066	7871248
103955	94170	12467124	8943680	7865751	6132216
98749	153341	4996713	3730382	4501097	3189078
341616	153786	8769985	6952576	4661467	3466872
828652	718315	20979759	18294080	16364565	12375856
56503	32724	5770800	4685805	4000501	3240509
517830	412432	11502012	8915572	9579419	7522184
59132	30293	7714678	6280756	6772410	5095244
14820940	13667224	42757622	36981391	31920784	26404547
34603	25177	7057101	5312309	3497637	2468026
		36915	22597	34295	22597
43769	8127	6754447	4028339	4618141	2531961
186513	78466	3928608	3257493	3026983	2483731
16557	12551	80324	69134	77209	66043
97298	92410	3356265	2663731	1769457	1363919
		18505	15804	18505	15804
77510	47803	2341821	1883020	769858	643052
23	902	863488	752196	721162	636228
		144889	108086	139874	105017
16702	12752	1357999	1064219	573101	439759
287206	147807	5755832	3913449	2591450	1970369

2-11 续表 1

国有企业

项　目	商品购进总额		统一配送商品购进额		自有配送中心配送商品购进额	
	2011年	2010年	2011年	2010年	2011年	2010年
全　国	**40655351**	**32771580**	**38882794**	**31156997**	**22134088**	**17126225**
北　京	14645	15852	7978	6811	6990	5752
天　津	5019665	4141113	5019120	4140629	379	1144
河　北	1971702	1359476	1897544	1308031	1204455	739712
山　西	566633	408375	353101	234217		
内蒙古	5333123	4426846	5333123	4426846	4853142	3996610
辽　宁	349211	511805	48236	35326	25162	16500
吉　林	901858	600102	901858	600102	901858	600102
黑龙江	1006801	753793	1006801	753793	1006801	753793
上　海	242600	177982	118304	67017	41456	41425
江　苏	14175	20038	14175	20038	13531	20038
浙　江	915403	798555	915403	798555	915403	798555
安　徽	3444830	2919391	3444830	2919391		
福　建	198018	139001	92023	131936	15474	21004
江　西	2361275	1991350	2276793	1937545	1078841	969570
山　东	59115	63714	59025	63714	2363	1994
河　南	111545	72839	83424	49659	9610	9460
湖　北	1811954	1469083	1811954	1469083	1066083	856078
湖　南	1379711	1106879	1194109	957277	299680	236557
广　东	9146528	8049144	9140589	8044278	7436414	6156290
广　西	372136	225991	372136	225991	119121	51723
海　南						
重　庆	758016	81292	703467	39741	669339	8899
四　川	421482	393262	267534	196448	705	190
贵　州						
云　南	963716	543415	963716	543415		
西　藏	6543	6594	6543	6594		
陕　西	1131799	949013	898141	756887	818847	602443
甘　肃	110000	95000	110000	95000		
青　海						
宁　夏	46971	40666	46971	40666	45871	40666
新　疆	1995895	1411009	1795895	1288009	1602564	1197721

单位：万元

非自有配送中心配送商品购进额		商品销售额		零售额	
2011年	2010年	2011年	2010年	2011年	2010年
7067077	**6154425**	**42307589**	**33020628**	**23680222**	**17786186**
		22685	25433	22685	19998
5018741	4139485	4819532	4213569	2735339	2170675
		2355463	1954995	1084307	707497
10740	8215	691783	484224	404380	243753
		5333123	4426846	5333123	4426846
		378755	339147	166835	167642
		949326	614190	831741	614190
		1090613	554346	734924	533651
		239910	195930	239910	170081
644		17907	16445	17895	16445
		838982	771013	414840	42220
		3621619	2120132	2574739	2120032
16132	18917	656326	400801	526548	240642
199914	103174	3839975	3004390	765392	455194
		60407	64727	27231	23565
		119871	78447	101550	78187
107015	51910	2030878	1683559	1437282	1081736
		1393578	1117544	1289405	1016974
1520122	1742399	7308061	6601074	2395575	2313311
		382039	234730	78041	77868
400		852433	128192	836035	93781
38	38	511676	511809	246304	217403
		1006163	686219	743873	453014
		5917	5739	5917	5739
		1562114	1232953		
		77792	71527		
		58501	50526	9278	8286
193331	90288	2082160	1432122	657076	487456

2-11 续表 2

集体企业

项　目	商品购进总额		统一配送商品购进额		自有配送中心配送商品购进额	
	2011年	2010年	2011年	2010年	2011年	2010年
全　国	**361503**	**283003**	**215019**	**176271**	**145069**	**119561**
北　京	109241	93835	29112	26740	28909	26508
天　津						
河　北	5160	4855	5160	4855		
山　西						
内蒙古	6972	4876				
辽　宁						
吉　林						
黑龙江	844	684	844	684	844	684
上　海	22645	11680	22645	11680	3012	2856
江　苏	40967	36166	40967	35948	31012	25150
浙　江	38642	26928	38642	26928	38642	26928
安　徽	10647	12346	5324	6173	5324	6173
福　建	1273	1093	1273	1093	1273	1093
江　西						
山　东	13234	13651				
河　南	38475	11201	8500	6416	8500	6416
湖　北	35000	32000	35000	32000		
湖　南	3813	4383				
广　东	11309	10640	11309	10640	11309	10640
广　西						
海　南						
重　庆	17590	13372	13462	10608	13462	10608
四　川						
贵　州						
云　南	2909	2788				
西　藏						
陕　西						
甘　肃						
青　海						
宁　夏						
新　疆	2782	2507	2782	2507	2782	2507

单位：万元

	非自有配送中心配送商品购进额		商品销售额		零售额	
	2011年	2010年	2011年	2010年	2011年	2010年
	19633	**9037**	**372313**	**293178**	**293234**	**239708**
			106965	89901	105677	87143
			5793	5311	5793	5311
			4853	3878	4853	3878
			1227	1011	1227	1011
	19633	8824	24928	14117	15723	14117
		214	41145	37036	38555	33883
			40070	29234	3327	3655
			13678	11223	9608	7286
			1822	1654	1822	1654
			15130	14702	4998	4725
			34426	11478	27533	11478
			34000	30000	34000	30000
			4201	4118	2526	2603
			20534	19952	17204	16768
			17969	14449	17597	13592
			2792	2606	2792	2606
			2782	2507		

2-11 续表 3

股份合作企业

项目	商品购进总额		统一配送商品购进额		自有配送中心配送商品购进额	
	2011年	2010年	2011年	2010年	2011年	2010年
全国	**252163**	**149293**	**222638**	**130945**	**206088**	**117682**
北京	633	661	67	18		
天津	1266	1239				
河北	164136	94359	164136	94359	164136	94359
山西						
内蒙古						
辽宁	1442	1762	349	474		
吉林						
黑龙江						
上海						
江苏						
浙江	2934	2202	2934	2202		
安徽	2416	2184	755	915		
福建						
江西						
山东	18385	13360				
河南	60	85	60	85		
湖北	10319	7626	10319	7626		
湖南						
广东	44019	25267	44019	25267	41953	23323
广西						
海南						
重庆						
四川						
贵州						
云南						
西藏						
陕西						
甘肃						
青海						
宁夏	6555	548				
新疆						

单位：万元

非自有配送中心配送商品购进额		商品销售额		零售额	
2011年	2010年	2011年	2010年	2011年	2010年
2066	**1944**	**250302**	**162880**	**186841**	**129387**
		859	724	225	154
		1266	1239	1266	1239
		148766	96101	148766	96101
		1994	1989	1994	1989
		2591	2023	2591	2023
		2328	2016	2328	2016
		21015	16744	6142	5661
		192	160	192	160
		10269	9251	10269	9251
2066	1944	52113	25723	4158	3884
		8911	6910	8911	6910

2-11 续表 4

联营企业

项目	商品购进总额		统一配送商品购进额		自有配送中心配送商品购进额	
	2011年	2010年	2011年	2010年	2011年	2010年
全国	**65208**	**73345**	**65208**	**73345**	**1891**	**51568**
北京	609	699	609	699		
天津						
河北						
山西						
内蒙古						
辽宁						
吉林						
黑龙江						
上海						
江苏	25822	21079	25822	21079		
浙江						
安徽						
福建						
江西						
山东						
河南						
湖北						
湖南						
广东	38778	51568	38778	51568	1891	51568
广西						
海南						
重庆						
四川						
贵州						
云南						
西藏						
陕西						
甘肃						
青海						
宁夏						
新疆						

单位：万元

非自有配送中心配送商品购进额		商品销售额		零售额	
2011年	2010年	2011年	2010年	2011年	2010年
		57672	**79821**	**44355**	**70117**
		796	869	796	869
		30821	27481	17503	17778
		26055	51471	26055	51471

2-11 续表 5

有限责任公司

项 目	商品购进总额		统一配送商品购进额		自有配送中心配送商品购进额	
	2011年	2010年	2011年	2010年	2011年	2010年
全 国	**42051918**	**34523328**	**32418504**	**26504752**	**16819328**	**13933090**
北 京	7868418	6683342	5876533	4566308	1167930	1021358
天 津	996122	886585	317176	257479	313952	253496
河 北	950276	728193	907392	705161	767326	619406
山 西	93373	92509	68518	71884	27763	19612
内蒙古	205700	142884	185315	127127	107662	60442
辽 宁	577765	507319	482631	466962	132023	124663
吉 林	320929	272460	271704	231884	139677	109330
黑龙江	260081	274814	239427	230896	71785	87952
上 海	6381468	5294196	3232211	2789859	636365	547156
江 苏	1905068	1532469	1740334	1447155	1339498	1122267
浙 江	2276083	1903599	1985891	1652571	1445915	1210866
安 徽	721163	538016	581608	419600	85422	95630
福 建	960412	809670	767285	650593	223850	173507
江 西	1363483	1113919	1127279	1002425	685395	741935
山 东	3518317	2564651	3073541	2224180	2549741	1625467
河 南	1132307	1003878	1023788	891445	804932	721468
湖 北	2183265	1771057	1607791	1312869	968240	675337
湖 南	1419174	1133339	1315633	1050392	540403	596854
广 东	4298889	3700280	4070287	3435597	2584404	2327944
广 西	493035	426731	307542	268416	152007	141806
海 南	13899	10326	10839	7906	4682	2605
重 庆	685024	454851	665323	435792	610309	421731
四 川	1166486	1036057	1112015	969018	447128	283940
贵 州	55110	46616	54647	44893	2085	1867
云 南	619531	577822	544203	570904	343148	421082
西 藏						
陕 西	470672	380467	176836	127164	62743	45982
甘 肃	32818	34955	32818	34955	23620	29854
青 海	91347	84702	49899	61099		
宁 夏	337151	240396	337151	240196	337151	240196
新 疆	654553	277224	252890	210024	244174	209339

单位：万元

非自有配送中心配送商品购进额		商品销售额		零售额	
2011年	2010年	2011年	2010年	2011年	2010年
4578243	**4027001**	**46468810**	**38936276**	**35037434**	**29985272**
1015197	932600	8562884	7333538	5930867	5156380
3224	3983	1025569	970067	981403	904448
63969	50508	1046549	820421	548122	513404
		127249	103408	127249	103408
		243337	167544	203545	139488
106437	89084	637687	555792	579645	495509
		325054	276609	320957	275656
		358089	403221	356030	403221
1002633	973501	8351735	7153390	4528273	4297588
197241	249251	1973086	1680247	1376631	1218078
170106	147402	2363178	2036187	1773977	1467329
43194	39992	704829	549333	677626	528448
12210	77725	1094218	872567	1056583	844051
127390	42926	1443884	1150613	955479	777218
14031	10218	3397683	2762367	2869306	2289349
15251	4736	1166017	1040836	1052231	898000
407715	358918	2383983	1770861	2045126	1556584
		1445538	1372307	1211718	1023627
1027595	785474	4588907	3960596	4285148	3681249
34603	25177	591413	468881	425916	357820
		15630	10519	13010	10519
40256	4952	727862	456647	509008	412499
97091	76204	1317076	1023269	1193413	973313
16557	12551	64874	54813	62858	52929
97298	92410	669550	600149	579436	498740
77510	47803	549398	463310	539549	456295
23	902	37887	34898	29325	31211
		139012	103775	135903	100706
		314752	257952	298874	237588
8716	685	801882	482161	370226	280619

2-11 续表 6

股份有限公司

项目	商品购进总额		统一配送商品购进额		自有配送中心配送商品购进额	
	2011年	2010年	2011年	2010年	2011年	2010年
全国	**149788593**	**124984472**	**108193620**	**87865665**	**68903461**	**58355160**
北京	8702819	6958440	1715343	1180918	1305045	969144
天津						
河北	6104340	4549910	3041800	2229712	1870155	1579415
山西	831934	852771	197881	195747		
内蒙古	1406	1301	1406	1301		
辽宁	5316059	3877116	4299120	2942150	2296591	1769464
吉林	32546	76913	28298	73478	28298	73478
黑龙江	328036	284865	267444	230006	267444	230006
上海	9603462	8616294	9158951	8389727	6182319	5445608
江苏	31863838	29045008	23644006	21093348	23602859	21056416
浙江	13179518	10243428	12228558	9445789	9135107	7596295
安徽	7241091	5272888	5073966	3320379	3931871	2607444
福建	2296645	1756457	1334691	988390	415086	359485
江西	460017	648629	300433	495978	198757	172438
山东	13786113	12405604	9384219	8738006	8659452	8102378
河南	3882441	3061741	1794570	1252190	835325	572004
湖北	5323438	4420905	3264048	2625878	3262274	2623368
湖南	3524445	3106493	3138859	2511509	895283	803142
广东	25833355	21100207	21487027	16141929	1159448	891764
广西	2491775	2234247	2359346	2097219	1007637	863334
海南						
重庆	3408284	2590203	315878	310020	929	
四川	1339551	1055808	1339551	1055808	906277	796988
贵州						
云南						
西藏						
陕西	179754	147932	179754	147932	3517	3351
甘肃	698685	558612	698685	558612		
青海						
宁夏	1150402	689972	1150402	689972	1150402	689972
新疆	2208640	1428730	1789384	1149668	1789384	1149668

单位：万元

非自有配送中心配送商品购进额		商品销售额		零售额	
2011年	2010年	2011年	2010年	2011年	2010年
15731118	**14087529**	**178529862**	**145541102**	**115877344**	**88683582**
		10237086	8143139	7053412	5608866
110	240	6542147	5216691	3903735	2870039
		1644962	1101327	1199007	845570
1406	1301	1474	1290	1474	1290
1042057	565986	5978136	4374805	2786285	2547686
		46565	52621	46565	52621
		350529	294240	227380	192610
1433602	1629369	11650432	10520822	5939220	5311304
41148	36932	37086165	29739230	19048442	14690747
146093	126526	13932227	10883918	9522853	5213333
55571	51399	7950353	6088072	4432081	3306584
21473	8270	2595674	1891634	2324829	1597203
		3230657	2599232	2697881	2040338
719124	628932	16614807	14905507	12742195	9696398
3292	3249	3979384	3204742	2374509	1918084
		5767502	4819132	5290774	4261013
41715	24384	4491640	3504991	3924636	2798114
12138118	11010942	29699109	25456908	24231634	19557481
		5966549	4499370	2905817	1963730
		3757736	2952938	1910176	1568208
87411		1384901	1127282	910610	749397
		1346629	1046338	161596	125560
		179639	149213	179639	149213
		713304	615464	657332	574710
		931159	710705	234454	171628
		2451094	1641492	1170807	871858

2-11 续表 7

私营企业

项目	商品购进总额		统一配送商品购进额		自有配送中心配送商品购进额	
	2011年	2010年	2011年	2010年	2011年	2010年
全国	**13476067**	**10683184**	**11929287**	**9269626**	**4966311**	**4002067**
北京	384703	361533	204758	159500	147812	124031
天津	112679	117987	39312	25878	5345	4441
河北	257086	194445	234316	126029	127808	87367
山西	519045	510208	366759	416048	212303	166631
内蒙古	15981	13170	15981	13170	9376	9376
辽宁	828727	690518	732603	643522	223752	203858
吉林	95911	83733	53282	46830		
黑龙江	509564	382951	469661	348817	212168	113613
上海	1784499	1789772	1702432	1703791	11822	11208
江苏	1244234	1086212	1082373	946672	397634	402867
浙江	1470228	1119187	1315895	982426	776787	575036
安徽	164358	146487	121860	101728	76187	53488
福建	497994	435736	431792	385633	128900	117213
江西	164838	107606	122196	74788	69112	25192
山东	469729	390713	395389	338268	252458	222741
河南	315270	282575	282298	240342	73127	70542
湖北	223326	191186	208791	177937	194087	150807
湖南	310610	211400	247657	174298	150252	102977
广东	934776	800439	895669	770218	641555	583970
广西	117175	97419	116816	97201	36342	31181
海南	24146	17928	24146	17928		
重庆	1547203	400118	1509521	377240	517670	350997
四川	605051	497414	538572	432982	76859	69312
贵州	14017	13369	14017	13369	4349	2988
云南	364924	335963	337130	271931	282036	228982
西藏	15197	11754	15197	11754		
陕西	38054	25893	15644	12459	9942	7624
甘肃	27103	24213	27103	24213	27103	24213
青海	4006	3002	4006	3002		
宁夏	47725	37876	47229	37629	30527	24877
新疆	367911	302376	356885	294026	270998	236534

单位：万元

非自有配送中心配送商品购进额		商品销售额		零售额	
2011年	2010年	2011年	2010年	2011年	2010年
1099019	**863657**	**14863844**	**11732736**	**13645618**	**10690732**
19815	4255	502827	464928	435865	412082
		125002	127513	125002	127513
103932	36971	305603	211204	298260	209239
12184	35674	707374	603023	661417	559038
1256	1012	58453	43839	58453	43839
15666	5728	847822	699352	768580	648066
		118680	96501	97338	77254
231048	207880	497263	339727	497263	339727
1258	1266	1813406	1834046	1805017	1826733
270730	200261	1346812	1192644	1204207	1048284
34822	40533	1631708	1269160	1412479	1142688
5189	2779	174318	172904	169370	167850
48935	48429	548341	470096	490984	411897
14312	7686	255469	198342	242715	194122
75466	59343	745230	427890	595573	258245
6947	4412	348811	275902	325833	262776
101	104	277827	196744	256488	179808
17372	5873	365770	265441	330175	237748
133040	126465	1048931	844206	947099	762151
		117099	109327	87862	68608
		21285	12078	21285	12078
3113	3176	1385383	470316	1332262	438084
1973	2224	714954	595133	676656	543617
		15451	14322	14351	13114
		331132	328420	281760	283999
		12588	10065	12588	10065
		45004	32448	45004	32448
		34504	30307	34504	30307
		5877	4311	3971	4311
16702	12752	44677	38125	21585	15348
85159	56833	416245	354425	391672	329695

2-11 续表 8

其他企业

项　目	商品购进总额		统一配送商品购进额		自有配送中心配送商品购进额	
	2011年	2010年	2011年	2010年	2011年	2010年
全　国	**718868**	**740611**	**663745**	**699750**	**426902**	**501589**
北　京						
天　津	7760	6904	7760	6904	7760	6904
河　北	1882	1320	1882	1320		
山　西						
内蒙古	3468	2494	3351	2369	1500	
辽　宁						
吉　林						
黑龙江						
上　海						
江　苏	10488	9825	7818	8242	6974	7427
浙　江	2900	2800				
安　徽						
福　建	108432	100155	108432	100155	1530	2138
江　西						
山　东	114784	95771	70969	65172	17705	18094
河　南	122847	96655	122847	96655	88271	73811
湖　北	303506	396665	303506	396665	276191	378229
湖　南	10645	7688	10645	7688	9775	5765
广　东	14515	7893	14515	7893	14515	7893
广　西						
海　南						
重　庆	9936	6934	7415	4411	1676	586
四　川						
贵　州						
云　南						
西　藏						
陕　西	6700	4764	3600	1533		
甘　肃						
青　海						
宁　夏						
新　疆	1005	742	1005	742	1005	742

单位：万元

非自有配送中心配送商品购进额		商品销售额		零售额	
2011年	2010年	2011年	2010年	2011年	2010年
55942	**44055**	**1423541**	**750640**	**916484**	**733704**
		9909	7304	9909	7304
		1967	1522	1967	1522
1851	2369	3540	2512	3540	2512
		11693	11212	9223	9160
		2700	2600		
		100332	93630	100332	93630
20032	19823	125488	102143	119119	97914
31014	20327	122099	74240	118653	71823
3000	1500	997553	406025	505480	403793
45	36	13951	16356	13951	16180
		13912	21462	13912	18232
		13064	5797	13064	5797
		5666	5096	5666	5096
		1668	742	1668	742

2-11 续表 9

港、澳、台商投资企业

项　目	商品购进总额		统一配送商品购进额		自有配送中心配送商品购进额	
	2011年	2010年	2011年	2010年	2011年	2010年
全　国	**12567804**	**10068617**	**9104182**	**6801422**	**6592106**	**4813600**
北　京	491967	432730	267411	234891	26396	20474
天　津	465838	337419	125583	116206	123217	113223
河　北						
山　西	6733	6422	6733	6422		
内蒙古						
辽　宁	113205	75649	40154	18832		
吉　林	4403	5070				
黑龙江	1752	49	1752	49	1752	49
上　海	1156277	876251	597537	567561	189246	176923
江　苏	2407115	2074464	2245180	1911400	1996325	1703400
浙　江	117139	141288	65997	94037	24253	27005
安　徽	23636	20647	23636	20647		
福　建	2074678	1667781	1102110	149046	861756	92255
江　西						
山　东	49463	25137	49463	25137	1744	1651
河　南	930346	636385	59753	48436	59753	48436
湖　北	19516	19351	19516	19351	19490	19326
湖　南	88793	71877	85308	68547	68705	52847
广　东	2742375	2286498	2559576	2147488	2042477	1704600
广　西						
海　南						
重　庆	1633336	1169136	1629777	1165676	1144542	818546
四　川	27023	23284	10488	8518	10488	8518
贵　州						
云　南	214210	199181	214210	199181	21964	26350
西　藏						
陕　西						
甘　肃						
青　海						
宁　夏						
新　疆						

单位：万元

非自有配送中心配送商品购进额		商品销售额		零售额	
2011年	2010年	2011年	2010年	2011年	2010年
1047352	**721643**	**17792696**	**14490921**	**13736660**	**11003149**
125176	108731	585223	532102	471096	436785
2367	2984	457745	399449	429682	380757
		6733	6417	6733	6417
		146380	100309	146380	100309
		6352	5807	6352	5807
		2533	71	2533	71
39019	24868	4345044	3306377	1420634	1136868
89890	72000	3530927	3213250	2830333	2518222
	67031	222860	182319	213133	173308
		25957	22784	25957	22784
237388	54329	2042051	1454116	1932439	1454116
47719	23485	69492	29495	69172	29261
		1011375	778040	1011375	778040
26	25	37163	22719	37163	22719
16603	15700	99778	98269	99245	97544
3930	5360	3348723	2775129	3261430	2345458
485235	347131	1569438	1321891	1547064	1302006
		34911	33573	18427	16657
		250013	208804	207513	176022

2-11 续表 10

外商投资企业

项 目	商品购进总额		统一配送商品购进额		自有配送中心配送商品购进额	
	2011年	2010年	2011年	2010年	2011年	2010年
全 国	**23759992**	**19624663**	**15922940**	**13624023**	**6974588**	**5891934**
北 京	2813464	2574643	1611018	1319480	203833	192143
天 津	417719	374903				
河 北	104348	46944	37050	17092	37050	17092
山 西						
内蒙古						
辽 宁	414619	209758	233407	55071		
吉 林	11442	20913	11442	20913		
黑龙江	127737	109447	127737	109447		
上 海	3558842	2490898	879656	826631	156678	117720
江 苏	5599726	4592239	5402707	4418778	4193987	3311912
浙 江	790001	848624	562786	838782	321125	345774
安 徽	160139	236342		112711		112711
福 建	1503358	1275931	845949	765025		
江 西	6057	7838	6057	7838		
山 东	1607282	1337360	736192	616531	57733	86881
河 南	63688	49977	63688	49977		
湖 北	239691	483284	228795	471710	3196	3102
湖 南	272937	227301	34949	29749		
广 东	5255805	3995760	4328368	3331791	1711813	1449601
广 西						
海 南						
重 庆	75000	110000	75000			
四 川	243926	195678	243926	195678		
贵 州	40612	37924	40612	37924	40612	37924
云 南	382591	348535	382591	348535	189992	179830
西 藏						
陕 西						
甘 肃						
青 海						
宁 夏	12441	13119	12441	13119		
新 疆	58569	37243	58569	37243	58569	37243

单位：万元

非自有配送中心配送商品购进额		商品销售额		零售额	
2011年	2010年	2011年	2010年	2011年	2010年
2980726	**2340127**	**27008407**	**22884184**	**23146710**	**19420528**
1309498	1062728	3140321	2697819	3028068	2607758
		454699	416735	444169	405068
		113510	40693	113510	40693
6694	5118	504318	429655	504318	429655
		11161	23859	11161	23859
		144083	111861	144083	111861
2502	2889	3683218	3362021	3322470	3007698
1111589	717831	6109902	4873810	5199363	3808440
44146	150568	902567	940802	902567	940724
		278762	227478	278762	227478
28915	32457	3691267	2650311	2833071	2106431
		7070	8329	2494	4488
178017	161847	1855031	1541452	670196	555072
		61301	49773	61301	49773
		297973	230204	296349	230204
		257901	242978	257901	242978
218491	206690	4550028	4190874	4157757	3808846
75000		106537	105104	106537	105104
5874		245614	195594	245614	195594
		37003	38556	37003	38556
		470930	432090	470501	431150
		27047	25723	1352	635
		58163	48464	58163	48464

2-12 按登记注册类型分各地区

内资企业

项目	商品购进总额		统一配送商品购进额		自有配送中心配送商品购进额	
	2011年	2010年	2011年	2010年	2011年	2010年
全国	**8079972**	**7520015**	**6886621**	**6020710**	**4583332**	**4090285**
北京	292151	259088	221808	185803	156865	128294
天津	4551	3631	4489	2832	3940	2150
河北	23062	21702	23062	21702	23062	21702
山西	99394	83717	4246	5307	4246	4056
内蒙古	1689	1994	1679	1959	971	938
辽宁	70638	54347	70638	54347		
吉林	336					
黑龙江						
上海	1989943	1803265	1921191	1718350	1380746	1300222
江苏	930776	844756	914878	829462	912159	824441
浙江	1025101	834895	977162	794001	824629	672366
安徽	1087669	1005224	854157	754935	509477	438592
福建	45395	26204	42871	24374	41982	24010
江西	263547	213830	82791	72304	30431	28960
山东	458242	387442	222004	187870	211706	183030
河南	302386	246700	291730	238512	7381	6536
湖北	50689	48026	48957	45854	44736	41617
湖南	81067	52758	77528	49586	33885	25512
广东	409771	556049	362712	518752	129727	180465
广西	33928	28763	19677	11593	16587	9300
海南						
重庆	172100	556528	128197	90262	108988	77911
四川	63660	56555	58371	53434	40991	43433
贵州	2782	3132	2782	3132		
云南	371939	219602	371037	218733	1563	1642
西藏						
陕西	76792	43214	6654	4683		
甘肃	9199	886	9199	886		
青海						
宁夏	123880	95998	83884	64658	83506	64658
新疆	89285	71709	84916	67380	15755	10452

连锁零售企业加盟门店经营情况

单位：万元

非自有配送中心配送商品购进额		商品销售额		零售额	
2011年	2010年	2011年	2010年	2011年	2010年
1210044	**1210796**	**11027449**	**11326557**	**6572263**	**6993114**
62470	55871	354399	313030	320198	269751
549	682	6208	4183	6208	4183
		23062	28312	23062	28312
	1250	103468	85746	103468	85746
708	1021	1660	1599	1660	1599
29943	34263	106016	100143	106016	100143
		553			
508034	396976	2524536	2942865	2072111	2545325
453	2775	1171020	1051838	638179	665194
69768	61392	1199227	994917	1165849	965050
221788	242847	646891	989555	213273	570322
513	363	54888	30955	38393	30613
		234598	176516	149392	110128
2553	1969	437287	467285	426294	450392
1200	1200	362062	318043	298044	253429
3941	3904	60249	61482	60249	61482
7719	2213	88675	60592	82512	60592
215137	338287	2521509	2504743	329658	394162
98	82	40677	46658	36872	43185
11184	4600	194856	647016	134466	91148
460	938	79772	67154	73949	63132
2683	1857	2432	2081	2432	2081
1305	1376	350085	193924	7724	7259
		107990	62744	107990	62744
		13583	7161		
378		124137	96350	117246	92070
69162	56928	217609	71669	57019	35077

2-12 续表 1

国有企业

项目	商品购进总额		统一配送商品购进额		自有配送中心配送商品购进额	
	2011年	2010年	2011年	2010年	2011年	2010年
全国	**1383914**	**1279458**	**1299384**	**1209305**	**231235**	**242246**
北京						
天津						
河北	23062	18575	23062	18575	23062	18575
山西						
内蒙古						
辽宁						
吉林						
黑龙江						
上海	37102	35743				
江苏						
浙江	120	120	120	120	120	120
安徽	220140	267042	220140	267042	85565	103795
福建	37100	21987	37100	21987	37100	21987
江西						
山东	1801	967	1680	967		
河南	279119	209670	278739	209365	810	630
湖北						
湖南						
广东	341434	454821	294902	421033	83538	92209
广西						
海南						
重庆	5438	4000	5438	4000	71	4000
四川	6	6	6	6	3	3
贵州						
云南	362305	210936	362305	210936		
西藏						
陕西						
甘肃	9199	886	9199	886		
青海						
宁夏						
新疆	67088	54707	66693	54390	965	928

单位：万元

非自有配送中心配送商品购进额		商品销售额		零售额	
2011年	2010年	2011年	2010年	2011年	2010年
417037	**545536**	**3697650**	**3338465**	**713029**	**671778**
		23062	25184	23062	25184
		36021	57466	36021	36269
		641	182	641	182
134575	163247	220193	266663		
		45023	22108	29195	22108
		1683	1661	1683	1661
		339029	270053	279156	209629
211364	328824	2474111	2446851	298407	358350
5366		10414	4000	8689	2000
3	3	5	5	5	5
		337127	184148		
		13583	7161		
65728	53462	196759	52983	36170	16391

2-12 续表 2

集体企业

项目	商品购进总额		统一配送商品购进额		自有配送中心配送商品购进额	
	2011年	2010年	2011年	2010年	2011年	2010年
全国	**134868**	**109850**	**94707**	**78051**	**94707**	**78051**
北京	3337	4014	3337	4014	3337	4014
天津						
河北						
山西						
内蒙古						
辽宁						
吉林						
黑龙江						
上海						
江苏	11261	9052	11261	9052	11261	9052
浙江	3303	3331	2643	2632	2643	2632
安徽						
福建						
江西						
山东						
河南						
湖北						
湖南						
广东	1567	2053	1567	2053	1567	2053
广西						
海南						
重庆						
四川						
贵州						
云南						
西藏						
陕西						
甘肃						
青海						
宁夏	115400	91400	75900	60300	75900	60300
新疆						

单位：万元

非自有配送中心配送商品购进额		商品销售额		零售额	
2011年	2010年	2011年	2010年	2011年	2010年
		136317	**111397**	**136317**	**111396**
		3187	3101	3187	3100
		10513	8941	10513	8941
		3886	3701	3886	3701
		2931	3804	2931	3804
		115800	91850	115800	91850

2-12 续表 3

股份合作企业

项 目	商品购进总额		统一配送商品购进额		自有配送中心配送商品购进额	
	2011年	2010年	2011年	2010年	2011年	2010年
全 国	**30406**	**26406**	**30406**	**26406**	**30293**	**26374**
北 京	112	32	112	32		
天 津						
河 北						
山 西						
内蒙古						
辽 宁						
吉 林						
黑龙江						
上 海						
江 苏						
浙 江						
安 徽						
福 建						
江 西						
山 东						
河 南						
湖 北						
湖 南						
广 东	13440	12591	13440	12591	13440	12591
广 西						
海 南						
重 庆	16853	13783	16853	13783	16853	13783
四 川						
贵 州						
云 南						
西 藏						
陕 西						
甘 肃						
青 海						
宁 夏						
新 疆						

单位：万元

非自有配送中心配送商品购进额		商品销售额		零售额	
2011年	2010年	2011年	2010年	2011年	2010年
		30662	**29418**	**112**	**37**
		112	37	112	37
		14397	13408		
		16152	15973		

2-12 续表 4

联营企业

项目	商品购进总额		统一配送商品购进额		自有配送中心配送商品购进额	
	2011年	2010年	2011年	2010年	2011年	2010年
全国	**17849**	**6626**	**17849**	**6626**		**6626**
北京						
天津						
河北						
山西						
内蒙古						
辽宁						
吉林						
黑龙江						
上海						
江苏						
浙江						
安徽						
福建						
江西						
山东						
河南						
湖北						
湖南						
广东	17849	6626	17849	6626		6626
广西						
海南						
重庆						
四川						
贵州						
云南						
西藏						
陕西						
甘肃						
青海						
宁夏						
新疆						

单位：万元

非自有配送中心配送商品购进额		商品销售额		零售额	
2011年	2010年	2011年	2010年	2011年	2010年
		11941	**5864**	**11941**	**5864**
		11941	5864	11941	5864

2-12 续表 5

有限责任公司

项 目	商品购进总额		统一配送商品购进额		自有配送中心配送商品购进额	
	2011年	2010年	2011年	2010年	2011年	2010年
全 国	**1511507**	**1357705**	**1091369**	**1007481**	**790633**	**743029**
北 京	189039	158245	178107	146408	115544	90459
天 津	611	1481	549	682		
河 北		3127		3127		3127
山 西	67213	53058				
内蒙古	771	938	771	938	771	938
辽 宁	9660	6170	9660	6170		
吉 林	336					
黑龙江						
上 海	150654	160974	119460	111962	43982	41628
江 苏	36773	38235	28645	35621	28036	31506
浙 江	490777	448141	446061	408818	335444	312460
安 徽	5208	1870	4411	1870	2977	1870
福 建	6735	2530	4210	1390	3432	1120
江 西	174863	146253	29645	28437	29645	28437
山 东	109425	100057	109425	93854	109425	93250
河 南	11925	9443	6879	5968	2555	2189
湖 北	10945	10138	10945	10138	7004	6234
湖 南	8132	6206	6779	4117	3233	2582
广 东	29546	64193	29019	63615	25246	59888
广 西	24189	21764	12482	6887	11798	6777
海 南						
重 庆	92406	49620	70664	39926	64355	35156
四 川	20089	32041	15617	29490	4552	23047
贵 州	2683	3079	2683	3079		
云 南	4316	4153	3415	3284	693	662
西 藏						
陕 西	63270	34287				
甘 肃						
青 海						
宁 夏						
新 疆	1941	1700	1941	1700	1941	1700

单位：万元

非自有配送中心配送商品购进额		商品销售额		零售额	
2011年	2010年	2011年	2010年	2011年	2010年
198576	**179172**	**1755192**	**1577230**	**1534021**	**1373034**
62470	55871	214816	188955	181903	146873
549	682	1008	1983	1008	1983
			3127		3127
		67996	52996	67996	52996
		593	577	593	577
		9665	7623	9665	7623
		553			
67342	62240	259789	259503	152675	163253
202	2270	161525	111723	161355	106679
51600	44850	516594	478692	485349	449597
		5875	1870	5875	1870
401	270	8357	7162	7690	6820
		134313	96565	113352	83354
		52177	125113	51356	125113
1200	1200	11678	8434	9812	7331
3941	3904	18623	21953	18623	21953
3546	1535	9457	7468	9457	7468
3773	3727	12576	13818	11976	13379
98	82	30627	27666	29353	26481
771	684	107895	62444	90011	50130
		25717	39477	22199	37306
2683	1857	2327	2015	2327	2015
		5559	5005	3973	4044
		95612	51471	95612	51471
		1862	1591	1862	1591

2-12 续表 6

股份有限公司

项目	商品购进总额		统一配送商品购进额		自有配送中心配送商品购进额	
	2011年	2010年	2011年	2010年	2011年	2010年
全国	**3908086**	**3433315**	**3409717**	**2966779**	**2715669**	**2439741**
北京	44757	43429	32376	32100	31986	31713
天津						
河北						
山西						
内蒙古						
辽宁		2343		2343		
吉林						
黑龙江						
上海	1765825	1583110	1765825	1583110	1335744	1257574
江苏	806224	723738	806224	723738	806224	723738
浙江	1554	1419	1554	1419	1554	1419
安徽	849543	723417	629543	483417	420872	330322
福建						
江西	83303	62854	52360	43344		
山东	313326	255102	80014	64508	80014	64508
河南						
湖北	8906	11158	7174	8987	6928	8687
湖南	24773	16517	24773	16517	24773	16517
广东	600	3890	600	960	600	960
广西	7090	4556	7090	4556	4789	2523
海南						
重庆						
四川	2185	1782	2185	1782	2185	1782
贵州						
云南						
西藏						
陕西						
甘肃						
青海						
宁夏						
新疆						

单位：万元

非自有配送中心配送商品购进额		商品销售额		零售额	
2011年	2010年	2011年	2010年	2011年	2010年
517293	**407479**	**4080414**	**4656481**	**2943101**	**3804037**
		71201	67264	71201	67264
	2343		2343		2343
430081	325536	2189824	2593319	1844513	2313226
		914224	843045	400000	477226
		2291	2099	2291	2099
87213	79600	409384	709208	196072	556852
		95175	75207	30930	22031
		347384	307022	347384	307022
		10296	13150	10296	13150
		30992	19883	30992	19883
		221	5733		4733
		7237	16428	7237	16428
		2185	1782	2185	1782

2-12 续表 7

私营企业

项目	商品购进总额		统一配送商品购进额		自有配送中心配送商品购进额	
	2011年	2010年	2011年	2010年	2011年	2010年
全国	**1077470**	**1293932**	**928849**	**714811**	**715331**	**551265**
北京	54905	53368	7876	3249	5999	2108
天津						
河北						
山西	32181	30659	4246	5307	4246	4056
内蒙古						
辽宁	60978	45834	60978	45834		
吉林						
黑龙江						
上海	36363	23438	35906	23279	1020	1020
江苏	76289	73530	68518	60850	66408	59945
浙江	528421	381012	526785	381012	484869	355735
安徽	12777	12895	63	2606	63	2606
福建	744	1313	744	623	633	529
江西	5381	4723	785	524	785	524
山东	30493	28700	28285	26492	22220	25193
河南	11342	27588	6112	23179	4016	3717
湖北	30838	26730	30838	26730	30804	26696
湖南	46207	29358	44021	28275	5879	6413
广东	5335	11874	5335	11874	5335	6137
广西	2649	2444	105	151		1
海南						
重庆	57404	485995	35243	29423	27709	24972
四川	41380	22727	40563	22157	34251	18602
贵州	99	53	99	53		
云南	5318	4513	5318	4513	870	980
西藏						
陕西	9862	7427	2994	3183		
甘肃						
青海						
宁夏	8480	4598	7984	4358	7606	4358
新疆	20024	15153	16051	11142	12617	7675

单位：万元

非自有配送中心配送商品购进额		商品销售额		零售额	
2011年	2010年	2011年	2010年	2011年	2010年
71923	**74943**	**1300289**	**1593957**	**1219604**	**1013994**
		65082	53674	63795	52477
	1250	35472	32749	35472	32749
29943	31920	96351	90177	96351	90177
10611	9201	38902	32577	38902	32577
251	506	84413	87828	65966	72048
18167	16542	674970	509471	673683	509471
		11440	11814	11326	11600
112	93	691	1311	691	1311
		5110	4744	5110	4744
		34504	32028	24331	15135
		11355	39556	9075	36470
		31330	26378	31330	26378
2219		45439	30870	39276	30870
	5737	5332	15265	4403	8032
		2813	2565	282	276
5047	3916	60395	561014	35765	35432
457	935	51864	25891	49559	24040
		105	66	105	66
1305	1376	7399	4772	3751	3215
		10240	9760	10240	9760
378		8337	4500	1446	220
3434	3466	18745	16946	18745	16946

2-12 续表 8

其他企业

项　目	商品购进总额		统一配送商品购进额		自有配送中心配送商品购进额	
	2011年	2010年	2011年	2010年	2011年	2010年
全　国	**15873**	**12724**	**14340**	**11251**	**5465**	**2953**
北　京						
天　津	3940	2150	3940	2150	3940	2150
河　北						
山　西						
内蒙古	918	1056	908	1021	200	
辽　宁						
吉　林						
黑龙江						
上　海						
江　苏	230	200	230	200	230	200
浙　江	926	872				
安　徽						
福　建	816	375	816	375	816	375
江　西						
山　东	3197	2615	2600	2049	47	80
河　南						
湖　北						
湖　南	1955	678	1955	678		
广　东						
广　西						
海　南						
重　庆		3130		3130		
四　川						
贵　州						
云　南						
西　藏						
陕　西	3660	1500	3660	1500		
甘　肃						
青　海						
宁　夏						
新　疆	231	149	231	149	231	149

单位：万元

非自有配送中心配送商品购进额		商品销售额		零售额	
2011年	2010年	2011年	2010年	2011年	2010年
5216	**3667**	**14982**	**13746**	**14137**	**12974**
		5200	2200	5200	2200
708	1021	1067	1021	1067	1021
		345	300	345	300
		845	772		
		816	375	816	375
2553	1969	1540	1460	1540	1460
1955	678	2788	2372	2788	2372
			3585		3585
		2138	1513	2138	1513
		243	149	243	149

2-12 续表 9

港、澳、台商投资企业

项目	商品购进总额		统一配送商品购进额		自有配送中心配送商品购进额	
	2011年	2010年	2011年	2010年	2011年	2010年
全国	**2976017**	**2218572**	**2973506**	**2216674**	**1202476**	**914968**
北京						
天津						
河北						
山西						
内蒙古						
辽宁						
吉林						
黑龙江						
上海	2929122	2173600	2929122	2173600	1174476	871894
江苏	16384	12309	16384	12309		12309
浙江	4975	4570	4975	4570	4975	4570
安徽						
福建	7298	8561	4787	6663	4787	6663
江西						
山东						
河南						
湖北						
湖南						
广东	5696	7104	5696	7104	5696	7104
广西						
海南						
重庆						
四川	12541	12429	12541	12429	12541	12429
贵州						
云南						
西藏						
陕西						
甘肃						
青海						
宁夏						
新疆						

单位：万元

非自有配送中心配送商品购进额		商品销售额		零售额	
2011年	2010年	2011年	2010年	2011年	2010年
		2986810	**2226920**	**2986798**	**2226849**
		2930808	2175196	2930808	2175196
		16384	12309	16384	12309
		5940	5576	5940	5576
		8182	8923	8182	8923
		8469	7972	8457	7901
		17027	16945	17027	16945

2-12 续表 10

外商投资企业

项目	商品购进总额		统一配送商品购进额		自有配送中心配送商品购进额	
	2011年	2010年	2011年	2010年	2011年	2010年
全国	**1776483**	**2000200**	**1718380**	**1981263**	**1631998**	**1876924**
北京	8665	14800	8665	14800	6815	12205
天津						
河北						
山西						
内蒙古						
辽宁						
吉林						
黑龙江						
上海	128502	100841	128502	100841	46102	12584
江苏	950975	1271042	950975	1271042	950447	1270731
浙江	22057	24703	4101	23598	4101	12042
安徽						
福建						
江西						
山东	30000	10000				
河南						
湖北	454	246	454	246	454	246
湖南						
广东	635830	578569	625682	570737	624078	569117
广西						
海南						
重庆						
四川						
贵州						
云南						
西藏						
陕西						
甘肃						
青海						
宁夏						
新疆						

单位：万元

非自有配送中心配送商品购进额		商品销售额		零售额	
2011年	2010年	2011年	2010年	2011年	2010年
49444	**68554**	**2017631**	**2157468**	**2000591**	**2151629**
508	877	7470	20196	7470	20196
48224	55152	174329	121389	168247	115558
528	311	993040	1188580	993040	1188580
	11556	15060	25423	4101	25414
		30000	30000	30000	30000
		217	410	217	410
184	659	797515	771471	797515	771471

2-13 按行业分各地区连锁零售企业基本情况

批发业

项目	连锁总店数（个）	门店数（个）		年末从业人员（人）		年末零售营业面积（平方米）	
	2011年	2011年	2010年	2011年	2010年	2011年	2010年
全国	**298**	**53167**	**49504**	**319599**	**289555**	**35868592**	**34612844**
北京	6	821	797	4272	4464	213271	206471
天津	4	207	206	3776	3630	633142	632169
河北	16	1411	1381	11237	11250	1851397	1929284
山西	2	18	18	947	835	31624	31624
内蒙古							
辽宁	7	443	420	5392	5355	342286	278163
吉林	1	33	29	230	180	7261	6842
黑龙江	1	33	33	444	425	960	796
上海	5	279	270	3433	3344	73474	70325
江苏	16	7027	6783	44853	41355	5083907	5063524
浙江	32	13601	11600	74098	48538	6659801	6361272
安徽	5	6416	5900	20498	18115	1008606	723317
福建	8	137	82	2213	1976	52466	43552
江西	10	201	201	7787	8685	72170	72138
山东	16	3077	3367	9705	9185	690367	709499
河南	17	1276	1322	7253	7758	2152017	1866403
湖北	9	461	432	5539	4998	121991	115401
湖南	4	1042	431	2595	1697	66217	40463
广东	26	7027	6973	59487	63579	10770302	10650331
广西	26	1582	1786	15486	15314	2404183	2453795
海南							
重庆	16	2758	2379	12270	10726	250534	217800
四川	18	1066	1145	4688	5979	158265	138855
贵州	1	8	8	120	120	1800	1800
云南	10	487	482	3231	3124	736101	743340
西藏							
陕西	5	66	65	4287	4185	13742	13801
甘肃							
青海							
宁夏	8	1525	1382	5163	4739	345119	309727
新疆	29	2165	2012	10595	9999	2127589	1932152

2-13 续表 1

农畜产品批发

项　目	连锁总店数(个)	门店数(个)		年末从业人员(人)		年末零售营业面积(平方米)	
	2011年	2011年	2010年	2011年	2010年	2011年	2010年
全　国	**4**	**2914**	**2427**	**8539**	**6848**	**5010**	**5105**
北　京							
天　津							
河　北							
山　西							
内蒙古							
辽　宁	1	40	40	81	78	2860	2860
吉　林							
黑龙江							
上　海							
江　苏							
浙　江							
安　徽	1	2858	2371	8020	6578		
福　建	1	9	9	371	125	1100	1195
江　西							
山　东							
河　南							
湖　北							
湖　南							
广　东							
广　西							
海　南							
重　庆							
四　川							
贵　州							
云　南							
西　藏							
陕　西							
甘　肃							
青　海							
宁　夏							
新　疆	1	7	7	67	67	1050	1050

2-13 续表 2

食品、饮料及烟草制品批发

项目	连锁总店数(个)	门店数(个)		年末从业人员(人)		年末零售营业面积(平方米)	
	2011年	2011年	2010年	2011年	2010年	2011年	2010年
全国	**59**	**5282**	**4636**	**33746**	**33716**	**760322**	**732096**
北京	2	296	297	776	746	32121	32105
天津	1	2	6	74	87	160	342
河北	1	5	5	26	26	200	200
山西	2	18	18	947	835	31624	31624
内蒙古							
辽宁							
吉林							
黑龙江							
上海	3	79	82	852	895	11074	9381
江苏	5	1138	835	5183	5016	13655	15900
浙江	8	1972	1618	5520	4586	139861	126867
安徽							
福建	2	27	27	1016	1246	26200	23479
江西	8	91	93	6774	7816	30570	30610
山东	3	105	105	2569	2636	50846	51790
河南	1	66	28	250	256	4000	2499
湖北	2	14	13	766	447	720	330
湖南							
广东	5	722	789	1620	1773	16339	17132
广西							
海南							
重庆	2	612	590	1196	1359	36463	37828
四川	3	11	10	598	599	1480	1480
贵州							
云南	1	2	2	57	57	95	95
西藏							
陕西	4	34	33	4197	4095	11620	11500
甘肃							
青海							
宁夏	2	56	51	608	568	1214	1204
新疆	4	32	34	717	673	352080	337730

2-13　续表 3

纺织、服装及日用品批发

项　目	连锁总店数（个）	门店数（个）		年末从业人员（人）		年末零售营业面积（平方米）	
	2011年	2011年	2010年	2011年	2010年	2011年	2010年
全　国	**14**	**7052**	**5271**	**28456**	**24535**	**411372**	**308825**
北　京	1	160	132	341	325	14149	11669
天　津							
河　北							
山　西							
内蒙古							
辽　宁							
吉　林							
黑龙江							
上　海							
江　苏	1	249	227	930	800	24014	22101
浙　江	5	5887	4640	24180	19742	316341	220981
安　徽							
福　建							
江　西							
山　东							
河　南							
湖　北							
湖　南	2	618	11	1379	480	26280	870
广　东	4	112	120	1121	1189	15485	15124
广　西							
海　南							
重　庆							
四　川	1	26	141	505	1999	15103	38080
贵　州							
云　南							
西　藏							
陕　西							
甘　肃							
青　海							
宁　夏							
新　疆							

2-13 续表 4

文化、体育用品及器材批发

项　目	连锁总店数（个）	门店数（个）		年末从业人员（人）		年末零售营业面积（平方米）	
	2011年	2011年	2010年	2011年	2010年	2011年	2010年
全　国	**8**	**485**	**449**	**14420**	**15192**	**706231**	**688080**
北　京	1	2	5	40	110	220	300
天　津							
河　北							
山　西							
内蒙古							
辽　宁							
吉　林							
黑龙江							
上　海							
江　苏	1	82	82	5905	5970	360766	356151
浙　江	1	328	283	5832	6219	297379	276991
安　徽							
福　建							
江　西							
山　东	1	60	60	1600	1560	1800	1800
河　南							
湖　北							
湖　南	1	3	3	527	535	3731	3731
广　东	3	10	16	516	798	42335	49107
广　西							
海　南							
重　庆							
四　川							
贵　州							
云　南							
西　藏							
陕　西							
甘　肃							
青　海							
宁　夏							
新　疆							

2-13 续表 5

医药及医疗器材批发

项　目	连锁总店数（个）	门店数（个）		年末从业人员（人）		年末零售营业面积（平方米）	
	2011年	2011年	2010年	2011年	2010年	2011年	2010年
全　国	**38**	**3664**	**3422**	**13027**	**11757**	**230880**	**188474**
北　京							
天　津	1	24	20	172	177	3412	2857
河　北	1	4	3	41	24	1000	400
山　西							
内蒙古							
辽　宁							
吉　林	1	33	29	230	180	7261	6842
黑龙江							
上　海							
江　苏	2	200	191	1138	1105	20900	21800
浙　江	2	168	164	687	679	10133	9513
安　徽							
福　建	1	7	5	102	76	6440	786
江　西							
山　东	7	224	207	1121	949	20844	18212
河　南							
湖　北	1	7	7	90	90	670	1320
湖　南							
广　东	3	1284	1287	5510	5513	66857	67038
广　西							
海　南							
重　庆	4	668	468	1740	958	29453	8556
四　川	5	796	796	1257	1125	42872	31460
贵　州	1	8	8	120	120	1800	1800
云　南	5	120	118	449	393	11155	8714
西　藏							
陕　西	1	32	32	90	90	2122	2301
甘　肃							
青　海							
宁　夏							
新　疆	3	89	87	280	278	5961	6875

2-13 续表 6

矿产品、建材及化工产品批发

项目	连锁总店数(个)	门店数(个)		年末从业人员(人)		年末零售营业面积(平方米)	
	2011年	2011年	2010年	2011年	2010年	2011年	2010年
全国	**145**	**30917**	**30719**	**207740**	**184123**	**33463789**	**32448834**
北京	2	363	363	3115	3283	166781	162397
天津	1	175	175	3210	3029	621200	621200
河北	14	1402	1373	11170	11200	1850197	1928684
山西							
内蒙古							
辽宁	5	348	325	5115	5061	339426	275303
吉林							
黑龙江	1	33	33	444	425	960	796
上海	1	145	138	2235	2101	58000	56944
江苏	6	5353	5443	31610	28407	4663001	4646001
浙江	11	4792	4554	33759	14368	5823195	5658706
安徽	4	3558	3529	12478	11537	1008606	723317
福建	3	92	39	666	474	18482	17832
江西	1	108	106	859	722	41600	41528
山东	3	2683	2990	4323	3946	615697	636517
河南	15	1208	1292	6957	7458	2142017	1862404
湖北	6	440	412	4683	4461	120601	113751
湖南							
广东	7	3447	3365	45486	47708	10534945	10416356
广西	25	1572	1777	15144	14996	2399316	2448928
海南							
重庆	7	1210	1196	8612	8156	172945	165488
四川	5	195	161	1719	1662	55878	52678
贵州							
云南	2	345	333	2157	2108	718939	725384
西藏							
陕西							
甘肃							
青海							
宁夏	5	1411	1231	4467	4040	343505	308123
新疆	21	2037	1884	9531	8981	1768498	1586497

2-13　续表 7

机械设备、五金交电及电子产品批发

项　目	连锁总店数（个）	门店数（个）		年末从业人员（人）		年末零售营业面积（平方米）	
	2011年	2011年	2010年	2011年	2010年	2011年	2010年
全　国	**19**	**1870**	**1684**	**10643**	**10764**	**210778**	**167076**
北　京							
天　津	1	6	5	320	337	8370	7770
河　北							
山　西							
内蒙古							
辽　宁							
吉　林							
黑龙江							
上　海							
江　苏	1	5	5	87	57	1571	1571
浙　江	5	454	341	4120	2944	72892	68214
安　徽							
福　建	1	2	2	58	55	244	260
江　西	1	2	2	154	147		
山　东	1	2	2	66	66	600	600
河　南	1	2	2	46	44	6000	1500
湖　北							
湖　南							
广　东	2	1344	1265	4554	5917	77790	68390
广　西	1	10	9	342	318	4867	4867
海　南							
重　庆							
四　川	3	23	22	328	313	32532	4757
贵　州							
云　南	2	20	29	568	566	5912	9147
西　藏							
陕　西							
甘　肃							
青　海							
宁　夏							
新　疆							

2-13 续表 8

其他批发

项　目	连锁总店数（个）	门店数（个）		年末从业人员（人）		年末零售营业面积（平方米）	
	2011年	2011年	2010年	2011年	2010年	2011年	2010年
全　国	**11**	**983**	**896**	**3028**	**2620**	**80210**	**74354**
北　京							
天　津							
河　北							
山　西							
内 蒙 古							
辽　宁	1	55	55	196	216		
吉　林							
黑 龙 江							
上　海	1	55	50	346	348	4400	4000
江　苏							
浙　江							
安　徽							
福　建							
江　西							
山　东	1	3	3	26	28	580	580
河　南							
湖　北							
湖　南	1	421	417	689	682	36206	35862
广　东	2	108	131	680	681	16551	17184
广　西							
海　南							
重　庆	3	268	125	722	253	11673	5928
四　川	1	15	15	281	281	10400	10400
贵　州							
云　南							
西　藏							
陕　西							
甘　肃							
青　海							
宁　夏	1	58	100	88	131	400	400
新　疆							

2-13 续表 9

零售业

项目	连锁总店数(个)	门店数(个)		年末从业人员(人)		年末零售营业面积(平方米)	
	2011年	2011年	2010年	2011年	2010年	2011年	2010年
全国	**2113**	**142612**	**131321**	**2170955**	**1952404**	**100838004**	**90670990**
北京	141	6129	6086	145621	138008	6158446	5781915
天津	34	1659	1733	34174	32090	1879466	1886723
河北	72	2757	2716	38409	36582	3286541	3216480
山西	41	2358	2264	32470	31501	1192146	1098268
内蒙古	17	1772	1744	14176	14034	429312	383066
辽宁	79	5104	4863	52431	51906	3301772	2926772
吉林	24	834	822	11436	11727	585406	1433783
黑龙江	35	1487	1358	20673	18089	606107	578251
上海	85	19379	18758	305150	300154	9802073	8937983
江苏	150	11220	10518	377226	305035	13526407	11251821
浙江	201	13745	12891	97200	88393	3965105	3587026
安徽	59	2395	2149	65411	60407	3543251	2951902
福建	123	3389	2996	71470	64978	5252683	4523023
江西	59	2795	2688	40126	34758	2849523	2554838
山东	123	6046	5843	158313	144833	10207087	9020032
河南	124	4443	4610	62809	56469	3546126	3225117
湖北	97	4342	3897	117143	93756	5634706	4689142
湖南	80	4506	4087	60652	53544	4793784	4237550
广东	187	22143	17194	217482	194376	10221065	9481725
广西	35	1856	1668	22218	20111	958516	806487
海南	4	234	115	1430	1252	36338	33698
重庆	72	8558	8030	73932	65149	3079039	2632916
四川	94	8704	8076	64413	59026	1911827	1810573
贵州	22	715	678	4575	4063	91594	66918
云南	33	3145	2843	31956	29707	1220341	1114270
西藏	2	15	15	623	595	24730	23346
陕西	21	586	522	14713	14338	698177	478874
甘肃	13	407	371	5709	4958	224095	195853
青海	8	76	81	5305	3623	142736	123995
宁夏	12	372	308	5094	4066	297108	188844
新疆	66	1441	1397	18615	14876	1372497	1429799

2-13 续表 10

综合零售

项　目	连锁总店数(个)	门店数(个)		年末从业人员(人)		年末零售营业面积(平方米)	
	2011年	2011年	2010年	2011年	2010年	2011年	2010年
全　国	**766**	**63493**	**60501**	**1350762**	**1247420**	**60800718**	**54649797**
北　京	50	2478	2577	91569	89732	4145557	3920141
天　津	12	776	831	16772	15652	619255	604955
河　北	26	655	697	20824	20101	1223102	1199129
山　西	16	1216	1125	22177	21661	500212	460493
内蒙古	6	88	81	3081	3197	107695	96671
辽　宁	23	2025	1979	20900	19776	733805	624324
吉　林	7	120	136	2965	3701	242096	228738
黑龙江	7	340	317	9919	8041	290451	278349
上　海	40	14394	13939	255573	253146	8044621	7535187
江　苏	62	5976	5845	166164	158562	5829380	5332989
浙　江	84	9291	8726	71514	64974	3434356	3080739
安　徽	35	1465	1293	54218	49543	2284248	1881776
福　建	33	599	485	39779	36120	2795616	2555758
江　西	15	227	182	18499	14275	862485	844084
山　东	52	4140	3877	143948	130454	9532270	8462606
河　南	42	1661	1679	42357	36306	1671020	1382147
湖　北	24	1792	1579	85856	65088	4425419	3635440
湖　南	36	1860	1614	39001	33891	2646877	2261972
广　东	70	3054	2856	109044	98749	5796800	5233323
广　西	11	429	385	12691	11529	586836	532011
海　南	3	195	84	567	446	28338	20698
重　庆	27	3651	3677	50868	46772	2183579	1976031
四　川	39	5672	5244	40284	35123	1172389	1085109
贵　州	6	146	129	1144	1016	29775	24403
云　南	9	578	559	10073	10821	468436	460534
西　藏	1	2	2	548	522	20600	20000
陕　西	11	136	149	9333	10291	611569	418497
甘　肃							
青　海	3	34	39	3594	2080	93693	75042
宁　夏	5	157	103	3304	2316	205228	99734
新　疆	11	336	312	4196	3535	215010	318917

2-13 续表 11

食品、饮料及烟草制品专门零售

项目	连锁总店数（个）	门店数（个）		年末从业人员（人）		年末零售营业面积（平方米）	
	2011年	2011年	2010年	2011年	2010年	2011年	2010年
全国	**135**	**7516**	**7030**	**40794**	**36874**	**510592**	**433343**
北京	16	1174	1052	11443	9433	121514	112443
天津	6	123	118	2837	2917	29940	24116
河北	3	37	39	241	202	3217	3332
山西	2	45	46	410	425	3550	3100
内蒙古							
辽宁	2	55	54	703	565	5098	4848
吉林	2	56	49	444	387	6000	5100
黑龙江							
上海	1	87	97	648	734	3665	3089
江苏	21	1018	897	3755	3745	48451	38296
浙江	16	849	707	4101	3422	46625	41031
安徽	3	168	159	948	879	24900	24200
福建	12	580	516	2445	2415	45015	19388
江西	3	901	871	1877	1590	33964	29024
山东	4	486	638	1872	2693	28280	32040
河南	8	471	502	1412	1295	38395	29527
湖北	10	592	442	4560	3624	27222	22963
湖南	3	436	406	491	362	15957	14421
广东	11	236	229	1330	1134	11463	10871
广西	1	7	7	110	110	160	180
海南							
重庆	6	111	118	639	542	8809	8369
四川	1	3	3	6	6	340	340
贵州							
云南	2	57	61	266	281	3207	2629
西藏	1	13	13	75	73	4130	3346
陕西							
甘肃							
青海							
宁夏							
新疆	1	11	6	181	40	690	690

2-13 续表 12

纺织、服装及日用品专门零售

项目	连锁总店数(个)	门店数(个)		年末从业人员(人)		年末零售营业面积(平方米)	
	2011年	2011年	2010年	2011年	2010年	2011年	2010年
全国	**139**	**18185**	**12996**	**80749**	**66908**	**1523273**	**1330065**
北京	30	588	601	9709	9068	170330	163890
天津	4	56	56	761	849	28820	29195
河北	4	90	94	578	509	11267	10536
山西	2	12	12	142	142	1466	1466
内蒙古							
辽宁	2	45	44	384	338	296416	271564
吉林	3	23	31	367	377	13831	15361
黑龙江	1	9	1	112	12	2500	182
上海	11	2336	1992	10544	9524	168048	171688
江苏	2	25	26	295	256	2919	3163
浙江	11	508	513	4933	4666	76585	76908
安徽	2	17	16	269	275	6760	7170
福建	6	226	197	1698	1633	27483	22009
江西	2	15	15	447	418	11484	10321
山东	3	14	14	114	99	3200	3200
河南	9	68	58	502	523	13882	13208
湖北	9	294	255	4011	3777	71404	79734
湖南	1	23	29	384	408	9865	10465
广东	17	13517	8795	40699	31081	475704	351066
广西							
海南							
重庆	9	139	78	2156	957	48409	11540
四川	4	121	110	659	504	22505	20630
贵州							
云南	1	8	10	428	336	9200	8110
西藏							
陕西	2	34	32	507	203	6692	4006
甘肃							
青海	3	14	14	1041	941	44353	44353
宁夏							
新疆	1	3	3	9	12	150	300

2-13 续表 13

文化、体育用品及器材专门零售

项目	连锁总店数（个）	门店数（个）		年末从业人员（人）		年末零售营业面积（平方米）	
	2011年	2011年	2010年	2011年	2010年	2011年	2010年
全国	**78**	**1643**	**1608**	**32913**	**33123**	**1057879**	**1027422**
北京	5	101	99	892	984	68830	71587
天津							
河北							
山西							
内蒙古							
辽宁	2	45	33	776	1003	56257	56257
吉林							
黑龙江	3	31	33	772	852	22029	22029
上海	3	175	164	3656	3603	111310	110626
江苏	4	34	35	400	370	30154	24314
浙江	3	24	22	798	577	4759	3585
安徽							
福建	3	12	12	361	344	5556	5772
江西	3	131	132	3402	3245	83646	75540
山东	6	51	48	1157	1057	117489	113129
河南	3	30	18	533	593	12929	10890
湖北	6	60	54	1672	2245	56838	33080
湖南	3	27	27	1211	1480	16065	15012
广东	10	100	112	2148	1893	81864	67878
广西	1	4	4	320	320	15000	15000
海南							
重庆	2	271	271	2297	2646	60433	60253
四川	3	357	355	8905	7922	123622	122832
贵州							
云南	3	68	69	1592	2184	79858	94720
西藏							
陕西							
甘肃							
青海							
宁夏	1	8	8	199	195	10609	10609
新疆	14	114	112	1822	1610	100631	114309

2-13 续表 14

医药及医疗器材专门零售

项目	连锁总店数(个)	门店数(个)		年末从业人员(人)		年末零售营业面积(平方米)	
	2011年	2011年	2010年	2011年	2010年	2011年	2010年
全国	**585**	**32486**	**30996**	**186825**	**178020**	**3976935**	**3477095**
北京	25	778	782	5353	5598	135233	139684
天津	4	192	191	1825	1947	41235	43579
河北	22	597	484	4470	4093	71180	56813
山西	10	356	403	3666	3226	54422	50295
内蒙古	7	133	122	928	965	30940	28172
辽宁	38	2135	2003	15311	16665	351945	228874
吉林	6	315	298	2485	2506	68467	60380
黑龙江	17	1003	910	5561	4998	150041	140750
上海	18	1502	1738	10402	10789	142832	152733
江苏	41	1915	1903	9763	9510	214017	205701
浙江	75	2989	2837	14220	13414	326701	311094
安徽	11	205	174	2467	1928	60671	30464
福建	17	388	324	2597	2426	64334	45421
江西	9	370	353	3830	3601	65666	64343
山东	31	1011	956	5555	5312	201904	116503
河南	38	1331	1333	6847	7356	135893	135727
湖北	32	998	1018	6749	6499	186265	187272
湖南	9	586	443	5588	4970	108118	93341
广东	35	3587	3571	18680	18391	322893	301884
广西	17	1360	1221	7536	6692	148447	133275
海南	1	39	31	863	806	8000	13000
重庆	20	4014	3774	10705	10641	219632	180111
四川	33	2411	2235	8680	8293	176637	174868
贵州	16	569	549	3431	3047	61819	42515
云南	8	2203	1922	15703	12394	386943	328575
西藏							
陕西	6	409	334	4649	3632	55476	46429
甘肃	9	256	219	3522	3249	75726	54518
青海	2	28	28	670	602	4690	4600
宁夏	5	154	156	1018	1061	24882	27317
新疆	23	652	684	3751	3409	81926	78857

2-13 续表 15

汽车、摩托车、燃料及零配件专门零售

项　目	连锁总店数（个）	门店数（个）		年末从业人员（人）		年末零售营业面积（平方米）	
	2011年	2011年	2010年	2011年	2010年	2011年	2010年
全　国	**171**	**13711**	**13404**	**145904**	**134510**	**16923154**	**17165055**
北　京	3	540	530	7430	6153	182515	163690
天　津	2	424	438	7342	6298	818000	846000
河　北	9	1283	1324	9429	9281	1781378	1790292
山　西	5	669	636	4565	4593	490988	466150
内蒙古	1	1530	1523	9145	9068	194313	192920
辽　宁	6	714	673	10904	10270	1522084	1456180
吉　林	1	270	267	3050	3025	150000	1035598
黑龙江	2	36	41	2265	2280	1361	1401
上　海	1	572	585	8402	8472	223819	200992
江　苏	3	202	198	4492	2682	556530	556500
浙　江	4	11	18	96	126	3396	5071
安　徽	1	446	424	4428	4721	960000	848621
福　建	30	1346	1247	15636	14684	1835082	1468797
江　西	21	1116	1103	10641	10312	1411389	1455152
山　东	14	251	234	2267	2162	154200	145366
河　南	5	633	815	2890	3023	1196055	1272250
湖　北	6	420	403	6412	5914	313403	302948
湖　南	23	1503	1510	10859	10173	1749491	1684678
广　东	18	1020	988	16444	15812	2128082	2315538
广　西	2	36	35	322	340	70480	66360
海　南							
重　庆	4	268	18	2638	63	202330	1750
四　川							
贵　州							
云　南	1	80	72	1357	1312	64000	28800
西　藏							
陕　西	1	5	5	76	70	20000	6000
甘　肃	3	143	146	2107	1651	147169	140585
青　海							
宁　夏							
新　疆	5	193	171	2707	2025	747089	713416

2-13 续表 16

家用电器及电子产品专门零售

项目	连锁总店数(个)	门店数(个)		年末从业人员(人)		年末零售营业面积(平方米)	
	2011年	2011年	2010年	2011年	2010年	2011年	2010年
全国	**206**	**5144**	**4275**	**318761**	**242302**	**15295070**	**11782444**
北京	7	432	408	15852	13946	1021261	897201
天津	4	75	67	3903	3362	296116	293778
河北	7	90	73	2807	2334	194657	154638
山西	6	60	42	1510	1454	141508	116764
内蒙古	3	21	18	1022	804	96364	65303
辽宁	5	82	74	3318	3159	335807	284365
吉林	5	50	41	2125	1731	105012	88606
黑龙江	5	68	56	2044	1906	139725	135540
上海	4	221	166	13144	11028	972180	610221
江苏	15	2027	1587	192086	129613	6832606	5078008
浙江	7	65	64	1224	1054	68183	66348
安徽	5	73	59	2571	2400	189344	145910
福建	22	238	215	8954	7356	479597	405878
江西	6	35	32	1430	1317	380889	76374
山东	11	86	69	3156	2820	161144	138588
河南	19	249	205	8268	7373	477952	381368
湖北	10	186	146	7883	6609	554155	427705
湖南	5	71	58	3118	2260	247411	157661
广东	21	510	451	27069	25078	1302021	1068960
广西	3	20	16	1239	1120	137593	59661
海南							
重庆	4	104	94	4629	3528	355847	394862
四川	12	136	125	5712	6982	388834	379294
贵州							
云南	8	94	87	2319	2224	205867	188316
西藏							
陕西	1	2	2	148	142	4440	3942
甘肃	1	8	6	80	58	1200	750
青海							
宁夏	1	53	41	573	494	56389	51184
新疆	9	88	73	2577	2150	148968	111219

2-13 续表 17

五金、家具及室内装修材料专门零售

项目	连锁总店数(个)	门店数(个)		年末从业人员(人)		年末零售营业面积(平方米)	
	2011年	2011年	2010年	2011年	2010年	2011年	2010年
全国	**20**	**147**	**158**	**11356**	**10078**	**689834**	**739715**
北京	5	38	37	3373	3094	313206	313279
天津	2	13	32	734	1065	46100	45100
河北							
山西							
内蒙古							
辽宁							
吉林							
黑龙江							
上海	4	22	26	2341	2163	126947	143947
江苏	1	1	1	119	162	8850	8850
浙江	1	8	4	314	160	4500	2250
安徽							
福建							
江西							
山东	1	4	4	112	104	3600	3600
河南							
湖北							
湖南							
广东	3	16	17	939	1154	84098	106098
广西							
海南							
重庆							
四川	2	4	4	167	196	27500	27500
贵州							
云南							
西藏							
陕西							
甘肃							
青海							
宁夏							
新疆	1	41	33	3257	1980	75033	89091

2-13 续表 18

无店铺及其他零售

项　　目	连锁总店数(个)	门店数(个)		年末从业人员(人)		年末零售营业面积(平方米)	
	2011年	2011年	2010年	2011年	2010年	2011年	2010年
全　国	**13**	**287**	**353**	**2891**	**3169**	**60549**	**66054**
北　京							
天　津							
河　北	1	5	5	60	62	1740	1740
山　西							
内蒙古							
辽　宁	1	3	3	135	130	360	360
吉　林							
黑龙江							
上　海	3	70	51	440	695	8651	9500
江　苏	1	22	26	152	135	3500	4000
浙　江							
安　徽	2	21	24	510	661	17328	13761
福　建							
江　西							
山　东	1	3	3	132	132	5000	5000
河　南							
湖　北							
湖　南							
广　东	2	103	175	1129	1084	18140	26107
广　西							
海　南							
重　庆							
四　川							
贵　州							
云　南	1	57	63	218	155	2830	2586
西　藏							
陕　西							
甘　肃							
青　海							
宁　夏							
新　疆	1	3	3	115	115	3000	3000

2-14 按行业分各地区连锁零售企业直营门店基本情况

批发业

项目	门店数(个)		年末从业人员(人)		年末零售营业面积(平方米)	
	2011年	2010年	2011年	2010年	2011年	2010年
全国	**28847**	**27719**	**256251**	**230219**	**34023048**	**32862140**
北京	320	307	2754	3002	170168	164102
天津	207	206	3776	3630	633142	632169
河北	1411	1381	11237	11250	1851397	1929284
山西	18	18	947	835	31624	31624
内蒙古						
辽宁	403	380	5311	5277	339426	275303
吉林	33	29	230	180	7261	6842
黑龙江	33	33	444	425	960	796
上海	279	270	3433	3344	73474	70325
江苏	4809	4449	44040	40185	5068689	5049613
浙江	4615	4167	44639	23826	6064775	5877582
安徽	1666	1615	13245	12024	887606	622847
福建	137	82	2213	1976	52466	43552
江西	201	201	7787	8685	72170	72138
山东	3077	3367	9705	9185	690367	709499
河南	1276	1322	7253	7758	2152017	1866403
湖北	378	352	5329	4810	117391	111551
湖南	230	226	1701	1411	24123	22833
广东	4615	4443	45102	47865	9980444	9859830
广西	1432	1396	15094	14116	2393503	2370204
海南						
重庆	729	678	7792	7264	178177	170573
四川	381	341	3760	3674	125489	85874
贵州	8	8	120	120	1800	1800
云南	362	360	3075	2999	732772	741599
西藏						
陕西	66	65	4287	4185	13742	13801
甘肃						
青海						
宁夏	244	203	2613	2431	258659	235827
新疆	1917	1820	10364	9762	2101406	1896169

2-14 续表 1

农畜产品批发

项　目	门店数(个)		年末从业人员(人)		年末零售营业面积(平方米)	
	2011年	2010年	2011年	2010年	2011年	2010年
全　国	**94**	**72**	**1508**	**982**	**2150**	**2245**
北　京						
天　津						
河　北						
山　西						
内蒙古						
辽　宁						
吉　林						
黑龙江						
上　海						
江　苏						
浙　江						
安　徽	78	56	1070	790		
福　建	9	9	371	125	1100	1195
江　西						
山　东						
河　南						
湖　北						
湖　南						
广　东						
广　西						
海　南						
重　庆						
四　川						
贵　州						
云　南						
西　藏						
陕　西						
甘　肃						
青　海						
宁　夏						
新　疆	7	7	67	67	1050	1050

2-14 续表 2

食品、饮料及烟草制品批发

项 目	门店数（个）		年末从业人员（人）		年末零售营业面积（平方米）	
	2011年	2010年	2011年	2010年	2011年	2010年
全 国	**2008**	**1677**	**27906**	**28675**	**615081**	**601562**
北 京	20	21	173	149	8936	8920
天 津	2	6	74	87	160	342
河 北	5	5	26	26	200	200
山 西	18	18	947	835	31624	31624
内蒙古						
辽 宁						
吉 林						
黑龙江						
上 海	79	82	852	895	11074	9381
江 苏	1117	813	5138	4972	13235	15680
浙 江	186	193	2072	2188	47875	48388
安 徽						
福 建	27	27	1016	1246	26200	23479
江 西	91	93	6774	7816	30570	30610
山 东	105	105	2569	2636	50846	51790
河 南	66	28	250	256	4000	2499
湖 北	14	13	766	447	720	330
湖 南						
广 东	97	98	739	733	10022	10282
广 西						
海 南						
重 庆	46	45	333	397	13130	16028
四 川	11	10	598	599	1480	1480
贵 州						
云 南	2	2	57	57	95	95
西 藏						
陕 西	34	33	4197	4095	11620	11500
甘 肃						
青 海						
宁 夏	56	51	608	568	1214	1204
新 疆	32	34	717	673	352080	337730

2-14 续表 3

纺织、服装及日用品批发

项目	门店数（个）		年末从业人员（人）		年末零售营业面积（平方米）	
	2011年	2010年	2011年	2010年	2011年	2010年
全国	**730**	**459**	**4659**	**3444**	**80661**	**57667**
北京	141	124	251	285	12549	10803
天津						
河北						
山西						
内蒙古						
辽宁						
吉林						
黑龙江						
上海						
江苏	79	70	540	500	9217	8411
浙江	362	114	1481	451	26227	10216
安徽						
福建						
江西						
山东						
河南						
湖北						
湖南	15	11	776	480	2160	870
广东	107	119	1106	1186	15405	15114
广西						
海南						
重庆						
四川	26	21	505	542	15103	12253
贵州						
云南						
西藏						
陕西						
甘肃						
青海						
宁夏						
新疆						

2-14 续表 4

文化、体育用品及器材批发

项目	门店数(个)		年末从业人员(人)		年末零售营业面积(平方米)	
	2011年	2010年	2011年	2010年	2011年	2010年
全国	**485**	**449**	**14420**	**15192**	**706231**	**688080**
北京	2	5	40	110	220	300
天津						
河北						
山西						
内蒙古						
辽宁						
吉林						
黑龙江						
上海						
江苏	82	82	5905	5970	360766	356151
浙江	328	283	5832	6219	297379	276991
安徽						
福建						
江西						
山东	60	60	1600	1560	1800	1800
河南						
湖北						
湖南	3	3	527	535	3731	3731
广东	10	16	516	798	42335	49107
广西						
海南						
重庆						
四川						
贵州						
云南						
西藏						
陕西						
甘肃						
青海						
宁夏						
新疆						

2-14 续表 5

医药及医疗器材批发

项　目	门店数(个)		年末从业人员(人)		年末零售营业面积(平方米)	
	2011年	2010年	2011年	2010年	2011年	2010年
全　国	**1086**	**1018**	**5489**	**4970**	**114481**	**98090**
北　京						
天　津	24	20	172	177	3412	2857
河　北	4	3	41	24	1000	400
山　西						
内蒙古						
辽　宁						
吉　林	33	29	230	180	7261	6842
黑龙江						
上　海						
江　苏	200	191	1138	1105	20900	21800
浙　江	120	118	582	577	8328	7713
安　徽						
福　建	7	5	102	76	6440	786
江　西						
山　东	224	207	1121	949	20844	18212
河　南						
湖　北	7	7	90	90	670	1320
湖　南						
广　东	44	45	220	258	2640	2641
广　西						
海　南						
重　庆	65	35	301	137	4805	2888
四　川	125	126	591	539	19772	13982
贵　州	8	8	120	120	1800	1800
云　南	104	105	411	370	8526	7673
西　藏						
陕　西	32	32	90	90	2122	2301
甘　肃						
青　海						
宁　夏						
新　疆	89	87	280	278	5961	6875

2-14 续表 6

矿产品、建材及化工产品批发

项 目	门店数(个)		年末从业人员(人)		年末零售营业面积(平方米)	
	2011年	2010年	2011年	2010年	2011年	2010年
全 国	**22223**	**22041**	**190735**	**165877**	**32272511**	**31227390**
北 京	157	157	2290	2458	148463	144079
天 津	175	175	3210	3029	621200	621200
河 北	1402	1373	11170	11200	1850197	1928684
山 西						
内 蒙 古						
辽 宁	348	325	5115	5061	339426	275303
吉 林						
黑 龙 江	33	33	444	425	960	796
上 海	145	138	2235	2101	58000	56944
江 苏	3326	3288	31232	27581	4663000	4646000
浙 江	3266	3210	30747	11622	5617694	5471910
安 徽	1588	1559	12175	11234	887606	622847
福 建	92	39	666	474	18482	17832
江 西	108	106	859	722	41600	41528
山 东	2683	2990	4323	3946	615697	636517
河 南	1208	1292	6957	7458	2142017	1862404
湖 北	357	332	4473	4273	116001	109901
湖 南						
广 东	2925	2843	37937	39539	9831321	9712732
广 西	1422	1387	14752	13798	2388636	2365337
海 南						
重 庆	600	586	7115	6704	158634	151177
四 川	195	161	1719	1662	55878	52678
贵 州						
云 南	236	224	2039	2006	718239	724684
西 藏						
陕 西						
甘 肃						
青 海						
宁 夏	168	131	1977	1840	257145	234323
新 疆	1789	1692	9300	8744	1742315	1550514

2-14 续表 7

机械设备、五金交电及电子产品批发

项目	门店数（个）		年末从业人员（人）		年末零售营业面积（平方米）	
	2011年	2010年	2011年	2010年	2011年	2010年
全国	**1749**	**1518**	**9798**	**9342**	**189538**	**145606**
北京						
天津	6	5	320	337	8370	7770
河北						
山西						
内蒙古						
辽宁						
吉林						
黑龙江						
上海						
江苏	5	5	87	57	1571	1571
浙江	353	249	3925	2769	67272	62364
安徽						
福建	2	2	58	55	244	260
江西	2	2	154	147		
山东	2	2	66	66	600	600
河南	2	2	46	44	6000	1500
湖北						
湖南						
广东	1324	1191	3904	4670	62170	52770
广西	10	9	342	318	4867	4867
海南						
重庆						
四川	23	22	328	313	32532	4757
贵州						
云南	20	29	568	566	5912	9147
西藏						
陕西						
甘肃						
青海						
宁夏						
新疆						

2-14 续表 8

其他批发

项 目	门店数(个)		年末从业人员(人)		年末零售营业面积(平方米)	
	2011年	2010年	2011年	2010年	2011年	2010年
全 国	**472**	**485**	**1736**	**1737**	**42395**	**41500**
北 京						
天 津						
河 北						
山 西						
内 蒙 古						
辽 宁	55	55	196	216		
吉 林						
黑 龙 江						
上 海	55	50	346	348	4400	4000
江 苏						
浙 江						
安 徽						
福 建						
江 西						
山 东	3	3	26	28	580	580
河 南						
湖 北						
湖 南	212	212	398	396	18232	18232
广 东	108	131	680	681	16551	17184
广 西						
海 南						
重 庆	18	12	43	26	1608	480
四 川	1	1	19	19	724	724
贵 州						
云 南						
西 藏						
陕 西						
甘 肃						
青 海						
宁 夏	20	21	28	23	300	300
新 疆						

2-14 续表 9

零售业

项　目	门店数（个）		年末从业人员（人）		年末零售营业面积（平方米）	
	2011年	2010年	2011年	2010年	2011年	2010年
全　国	**83581**	**77128**	**1896367**	**1673471**	**93150877**	**83152708**
北　京	4550	4492	135110	127812	5920737	5536083
天　津	1608	1671	33990	31828	1874206	1879867
河　北	2481	2390	38188	35467	3267741	3193730
山　西	1376	1273	28022	26589	1146924	1057356
内蒙古	1704	1682	14052	13911	425235	379361
辽　宁	3454	3215	46319	44971	3121604	2746311
吉　林	831	822	11430	11727	585216	1433783
黑龙江	1487	1358	20673	18089	606107	578251
上　海	11207	10615	213549	210461	6957003	6413020
江　苏	7981	7087	342957	267425	12582082	10116652
浙　江	5839	5260	79741	71860	3409189	3023905
安　徽	1792	1568	52713	48220	3258156	2721115
福　建	3016	2642	70417	64017	5215779	4508737
江　西	1873	1862	36097	31164	2665484	2374221
山　东	3629	3356	146824	132896	9868369	8691324
河　南	3026	2988	60076	53492	3403429	3020021
湖　北	3837	3376	114902	90917	5511260	4591650
湖　南	2944	2739	57897	51627	4720031	4166071
广　东	7014	6627	171913	157720	9389228	8753462
广　西	1023	912	18225	16447	849017	718137
海　南	234	115	1430	1252	36338	33698
重　庆	2458	1862	64436	42927	2852730	2183816
四　川	4398	3943	54947	50105	1740324	1638856
贵　州	572	545	4280	3866	85215	61953
云　南	2776	2475	31170	28891	1153759	1047833
西　藏	15	15	623	595	24730	23346
陕　西	477	433	12670	12724	530877	382294
甘　肃	405	369	5682	4948	223095	194853
青　海	76	81	5305	3623	142736	123995
宁　夏	359	304	4952	4036	294350	188144
新　疆	1139	1051	17777	13864	1289926	1370863

2-14 续表 10

综合零售

项　目	门店数（个）		年末从业人员（人）		年末零售营业面积（平方米）	
	2011年	2010年	2011年	2010年	2011年	2010年
全　国	**32861**	**30128**	**1155281**	**1039464**	**54647266**	**48600376**
北　京	1569	1577	85312	83388	3987662	3752662
天　津	776	826	16772	15632	619255	604825
河　北	379	371	20603	18986	1204302	1176379
山　西	273	242	17884	17117	458376	425303
内 蒙 古	66	59	2996	3114	105446	94554
辽　宁	597	565	15027	13982	583638	478930
吉　林	120	136	2965	3701	242096	228738
黑 龙 江	340	317	9919	8041	290451	278349
上　海	8326	7879	172955	171464	5330592	5132005
江　苏	2995	2634	132770	121854	4912910	4225285
浙　江	2634	2322	57680	51981	2958239	2597678
安　徽	893	760	41674	37577	2001913	1654769
福　建	551	456	39697	36042	2793296	2552838
江　西	134	113	15444	11630	695085	679084
山　东	1982	1777	133359	120081	9205385	8149387
河　南	743	739	41196	34981	1619670	1345647
湖　北	1653	1457	84604	63444	4325544	3565643
湖　南	884	820	37301	33018	2607489	2229664
广　东	2823	2558	103371	92960	5631176	5046224
广　西	265	231	11151	10090	523093	485561
海　南	195	84	567	446	28338	20698
重　庆	806	743	47127	31575	2044046	1618128
四　川	2989	2658	34660	29711	1076734	986581
贵　州	146	129	1144	1016	29775	24403
云　南	242	226	9374	10088	451396	443569
西　藏	2	2	548	522	20600	20000
陕　西	132	146	8821	9782	463569	338497
甘　肃						
青　海	34	39	3594	2080	93693	75042
宁　夏	144	99	3162	2286	202470	99034
新　疆	168	163	3604	2875	141027	270899

2-14 续表 11

食品、饮料及烟草制品专门零售

项 目	门店数（个）		年末从业人员（人）		年末零售营业面积（平方米）	
	2011年	2010年	2011年	2010年	2011年	2010年
全 国	**5160**	**4675**	**34325**	**30323**	**385858**	**331434**
北 京	706	665	8052	6530	77290	73174
天 津	122	111	2833	2867	29870	23510
河 北	37	39	241	202	3217	3332
山 西	45	46	410	425	3550	3100
内蒙古						
辽 宁	55	54	703	565	5098	4848
吉 林	56	49	444	387	6000	5100
黑龙江						
上 海	87	97	648	734	3665	3089
江 苏	1003	887	3680	3710	46901	36796
浙 江	815	678	3957	3308	44305	39211
安 徽	140	114	809	673	23940	22220
福 建	332	272	1791	1880	14672	12768
江 西	72	114	903	641	17325	13407
山 东	297	323	1373	1518	20980	21940
河 南	345	339	1252	1090	32174	19463
湖 北	572	425	4436	3522	25922	21843
湖 南	49	36	228	127	2452	1510
广 东	226	219	1289	1093	11171	10579
广 西	7	7	110	110	160	180
海 南						
重 庆	111	118	639	542	8809	8369
四 川	2	2	5	5	330	330
贵 州						
云 南	57	61	266	281	3207	2629
西 藏	13	13	75	73	4130	3346
陕 西						
甘 肃						
青 海						
宁 夏						
新 疆	11	6	181	40	690	690

2-14 续表 12

纺织、服装及日用品专门零售

项目	门店数(个)		年末从业人员(人)		年末零售营业面积(平方米)	
	2011年	2010年	2011年	2010年	2011年	2010年
全国	**3355**	**3147**	**42801**	**39663**	**1014048**	**957598**
北京	565	574	9571	8923	168080	161207
天津	56	56	761	849	28820	29195
河北	90	94	578	509	11267	10536
山西	12	12	142	142	1466	1466
内蒙古						
辽宁	44	43	381	335	296333	271481
吉林	23	31	367	377	13831	15361
黑龙江	9	1	112	12	2500	182
上海	1131	1043	6900	7210	121731	137205
江苏	7	8	221	182	1900	2400
浙江	257	229	4582	4226	59188	57243
安徽	17	16	269	275	6760	7170
福建	169	151	1481	1460	25042	20063
江西	15	15	447	418	11484	10321
山东	14	14	114	99	3200	3200
河南	68	58	502	523	13882	13208
湖北	294	255	4011	3777	71404	79734
湖南	23	29	384	408	9865	10465
广东	284	315	7325	7125	43346	45232
广西						
海南						
重庆	134	73	2105	906	47889	11020
四川	84	74	563	416	15665	14150
贵州						
云南	8	7	428	335	9200	8100
西藏						
陕西	34	32	507	203	6692	4006
甘肃						
青海	14	14	1041	941	44353	44353
宁夏						
新疆	3	3	9	12	150	300

2-14 续表 13

文化、体育用品及器材专门零售

项目	门店数(个)		年末从业人员(人)		年末零售营业面积(平方米)	
	2011年	2010年	2011年	2010年	2011年	2010年
全国	**1445**	**1408**	**32166**	**32426**	**1050476**	**1020071**
北京	97	94	888	974	68559	71252
天津						
河北						
山西						
内蒙古						
辽宁	45	33	776	1003	56257	56257
吉林						
黑龙江	31	33	772	852	22029	22029
上海	175	164	3656	3603	111310	110626
江苏	34	35	400	370	30154	24314
浙江	24	22	798	577	4759	3585
安徽						
福建	12	12	361	344	5556	5772
江西	131	132	3402	3245	83646	75540
山东	51	48	1157	1057	117489	113129
河南	30	18	533	593	12929	10890
湖北	60	54	1672	2245	56838	33080
湖南	27	27	1211	1480	16065	15012
广东	95	107	2125	1874	81253	67383
广西	4	4	320	320	15000	15000
海南						
重庆	108	108	2134	2483	53913	53733
四川	331	328	8348	7417	123621	122831
贵州						
云南	68	69	1592	2184	79858	94720
西藏						
陕西						
甘肃						
青海						
宁夏	8	8	199	195	10609	10609
新疆	114	112	1822	1610	100631	114309

2-14 续表 14

医药及医疗器材专门零售

项 目	门店数(个)		年末从业人员(人)		年末零售营业面积(平方米)	
	2011年	2010年	2011年	2010年	2011年	2010年
全 国	**21787**	**20025**	**156148**	**144854**	**3322625**	**2812443**
北 京	603	607	4632	4804	102164	103618
天 津	142	141	1645	1755	36045	37459
河 北	597	484	4470	4093	71180	56813
山 西	317	295	3511	2858	51036	44573
内蒙古	87	82	889	925	29112	26584
辽 宁	1914	1776	15075	15575	322027	201090
吉 林	312	298	2479	2506	68277	60380
黑龙江	1003	910	5561	4998	150041	140750
上 海	688	690	6034	6112	85648	94014
江 苏	1736	1740	9203	8874	191231	182999
浙 江	2027	1926	11161	10508	271119	260019
安 徽	205	174	2467	1928	60671	30464
福 建	368	289	2497	2251	62534	42621
江 西	370	353	3830	3601	65666	64343
山 东	945	888	5194	4954	199371	113114
河 南	1091	1091	6302	6807	115447	115695
湖 北	652	636	5884	5406	163994	160697
湖 南	387	259	4796	4161	87258	67081
广 东	1968	1828	13273	12564	221344	198744
广 西	691	619	5083	4467	102691	91375
海 南	39	31	863	806	8000	13000
重 庆	933	708	5192	3830	140476	95954
四 川	852	752	5492	5378	107640	108170
贵 州	426	416	3136	2850	55440	37550
云 南	2170	1890	15616	12312	337401	279113
西 藏						
陕 西	308	252	3148	2562	38176	31849
甘 肃	256	219	3522	3249	75726	54518
青 海	28	28	670	602	4690	4600
宁 夏	154	156	1018	1061	24882	27317
新 疆	518	487	3505	3057	73338	67939

2-14 续表 15

汽车、摩托车、燃料及零配件专门零售

项目	门店数(个)		年末从业人员(人)		年末零售营业面积(平方米)	
	2011年	2010年	2011年	2010年	2011年	2010年
全国	**13458**	**12999**	**142946**	**131481**	**16696031**	**16855973**
北京	540	530	7430	6153	182515	163690
天津	424	438	7342	6298	818000	846000
河北	1283	1324	9429	9281	1781378	1790292
山西	669	636	4565	4593	490988	466150
内蒙古	1530	1523	9145	9068	194313	192920
辽宁	714	667	10904	10222	1522084	1448980
吉林	270	267	3050	3025	150000	1035598
黑龙江	36	41	2265	2280	1361	1401
上海	492	501	7446	7462	196779	172613
江苏	202	198	4492	2682	556530	556500
浙江	11	18	96	126	3396	5071
安徽	446	424	4428	4721	960000	848621
福建	1346	1247	15636	14684	1835082	1468797
江西	1116	1103	10641	10312	1411389	1455152
山东	250	233	2262	2158	153600	144766
河南	504	538	2029	2125	1131555	1133750
湖北	420	403	6412	5914	313403	302948
湖南	1503	1510	10859	10173	1749491	1684678
广东	989	957	15393	14788	1996679	2184135
广西	36	35	322	340	70480	66360
海南						
重庆	262	18	2610	63	201750	1750
四川						
贵州						
云南	80	72	1357	1312	64000	28800
西藏						
陕西	1	1	46	35	18000	4000
甘肃	141	144	2080	1641	146169	139585
青海						
宁夏						
新疆	193	171	2707	2025	747089	713416

2-14 续表 16

家用电器及电子产品专门零售

项目	门店数（个）		年末从业人员（人）		年末零售营业面积（平方米）	
	2011年	2010年	2011年	2010年	2011年	2010年
全国	**5087**	**4238**	**318470**	**242025**	**15284990**	**11769544**
北京	432	408	15852	13946	1021261	897201
天津	75	67	3903	3362	296116	293778
河北	90	73	2807	2334	194657	154638
山西	60	42	1510	1454	141508	116764
内蒙古	21	18	1022	804	96364	65303
辽宁	82	74	3318	3159	335807	284365
吉林	50	41	2125	1731	105012	88606
黑龙江	68	56	2044	1906	139725	135540
上海	221	166	13144	11028	972180	610221
江苏	1982	1559	191922	129458	6830406	5075808
浙江	63	61	1153	974	63683	58848
安徽	70	56	2556	2385	187544	144110
福建	238	215	8954	7356	479597	405878
江西	35	32	1430	1317	380889	76374
山东	83	66	3121	2793	159744	137188
河南	245	205	8262	7373	477772	381368
湖北	186	146	7883	6609	554155	427705
湖南	71	58	3118	2260	247411	157661
广东	510	451	27069	25078	1302021	1068960
广西	20	16	1239	1120	137593	59661
海南						
重庆	104	94	4629	3528	355847	394862
四川	136	125	5712	6982	388834	379294
贵州						
云南	94	87	2319	2224	205867	188316
西藏						
陕西	2	2	148	142	4440	3942
甘肃	8	6	80	58	1200	750
青海						
宁夏	53	41	573	494	56389	51184
新疆	88	73	2577	2150	148968	111219

2-14 续表 17

五金、家具及室内装修材料专门零售

项 目	门店数（个）		年末从业人员（人）		年末零售营业面积（平方米）	
	2011年	2010年	2011年	2010年	2011年	2010年
全 国	**147**	**158**	**11356**	**10078**	**689834**	**739715**
北 京	38	37	3373	3094	313206	313279
天 津	13	32	734	1065	46100	45100
河 北						
山 西						
内 蒙 古						
辽 宁						
吉 林						
黑 龙 江						
上 海	22	26	2341	2163	126947	143947
江 苏	1	1	119	162	8850	8850
浙 江	8	4	314	160	4500	2250
安 徽						
福 建						
江 西						
山 东	4	4	112	104	3600	3600
河 南						
湖 北						
湖 南						
广 东	16	17	939	1154	84098	106098
广 西						
海 南						
重 庆						
四 川	4	4	167	196	27500	27500
贵 州						
云 南						
西 藏						
陕 西						
甘 肃						
青 海						
宁 夏						
新 疆	41	33	3257	1980	75033	89091

2-14 续表 18

无店铺及其他零售

项　目	门店数（个）		年末从业人员（人）		年末零售营业面积（平方米）	
	2011年	2010年	2011年	2010年	2011年	2010年
全　国	**281**	**350**	**2874**	**3157**	**59749**	**65554**
北　京						
天　津						
河　北	5	5	60	62	1740	1740
山　西						
内蒙古						
辽　宁	3	3	135	130	360	360
吉　林						
黑龙江						
上　海	65	49	425	685	8151	9300
江　苏	21	25	150	133	3200	3700
浙　江						
安　徽	21	24	510	661	17328	13761
福　建						
江　西						
山　东	3	3	132	132	5000	5000
河　南						
湖　北						
湖　南						
广　东	103	175	1129	1084	18140	26107
广　西						
海　南						
重　庆						
四　川						
贵　州						
云　南	57	63	218	155	2830	2586
西　藏						
陕　西						
甘　肃						
青　海						
宁　夏						
新　疆	3	3	115	115	3000	3000

2-15 按行业分各地区连锁零售企业加盟门店基本情况

批发业

项目	门店数(个)		年末从业人员(人)		年末零售营业面积(平方米)	
	2011年	2010年	2011年	2010年	2011年	2010年
全国	**24320**	**21785**	**63348**	**59336**	**1845544**	**1750704**
北京	501	490	1518	1462	43103	42369
天津						
河北						
山西						
内蒙古						
辽宁	40	40	81	78	2860	2860
吉林						
黑龙江						
上海						
江苏	2218	2334	813	1170	15218	13911
浙江	8986	7433	29459	24712	595026	483690
安徽	4750	4285	7253	6091	121000	100470
福建						
江西						
山东						
河南						
湖北	83	80	210	188	4600	3850
湖南	812	205	894	286	42094	17630
广东	2412	2530	14385	15714	789858	790501
广西	150	390	392	1198	10680	83591
海南						
重庆	2029	1701	4478	3462	72357	47227
四川	685	804	928	2305	32776	52981
贵州						
云南	125	122	156	125	3329	1741
西藏						
陕西						
甘肃						
青海						
宁夏	1281	1179	2550	2308	86460	73900
新疆	248	192	231	237	26183	35983

2-15 续表 1

农畜产品批发

项目	门店数(个)		年末从业人员(人)		年末零售营业面积(平方米)	
	2011年	2010年	2011年	2010年	2011年	2010年
全国	**2820**	**2355**	**7031**	**5866**	**2860**	**2860**
北京						
天津						
河北						
山西						
内蒙古						
辽宁	40	40	81	78	2860	2860
吉林						
黑龙江						
上海						
江苏						
浙江						
安徽	2780	2315	6950	5788		
福建						
江西						
山东						
河南						
湖北						
湖南						
广东						
广西						
海南						
重庆						
四川						
贵州						
云南						
西藏						
陕西						
甘肃						
青海						
宁夏						
新疆						

2-15 续表 2

食品、饮料及烟草制品批发

项　目	门店数（个）		年末从业人员（人）		年末零售营业面积（平方米）	
	2011年	2010年	2011年	2010年	2011年	2010年
全　国	**3274**	**2959**	**5840**	**5041**	**145241**	**130534**
北　京	276	276	603	597	23185	23185
天　津						
河　北						
山　西						
内蒙古						
辽　宁						
吉　林						
黑龙江						
上　海						
江　苏	21	22	45	44	420	220
浙　江	1786	1425	3448	2398	91986	78479
安　徽						
福　建						
江　西						
山　东						
河　南						
湖　北						
湖　南						
广　东	625	691	881	1040	6317	6850
广　西						
海　南						
重　庆	566	545	863	962	23333	21800
四　川						
贵　州						
云　南						
西　藏						
陕　西						
甘　肃						
青　海						
宁　夏						
新　疆						

2-15 续表 3

纺织、服装及日用品批发

项目	门店数(个)		年末从业人员(人)		年末零售营业面积(平方米)	
	2011年	2010年	2011年	2010年	2011年	2010年
全国	**6322**	**4812**	**23797**	**21091**	**330711**	**251158**
北京	19	8	90	40	1600	866
天津						
河北						
山西						
内蒙古						
辽宁						
吉林						
黑龙江						
上海						
江苏	170	157	390	300	14797	13690
浙江	5525	4526	22699	19291	290114	210765
安徽						
福建						
江西						
山东						
河南						
湖北						
湖南	603		603		24120	
广东	5	1	15	3	80	10
广西						
海南						
重庆						
四川		120		1457		25827
贵州						
云南						
西藏						
陕西						
甘肃						
青海						
宁夏						
新疆						

2-15 续表 4

医药及医疗器材批发

项目	门店数（个）		年末从业人员（人）		年末零售营业面积（平方米）	
	2011年	2010年	2011年	2010年	2011年	2010年
全国	**2578**	**2404**	**7538**	**6787**	**116399**	**90384**
北京						
天津						
河北						
山西						
内蒙古						
辽宁						
吉林						
黑龙江						
上海						
江苏						
浙江	48	46	105	102	1805	1800
安徽						
福建						
江西						
山东						
河南						
湖北						
湖南						
广东	1240	1242	5290	5255	64217	64397
广西						
海南						
重庆	603	433	1439	821	24648	5668
四川	671	670	666	586	23100	17478
贵州						
云南	16	13	38	23	2629	1041
西藏						
陕西						
甘肃						
青海						
宁夏						
新疆						

2-15 续表 5

矿产品、建材及化工产品批发

项目	门店数（个）		年末从业人员（人）		年末零售营业面积（平方米）	
	2011年	2010年	2011年	2010年	2011年	2010年
全国	**8694**	**8678**	**17005**	**18246**	**1191278**	**1221444**
北京	206	206	825	825	18318	18318
天津						
河北						
山西						
内蒙古						
辽宁						
吉林						
黑龙江						
上海						
江苏	2027	2155	378	826	1	1
浙江	1526	1344	3012	2746	205501	186796
安徽	1970	1970	303	303	121000	100470
福建						
江西						
山东						
河南						
湖北	83	80	210	188	4600	3850
湖南						
广东	522	522	7549	8169	703624	703624
广西	150	390	392	1198	10680	83591
海南						
重庆	610	610	1497	1452	14311	14311
四川						
贵州						
云南	109	109	118	102	700	700
西藏						
陕西						
甘肃						
青海						
宁夏	1243	1100	2490	2200	86360	73800
新疆	248	192	231	237	26183	35983

2-15 续表 6

机械设备、五金交电及电子产品批发

项　目	门店数(个)		年末从业人员(人)		年末零售营业面积(平方米)	
	2011年	2010年	2011年	2010年	2011年	2010年
全　国	**121**	**166**	**845**	**1422**	**21240**	**21470**
北　京						
天　津						
河　北						
山　西						
内蒙古						
辽　宁						
吉　林						
黑龙江						
上　海						
江　苏						
浙　江	101	92	195	175	5620	5850
安　徽						
福　建						
江　西						
山　东						
河　南						
湖　北						
湖　南						
广　东	20	74	650	1247	15620	15620
广　西						
海　南						
重　庆						
四　川						
贵　州						
云　南						
西　藏						
陕　西						
甘　肃						
青　海						
宁　夏						
新　疆						

2-15 续表 7

其他批发

项　目	门店数（个）		年末从业人员（人）		年末零售营业面积（平方米）	
	2011年	2010年	2011年	2010年	2011年	2010年
全　国	**511**	**411**	**1292**	**883**	**37815**	**32854**
北　京						
天　津						
河　北						
山　西						
内蒙古						
辽　宁						
吉　林						
黑龙江						
上　海						
江　苏						
浙　江						
安　徽						
福　建						
江　西						
山　东						
河　南						
湖　北						
湖　南	209	205	291	286	17974	17630
广　东						
广　西						
海　南						
重　庆	250	113	679	227	10065	5448
四　川	14	14	262	262	9676	9676
贵　州						
云　南						
西　藏						
陕　西						
甘　肃						
青　海						
宁　夏	38	79	60	108	100	100
新　疆						

2-15 续表 8

零售业

项目	门店数(个)		年末从业人员(人)		年末零售营业面积(平方米)	
	2011年	2010年	2011年	2010年	2011年	2010年
全国	**59031**	**54193**	**274588**	**278933**	**7687127**	**7518282**
北京	1579	1594	10511	10196	237709	245832
天津	51	62	184	262	5260	6856
河北	276	326	221	1115	18800	22750
山西	982	991	4448	4912	45222	40912
内蒙古	68	62	124	123	4077	3705
辽宁	1650	1648	6112	6935	180168	180461
吉林	3		6		190	
黑龙江						
上海	8172	8143	91601	89693	2845070	2524963
江苏	3239	3431	34269	37610	944325	1135169
浙江	7906	7631	17459	16533	555916	563121
安徽	603	581	12698	12187	285095	230787
福建	373	354	1053	961	36904	14286
江西	922	826	4029	3594	184039	180617
山东	2417	2487	11489	11937	338718	328708
河南	1417	1622	2733	2977	142697	205096
湖北	505	521	2241	2839	123446	97492
湖南	1562	1348	2755	1917	73753	71479
广东	15129	10567	45569	36656	831837	728263
广西	833	756	3993	3664	109499	88350
海南						
重庆	6100	6168	9496	22222	226309	449100
四川	4306	4133	9466	8921	171503	171717
贵州	143	133	295	197	6379	4965
云南	369	368	786	816	66582	66437
西藏						
陕西	109	89	2043	1614	167300	96580
甘肃	2	2	27	10	1000	1000
青海						
宁夏	13	4	142	30	2758	700
新疆	302	346	838	1012	82571	58936

2-15　续表 9

综合零售

项　目	门店数（个）		年末从业人员（人）		年末零售营业面积（平方米）	
	2011年	2010年	2011年	2010年	2011年	2010年
全　国	**30632**	**30373**	**195481**	**207956**	**6153452**	**6049421**
北　京	909	1000	6257	6344	157895	167479
天　津		5		20		130
河　北	276	326	221	1115	18800	22750
山　西	943	883	4293	4544	41836	35190
内蒙古	22	22	85	83	2249	2117
辽　宁	1428	1414	5873	5794	150167	145394
吉　林						
黑龙江						
上　海	6068	6060	82618	81682	2714029	2403182
江　苏	2981	3211	33394	36708	916470	1107704
浙　江	6657	6404	13834	12993	476117	483061
安　徽	572	533	12544	11966	282335	227007
福　建	48	29	82	78	2320	2920
江　西	93	69	3055	2645	167400	165000
山　东	2158	2100	10589	10373	326885	313219
河　南	918	940	1161	1325	51350	36500
湖　北	139	122	1252	1644	99875	69797
湖　南	976	794	1700	873	39388	32308
广　东	231	298	5673	5789	165624	187099
广　西	164	154	1540	1439	63743	46450
海　南						
重　庆	2845	2934	3741	15197	139533	357903
四　川	2683	2586	5624	5412	95655	98528
贵　州						
云　南	336	333	699	733	17040	16965
西　藏						
陕　西	4	3	512	509	148000	80000
甘　肃						
青　海						
宁　夏	13	4	142	30	2758	700
新　疆	168	149	592	660	73983	48018

2-15 续表 10

食品、饮料及烟草制品专门零售

项　目	门店数（个）		年末从业人员（人）		年末零售营业面积（平方米）	
	2011年	2010年	2011年	2010年	2011年	2010年
全　国	**2356**	**2355**	**6469**	**6551**	**124734**	**101909**
北　京	468	387	3391	2903	44224	39269
天　津	1	7	4	50	70	606
河　北						
山　西						
内蒙古						
辽　宁						
吉　林						
黑龙江						
上　海						
江　苏	15	10	75	35	1550	1500
浙　江	34	29	144	114	2320	1820
安　徽	28	45	139	206	960	1980
福　建	248	244	654	535	30343	6620
江　西	829	757	974	949	16639	15617
山　东	189	315	499	1175	7300	10100
河　南	126	163	160	205	6221	10064
湖　北	20	17	124	102	1300	1120
湖　南	387	370	263	235	13505	12911
广　东	10	10	41	41	292	292
广　西						
海　南						
重　庆						
四　川	1	1	1	1	10	10
贵　州						
云　南						
西　藏						
陕　西						
甘　肃						
青　海						
宁　夏						
新　疆						

2-15 续表 11

纺织、服装及日用品专门零售

项　目	门店数（个）		年末从业人员（人）		年末零售营业面积（平方米）	
	2011年	2010年	2011年	2010年	2011年	2010年
全　国	**14830**	**9849**	**37948**	**27245**	**509225**	**372467**
北　京	23	27	138	145	2250	2683
天　津						
河　北						
山　西						
内蒙古						
辽　宁	1	1	3	3	83	83
吉　林						
黑龙江						
上　海	1205	949	3644	2314	46317	34483
江　苏	18	18	74	74	1019	763
浙　江	251	284	351	440	17397	19665
安　徽						
福　建	57	46	217	173	2441	1946
江　西						
山　东						
河　南						
湖　北						
湖　南						
广　东	13233	8480	33374	23956	432358	305834
广　西						
海　南						
重　庆	5	5	51	51	520	520
四　川	37	36	96	88	6840	6480
贵　州						
云　南		3		1		10
西　藏						
陕　西						
甘　肃						
青　海						
宁　夏						
新　疆						

2-15 续表 12

文化、体育用品及器材专门零售

项 目	门店数(个)		年末从业人员(人)		年末零售营业面积(平方米)	
	2011年	2010年	2011年	2010年	2011年	2010年
全 国	**198**	**200**	**747**	**697**	**7403**	**7351**
北 京	4	5	4	10	271	335
天 津						
河 北						
山 西						
内蒙古						
辽 宁						
吉 林						
黑龙江						
上 海						
江 苏						
浙 江						
安 徽						
福 建						
江 西						
山 东						
河 南						
湖 北						
湖 南						
广 东	5	5	23	19	611	495
广 西						
海 南						
重 庆	163	163	163	163	6520	6520
四 川	26	27	557	505	1	1
贵 州						
云 南						
西 藏						
陕 西						
甘 肃						
青 海						
宁 夏						
新 疆						

2-15　续表 13

医药及医疗器材专门零售

项　目	门店数（个）		年末从业人员（人）		年末零售营业面积（平方米）	
	2011年	2010年	2011年	2010年	2011年	2010年
全　国	**10699**	**10971**	**30677**	**33166**	**654310**	**664652**
北　京	175	175	721	794	33069	36066
天　津	50	50	180	192	5190	6120
河　北						
山　西	39	108	155	368	3386	5722
内蒙古	46	40	39	40	1828	1588
辽　宁	221	227	236	1090	29918	27784
吉　林	3		6		190	
黑龙江						
上　海	814	1048	4368	4677	57184	58719
江　苏	179	163	560	636	22786	22702
浙　江	962	911	3059	2906	55582	51075
安　徽						
福　建	20	35	100	175	1800	2800
江　西						
山　东	66	68	361	358	2533	3389
河　南	240	242	545	549	20446	20032
湖　北	346	382	865	1093	22271	26575
湖　南	199	184	792	809	20860	26260
广　东	1619	1743	5407	5827	101549	103140
广　西	669	602	2453	2225	45756	41900
海　南						
重　庆	3081	3066	5513	6811	79156	84157
四　川	1559	1483	3188	2915	68997	66698
贵　州	143	133	295	197	6379	4965
云　南	33	32	87	82	49542	49462
西　藏						
陕　西	101	82	1501	1070	17300	14580
甘　肃						
青　海						
宁　夏						
新　疆	134	197	246	352	8588	10918

2-15 续表 14

汽车、摩托车、燃料及零配件专门零售

项目	门店数（个）		年末从业人员（人）		年末零售营业面积（平方米）	
	2011年	2010年	2011年	2010年	2011年	2010年
全国	**253**	**405**	**2958**	**3029**	**227123**	**309082**
北京						
天津						
河北						
山西						
内蒙古						
辽宁		6		48		7200
吉林						
黑龙江						
上海	80	84	956	1010	27040	28379
江苏						
浙江						
安徽						
福建						
江西						
山东	1	1	5	4	600	600
河南	129	277	861	898	64500	138500
湖北						
湖南						
广东	31	31	1051	1024	131403	131403
广西						
海南						
重庆	6		28		580	
四川						
贵州						
云南						
西藏						
陕西	4	4	30	35	2000	2000
甘肃	2	2	27	10	1000	1000
青海						
宁夏						
新疆						

2-15　续表 15

家用电器及电子产品专门零售

项　目	门店数（个）		年末从业人员（人）		年末零售营业面积（平方米）	
	2011年	2010年	2011年	2010年	2011年	2010年
全　国	**57**	**37**	**291**	**277**	**10080**	**12900**
北　京						
天　津						
河　北						
山　西						
内蒙古						
辽　宁						
吉　林						
黑龙江						
上　海						
江　苏	45	28	164	155	2200	2200
浙　江	2	3	71	80	4500	7500
安　徽	3	3	15	15	1800	1800
福　建						
江　西						
山　东	3	3	35	27	1400	1400
河　南	4		6		180	
湖　北						
湖　南						
广　东						
广　西						
海　南						
重　庆						
四　川						
贵　州						
云　南						
西　藏						
陕　西						
甘　肃						
青　海						
宁　夏						
新　疆						

2-15 续表 16

无店铺及其他零售

项目	门店数(个)		年末从业人员(人)		年末零售营业面积(平方米)	
	2011年	2010年	2011年	2010年	2011年	2010年
全国	**6**	**3**	**17**	**12**	**800**	**500**
北京						
天津						
河北						
山西						
内蒙古						
辽宁						
吉林						
黑龙江						
上海	5	2	15	10	500	200
江苏	1	1	2	2	300	300
浙江						
安徽						
福建						
江西						
山东						
河南						
湖北						
湖南						
广东						
广西						
海南						
重庆						
四川						
贵州						
云南						
西藏						
陕西						
甘肃						
青海						
宁夏						
新疆						

2-16 按行业分各地区连锁零售企业经营情况

批发业

单位：万元

项目	商品购进总额		统一配送商品购进额	
	2011年	2010年	2011年	2010年
全国	**95503134**	**79048762**	**83027638**	**68055514**
北京	1916237	1534714	1912737	1531517
天津	1652689	1238300	1651422	1237061
河北	3274328	2502921	2879873	2210824
山西	223036	182482	9504	8325
内蒙古				
辽宁	1745348	1663857	701695	621974
吉林	4350	3398	4350	3398
黑龙江	123239	94816	123239	94816
上海	2002771	1534652	1489355	1251265
江苏	15573932	12914970	15522146	12896098
浙江	14696454	11598942	13710795	10771852
安徽	5680157	4487499	5680157	4315793
福建	48245	36194	28030	21546
江西	1804277	1640416	1798146	1631181
山东	8297493	7934374	8152575	7806357
河南	2934901	2309195	1575780	1097560
湖北	1236539	1032407	1236539	1032407
湖南	255232	354835	253135	352395
广东	21372336	18731581	17761701	14759251
广西	2669093	2252654	2364892	1968181
海南				
重庆	2416105	1712674	85572	71694
四川	780820	704916	590009	470111
贵州	1901	2010	1901	2010
云南	637056	405584	563737	400514
西藏				
陕西	1133430	950994	899168	757976
甘肃				
青海				
宁夏	1345709	848702	1306209	817602
新疆	3677456	2375676	2724970	1923807

2-16 续表 1

批发业

项目	自有配送中心配送商品购进额		非自有配送中心配送商品购进额	
	2011年	2010年	2011年	2010年
全国	**52280250**	**43888709**	**12128077**	**10945591**
北京	44209	44689	33674	33867
天津	1835	1665	1649587	1235396
河北	1537149	1415125	622	544
山西			9504	8325
内蒙古				
辽宁	342109	256565		
吉林				
黑龙江	123239	94816		
上海	77770	70677	10660	460
江苏	15436181	12841035	4209	3212
浙江	10375263	8745632	162314	136640
安徽	1780022	1278424	182659	207246
福建	16067	10079		
江西	1038841	951760		
山东	7598712	7388602	50712	47623
河南	844751	577981		
湖北	471710	345999		
湖南	245106	352395		
广东	6662334	5426281	9856325	9155454
广西	892044	670956		
海南				
重庆	75454	57538	4676	3176
四川	34916	51019	21	
贵州				
云南	8066	90388		
西藏				
陕西	818847	602443		
甘肃				
青海				
宁夏	1279758	793694	14010	10789
新疆	2575868	1820947	149102	102860

单位：万元

商品销售额		零售额	
2011年	2010年	2011年	2010年
108499761	**86662569**	**50530399**	**35949019**
2345825	1907098	930822	699299
1485305	1336601	808618	702591
3646880	3051965	1903281	1297574
295274	247255		
1919786	1601083	643428	591418
4663	3398	4663	3398
124158	95859	37609	22287
2088180	1650806	746446	491642
17457230	12542193	6859523	5150692
15506803	12289900	10272266	5434660
5839866	3763737	2875269	2274197
410324	254030	155806	92431
2792791	2264895	10390	17212
8921586	8442311	5818725	3913069
3002193	2414477	1503233	1293420
1061648	872882	582009	481574
288273	375071	67446	50285
23020537	20081898	12106814	9694504
6162814	4547664	2632117	1718311
2500794	1874522	553216	419815
908701	819101	431433	381517
2007	2035	487	517
1948878	1418020	177725	133071
1563694	1234886	1581	1933
1153211	893293	351606	264112
4048343	2677590	1055888	819493

2-16 续表 2

农畜产品批发

项　目	商品购进总额		统一配送商品购进额		自有配送中心配送商品购进额	
	2011年	2010年	2011年	2010年	2011年	2010年
全　国	**1632603**	**1121713**	**1632603**	**1121713**	**1577489**	**1072002**
北　京						
天　津						
河　北						
山　西						
内蒙古						
辽　宁	4065	3250	4065	3250		
吉　林						
黑龙江						
上　海						
江　苏						
浙　江						
安　徽	1602794	1099977	1602794	1099977	1554710	1055978
福　建	2966	2462	2966	2462		
江　西						
山　东						
河　南						
湖　北						
湖　南						
广　东						
广　西						
海　南						
重　庆						
四　川						
贵　州						
云　南						
西　藏						
陕　西						
甘　肃						
青　海						
宁　夏						
新　疆	22779	16024	22779	16024	22779	16024

单位：万元

非自有配送中心配送商品购进额		商品销售额		零售额	
2011年	2010年	2011年	2010年	2011年	2010年
48084	**43999**	**1665812**	**1114931**	**9470**	**6733**
		3886	2944	3886	2944
48084	43999	1523652	1088101		
		115196	3789	5584	3789
		23078	20096		

2-16 续表 3

食品、饮料及烟草制品批发

项目	商品购进总额		统一配送商品购进额		自有配送中心配送商品购进额	
	2011年	2010年	2011年	2010年	2011年	2010年
全国	**5051997**	**4326144**	**4265464**	**3643487**	**2921531**	**2428722**
北京	25785	26622	25785	26622	22709	22924
天津	1266	1239				
河北	622	544	622	544		
山西	223036	182482	9504	8325		
内蒙古						
辽宁						
吉林						
黑龙江						
上海	166014	131081	88430	71137	77770	70677
江苏	553744	419584	513645	419319	500766	412127
浙江	155121	145404	154827	145345	138606	135231
安徽						
福建	34920	28911	16399	14263	7402	5258
江西	1598383	1489356	1592252	1480121	1038841	951760
山东	528704	390709	500442	367804		
河南	7746	5756	7746	5756	7746	5756
湖北	110956	83452	110956	83452	1480	1450
湖南						
广东	30345	25621	21674	19055	10115	9268
广西						
海南						
重庆	28273	18748	24309	14487	19632	4597
四川	165795	207331	11245	10077	572	57
贵州						
云南	326	1269	326	1269	326	1269
西藏						
陕西	1131799	949013	898141	756887	818847	602443
甘肃						
青海						
宁夏	49593	45001	49593	45001	37152	31882
新疆	239569	174025	239569	174025	239569	174025

单位：万元

非自有配送中心配送商品购进额		商品销售额		零售额	
2011年	2010年	2011年	2010年	2011年	2010年
43305	**22618**	**6646982**	**5356483**	**364700**	**323890**
		25844	25430	22582	20562
		1266	1239	1266	1239
622	544	578	549	140	133
9504	8325	295274	247255		
10660	460	182926	144644	42533	37111
1621		582419	446734	87972	74756
16221	10114	206528	179148	95266	85565
		38494	33792	9044	9420
		2276252	1835830	10390	17212
		663389	509863	9152	9896
		7594	5740	3546	2600
		134703	90352	39995	26848
		39447	36887	17587	14564
4676	3176	30791	21007	10882	11464
		253631	274903	11325	10090
		681	1935		
		1562114	1232953		
		76270	67964	1352	635
		268782	200260	1666	1796

2-16 续表 4

纺织、服装及日用品批发

项 目	商品购进总额		统一配送商品购进额		自有配送中心配送商品购进额	
	2011年	2010年	2011年	2010年	2011年	2010年
全 国	**685244**	**480303**	**682389**	**475342**	**612977**	**455113**
北 京	9002	7246	9002	7246		
天 津						
河 北						
山 西						
内蒙古						
辽 宁						
吉 林						
黑龙江						
上 海						
江 苏	42619	34102	42619	29142	26235	29142
浙 江	451590	278943	448735	278943	417944	278943
安 徽						
福 建						
江 西						
山 东						
河 南						
湖 北						
湖 南	44685	20552	44685	20552	36656	20552
广 东	111354	95852	111354	95852	106148	82869
广 西						
海 南						
重 庆						
四 川	25993	43608	25993	43608	25993	43608
贵 州						
云 南						
西 藏						
陕 西						
甘 肃						
青 海						
宁 夏						
新 疆						

单位：万元

非自有配送中心配送商品购进额		商品销售额		零售额	
2011年	2010年	2011年	2010年	2011年	2010年
5207	**12983**	**864843**	**634925**	**733322**	**539218**
		12171	9345		
		42619	34102	42619	29142
		599096	400557	579223	400557
		60279	38096	54086	38096
5207	12983	120516	109123	27230	27723
		30162	43702	30162	43702

2-16 续表 5

文化、体育用品及器材批发

项目	商品购进总额		统一配送商品购进额		自有配送中心配送商品购进额	
	2011年	2010年	2011年	2010年	2011年	2010年
全国	**2335805**	**2220004**	**2335805**	**2220004**	**2243010**	**2113962**
北京	1436	2315	1436	2315	347	585
天津						
河北						
山西						
内蒙古						
辽宁						
吉林						
黑龙江						
上海						
江苏	1128349	990848	1128349	990848	1128349	990848
浙江	909984	793797	909984	793797	909984	793797
安徽						
福建						
江西						
山东	1108	847	1108	847	1108	847
河南						
湖北						
湖南	199685	324609	199685	324609	199685	324609
广东	95244	107588	95244	107588	3537	3276
广西						
海南						
重庆						
四川						
贵州						
云南						
西藏						
陕西						
甘肃						
青海						
宁夏						
新疆						

单位：万元

非自有配送中心配送商品购进额		商品销售额		零售额	
2011年	2010年	2011年	2010年	2011年	2010年
71523	**91017**	**2168282**	**2169586**	**902976**	**511492**
		1287	2006	1287	2006
		1005135	966259	486764	463816
		832556	766790	408414	37997
		2645	1888		
		214635	324787		
71523	91017	112024	107857	6511	7673

2-16 续表 6

医药及医疗器材批发

项　目	商品购进总额		统一配送商品购进额		自有配送中心配送商品购进额	
	2011年	2010年	2011年	2010年	2011年	2010年
全　国	**538407**	**464127**	**364446**	**328225**	**150575**	**146414**
北　京						
天　津	3224	3983	3224	3983		
河　北	12512	9992	12512	9992		
山　西						
内蒙古						
辽　宁						
吉　林	4350	3398	4350	3398		
黑龙江						
上　海						
江　苏	122603	104758	122603	104758	73414	65175
浙　江	91264	80052	91264	80049	4522	3049
安　徽						
福　建	2788	786	2788	786	2788	786
江　西						
山　东	88545	76898	11290	9808	1390	868
河　南						
湖　北	1831	2565	1831	2565		
湖　南						
广　东	74719	58982	41801	33272	19412	15179
广　西						
海　南						
重　庆	46607	28927	9380	12030	9380	12030
四　川	37509	34276	16945	14035	5927	5211
贵　州	1901	2010	1901	2010		
云　南	22922	32487	17529	27417	7740	21082
西　藏						
陕　西	1631	1982	1028	1089		
甘　肃						
青　海						
宁　夏						
新　疆	26001	23034	26001	23034	26001	23034

单位：万元

非自有配送中心配送商品购进额		商品销售额		零售额	
2011年	2010年	2011年	2010年	2011年	2010年
32805	**28688**	**586564**	**485530**	**282980**	**226896**
3224	3983	5211	4754	5211	4754
		12512	9992	1	
		4663	3398	4663	3398
		128629	110545	64051	44514
		99732	83580	97064	83580
		3618	1175	1428	1175
7191	6612	86496	82707	23772	21430
		2669	2475	932	883
22390	18093	106708	83897	61223	48296
		49611	31285	7004	1618
		35366	11065	6660	5659
		2007	2035	487	517
		19706	32479	4973	5241
		1581	1933	1581	1933
		28056	24212	3932	3899

2-16 续表 7

矿产品、建材及化工产品批发

项 目	商品购进总额		统一配送商品购进额		自有配送中心配送商品购进额	
	2011年	2010年	2011年	2010年	2011年	2010年
全 国	**84041108**	**69478194**	**72633316**	**59332876**	**44684530**	**37532687**
北 京	1880014	1498531	1876514	1495335	21152	21180
天 津	1646364	1231413	1646364	1231413		
河 北	3261194	2492385	2866739	2200288	1537149	1415125
山 西						
内蒙古						
辽 宁	1738060	1658292	694407	616409	342109	256565
吉 林						
黑龙江	123239	94816	123239	94816	123239	94816
上 海	1828882	1395449	1393050	1172006		
江 苏	13721742	11361195	13711030	11348445	13707417	11343744
浙 江	12893356	10136903	11911506	9310574	8859560	7501388
安 徽	4077363	3387522	4077363	3215816	225312	222446
福 建	4128	2252	2434	2252	2434	2252
江 西						
山 东	7633298	7422813	7596214	7386887	7596214	7386887
河 南	2905370	2290656	1546248	1079021	837006	572225
湖 北	1123753	946390	1123753	946390	470230	344549
湖 南						
广 东	20510314	18025801	16941268	14085747	6510123	5301508
广 西	2621612	2213406	2317412	1928933	892044	670956
海 南						
重 庆	2323002	1657967	51703	45177	46441	40912
四 川	537040	406314	533681	400248	280	
贵 州						
云 南	543457	301337	543457	301337		
西 藏						
陕 西						
甘 肃						
青 海						
宁 夏	1279813	792162	1240313	761062	1226302	750272
新 疆	3389107	2162594	2436621	1710724	2287519	1607864

单位：万元

非自有配送中心配送商品购进额		商品销售额		零售额	
2011年	2010年	2011年	2010年	2011年	2010年
11373960	**10328730**	**95242560**	**75845378**	**47843134**	**34014232**
33674	33867	2306523	1870317	906953	676731
1646364	1231413	1445305	1302405	802141	696598
		3633790	3041424	1903140	1297441
		1912636	1595756	639542	588474
		124158	95859	37609	22287
		1892008	1493827	696476	446603
1613	2315	15693030	10981291	6175945	4537160
		13534005	10666876	8975715	4735042
134575	163247	4316213	2675636	2875269	2274197
		246729	213279	138897	77314
		307339	278547		
		8123915	7804973	5783006	3879190
		2972823	2396060	1497653	1288842
		924276	780056	541082	453843
9394601	8784239	22078740	19308765	11779546	9408965
		6117765	4493107	2614744	1703216
		2397816	1813591	535331	406733
21		573890	477324	377949	318760
		1852319	1309405	161596	125560
14010	10789	1060853	813857	350254	263478
149102	102860	3728428	2433022	1050289	813799

2-16 续表 8

机械设备、五金交电及电子产品批发

项目	商品购进总额		统一配送商品购进额		自有配送中心配送商品购进额	
	2011年	2010年	2011年	2010年	2011年	2010年
全国	**968713**	**760917**	**886815**	**748078**	**62925**	**118891**
北京						
天津	1835	1665	1835	1665	1835	1665
河北						
山西						
内蒙古						
辽宁						
吉林						
黑龙江						
上海						
江苏	4875	4484	3900	3587		
浙江	195140	163843	194480	163144	44648	33224
安徽						
福建	3443	1784	3443	1784	3443	1784
江西	205894	151060	205894	151060		
山东	43521	41011	43521	41011		
河南	21786	12784	21786	12784		
湖北						
湖南						
广东	362051	263304	362051	263304	13000	14181
广西	47480	39248	47480	39248		
海南						
重庆						
四川	12338	11243				
贵州						
云南	70350	70491	2425	70491		68037
西藏						
陕西						
甘肃						
青海						
宁夏						
新疆						

单位：万元

非自有配送中心配送商品购进额		商品销售额		零售额	
2011年	2010年	2011年	2010年	2011年	2010年
539640	**417557**	**1061677**	**844635**	**185159**	**144554**
		33522	28203		
975	897	5398	3262	2172	1305
146093	126526	234886	192950	116584	91920
		6287	1994	853	732
		209199	150519		
43521	41011	42141	40156		
		21776	12676	2034	1978
349051	249123	373617	276033	29650	27948
		45049	54557	17373	15095
		13630	10086	5337	3306
		76171	74200	11156	2270

2-16 续表 9

其他批发

项目	商品购进总额		统一配送商品购进额		自有配送中心配送商品购进额	
	2011年	2010年	2011年	2010年	2011年	2010年
全国	**249257**	**197359**	**226801**	**185790**	**27213**	**20918**
北京						
天津						
河北						
山西						
内蒙古						
辽宁	3223	2314	3223	2314		
吉林						
黑龙江						
上海	7876	8122	7876	8122		
江苏						
浙江						
安徽						
福建						
江西						
山东	2316	2097				
河南						
湖北						
湖南	10862	9674	8765	7234	8765	7234
广东	188309	154435	188309	154435		
广西						
海南						
重庆	18223	7032	180			
四川	2144	2144	2144	2144	2144	2144
贵州						
云南						
西藏						
陕西						
甘肃						
青海						
宁夏	16304	11540	16304	11540	16304	11540
新疆						

单位：万元

非自有配送中心配送商品购进额		商品销售额		零售额	
2011年	2010年	2011年	2010年	2011年	2010年
13554		**263043**	**211101**	**208659**	**182005**
		3264	2382		
		13246	12335	7437	7928
		3000	2726	2795	2553
		13360	12189	13360	12189
13554		189486	159335	185067	159335
		22576	8638		
		2022	2022		
		16089	11473		

2-16 续表 10

零售业

项目	商品购进总额		统一配送商品购进额		自有配送中心配送商品购进额	
	2011年	2010年	2011年	2010年	2011年	2010年
全国	**201026806**	**166592123**	**146168805**	**118465929**	**82307388**	**67905944**
北京	18771076	15860910	8030565	6164450	3006385	2455221
天津	5372911	4631481	3862019	3312866	452759	379691
河北	6307663	4498284	3432469	2297436	2656844	1743929
山西	1894076	1771519	987734	921300	244311	190300
内蒙古	5568339	4593564	5540854	4572772	4972651	4067366
辽宁	5926317	4264418	5205442	3594708	2335419	1857921
吉林	1363074	1055794	1262233	969809	1069833	782910
黑龙江	2111575	1711788	1990427	1578875	1437554	1091281
上海	25794589	21800127	19201195	17097792	9744453	8456918
江苏	29435637	27630635	20563475	19119373	18008246	16915923
浙江	5148526	4351835	4391548	3891604	3115674	2523804
安徽	7175791	5666025	4425978	3340685	2828258	2035614
福建	7645259	6184393	4703184	3181361	1678571	787287
江西	2814940	2442756	2117403	1959697	1023694	986336
山东	11827173	9373028	5838226	4452519	4154189	2853633
河南	3964462	3152842	2154877	1776156	1042147	930692
湖北	8964618	7807021	6302592	5526812	5363041	4402111
湖南	6835962	5567284	5851553	4496652	1752877	1471258
广东	27999310	22437838	25822526	20304011	9742946	8537996
广西	838955	760498	810624	732239	439652	426389
海南	38045	28254	34985	25834	4682	2605
重庆	5890383	3669762	4962467	2362056	2991460	1631739
四川	3098901	2565572	2992989	2454202	1460073	1163789
贵州	110619	99031	110156	97308	47045	42778
云南	2282764	1821722	2249150	1752184	830637	767498
西藏	21741	18348	21741	18348		
陕西	770341	600289	381460	292682	76202	56956
甘肃	877806	713666	877806	713666	50723	54067
青海	95353	87704	53904	64100		
宁夏	379415	269872	371869	268637	367699	266674
新疆	1701184	1155864	1617356	1125793	1409362	1023260

单位：万元

非自有配送中心配送商品购进额		商品销售额		零售额	
2011年	2010年	2011年	2010年	2011年	2010年
21712587	**18583178**	**236607165**	**196940742**	**187594154**	**154164939**
2498990	2131195	21175689	17714581	16445537	13920682
3375293	2911738	5414625	4803457	3924359	3298594
167388	87175	6895980	5323284	4224242	3174543
13419	36814	2986295	2136889	2502255	1843931
5221	5703	5646440	4647506	5606648	4619450
1200797	700178	6681321	5000109	4416624	3899580
		1453027	1066189	1309451	1045989
231048	207880	2320178	1608617	1925831	1559864
3044243	3092385	33650167	29975345	21695967	20108825
1708012	1276361	34871672	30501888	24530230	20076428
302621	468369	5650306	4853271	5149390	4546660
143084	129771	7578869	6419760	5508474	4678603
365565	240489	10382777	7620657	9157375	6696730
341616	153786	6218862	4872525	4802964	3564276
1006229	857993	14449982	11920001	11741502	9527512
57703	33924	4203345	3417184	3867988	3028331
521798	416361	10835967	8357505	9391389	7355425
83454	48205	7872758	6307525	7144622	5446074
5402357	5062767	30963329	27149683	28368787	24037881
34701	25259	934964	811303	902393	792899
		36915	22597	34295	22597
610512	356682	6124485	4227828	5852992	3610404
192826	79404	3397231	2751658	2950568	2394541
19240	14408	117753	107736	116158	106163
98603	93786	2478416	2080529	2277470	1845278
		18505	15804	18505	15804
77510	47803	886117	710878	876267	703862
23	902	877071	759357	721162	636228
		144889	108086	139874	105017
3070	1962	355971	292998	340093	268352
207266	101875	1983261	1355993	1650744	1234417

2-16 续表 11

综合零售

项 目	商品购进总额		统一配送商品购进额		自有配送中心配送商品购进额	
	2011年	2010年	2011年	2010年	2011年	2010年
全 国	**91623011**	**74616511**	**61681315**	**48916928**	**36036630**	**28735106**
北 京	9342524	7424343	5451571	3961987	1624201	1271924
天 津	823064	720517	169343	151127	162372	148499
河 北	2543443	2011755	659779	458635	452600	340901
山 西	695487	547788	209175	179780	30849	24553
内蒙古	82732	25703	72340	17877	65580	12965
辽 宁	827832	477708	492273	244235	52937	44922
吉 林	136884	126299	89620	83997	35994	22328
黑龙江	489691	369688	401547	311728	243070	169985
上 海	17399132	14114170	11473159	9826181	4398883	3724462
江 苏	9391701	8505016	9084197	8234378	8320401	7317871
浙 江	4091804	3483741	3500077	3172133	2570861	2076816
安 徽	4590956	3993764	2026757	1801089	638036	655916
福 建	2742342	2238633	1775531	720657	922826	142970
江 西	1030798	771093	428067	346887	268466	227641
山 东	10078108	7982546	4916082	3627589	3539069	2299606
河 南	1663439	1259779	535837	453890	327429	285863
湖 北	5753803	5027107	3648892	3189345	3364993	2643684
湖 南	2193457	1662517	1784604	1341887	1123153	984184
广 东	9838421	7992891	8418434	6577189	4701876	3850477
广 西	482695	413309	454364	385051	292366	251682
海 南	13899	10326	10839	7906	4682	2605
重 庆	3909253	2742580	3072484	1501031	1479324	1091756
四 川	1524233	1147383	1465233	1088440	777085	613365
贵 州	29075	26053	29075	26053		
云 南	723470	651682	720562	648894	277373	290439
西 藏	15197	11754	15197	11754		
陕 西	708961	557396	338341	261896	53824	38523
甘 肃						
青 海	76760	49637	35311	26034		
宁 夏	212215	129018	204669	127983	201599	126021
新 疆	211636	142312	197956	131296	106783	75150

单位：万元

非自有配送中心配送商品购进额		商品销售额		零售额	
2011年	2010年	2011年	2010年	2011年	2010年
8407840	**7279104**	**107337226**	**91568274**	**89085216**	**75939204**
1516602	1296408	10846261	8878033	9687164	8047770
		817627	757832	780246	733315
160848	80969	2721523	2052163	2385501	1783837
13419	10038	759886	647297	721800	610096
2559	3390	136926	70777	126953	67051
52304	42766	986891	830792	925403	764114
		156346	149787	135004	130540
1900	2500	502061	457783	465462	429725
2980219	3036438	24189606	21477613	15856595	14973796
348804	263602	11597010	10337320	9395401	8425833
263952	427236	4585518	3995395	4197613	3804509
101187	90813	4844063	4482811	3169425	3121094
290758	103989	2689118	2028650	2673876	2025129
2165		1131896	918984	1012692	801252
880860	741411	12049682	10189548	9732032	8242487
51660	30281	1771625	1364867	1690358	1257475
9753	3431	6451755	5304091	5902138	4738913
39739	23108	2278665	1838974	2240498	1807546
764903	583753	10438980	8940917	10015517	8157798
		529377	458352	526932	456940
		15630	10519	13010	10519
568907	355131	3942263	3252728	3886774	2699970
188261	74816	1694006	1325306	1376401	1083645
		32498	28819	30903	27245
7776	9250	835298	721053	820045	705109
		12588	10065	12588	10065
67024	41666	818208	657045	808359	650029
		95668	68881	92559	65811
3070	1962	178116	132814	178116	128532
91173	56146	228137	179060	225853	179060

2-16 续表 12

食品、饮料及烟草制品专门零售

项目	商品购进总额		统一配送商品购进额		自有配送中心配送商品购进额	
	2011年	2010年	2011年	2010年	2011年	2010年
全国	**1789919**	**1458779**	**1490514**	**1276661**	**974315**	**819291**
北京	270962	219902	248678	201201	229385	199374
天津	73948	69118	9942	9066		
河北	3271	2992	3271	2992	1876	1128
山西	7430	4289	7406	4186	7406	4186
内蒙古						
辽宁	19175	18669	6746	8250		
吉林	58888	45371	54459	43956	54459	43956
黑龙江						
上海	36628	30208				
江苏	291662	253928	271336	253052	102177	107413
浙江	121519	109361	115910	104098	80459	79452
安徽	15280	16068	15012	15675	15012	15675
福建	202636	175224	190607	167879	102292	92547
江西	96381	72371	96381	72371	26793	17154
山东	187853	174896	186147	172951	173243	165451
河南	69200	71476	55134	58374		
湖北	114172	61356	114172	61356	106325	46006
湖南	22167	22537	22167	22537	22167	22537
广东	75395	51232	60096	40241	33072	15366
广西	837	1730	837	1730		
海南						
重庆	54584	27981	19512	8909	19512	8909
四川	177	177	177	177	136	136
贵州						
云南	17479	21067	5980	21067		
西藏	6543	6594	6543	6594		
陕西						
甘肃						
青海						
宁夏						
新疆	43733	2235				

单位：万元

非自有配送中心配送商品购进额		商品销售额		零售额	
2011年	2010年	2011年	2010年	2011年	2010年
90197	**160609**	**2226421**	**1735872**	**1894535**	**1446652**
14191		399954	309555	392167	308120
		98721	79282	88190	65032
1238	1686	4287	4043	3497	3229
		8358	4030	8358	4030
		31938	21562	31938	21562
		52848	43076	52848	43076
		43185	43615	7364	8465
27714	120730	325905	289660	294342	264394
1252	1923	150287	127151	134095	117193
		19703	19794	14588	15135
9199	6635	217651	189577	191493	177961
6371	3181	110421	84990	46175	31814
		216627	200567	154679	93034
		72137	67952	69984	66081
3166	1538	187470	81485	185846	81485
		56918	28130	56918	28130
27024	24875	101885	66619	85330	62505
		1069	1842	1069	1842
		50138	39590	45798	20212
41	41	156	156	156	156
		19817	25184	19817	25184
		5917	5739	5917	5739
		51031	2274	3966	2274

2-16 续表 13

纺织、服装及日用品专门零售

项　目	商品购进总额		统一配送商品购进额		自有配送中心配送商品购进额	
	2011年	2010年	2011年	2010年	2011年	2010年
全　国	**2551595**	**2049706**	**1593732**	**1387632**	**1053374**	**957520**
北　京	516347	431017	290974	240699	66576	56106
天　津	24181	17537	24181	17537	4761	4810
河　北	44491	40041	44491	40041	41915	38351
山　西	8044	7565	8044	7565	1311	1143
内蒙古						
辽　宁	42437	20517	42437	20517		
吉　林	11587	11735				
黑龙江	1752	49	1752	49	1752	49
上　海	856082	489018	296806	175708	212519	105499
江　苏	2066	1470	1427	1190	1108	1051
浙　江	207383	195547	81912	82996	47644	41005
安　徽	6710	6945	6710	6945	6710	6945
福　建	41030	30780	28574	20439	27642	19726
江　西	14638	11157	10021	7623	10021	7623
山　东	4999	4407	3030	2911	1744	1651
河　南	30026	30611	28944	29019	20083	22063
湖　北	99541	103407	99541	102143	72629	77806
湖　南	13019	18046	13019	18046	13019	18046
广　东	502376	543539	502376	535755	453525	518901
广　西						
海　南						
重　庆	65814	16735	50631	9039	38078	9039
四　川	26037	23086	25827	22911	25427	22561
贵　州						
云　南	19534	12090	19534	12090		
西　藏						
陕　西	6910	5144	6910	5144	6910	5144
甘　肃						
青　海	6541	29186	6541	29186		
宁　夏						
新　疆	50	78	50	78		

单位：万元

非自有配送中心配送商品购进额		商品销售额		零售额	
2011年	2010年	2011年	2010年	2011年	2010年
123129	**91654**	**3395244**	**2786749**	**2932315**	**2381493**
43651	35398	683043	556403	437443	332940
2367	2984	27985	24298	27665	23790
		70728	68381	13981	12947
		8147	7652	8147	7652
		46657	22669	46657	22669
		32393	22997	32393	22997
		2533	71	2533	71
2535	3049	1223615	834810	1084471	739923
		4757	3912	4112	3627
21540	29708	136151	127192	127826	118274
		6187	6520	4045	3859
		51824	40278	50253	39514
		18365	15454	18061	15152
		4924	4493	4924	4493
		39838	39605	39838	39605
5800	5700	112148	103348	111042	102954
		22283	25478	22283	25478
47187	14737	709998	767161	706967	754185
		87543	26813	85456	22149
		39797	37013	39797	37013
		18848	14504	18848	14504
		10527	7708	10527	7708
		36893	29926	34986	29926
50	78	60	66	60	66

2-16 续表 14

文化、体育用品及器材专门零售

项　目	商品购进总额		统一配送商品购进额		自有配送中心配送商品购进额	
	2011年	2010年	2011年	2010年	2011年	2010年
全　国	**2727278**	**2211905**	**2639167**	**2079198**	**1989257**	**1589225**
北　京	57723	51924	22801	23425	860	750
天　津						
河　北						
山　西						
内蒙古						
辽　宁	26521	40103				
吉　林						
黑龙江	55346	97501	55346	53582	10521	9663
上　海	535228	434102	535228	434102	207396	176611
江　苏	6327	5262	6327	5262	6327	5262
浙　江	122652	71524	122652	71524	13284	8520
安　徽						
福　建	39023	29719	39023	29719	37533	28433
江　西	458302	423368	458302	423368	456545	421777
山　东	96367	72335	74686	63314	66423	55280
河　南	6882	6525	5038	4261	3339	3697
湖　北	87374	69188	87374	69188	58892	51181
湖　南	34998	69556	34998	69556	28184	65161
广　东	83004	66481	83004	66481	46688	28804
广　西	18874	16205	18874	16205	18874	16205
海　南						
重　庆	370679	167324	370679	161139	370679	161139
四　川	527766	409676	527766	409676	518737	404685
贵　州						
云　南	61755	56679	58613	53961	7618	27622
西　藏						
陕　西						
甘　肃						
青　海						
宁　夏	9819	8784	9819	8784	8719	8784
新　疆	128638	115652	128638	115652	128638	115652

单位：万元

非自有配送中心配送商品购进额		商品销售额		零售额	
2011年	2010年	2011年	2010年	2011年	2010年
37168	**33722**	**2739101**	**2239537**	**2203547**	**1922321**
4141	4824	84347	62698	80730	58842
		37062	37748	31962	27657
		142522	130211	142522	130211
		504604	441485	494977	441485
		8321	7325	7833	7325
		109438	52302	78198	40601
		41592	36396	38536	36396
		464117	418754	280561	253411
		91758	71673	91758	39917
		6965	6338	6965	6338
		94068	77018	86001	69699
		49659	90065	49659	89890
2480	2559	69832	58421	48757	43467
		15841	14524	15841	14524
		370372	162094	184511	162094
		451595	389883	378635	332729
30547	26340	62476	61858	52604	50668
		9278	8286	9278	8286
		125255	112458	124220	108780

2-16 续表 15

医药及医疗器材专门零售

项目	商品购进总额		统一配送商品购进额		自有配送中心配送商品购进额	
	2011年	2010年	2011年	2010年	2011年	2010年
全国	**4408617**	**3850856**	**3996007**	**3502605**	**2576960**	**2387762**
北京	201853	186743	193212	175755	55835	60786
天津	54453	46127	25095	14127	24545	13445
河北	106670	80940	99559	73846	87605	64847
山西	71324	59991	68178	55633	65097	50432
内蒙古	28058	24776	16168	16336	12360	12763
辽宁	443206	419471	360097	384016	153263	137908
吉林	38782	81798	35344	80627	28298	75321
黑龙江	179304	156423	174808	155587	136245	127208
上海	245821	221521	181080	167674	104903	100854
江苏	279519	252032	252164	237063	197431	194976
浙江	417697	332545	409530	326166	293022	224868
安徽	100571	52600	100571	51268	47115	28759
福建	68924	51832	51716	41523	20682	12700
江西	58045	47166	51456	40117	37507	29839
山东	124616	84035	106053	71635	78772	53686
河南	213890	184851	183289	158140	72632	112612
湖北	167791	126791	167650	126593	127000	89319
湖南	128421	97154	124052	94928	43743	36609
广东	347980	358131	347289	358131	237573	310756
广西	116788	102816	116788	102816	71049	68403
海南	24146	17928	24146	17928		
重庆	186761	154977	147223	121773	96880	111051
四川	112338	113405	91302	93634	64725	63968
贵州	81544	72977	81081	71254	47045	42778
云南	351416	314212	349037	269874	271407	192866
西藏						
陕西	40793	29334	22531	17227	9051	7908
甘肃	58507	57388	58507	57388	49309	52287
青海	12052	8880	12052	8880		
宁夏	34629	31130	34629	31130	34629	31130
新疆	112719	82880	111400	81535	109238	79683

单位：万元

非自有配送中心配送商品购进额		商品销售额		零售额	
2011年	2010年	2011年	2010年	2011年	2010年
494837	**365873**	**5017311**	**4374751**	**4631735**	**3974443**
126604	99462	256551	239773	223158	208470
549	682	54160	44970	54160	44970
5302	4521	123787	91882	118948	86936
	1886	89185	70478	89185	70478
2662	2313	25166	22899	13778	12775
1779	1833	487658	418548	416563	386009
		55708	59712	51059	58759
12838	5185	197386	176350	195327	176350
61489	52897	277930	292040	277774	244388
51878	32320	332488	285861	324467	278741
15876	9503	471512	386162	459180	336121
		87339	61689	78582	53835
8482	15299	89682	68306	89615	68279
		71029	60144	71029	60144
145	111	140130	101085	125422	90450
6043	3643	222180	239137	162377	180854
5905	5185	213940	155350	193951	145953
2000	714	152503	128189	152503	128189
20992	18124	379841	373116	352345	348835
34701	25259	144053	120445	144053	120445
		21285	12078	21285	12078
41605	1551	248737	187369	227737	147212
4524	4547	161119	141497	137922	111639
19240	14408	85255	78918	85255	78918
60280	58197	349920	323495	301535	296676
10486	6136	45960	36747	45960	36747
23	902	70851	63360	62289	59672
		12328	9280	12328	9280
		40864	35536	37737	33174
1434	1194	108765	90338	106211	88067

2-16 续表 16

汽车、摩托车、燃料及零配件专门零售

项目	商品购进总额		统一配送商品购进额		自有配送中心配送商品购进额	
	2011年	2010年	2011年	2010年	2011年	2010年
全国	**62144638**	**48320960**	**50690863**	**38465819**	**23472926**	**18097996**
北京	5571198	4897844				
天津	3632830	3110950	3372378	2908072		
河北	3347159	2152572	2393946	1517817	1932269	1160226
山西	940445	886569	540242	421750		
内蒙古	5333123	4426846	5333123	4426846	4853142	3996610
辽宁	3867970	2678345	3604714	2328084	1954483	1512899
吉林	901858	600102	901858	600102	901858	600102
黑龙江	997124	744813	997124	744813	997124	744813
上海	4722540	4241349	4722540	4241349	4722540	4241349
江苏	1095206	719453	1095206	719453	4946	4989
浙江	31410	29799	5406	5369	1097	2717
安徽	2056219	1250518	2056219	1250518	2056219	1250518
福建	3481448	2773191	1767359	1494217	181206	204343
江西	1078175	960458	999824	915888	183510	155373
山东	864352	654732	308620	283784	66560	62359
河南	1213143	927015	592271	414997		
湖北	1752273	1494496	1406024	1255861	1302164	1206741
湖南	4199811	3566705	3628624	2822120	299680	236557
广东	13800341	10492293	13733826	10417342	2601223	2252277
广西	102770	82245	102770	82245	2348	1472
海南						
重庆	665197	1542	663841	1542	663841	1242
四川						
贵州						
云南	782564	453014	782564	453014		
西藏						
陕西	7260	3033	7260	3033		
甘肃	817884	654498	817884	654498		
青海						
宁夏						
新疆	882337	518577	857242	503103	748719	463408

单位：万元

非自有配送中心配送商品购进额		商品销售额		零售额	
2011年	2010年	2011年	2010年	2011年	2010年
10186502	**8563531**	**75427363**	**58908916**	**55350972**	**42192278**
		5893927	5028211	2712993	2408408
3372378	2908072	3658738	3143235	2217743	1706582
		3703473	2882362	1443241	1074552
		1827918	1154744	1381964	898987
		5333123	4426846	5333123	4426846
1042057	568329	4374448	3067335	2247435	2081309
		949326	614190	831741	614190
		1081199	545788	725510	525093
		4988168	4482087	1607519	1367758
1089177	713329	1141664	878760	1141501	562424
		32321	30042	22996	22088
		2182520	1498383	1815124	1142211
		6195275	4364746	5044023	3507206
318768	142919	4230073	3206303	3199055	2245361
125223	116470	1445913	947477	1141581	664321
		1304861	1031433	1126882	819002
103859	49120	2655860	1693360	1915949	1395899
41715	24384	5023414	3932868	4346269	3108958
3984802	4001213	15950414	14013580	14130175	12004847
		85678	70799	57536	54954
		739039	1506	739039	1506
		837599	607299	743873	453014
		3456	3051	3456	3051
		804680	694152	657332	574710
108523	39696	984277	590362	764913	529002

2-16 续表 17

家用电器及电子产品专门零售

项 目	商品购进总额		统一配送商品购进额		自有配送中心配送商品购进额	
	2011年	2010年	2011年	2010年	2011年	2010年
全 国	**34585200**	**32844185**	**23531151**	**22328910**	**15943898**	**15073460**
北 京	2654294	2398704	1787086	1530662	993285	835559
天 津	701323	583675	261080	212937	261080	212937
河 北	259209	206809	228002	200929	137159	135300
山 西	171346	265317	154689	252386	139648	109987
内蒙古	124426	116239	119224	111713	41570	45028
辽 宁	653555	592554	653555	592554	174737	162191
吉 林	215076	190489	180951	161127	49224	41203
黑龙江	388360	343314	359851	313117	48843	39563
上 海	1823828	2068720	1823828	2068720		
江 苏	18355088	17881762	9838749	9657262	9372004	9282497
浙 江	150432	126558	150432	126558	103679	87666
安 徽	362171	305193	176824	174253	63179	75822
福 建	1069858	885015	850374	706927	386391	286567
江 西	78600	157143	73353	153444	40851	126928
山 东	463855	392539	236586	222799	221356	208063
河 南	767882	672586	754364	657476	618665	506457
湖 北	989664	924675	778938	722326	331037	287373
湖 南	244090	130769	244090	127579	222932	108165
广 东	2816498	2443503	2602880	2229897	1662872	1552797
广 西	116991	144193	116991	144193	55016	88627
海 南						
重 庆	638096	558623	638096	558623	323147	248604
四 川	885788	848239	860122	815758	73962	59074
贵 州						
云 南	299662	286123	285977	266428	274238	256571
西 藏						
陕 西	6418	5382	6418	5382	6418	5382
甘 肃	1415	1780	1415	1780	1415	1780
青 海						
宁 夏	122753	100940	122753	100740	122753	100740
新 疆	224526	213341	224526	213341	218440	208580

单位：万元

非自有配送中心配送商品购进额		商品销售额		零售额	
2011年	2010年	2011年	2010年	2011年	2010年
2305447	**2024710**	**38911143**	**33893419**	**30184715**	**25098071**
793801	695104	2737360	2339254	2657494	2274602
		691641	663008	690601	634074
		268454	221131	255344	209720
	24890	292801	252688	292801	252688
		151226	126984	132794	112779
104658	87251	671105	584447	671105	579252
		206405	176427	206405	176427
216310	200195	394477	298414	394477	298414
		2185061	2159608	2185061	2159608
190439	146380	21441107	18681793	13342396	10516938
		154148	130381	118552	103226
		395990	320642	383642	312548
57127	114566	1097634	892704	1069580	842245
14312	7686	192962	167896	175391	157142
		493483	398063	489909	391608
		785740	667852	771584	658976
393314	351388	1120724	942854	996462	820522
		289316	263821	276491	257884
529400	392490	2754499	2414462	2565102	2232173
		158947	145342	156962	144195
		686392	557728	683677	557261
		1025624	834082	992723	805638
		305723	293620	298919	281096
		7966	6328	7966	6328
		1540	1845	1540	1845
		127714	116363	114963	98360
6086	4761	273103	235684	252773	212523

2-16 续表 18

五金、家具及室内装修材料专门零售

项目	商品购进总额		统一配送商品购进额		自有配送中心配送商品购进额	
	2011年	2010年	2011年	2010年	2011年	2010年
全国	**540885**	**670244**	**357842**	**360656**	**188607**	**182884**
北京	156176	250434	36244	30721	36244	30721
天津	63111	83558				
河北						
山西						
内蒙古						
辽宁						
吉林						
黑龙江						
上海	143246	162539	143246	156221	72903	80306
江苏	10218	9848	10218	9848		
浙江	5629	2761	5629	2761	5629	2761
安徽						
福建						
江西						
山东	5768	6390	5768	6390	5768	6390
河南						
湖北						
湖南						
广东	72230	77023	72230	77023	6117	8619
广西						
海南						
重庆						
四川	22562	23606	22562	23606		
贵州						
云南						
西藏						
陕西						
甘肃						
青海						
宁夏						
新疆	61946	54087	61946	54087	61946	54087

单位：万元

非自有配送中心配送商品购进额		商品销售额		零售额	
2011年	2010年	2011年	2010年	2011年	2010年
23179	**23064**	**869563**	**867481**	**787406**	**771667**
		274246	300656	254388	281531
		65753	90833	65753	90833
		207133	211657	151343	140972
		12978	12964	12737	12853
		10931	4649	10931	4649
		6268	5894		
23179	23064	94573	102462	94573	102462
		24934	23721	24934	23721
		172748	114645	172748	114645

2-16 续表 19

无店铺及其他零售

项目	商品购进总额		统一配送商品购进额		自有配送中心配送商品购进额	
	2011年	2010年	2011年	2010年	2011年	2010年
全国	**655663**	**568976**	**188214**	**147520**	**71421**	**62702**
北京						
天津						
河北	3421	3176	3421	3176	3421	3176
山西						
内蒙古						
辽宁	45621	17052	45621	17052		
吉林						
黑龙江						
上海	32084	38500	25309	27837	25309	27837
江苏	3851	1863	3851	1863	3851	1863
浙江						
安徽	43884	40936	43884	40936	1987	1979
福建						
江西						
山东	1255	1147	1255	1147	1255	1147
河南						
湖北						
湖南						
广东	463065	412745	2390	1953		
广西						
海南						
重庆						
四川						
贵州						
云南	26884	26856	26884	26856		
西藏						
陕西						
甘肃						
青海						
宁夏						
新疆	35598	26700	35598	26700	35598	26700

单位：万元

非自有配送中心配送商品购进额		商品销售额		零售额	
2011年	2010年	2011年	2010年	2011年	2010年
44287	**40910**	**683794**	**565743**	**523714**	**438811**
		3730	3322	3730	3322
		45562	17008	45562	17008
		30865	32430	30865	32430
		7441	4294	7441	4294
41897	38958	43066	29921	43066	29921
		1200	1201	1200	1201
2390	1953	463309	412945	370022	331608
		48736	33517	21830	19027
		39886	31106		

2-17 按行业分各地区连锁零售

批发业

项　目	商品购进总额		统一配送商品购进额		自有配送中心配送商品购进额	
	2011年	2010年	2011年	2010年	2011年	2010年
全　国	**92854536**	**76991462**	**80521897**	**66109827**	**50486834**	**42468978**
北　京	1868229	1486882	1868229	1486882	35252	35061
天　津	1652689	1238300	1651422	1237061	1835	1665
河　北	3274328	2502921	2879873	2210824	1537149	1415125
山　西	223036	182482	9504	8325		
内蒙古						
辽　宁	1741283	1660607	697630	618724	342109	256565
吉　林	4350	3398	4350	3398		
黑龙江	123239	94816	123239	94816	123239	94816
上　海	2002771	1534652	1489355	1251265	77770	70677
江　苏	15025915	12512267	14975878	12501397	14906297	12449074
浙　江	14081901	11130706	13132710	10334896	9850266	8340378
安　徽	5219598	4055460	5219598	3883755	1461250	1016232
福　建	48245	36194	28030	21546	16067	10079
江　西	1804277	1640416	1798146	1631181	1038841	951760
山　东	8297493	7934374	8152575	7806357	7598712	7388602
河　南	2934901	2309195	1575780	1097560	844751	577981
湖　北	1232603	1029758	1232603	1029758	467774	343350
湖　南	242654	350164	241911	349813	241873	349813
广　东	21033990	18457658	17451918	14507300	6371975	5189728
广　西	2661131	2246903	2359475	1964723	887182	667498
海　南						
重　庆	2362846	1681588	60194	51102	54633	39804
四　川	775180	681097	584369	446293	30166	27957
贵　州	1901	2010	1901	2010		
云　南	273850	193779	201432	189578	8066	90388
西　藏						
陕　西	1133430	950994	899168	757976	818847	602443
甘　肃						
青　海						
宁　夏	1223364	752944	1223364	752944	1196912	729036
新　疆	3611333	2321898	2659242	1870345	2575868	1820947

企业直营门店经营情况

单位：万元

非自有配送中心配送商品购进额		商品销售额		零售额	
2011年	2010年	2011年	2010年	2011年	2010年
11859736	**10670133**	**103462123**	**82461637**	**49268130**	**34910126**
		2308465	1861058	927635	696198
1649587	1235396	1485305	1336601	808618	702591
622	544	3646880	3051965	1903281	1297574
9504	8325	295274	247255		
		1915900	1598139	639542	588474
		4663	3398	4663	3398
		124158	95859	37609	22287
10660	460	2088180	1650806	746446	491642
4209	1974	16908120	12141635	6841490	5136470
154017	134032	14750712	11698749	9546129	4870290
40871	37399	5406361	3344740	2875269	2274197
		410324	254030	155806	92431
		2792791	2264895	10390	17212
50712	47623	8921586	8442311	5818725	3913069
		3002193	2414477	1503233	1293420
		1054097	860559	574458	469251
		276657	369286	61993	44500
9838323	9141017	20512301	17776592	11773478	9413078
		6154699	4529880	2627161	1703753
3825	3176	2443140	1836153	546461	411345
21		901613	790956	429694	357374
		2007	2035	487	517
		1610119	1232858	177679	133018
		1563694	1234886	1581	1933
14010	10789	1030520	797164	235806	172262
83374	49399	3852365	2625350	1020499	803846

2-17 续表 1

农畜产品批发

项目	商品购进总额		统一配送商品购进额		自有配送中心配送商品购进额	
	2011年	2010年	2011年	2010年	2011年	2010年
全国	**1388119**	**953466**	**1388119**	**953466**	**1344283**	**913605**
北京						
天津						
河北						
山西						
内蒙古						
辽宁						
吉林						
黑龙江						
上海						
江苏						
浙江						
安徽	1362375	934981	1362375	934981	1321504	897581
福建	2966	2462	2966	2462		
江西						
山东						
河南						
湖北						
湖南						
广东						
广西						
海南						
重庆						
四川						
贵州						
云南						
西藏						
陕西						
甘肃						
青海						
宁夏						
新疆	22779	16024	22779	16024	22779	16024

单位：万元

非自有配送中心配送商品购进额		商品销售额		零售额	
2011年	2010年	2011年	2010年	2011年	2010年
40871	**37399**	**1448615**	**959652**	**5584**	**3789**
40871	37399	1310341	935767		
		115196	3789	5584	3789
		23078	20096		

2-17 续表 2

食品、饮料及烟草制品批发

项　目	商品购进总额		统一配送商品购进额		自有配送中心配送商品购进额	
	2011年	2010年	2011年	2010年	2011年	2010年
全　国	**4999384**	**4276400**	**4213907**	**3596803**	**2880543**	**2385607**
北　京	22448	22608	22448	22608	19372	18910
天　津	1266	1239				
河　北	622	544	622	544		
山　西	223036	182482	9504	8325		
内蒙古						
辽　宁						
吉　林						
黑龙江						
上　海	166014	131081	88430	71137	77770	70677
江　苏	552433	417860	512334	417596	499455	410403
浙　江	112034	108003	111945	107944	104021	100438
安　徽						
福　建	34920	28911	16399	14263	7402	5258
江　西	1598383	1489356	1592252	1480121	1038841	951760
山　东	528704	390709	500442	367804		
河　南	7746	5756	7746	5756	7746	5756
湖　北	110956	83452	110956	83452	1480	1450
湖　南						
广　东	27491	22699	18820	16133	8681	7307
广　西						
海　南						
重　庆	26249	15064	23136	13864	19311	3974
四　川	165795	207331	11245	10077	572	57
贵　州						
云　南	326	1269	326	1269	326	1269
西　藏						
陕　西	1131799	949013	898141	756887	818847	602443
甘　肃						
青　海						
宁　夏	49593	45001	49593	45001	37152	31882
新　疆	239569	174025	239569	174025	239569	174025

单位：万元

	非自有配送中心配送商品购进额		商品销售额		零售额	
	2011年	2010年	2011年	2010年	2011年	2010年
	34156	**20010**	**6592483**	**5303023**	**310201**	**270429**
			22657	22329	19395	17462
			1266	1239	1266	1239
	622	544	578	549	140	133
	9504	8325	295274	247255		
	10660	460	182926	144644	42533	37111
	1621		580769	444821	86323	72843
	7924	7506	163177	139940	51915	46356
			38494	33792	9044	9420
			2276252	1835830	10390	17212
			663389	509863	9152	9896
			7594	5740	3546	2600
			134703	90352	39995	26848
			35330	32200	13470	9877
	3825	3176	28598	16456	8688	6913
			253631	274903	11325	10090
			681	1935		
			1562114	1232953		
			76270	67964	1352	635
			268782	200260	1666	1796

2-17 续表 3

纺织、服装及日用品批发

项　目	商品购进总额		统一配送商品购进额		自有配送中心配送商品购进额	
	2011年	2010年	2011年	2010年	2011年	2010年
全　国	**259409**	**177599**	**256554**	**172638**	**225810**	**153550**
北　京	7126	6105	7126	6105		
天　津						
河　北						
山　西						
内蒙古						
辽　宁						
吉　林						
黑龙江						
上　海						
江　苏	26235	21794	26235	16833	26235	16833
浙　江	52607	9765	49752	9765	31378	9765
安　徽						
福　建						
江　西						
山　东						
河　南						
湖　北						
湖　南	36693	20552	36693	20552	36656	20552
广　东	110754	94892	110754	94892	105548	81909
广　西						
海　南						
重　庆						
四　川	25993	24492	25993	24492	25993	24492
贵　州						
云　南						
西　藏						
陕　西						
甘　肃						
青　海						
宁　夏						
新　疆						

单位：万元

非自有配送中心配送商品购进额		商品销售额		零售额	
2011年	2010年	2011年	2010年	2011年	2010年
5207	**12983**	**311283**	**217338**	**187405**	**123828**
		10912	8148		
		26235	21794	26235	16833
		69564	20113	49691	20113
		54115	38096	54086	38096
5207	12983	120295	108123	27230	27723
		30162	21064	30162	21064

2-17 续表 4

文化、体育用品及器材批发

项　目	商品购进总额		统一配送商品购进额		自有配送中心配送商品购进额	
	2011年	2010年	2011年	2010年	2011年	2010年
全　国	**2335805**	**2220004**	**2335805**	**2220004**	**2243010**	**2113962**
北　京	1436	2315	1436	2315	347	585
天　津						
河　北						
山　西						
内蒙古						
辽　宁						
吉　林						
黑龙江						
上　海						
江　苏	1128349	990848	1128349	990848	1128349	990848
浙　江	909984	793797	909984	793797	909984	793797
安　徽						
福　建						
江　西						
山　东	1108	847	1108	847	1108	847
河　南						
湖　北						
湖　南	199685	324609	199685	324609	199685	324609
广　东	95244	107588	95244	107588	3537	3276
广　西						
海　南						
重　庆						
四　川						
贵　州						
云　南						
西　藏						
陕　西						
甘　肃						
青　海						
宁　夏						
新　疆						

单位：万元

非自有配送中心配送商品购进额		商品销售额		零售额	
2011年	2010年	2011年	2010年	2011年	2010年
71523	**91017**	**2168282**	**2169586**	**902976**	**511492**
		1287	2006	1287	2006
		1005135	966259	486764	463816
		832556	766790	408414	37997
		2645	1888		
		214635	324787		
71523	91017	112024	107857	6511	7673

2-17 续表 5

医药及医疗器材批发

项　目	商品购进总额		统一配送商品购进额		自有配送中心配送商品购进额	
	2011年	2010年	2011年	2010年	2011年	2010年
全　国	**447972**	**403178**	**322866**	**296227**	**128276**	**129998**
北　京						
天　津	3224	3983	3224	3983		
河　北	12512	9992	12512	9992		
山　西						
内蒙古						
辽　宁						
吉　林	4350	3398	4350	3398		
黑龙江						
上　海						
江　苏	122603	104758	122603	104758	73414	65175
浙　江	88218	78271	88218	78268	1865	1657
安　徽						
福　建	2788	786	2788	786	2788	786
江　西						
山　东	88545	76898	11290	9808	1390	868
河　南						
湖　北	1831	2565	1831	2565		
湖　南						
广　东	12000	10125	7646	6387	3259	2731
广　西						
海　南						
重　庆	26511	22221	8674	11434	8674	11434
四　川	33836	31540	13272	11299	3143	3231
贵　州	1901	2010	1901	2010		
云　南	22021	31618	17529	27417	7740	21082
西　藏						
陕　西	1631	1982	1028	1089		
甘　肃						
青　海						
宁　夏						
新　疆	26001	23034	26001	23034	26001	23034

单位：万元

非自有配送中心配送商品购进额		商品销售额		零售额	
2011年	2010年	2011年	2010年	2011年	2010年
14802	**14251**	**468028**	**401614**	**232963**	**185771**
3224	3983	5211	4754	5211	4754
		12512	9992	1	
		4663	3398	4663	3398
		128629	110545	64051	44514
		97146	81363	95669	81363
		3618	1175	1428	1175
7191	6612	86496	82707	23772	21430
		2669	2475	932	883
4387	3656	18144	15215	15600	12014
		29114	22958	5789	550
		30109	7388	4920	4154
		2007	2035	487	517
		18074	31465	4927	5188
		1581	1933	1581	1933
		28056	24212	3932	3899

2-17 续表 6

矿产品、建材及化工产品批发

项目	商品购进总额		统一配送商品购进额		自有配送中心配送商品购进额	
	2011年	2010年	2011年	2010年	2011年	2010年
全国	**82234078**	**68022846**	**70909577**	**57953017**	**43593141**	**36648642**
北京	1837220	1455855	1837220	1455855	15532	15567
天津	1646364	1231413	1646364	1231413		
河北	3261194	2492385	2866739	2200288	1537149	1415125
山西						
内蒙古						
辽宁	1738060	1658292	694407	616409	342109	256565
吉林						
黑龙江	123239	94816	123239	94816	123239	94816
上海	1828882	1395449	1393050	1172006		
江苏	13191420	10972524	13182458	10967776	13178845	10965815
浙江	12727222	9980358	11780974	9184611	8761014	7404129
安徽	3857223	3120480	3857223	2948774	139747	118651
福建	4128	2252	2434	2252	2434	2252
江西						
山东	7633298	7422813	7596214	7386887	7596214	7386887
河南	2905370	2290656	1546248	1079021	837006	572225
湖北	1119817	943741	1119817	943741	466294	341900
湖南						
广东	20241719	17809273	16672672	13869219	6241527	5084981
广西	2613651	2207655	2311994	1925475	887182	667498
海南						
重庆	2299683	1638594	28385	25804	26648	24396
四川	537040	406314	533681	400248	280	
贵州						
云南	181153	90401	181153	90401		
西藏						
陕西						
甘肃						
青海						
宁夏	1164413	700762	1164413	700762	1150402	689972
新疆	3322984	2108815	2370893	1657262	2287519	1607864

单位：万元

非自有配送中心配送商品购进额		商品销售额		零售额	
2011年	2010年	2011年	2010年	2011年	2010年
11139983	**10076916**	**91182466**	**72378251**	**47247948**	**33502396**
		2273609	1828575	906953	676731
1646364	1231413	1445305	1302405	802141	696598
		3633790	3041424	1903140	1297441
		1912636	1595756	639542	588474
		124158	95859	37609	22287
		1892008	1493827	696476	446603
1613	1077	15161954	10594955	6175945	4537160
		13357270	10501295	8827742	4596242
		4096020	2408973	2875269	2274197
		246729	213279	138897	77314
		307339	278547		
		8123915	7804973	5783006	3879190
		2972823	2396060	1497653	1288842
		916725	767732	533531	441520
9394601	8784239	19666831	17082481	11499375	9173161
		6109651	4475324	2609788	1688657
		2375118	1791415	531984	403882
21		573890	477324	377949	318760
		1515193	1125258	161596	125560
14010	10789	945053	722007	234454	171628
83374	49399	3532449	2380783	1014900	798151

2-17 续表 7

机械设备、五金交电及电子产品批发

项目	商品购进总额		统一配送商品购进额		自有配送中心配送商品购进额	
	2011年	2010年	2011年	2010年	2011年	2010年
全国	**961832**	**752929**	**880594**	**740789**	**56705**	**111603**
北京						
天津	1835	1665	1835	1665	1835	1665
河北						
山西						
内蒙古						
辽宁						
吉林						
黑龙江						
上海						
江苏	4875	4484	3900	3587		
浙江	191837	160512	191837	160512	42005	30593
安徽						
福建	3443	1784	3443	1784	3443	1784
江西	205894	151060	205894	151060		
山东	43521	41011	43521	41011		
河南	21786	12784	21786	12784		
湖北						
湖南						
广东	358473	258647	358473	258647	9422	9524
广西	47480	39248	47480	39248		
海南						
重庆						
四川	12338	11243				
贵州						
云南	70350	70491	2425	70491		68037
西藏						
陕西						
甘肃						
青海						
宁夏						
新疆						

单位：万元

非自有配送中心配送商品购进额		商品销售额		零售额	
2011年	2010年	2011年	2010年	2011年	2010年
539640	**417557**	**1054366**	**836282**	**177848**	**136201**
		33522	28203		
975	897	5398	3262	2172	1305
146093	126526	231000	189249	112698	88219
		6287	1994	853	732
		209199	150519		
43521	41011	42141	40156		
		21776	12676	2034	1978
349051	249123	370192	271381	26225	23296
		45049	54557	17373	15095
		13630	10086	5337	3306
		76171	74200	11156	2270

2-17 续表 8

其他批发

项　目	商品购进总额		统一配送商品购进额		自有配送中心配送商品购进额	
	2011年	2010年	2011年	2010年	2011年	2010年
全　国	**227937**	**185040**	**214475**	**176883**	**15068**	**12011**
北　京						
天　津						
河　北						
山　西						
内蒙古						
辽　宁	3223	2314	3223	2314		
吉　林						
黑龙江						
上　海	7876	8122	7876	8122		
江　苏						
浙　江						
安　徽						
福　建						
江　西						
山　东	2316	2097				
河　南						
湖　北						
湖　南	6275	5003	5532	4652	5532	4652
广　东	188309	154435	188309	154435		
广　西						
海　南						
重　庆	10403	5709				
四　川	177	177	177	177	177	177
贵　州						
云　南						
西　藏						
陕　西						
甘　肃						
青　海						
宁　夏	9358	7182	9358	7182	9358	7182
新　疆						

单位：万元

非自有配送中心配送商品购进额		商品销售额		零售额	
2011年	2010年	2011年	2010年	2011年	2010年
13554		**236601**	**195891**	**203205**	**176220**
		3264	2382		
		13246	12335	7437	7928
		3000	2726	2795	2553
		7907	6404	7907	6404
13554		189486	159335	185067	159335
		10310	5325		
		191	191		
		9198	7194		

2-17 续表 9

零售业

项　目	商品购进总额		统一配送商品购进额		自有配送中心配送商品购进额	
	2011年	2010年	2011年	2010年	2011年	2010年
全　国	**190842932**	**156910635**	**137096039**	**110192969**	**76682998**	**62443498**
北　京	18518268	15634853	7844599	6008482	2851661	2324349
天　津	5368360	4627850	3857530	3310034	448819	377541
河　北	6284601	4476582	3409406	2275734	2633782	1722227
山　西	1794682	1687802	983488	915993	240065	186244
内蒙古	5566650	4591570	5539175	4570814	4971680	4066428
辽　宁	5859744	4213322	5138869	3543612	2335419	1857921
吉　林	1362739	1055794	1262233	969809	1069833	782910
黑龙江	2111575	1711788	1990427	1578875	1437554	1091281
上　海	20747022	17722421	14222380	13105001	7143129	6272217
江　苏	28085518	25905233	19227505	17401262	16675523	15200403
浙　江	4710947	3955903	3983396	3506392	2806965	2240081
安　徽	6548682	5092839	4032380	3017789	2637553	1859214
福　建	7592566	6149629	4655525	3150324	1631802	756614
江　西	2551393	2228926	2034613	1887393	993264	957375
山　东	11338931	8975587	5616222	4264650	3942483	2670603
河　南	3662077	2906142	1863147	1537644	1034766	924156
湖　北	8917411	7761398	6257116	5483361	5321787	4362898
湖　南	6767473	5519197	5785250	4449648	1722225	1448329
广　东	27286359	21570039	25138218	19459369	9273805	8017864
广　西	812989	737485	796365	724103	427926	420546
海　南	38045	28254	34985	25834	4682	2605
重　庆	5771543	3144319	4859647	2292386	2903293	1571562
四　川	3028340	2520407	2927716	2412158	1411291	1130990
贵　州	107837	95899	107375	94176	47045	42778
云　南	2274031	1813925	2240417	1744387	829074	765856
西　藏	21741	18348	21741	18348		
陕　西	693549	557075	374806	287999	76202	56956
甘　肃	868607	712780	868607	712780	50723	54067
青　海	95353	87704	53904	64100		
宁　夏	377881	269632	370831	268637	367039	266674
新　疆	1678022	1137934	1598168	1111875	1393608	1012808

单位：万元

非自有配送中心配送商品购进额		商品销售额		零售额	
2011年	2010年	2011年	2010年	2011年	2010年
20721440	**17579286**	**225612913**	**185430728**	**177296772**	**143832240**
2469686	2108314	20851180	17427395	16121056	13633837
3374744	2911056	5408417	4799274	3918151	3294412
167388	87175	6872918	5294973	4201179	3146232
13419	35564	2882827	2051144	2398786	1758186
4513	4682	5644780	4645908	5604987	4617852
1170854	665915	6579191	4902910	4314495	3802382
		1452475	1066189	1309451	1045989
231048	207880	2320178	1608617	1925831	1559864
2487986	2640256	28020494	24735896	16524802	15272746
1707031	1274513	33240337	28649720	22900661	18224567
241151	398029	5186170	4418506	4699638	4114990
63084	56771	7365482	5849202	5295201	4108281
365053	240126	10319707	7580780	9110800	6657194
341616	153786	5984264	4696009	4653572	3454147
1003676	856024	13982695	11422716	11285208	9047121
56503	32724	3841283	3099141	3569945	2774901
517857	412457	10783051	8307937	9338473	7305857
75735	45993	7795700	6252718	7067563	5391267
5205039	4738257	30144072	26170802	27566493	23145774
34603	25177	902401	782428	870476	764273
		36915	22597	34295	22597
600179	352082	5987282	3619180	5725281	3527726
192366	78466	3307520	2695704	2861331	2338607
16557	12551	115320	105655	113726	104082
97298	92410	2467090	2071766	2269792	1838073
		18505	15804	18505	15804
77510	47803	778127	648134	768278	641119
23	902	863488	752196	721162	636228
		144889	108086	139874	105017
2692	1962	354525	292778	338648	268132
203832	98408	1961630	1336563	1629113	1214988

2-17 续表 10

综合零售

项目	商品购进总额		统一配送商品购进额		自有配送中心配送商品购进额	
	2011年	2010年	2011年	2010年	2011年	2010年
全国	**83609610**	**66933097**	**54724944**	**42611936**	**31812949**	**24511275**
北京	9246731	7323670	5422180	3930806	1596050	1242753
天津	823064	720434	169343	151127	162372	148499
河北	2520380	1990053	636716	436933	429537	319199
山西	600339	469378	209175	179780	30849	24553
内蒙古	81814	24647	71432	16856	65380	12965
辽宁	766854	431874	431295	198401	52937	44922
吉林	136884	126299	89620	83997	35994	22328
黑龙江	489691	369688	401547	311728	243070	169985
上海	13125685	10645503	7268008	6442269	2536511	2118443
江苏	8087558	6807282	7786076	6543737	7024665	5628102
浙江	3710018	3138768	3147717	2837880	2297759	1821183
安徽	3966121	3425172	1635339	1482611	449510	483933
福建	2740781	2236946	1773971	719660	921377	142066
江西	820397	601130	398422	318450	238821	199204
山东	9625062	7617274	4726945	3469681	3352485	2144271
河南	1657293	1254507	532751	450960	326629	285063
湖北	5717752	4992378	3614573	3156788	3330674	2611127
湖南	2175323	1649668	1766496	1329074	1111783	973591
广东	9601677	7802023	8210333	6409478	4493959	3683425
广西	463891	395602	447267	382220	287338	250654
海南	13899	10326	10839	7906	4682	2605
重庆	3873966	2262627	3037198	1467733	1450510	1062885
四川	1477970	1125209	1420233	1067341	746283	599633
贵州	29075	26053	29075	26053		
云南	717881	646365	714972	643577	275810	288798
西藏	15197	11754	15197	11754		
陕西	645691	523109	338341	261896	53824	38523
甘肃						
青海	76760	49637	35311	26034		
宁夏	210681	128778	203630	127983	200939	126021
新疆	191175	126941	180942	119225	93203	66546

单位：万元

非自有配送中心配送商品购进额		商品销售额		零售额	
2011年	2010年	2011年	2010年	2011年	2010年
7700436	**6671274**	**98882376**	**82402949**	**80724797**	**67349041**
1516094	1295518	10724053	8751385	9564984	7921463
		817627	757597	780246	733080
160848	80969	2698460	2023851	2362438	1755525
13419	10038	660038	565047	621952	527846
1851	2369	135858	69756	125886	66029
22361	10846	890540	740615	829052	673937
		156346	149787	135004	130540
1900	2500	502061	457783	465462	429725
2455399	2609554	19390390	16927653	11112676	10472404
348065	263069	10013112	8516544	7813098	6605057
212816	368779	4187785	3622498	3814264	3434706
21187	17813	4633374	3916729	2958736	2555034
290646	103896	2687611	2026965	2672369	2023443
2165		962287	797164	864043	692644
878308	739443	11622531	9729401	9305701	7782340
50460	29081	1764735	1359509	1683568	1252217
9753	3431	6413910	5267946	5864292	4702768
33975	21573	2259281	1825442	2221114	1794014
764719	583094	10210493	8725106	9787631	7942426
		505597	435643	503798	434480
		15630	10519	13010	10519
564743	351239	3909525	2699435	3854035	2655815
187804	73881	1643356	1303869	1325751	1062208
		32498	28819	30903	27245
6471	7874	828371	714883	813118	698939
		12588	10065	12588	10065
67024	41666	722596	605574	712747	598558
		95668	68881	92559	65811
2692	1962	176670	132594	176670	128312
87739	52680	209387	161893	207103	161893

2-17 续表 11

食品、饮料及烟草制品专门零售

项目	商品购进总额		统一配送商品购进额		自有配送中心配送商品购进额	
	2011年	2010年	2011年	2010年	2011年	2010年
全国	**1519233**	**1227974**	**1220500**	**1047028**	**763062**	**651801**
北京	156619	130589	134334	112009	115154	110214
天津	73886	68402	9942	9066		
河北	3271	2992	3271	2992	1876	1128
山西	7430	4289	7406	4186	7406	4186
内蒙古						
辽宁	19175	18669	6746	8250		
吉林	58888	45371	54459	43956	54459	43956
黑龙江						
上海	36628	30208				
江苏	288488	251871	268163	250995	99004	105356
浙江	117324	106679	111715	101416	76263	76771
安徽	15186	13344	15012	13127	15012	13127
福建	160387	146355	148358	139010	60354	63898
江西	43235	28503	43235	28503	26008	16631
山东	159611	148791	157906	146846	149825	139346
河南	67673	52784	54124	39842		
湖北	110510	58498	110510	58498	102803	43161
湖南	3165	10518	3165	10518	3165	10518
广东	74410	50334	59111	39343	32086	14468
广西	837	1730	837	1730		
海南						
重庆	54584	27981	19512	8909	19512	8909
四川	172	172	172	172	134	134
贵州						
云南	17479	21067	5980	21067		
西藏	6543	6594	6543	6594		
陕西						
甘肃						
青海						
宁夏						
新疆	43733	2235				

单位：万元

非自有配送中心配送商品购进额		商品销售额		零售额	
2011年	2010年	2011年	2010年	2011年	2010年
89743	**160374**	**1888462**	**1446927**	**1646710**	**1227996**
14191		252725	196296	244938	194861
		98621	78506	88090	64256
1238	1686	4287	4043	3497	3229
		8358	4030	8358	4030
		31938	21562	31938	21562
		52848	43076	52848	43076
		43185	43615	7364	8465
27714	120730	321732	286184	290169	261182
1252	1923	145833	123567	129641	113609
		19427	17188	14426	12743
8888	6415	167203	160896	157540	149622
6371	3181	45431	30294	45431	30294
		182633	169262	129845	77859
		70385	37816	68233	35945
3026	1525	182321	77599	180697	77599
		32215	12504	32215	12504
27024	24875	101198	65709	84761	61759
		1069	1842	1069	1842
		50138	39590	45798	20212
38	38	151	151	151	151
		19817	25184	19817	25184
		5917	5739	5917	5739
		51031	2274	3966	2274

2-17 续表 12

纺织、服装及日用品专门零售

项　目	商品购进总额		统一配送商品购进额		自有配送中心配送商品购进额	
	2011年	2010年	2011年	2010年	2011年	2010年
全　国	**2298814**	**1784724**	**1346311**	**1125416**	**817929**	**716285**
北　京	514673	429538	289300	239220	66576	56106
天　津	24181	17537	24181	17537	4761	4810
河　北	44491	40041	44491	40041	41915	38351
山　西	8044	7565	8044	7565	1311	1143
内蒙古						
辽　宁	42395	20460	42395	20460		
吉　林	11587	11735				
黑龙江	1752	49	1752	49	1752	49
上　海	810555	473140	251279	159830	166992	89621
江　苏	1999	1366	1361	1087	1042	947
浙　江	189599	177130	64128	64579	38476	34471
安　徽	6710	6945	6710	6945	6710	6945
福　建	38519	28882	28574	20439	27642	19726
江　西	14638	11157	10021	7623	10021	7623
山　东	4999	4407	3030	2911	1744	1651
河　南	30026	30611	28944	29019	20083	22063
湖　北	99541	103407	99541	102143	72629	77806
湖　南	13019	18046	13019	18046	13019	18046
广　东	332589	330010	332589	322226	285383	312611
广　西						
海　南						
重　庆	62965	15867	50631	9039	38078	9039
四　川	13496	10657	13286	10482	12886	10132
贵　州						
云　南	19534	11767	19534	11767		
西　藏						
陕　西	6910	5144	6910	5144	6910	5144
甘　肃						
青　海	6541	29186	6541	29186		
宁　夏						
新　疆	50	78	50	78		

单位：万元

非自有配送中心配送商品购进额		商品销售额		零售额	
2011年	2010年	2011年	2010年	2011年	2010年
112287	**72115**	**2933385**	**2321589**	**2528355**	**1978080**
43070	34981	676943	550882	431343	327419
2367	2984	27985	24298	27665	23790
		70728	68381	13981	12947
		8147	7652	8147	7652
		46594	22604	46594	22604
		32393	22997	32393	22997
		2533	71	2533	71
2535	3049	1131664	775611	1050419	734236
		4447	3629	3802	3343
12924	17825	112729	105191	104403	96273
		6187	6520	4045	3859
		48400	37587	46829	36823
		18365	15454	18061	15152
		4924	4493	4924	4493
		39838	39605	39838	39605
5800	5700	112148	103348	111042	102954
		22283	25478	22283	25478
45541	7498	393892	410385	390862	404550
		84088	25719	82001	22149
		22770	20069	22770	20069
		18848	13918	18848	13918
		10527	7708	10527	7708
		36893	29926	34986	29926
50	78	60	66	60	66

2-17 续表 13

文化、体育用品及器材专门零售

项目	商品购进总额		统一配送商品购进额		自有配送中心配送商品购进额	
	2011年	2010年	2011年	2010年	2011年	2010年
全国	**2694653**	**2208647**	**2606543**	**2075939**	**1957378**	**1586834**
北京	56977	51056	22056	22556	860	750
天津						
河北						
山西						
内蒙古						
辽宁	26521	40103				
吉林						
黑龙江	55346	97501	55346	53582	10521	9663
上海	535228	434102	535228	434102	207396	176611
江苏	6327	5262	6327	5262	6327	5262
浙江	122652	71524	122652	71524	13284	8520
安徽						
福建	39023	29719	39023	29719	37533	28433
江西	458302	423368	458302	423368	456545	421777
山东	96367	72335	74686	63314	66423	55280
河南	6882	6525	5038	4261	3339	3697
湖北	87374	69188	87374	69188	58892	51181
湖南	34998	69556	34998	69556	28184	65161
广东	82734	66222	82734	66222	46418	28545
广西	18874	16205	18874	16205	18874	16205
海南						
重庆	341256	166974	341256	160789	341256	160789
四川	525581	407894	525581	407894	516552	402903
贵州						
云南	61755	56679	58613	53961	7618	27622
西藏						
陕西						
甘肃						
青海						
宁夏	9819	8784	9819	8784	8719	8784
新疆	128638	115652	128638	115652	128638	115652

单位：万元

非自有配送中心配送商品购进额		商品销售额		零售额	
2011年	2010年	2011年	2010年	2011年	2010年
36422	**32854**	**2707212**	**2237069**	**2177079**	**1919955**
3396	3955	84280	62585	80663	58729
		37062	37748	31962	27657
		142522	130211	142522	130211
		504604	441485	494977	441485
		8321	7325	7833	7325
		109438	52302	78198	40601
		41592	36396	38536	36396
		464117	418754	280561	253411
		91758	71673	91758	39917
		6965	6338	6965	6338
		94068	77018	86001	69699
		49659	90065	49659	89890
2480	2559	69618	58198	48629	43346
		15841	14524	15841	14524
		340949	161744	160424	161744
		449409	388102	376449	330948
30547	26340	62476	61858	52604	50668
		9278	8286	9278	8286
		125255	112458	124220	108780

2-17 续表 14

医药及医疗器材专门零售

项　目	商品购进总额		统一配送商品购进额		自有配送中心配送商品购进额	
	2011年	2010年	2011年	2010年	2011年	2010年
全　国	**4076869**	**3549068**	**3710493**	**3226825**	**2442039**	**2219516**
北　京	161600	153019	153400	142507	43493	48245
天　津	49964	43295	20605	11295	20605	11295
河　北	106670	80940	99559	73846	87605	64847
山　西	67078	54685	63932	50327	60851	46375
内蒙古	27287	23838	15397	15399	11588	11826
辽　宁	437653	416608	354544	381154	153263	137908
吉　林	38446	81798	35344	80627	28298	75321
黑龙江	179304	156423	174808	155587	136245	127208
上　海	208308	188704	143566	134858	102101	98236
江　苏	262171	242758	242943	227989	189072	187620
浙　江	389992	309155	381825	302775	270779	205993
安　徽	100571	52600	100571	51268	47115	28759
福　建	62550	49522	47867	40353	17299	11580
江　西	58045	47166	51456	40117	37507	29839
山　东	119533	79935	103300	69743	77699	52761
河　南	197408	170849	173886	149824	66353	106877
湖　北	160297	118756	160156	118557	123587	85509
湖　南	97069	73935	94860	72757	43464	36292
广　东	306376	292779	305684	292779	213834	245423
广　西	109626	97511	109626	97511	64351	63588
海　南	24146	17928	24146	17928		
重　庆	136835	110705	109113	85751	66950	80095
四　川	102771	104630	85762	86905	61474	59114
贵　州	78762	69846	78299	68123	47045	42778
云　南	348273	312055	345894	267717	271407	192866
西　藏						
陕　西	30930	21907	19537	14044	9051	7908
甘　肃	58507	57388	58507	57388	49309	52287
青　海	12052	8880	12052	8880		
宁　夏	34629	31130	34629	31130	34629	31130
新　疆	110019	80323	109226	79688	107063	77835

单位：万元

非自有配送中心配送商品购进额		商品销售额		零售额	
2011年	2010年	2011年	2010年	2011年	2010年
418608	**309389**	**4650470**	**4047585**	**4279101**	**3690869**
99134	78756	207645	198127	174252	166824
		48053	41798	48053	41798
5302	4521	123787	91882	118948	86936
	636	85565	66983	85565	66983
2662	2313	24574	22322	13185	12197
1779	1833	481942	413935	410847	381396
		55156	59712	51059	58759
12838	5185	197386	176350	195327	176350
30052	27654	230419	222113	230263	195658
51636	31005	315706	274963	307854	267886
14159	9503	439626	358707	427294	308666
		87339	61689	78582	53835
8392	15249	81992	61486	81926	61459
		71029	60144	71029	60144
145	111	135653	97006	121957	87134
6043	3643	206701	225565	151092	171554
2104	1293	204020	145812	184031	136415
45	36	119531	102539	119531	102539
20974	18104	363780	359365	336284	335083
34603	25177	135270	114279	135270	114279
		21285	12078	21285	12078
35436	844	178747	133459	161903	109040
4524	4547	141276	125712	118553	95874
16557	12551	82823	76836	82823	76836
60280	58197	345520	321488	300784	296227
10486	6136	35720	26987	35720	26987
23	902	70851	63360	62289	59672
		12328	9280	12328	9280
		40864	35536	37737	33174
1434	1194	105885	88076	103331	85805

2-17 续表 15

汽车、摩托车、燃料及零配件专门零售

项　目	商品购进总额		统一配送商品购进额		自有配送中心配送商品购进额	
	2011年	2010年	2011年	2010年	2011年	2010年
全　国	**60897682**	**47149753**	**49445263**	**37294613**	**22713585**	**17456845**
北　京	5571198	4897844				
天　津	3632830	3110950	3372378	2908072		
河　北	3347159	2152572	2393946	1517817	1932269	1160226
山　西	940445	886569	540242	421750		
内蒙古	5333123	4426846	5333123	4426846	4853142	3996610
辽　宁	3867970	2676002	3604714	2325741	1954483	1512899
吉　林	901858	600102	901858	600102	901858	600102
黑龙江	997124	744813	997124	744813	997124	744813
上　海	4031917	3681164	4031917	3681164	4031917	3681164
江　苏	1095206	719453	1095206	719453	4946	4989
浙　江	31410	29799	5406	5369	1097	2717
安　徽	2056219	1250518	2056219	1250518	2056219	1250518
福　建	3481448	2773191	1767359	1494217	181206	204343
江　西	1078175	960458	999824	915888	183510	155373
山　东	863722	654067	307990	283119	65930	61694
河　南	935214	718281	314342	206263		
湖　北	1752273	1494496	1406024	1255861	1302164	1206741
湖　南	4199811	3566705	3628624	2822120	299680	236557
广　东	13536782	10095401	13470267	10020450	2533135	2171977
广　西	102770	82245	102770	82245	2348	1472
海　南						
重　庆	663841	1542	663841	1542	663841	1242
四　川						
贵　州						
云　南	782564	453014	782564	453014		
西　藏						
陕　西	3600	1533	3600	1533		
甘　肃	808685	653612	808685	653612		
青　海						
宁　夏						
新　疆	882337	518577	857242	503103	748719	463408

单位：万元

非自有配送中心配送商品购进额		商品销售额		零售额	
2011年	2010年	2011年	2010年	2011年	2010年
9991031	**8244596**	**74123509**	**57676840**	**54481893**	**41386625**
		5893927	5028211	2712993	2408408
3372378	2908072	3658738	3143235	2217743	1706582
		3703473	2882362	1443241	1074552
		1827918	1154744	1381964	898987
		5333123	4426846	5333123	4426846
1042057	565986	4374448	3064992	2247435	2078965
		949326	614190	831741	614190
		1081199	545788	725510	525093
		4297545	3921902	1262207	1087665
1089177	713329	1141664	878760	1141501	562424
		32321	30042	22996	22088
		2182520	1498383	1815124	1142211
		6195275	4364746	5044023	3507206
318768	142919	4230073	3206303	3199055	2245361
125223	116470	1445353	946987	1141021	663831
		967209	762457	848954	610267
103859	49120	2655860	1693360	1915949	1395899
41715	24384	5023414	3932868	4346269	3108958
3789331	3684621	15692710	13622171	13888630	11692367
		85678	70799	57536	54954
		737444	1506	737444	1506
		837599	607299	743873	453014
		1319	1538	1319	1538
		791096	686991	657332	574710
108523	39696	984277	590362	764913	529002

2-17 续表 16

家用电器及电子产品专门零售

项目	商品购进总额		统一配送商品购进额		自有配送中心配送商品购进额	
	2011年	2010年	2011年	2010年	2011年	2010年
全国	**34550046**	**32818344**	**23495997**	**22303069**	**15916096**	**15055389**
北京	2654294	2398704	1787086	1530662	993285	835559
天津	701323	583675	261080	212937	261080	212937
河北	259209	206809	228002	200929	137159	135300
山西	171346	265317	154689	252386	139648	109987
内蒙古	124426	116239	119224	111713	41570	45028
辽宁	653555	592554	653555	592554	174737	162191
吉林	215076	190489	180951	161127	49224	41203
黑龙江	388360	343314	359851	313117	48843	39563
上海	1823828	2068720	1823828	2068720		
江苏	18329767	17865561	9813429	9641061	9346683	9266295
浙江	144324	120088	144324	120088	103679	87666
安徽	359991	303323	174644	172383	61000	73952
福建	1069858	885015	850374	706927	386391	286567
江西	78600	157143	73353	153444	40851	126928
山东	462613	391240	235343	221499	221356	208063
河南	767580	672586	754062	657476	618362	506457
湖北	989664	924675	778938	722326	331037	287373
湖南	244090	130769	244090	127579	222932	108165
广东	2816498	2443503	2602880	2229897	1662872	1552797
广西	116991	144193	116991	144193	55016	88627
海南						
重庆	638096	558623	638096	558623	323147	248604
四川	885788	848239	860122	815758	73962	59074
贵州						
云南	299662	286123	285977	266428	274238	256571
西藏						
陕西	6418	5382	6418	5382	6418	5382
甘肃	1415	1780	1415	1780	1415	1780
青海						
宁夏	122753	100940	122753	100740	122753	100740
新疆	224526	213341	224526	213341	218440	208580

单位：万元

非自有配送中心配送商品购进额		商品销售额		零售额	
2011年	2010年	2011年	2010年	2011年	2010年
2305447	**2024710**	**38874581**	**33864756**	**30148153**	**25069407**
793801	695104	2737360	2339254	2657494	2274602
		691641	663008	690601	634074
		268454	221131	255344	209720
	24890	292801	252688	292801	252688
		151226	126984	132794	112779
104658	87251	671105	584447	671105	579252
		206405	176427	206405	176427
216310	200195	394477	298414	394477	298414
		2185061	2159608	2185061	2159608
190439	146380	21415004	18665091	13316293	10500235
		147507	121553	111910	94398
		393568	318772	381220	310678
57127	114566	1097634	892704	1069580	842245
14312	7686	192962	167896	175391	157142
		492378	396800	488803	390345
		785451	667852	771296	658976
393314	351388	1120724	942854	996462	820522
		289316	263821	276491	257884
529400	392490	2754499	2414462	2565102	2232173
		158947	145342	156962	144195
		686392	557728	683677	557261
		1025624	834082	992723	805638
		305723	293620	298919	281096
		7966	6328	7966	6328
		1540	1845	1540	1845
		127714	116363	114963	98360
6086	4761	273103	235684	252773	212523

2-17 续表 17

五金、家具及室内装修材料专门零售

项目	商品购进总额		统一配送商品购进额		自有配送中心配送商品购进额	
	2011年	2010年	2011年	2010年	2011年	2010年
全国	**540885**	**670244**	**357842**	**360656**	**188607**	**182884**
北京	156176	250434	36244	30721	36244	30721
天津	63111	83558				
河北						
山西						
内蒙古						
辽宁						
吉林						
黑龙江						
上海	143246	162539	143246	156221	72903	80306
江苏	10218	9848	10218	9848		
浙江	5629	2761	5629	2761	5629	2761
安徽						
福建						
江西						
山东	5768	6390	5768	6390	5768	6390
河南						
湖北						
湖南						
广东	72230	77023	72230	77023	6117	8619
广西						
海南						
重庆						
四川	22562	23606	22562	23606		
贵州						
云南						
西藏						
陕西						
甘肃						
青海						
宁夏						
新疆	61946	54087	61946	54087	61946	54087

单位：万元

非自有配送中心配送商品购进额		商品销售额		零售额	
2011年	2010年	2011年	2010年	2011年	2010年
23179	**23064**	**869563**	**867481**	**787406**	**771667**
		274246	300656	254388	281531
		65753	90833	65753	90833
		207133	211657	151343	140972
		12978	12964	12737	12853
		10931	4649	10931	4649
		6268	5894		
23179	23064	94573	102462	94573	102462
		24934	23721	24934	23721
		172748	114645	172748	114645

2-17 续表 18

无店铺及其他零售

项目	商品购进总额		统一配送商品购进额		自有配送中心配送商品购进额	
	2011年	2010年	2011年	2010年	2011年	2010年
全国	**655139**	**568783**	**188147**	**147487**	**71354**	**62669**
北京						
天津						
河北	3421	3176	3421	3176	3421	3176
山西						
内蒙古						
辽宁	45621	17052	45621	17052		
吉林						
黑龙江						
上海	31627	38340	25309	27837	25309	27837
江苏	3784	1830	3784	1830	3784	1830
浙江						
安徽	43884	40936	43884	40936	1987	1979
福建						
江西						
山东	1255	1147	1255	1147	1255	1147
河南						
湖北						
湖南						
广东	463065	412745	2390	1953		
广西						
海南						
重庆						
四川						
贵州						
云南	26884	26856	26884	26856		
西藏						
陕西						
甘肃						
青海						
宁夏						
新疆	35598	26700	35598	26700	35598	26700

单位：万元

非自有配送中心配送商品购进额		商品销售额		零售额	
2011年	2010年	2011年	2010年	2011年	2010年
44287	**40910**	**683356**	**565532**	**523277**	**438600**
		3730	3322	3730	3322
		45562	17008	45562	17008
		30494	32252	30494	32252
		7374	4261	7374	4261
41897	38958	43066	29921	43066	29921
		1200	1201	1200	1201
2390	1953	463309	412945	370022	331608
		48736	33517	21830	19027
		39886	31106		

2-18 按行业分各地区连锁零售

批发业

项目	商品购进总额		统一配送商品购进额		自有配送中心配送商品购进额	
	2011年	2010年	2011年	2010年	2011年	2010年
全国	**2648598**	**2057300**	**2505741**	**1945686**	**1793416**	**1419731**
北京	48008	47832	44507	44635	8957	9627
天津						
河北						
山西						
内蒙古						
辽宁	4065	3250	4065	3250		
吉林						
黑龙江						
上海						
江苏	548017	402703	546268	394701	529884	391961
浙江	614553	468236	578086	436956	524997	405254
安徽	460560	432039	460560	432039	318772	262192
福建						
江西						
山东						
河南						
湖北	3936	2649	3936	2649	3936	2649
湖南	12578	4671	11225	2582	3233	2582
广东	338346	273923	309782	251951	290360	236553
广西	7962	5751	5417	3458	4862	3458
海南						
重庆	53260	31086	25378	20592	20821	17734
四川	5640	23819	5640	23819	4750	23063
贵州						
云南	363206	211805	362305	210936		
西藏						
陕西						
甘肃						
青海						
宁夏	122346	95758	82846	64658	82846	64658
新疆	66123	53779	65728	53462		

企业加盟门店经营情况

单位：万元

非自有配送中心配送商品购进额		商品销售额		零售额	
2011年	2010年	2011年	2010年	2011年	2010年
268340	**275458**	**5037638**	**4200932**	**1262269**	**1038893**
33674	33867	37360	46040	3187	3100
		3886	2944	3886	2944
	1238	549110	400558	18034	14222
8297	2608	756091	591151	726138	564370
141788	169847	433504	418997		
		7551	12324	7551	12324
		11616	5785	5453	5785
18003	14437	2508236	2305306	333336	281426
		8114	17783	4955	14558
851		57654	38368	6755	8470
		7088	28145	1739	24143
		338759	185162	46	53
		122691	96130	115800	91850
65728	53462	195978	52240	35389	15648

2-18　续表 1

农畜产品批发

项　目	商品购进总额		统一配送商品购进额		自有配送中心配送商品购进额	
	2011年	2010年	2011年	2010年	2011年	2010年
全　国	**244484**	**168247**	**244484**	**168247**	**233207**	**158397**
北　京						
天　津						
河　北						
山　西						
内蒙古						
辽　宁	4065	3250	4065	3250		
吉　林						
黑龙江						
上　海						
江　苏						
浙　江						
安　徽	240419	164997	240419	164997	233207	158397
福　建						
江　西						
山　东						
河　南						
湖　北						
湖　南						
广　东						
广　西						
海　南						
重　庆						
四　川						
贵　州						
云　南						
西　藏						
陕　西						
甘　肃						
青　海						
宁　夏						
新　疆						

单位：万元

非自有配送中心配送商品购进额		商品销售额		零售额	
2011年	2010年	2011年	2010年	2011年	2010年
7213	**6600**	**217197**	**155278**	**3886**	**2944**
		3886	2944	3886	2944
7213	6600	213311	152334		

2-18 续表 2

食品、饮料及烟草制品批发

项　目	商品购进总额		统一配送商品购进额		自有配送中心配送商品购进额	
	2011年	2010年	2011年	2010年	2011年	2010年
全　国	**52614**	**49744**	**51557**	**46684**	**40989**	**43115**
北　京	3337	4014	3337	4014	3337	4014
天　津						
河　北						
山　西						
内蒙古						
辽　宁						
吉　林						
黑龙江						
上　海						
江　苏	1312	1723	1312	1723	1312	1723
浙　江	43087	37401	42882	37401	34585	34793
安　徽						
福　建						
江　西						
山　东						
河　南						
湖　北						
湖　南						
广　东	2854	2922	2854	2922	1434	1961
广　西						
海　南						
重　庆	2024	3683	1173	623	322	623
四　川						
贵　州						
云　南						
西　藏						
陕　西						
甘　肃						
青　海						
宁　夏						
新　疆						

单位：万元

非自有配送中心配送商品购进额		商品销售额		零售额	
2011年	2010年	2011年	2010年	2011年	2010年
9149	**2608**	**54498**	**53461**	**54498**	**53461**
		3187	3101	3187	3100
		1650	1913	1650	1913
8297	2608	43351	39209	43351	39209
		4117	4687	4117	4687
851		2193	4551	2193	4551

2-18 续表 3

纺织、服装及日用品批发

项　目	商品购进总额		统一配送商品购进额		自有配送中心配送商品购进额	
	2011年	2010年	2011年	2010年	2011年	2010年
全　国	**425835**	**302704**	**425835**	**302704**	**387167**	**301563**
北　京	1877	1141	1877	1141		
天　津						
河　北						
山　西						
内蒙古						
辽　宁						
吉　林						
黑龙江						
上　海						
江　苏	16384	12309	16384	12309		12309
浙　江	398983	269179	398983	269179	386567	269179
安　徽						
福　建						
江　西						
山　东						
河　南						
湖　北						
湖　南	7991		7991			
广　东	600	960	600	960	600	960
广　西						
海　南						
重　庆						
四　川		19116		19116		19116
贵　州						
云　南						
西　藏						
陕　西						
甘　肃						
青　海						
宁　夏						
新　疆						

单位：万元

非自有配送中心配送商品购进额		商品销售额		零售额	
2011年	2010年	2011年	2010年	2011年	2010年
		553560	**417587**	**545917**	**415390**
		1259	1197		
		16384	12309	16384	12309
		529533	380444	529533	380444
		6163			
		221	1000		
			22637		22637

2-18 续表 4

医药及医疗器材批发

项　目	商品购进总额		统一配送商品购进额		自有配送中心配送商品购进额	
	2011年	2010年	2011年	2010年	2011年	2010年
全　国	**90435**	**60949**	**41580**	**31998**	**22299**	**16416**
北　京						
天　津						
河　北						
山　西						
内蒙古						
辽　宁						
吉　林						
黑龙江						
上　海						
江　苏						
浙　江	3046	1781	3046	1781	2657	1392
安　徽						
福　建						
江　西						
山　东						
河　南						
湖　北						
湖　南						
广　东	62719	48857	34155	26885	16152	12448
广　西						
海　南						
重　庆	20096	6706	706	596	706	596
四　川	3673	2736	3673	2736	2784	1980
贵　州						
云　南	901	869				
西　藏						
陕　西						
甘　肃						
青　海						
宁　夏						
新　疆						

单位：万元

非自有配送中心配送商品购进额		商品销售额		零售额	
2011年	2010年	2011年	2010年	2011年	2010年
18003	**14437**	**118536**	**83917**	**50017**	**41125**
		2586	2216	1395	2216
18003	14437	88564	68682	45623	36282
		20497	8328	1214	1068
		5257	3676	1739	1505
		1632	1014	46	53

2-18 续表 5

矿产品、建材及化工产品批发

项目	商品购进总额		统一配送商品购进额		自有配送中心配送商品购进额	
	2011年	2010年	2011年	2010年	2011年	2010年
全国	**1807030**	**1455349**	**1723739**	**1379859**	**1091389**	**884045**
北京	42794	42676	39294	39480	5620	5613
天津						
河北						
山西						
内蒙古						
辽宁						
吉林						
黑龙江						
上海						
江苏	530322	388671	528572	380669	528572	377929
浙江	166134	156545	130532	125963	98546	97259
安徽	220140	267042	220140	267042	85565	103795
福建						
江西						
山东						
河南						
湖北	3936	2649	3936	2649	3936	2649
湖南						
广东	268596	216527	268596	216527	268596	216527
广西	7962	5751	5417	3458	4862	3458
海南						
重庆	23319	19373	23319	19373	19793	16515
四川						
贵州						
云南	362305	210936	362305	210936		
西藏						
陕西						
甘肃						
青海						
宁夏	115400	91400	75900	60300	75900	60300
新疆	66123	53779	65728	53462		

单位：万元

非自有配送中心配送商品购进额		商品销售额		零售额	
2011年	2010年	2011年	2010年	2011年	2010年
233977	**251814**	**4060094**	**3467127**	**595186**	**511835**
33674	33867	32914	41742		
	1238	531076	386336		
		176735	165581	147973	138800
134575	163247	220193	266663		
		7551	12324	7551	12324
		2411909	2226284	280172	235805
		8114	17783	4955	14558
		22698	22176	3347	2851
		337127	184148		
		115800	91850	115800	91850
65728	53462	195978	52240	35389	15648

2-18　续表 6

机械设备、五金交电及电子产品批发

项　目	商品购进总额		统一配送商品购进额		自有配送中心配送商品购进额	
	2011年	2010年	2011年	2010年	2011年	2010年
全　国	**6881**	**7988**	**6221**	**7289**	**6221**	**7289**
北　京						
天　津						
河　北						
山　西						
内蒙古						
辽　宁						
吉　林						
黑龙江						
上　海						
江　苏						
浙　江	3303	3331	2643	2632	2643	2632
安　徽						
福　建						
江　西						
山　东						
河　南						
湖　北						
湖　南						
广　东	3578	4657	3578	4657	3578	4657
广　西						
海　南						
重　庆						
四　川						
贵　州						
云　南						
西　藏						
陕　西						
甘　肃						
青　海						
宁　夏						
新　疆						

单位：万元

非自有配送中心配送商品购进额		商品销售额		零售额	
2011年	2010年	2011年	2010年	2011年	2010年
		7311	**8353**	**7311**	**8353**
		3886	3701	3886	3701
		3425	4652	3425	4652

2-18 续表 7

其他批发

项 目	商品购进总额		统一配送商品购进额		自有配送中心配送商品购进额	
	2011年	2010年	2011年	2010年	2011年	2010年
全 国	**21320**	**12319**	**12326**	**8907**	**12146**	**8907**
北 京						
天 津						
河 北						
山 西						
内蒙古						
辽 宁						
吉 林						
黑龙江						
上 海						
江 苏						
浙 江						
安 徽						
福 建						
江 西						
山 东						
河 南						
湖 北						
湖 南	4587	4671	3233	2582	3233	2582
广 东						
广 西						
海 南						
重 庆	7821	1324	180			
四 川	1967	1967	1967	1967	1967	1967
贵 州						
云 南						
西 藏						
陕 西						
甘 肃						
青 海						
宁 夏	6946	4358	6946	4358	6946	4358
新 疆						

单位：万元

非自有配送中心配送商品购进额		商品销售额		零售额	
2011年	2010年	2011年	2010年	2011年	2010年
		26442	**15210**	**5453**	**5785**
		5453	5785	5453	5785
		12266	3313		
		1831	1831		
		6891	4280		

2-18 续表 8

零售业

项 目	商品购进总额		统一配送商品购进额		自有配送中心配送商品购进额	
	2011年	2010年	2011年	2010年	2011年	2010年
全 国	**10183874**	**9681487**	**9072766**	**8272960**	**5624390**	**5462446**
北 京	252809	226057	185966	155967	154724	130871
天 津	4551	3631	4489	2832	3940	2150
河 北	23062	21702	23062	21702	23062	21702
山 西	99394	83717	4246	5307	4246	4056
内蒙古	1689	1994	1679	1959	971	938
辽 宁	66573	51097	66573	51097		
吉 林	336					
黑龙江						
上 海	5047567	4077706	4978815	3992792	2601324	2184701
江 苏	1350119	1725403	1335970	1718111	1332723	1715520
浙 江	437579	395932	408153	385212	308708	283723
安 徽	627109	573185	393598	322896	190705	176401
福 建	52694	34764	47658	31036	46769	30673
江 西	263547	213830	82791	72304	30431	28960
山 东	488242	397442	222004	187870	211706	183030
河 南	302386	246700	291730	238512	7381	6536
湖 北	47207	45623	45475	43451	41254	39213
湖 南	68489	48087	66303	47004	30652	22930
广 东	712951	867799	684308	844642	469141	520132
广 西	25966	23013	14259	8136	11726	5842
海 南						
重 庆	118840	525443	102819	69670	88167	60177
四 川	70562	45165	65273	42044	48782	32799
贵 州	2782	3132	2782	3132		
云 南	8733	7797	8733	7797	1563	1642
西 藏						
陕 西	76792	43214	6654	4683		
甘 肃	9199	886	9199	886		
青 海						
宁 夏	1534	240	1039		661	
新 疆	23162	17930	19188	13918	15755	10452

单位：万元

非自有配送中心配送商品购进额		商品销售额		零售额	
2011年	2010年	2011年	2010年	2011年	2010年
991147	**1003892**	**10994252**	**11510014**	**10297382**	**10332699**
29304	22881	324509	287186	324481	286846
549	682	6208	4183	6208	4183
		23062	28312	23062	28312
	1250	103468	85746	103468	85746
708	1021	1660	1599	1660	1599
29943	34263	102130	97199	102130	97199
		553			
556257	452128	5629673	5239449	5171166	4836079
981	1848	1631335	1852169	1629569	1851861
61470	70340	464136	434765	449753	431670
80000	73000	213387	570558	213273	570322
513	363	63070	39877	46574	39535
		234598	176516	149392	110128
2553	1969	467287	497285	456294	480392
1200	1200	362062	318043	298044	253429
3941	3904	52916	49568	52916	49568
7719	2213	77059	54807	77059	54807
197318	324510	819257	978880	802294	892107
98	82	32563	28875	31917	28626
10333	4600	137202	608647	127711	82678
460	938	89711	55954	89237	55934
2683	1857	2432	2081	2432	2081
1305	1376	11326	8763	7678	7206
		107990	62744	107990	62744
		13583	7161		
378		1446	220	1446	220
3434	3466	21631	19430	21631	19430

2-18 续表 9

综合零售

项 目	商品购进总额		统一配送商品购进额		自有配送中心配送商品购进额	
	2011年	2010年	2011年	2010年	2011年	2010年
全 国	**8013401**	**7683414**	**6956372**	**6304992**	**4223681**	**4223831**
北 京	95793	100673	29391	31181	28151	29171
天 津		83				
河 北	23062	21702	23062	21702	23062	21702
山 西	95148	78411				
内 蒙 古	918	1056	908	1021	200	
辽 宁	60978	45834	60978	45834		
吉 林						
黑 龙 江						
上 海	4273447	3468667	4205151	3383912	1862372	1606019
江 苏	1304143	1697734	1298121	1690641	1295736	1689769
浙 江	381786	344972	352360	334253	273102	255633
安 徽	624836	568592	391418	318479	188525	171983
福 建	1561	1687	1561	997	1449	904
江 西	210402	169963	29645	28437	29645	28437
山 东	453046	365272	189137	157908	186584	155335
河 南	6146	5272	3086	2930	800	800
湖 北	36051	34729	34319	32558	34319	32558
湖 南	18135	12848	18109	12813	11371	10593
广 东	236744	190868	208101	167711	207917	167052
广 西	18804	17707	7097	2830	5028	1027
海 南						
重 庆	35286	479953	35286	33298	28814	28871
四 川	46263	22174	45000	21099	30802	13732
贵 州						
云 南	5590	5317	5590	5317	1563	1642
西 藏						
陕 西	63270	34287				
甘 肃						
青 海						
宁 夏	1534	240	1039		661	
新 疆	20461	15372	17014	12070	13580	8604

单位：万元

非自有配送中心配送商品购进额		商品销售额		零售额	
2011年	2010年	2011年	2010年	2011年	2010年
707405	**607830**	**8454850**	**9165325**	**8360419**	**8590163**
508	890	122208	126648	122180	126308
			235		235
		23062	28312	23062	28312
		99848	82250	99848	82250
708	1021	1067	1021	1067	1021
29943	31920	96351	90177	96351	90177
524820	426884	4799217	4549960	4743920	4501392
739	533	1583898	1820776	1582303	1820776
51137	58457	397732	372897	383349	369802
80000	73000	210689	566082	210689	566060
112	93	1508	1686	1508	1686
		169609	121820	148649	108608
2553	1969	427151	460147	426331	460147
1200	1200	6890	5358	6790	5258
		37846	36145	37846	36145
5764	1535	19384	13532	19384	13532
184	659	228487	215811	227887	215373
		23780	22709	23134	22460
4164	3892	32738	553294	32738	44155
457	935	50650	21437	50650	21437
1305	1376	6927	6170	6927	6170
		95612	51471	95612	51471
378		1446	220	1446	220
3434	3466	18750	17168	18750	17168

2-18 续表 10

食品、饮料及烟草制品专门零售

项目	商品购进总额		统一配送商品购进额		自有配送中心配送商品购进额	
	2011年	2010年	2011年	2010年	2011年	2010年
全国	**270686**	**230805**	**270013**	**229633**	**211253**	**167490**
北京	114343	89313	114343	89192	114231	89160
天津	62	716				
河北						
山西						
内蒙古						
辽宁						
吉林						
黑龙江						
上海						
江苏	3173	2057	3173	2057	3173	2057
浙江	4195	2681	4195	2681	4195	2681
安徽	94	2724		2548		2548
福建	42249	28869	42249	28869	41938	28649
江西	53146	43867	53146	43867	785	524
山东	28242	26105	28242	26105	23419	26105
河南	1527	18692	1010	18532		
湖北	3662	2858	3662	2858	3522	2846
湖南	19002	12020	19002	12020	19002	12020
广东	986	898	986	898	986	898
广西						
海南						
重庆						
四川	6	6	6	6	3	3
贵州						
云南						
西藏						
陕西						
甘肃						
青海						
宁夏						
新疆						

单位：万元

非自有配送中心配送商品购进额		商品销售额		零售额	
2011年	2010年	2011年	2010年	2011年	2010年
455	**236**	**337959**	**288946**	**247824**	**218656**
		147229	113258	147229	113258
		100	776	100	776
		4173	3476	4173	3212
		4454	3584	4454	3584
		276	2606	162	2392
311	220	50448	28682	33953	28340
		64989	54696	744	1520
		33994	31305	24833	15175
		1751	30137	1751	30137
140	12	5150	3885	5150	3885
		24703	15626	24703	15626
		687	910	568	746
3	3	5	5	5	5

2-18 续表 11

纺织、服装及日用品专门零售

项 目	商品购进总额		统一配送商品购进额		自有配送中心配送商品购进额	
	2011年	2010年	2011年	2010年	2011年	2010年
全 国	**252781**	**264982**	**247421**	**262216**	**235444**	**241235**
北 京	1674	1479	1674	1479		
天 津						
河 北						
山 西						
内蒙古						
辽 宁	41	57	41	57		
吉 林						
黑龙江						
上 海	45527	15878	45527	15878	45527	15878
江 苏	66	104	66	104	66	104
浙 江	17784	18417	17784	18417	9168	6534
安 徽						
福 建	2511	1898				
江 西						
山 东						
河 南						
湖 北						
湖 南						
广 东	169787	213529	169787	213529	168142	206290
广 西						
海 南						
重 庆	2849	868				
四 川	12541	12429	12541	12429	12541	12429
贵 州						
云 南		323		323		
西 藏						
陕 西						
甘 肃						
青 海						
宁 夏						
新 疆						

单位：万元

非自有配送中心配送商品购进额		商品销售额		零售额	
2011年	2010年	2011年	2010年	2011年	2010年
10842	**19539**	**461859**	**465160**	**403960**	**403413**
580	417	6100	5521	6100	5521
		63	66	63	66
		91951	59198	34053	5686
		310	283	310	283
8616	11883	23423	22001	23423	22001
		3424	2691	3424	2691
1646	7239	316105	356776	316105	349635
		3455	1094	3455	
		17027	16945	17027	16945
			586		586

2-18 续表 12

文化、体育用品及器材专门零售

项　目	商品购进总额		统一配送商品购进额		自有配送中心配送商品购进额	
	2011年	2010年	2011年	2010年	2011年	2010年
全　国	**32625**	**3259**	**32625**	**3259**	**31879**	**2391**
北　京	745	868	745	868		
天　津						
河　北						
山　西						
内蒙古						
辽　宁						
吉　林						
黑龙江						
上　海						
江　苏						
浙　江						
安　徽						
福　建						
江　西						
山　东						
河　南						
湖　北						
湖　南						
广　东	270	259	270	259	270	259
广　西						
海　南						
重　庆	29423	350	29423	350	29423	350
四　川	2185	1782	2185	1782	2185	1782
贵　州						
云　南						
西　藏						
陕　西						
甘　肃						
青　海						
宁　夏						
新　疆						

单位：万元

非自有配送中心配送商品购进额		商品销售额		零售额	
2011年	2010年	2011年	2010年	2011年	2010年
745	**868**	**31889**	**2468**	**26467**	**2366**
745	868	66	113	66	113
		214	223	128	121
		29423	350	24088	350
		2185	1782	2185	1782

2-18 续表 13

医药及医疗器材专门零售

项 目	商品购进总额		统一配送商品购进额		自有配送中心配送商品购进额	
	2011年	2010年	2011年	2010年	2011年	2010年
全 国	**331748**	**301788**	**285514**	**275780**	**134921**	**168246**
北 京	40254	33724	39812	33248	12342	12541
天 津	4489	2832	4489	2832	3940	2150
河 北						
山 西	4246	5307	4246	5307	4246	4056
内蒙古	771	938	771	938	771	938
辽 宁	5553	2863	5553	2863		
吉 林	336					
黑龙江						
上 海	37514	32816	37514	32816	2802	2618
江 苏	17349	9274	9221	9075	8359	7356
浙 江	27706	23390	27706	23390	22243	18875
安 徽						
福 建	6373	2310	3849	1170	3382	1120
江 西						
山 东	5083	4100	2753	1892	1074	925
河 南	16482	14002	9402	8315	6278	5736
湖 北	7494	8035	7494	8035	3413	3810
湖 南	31352	23219	29192	22171	279	317
广 东	41605	65352	41605	65352	23739	65333
广 西	7162	5305	7162	5305	6698	4815
海 南						
重 庆	49926	44272	38110	36022	29930	30956
四 川	9566	8776	5540	6729	3251	4854
贵 州	2782	3132	2782	3132		
云 南	3143	2157	3143	2157		
西 藏						
陕 西	9862	7427	2994	3183		
甘 肃						
青 海						
宁 夏						
新 疆	2700	2558	2174	1848	2174	1848

单位：万元

非自有配送中心配送商品购进额		商品销售额		零售额	
2011年	2010年	2011年	2010年	2011年	2010年
76230	**56484**	**366841**	**327166**	**352634**	**283574**
27470	20707	48906	41646	48906	41646
549	682	6107	3172	6107	3172
	1250	3620	3495	3620	3495
		593	577	593	577
		5716	4613	5716	4613
		553			
31437	25244	47511	69928	47511	48730
242	1315	16782	10899	16613	10854
1718		31887	27455	31887	27455
90	50	7690	6820	7690	6820
		4477	4079	3465	3316
		15480	13573	11285	9300
3801	3892	9920	9538	9920	9538
1955	678	32971	25650	32971	25650
18	20	16061	13752	16061	13752
98	82	8783	6166	8783	6166
6169	708	69990	53910	65834	38173
		19843	15785	19369	15765
2683	1857	2432	2081	2432	2081
		4399	2007	751	450
		10240	9760	10240	9760
		2881	2262	2881	2262

2-18 续表 14

汽车、摩托车、燃料及零配件专门零售

项　目	商品购进总额		统一配送商品购进额		自有配送中心配送商品购进额	
	2011年	2010年	2011年	2010年	2011年	2010年
全　国	**1246957**	**1171206**	**1245600**	**1171206**	**759341**	**641150**
北　京						
天　津						
河　北						
山　西						
内蒙古						
辽　宁		2343		2343		
吉　林						
黑龙江						
上　海	690623	560185	690623	560185	690623	560185
江　苏						
浙　江						
安　徽						
福　建						
江　西						
山　东	630	665	630	665	630	665
河　南	277929	208735	277929	208735		
湖　北						
湖　南						
广　东	263559	396892	263559	396892	68088	80300
广　西						
海　南						
重　庆	1356					
四　川						
贵　州						
云　南						
西　藏						
陕　西	3660	1500	3660	1500		
甘　肃	9199	886	9199	886		
青　海						
宁　夏						
新　疆						

单位：万元

非自有配送中心配送商品购进额		商品销售额		零售额	
2011年	2010年	2011年	2010年	2011年	2010年
195471	**318935**	**1303854**	**1232076**	**869078**	**805653**
	2343		2343		2343
		690623	560185	345312	280093
		560	490	560	490
		337652	268975	277929	208735
195471	316592	257703	391408	241545	312480
		1595		1595	
		2138	1513	2138	1513
		13583	7161		

2-18 续表 15

家用电器及电子产品专门零售

项 目	商品购进总额		统一配送商品购进额		自有配送中心配送商品购进额	
	2011年	2010年	2011年	2010年	2011年	2010年
全 国	**35154**	**25841**	**35154**	**25841**	**27803**	**18071**
北 京						
天 津						
河 北						
山 西						
内 蒙 古						
辽 宁						
吉 林						
黑 龙 江						
上 海						
江 苏	25321	16201	25321	16201	25321	16201
浙 江	6108	6471	6108	6471		
安 徽	2180	1870	2180	1870	2180	1870
福 建						
江 西						
山 东	1243	1300	1243	1300		
河 南	303		303		303	
湖 北						
湖 南						
广 东						
广 西						
海 南						
重 庆						
四 川						
贵 州						
云 南						
西 藏						
陕 西						
甘 肃						
青 海						
宁 夏						
新 疆						

单位：万元

非自有配送中心配送商品购进额		商品销售额		零售额	
2011年	2010年	2011年	2010年	2011年	2010年
		36561	**28664**	**36561**	**28664**
		26104	16702	26104	16702
		6641	8828	6641	8828
		2422	1870	2422	1870
		1106	1264	1106	1264
		289		289	

2-18 续表 16

无店铺及其他零售

项 目	商品购进总额		统一配送商品购进额		自有配送中心配送商品购进额	
	2011年	2010年	2011年	2010年	2011年	2010年
全 国	**524**	**193**	**67**	**33**	**67**	**33**
北 京						
天 津						
河 北						
山 西						
内 蒙 古						
辽 宁						
吉 林						
黑 龙 江						
上 海	457	160				
江 苏	67	33	67	33	67	33
浙 江						
安 徽						
福 建						
江 西						
山 东						
河 南						
湖 北						
湖 南						
广 东						
广 西						
海 南						
重 庆						
四 川						
贵 州						
云 南						
西 藏						
陕 西						
甘 肃						
青 海						
宁 夏						
新 疆						

单位：万元

非自有配送中心配送商品购进额		商品销售额		零售额	
2011年	2010年	2011年	2010年	2011年	2010年
		438	**211**	**438**	**211**
		371	178	371	178
		67	33	67	33

2-19 按业态分各地区连锁零售企业基本情况

便利店

项 目	连锁总店数(个)	门店数(个)		年末从业人员(人)		年末零售营业面积(平方米)	
	2011年	2011年	2010年	2011年	2010年	2011年	2010年
全 国	**83**	**13609**	**12795**	**70977**	**70140**	**1096650**	**1003348**
北 京	6	613	617	2786	2742	54827	51342
天 津	2	76	69	1041	277	10103	9250
河 北	4	372	342	1528	2209	30124	31138
山 西	2	1045	971	4885	5399	46708	40337
内蒙古							
辽 宁	4	367	355	1864	1619	23958	23362
吉 林							
黑龙江	1	262	240	1067	1589	59270	53340
上 海	9	6464	6231	35425	36199	407886	409246
江 苏	11	437	428	2829	2473	32704	30304
浙 江	11	1267	1060	4099	3137	78812	66332
安 徽	1	48	33	473	360	11272	7211
福 建	6	156	134	750	822	14190	10404
江 西	1	83	60	220	180	8000	5600
山 东	1	13	11	328	299	34868	34074
河 南	2	443	440	826	831	35200	26900
湖 北	2	88	72	760	755	19205	11900
湖 南	1	2	2	30	30	486	532
广 东	8	1117	1068	6544	6182	94353	99468
广 西	2	97	74	862	693	9516	7451
海 南							
重 庆							
四 川	3	335	284	3053	2510	61938	37758
贵 州	2	86	84	458	424	8851	8703
云 南	1	115	105	342	515	12023	9765
西 藏							
陕 西	2	43	63	433	452	15997	13131
甘 肃							
青 海							
宁 夏							
新 疆	1	80	52	374	443	26359	15800

2-19　续表 1

折扣店

项　目	连锁总店数(个)	门店数(个)		年末从业人员(人)		年末零售营业面积(平方米)	
	2011年	2011年	2010年	2011年	2010年	2011年	2010年
全　国	**4**	**948**	**882**	**8109**	**8363**	**268552**	**266950**
北　京	2	119	188	1459	2354	76778	92430
天　津							
河　北							
山　西							
内蒙古							
辽　宁							
吉　林							
黑龙江							
上　海	2	829	694	6650	6009	191774	174520
江　苏							
浙　江							
安　徽							
福　建							
江　西							
山　东							
河　南							
湖　北							
湖　南							
广　东							
广　西							
海　南							
重　庆							
四　川							
贵　州							
云　南							
西　藏							
陕　西							
甘　肃							
青　海							
宁　夏							
新　疆							

2-19 续表 2

超市

项 目	连锁总店数（个）	门店数（个）		年末从业人员（人）		年末零售营业面积（平方米）	
	2011年	2011年	2010年	2011年	2010年	2011年	2010年
全 国	**408**	**38554**	**37090**	**589505**	**538063**	**21908917**	**20210384**
北 京	23	1576	1618	44372	43817	1751694	1783751
天 津	5	655	714	5927	6345	133953	149023
河 北	15	187	263	10028	8697	496823	539110
山 西	10	120	102	8748	8041	271752	239460
内蒙古	5	83	76	1357	1361	76695	65671
辽 宁	11	1601	1572	8961	8690	267289	245753
吉 林	5	57	76	2077	2439	89540	109810
黑龙江	4	60	55	6829	4123	141452	134280
上 海	10	6081	6053	111454	109237	3399684	3199595
江 苏	35	4373	4220	95720	90289	3790507	3544622
浙 江	57	7178	6817	48476	44935	1959890	1791892
安 徽	26	1059	947	17490	15822	782585	579638
福 建	16	190	150	4668	4026	153978	166283
江 西	7	94	77	8180	5166	259122	179184
山 东	29	2340	2084	48912	46994	3326710	3115394
河 南	25	849	895	17935	12773	463795	371513
湖 北	11	1413	1237	51178	35470	1493472	1272933
湖 南	13	722	626	6185	5196	163551	179388
广 东	25	411	422	14599	15060	510152	530100
广 西	5	268	250	5289	4815	173724	154741
海 南							
重 庆	19	3268	3302	28583	26207	888770	716621
四 川	29	5276	4903	29395	25663	759104	697229
贵 州	3	54	39	623	503	17124	11900
云 南	3	392	383	4128	4099	158571	154793
西 藏							
陕 西	6	78	75	4202	5023	193876	142680
甘 肃							
青 海	2	31	36	1344	1172	38883	25042
宁 夏	4	89	57	1390	926	41394	35458
新 疆	5	49	41	1455	1174	104827	74520

2-19 续表 3

大型超市

项目	连锁总店数（个）	门店数（个）		年末从业人员（人）		年末零售营业面积（平方米）	
	2011年	2011年	2010年	2011年	2010年	2011年	2010年
全国	**132**	**2542**	**2272**	**332818**	**305381**	**17606241**	**15704421**
北京	11	94	85	24643	22301	940187	810970
天津	4	36	34	9728	8952	474479	446082
河北	3	24	22	3573	3675	157895	146263
山西	1	3	3	377	385	23000	23000
内蒙古							
辽宁	7	39	34	9947	9349	440658	353309
吉林	1	3	3	343	659	18000	23444
黑龙江	1	8	8	1596	1596	75729	75729
上海	9	182	196	40452	41650	1649344	1726053
江苏	12	150	151	45831	45746	1293169	1071091
浙江	10	491	396	11947	10814	781765	699214
安徽	3	22	15	5298	3795	273299	179455
福建	8	227	177	32782	29619	2539738	2299446
江西	3	10	10	1337	1042	103500	90500
山东	5	65	62	15904	13727	806564	503964
河南	12	258	258	12344	12365	565372	567410
湖北	8	138	131	18104	15107	1358069	1278532
湖南	8	205	172	23074	20734	2027158	1667853
广东	16	438	398	54176	45821	2941796	2632396
广西	1	28	24	4776	4293	332778	299584
海南							
重庆	1	7	7	2000	1350	70000	50000
四川	2	23	19	5477	4703	240515	222599
贵州							
云南	2	15	13	4878	4413	237579	237579
西藏	1	2	2	548	522	20600	20000
陕西							
甘肃							
青海							
宁夏	1	68	46	1914	1390	163834	64276
新疆	2	6	6	1769	1373	71213	215672

2-19 续表 4

仓储会员店

项目	连锁总店数(个)	门店数(个)		年末从业人员(人)		年末零售营业面积(平方米)	
	2011年	2011年	2010年	2011年	2010年	2011年	2010年
全国	**6**	**265**	**245**	**59354**	**58000**	**2341744**	**2002572**
北京	1	7	7	2744	2651	130869	130869
天津							
河北							
山西							
内蒙古							
辽宁							
吉林							
黑龙江							
上海	2	142	122	55900	54740	2171235	1838195
江苏							
浙江							
安徽							
福建							
江西							
山东	1	2	7	23	72	5000	11828
河南	1	108	107	320	323	8640	5680
湖北	1	6	2	367	214	26000	16000
湖南							
广东							
广西							
海南							
重庆							
四川							
贵州							
云南							
西藏							
陕西							
甘肃							
青海							
宁夏							
新疆							

2-19 续表 5

百货店

项目	连锁总店数（个）	门店数（个）		年末从业人员（人）		年末零售营业面积（平方米）	
	2011年	2011年	2010年	2011年	2010年	2011年	2010年
全　国	**94**	**4826**	**4786**	**265355**	**244929**	**17222969**	**15123362**
北　京	6	57	53	15139	15644	1208626	1069523
天　津							
河　北	4	72	70	5695	5520	538260	482618
山　西	2	10	10	7431	7258	137797	137797
内蒙古	1	5	5	1724	1836	31000	31000
辽　宁							
吉　林	1	60	57	545	603	134556	95484
黑龙江	1	10	14	427	733	14000	15000
上　海	2	21	13	1277	1239	158273	125484
江　苏	4	1016	1046	21784	20054	713000	686972
浙　江	6	355	453	6992	6088	613889	523301
安　徽	3	260	232	29583	27731	1213292	1088792
福　建	3	26	24	1579	1653	87710	79625
江　西	4	40	35	8762	7887	491863	568800
山　东	12	1639	1638	77554	68015	5340557	4780461
河　南	3	111	86	11252	10337	606653	416324
湖　北	2	147	137	15447	13542	1528673	1056075
湖　南	2	57	49	2749	2824	350978	316019
广　东	16	391	324	25636	24547	2139739	1885035
广　西	3	36	37	1764	1728	70818	70235
海　南							
重　庆	7	376	368	20285	19215	1224809	1209410
四　川	4	23	23	2099	2017	104732	121423
贵　州	1	6	6	63	89	3800	3800
云　南	2	8	10	524	549	50263	44323
西　藏							
陕　西	3	15	11	4698	4816	401696	262686
甘　肃							
青　海	1	3	3	2250	908	54810	50000
宁　夏							
新　疆	1	82	82	96	96	3175	3175

2-19 续表 6

专业店(含加油站)

项　目	连锁总店数(个)	门店数(个)		年末从业人员(人)		年末零售营业面积(平方米)	
	2011年	2011年	2010年	2011年	2010年	2011年	2010年
全　国	**1354**	**95680**	**90320**	**963436**	**838069**	**71425310**	**66507168**
北　京	68	3248	3170	42265	38069	1737452	1579502
天　津	14	909	914	16663	15022	1781267	1809471
河　北	59	3454	3338	28521	27455	3906446	3937783
山　西	25	1147	1144	11343	10605	738220	683455
内蒙古	8	1646	1628	10245	10172	245491	252838
辽　宁	56	3287	3096	35066	35592	2551607	2250903
吉　林	16	705	666	8273	7745	345271	1206687
黑龙江	28	1147	1074	11073	10473	316216	300698
上　海	32	2628	2757	36855	34733	1438824	1062104
江　苏	87	11051	10277	249267	181400	12700742	10906756
浙　江	123	10675	9739	64361	42381	6704406	6484920
安　徽	26	5274	4682	31715	29533	2123613	1693462
福　建	73	2237	2006	26056	23313	2188164	1750146
江　西	48	1892	1846	27389	27233	2020852	1743849
山　东	65	4460	4821	19539	19419	1151680	1076179
河　南	87	3384	3572	24692	24968	3954761	3654982
湖　北	69	2507	2301	31720	28899	1252949	1082453
湖　南	50	4014	3147	27638	23064	2268701	2066749
广　东	108	10599	10290	122624	121870	14583448	14374717
广　西	49	3002	3062	24903	23786	2775703	2728091
海　南	4	234	115	1430	1252	36338	33698
重　庆	40	5673	5114	27119	23416	871214	586211
四　川	58	3451	3274	16092	16370	563936	514115
贵　州	16	569	549	3431	3047	61819	42515
云　南	28	2714	2411	23584	21690	1466555	1377593
西　藏							
陕　西	13	491	414	7695	6383	97730	71678
甘　肃	9	332	309	4410	3731	198584	171785
青　海	5	42	42	1711	1543	49043	48953
宁　夏	13	1631	1441	6493	6038	436385	398233
新　疆	77	3277	3121	21263	18867	2857893	2616642

2-19 续表 7

加油站

项　　目	连锁总店数（个）	门店数（个）		年末从业人员（人）		年末零售营业面积（平方米）	
	2011年	2011年	2010年	2011年	2010年	2011年	2010年
全　　国	**228**	**31845**	**31531**	**316560**	**281306**	**47378976**	**46676026**
北　　京	2	682	671	9334	8101	320644	292324
天　　津	3	599	613	10552	9327	1439200	1467200
河　　北	23	2685	2697	20599	20481	3631575	3718976
山　　西	4	535	533	3469	3428	229070	204232
内 蒙 古	1	1530	1523	9145	9068	194313	192920
辽　　宁	10	951	889	14455	13817	1832189	1717699
吉　　林	1	270	267	3050	3025	150000	1035598
黑 龙 江	2	45	45	2679	2660	1961	1797
上　　海	2	717	723	10637	10573	281819	257936
江　　苏	3	3200	3089	34998	29442	5189000	5172000
浙　　江	4	2453	2374	29539	10407	5500939	5352224
安　　徽	3	1997	1946	16236	15549	1763689	1390421
福　　建	23	993	953	11918	10930	1724502	1378199
江　　西	20	1217	1203	11306	10812	1446189	1486480
山　　东	8	2886	3184	5835	5446	742298	757068
河　　南	19	1690	1947	9598	10234	3138704	2927486
湖　　北	9	557	526	9495	8762	405504	389899
湖　　南	23	1503	1510	10859	10173	1749491	1684678
广　　东	14	3717	3621	48326	50239	11455575	11559527
广　　西	24	1426	1391	14920	14020	2457676	2443088
海　　南							
重　　庆	2	698	435	9391	6407	351636	144059
四　　川	2	147	148	1487	1559	50078	49478
贵　　州							
云　　南	2	266	246	3337	3274	781939	753184
西　　藏							
陕　　西							
甘　　肃	2	121	124	1880	1441	142000	135442
青　　海							
宁　　夏	3	145	107	1952	1787	249945	227123
新　　疆	19	815	766	11563	10344	2149040	1936988

2-19 续表 8

专卖店

项　目	连锁总店数（个）	门店数（个）		年末从业人员（人）		年末零售营业面积（平方米）	
	2011年	2011年	2010年	2011年	2010年	2011年	2010年
全　国	**256**	**31768**	**25090**	**167492**	**145949**	**3667129**	**3337298**
北　京	27	1210	1119	13282	11981	162241	160956
天　津	9	149	149	2595	2727	49516	47545
河　北	2	45	49	226	223	8203	8670
山　西	2	45	46	410	425	3550	3100
内蒙古	3	38	35	850	665	76126	33557
辽　宁	7	250	223	1850	1881	360186	331248
吉　林	2	42	49	428	461	5300	5200
黑龙江	1	33		125		400	
上　海	19	3279	2927	18060	17343	330617	328984
江　苏	14	609	509	3118	2839	62721	56589
浙　江	22	6907	5576	34061	28192	427585	326940
安　徽	3	168	159	948	879	24900	24200
福　建	23	668	565	6873	6333	297291	239314
江　西	6	877	861	2025	1935	38356	39043
山　东	17	441	440	2986	2785	124613	117297
河　南	11	566	574	2693	2630	63722	48711
湖　北	13	504	449	5106	4767	78329	86650
湖　南	9	545	522	3511	3393	48527	47472
广　东	23	14048	9411	42548	33027	505508	385786
广　西							
海　南							
重　庆	7	128	80	3742	2183	192880	220489
四　川	12	565	659	12556	13428	305191	324789
贵　州	1	8	8	120	120	1800	1800
云　南	7	388	403	1731	1565	31451	33557
西　藏	1	13	13	75	73	4130	3346
陕　西	2	25	24	1972	1849	2620	2500
甘　肃	4	75	62	1299	1227	25511	24068
青　海							
宁　夏	1	58	100	88	131	400	400
新　疆	8	84	78	4214	2887	435455	435087

2-19 续表 9

家居建材商店

项目	连锁总店数(个)	门店数(个)		年末从业人员(人)		年末零售营业面积(平方米)	
	2011年	2011年	2010年	2011年	2010年	2011年	2010年
全国	**15**	**116**	**97**	**7831**	**7554**	**607638**	**618288**
北京	3	26	26	3203	2913	309043	309043
天津	2	13	32	734	1065	46100	45100
河北							
山西							
内蒙古							
辽宁							
吉林							
黑龙江							
上海	4	22	26	2341	2163	126947	143947
江苏	1	1	1	119	162	8850	8850
浙江	1	8	4	314	160	4500	2250
安徽							
福建							
江西							
山东							
河南							
湖北							
湖南							
广东	2	6	6	827	905	82098	82098
广西							
海南							
重庆							
四川	2	40	2	293	186	30100	27000
贵州							
云南							
西藏							
陕西							
甘肃							
青海							
宁夏							
新疆							

2-19 续表 10

厂家直销中心

项　目	连锁总店数(个)	门店数(个)		年末从业人员(人)		年末零售营业面积(平方米)	
	2011年	2011年	2010年	2011年	2010年	2011年	2010年
全　国	**4**	**74**	**59**	**535**	**373**	**1581**	**386**
北　京							
天　津							
河　北	1	14	13	75	53	187	182
山　西							
内 蒙 古							
辽　宁							
吉　林							
黑 龙 江							
上　海							
江　苏							
浙　江							
安　徽							
福　建							
江　西							
山　东							
河　南							
湖　北							
湖　南	1	3		60		600	
广　东							
广　西							
海　南							
重　庆	1	6		28		580	
四　川							
贵　州							
云　南							
西　藏							
陕　西							
甘　肃							
青　海							
宁　夏	1	51	46	372	320	214	204
新　疆							

2-19 续表 11

其他

项目	连锁总店数(个)	门店数(个)		年末从业人员(人)		年末零售营业面积(平方米)	
	2011年	2011年	2010年	2011年	2010年	2011年	2010年
全　国	**55**	**7397**	**7189**	**25142**	**25138**	**559865**	**509657**
北　京							
天　津	2	28	27	1262	1332	17190	12421
河　北							
山　西	1	6	6	223	223	2743	2743
内蒙古							
辽　宁	1	3	3	135	130	360	360
吉　林							
黑龙江							
上　海	1	10	9	169	185	963	180
江　苏	2	610	669	3411	3427	8621	10161
浙　江	3	465	446	1048	1224	54059	53449
安　徽	2	1980	1981	402	402	122896	102461
福　建	2	22	22	975	1188	24078	21357
江　西							
山　东	9	163	147	2772	2707	107462	90334
河　南							
湖　北							
湖　南							
广　东	15	2160	2248	10015	10543	134273	142456
广　西	1	7	7	110	110	160	180
海　南							
重　庆	13	1858	1538	4445	3504	81320	67985
四　川	2	57	57	136	128	4576	4515
贵　州							
云　南							
西　藏							
陕　西							
甘　肃							
青　海							
宁　夏							
新　疆	1	28	29	39	35	1164	1055

2-20 按业态分各地区连锁零售企业直营门店基本情况

便利店

项 目	门店数(个)		年末从业人员(人)		年末零售营业面积(平方米)	
	2011年	2010年	2011年	2010年	2011年	2010年
全 国	**8798**	**8154**	**53430**	**52247**	**815592**	**743104**
北 京	498	430	2642	2541	48814	41629
天 津	76	69	1041	277	10103	9250
河 北	96	90	1307	1434	11324	13498
山 西	102	88	592	855	4872	5147
内蒙古						
辽 宁	367	355	1864	1619	23958	23362
吉 林						
黑龙江	262	240	1067	1589	59270	53340
上 海	4307	4080	25835	26302	293696	283306
江 苏	396	385	2760	2404	30994	28864
浙 江	625	501	1895	1752	37465	30798
安 徽	47	32	463	350	11072	7011
福 建	108	107	668	770	11870	9104
江 西	1	1	18	16	600	600
山 东	13	11	328	299	34868	34074
河 南	71	68	446	451	11200	11300
湖 北	88	72	760	755	19205	11900
湖 南	2	2	30	30	486	532
广 东	1040	990	6428	6069	89789	94581
广 西	97	74	862	693	9516	7451
海 南						
重 庆						
四 川	335	284	3053	2510	61938	37758
贵 州	86	84	458	424	8851	8703
云 南	115	105	342	515	12023	9765
西 藏						
陕 西	43	63	433	452	15997	13131
甘 肃						
青 海						
宁 夏						
新 疆	23	23	138	140	7681	8000

2-20 续表 1

折扣店

项　目	门店数(个)		年末从业人员(人)		年末零售营业面积(平方米)	
	2011年	2010年	2011年	2010年	2011年	2010年
全　国	**820**	**740**	**7226**	**7232**	**245884**	**241920**
北　京	85	113	1132	1607	69648	78133
天　津						
河　北						
山　西						
内蒙古						
辽　宁						
吉　林						
黑龙江						
上　海	735	627	6094	5625	176236	163787
江　苏						
浙　江						
安　徽						
福　建						
江　西						
山　东						
河　南						
湖　北						
湖　南						
广　东						
广　西						
海　南						
重　庆						
四　川						
贵　州						
云　南						
西　藏						
陕　西						
甘　肃						
青　海						
宁　夏						
新　疆						

2-20 续表 2

超市

项　目	门店数(个)		年末从业人员(人)		年末零售营业面积(平方米)	
	2011年	2010年	2011年	2010年	2011年	2010年
全　国	**16483**	**15180**	**488915**	**423351**	**18869274**	**16919520**
北　京	816	880	38586	38421	1606942	1640282
天　津	655	714	5927	6345	133953	149023
河　北	187	189	10028	8357	496823	534000
山　西	120	102	8748	8041	271752	239460
内蒙古	61	54	1272	1278	74446	63554
辽　宁	173	158	3088	2896	117122	100359
吉　林	57	76	2077	2439	89540	109810
黑龙江	60	55	6829	4123	141452	134280
上　海	2699	2636	86543	84068	2624811	2442940
江　苏	2360	2026	66895	58650	3030747	2626358
浙　江	1448	1317	37857	34461	1560850	1410411
安　徽	525	454	12336	11206	622957	429138
福　建	190	148	4668	4000	153978	164663
江　西	94	77	8180	5166	259122	179184
山　东	1523	1337	45498	43658	3198171	3011704
河　南	303	327	17154	11828	436445	350613
湖　北	1274	1115	49926	33826	1393597	1203136
湖　南	135	141	6129	5141	159343	177380
广　东	370	329	12760	12902	492316	497737
广　西	104	96	3749	3376	109981	108291
海　南						
重　庆	423	368	24842	11010	749237	358718
四　川	2593	2317	23771	20251	663449	598701
贵　州	54	39	623	503	17124	11900
云　南	56	50	3429	3366	141531	137828
西　藏						
陕　西	78	75	4202	5023	193876	142680
甘　肃						
青　海	31	36	1344	1172	38883	25042
宁　夏	76	53	1248	896	38636	34758
新　疆	18	11	1206	948	52190	37570

2-20 续表 3

大型超市

项目	门店数(个)		年末从业人员(人)		年末零售营业面积(平方米)	
	2011年	2010年	2011年	2010年	2011年	2010年
全国	**2426**	**2193**	**328172**	**301236**	**17435362**	**15529394**
北京	94	85	24643	22301	940187	810970
天津	36	34	9728	8952	474479	446082
河北	24	22	3573	3675	157895	146263
山西	3	3	377	385	23000	23000
内蒙古						
辽宁	39	34	9947	9349	440658	353309
吉林	3	3	343	659	18000	23444
黑龙江	8	8	1596	1596	75729	75729
上海	178	192	39996	41194	1630544	1707253
江苏	150	151	45831	45746	1293169	1071091
浙江	392	337	11646	10714	776345	696458
安徽	22	15	5298	3795	273299	179455
福建	227	177	32782	29619	2539738	2299446
江西	10	10	1337	1042	103500	90500
山东	64	57	15504	13308	796564	475764
河南	258	258	12344	12365	565372	567410
湖北	138	131	18104	15107	1358069	1278532
湖南	205	172	23074	20734	2027158	1667853
广东	426	387	50687	42651	2805137	2507125
广西	28	24	4776	4293	332778	299584
海南						
重庆	7	7	2000	1350	70000	50000
四川	23	19	5477	4703	240515	222599
贵州						
云南	15	13	4878	4413	237579	237579
西藏	2	2	548	522	20600	20000
陕西						
甘肃						
青海						
宁夏	68	46	1914	1390	163834	64276
新疆	6	6	1769	1373	71213	215672

2-20 续表 4

仓储会员店

项目	门店数（个）		年末从业人员（人）		年末零售营业面积（平方米）	
	2011年	2010年	2011年	2010年	2011年	2010年
全国	**142**	**138**	**13613**	**13735**	**575444**	**537591**
北京	7	7	2744	2651	130869	130869
天津						
河北						
山西						
内蒙古						
辽宁						
吉林						
黑龙江						
上海	54	50	10194	10510	407735	376014
江苏						
浙江						
安徽						
福建						
江西						
山东	2	7	23	72	5000	11828
河南	73	72	285	288	5840	2880
湖北	6	2	367	214	26000	16000
湖南						
广东						
广西						
海南						
重庆						
四川						
贵州						
云南						
西藏						
陕西						
甘肃						
青海						
宁夏						
新疆						

2-20 续表 5

百货店

项目	门店数(个)		年末从业人员(人)		年末零售营业面积(平方米)	
	2011年	2010年	2011年	2010年	2011年	2010年
全国	**2255**	**2059**	**242546**	**221776**	**16416638**	**14355185**
北京	57	53	15139	15644	1208626	1069523
天津						
河北	72	70	5695	5520	538260	482618
山西	10	10	7431	7258	137797	137797
内蒙古	5	5	1724	1836	31000	31000
辽宁						
吉林	60	57	545	603	134556	95484
黑龙江	10	14	427	733	14000	15000
上海	21	13	1277	1239	158273	125484
江苏	89	72	17284	15054	558000	498972
浙江	169	167	6282	5054	583579	460011
安徽	223	193	22203	20391	1090785	1012485
福建	26	24	1579	1653	87710	79625
江西	29	25	5909	5406	331863	408800
山东	299	290	70779	61397	5152211	4599132
河南	111	86	11252	10337	606653	416324
湖北	147	137	15447	13542	1528673	1056075
湖南	57	49	2749	2824	350978	316019
广东	391	323	25636	24455	2139739	1867952
广西	36	37	1764	1728	70818	70235
海南						
重庆	376	368	20285	19215	1224809	1209410
四川	23	23	2099	2017	104732	121423
贵州	6	6	63	89	3800	3800
云南	8	10	524	549	50263	44323
西藏						
陕西	11	8	4186	4307	253696	182686
甘肃						
青海	3	3	2250	908	54810	50000
宁夏						
新疆	16	16	17	17	1007	1007

2-20 续表 6

专业店(含加油站)

项目	门店数(个)		年末从业人员(人)		年末零售营业面积(平方米)	
	2011年	2010年	2011年	2010年	2011年	2010年
全国	**71152**	**66852**	**897990**	**771942**	**69208363**	**64207507**
北京	2545	2473	39884	35658	1658759	1498049
天津	859	864	16483	14830	1776077	1803351
河北	3454	3338	28521	27455	3906446	3937783
山西	1108	1036	11188	10237	734834	677733
内蒙古	1600	1588	10206	10132	243663	251250
辽宁	3116	2910	34963	34571	2527296	2219273
吉林	702	666	8267	7745	345081	1206687
黑龙江	1147	1074	11073	10473	316216	300698
上海	1641	1538	31092	28555	1343070	964546
江苏	8756	7886	247995	179644	12672816	10879390
浙江	6366	6046	54260	34022	6343252	6157089
安徽	2491	2364	24750	23730	2121813	1691662
福建	2136	1847	25754	22815	2184766	1745156
江西	1892	1846	27389	27233	2020852	1743849
山东	4247	4480	18774	17974	1142447	1063290
河南	3021	3065	23256	23471	3871264	3498186
湖北	2087	1848	30668	27641	1227378	1053828
湖南	2614	2449	24308	21151	2170567	1992559
广东	8596	8206	109406	107563	13643857	13439586
广西	2183	2070	22058	20363	2719267	2602600
海南	234	115	1430	1252	36338	33698
重庆	1991	1487	20593	15697	769398	491216
四川	1248	1148	12058	12689	465378	423478
贵州	426	416	3136	2850	55440	37550
云南	2665	2366	23459	21585	1414384	1327090
西藏						
陕西	386	328	6164	5278	78430	55098
甘肃	330	307	4383	3721	197584	170785
青海	42	42	1711	1543	49043	48953
宁夏	388	341	4003	3838	350025	324433
新疆	2881	2708	20758	18226	2822622	2568641

2-20 续表 7

加油站

项　目	门店数（个）		年末从业人员（人）		年末零售营业面积（平方米）	
	2011年	2010年	2011年	2010年	2011年	2010年
全　国	**31144**	**30670**	**307798**	**271828**	**46568156**	**45769296**
北　京	682	671	9334	8101	320644	292324
天　津	599	613	10552	9327	1439200	1467200
河　北	2685	2697	20599	20481	3631575	3718976
山　西	535	533	3469	3428	229070	204232
内蒙古	1530	1523	9145	9068	194313	192920
辽　宁	951	883	14455	13769	1832189	1710499
吉　林	270	267	3050	3025	150000	1035598
黑龙江	45	45	2679	2660	1961	1797
上　海	637	639	9681	9563	254779	229557
江　苏	3200	3089	34998	29442	5189000	5172000
浙　江	2453	2374	29539	10407	5500939	5352224
安　徽	1997	1946	16236	15549	1763689	1390421
福　建	993	953	11918	10930	1724502	1378199
江　西	1217	1203	11306	10812	1446189	1486480
山　东	2886	3184	5835	5446	742298	757068
河　南	1561	1670	8737	9336	3074204	2788986
湖　北	557	526	9495	8762	405504	389899
湖　南	1503	1510	10859	10173	1749491	1684678
广　东	3253	3157	41573	42962	10759575	10863527
广　西	1425	1387	14909	13956	2457596	2429437
海　南						
重　庆	698	435	9391	6407	351636	144059
四　川	147	148	1487	1559	50078	49478
贵　州						
云　南	266	246	3337	3274	781939	753184
西　藏						
陕　西						
甘　肃	121	124	1880	1441	142000	135442
青　海						
宁　夏	145	107	1952	1787	249945	227123
新　疆	788	740	11382	10163	2125840	1913988

2-20 续表 8

专卖店

项目	门店数(个)		年末从业人员(人)		年末零售营业面积(平方米)	
	2011年	2010年	2011年	2010年	2011年	2010年
全国	**8607**	**7788**	**98423**	**89828**	**2713628**	**2593515**
北京	742	732	9891	9078	118017	121687
天津	148	137	2591	2657	49446	46809
河北	45	49	226	223	8203	8670
山西	45	46	410	425	3550	3100
内蒙古	38	35	850	665	76126	33557
辽宁	159	135	1633	1683	351636	324951
吉林	42	49	428	461	5300	5200
黑龙江	33		125		400	
上海	1819	1714	13441	13964	268202	275888
江苏	428	346	2702	2523	47574	42579
浙江	1357	979	11493	8966	134578	111575
安徽	140	114	809	673	23940	22220
福建	444	399	6204	5948	266105	232938
江西	48	104	1051	986	21717	23426
山东	395	394	2851	2666	122013	114697
河南	465	434	2592	2510	58672	39711
湖北	475	423	4959	4642	75729	83730
湖南	158	152	3248	3158	35022	34561
广东	497	498	8004	7449	56121	55818
广西						
海南						
重庆	123	75	3691	2132	192360	219969
四川	502	476	11903	11378	298350	292481
贵州	8	8	120	120	1800	1800
云南	279	291	1613	1462	30751	32847
西藏	13	13	75	73	4130	3346
陕西	25	24	1972	1849	2620	2500
甘肃	75	62	1299	1227	25511	24068
青海						
宁夏	20	21	28	23	300	300
新疆	84	78	4214	2887	435455	435087

2-20 续表 9

家居建材商店

项 目	门店数（个）		年末从业人员（人）		年末零售营业面积（平方米）	
	2011年	2010年	2011年	2010年	2011年	2010年
全 国	**116**	**97**	**7831**	**7554**	**607638**	**618288**
北 京	26	26	3203	2913	309043	309043
天 津	13	32	734	1065	46100	45100
河 北						
山 西						
内 蒙 古						
辽 宁						
吉 林						
黑 龙 江						
上 海	22	26	2341	2163	126947	143947
江 苏	1	1	119	162	8850	8850
浙 江	8	4	314	160	4500	2250
安 徽						
福 建						
江 西						
山 东						
河 南						
湖 北						
湖 南						
广 东	6	6	827	905	82098	82098
广 西						
海 南						
重 庆						
四 川	40	2	293	186	30100	27000
贵 州						
云 南						
西 藏						
陕 西						
甘 肃						
青 海						
宁 夏						
新 疆						

2-20 续表 10

厂家直销中心

项 目	门店数（个）		年末从业人员（人）		年末零售营业面积（平方米）	
	2011年	2010年	2011年	2010年	2011年	2010年
全 国	**68**	**59**	**507**	**373**	**1001**	**386**
北 京						
天 津						
河 北	14	13	75	53	187	182
山 西						
内蒙古						
辽 宁						
吉 林						
黑龙江						
上 海						
江 苏						
浙 江						
安 徽						
福 建						
江 西						
山 东						
河 南						
湖 北						
湖 南	3		60		600	
广 东						
广 西						
海 南						
重 庆						
四 川						
贵 州						
云 南						
西 藏						
陕 西						
甘 肃						
青 海						
宁 夏	51	46	372	320	214	204
新 疆						

2-20 续表 11

其他

项目	门店数（个）		年末从业人员（人）		年末零售营业面积（平方米）	
	2011年	2010年	2011年	2010年	2011年	2010年
全国	**1561**	**1587**	**13965**	**14416**	**285101**	**268438**
北京						
天津	28	27	1262	1332	17190	12421
河北						
山西	6	6	223	223	2743	2743
内蒙古						
辽宁	3	3	135	130	360	360
吉林						
黑龙江						
上海	10	9	169	185	963	180
江苏	610	669	3411	3427	8621	10161
浙江	89	76	633	557	33395	32895
安徽	10	11	99	99	1896	1991
福建	22	22	975	1188	24078	21357
江西						
山东	163	147	2772	2707	107462	90334
河南						
湖北						
湖南						
广东	303	331	3267	3591	60615	68395
广西	7	7	110	110	160	180
海南						
重庆	267	235	817	787	25103	25076
四川	15	15	53	45	1351	1290
贵州						
云南						
西藏						
陕西						
甘肃						
青海						
宁夏						
新疆	28	29	39	35	1164	1055

2-21 按业态分各地区连锁零售企业加盟门店基本情况

便利店

项目	门店数(个)		年末从业人员(人)		年末零售营业面积(平方米)	
	2011年	2010年	2011年	2010年	2011年	2010年
全国	**4811**	**4641**	**17547**	**17893**	**281058**	**260244**
北京	115	187	144	201	6013	9713
天津						
河北	276	252	221	775	18800	17640
山西	943	883	4293	4544	41836	35190
内蒙古						
辽宁						
吉林						
黑龙江						
上海	2157	2151	9590	9897	114190	125940
江苏	41	43	69	69	1710	1440
浙江	642	559	2204	1385	41347	35534
安徽	1	1	10	10	200	200
福建	48	27	82	52	2320	1300
江西	82	59	202	164	7400	5000
山东						
河南	372	372	380	380	24000	15600
湖北						
湖南						
广东	77	78	116	113	4564	4887
广西						
海南						
重庆						
四川						
贵州						
云南						
西藏						
陕西						
甘肃						
青海						
宁夏						
新疆	57	29	236	303	18678	7800

2-21　续表 1

折扣店

项　目	门店数（个）		年末从业人员（人）		年末零售营业面积（平方米）	
	2011年	2010年	2011年	2010年	2011年	2010年
全　国	**128**	**142**	**883**	**1131**	**22668**	**25030**
北　京	34	75	327	747	7130	14297
天　津						
河　北						
山　西						
内蒙古						
辽　宁						
吉　林						
黑龙江						
上　海	94	67	556	384	15538	10733
江　苏						
浙　江						
安　徽						
福　建						
江　西						
山　东						
河　南						
湖　北						
湖　南						
广　东						
广　西						
海　南						
重　庆						
四　川						
贵　州						
云　南						
西　藏						
陕　西						
甘　肃						
青　海						
宁　夏						
新　疆						

2-21 续表 2

超市

项 目	门店数(个)		年末从业人员(人)		年末零售营业面积(平方米)	
	2011年	2010年	2011年	2010年	2011年	2010年
全 国	**22071**	**21910**	**100590**	**114712**	**3039643**	**3290864**
北 京	760	738	5786	5396	144752	143469
天 津						
河 北		74		340		5110
山 西						
内蒙古	22	22	85	83	2249	2117
辽 宁	1428	1414	5873	5794	150167	145394
吉 林						
黑龙江						
上 海	3382	3417	24911	25169	774873	756655
江 苏	2013	2194	28825	31639	759760	918264
浙 江	5730	5500	10619	10474	399040	381481
安 徽	534	493	5154	4616	159628	150500
福 建		2		26		1620
江 西						
山 东	817	747	3414	3336	128539	103690
河 南	546	568	781	945	27350	20900
湖 北	139	122	1252	1644	99875	69797
湖 南	587	485	56	55	4208	2008
广 东	41	93	1839	2158	17836	32363
广 西	164	154	1540	1439	63743	46450
海 南						
重 庆	2845	2934	3741	15197	139533	357903
四 川	2683	2586	5624	5412	95655	98528
贵 州						
云 南	336	333	699	733	17040	16965
西 藏						
陕 西						
甘 肃						
青 海						
宁 夏	13	4	142	30	2758	700
新 疆	31	30	249	226	52637	36950

2-21 续表 3

大型超市

项 目	门店数(个)		年末从业人员(人)		年末零售营业面积(平方米)	
	2011年	2010年	2011年	2010年	2011年	2010年
全 国	**116**	**79**	**4646**	**4145**	**170879**	**175027**
北 京						
天 津						
河 北						
山 西						
内蒙古						
辽 宁						
吉 林						
黑龙江						
上 海	4	4	456	456	18800	18800
江 苏						
浙 江	99	59	301	100	5420	2756
安 徽						
福 建						
江 西						
山 东	1	5	400	419	10000	28200
河 南						
湖 北						
湖 南						
广 东	12	11	3489	3170	136659	125271
广 西						
海 南						
重 庆						
四 川						
贵 州						
云 南						
西 藏						
陕 西						
甘 肃						
青 海						
宁 夏						
新 疆						

2-21 续表 4

仓储会员店

项　目	门店数(个)		年末从业人员(人)		年末零售营业面积(平方米)	
	2011年	2010年	2011年	2010年	2011年	2010年
全　国	**123**	**107**	**45741**	**44265**	**1766300**	**1464981**
北　京						
天　津						
河　北						
山　西						
内蒙古						
辽　宁						
吉　林						
黑龙江						
上　海	88	72	45706	44230	1763500	1462181
江　苏						
浙　江						
安　徽						
福　建						
江　西						
山　东						
河　南	35	35	35	35	2800	2800
湖　北						
湖　南						
广　东						
广　西						
海　南						
重　庆						
四　川						
贵　州						
云　南						
西　藏						
陕　西						
甘　肃						
青　海						
宁　夏						
新　疆						

2-21 续表 5

百货店

项 目	门店数（个）		年末从业人员（人）		年末零售营业面积（平方米）	
	2011年	2010年	2011年	2010年	2011年	2010年
全 国	**2571**	**2727**	**22809**	**23153**	**806331**	**768177**
北 京						
天 津						
河 北						
山 西						
内蒙古						
辽 宁						
吉 林						
黑龙江						
上 海						
江 苏	927	974	4500	5000	155000	188000
浙 江	186	286	710	1034	30310	63290
安 徽	37	39	7380	7340	122507	76307
福 建						
江 西	11	10	2853	2481	160000	160000
山 东	1340	1348	6775	6618	188346	181329
河 南						
湖 北						
湖 南						
广 东		1		92		17083
广 西						
海 南						
重 庆						
四 川						
贵 州						
云 南						
西 藏						
陕 西	4	3	512	509	148000	80000
甘 肃						
青 海						
宁 夏						
新 疆	66	66	79	79	2168	2168

2-21 续表 6

专业店(含加油站)

项目	门店数(个)		年末从业人员(人)		年末零售营业面积(平方米)	
	2011年	2010年	2011年	2010年	2011年	2010年
全国	**24528**	**23468**	**65446**	**66127**	**2216947**	**2299661**
北京	703	697	2381	2411	78693	81453
天津	50	50	180	192	5190	6120
河北						
山西	39	108	155	368	3386	5722
内蒙古	46	40	39	40	1828	1588
辽宁	171	186	103	1021	24311	31630
吉林	3		6		190	
黑龙江						
上海	987	1219	5763	6178	95754	97558
江苏	2295	2391	1272	1756	27926	27366
浙江	4309	3693	10101	8359	361154	327831
安徽	2783	2318	6965	5803	1800	1800
福建	101	159	302	498	3398	4990
江西						
山东	213	341	765	1445	9233	12889
河南	363	507	1436	1497	83497	156796
湖北	420	453	1052	1258	25571	28625
湖南	1400	698	3330	1913	98134	74190
广东	2003	2084	13218	14307	939591	935131
广西	819	992	2845	3423	56436	125491
海南						
重庆	3682	3627	6526	7719	101816	94995
四川	2203	2126	4034	3681	98558	90637
贵州	143	133	295	197	6379	4965
云南	49	45	125	105	52171	50503
西藏						
陕西	105	86	1531	1105	19300	16580
甘肃	2	2	27	10	1000	1000
青海						
宁夏	1243	1100	2490	2200	86360	73800
新疆	396	413	505	641	35271	48001

2-21 续表 7

加油站

项目	门店数（个）		年末从业人员（人）		年末零售营业面积（平方米）	
	2011年	2010年	2011年	2010年	2011年	2010年
全国	**701**	**861**	**8762**	**9478**	**810820**	**906730**
北京						
天津						
河北						
山西						
内蒙古						
辽宁		6		48		7200
吉林						
黑龙江						
上海	80	84	956	1010	27040	28379
江苏						
浙江						
安徽						
福建						
江西						
山东						
河南	129	277	861	898	64500	138500
湖北						
湖南						
广东	464	464	6753	7277	696000	696000
广西	1	4	11	64	80	13651
海南						
重庆						
四川						
贵州						
云南						
西藏						
陕西						
甘肃						
青海						
宁夏						
新疆	27	26	181	181	23200	23000

2-21 续表 8

专卖店

项　目	门店数(个)		年末从业人员(人)		年末零售营业面积(平方米)	
	2011年	2010年	2011年	2010年	2011年	2010年
全　国	**23161**	**17302**	**69069**	**56121**	**953501**	**743783**
北　京	468	387	3391	2903	44224	39269
天　津	1	12	4	70	70	736
河　北						
山　西						
内蒙古						
辽　宁	91	88	217	198	8550	6297
吉　林						
黑龙江						
上　海	1460	1213	4619	3379	62415	53096
江　苏	181	163	416	316	15147	14010
浙　江	5550	4597	22568	19226	293007	215365
安　徽	28	45	139	206	960	1980
福　建	224	166	669	385	31186	6376
江　西	829	757	974	949	16639	15617
山　东	46	46	135	119	2600	2600
河　南	101	140	101	120	5050	9000
湖　北	29	26	147	125	2600	2920
湖　南	387	370	263	235	13505	12911
广　东	13551	8913	34544	25578	449387	329968
广　西						
海　南						
重　庆	5	5	51	51	520	520
四　川	63	183	653	2050	6841	32308
贵　州						
云　南	109	112	118	103	700	710
西　藏						
陕　西						
甘　肃						
青　海						
宁　夏	38	79	60	108	100	100
新　疆						

2-21 续表 9

厂家直销中心

项目	门店数(个)		年末从业人员(人)		年末零售营业面积(平方米)	
	2011年	2010年	2011年	2010年	2011年	2010年
全国	**6**		**28**		**580**	
北京						
天津						
河北						
山西						
内蒙古						
辽宁						
吉林						
黑龙江						
上海						
江苏						
浙江						
安徽						
福建						
江西						
山东						
河南						
湖北						
湖南						
广东						
广西						
海南						
重庆	6		28		580	
四川						
贵州						
云南						
西藏						
陕西						
甘肃						
青海						
宁夏						
新疆						

2-21 续表 10

其他

项　目	门店数(个)		年末从业人员(人)		年末零售营业面积(平方米)	
	2011年	2010年	2011年	2010年	2011年	2010年
全　国	**5836**	**5602**	**11177**	**10722**	**274764**	**241219**
北　京						
天　津						
河　北						
山　西						
内蒙古						
辽　宁						
吉　林						
黑龙江						
上　海						
江　苏						
浙　江	376	370	415	667	20664	20554
安　徽	1970	1970	303	303	121000	100470
福　建						
江　西						
山　东						
河　南						
湖　北						
湖　南						
广　东	1857	1917	6748	6952	73658	74061
广　西						
海　南						
重　庆	1591	1303	3628	2717	56217	42909
四　川	42	42	83	83	3225	3225
贵　州						
云　南						
西　藏						
陕　西						
甘　肃						
青　海						
宁　夏						
新　疆						

2-22 按业态分各地区连锁零售企业经营情况

便利店 单位：万元

项目	商品购进总额		统一配送商品购进额	
	2011年	2010年	2011年	2010年
全国	**1861130**	**1669604**	**1095544**	**950578**
北京	101658	81632	69799	52836
天津	15857	11694	6971	2628
河北	44246	36417	39681	31152
山西	115749	96862		
内蒙古				
辽宁	39562	38942	28014	27238
吉林				
黑龙江	97295	81536	36703	26676
上海	884651	841518	418468	382370
江苏	59622	47170	59622	47170
浙江	91787	74732	78895	57456
安徽	12396	6328	12396	6328
福建	18076	16678	17749	16678
江西	5646	5049		
山东	20509	18286	20509	18286
河南	11316	9804	2500	2500
湖北	21321	22130	21321	22130
湖南	915	743		
广东	195788	199489	166523	184038
广西	22941	19368	22509	19000
海南				
重庆				
四川	64641	27418	64641	27418
贵州	10450	9408	10450	9408
云南	6471	7874	6471	7874
西藏				
陕西	7911	7131		
甘肃				
青海				
宁夏				
新疆	12321	9395	12321	9395

2-22 续表 1

便利店

项目	自有配送中心配送商品购进额		非自有配送中心配送商品购进额	
	2011年	2010年	2011年	2010年
全国	**443081**	**394011**	**259047**	**256084**
北京	4175	3723	14237	11376
天津				
河北	39681	31152		
山西				
内蒙古				
辽宁	5801	6567		
吉林				
黑龙江	36703	26676		
上海	70283	67896	147784	151802
江苏	5177	4897	38175	30115
浙江	9314	7495	11211	23787
安徽	12396	6328		
福建	13566	13201	971	833
江西				
山东				
河南	1000	1000	1500	1500
湖北	17689	14023		
湖南				
广东	137173	156535	29350	27503
广西	22509	19000		
海南				
重庆				
四川	55292	26124	9349	1294
贵州				
云南			6471	7874
西藏				
陕西				
甘肃				
青海				
宁夏				
新疆	12321	9395		

单位：万元

商品销售额		零售额	
2011年	2010年	2011年	2010年
2259794	**1961086**	**2070096**	**1789247**
129123	107790	129081	101391
15818	12489	15818	12489
43439	43774	43439	43774
118020	98285	118020	98285
55034	46596	46888	37908
112026	82571	75427	54513
1142928	1053600	1036623	949513
66319	60270	65843	59729
96229	80289	77921	67835
12216	8314	9723	6262
19574	17146	18919	16645
5347	3844	5347	3844
22556	18367	22556	18367
12671	10484	12671	10484
30296	23190	16521	16708
1037	849	1037	849
239049	198825	236916	196614
22707	19091	22436	19091
66444	34635	66444	34635
13422	12249	12926	11883
13361	10387	13361	10387
10441	7989	10441	7989
11738	10053	11738	10053

2-22 续表 2

折扣店

项　目	商品购进总额		统一配送商品购进额		自有配送中心配送商品购进额	
	2011年	2010年	2011年	2010年	2011年	2010年
全　国	**419591**	**379988**	**294889**	**280020**	**158407**	**150388**
北　京	162774	150594	38072	50626	35707	47481
天　津						
河　北						
山　西						
内蒙古						
辽　宁						
吉　林						
黑龙江						
上　海	256817	229394	256817	229394	122700	102908
江　苏						
浙　江						
安　徽						
福　建						
江　西						
山　东						
河　南						
湖　北						
湖　南						
广　东						
广　西						
海　南						
重　庆						
四　川						
贵　州						
云　南						
西　藏						
陕　西						
甘　肃						
青　海						
宁　夏						
新　疆						

单位：万元

非自有配送中心配送商品购进额		商品销售额		零售额	
2011年	2010年	2011年	2010年	2011年	2010年
2365	**3145**	**476251**	**435377**	**436839**	**408464**
2365	3145	199984	182136	178104	169181
		276267	253240	258735	239283

2-22 续表 3

超市

项　目	商品购进总额		统一配送商品购进额		自有配送中心配送商品购进额	
	2011年	2010年	2011年	2010年	2011年	2010年
全　国	**30518610**	**25195913**	**25766633**	**20563323**	**16393587**	**13452282**
北　京	3765074	2798810	3312059	2401423	448349	394772
天　津	256317	234182	963	774	963	774
河　北	533891	419643	507509	349367	332713	255035
山　西	398289	316714	141698	107481		
内蒙古	18852	12738	8460	4912	1700	
辽　宁	186048	131198	174323	125277	47136	38355
吉　林	77450	73016	42185	40756		
黑龙江	232180	143494	225282	140393	194542	108098
上　海	5810345	5533443	4986865	4722020	2980049	2622382
江　苏	5186212	4549793	4998299	4397226	4572854	4066135
浙　江	2318350	1912409	1963357	1802289	1406101	1225267
安　徽	930241	896387	608207	559860	212277	198237
福　建	160571	112981	147694	99565	17266	11220
江　西	118692	72166	118692	72166	81732	33525
山　东	3816319	2956028	2718827	1909992	2201062	1376730
河　南	269350	235104	190911	164623	124612	130606
湖　北	2542356	2041129	2139065	1704254	2132709	1672172
湖　南	172565	123564	73926	59051	29319	20766
广　东	808951	655545	617614	481924	551675	401573
广　西	152752	129459	124853	101569	34916	23880
海　南						
重　庆	1370248	782373	1367727	333195	339310	275158
四　川	977962	746094	924669	692901	572409	470552
贵　州	16286	12462	16286	12462		
云　南	111888	95255	111888	95255	33131	59354
西　藏						
陕　西	183028	132602	162104	117315	53824	38523
甘　肃						
青　海	34694	25449	34694	25449		
宁　夏	27763	17036	20218	16001	17148	14038
新　疆	41936	36837	28256	25820	7790	15133

单位：万元

非自有配送中心配送商品购进额		商品销售额		零售额	
2011年	2010年	2011年	2010年	2011年	2010年
4192331	**3912036**	**33982220**	**30430720**	**28261936**	**25099307**
1014012	901950	3897706	3214750	2897942	2510443
		266699	243430	265689	243430
160848	80969	542116	416261	539508	409472
13419	10038	393286	332811	355200	295610
2559	3390	62084	46197	58621	42471
52304	42766	213118	183711	213118	178802
		98540	90635	77198	71387
1900	2500	223725	163211	223725	163211
1902701	1979772	8603914	8789458	6636401	6957570
297017	233487	5529075	4833438	4488749	3978683
189620	277555	2457769	2053785	2224235	1996506
101187	89313	453512	858242	440249	852160
20191	13586	164086	118740	151827	118740
2165		206800	156774	202761	156774
90889	62609	3891806	3319376	3130500	2672320
15655	4706	299899	221252	260880	189128
3156	2790	2817216	2264854	2573424	1940369
4311	2235	171762	135397	170087	133881
45458	71266	852227	760551	819548	731127
		158147	134014	155973	132602
4164	3892	1143474	869797	1137196	359506
178912	73522	1099741	882175	820170	640514
		16930	13674	16930	13674
1305	1376	116231	93586	112608	90693
67024	41666	177422	142248	167573	135232
		38667	30446	35558	27377
3070	1962	28965	23884	28965	19602
20466	10687	57303	38025	57303	38025

2-22 续表 4

大型超市

项　目	商品购进总额		统一配送商品购进额		自有配送中心配送商品购进额	
	2011年	2010年	2011年	2010年	2011年	2010年
全　国	**23011899**	**19194703**	**15087382**	**12088380**	**7387055**	**5554329**
北　京	1988953	1814222	340693	226644	97085	92753
天　津	550488	474159	161409	147724	161409	147724
河　北	142879	87695	75580	53049	43197	29647
山　西	30849	24553	30849	24553	30849	24553
内蒙古						
辽　宁	594375	304563	282089	88716		
吉　林	11442	20913	11442	20913		
黑龙江	127737	109447	127737	109447		
上　海	2966972	2408283	1651375	1630055		
江　苏	2474447	2402449	2376995	2308828	2105265	1778824
浙　江	779588	639217	698964	561013	613073	445701
安　徽	143366	193881	127083	165703		112711
福　建	2484894	2045152	1531288	540592	858530	88641
江　西	87290	75272	40448	39099	9573	9298
山　东	1566809	1268440	595792	563686	73082	61875
河　南	428014	360013	290092	247173	149484	114664
湖　北	934125	1105715	277667	487630	51354	14800
湖　南	1454103	1184079	1157038	947827	993449	884391
广　东	4896228	3545701	3961504	2904780	1421361	1126588
广　西	234940	208802	234940	208802	234940	208802
海　南						
重　庆	75000	110000	75000			
四　川	365875	289562	365875	289562	149384	116689
贵　州						
云　南	344599	316145	344599	316145	152000	147440
西　藏	15197	11754	15197	11754		
陕　西						
甘　肃						
青　海						
宁　夏	184451	111983	184451	111983	184451	111983
新　疆	129276	82703	129276	82703	58569	37243

单位：万元

非自有配送中心配送商品购进额		商品销售额		零售额	
2011年	2010年	2011年	2010年	2011年	2010年
2153797	**1763167**	**25945400**	**22818628**	**23084672**	**20010041**
110804	69163	2131145	1925027	2064212	1838640
		534358	501002	498029	476567
		141849	67395	141849	67395
		33947	27693	33947	27693
		711578	597539	658236	544458
		11161	23859	11161	23859
		144083	111861	144083	111861
846917	836792	3907188	3911237	2755386	2746209
13613		3933573	3564605	3311273	2956877
44146	115313	964721	833400	960598	830903
		257712	191491	257712	191491
266303	86785	2410884	1818939	2410047	1817781
		89578	81326	80005	72923
480047	404178	1482602	1304147	929565	801793
34506	24076	423682	337040	382119	267941
		1496251	1263919	1409582	1194355
16603	15700	1497202	1186199	1497202	1186199
195152	165702	4308162	3809920	4111975	3591067
		273085	243360	273085	243360
75000		106537	105104	106537	105104
		362446	282005	324412	282005
		437111	402151	437111	402151
		12588	10065	12588	10065
		149151	108930	149151	108930
70706	45459	124809	110414	124809	110414

2-22 续表 5

仓储会员店

项 目	商品购进总额		统一配送商品购进额		自有配送中心配送商品购进额	
	2011年	2010年	2011年	2010年	2011年	2010年
全 国	**5156758**	**3844842**	**3436369**	**2624235**	**1218516**	**928662**
北 京	375183	310773	375183	310773		
天 津						
河 北						
山 西						
内 蒙 古						
辽 宁						
吉 林						
黑 龙 江						
上 海	4760336	3524993	3039948	2304935	1215979	921974
江 苏						
浙 江						
安 徽						
福 建						
江 西						
山 东	6141	5985	6141	5985	37	4788
河 南	2500	2450	2500	1900	2500	1900
湖 北	12597	641	12597	641		
湖 南						
广 东						
广 西						
海 南						
重 庆						
四 川						
贵 州						
云 南						
西 藏						
陕 西						
甘 肃						
青 海						
宁 夏						
新 疆						

单位：万元

非自有配送中心配送商品购进额		商品销售额		零售额	
2011年	2010年	2011年	2010年	2011年	2010年
381780	**312612**	**7956842**	**6158483**	**5026562**	**3985170**
375183	310773	373718	334932	373718	334932
		7564741	5814364	4640331	3644854
	1197	5913	6161	44	2358
		2606	1991	2606	1991
6597	641	9863	1035	9863	1035

2-22 续表 6

百货店

项目	商品购进总额		统一配送商品购进额		自有配送中心配送商品购进额	
	2011年	2010年	2011年	2010年	2011年	2010年
全国	**26632021**	**21406050**	**13329562**	**10243580**	**9069390**	**6814779**
北京	2020152	1617233	285556	193338	8677	6849
天津						
河北	1822427	1468000	37008	25068	37008	25068
山西	138295	98456	24323	36542		
内蒙古	63880	12965	63880	12965	63880	12965
辽宁						
吉林	47993	32371	35994	22328	35994	22328
黑龙江	32479	35211	11825	35211	11825	35211
上海	256405	228986	72066	21941		
江苏	1671419	1505604	1649280	1481154	1637105	1468016
浙江	902079	857382	758861	751374	542372	398354
安徽	3502669	2891701	1276786	1065230	412080	338640
福建	78801	63823	78801	63823	33463	29907
江西	819171	618605	268928	235622	177161	184819
山东	4545681	3617216	1457965	1019088	1264888	856213
河南	954760	654858	52334	39593	52334	39593
湖北	2243403	1857492	1198242	974690	1163242	942690
湖南	399806	226777	394324	213239		
广东	3754230	3038627	3505407	2453475	2487783	1636027
广西	72062	55680	72062	55680		
海南						
重庆	2464005	1850207	1629757	1167836	1140014	816598
四川	110047	78559	110047	78559		
贵州	2339	4183	2339	4183		
云南	168271	148762	165362	145974		
西藏						
陕西	518022	417662	176237	144581		
甘肃						
青海	42065	24188	617	584		
宁夏						
新疆	1563	1503	1563	1503	1563	1503

单位：万元

非自有配送中心配送商品购进额		商品销售额		零售额	
2011年	2010年	2011年	2010年	2011年	2010年
1153565	**828716**	**32268155**	**26945907**	**28047128**	**23113045**
		3040848	2478727	3040848	2478727
		1994119	1524732	1660705	1263196
		195863	173320	195863	173320
		74842	24580	68333	24580
		46646	35293	46646	35293
		22226	100140	22226	100140
		255300	231776	255300	231776
		2068044	1879007	1529536	1430545
18975	10581	1066800	1027921	934859	909265
		4115958	3401561	2457076	2047977
3292	2786	94574	73826	93083	71963
		830171	677041	724579	567711
193077	162875	6484033	5451660	5492378	4662549
		1035374	796091	1034688	789923
		2098129	1751093	1892747	1586446
11922	5173	417891	348862	413698	345663
436556	296063	4631721	3814220	4439256	3281589
		75438	61888	75438	61888
489743	351239	2692252	2277828	2643041	2235360
		159667	118974	159667	118974
		2146	2896	1047	1688
		177450	147976	177450	147976
		630345	506808	630345	506808
		57002	38435	57002	38435
		1319	1256	1319	1256

2-22 续表 7

专业店(含加油站)

项目	商品购进总额		统一配送商品购进额		自有配送中心配送商品购进额	
	2011年	2010年	2011年	2010年	2011年	2010年
全国	**197840684**	**164239192**	**161460858**	**132229714**	**94514398**	**79835033**
北京	11403591	9478067	5196226	4171443	2181139	1716471
天津	6039839	4978529	5308519	4371676	286005	227526
河北	7035675	4986930	5649689	4047104	3738676	2815810
山西	1416997	1404804	783458	748538	206056	161561
内蒙古	5401605	4495389	5389715	4486950	4907071	4054401
辽宁	6712239	5365590	5311217	3918689	2624591	2069563
吉林	1173052	884892	1122503	845253	979380	716626
黑龙江	1742573	1436915	1712119	1361963	1317723	1016112
上海	11157413	9304442	9235751	8201961	4795858	4310081
江苏	35105902	31633397	26531938	23380953	24783047	22135187
浙江	14801720	11736955	13776281	10873795	10312672	8737358
安徽	8029870	5880140	7844523	5574662	3868963	2536673
福建	4229434	3366196	2412050	2019471	530455	488136
江西	3376804	3118050	3280485	3053497	1650289	1571995
山东	9640729	8994029	8849555	8434081	7978218	7718614
河南	5102827	4109065	3066587	2331395	1536766	1198761
湖北	4305792	3696328	3748677	3253882	2356628	2026104
湖南	4932921	4229250	4348518	3474414	865490	783395
广东	38211163	32295720	33869482	27644770	10591246	9474578
广西	3024516	2598112	2720315	2313639	1039330	845663
海南	38045	28254	34985	25834	4682	2605
重庆	3891226	2219298	1554257	560170	1491880	549148
四川	1435840	1221395	1198272	944487	147330	130454
贵州	81544	72977	81081	71254	47045	42778
云南	1600734	1217335	1564635	1145515	631608	556704
西藏						
陕西	752938	660584	734073	647584	633011	479699
甘肃	849629	688465	849629	688465	22547	28866
青海	18593	38067	18593	38067		
宁夏	1484165	964897	1444665	933597	1429554	922807
新疆	4843310	3135118	3823064	2666605	3557140	2517357

单位：万元

非自有配送中心配送商品购进额		商品销售额		零售额	
2011年	2010年	2011年	2010年	2011年	2010年
24945857	**21763481**	**229192752**	**183881948**	**142091537**	**107925819**
987973	836908	12566083	10105076	7771077	6187237
5022514	4144150	5857626	5162218	3772393	3090389
7162	6751	7817738	6319233	3738421	2684426
	26777	2524225	1741221	1790867	1244993
2662	2313	5413819	4494471	5401971	4484250
1148494	657413	7462271	5680787	3984142	3642046
		1248604	875609	1126370	874656
229148	205380	1939273	1246693	1494977	1152426
52516	44533	11768459	9844238	5089793	4472432
1300524	961337	40213972	32293985	21742774	16592980
54271	49636	15516605	12361566	10372449	5546117
89981	84457	8337513	5435961	5202467	3838303
52823	128010	7298016	5182440	5873877	4121021
339451	153786	7644533	6007860	3691869	2646426
249408	233746	10918222	9782575	7583964	5001916
6043	3643	5290368	4328988	3586904	2973257
503079	405692	5258403	3797531	3884803	2969321
50617	25097	5832859	4777840	4902682	3602623
14369966	13498475	42132187	36939878	29380710	24499877
34701	25259	6567333	4898773	3006509	2052429
		36915	22597	34295	22597
41605	1551	4183679	2486840	2138117	1050144
3139	3205	1677923	1444140	1143416	946601
19240	14408	85255	78918	85255	78918
90827	84536	3005769	2428028	1650499	1278501
10486	6136	1076427	842303	69489	55767
23	902	841821	728364	685912	605235
		49221	39206	47314	39206
14010	10789	1287931	1016281	512232	403298
265195	148589	5339702	3518331	2325989	1768430

2-22 续表 8

加油站

项　目	商品购进总额		统一配送商品购进额		自有配送中心配送商品购进额	
	2011年	2010年	2011年	2010年	2011年	2010年
全　国	**133811474**	**107025068**	**113781909**	**89713920**	**64012265**	**52629397**
北　京	6996118	5723595	1821688	1440288		
天　津	5279194	4342362	5018741	4139485		
河　北	6608353	4644957	5260685	3718105	3469417	2575351
山　西	880859	659283	540242	421750		
内蒙古	5333123	4426846	5333123	4426846	4853142	3996610
辽　宁	5055837	3896667	4299120	2944493	2296591	1769464
吉　林	901858	600102	901858	600102	901858	600102
黑龙江	1119519	838945	1119519	838945	1119519	838945
上　海	6551422	5636798	6115590	5413355	4722540	4241349
江　苏	13575957	11652140	13575957	11652140	12486780	10938811
浙　江	12437602	9705291	11465351	8885114	8516229	7161730
安　徽	5773695	4252347	5773695	4080641	2056219	1250518
福　建	2139856	1678845	1696035	1398904	176800	200497
江　西	945724	834051	867373	789480	51059	28966
山　东	8303814	7922322	7774217	7561259	7602492	7392404
河　南	3971413	3101360	2138519	1494018	837006	572225
湖　北	2456464	2079430	2110214	1840796	1752744	1538065
湖　南	4199811	3566705	3628624	2822120	299680	236557
广　东	28497334	22982779	24861773	18967774	7163047	5884148
广　西	2706571	2279400	2405274	1997438	890601	667241
海　南						
重　庆	2924522	1600576	662236		662236	
四　川	518897	390270	518897	390270		
贵　州						
云　南	782564	453014	782564	453014		
西　藏						
陕　西						
甘　肃	698685	558612	698685	558612		
青　海						
宁　夏	1150402	689972	1150402	689972	1150402	689972
新　疆	4001881	2508398	3261528	2188998	3003904	2046442

单位：万元

非自有配送中心配送商品购进额		商品销售额		零售额	
2011年	2010年	2011年	2010年	2011年	2010年
17511546	**14816366**	**157426063**	**123926577**	**95376424**	**69576281**
		7744831	6271384	3397467	2733580
5018741	4139485	5104043	4445640	3019884	2403180
		7337263	5923786	3346381	2371993
		1367296	918690	1056448	709226
		5333123	4426846	5333123	4426846
1042057	568329	5687483	4185559	2652184	2444317
		949326	614190	831741	614190
		1204130	640636	761892	546369
		6880177	5975914	2303994	1814361
1089177	713329	15616501	11423947	7311383	5093324
		13056041	10219736	8844139	4611169
		6115629	3782461	4626435	3379665
		4907372	3417171	3894652	2700600
318768	142919	4400102	3358956	3123626	2142756
125223	116470	9122478	8589737	6517945	4405217
		4104295	3270851	2451146	1951201
103859	49120	3103653	2094323	2216196	1649317
41715	24384	5023414	3932868	4346269	3108958
9514381	8919775	32261178	27726876	21458365	17357098
		6185386	4547096	2670875	1757174
		3073702	1750672	1250153	385148
		552458	460572	375049	318760
		2184229	1653637	905469	578575
		713304	615464	657332	574710
		931159	710705	234454	171628
257625	142556	4467494	2968861	1789822	1326919

2-22 续表 9

专卖店

项　目	商品购进总额		统一配送商品购进额		自有配送中心配送商品购进额	
	2011年	2010年	2011年	2010年	2011年	2010年
全　国	**8729335**	**7490517**	**6842498**	**5825634**	**4190247**	**3585556**
北　京	750745	925948	325713	288885	275463	237862
天　津	72042	63720	33745	25459	4382	3667
河　北	2718	2342	2718	2342	2718	2342
山　西	7430	4289	7406	4186	7406	4186
内蒙古	84002	72471	78800	67945		
辽　宁	93818	70929	65872	39710		
吉　林	57488	47999	54459	43956	54459	43956
黑龙江	2551					
上　海	1550514	1100722	875354	699701	564450	422048
江　苏	155482	131567	153337	125412	40569	42607
浙　江	884361	672793	758890	560240	582991	418797
安　徽	15280	16068	15012	15675	15012	15675
福　建	691776	589853	532200	451522	238923	164008
江　西	211614	194028	206997	190494	143780	138459
山　东	343565	295795	253538	239195	233840	222628
河　南	130598	90743	125733	86532	20203	22149
湖　北	141562	115992	141562	115992	113129	78321
湖　南	130833	157706	130833	154516	109675	135102
广　东	611089	650331	611089	642547	560948	624150
广　西						
海　南						
重　庆	360289	320581	345106	312885	29637	2866
四　川	901080	882482	895218	866408	570158	470853
贵　州	1901	2010	1901	2010		
云　南	687857	441935	619932	441935	21964	94387
西　藏	6543	6594	6543	6594		
陕　西	441872	333304	208215	141178	208215	141178
甘　肃	28177	25202	28177	25202	28177	25202
青　海						
宁　夏	16304	11540	16304	11540	16304	11540
新　疆	347846	263574	347846	263574	347846	263574

单位：万元

非自有配送中心配送商品购进额		商品销售额		零售额	
2011年	2010年	2011年	2010年	2011年	2010年
412600	**329439**	**10310079**	**8507036**	**7518746**	**6311919**
28089	31747	946030	1006010	684501	732199
2367	2984	101865	82572	91007	68165
		3214	3408	3214	3408
		8358	4030	8358	4030
		95696	82258	77723	68150
		113544	75550	112108	70776
		52739	44191	52739	44191
		3001		3001	
94325	79485	2001586	1515479	1616877	1216756
60297	53737	170552	142877	164051	133838
146712	128138	983563	728649	825446	593881
		19703	19794	14588	15135
21984	8490	774949	635211	755164	632475
		235224	210577	108793	133810
		374329	324542	291726	198163
		140939	135815	91354	89028
8966	7238	187456	128765	186456	128765
		240080	233449	227161	227143
48475	16280	817696	829867	731824	764936
		344625	251720	342538	247056
1385	1342	910876	784101	839057	728601
		2007	2035	487	517
		677371	416422	64166	48642
		5917	5739	5917	5739
		555176	446416		
		35250	30993	35250	30993
		16089	11473		
		492243	355091	185242	125522

2-22 续表 10

家居建材商店

项　目	商品购进总额		统一配送商品购进额		自有配送中心配送商品购进额	
	2011年	2010年	2011年	2010年	2011年	2010年
全　国	**429362**	**568259**	**247068**	**260039**	**78812**	**83067**
北　京	119183	218344				
天　津	63111	83558				
河　北						
山　西						
内蒙古						
辽　宁						
吉　林						
黑龙江						
上　海	143246	162539	143246	156221	72903	80306
江　苏	10218	9848	10218	9848		
浙　江	5629	2761	5629	2761	5629	2761
安　徽						
福　建						
江　西						
山　东						
河　南						
湖　北						
湖　南						
广　东	66113	68404	66113	68404		
广　西						
海　南						
重　庆						
四　川	21863	22806	21863	22806	280	
贵　州						
云　南						
西　藏						
陕　西						
甘　肃						
青　海						
宁　夏						
新　疆						

单位：万元

非自有配送中心配送商品购进额		商品销售额		零售额	
2011年	2010年	2011年	2010年	2011年	2010年
23200	**23064**	**646660**	**700109**	**590628**	**629313**
		236877	267231	236877	267231
		65753	90833	65753	90833
		207133	211657	151343	140972
		12978	12964	12737	12853
		10931	4649	10931	4649
23179	23064	86353	90054	86353	90054
21		26634	22721	26634	22721

2-22 续表 11

厂家直销中心

项 目	商品购进总额		统一配送商品购进额		自有配送中心配送商品购进额	
	2011年	2010年	2011年	2010年	2011年	2010年
全 国	**14005**	**13297**	**12648**	**13297**	**50**	
北 京						
天 津						
河 北	157	178	157	178		
山 西						
内蒙古						
辽 宁						
吉 林						
黑龙江						
上 海						
江 苏						
浙 江						
安 徽						
福 建						
江 西						
山 东						
河 南						
湖 北						
湖 南	50		50		50	
广 东						
广 西						
海 南						
重 庆	1356					
四 川						
贵 州						
云 南						
西 藏						
陕 西						
甘 肃						
青 海						
宁 夏	12441	13119	12441	13119		
新 疆						

单位：万元

非自有配送中心配送商品购进额		商品销售额		零售额	
2011年	2010年	2011年	2010年	2011年	2010年
		29229	**26169**	**3535**	**1080**
		387	446	387	446
		200		200	
		1595		1595	
		27047	25723	1352	635

2-22 续表 12

其他

项目	商品购进总额		统一配送商品购进额		自有配送中心配送商品购进额	
	2011年	2010年	2011年	2010年	2011年	2010年
全国	**1916545**	**1638518**	**1622992**	**1442643**	**1134095**	**996547**
北京						
天津	27945	23938	1835	1665	1835	1665
河北						
山西	9504	8325	9504	8325		
内蒙古						
辽宁	45621	17052	45621	17052		
吉林						
黑龙江						
上海	10660	460	10660	460		
江苏	346266	265777	305932	264880	300411	261293
浙江	61467	54527	61467	54527	18785	33704
安徽	222128	269021	222128	269021	87552	105774
福建	29953	25905	11432	11257	2434	2252
江西						
山东	184913	151623	88475	68563	1775	1388
河南						
湖北						
湖南						
广东	828085	715602	786497	683326	655094	544827
广西	837	1730	837	1730		
海南						
重庆	144365	99976	76192	59664	66073	45508
四川	2413	2172	2413	2172	136	136
贵州						
云南						
西藏						
陕西						
甘肃						
青海						
宁夏						
新疆	2387	2410				

单位：万元

非自有配送中心配送商品购进额		商品销售额		零售额	
2011年	2010年	2011年	2010年	2011年	2010年
316121	**337024**	**2039545**	**1737850**	**992875**	**840554**
		57811	47516	24288	19313
9504	8325	7871	6784		
		45562	17008	45562	17008
10660	460	10830	1102	1624	1102
2596	897	334388	256936	74791	61616
		60492	52913	15218	32165
134575	163247	222121	268135	1928	1472
		31017	28386	10264	10535
43521	41011	192107	155484	109496	83115
110546	119868	916471	788265	669018	577120
		1069	1842	1069	1842
4676	3176	153116	111061	37184	33049
41	41	2201	2007	2201	2007
		4490	412	232	210

2-23 按业态分各地区连锁零售

便利店

项目	商品购进总额		统一配送商品购进额		自有配送中心配送商品购进额	
	2011年	2010年	2011年	2010年	2011年	2010年
全国	**1456714**	**1301376**	**844571**	**724236**	**372372**	**331477**
北京	99969	79455	68176	50814	2895	2435
天津	15857	11694	6971	2628		
河北	21184	17842	16619	12577	16619	12577
山西	20601	18451				
内蒙古						
辽宁	39562	38942	28014	27238	5801	6567
吉林						
黑龙江	97295	81536	36703	26676	36703	26676
上海	659077	619059	239995	213252	42170	40738
江苏	58256	45976	58256	45976	4631	4350
浙江	59825	50870	50467	37459	8316	6673
安徽	12333	6270	12333	6270	12333	6270
福建	16515	15681	16188	15681	12117	12297
江西	1050	850				
山东	20509	18286	20509	18286		
河南	6316	5892	500	500	200	200
湖北	21321	22130	21321	22130	17689	14023
湖南	915	743				
广东	188786	191419	159521	175967	130171	148464
广西	22941	19368	22509	19000	22509	19000
海南						
重庆						
四川	64641	27418	64641	27418	55292	26124
贵州	10450	9408	10450	9408		
云南	6471	7874	6471	7874		
西藏						
陕西	7911	7131				
甘肃						
青海						
宁夏						
新疆	4927	5083	4927	5083	4927	5083

企业直营门店经营情况

单位：万元

非自有配送中心配送商品购进额		商品销售额		零售额	
2011年	2010年	2011年	2010年	2011年	2010年
170161	**161417**	**1798818**	**1554148**	**1617131**	**1390211**
14237	11376	126661	104619	126619	98561
		15818	12489	15818	12489
		20377	18590	20377	18590
		18172	16035	18172	16035
		55034	46596	46888	37908
		112026	82571	75427	54513
60737	59146	864950	802345	764726	704089
37647	29689	65017	59016	64541	58474
11211	23495	66816	57724	49838	46562
		12155	8255	9662	6203
859	739	18066	16254	17412	15753
		980	620	980	620
		22556	18367	22556	18367
300	300	7271	6484	7271	6484
		30296	23190	16521	16708
		1037	849	1037	849
29350	27503	228704	189695	227172	187922
		22707	19091	22436	19091
9349	1294	66444	34635	66444	34635
		13422	12249	12926	11883
6471	7874	13361	10387	13361	10387
		10441	7989	10441	7989
		6508	6101	6508	6101

2-23 续表 1

折扣店

项　目	商品购进总额		统一配送商品购进额		自有配送中心配送商品购进额	
	2011年	2010年	2011年	2010年	2011年	2010年
全　国	**394049**	**354322**	**269347**	**254353**	**133372**	**125599**
北　京	155451	137512	30749	37543	28891	35276
天　津						
河　北						
山　西						
内蒙古						
辽　宁						
吉　林						
黑龙江						
上　海	238598	216810	238598	216810	104481	90324
江　苏						
浙　江						
安　徽						
福　建						
江　西						
山　东						
河　南						
湖　北						
湖　南						
广　东						
广　西						
海　南						
重　庆						
四　川						
贵　州						
云　南						
西　藏						
陕　西						
甘　肃						
青　海						
宁　夏						
新　疆						

单位：万元

非自有配送中心配送商品购进额		商品销售额		零售额	
2011年	2010年	2011年	2010年	2011年	2010年
1857	**2268**	**450537**	**403591**	**411125**	**376678**
1857	2268	194030	163999	172150	151043
		256507	239592	238975	225634

2-23 续表 2

超市

项 目	商品购进总额		统一配送商品购进额		自有配送中心配送商品购进额	
	2011年	2010年	2011年	2010年	2011年	2010年
全 国	**27126273**	**21215434**	**22781473**	**17438339**	**14116331**	**10860122**
北 京	3678293	2713396	3291614	2385347	428295	379094
天 津	256317	234182	963	774	963	774
河 北	533891	416516	507509	346240	332713	251908
山 西	398289	316714	141698	107481		
内蒙古	17934	11682	7552	3891	1500	
辽 宁	125071	85364	113345	79443	47136	38355
吉 林	77450	73016	42185	40756		
黑龙江	232180	143494	225282	140393	194542	108098
上 海	4735144	4510519	3911664	3699095	2334928	1924993
江 苏	4175436	3211173	3993544	3065698	3569664	2734832
浙 江	2012610	1629988	1682085	1525327	1176657	1007596
安 徽	414592	426273	325976	339860	53480	52237
福 建	160571	112291	147694	99565	17266	11220
江 西	118692	72166	118692	72166	81732	33525
山 东	3667084	2821089	2609704	1817196	2094492	1285902
河 南	268204	233744	189825	163693	124612	130606
湖 北	2506305	2006400	2104746	1671697	2098390	1639614
湖 南	167994	121274	69381	56796	29293	20731
广 东	781150	632866	607894	471085	542140	391393
广 西	133948	111752	117756	98739	29888	22853
海 南						
重 庆	1334961	302420	1332441	299897	310496	246287
四 川	931699	723920	879669	671802	541607	456820
贵 州	16286	12462	16286	12462		
云 南	106299	89938	106299	89938	31568	57712
西 藏						
陕 西	183028	132602	162104	117315	53824	38523
甘 肃						
青 海	34694	25449	34694	25449		
宁 夏	26229	16796	19179	16001	16487	14038
新 疆	31924	27947	21691	20232	4658	13012

单位：万元

非自有配送中心配送商品购进额		商品销售额		零售额	
2011年	2010年	2011年	2010年	2011年	2010年
3584232	**3408596**	**30389829**	**25245907**	**24685790**	**20425806**
1014012	901938	3783915	3109410	2784178	2405103
		266699	243430	265689	243430
160848	80969	542116	413134	539508	406344
13419	10038	393286	332811	355200	295610
1851	2369	61016	45176	57553	41449
22361	10846	116767	93534	116767	88625
		98540	90635	77198	71387
1900	2500	223725	163211	223725	163211
1472620	1654236	7104713	6756325	5137200	4924437
296806	233380	4346479	3491143	3307748	2636388
138484	219544	2143297	1750098	1922817	1694622
21187	16313	371265	408008	358003	401947
20191	13586	164086	117947	151827	117947
2165		206800	156774	202761	156774
88336	60640	3789788	3150839	3029302	2503783
15655	4706	298409	219894	259490	187870
3156	2790	2779370	2228709	2535579	1904224
766	700	166855	132814	165179	131299
45274	70607	820392	727767	787714	698344
		134367	111304	132839	110142
		1110735	316503	1104457	315351
178455	72587	1049091	860739	769520	619077
		16930	13674	16930	13674
		109305	87416	105681	84523
67024	41666	177422	142248	167573	135232
		38667	30446	35558	27377
2692	1962	27519	23664	27519	19382
17032	7220	48275	28257	48275	28257

2-23 续表 3

大型超市

项　目	商品购进总额		统一配送商品购进额		自有配送中心配送商品购进额	
	2011年	2010年	2011年	2010年	2011年	2010年
全　国	**22762465**	**18999982**	**14894241**	**11938206**	**7193915**	**5404913**
北　京	1988953	1814222	340693	226644	97085	92753
天　津	550488	474159	161409	147724	161409	147724
河　北	142879	87695	75580	53049	43197	29647
山　西	30849	24553	30849	24553	30849	24553
内蒙古						
辽　宁	594375	304563	282089	88716		
吉　林	11442	20913	11442	20913		
黑龙江	127737	109447	127737	109447		
上　海	2950752	2381625	1651375	1630055		
江　苏	2474447	2402449	2376995	2308828	2105265	1778824
浙　江	777826	638449	697202	560245	611312	445086
安　徽	143366	193881	127083	165703		112711
福　建	2484894	2045152	1531288	540592	858530	88641
江　西	87290	75272	40448	39099	9573	9298
山　东	1536809	1257779	595792	563081	73082	61875
河　南	428014	360013	290092	247173	149484	114664
湖　北	934125	1105715	277667	487630	51354	14800
湖　南	1454103	1184079	1157038	947827	993449	884391
广　东	4694777	3389067	3770125	2755978	1229982	977786
广　西	234940	208802	234940	208802	234940	208802
海　南						
重　庆	75000	110000	75000			
四　川	365875	289562	365875	289562	149384	116689
贵　州						
云　南	344599	316145	344599	316145	152000	147440
西　藏	15197	11754	15197	11754		
陕　西						
甘　肃						
青　海						
宁　夏	184451	111983	184451	111983	184451	111983
新　疆	129276	82703	129276	82703	58569	37243

单位：万元

非自有配送中心配送商品购进额		商品销售额		零售额	
2011年	2010年	2011年	2010年	2011年	2010年
2153797	**1763014**	**25708893**	**22589179**	**22848165**	**19780593**
110804	69163	2131145	1925027	2064212	1838640
		534358	501002	498029	476567
		141849	67395	141849	67395
		33947	27693	33947	27693
		711578	597539	658236	544458
		11161	23859	11161	23859
		144083	111861	144083	111861
846917	836792	3889166	3881618	2737364	2716590
13613		3933573	3564605	3311273	2956877
44146	115159	961933	832540	957810	830043
		257712	191491	257712	191491
266303	86785	2410884	1818939	2410047	1817781
		89578	81326	80005	72923
480047	404178	1452602	1273633	899565	771278
34506	24076	423682	337040	382119	267941
		1496251	1263919	1409582	1194355
16603	15700	1497202	1186199	1497202	1186199
195152	165702	4122465	3641465	3926278	3422613
		273085	243360	273085	243360
75000		106537	105104	106537	105104
		362446	282005	324412	282005
		437111	402151	437111	402151
		12588	10065	12588	10065
		149151	108930	149151	108930
70706	45459	124809	110414	124809	110414

2-23 续表 4

仓储会员店

项　目	商品购进总额		统一配送商品购进额		自有配送中心配送商品购进额	
	2011年	2010年	2011年	2010年	2011年	2010年
全　国	**2231537**	**1674703**	**511149**	**454095**	**47942**	**60228**
北　京	375183	310773	375183	310773		
天　津						
河　北						
山　西						
内蒙古						
辽　宁						
吉　林						
黑龙江						
上　海	1835926	1355483	115538	135426	46215	54170
江　苏						
浙　江						
安　徽						
福　建						
江　西						
山　东	6141	5985	6141	5985	37	4788
河　南	1690	1820	1690	1270	1690	1270
湖　北	12597	641	12597	641		
湖　南						
广　东						
广　西						
海　南						
重　庆						
四　川						
贵　州						
云　南						
西　藏						
陕　西						
甘　肃						
青　海						
宁　夏						
新　疆						

单位：万元

非自有配送中心配送商品购进额		商品销售额		零售额	
2011年	2010年	2011年	2010年	2011年	2010年
381780	**312612**	**5031587**	**3988309**	**2101307**	**1814996**
375183	310773	373718	334932	373718	334932
		4640331	3644854	1715920	1475345
	1197	5913	6161	44	2358
		1762	1327	1762	1327
6597	641	9863	1035	9863	1035

2-23 续表 5

百货店

项　目	商品购进总额		统一配送商品购进额		自有配送中心配送商品购进额	
	2011年	2010年	2011年	2010年	2011年	2010年
全　国	**25644722**	**20488211**	**12776916**	**9656842**	**8596202**	**6300536**
北　京	2020152	1617233	285556	193338	8677	6849
天　津						
河　北	1822427	1468000	37008	25068	37008	25068
山　西	138295	98456	24323	36542		
内蒙古	63880	12965	63880	12965	63880	12965
辽　宁						
吉　林	47993	32371	35994	22328	35994	22328
黑龙江	32479	35211	11825	35211	11825	35211
上　海	256405	228986	72066	21941		
江　苏	1379419	1147684	1357280	1123234	1345105	1110096
浙　江	859756	819461	717963	714849	501474	361828
安　徽	3393545	2793280	1167663	966810	382415	312715
福　建	78801	63823	78801	63823	33463	29907
江　西	613365	452841	239283	207185	147516	156382
山　东	4271870	3397545	1377950	954580	1184874	791706
河　南	954760	654858	52334	39593	52334	39593
湖　北	2243403	1857492	1198242	974690	1163242	942690
湖　南	399806	226777	394324	213239		
广　东	3754230	3035697	3505407	2453475	2487783	1636027
广　西	72062	55680	72062	55680		
海　南						
重　庆	2464005	1850207	1629757	1167836	1140014	816598
四　川	110047	78559	110047	78559		
贵　州	2339	4183	2339	4183		
云　南	168271	148762	165362	145974		
西　藏						
陕　西	454752	383375	176237	144581		
甘　肃						
青　海	42065	24188	617	584		
宁　夏						
新　疆	598	575	598	575	598	575

单位：万元

非自有配送中心配送商品购进额		商品销售额		零售额	
2011年	2010年	2011年	2010年	2011年	2010年
1153565	**828716**	**31131946**	**25870469**	**26931879**	**22050818**
		3040848	2478727	3040848	2478727
		1994119	1524732	1660705	1263196
		195863	173320	195863	173320
		74842	24580	68333	24580
		46646	35293	46646	35293
		22226	100140	22226	100140
		255300	231776	255300	231776
		1668044	1401781	1129536	953319
18975	10581	1015740	982136	883799	863480
		3987577	3285772	2328695	1932188
3292	2786	94574	73826	93083	71963
		664929	558445	580297	462327
193077	162875	6188900	5190565	5197245	4401454
		1035374	796091	1034688	789923
		2098129	1751093	1892747	1586446
11922	5173	417891	348862	413698	345663
436556	296063	4631721	3809487	4439256	3276856
		75438	61888	75438	61888
489743	351239	2692252	2277828	2643041	2235360
		159667	118974	159667	118974
		2146	2896	1047	1688
		177450	147976	177450	147976
		534733	455337	534733	455337
		57002	38435	57002	38435
		538	513	538	513

2-23 续表 6

专业店(含加油站)

项目	商品购进总额		统一配送商品购进额		自有配送中心配送商品购进额	
	2011年	2010年	2011年	2010年	2011年	2010年
全国	**194931451**	**161792808**	**158690483**	**129894186**	**92556210**	**78288030**
北京	11312910	9394164	5109488	4091212	2159840	1694303
天津	6035349	4975697	5304029	4368844	282065	225376
河北	7035675	4986930	5649689	4047104	3738676	2815810
山西	1412751	1399497	779212	743231	201810	157505
内蒙古	5400833	4494452	5388943	4486013	4906300	4053463
辽宁	6710661	5361917	5309638	3915017	2624591	2069563
吉林	1172716	884892	1122503	845253	979380	716626
黑龙江	1742573	1436915	1712119	1361963	1317723	1016112
上海	10422690	8705441	8506459	7607875	4101279	3746194
江苏	34529125	31215440	25964740	22971175	24216564	21729844
浙江	14545652	11504130	13556681	10672250	10153931	8590384
安徽	7787271	5713273	7601924	5407796	3633577	2376407
福建	4218273	3357223	2403414	2011638	522285	480353
江西	3376804	3118050	3280485	3053497	1650289	1571995
山东	9632575	8987049	8843730	8429310	7975316	7716108
河南	4808407	3886799	2779763	2114975	1530995	1193655
湖北	4293942	3685432	3736826	3242986	2348826	2019399
湖南	4875428	4190801	4294538	3439103	850634	769937
广东	37922234	31883753	33581042	27233357	10517789	9381279
广西	3009392	2587056	2707735	2304876	1027771	837390
海南	38045	28254	34985	25834	4682	2605
重庆	3811097	2173988	1486018	523202	1431821	517246
四川	1421994	1209160	1188452	934299	139328	121653
贵州	78762	69846	78299	68123	47045	42778
云南	1596690	1214308	1561492	1143358	631608	556704
西藏						
陕西	739415	651657	727419	642901	633011	479699
甘肃	840430	687578	840430	687578	22547	28866
青海	18593	38067	18593	38067		
宁夏	1368765	873497	1368765	873297	1353654	862507
新疆	4772397	3077539	3753072	2610053	3552876	2514268

单位：万元

非自有配送中心配送商品购进额		商品销售额		零售额	
2011年	2010年	2011年	2010年	2011年	2010年
24545470	**21275637**	**223924795**	**179284550**	**140379599**	**106429135**
925504	781049	12473651	10011757	7712817	6136857
5021965	4143468	5851519	5159046	3766286	3087218
7162	6751	7817738	6319233	3738421	2684426
	25526	2520605	1737725	1787247	1241498
2662	2313	5413226	4493894	5401378	4483672
1148494	655070	7460477	5677048	3982347	3638308
		1248052	875609	1126370	874656
229148	205380	1939273	1246693	1494977	1152426
21079	19289	11019325	9203890	4685971	4133375
1300312	958804	39634505	31874539	21694552	16560178
35640	35145	15242686	12110060	10127292	5321392
82768	77857	8121780	5281757	5200045	3836433
52733	127960	7285569	5169389	5861430	4107970
339451	153786	7644533	6007860	3691869	2646426
249408	233746	10909009	9774072	7575762	4994176
6043	3643	4937051	4046503	3297505	2755286
499277	401801	5240775	3775320	3867176	2947110
46444	24420	5773794	4735456	4849781	3560239
14172832	13180362	39735255	34552913	29117469	24169106
34603	25177	6550435	4874824	2992770	2031704
		36915	22597	34295	22597
35436	844	4083051	2431513	2046981	1010553
3139	3205	1652239	1424013	1123555	930497
16557	12551	82823	76836	82823	76836
90827	84536	2999737	2425007	1649702	1277998
10486	6136	1064049	831031	57112	44494
23	902	828238	721203	685912	605235
		49221	39206	47314	39206
14010	10789	1172131	924431	396432	311448
199468	95127	5137133	3461126	2284009	1747817

2-23 续表 7

加油站

项目	商品购进总额		统一配送商品购进额		自有配送中心配送商品购进额	
	2011年	2010年	2011年	2010年	2011年	2010年
全国	**132772404**	**106197821**	**112742839**	**88886672**	**63316852**	**52066689**
北京	6996118	5723595	1821688	1440288		
天津	5279194	4342362	5018741	4139485		
河北	6608353	4644957	5260685	3718105	3469417	2575351
山西	880859	659283	540242	421750		
内蒙古	5333123	4426846	5333123	4426846	4853142	3996610
辽宁	5055837	3894324	4299120	2942150	2296591	1769464
吉林	901858	600102	901858	600102	901858	600102
黑龙江	1119519	838945	1119519	838945	1119519	838945
上海	5860799	5076613	5424967	4853170	4031917	3681164
江苏	13575957	11652140	13575957	11652140	12486780	10938811
浙江	12437602	9705291	11465351	8885114	8516229	7161730
安徽	5773695	4252347	5773695	4080641	2056219	1250518
福建	2139856	1678845	1696035	1398904	176800	200497
江西	945724	834051	867373	789480	51059	28966
山东	8303814	7922322	7774217	7561259	7602492	7392404
河南	3693484	2892626	1860590	1285284	837006	572225
湖北	2456464	2079430	2110214	1840796	1752744	1538065
湖南	4199811	3566705	3628624	2822120	299680	236557
广东	28497334	22982779	24861773	18967774	7163047	5884147
广西	2701782	2276877	2400485	1994915	885812	664719
海南						
重庆	2924522	1600576	662236		662236	
四川	518897	390270	518897	390270		
贵州						
云南	782564	453014	782564	453014		
西藏						
陕西						
甘肃	698685	558612	698685	558612		
青海						
宁夏	1150402	689972	1150402	689972	1150402	689972
新疆	3936153	2454936	3195800	2135536	3003904	2046442

单位：万元

非自有配送中心配送商品购进额		商品销售额		零售额	
2011年	2010年	2011年	2010年	2011年	2010年
17445819	**14760561**	**154157696**	**121051410**	**94713005**	**69055031**
		7744831	6271384	3397467	2733580
5018741	4139485	5104043	4445640	3019884	2403180
		7337263	5923786	3346381	2371993
		1367296	918690	1056448	709226
		5333123	4426846	5333123	4426846
1042057	565986	5687483	4183216	2652184	2441974
		949326	614190	831741	614190
		1204130	640636	761892	546369
		6189553	5415728	1958683	1534268
1089177	713329	15616501	11423947	7311383	5093324
		13056041	10219736	8844139	4611169
		6115629	3782461	4626435	3379665
		4907372	3417171	3894652	2700600
318768	142919	4400102	3358956	3123626	2142756
125223	116470	9122478	8589737	6517945	4405217
		3766643	3001876	2173217	1742467
103859	49120	3103653	2094323	2216196	1649317
41715	24384	5023414	3932868	4346269	3108958
9514381	8919775	30143838	25749804	21458365	17357098
		6180597	4532663	2666085	1742741
		3073702	1750672	1250153	385148
		552458	460572	375049	318760
		2184229	1653637	905469	578575
		713304	615464	657332	574710
		931159	710705	234454	171628
191897	89094	4349532	2916703	1754433	1311272

2-23 续表 8

专卖店

项目	商品购进总额		统一配送商品购进额		自有配送中心配送商品购进额	
	2011年	2010年	2011年	2010年	2011年	2010年
全国	**7391014**	**6420040**	**5509989**	**4759039**	**3325682**	**2813911**
北京	636402	836636	211370	199693	161232	148702
天津	71980	62921	33745	25459	4382	3667
河北	2718	2342	2718	2342	2718	2342
山西	7430	4289	7406	4186	7406	4186
内蒙古	84002	72471	78800	67945		
辽宁	85737	66089	57791	34870		
吉林	57488	47999	54459	43956	54459	43956
黑龙江	2551					
上海	1497295	1076152	822134	675131	518923	406170
江苏	138265	119153	136418	113019	40181	30238
浙江	476210	398136	350739	285582	187256	144140
安徽	15186	13344	15012	13127	15012	13127
福建	651803	565748	494739	429315	201773	142022
江西	158469	150161	153851	146627	142995	137936
山东	316522	270605	226495	214005	211620	197438
河南	129588	72210	124723	68000	20203	22149
湖北	138320	113346	138320	113346	110061	75721
湖南	111831	145686	111831	142496	90673	123082
广东	404175	365340	404175	357556	356162	347122
广西						
海南						
重庆	357440	319714	345106	312885	29637	2866
四川	886354	849156	880491	833082	555431	437527
贵州	1901	2010	1901	2010		
云南	325552	230676	257627	230676	21964	94387
西藏	6543	6594	6543	6594		
陕西	441872	333304	208215	141178	208215	141178
甘肃	28177	25202	28177	25202	28177	25202
青海						
宁夏	9358	7182	9358	7182	9358	7182
新疆	347846	263574	347846	263574	347846	263574

单位：万元

非自有配送中心配送商品购进额		商品销售额		零售额	
2011年	2010年	2011年	2010年	2011年	2010年
402299	**312533**	**8579416**	**7119595**	**6344832**	**5300732**
28089	31747	798801	892752	537273	618941
2367	2984	101765	81561	90906	67154
		3214	3408	3214	3408
		8358	4030	8358	4030
		95696	82258	77723	68150
		105674	69323	104237	64549
		52739	44191	52739	44191
		3001		3001	
86633	70793	1860420	1413543	1582824	1211070
60267	53717	153474	130372	146973	121333
146712	128138	441114	341703	284188	206935
		19427	17188	14426	12743
21673	8270	725834	610070	722545	607677
		170235	155881	108049	132290
		343406	295907	269964	185658
		139929	106278	90344	59491
8826	7225	182463	125230	181463	125230
		215377	217823	202458	211517
46348	8318	485622	455557	414159	411246
		341169	250626	339083	247056
1385	1342	891663	742738	819844	687237
		2007	2035	487	517
		340245	231689	64166	48057
		5917	5739	5917	5739
		555176	446416		
		35250	30993	35250	30993
		9198	7194		
		492243	355091	185242	125522

2-23 续表 9

家居建材商店

项 目	商品购进总额		统一配送商品购进额		自有配送中心配送商品购进额	
	2011年	2010年	2011年	2010年	2011年	2010年
全 国	**429362**	**568259**	**247068**	**260039**	**78812**	**83067**
北 京	119183	218344				
天 津	63111	83558				
河 北						
山 西						
内蒙古						
辽 宁						
吉 林						
黑龙江						
上 海	143246	162539	143246	156221	72903	80306
江 苏	10218	9848	10218	9848		
浙 江	5629	2761	5629	2761	5629	2761
安 徽						
福 建						
江 西						
山 东						
河 南						
湖 北						
湖 南						
广 东	66113	68404	66113	68404		
广 西						
海 南						
重 庆						
四 川	21863	22806	21863	22806	280	
贵 州						
云 南						
西 藏						
陕 西						
甘 肃						
青 海						
宁 夏						
新 疆						

单位：万元

非自有配送中心配送商品购进额		商品销售额		零售额	
2011年	2010年	2011年	2010年	2011年	2010年
23200	**23064**	**646660**	**700109**	**590628**	**629313**
		236877	267231	236877	267231
		65753	90833	65753	90833
		207133	211657	151343	140972
		12978	12964	12737	12853
		10931	4649	10931	4649
23179	23064	86353	90054	86353	90054
21		26634	22721	26634	22721

2-23 续表 10

厂家直销中心

项　目	商品购进总额		统一配送商品购进额		自有配送中心配送商品购进额	
	2011年	2010年	2011年	2010年	2011年	2010年
全　国	**12648**	**13297**	**12648**	**13297**	**50**	
北　京						
天　津						
河　北	157	178	157	178		
山　西						
内蒙古						
辽　宁						
吉　林						
黑龙江						
上　海						
江　苏						
浙　江						
安　徽						
福　建						
江　西						
山　东						
河　南						
湖　北						
湖　南	50		50		50	
广　东						
广　西						
海　南						
重　庆						
四　川						
贵　州						
云　南						
西　藏						
陕　西						
甘　肃						
青　海						
宁　夏	12441	13119	12441	13119		
新　疆						

单位：万元

非自有配送中心配送商品购进额		商品销售额		零售额	
2011年	2010年	2011年	2010年	2011年	2010年
		27634	**26169**	**1939**	**1080**
		387	446	387	446
		200		200	
		27047	25723	1352	635

2-23 续表 11

其他

项目	商品购进总额		统一配送商品购进额		自有配送中心配送商品购进额	
	2011年	2010年	2011年	2010年	2011年	2010年
全国	**1317231**	**1073667**	**1080050**	**910165**	**748945**	**644593**
北京						
天津	27945	23938	1835	1665	1835	1665
河北						
山西	9504	8325	9504	8325		
内蒙古						
辽宁	45621	17052	45621	17052		
吉林						
黑龙江						
上海	10660	460	10660	460		
江苏	346266	265777	305932	264880	300411	261293
浙江	55340	42815	55340	42815	12658	21992
安徽	1987	1979	1987	1979	1987	1979
福建	29953	25905	11432	11257	2434	2252
江西						
山东	184913	151623	88475	68563	1775	1388
河南						
湖北						
湖南						
广东	508885	461152	495860	450848	381752	325521
广西	837	1730	837	1730		
海南						
重庆	91885	69578	51520	39668	45959	28370
四川	1047	923	1047	923	134	134
贵州						
云南						
西藏						
陕西						
甘肃						
青海						
宁夏						
新疆	2387	2410				

单位：万元

非自有配送中心配送商品购进额		商品销售额		零售额	
2011年	2010年	2011年	2010年	2011年	2010年
164815	**161562**	**1384921**	**1110338**	**652506**	**543003**
		57811	47516	24288	19313
9504	8325	7871	6784		
		45562	17008	45562	17008
10660	460	10830	1102	1624	1102
2596	897	334388	256936	74791	61616
		54365	38346	9091	17598
		1928	1472	1928	1472
		31017	28386	10264	10535
43521	41011	192107	155484	109496	83115
94671	107656	545860	480456	341570	302710
		1069	1842	1069	1842
3825	3176	96677	73761	31644	25647
38	38	948	836	948	836
		4490	412	232	210

2-24 按业态分各地区连锁零售

便利店

项　目	商品购进总额		统一配送商品购进额		自有配送中心配送商品购进额	
	2011年	2010年	2011年	2010年	2011年	2010年
全　国	**404416**	**368228**	**250973**	**226343**	**70709**	**62534**
北　京	1689	2177	1624	2022	1281	1288
天　津						
河　北	23062	18575	23062	18575	23062	18575
山　西	95148	78411				
内蒙古						
辽　宁						
吉　林						
黑龙江						
上　海	225574	222459	178473	169118	28113	27158
江　苏	1366	1194	1366	1194	546	546
浙　江	31961	23863	28428	19996	998	822
安　徽	63	58	63	58	63	58
福　建	1561	997	1561	997	1449	904
江　西	4596	4199				
山　东						
河　南	5000	3912	2000	2000	800	800
湖　北						
湖　南						
广　东	7002	8070	7002	8070	7002	8070
广　西						
海　南						
重　庆						
四　川						
贵　州						
云　南						
西　藏						
陕　西						
甘　肃						
青　海						
宁　夏						
新　疆	7394	4313	7394	4313	7394	4313

企业加盟门店经营情况

单位：万元

非自有配送中心配送商品购进额		商品销售额		零售额	
2011年	2010年	2011年	2010年	2011年	2010年
88887	**94667**	**460976**	**406937**	**452965**	**399036**
		2462	3171	2462	2830
		23062	25184	23062	25184
		99848	82250	99848	82250
87047	92656	277979	251255	271897	245424
528	425	1302	1254	1302	1254
	292	29412	22565	28083	21273
		61	59	61	59
112	93	1508	892	1508	892
		4367	3224	4367	3224
1200	1200	5400	4000	5400	4000
		10345	9131	9745	8692
		5230	3953	5230	3953

2-24 续表 1

折扣店

项　目	商品购进总额		统一配送商品购进额		自有配送中心配送商品购进额	
	2011年	2010年	2011年	2010年	2011年	2010年
全　国	**25542**	**25666**	**25542**	**25666**	**25034**	**24789**
北　京	7323	13082	7323	13082	6815	12205
天　津						
河　北						
山　西						
内蒙古						
辽　宁						
吉　林						
黑龙江						
上　海	18219	12584	18219	12584	18219	12584
江　苏						
浙　江						
安　徽						
福　建						
江　西						
山　东						
河　南						
湖　北						
湖　南						
广　东						
广　西						
海　南						
重　庆						
四　川						
贵　州						
云　南						
西　藏						
陕　西						
甘　肃						
青　海						
宁　夏						
新　疆						

单位：万元

非自有配送中心配送商品购进额		商品销售额		零售额	
2011年	2010年	2011年	2010年	2011年	2010年
508	**877**	**25714**	**31786**	**25714**	**31786**
508	877	5954	18137	5954	18137
		19760	13649	19760	13649

2-24 续表 2

超市

项　目	商品购进总额		统一配送商品购进额		自有配送中心配送商品购进额	
	2011年	2010年	2011年	2010年	2011年	2010年
全　国	**3392337**	**3980480**	**2985159**	**3124984**	**2277256**	**2592160**
北　京	86781	85414	20445	16077	20055	15677
天　津						
河　北		3127		3127		3127
山　西						
内蒙古	918	1056	908	1021	200	
辽　宁	60978	45834	60978	45834		
吉　林						
黑龙江						
上　海	1075201	1022924	1075201	1022924	645121	697389
江　苏	1010777	1338621	1004755	1331528	1003190	1331303
浙　江	305740	282421	281272	276963	229444	217671
安　徽	515649	470114	282231	220000	158797	146000
福　建		690				
江　西						
山　东	149235	134940	109122	92796	106570	90828
河　南	1146	1360	1086	930		
湖　北	36051	34729	34319	32558	34319	32558
湖　南	4572	2290	4546	2255	26	35
广　东	27801	22679	9720	10839	9536	10180
广　西	18804	17707	7097	2830	5028	1027
海　南						
重　庆	35286	479953	35286	33298	28814	28871
四　川	46263	22174	45000	21099	30802	13732
贵　州						
云　南	5590	5317	5590	5317	1563	1642
西　藏						
陕　西						
甘　肃						
青　海						
宁　夏	1534	240	1039		661	
新　疆	10012	8890	6565	5588	3132	2122

单位：万元

非自有配送中心配送商品购进额		商品销售额		零售额	
2011年	2010年	2011年	2010年	2011年	2010年
608099	**503440**	**3592391**	**5184812**	**3576146**	**4673500**
	13	113791	105340	113763	105340
			3127		3127
708	1021	1067	1021	1067	1021
29943	31920	96351	90177	96351	90177
430081	325536	1499201	2033133	1499201	2033133
211	108	1182597	1342296	1181001	1342296
51137	58011	314472	303687	301418	301884
80000	73000	82247	450234	82247	450212
			793		793
2553	1969	102018	168537	101198	168537
		1490	1358	1390	1258
		37846	36145	37846	36145
3546	1535	4907	2583	4907	2583
184	659	31834	32783	31834	32783
		23780	22709	23134	22460
4164	3892	32738	553294	32738	44155
457	935	50650	21437	50650	21437
1305	1376	6927	6170	6927	6170
378		1446	220	1446	220
3434	3466	9028	9768	9028	9768

2-24 续表 3

大型超市

项　目	商品购进总额		统一配送商品购进额		自有配送中心配送商品购进额	
	2011年	2010年	2011年	2010年	2011年	2010年
全　国	**249433**	**194721**	**193141**	**150174**	**193141**	**149416**
北　京						
天　津						
河　北						
山　西						
内蒙古						
辽　宁						
吉　林						
黑龙江						
上　海	16220	26658				
江　苏						
浙　江	1762	768	1762	768	1762	614
安　徽						
福　建						
江　西						
山　东	30000	10662		604		
河　南						
湖　北						
湖　南						
广　东	201452	156634	191379	148802	191379	148802
广　西						
海　南						
重　庆						
四　川						
贵　州						
云　南						
西　藏						
陕　西						
甘　肃						
青　海						
宁　夏						
新　疆						

单位：万元

非自有配送中心配送商品购进额		商品销售额		零售额	
2011年	2010年	2011年	2010年	2011年	2010年
	154	**236507**	**229448**	**236507**	**229448**
		18022	29620	18022	29620
	154	2788	860	2788	860
		30000	30515	30000	30515
		185697	168454	185697	168454

2-24 续表 4

仓储会员店

项目	商品购进总额		统一配送商品购进额		自有配送中心配送商品购进额	
	2011年	2010年	2011年	2010年	2011年	2010年
全国	**2925220**	**2170140**	**2925220**	**2170140**	**1170574**	**868434**
北京						
天津						
河北						
山西						
内蒙古						
辽宁						
吉林						
黑龙江						
上海	2924410	2169510	2924410	2169510	1169764	867804
江苏						
浙江						
安徽						
福建						
江西						
山东						
河南	810	630	810	630	810	630
湖北						
湖南						
广东						
广西						
海南						
重庆						
四川						
贵州						
云南						
西藏						
陕西						
甘肃						
青海						
宁夏						
新疆						

单位：万元

非自有配送中心配送商品购进额		商品销售额		零售额	
2011年	2010年	2011年	2010年	2011年	2010年
		2925255	**2170173**	**2925255**	**2170173**
		2924410	2169510	2924410	2169510
		845	664	845	664

2-24 续表 5

百货店

项目	商品购进总额		统一配送商品购进额		自有配送中心配送商品购进额	
	2011年	2010年	2011年	2010年	2011年	2010年
全国	**987298**	**917840**	**552646**	**586738**	**473188**	**514242**
北京						
天津						
河北						
山西						
内蒙古						
辽宁						
吉林						
黑龙江						
上海						
江苏	292000	357920	292000	357920	292000	357920
浙江	42323	37921	40898	36526	40898	36526
安徽	109124	98421	109124	98421	29665	25925
福建						
江西	205806	165763	29645	28437	29645	28437
山东	273811	219671	80014	64508	80014	64508
河南						
湖北						
湖南						
广东		2930				
广西						
海南						
重庆						
四川						
贵州						
云南						
西藏						
陕西	63270	34287				
甘肃						
青海						
宁夏						
新疆	965	928	965	928	965	928

单位：万元

非自有配送中心配送商品购进额		商品销售额		零售额	
2011年	2010年	2011年	2010年	2011年	2010年
		1136209	**1075439**	**1115248**	**1062227**
		400000	477226	400000	477226
		51060	45785	51060	45785
		128381	115789	128381	115789
		165242	118596	144282	105385
		295133	261095	295133	261095
			4733		4733
		95612	51471	95612	51471
		781	744	781	744

2-24 续表 6

专业店(含加油站)

项目	商品购进总额		统一配送商品购进额		自有配送中心配送商品购进额	
	2011年	2010年	2011年	2010年	2011年	2010年
全国	**2909233**	**2446384**	**2770375**	**2335528**	**1958188**	**1547003**
北京	90680	83903	86738	80230	21299	22168
天津	4489	2832	4489	2832	3940	2150
河北						
山西	4246	5307	4246	5307	4246	4056
内蒙古	771	938	771	938	771	938
辽宁	1579	3673	1579	3673		
吉林	336					
黑龙江						
上海	734723	599001	729292	594086	694580	563887
江苏	576777	417958	567198	409778	566482	405343
浙江	256068	232826	219600	201545	158741	146975
安徽	242599	166866	242599	166866	235386	160266
福建	11161	8973	8636	7833	8170	7783
江西						
山东	8154	6980	5825	4772	2902	2505
河南	294420	222266	286824	216420	5771	5106
湖北	11850	10896	11850	10896	7803	6705
湖南	57493	38449	53980	35312	14857	13457
广东	288929	411967	288439	411413	73457	93299
广西	15124	11056	12580	8763	11559	8273
海南						
重庆	80129	45310	68239	36968	60059	31902
四川	13846	12235	9820	10189	8001	8801
贵州	2782	3132	2782	3132		
云南	4044	3027	3143	2157		
西藏						
陕西	13522	8927	6654	4683		
甘肃	9199	886	9199	886		
青海						
宁夏	115400	91400	75900	60300	75900	60300
新疆	70914	57579	69992	56552	4264	3090

单位：万元

非自有配送中心配送商品购进额		商品销售额		零售额	
2011年	2010年	2011年	2010年	2011年	2010年
400388	**487844**	**5267957**	**4597398**	**1711938**	**1496684**
62470	55859	92432	93320	58260	50380
549	682	6107	3172	6107	3172
	1250	3620	3495	3620	3495
		593	577	593	577
	2343	1794	3739	1794	3739
		553			
31437	25244	749134	640347	403823	339057
212	2533	579467	419446	48222	32802
18631	14491	273919	251506	245157	224725
7213	6600	215733	154204	2422	1870
90	50	12447	13052	12447	13052
		9213	8503	8201	7740
		353317	282484	289399	217971
3801	3892	17628	22211	17628	22211
4174	678	59065	42384	52902	42384
197134	318114	2396932	2386965	263241	330771
98	82	16897	23949	13738	20725
6169	708	100628	55328	91136	39591
		25683	20127	19861	16104
2683	1857	2432	2081	2432	2081
		6031	3021	797	503
		12378	11273	12378	11273
		13583	7161		
		115800	91850	115800	91850
65728	53462	202570	57205	41980	20613

2-24 续表 7

加油站

项 目	商品购进总额		统一配送商品购进额		自有配送中心配送商品购进额	
	2011年	2010年	2011年	2010年	2011年	2010年
全 国	**1039069**	**827248**	**1039069**	**827248**	**695413**	**562708**
北 京						
天 津						
河 北						
山 西						
内蒙古						
辽 宁		2343		2343		
吉 林						
黑龙江						
上 海	690623	560185	690623	560185	690623	560185
江 苏						
浙 江						
安 徽						
福 建						
江 西						
山 东						
河 南	277929	208735	277929	208735		
湖 北						
湖 南						
广 东						
广 西	4789	2523	4789	2523	4789	2523
海 南						
重 庆						
四 川						
贵 州						
云 南						
西 藏						
陕 西						
甘 肃						
青 海						
宁 夏						
新 疆	65728	53462	65728	53462		

单位：万元

非自有配送中心配送商品购进额		商品销售额		零售额	
2011年	2010年	2011年	2010年	2011年	2010年
65728	**55805**	**3268367**	**2875167**	**663419**	**521251**
	2343		2343		2343
		690623	560185	345312	280093
		337652	268975	277929	208735
		2117340	1977072		
		4789	14433	4789	14433
65728	53462	117962	52158	35389	15648

2-24 续表 8

专卖店

项目	商品购进总额		统一配送商品购进额		自有配送中心配送商品购进额	
	2011年	2010年	2011年	2010年	2011年	2010年
全 国	**1338322**	**1070477**	**1332508**	**1066595**	**864565**	**771644**
北 京	114343	89313	114343	89192	114231	89160
天 津	62	799				
河 北						
山 西						
内蒙古						
辽 宁	8081	4840	8081	4840		
吉 林						
黑龙江						
上 海	53220	24570	53220	24570	45527	15878
江 苏	17216	12414	16919	12393	388	12369
浙 江	408151	274658	408151	274658	395735	274658
安 徽	94	2724		2548		2548
福 建	39972	24105	37461	22207	37150	21987
江 西	53146	43867	53146	43867	785	524
山 东	27043	25190	27043	25190	22220	25190
河 南	1010	18532	1010	18532		
湖 北	3242	2646	3242	2646	3068	2600
湖 南	19002	12020	19002	12020	19002	12020
广 东	206914	284990	206914	284990	204787	277029
广 西						
海 南						
重 庆	2849	868				
四 川	14727	33326	14727	33326	14727	33326
贵 州						
云 南	362305	211259	362305	211259		
西 藏						
陕 西						
甘 肃						
青 海						
宁 夏	6946	4358	6946	4358	6946	4358
新 疆						

单位：万元

非自有配送中心配送商品购进额		商品销售额		零售额	
2011年	2010年	2011年	2010年	2011年	2010年
10301	**16906**	**1730663**	**1387441**	**1173914**	**1011187**
		147229	113258	147229	113258
		100	1011	100	1011
		7870	6227	7870	6227
7693	8692	141167	101936	34053	5686
30	20	17078	12505	17078	12505
		542449	386946	541258	386946
		276	2606	162	2392
311	220	49115	25140	32619	24798
		64989	54696	744	1520
		30923	28635	21762	12505
		1010	29537	1010	29537
140	12	4993	3536	4993	3536
		24703	15626	24703	15626
2127	7962	332074	374310	317665	353690
		3455	1094	3455	
		19213	41364	19213	41364
		337127	184733		586
		6891	4280		

2-24 续表 9

厂家直销中心

项目	商品购进总额		统一配送商品购进额		自有配送中心配送商品购进额	
	2011年	2010年	2011年	2010年	2011年	2010年
全国	**1356**					
北京						
天津						
河北						
山西						
内蒙古						
辽宁						
吉林						
黑龙江						
上海						
江苏						
浙江						
安徽						
福建						
江西						
山东						
河南						
湖北						
湖南						
广东						
广西						
海南						
重庆	1356					
四川						
贵州						
云南						
西藏						
陕西						
甘肃						
青海						
宁夏						
新疆						

单位：万元

非自有配送中心配送商品购进额		商品销售额		零售额	
2011年	2010年	2011年	2010年	2011年	2010年
		1595		**1595**	
		1595		1595	

2-24 续表 10

其他

项目	商品购进总额		统一配送商品购进额		自有配送中心配送商品购进额	
	2011年	2010年	2011年	2010年	2011年	2010年
全国	**599314**	**564852**	**542942**	**532478**	**385151**	**351954**
北京						
天津						
河北						
山西						
内蒙古						
辽宁						
吉林						
黑龙江						
上海						
江苏						
浙江	6127	11713	6127	11713	6127	11713
安徽	220140	267042	220140	267042	85565	103795
福建						
江西						
山东						
河南						
湖北						
湖南						
广东	319200	254451	290637	232479	273341	219306
广西						
海南						
重庆	52480	30398	24672	19996	20115	17138
四川	1366	1249	1366	1249	3	3
贵州						
云南						
西藏						
陕西						
甘肃						
青海						
宁夏						
新疆						

单位：万元

非自有配送中心配送商品购进额		商品销售额		零售额	
2011年	2010年	2011年	2010年	2011年	2010年
151305	**175462**	**654623**	**627512**	**340369**	**297550**
		6127	14567	6127	14567
134575	163247	220193	266663		
15876	12212	370611	307810	327448	274410
851		56439	37300	5541	7402
3	3	1253	1172	1253	1172

2-25 36城市连锁零售企业基本情况

项　目	连锁总店数（个）	门店数（个）		年末从业人员（人）		年末零售营业面积（平方米）	
	2011年	2011年	2010年	2011年	2010年	2011年	2010年
合　计	**1309**	**134299**	**122977**	**1864299**	**1657794**	**97364774**	**89110128**
北　京	147	6950	6883	149893	142472	6371717	5988386
天　津	38	1866	1939	37950	35720	2512608	2518892
石家庄	16	994	922	13255	13427	903912	827637
太　原	22	1858	1746	19393	18778	591730	520348
呼和浩特	2	1536	1529	9460	9383	214313	212920
沈　阳	42	1890	1751	26602	26933	1639074	1166574
大　连	17	2073	2043	17738	17331	1031798	1006105
长　春	16	677	662	9147	9238	379217	1243455
哈尔滨	21	1239	1161	12496	12476	406367	389012
上　海	90	19658	19028	308583	303498	9875547	9008308
南　京	36	11590	10585	313113	239723	14771614	12638685
杭　州	72	8389	7755	66467	42939	7054993	6790847
宁　波	29	1613	1628	25804	25140	941608	838793
合　肥	30	7579	6921	66675	60605	3429531	2984869
福　州	21	876	770	36449	30805	2506464	2228487
厦　门	34	1075	923	10544	9234	690382	458035
南　昌	32	1542	1511	22481	20626	1164965	1085829
济　南	10	3044	3318	70534	60664	3579481	3321155
青　岛	70	2469	2360	39372	36521	3183424	2796986
郑　州	20	669	594	21649	20723	1126394	859427
武　汉	75	3455	3072	91899	71423	4566731	3751878
长　沙	39	2530	1802	28383	24131	1678479	1341464
广　州	119	23566	18666	166655	155776	14940746	14365169
深　圳	35	2277	2283	67986	61163	3236263	3044278
南　宁	21	1316	1538	16461	15643	1318448	1548636
海　口	4	234	115	1430	1252	36338	33698
重　庆	88	11316	10409	86202	75875	3329573	2850716
成　都	44	3952	3702	47263	44839	1405740	1325020
贵　阳	10	362	364	2558	2265	58003	38909
昆　明	38	3131	2836	31795	29471	1769329	1688281
拉　萨	2	15	15	623	595	24730	23346
西　安	14	485	454	13509	13521	611786	409983
兰　州	10	322	287	4637	4078	194926	72338
西　宁	8	76	81	5305	3623	142736	123995
银　川	11	1665	1452	8074	7042	608671	472636
乌鲁木齐	26	2010	1872	13914	10861	1067136	1135031

2-26 36城市连锁零售企业直营门店基本情况

项 目	门店数（个）		年末从业人员（人）		年末零售营业面积（平方米）	
	2011年	2010年	2011年	2010年	2011年	2010年
合 计	**77857**	**72458**	**1610000**	**1398956**	**90179996**	**82085122**
北 京	4870	4799	137864	130814	6090905	5700185
天 津	1815	1877	37766	35458	2507348	2512036
石家庄	718	670	13034	12652	885112	809997
太 原	876	827	14945	14084	546508	482316
呼和浩特	1536	1529	9460	9383	214313	212920
沈 阳	1720	1566	26502	25915	1614846	1135027
大 连	1060	1044	13390	13013	917245	892554
长 春	677	662	9147	9238	379217	1243455
哈尔滨	1239	1161	12496	12476	406367	389012
上 海	11486	10885	216982	213805	7030477	6483345
南 京	8524	7339	289885	213843	14336726	12030454
杭 州	5833	5449	61010	37994	6764242	6532349
宁 波	1091	1020	24836	23506	878018	744854
合 肥	2761	2549	51888	46953	3183264	2804312
福 州	805	695	36145	30470	2502369	2223887
厦 门	773	646	9795	8634	657573	449969
南 昌	702	744	18654	17196	988326	910212
济 南	3042	3316	70501	60631	3579073	3320747
青 岛	1079	962	31909	29224	2982008	2602587
郑 州	602	530	21589	20636	1121087	854801
武 汉	3051	2695	90554	69540	4528385	3705406
长 沙	1016	974	25456	22492	1597659	1283338
广 州	6646	6381	111010	108673	13385774	12917687
深 圳	1776	1651	66053	58829	3198571	3005359
南 宁	714	728	13792	12526	1248572	1411482
海 口	234	115	1430	1252	36338	33698
重 庆	3187	2540	72228	50191	3030907	2354389
成 都	3801	3425	46356	42517	1391758	1284158
贵 阳	295	291	2396	2193	54117	35911
昆 明	3022	2724	31677	29368	1768629	1687571
拉 萨	15	15	623	595	24730	23346
西 安	401	390	11627	12072	447386	315983
兰 州	322	287	4637	4078	194926	72338
西 宁	76	81	5305	3623	142736	123995
银 川	422	352	5584	4842	522311	398836
乌鲁木齐	1670	1539	13474	10240	1022173	1096606

2-27 36城市连锁零售企业加盟门店基本情况

项目	门店数(个)		年末从业人员(人)		年末零售营业面积(平方米)	
	2011年	2010年	2011年	2010年	2011年	2010年
合计	**56442**	**50519**	**254299**	**258838**	**7184778**	**7025006**
北京	2080	2084	12029	11658	280812	288201
天津	51	62	184	262	5260	6856
石家庄	276	252	221	775	18800	17640
太原	982	919	4448	4694	45222	38032
呼和浩特						
沈阳	170	185	100	1018	24228	31547
大连	1013	999	4348	4318	114553	113551
长春						
哈尔滨						
上海	8172	8143	91601	89693	2845070	2524963
南京	3066	3246	23228	25880	434888	608231
杭州	2556	2306	5457	4945	290751	258498
宁波	522	608	968	1634	63590	93939
合肥	4818	4372	14787	13652	246267	180557
福州	71	75	304	335	4095	4600
厦门	302	277	749	600	32809	8066
南昌	840	767	3827	3430	176639	175617
济南	2	2	33	33	408	408
青岛	1390	1398	7463	7297	201416	194399
郑州	67	64	60	87	5307	4626
武汉	404	377	1345	1883	38346	46472
长沙	1514	828	2927	1639	80820	58126
广州	16920	12285	55645	47103	1554972	1447482
深圳	501	632	1933	2334	37692	38919
南宁	602	810	2669	3117	69876	137154
海口						
重庆	8129	7869	13974	25684	298666	496327
成都	151	277	907	2322	13982	40862
贵阳	67	73	162	72	3886	2998
昆明	109	112	118	103	700	710
拉萨						
西安	84	64	1882	1449	164400	94000
兰州						
西宁						
银川	1243	1100	2490	2200	86360	73800
乌鲁木齐	340	333	440	621	44963	38425

2-28　36城市连锁零售企业经营情况

单位：万元

项　　目	商品购进总额		统一配送商品购进额		自有配送中心配送商品购进额	
	2011年	2010年	2011年	2010年	2011年	2010年
合　计	**229475510**	**193488555**	**174231247**	**144819072**	**107816443**	**90990206**
北　京	20687313	17395624	9943302	7695967	3050594	2499909
天　津	7025600	5869781	5513441	4549927	454594	381356
石家庄	3162974	2389340	415913	319028	135781	107138
太　原	1189379	1083523	709128	719509	197104	153375
呼和浩特	5342499	4436222	5342499	4436222	4862518	4005986
沈　阳	2332479	1506215	2081206	1361413	85822	78585
大　连	2335830	1889014	2131956	1716701	1952258	1556169
长　春	1209443	930478	1155055	884531	984615	717536
哈尔滨	1815263	1518362	1734016	1419583	1221631	972120
上　海	27797360	23334779	20690550	18349057	9822223	8527595
南　京	37729317	34159238	29144091	25904067	28575355	25472498
杭　州	15287339	12350924	14309395	11528459	10623773	9007592
宁　波	1443237	1096246	1125669	1025446	935727	713442
合　肥	11419886	9013209	9044988	7067706	4211971	2977155
福　州	3291661	2753471	1418618	430952	978322	167169
厦　门	828141	731533	825190	731165	635594	571984
南　昌	2505480	2027360	1938779	1629589	1204445	1192304
济　南	11142394	10339013	8557982	8238313	7950158	7702513
青　岛	3359398	2657027	1634597	1220855	1190775	853670
郑　州	1706760	1249537	808396	635051	667784	540902
武　汉	8298886	7351886	5662638	5094452	4754894	4024549
长　沙	2625290	2354812	2217974	1785321	870779	848544
广　州	30314503	27223409	26502658	22732765	11650677	9523679
深　圳	7236486	5959066	6235831	5200118	2002026	2154432
南　宁	658786	626678	458683	450974	394551	397854
海　口	38045	28254	34985	25834	4682	2605
重　庆	8306489	5382435	5048039	2433751	3066914	1689277
成　都	2738515	2316663	2702276	2270626	1390000	1137250
贵　阳	81222	71611	80759	69888	40612	37924
昆　明	2830044	2149256	2728505	2079718	805572	831010
拉　萨	21741	18348	21741	18348		
西　安	1275150	978607	898863	677558	658626	494670
兰　州	474490	362388	474490	362388	50723	54067
西　宁	95353	87704	53904	64100		
银　川	1445098	937034	1405598	905734	1404498	905734
乌鲁木齐	1423663	909508	1179535	783956	980848	689615

2-28 续表

单位：万元

项目	非自有配送中心配送商品购进额		商品销售额		零售额	
	2011年	2010年	2011年	2010年	2011年	2010年
合计	**30878383**	**27427756**	**262835220**	**217714995**	**180984211**	**144951766**
北京	2532664	2165062	23521514	19621679	17376359	14619981
天津	5024880	4147134	6899930	6140058	4732977	4001185
石家庄			3312172	2519257	2160210	1618790
太原	20244	41430	1838181	1410391	1599155	1250838
呼和浩特			5339675	4433399	5339675	4433399
沈阳	1064418	579175	2787231	2056007	1977614	1955433
大连	136380	121004	2459351	1999942	1835311	1498041
长春			1301252	942198	1183667	942198
哈尔滨	229148	205380	2030006	1397436	1635659	1348683
上海	3054903	3092844	35738347	31626151	22442413	20600467
南京	180765	211458	42873762	34675329	23399933	18530320
杭州	241920	232627	16092742	13038601	10912831	6239841
宁波	103942	269857	1656737	1332406	1431887	1284024
合肥	229746	248983	12401021	8978922	7557898	5893771
福州	288827	96045	4291267	3157848	4071786	2850853
厦门	68051	138029	1355259	919540	978731	838507
南昌	339451	153786	3420273	2714182	2160080	1638599
济南	593312	519624	12447172	11612532	9591242	7217620
青岛	290756	233228	4584835	3667387	3432519	2695059
郑州			1804625	1454585	1751010	1404154
武汉	515201	415720	10264194	7969600	8793857	6910904
长沙	25505	16414	3095578	2750392	2769496	2264065
广州	14486007	12716491	32731302	29462155	20706617	17204380
深圳	279972	1156761	7191461	6134198	7123707	6081491
南宁			2143069	1813325	1277085	867748
海口			36915	22597	34295	22597
重庆	615188	359857	8625278	6102349	6406208	4030219
成都	191738	77523	2957447	2449847	2533586	2114508
贵阳	16865	12118	82737	77272	82242	76907
昆明	97298	92410	4333981	3423004	2380908	1914703
拉萨			18505	15804	18505	15804
西安	52496	29554	1636871	1284756	790591	634135
兰州	23	902	499972	432732	499972	432732
西宁			144889	108086	139874	105017
银川			1222896	970474	631622	492905
乌鲁木齐	198687	94341	1694775	1000554	1224693	921888

2-29 36城市连锁零售企业直营门店经营情况

单位：万元

项目	商品购进总额		统一配送商品购进额		自有配送中心配送商品购进额	
	2011年	2010年	2011年	2010年	2011年	2010年
合计	**219129219**	**183923090**	**164797064**	**136419226**	**101838609**	**85416752**
北京	20386497	17121735	9712829	7495364	2886913	2359411
天津	7021048	5866150	5508952	4547095	450654	379206
石家庄	3139911	2370766	392851	300453	112718	88564
太原	1089985	1001056	704882	715452	192858	149319
呼和浩特	5342499	4436222	5342499	4436222	4862518	4005986
沈阳	2330942	1502599	2079669	1357797	85822	78585
大连	2305846	1857037	2101972	1684724	1952258	1556169
长春	1209443	930478	1155055	884531	984615	717536
哈尔滨	1815263	1518362	1734016	1419583	1221631	972120
上海	22749793	19257073	15711735	14356265	7220899	6342894
南京	36228518	32499264	27650900	24244092	27098723	23813787
杭州	15084105	12158814	14137857	11363063	10477416	8868793
宁波	1379823	1033830	1082293	966205	895534	668108
合肥	10847929	8478157	8473125	6532829	3861354	2684620
福州	3282776	2749263	1414769	429782	974939	166049
厦门	784332	701666	781380	701298	592207	542431
南昌	2246528	1817730	1855988	1557285	1174015	1163343
济南	11141580	10338353	8557167	8237653	7949344	7701853
青岛	3051506	2423183	1552710	1154383	1110130	788497
郑州	1704715	1247974	808396	635051	667784	540902
武汉	8279104	7331153	5644587	5075891	4741031	4010192
长沙	2559246	2310379	2151929	1740889	840432	825966
广州	29344091	26180194	25570957	21722284	10933589	8850881
深圳	7193461	5892156	6193295	5133763	1979466	2090301
南宁	633181	603143	447329	444609	383857	391639
海口	38045	28254	34985	25834	4682	2605
重庆	8134389	4825907	4919842	2343489	2957927	1611366
成都	2720240	2279455	2684002	2233418	1371725	1100043
贵阳	78538	68532	78076	66809	40612	37924
昆明	2467739	1937998	2366200	1868459	805572	831010
拉萨	21741	18348	21741	18348		
西安	1205011	940076	898863	677558	658626	494670
兰州	474490	362388	474490	362388	50723	54067
西宁	95353	87704	53904	64100		
银川	1329698	845634	1329698	845434	1328598	845434
乌鲁木齐	1411856	902057	1168123	776822	969437	682481

2-29 续表

单位：万元

项目	非自有配送中心配送商品购进额		商品销售额		零售额	
	2011年	2010年	2011年	2010年	2011年	2010年
合计	**29835841**	**26337162**	**249339705**	**204635148**	**171717393**	**136020842**
北京	2469686	2108314	23159645	19288453	17048691	14330035
天津	5024331	4146451	6893722	6135876	4726770	3997003
石家庄			3289110	2494073	2137148	1593606
太原	20244	41430	1734713	1325921	1495687	1166368
呼和浩特			5339675	4433399	5339675	4433399
沈阳	1064418	576831	2785500	2052334	1975882	1951760
大连	106437	89084	2393431	1927735	1769391	1425834
长春			1301252	942198	1183667	942198
哈尔滨	229148	205380	2030006	1397436	1635659	1348683
上海	2498646	2640716	30108674	26386702	17271247	15764388
南京	180593	210194	41334560	33097041	22375124	17317895
杭州	231587	220744	15868367	12821577	10698635	6031128
宁波	101236	256426	1593231	1263282	1379340	1214909
合肥	87958	79136	11836437	8439661	7426933	5773721
福州	288737	95995	4280152	3148338	4060672	2841343
厦门	67629	137715	1303304	889966	943270	809275
南昌	339451	153786	3190042	2540890	2015055	1531695
济南	593312	519624	12446867	11612259	9590937	7217347
青岛	290756	233228	4255562	3372411	3104258	2400846
郑州			1802018	1452882	1750269	1403554
武汉	511259	411816	10239134	7944216	8768798	6885520
长沙	21332	15736	3023914	2700944	2703995	2214617
广州	14272813	12379769	29456192	26225043	19608266	16063982
深圳	277845	1154536	7173739	6120556	7105985	6067849
南宁			2111014	1771884	1248835	829781
海口			36915	22597	34295	22597
重庆	604004	355258	8430422	5455333	6271742	3939071
成都	191738	77523	2934520	2404366	2510659	2069026
贵阳	14181	10261	80410	75257	79915	74891
昆明	97298	92410	3996854	3238271	2380908	1914117
拉萨			18505	15804	18505	15804
西安	52496	29554	1533883	1226680	687602	576059
兰州	23	902	499972	432732	499972	432732
西宁			144889	108086	139874	105017
银川			1107096	878624	515821	401055
乌鲁木齐	198687	94341	1605978	992324	1213911	913740

2-30 36城市连锁零售企业加盟门店经营情况

单位：万元

项目	商品购进总额		统一配送商品购进额		自有配送中心配送商品购进额	
	2011年	2010年	2011年	2010年	2011年	2010年
合计	**10346290**	**9565464**	**9434184**	**8399846**	**5977834**	**5573454**
北京	300816	273889	230473	200603	163681	140499
天津	4551	3631	4489	2832	3940	2150
石家庄	23062	18575	23062	18575	23062	18575
太原	99394	82467	4246	4056	4246	4056
呼和浩特						
沈阳	1537	3616	1537	3616		
大连	29984	31977	29984	31977		
长春						
哈尔滨						
上海	5047567	4077706	4978815	3992792	2601324	2184701
南京	1500799	1659974	1493192	1659974	1476632	1658711
杭州	203234	192110	171538	165396	146357	138799
宁波	63414	62417	43377	59241	40194	45334
合肥	571957	535052	571863	534877	350616	292534
福州	8884	4208	3849	1170	3382	1120
厦门	43809	29866	43809	29866	43387	29553
南昌	258951	209630	82791	72304	30431	28960
济南	815	660	815	660	815	660
青岛	307892	233843	81887	66472	80644	65173
郑州	2046	1563				
武汉	19783	20733	18051	18561	13863	14357
长沙	66044	44433	66044	44433	30347	22578
广州	970412	1043215	931701	1010481	717088	672798
深圳	43025	66909	42536	66355	22560	64130
南宁	25605	23535	11354	6365	10694	6215
海口						
重庆	172100	556528	128197	90262	108988	77911
成都	18275	37208	18275	37208	18275	37208
贵阳	2683	3079	2683	3079		
昆明	362305	211259	362305	211259		
拉萨						
西安	70138	38531				
兰州						
西宁						
银川	115400	91400	75900	60300	75900	60300
乌鲁木齐	11807	7451	11411	7134	11411	7134

2-30 续表

单位：万元

项目	非自有配送中心配送商品购进额		商品销售额		零售额	
	2011年	2010年	2011年	2010年	2011年	2010年
合计	**1042542**	**1090594**	**13495515**	**13079847**	**9266818**	**8930923**
北京	62977	56748	361869	333226	327668	289946
天津	549	682	6208	4183	6208	4183
石家庄			23062	25184	23062	25184
太原			103468	84471	103468	84471
呼和浩特						
沈阳		2343	1731	3673	1731	3673
大连	29943	31920	65920	72208	65920	72208
长春						
哈尔滨						
上海	556257	452128	5629673	5239449	5171166	4836079
南京	172	1264	1539202	1578288	1024809	1212425
杭州	10334	11883	224375	217024	214196	208713
宁波	2706	13430	63506	69124	52547	69115
合肥	141788	169847	564584	539262	130965	120050
福州	90	50	11114	9510	11114	9510
厦门	423	313	51956	29574	35460	29232
南昌			230231	173292	145025	106905
济南			305	274	305	274
青岛			329273	294976	328261	294213
郑州			2607	1703	741	600
武汉	3941	3904	25059	25385	25059	25385
长沙	4174	678	71664	49448	65501	49448
广州	213194	336722	3275110	3237112	1098352	1140398
深圳	2127	2225	17722	13642	17722	13642
南宁			32056	41441	28250	37967
海口						
重庆	11184	4600	194856	647016	134466	91148
成都			22927	45482	22927	45482
贵阳	2683	1857	2327	2015	2327	2015
昆明			337127	184733		586
拉萨						
西安			102988	58076	102988	58076
兰州						
西宁						
银川			115800	91850	115800	91850
乌鲁木齐			88797	8229	10781	8148

第三部分

餐饮企业综合篇

3-1 连锁餐饮企业总体情况

项　目	单位	总计		直营店		加盟店	
		2011年	2010年	2011年	2010年	2011年	2010年
连锁总店数	个	428					
门店总数	个	16285	14427	11991	10490	4294	3937
年末年末从业人员	人	832945	707455	655674	536685	177271	170770
年末餐饮营业面积	平方米	8213689	7274218	6089165	5290856	2124524	1983362
年末餐位数	位	2770712	2495111	1858066	1642477	912646	852634
连锁门店商品购进总额	万元	5189261	4589560	4406123	3790878	783137	798682
其中：统一配送商品购进额	万元	3430714	3068359	3197214	2672419	233500	395940
其中：自有配送中心	万元	1900278	1897142	1789972	1641789	110307	255353
非自有配送中心	万元	651139	492225	576672	395644	74467	96581
营业额	万元	11203910	9135903	9632581	7758451	1571329	1377452
其中：餐费收入及商品销售额	万元	10986593	8953243	9417100	7578364	1569494	1374879

3-2　连锁餐饮企业基本情况

项　　目	连锁总店数（个）	门店数（个）		年末从业人员（人）		年末餐饮营业面积（平方米）		年末餐位数（位）	
	2011年	2011年	2010年	2011年	2010年	2011年	2010年	2011年	2010年
总　　计	**428**	**16285**	**14427**	**832945**	**707455**	**8213689**	**7274218**	**2770712**	**2495111**
一、按登记注册类型分									
内资企业	295	6684	6086	285930	267726	4265391	3833487	1329188	1220233
国有企业	3	21	18	1147	1065	11837	10665	4745	3902
集体企业	3	16	15	824	803	19089	15089	4435	4255
股份合作企业	5	19	19	1312	1402	31699	31956	8856	8856
联营企业									
国有联营企业									
集体联营企业									
国有与集体联营企业									
其他联营企业									
有限责任公司	89	2107	2020	86561	84202	1249207	1245016	454848	440344
国有独资公司	1	34	35	2632	2793	26192	27566	11177	9795
其他有限责任公司	88	2073	1985	83929	81409	1223015	1217450	443671	430549
股份有限公司	11	744	593	53722	46105	810236	673783	156410	130602
私营企业	174	3670	3316	140128	132009	2103731	1817046	691520	623409
私营独资企业	17	103	98	3857	3357	82253	83001	30636	28314
私营合伙企业									
私营有限责任公司	149	3382	3045	125789	119442	1682914	1440165	600800	538241
私营股份有限公司	8	185	173	10482	9210	338564	293880	60084	56854
其他企业	10	107	105	2236	2140	39592	39932	8374	8865
港、澳、台商投资企业	50	2094	1722	80913	68349	778832	684684	258572	223627
合资经营企业	12	611	503	34542	28908	249933	220567	81247	71640
合作经营企业	3	9	7	546	734	11604	22824	2136	2946
独资经营企业	34	1413	1163	41839	35422	406089	365040	158704	136707
投资股份有限公司	1	61	49	3986	3285	111206	76253	16485	12334
其他港澳台商投资企业									
外商投资企业	83	7507	6619	466102	371380	3169466	2756047	1182952	1051251
中外合资经营企业	13	1571	1427	112376	82981	649176	612520	231491	214861
中外合作经营企业	2	52	43	2270	2106	21758	20956	8066	7586
外资企业	67	5402	4693	305856	241695	2166532	1822560	822095	726242
外商投资股份有限公司	1	482	456	45600	44598	332000	300011	121300	102562
其他外商投资企业									
二、按行业分									
正餐服务	254	6237	5765	358094	343775	5105920	4626953	1624837	1499333
快餐服务	144	8893	7634	455175	348160	2896692	2464735	1094399	950552
饮料及冷饮服务	11	809	705	10623	8161	140123	121687	32876	29625
其他餐饮服务	19	346	323	9053	7359	70954	60843	18600	15601

3-2 续表 1

项　目	连锁总店数(个)	门店数(个)		年末从业人员(人)		年末餐饮营业面积(平方米)		年末餐位数(位)	
	2011年	2011年	2010年	2011年	2010年	2011年	2010年	2011年	2010年
直营门店合计		**11991**	**10490**	**655674**	**536685**	**6089165**	**5290856**	**1858066**	**1642477**
一、按登记注册类型分									
内资企业		3824	3497	157777	144930	2789707	2421280	726100	643076
国有企业		21	18	1147	1065	11837	10665	4745	3902
集体企业		9	8	708	674	18345	14345	3915	3915
股份合作企业		19	19	1312	1402	31699	31956	8856	8856
联营企业									
国有联营企业									
集体联营企业									
国有与集体联营企业									
其他联营企业									
有限责任公司		1142	1080	48600	44584	703605	671529	192888	177582
国有独资公司		34	35	2632	2793	26192	27566	11177	9795
其他有限责任公司		1108	1045	45968	41791	677413	643963	181711	167787
股份有限公司		444	397	28399	24373	520118	400328	96945	71017
私营企业		2142	1930	76023	71332	1468111	1256125	411377	369839
私营独资企业		80	76	3223	2887	70893	71871	26682	24689
私营合伙企业									
私营有限责任公司		1888	1691	63564	60499	1127937	961572	329963	293248
私营股份有限公司		174	163	9236	7946	269281	222682	54732	51902
其他企业		47	45	1588	1500	35992	36332	7374	7965
港、澳、台商投资企业		2034	1655	78380	65802	757134	661684	250040	214461
合资经营企业		602	494	34264	28630	246333	216967	80527	70920
合作经营企业		9	7	546	734	11604	22824	2136	2946
独资经营企业		1366	1109	40179	33748	399291	356940	152318	129687
投资股份有限公司		57	45	3391	2690	99906	64953	15059	10908
其他港澳台商投资企业									
外商投资企业		6133	5338	419517	325953	2542324	2207892	881926	784940
中外合资经营企业		1340	1172	105908	75331	510576	459520	194531	174061
中外合作经营企业		52	43	2270	2106	21758	20956	8066	7586
外资企业		4559	3952	280339	219204	1788690	1523306	616210	552169
外商投资股份有限公司		182	171	31000	29312	221300	204110	63119	51124
其他外商投资企业									
二、按行业分									
正餐服务		2898	2643	193765	185079	3130622	2790666	777616	713933
快餐服务		8031	6906	443157	336945	2752141	2321685	1030629	884753
饮料及冷饮服务		804	701	10578	8121	139252	120846	32766	29525
其他餐饮服务		258	240	8174	6540	67150	57659	17055	14266

3-2 续表 2

项目	连锁总店数(个)	门店数(个)		年末从业人员(人)		年末餐饮营业面积(平方米)		年末餐位数(位)	
	2011年	2011年	2010年	2011年	2010年	2011年	2010年	2011年	2010年
加盟门店合计		**4294**	**3937**	**177271**	**170770**	**2124524**	**1983362**	**912646**	**852634**
一、按登记注册类型分									
内资企业		2860	2589	128153	122796	1475684	1412207	603088	577157
国有企业									
集体企业		7	7	116	129	744	744	520	340
股份合作企业									
联营企业									
国有联营企业									
集体联营企业									
国有与集体联营企业									
其他联营企业									
有限责任公司		965	940	37961	39618	545602	573487	261960	262762
国有独资公司									
其他有限责任公司		965	940	37961	39618	545602	573487	261960	262762
股份有限公司		300	196	25323	21732	290118	273455	59465	59585
私营企业		1528	1386	64105	60677	635620	560921	280143	253570
私营独资企业		23	22	634	470	11360	11130	3954	3625
私营合伙企业									
私营有限责任公司		1494	1354	62225	58943	554977	478593	270837	244993
私营股份有限公司		11	10	1246	1264	69283	71198	5352	4952
其他企业		60	60	648	640	3600	3600	1000	900
港、澳、台商投资企业		60	67	2533	2547	21698	23000	8532	9166
合资经营企业		9	9	278	278	3600	3600	720	720
合作经营企业									
独资经营企业		47	54	1660	1674	6798	8100	6386	7020
投资股份有限公司		4	4	595	595	11300	11300	1426	1426
其他港澳台商投资企业									
外商投资企业		1374	1281	46585	45427	627142	548155	301026	266311
中外合资经营企业		231	255	6468	7650	138600	153000	36960	40800
中外合作经营企业									
外资企业		843	741	25517	22491	377842	299254	205885	174073
外商投资股份有限公司		300	285	14600	15286	110700	95901	58181	51438
其他外商投资企业									
二、按行业分									
正餐服务		3339	3122	164329	158696	1975298	1836287	847221	785400
快餐服务		862	728	12018	11215	144551	143050	63770	65799
饮料及冷饮服务		5	4	45	40	871	841	110	100
其他餐饮服务		88	83	879	819	3804	3184	1545	1335

3-3 连锁餐饮企业经营情况

单位：万元

项目	商品购进总额		统一配送商品购进额	
	2011年	2010年	2011年	2010年
总计	**5189261**	**4589560**	**3430714**	**3068359**
一、按登记注册类型分				
内资企业	1692924	1484759	882385	819138
国有企业	9401	7610	693	584
集体企业	12426	8717	12038	8311
股份合作企业	9655	12340	8464	11102
联营企业				
国有联营企业				
集体联营企业				
国有与集体联营企业				
其他联营企业				
有限责任公司	448771	412460	272652	290820
国有独资公司	13717	12599		
其他有限责任公司	435054	399862	272652	290820
股份有限公司	405067	362926	156523	126102
私营企业	790278	662911	420959	372257
私营独资企业	47735	24975	7332	4640
私营合伙企业				
私营有限责任公司	608576	505252	337756	291854
私营股份有限公司	133967	132685	75871	75763
其他企业	17326	17794	11056	9963
港、澳、台商投资企业	590056	465142	472591	358910
合资经营企业	233236	156740	196262	121343
合作经营企业	11313	10779	11313	10779
独资经营企业	316656	272988	265016	226788
投资股份有限公司	28851	24634		
其他港澳台商投资企业				
外商投资企业	2906281	2639659	2075738	1890311
中外合资经营企业	536337	434692	449607	366037
中外合作经营企业	34384	26142	4383	3630
外资企业	2242419	1695599	1532142	1237529
外商投资股份有限公司	93140	483226	89606	283116
其他外商投资企业				
二、按行业分				
正餐服务	2057653	2082189	935139	1074367
快餐服务	3003809	2421078	2377492	1909090
饮料及冷饮服务	71255	45543	71255	45543
其他餐饮服务	56545	40750	46828	39360

3-3 续表 1

项　　目	自有配送中心配送商品购进额		非自有配送中心配送商品购进额	
	2011年	2010年	2011年	2010年
总　计	**1900278**	**1897142**	**651139**	**492225**
一、按登记注册类型分				
内资企业	364017	419482	299264	232970
国有企业			190	148
集体企业				
股份合作企业			7881	10648
联营企业				
国有联营企业				
集体联营企业				
国有与集体联营企业				
其他联营企业				
有限责任公司	101225	162189	40483	36422
国有独资公司				
其他有限责任公司	101225	162189	40483	36422
股份有限公司	41648	55525	92192	52431
私营企业	216435	197290	158518	133321
私营独资企业	1623	2050	1079	978
私营合伙企业				
私营有限责任公司	164772	144939	135991	110781
私营股份有限公司	50040	50300	21449	21562
其他企业	4709	4478		
港、澳、台商投资企业	77123	118623	133965	63321
合资经营企业	25615	24628	19205	10349
合作经营企业		394	9440	9778
独资经营企业	51509	93602	105320	43195
投资股份有限公司				
其他港澳台商投资企业				
外商投资企业	1459138	1359036	217910	195934
中外合资经营企业	224387	231372	81197	38458
中外合作经营企业			4383	3630
外资企业	1155682	929688	121794	68707
外商投资股份有限公司	79069	197976	10537	85140
其他外商投资企业				
二、按行业分				
正餐服务	410896	604242	299064	310855
快餐服务	1429543	1250646	305126	145732
饮料及冷饮服务	37544	24974	25283	16261
其他餐饮服务	22295	17280	21666	19377

单位：万元

营业额		餐费收入及商品销售额	
2011年	2010年	2011年	2010年
11203910	**9135903**	**10986593**	**8953243**
3515276	3084050	3500361	3059678
21991	18037	21991	18037
19597	13675	18904	13045
23811	26645	23811	26645
981568	884212	974268	866835
34571	32679	34571	32679
946997	851533	939697	834156
837654	710706	837654	710556
1604852	1406327	1599580	1402313
55238	39487	54849	38974
1320926	1166375	1316619	1163266
228688	200464	228113	200074
25803	24448	24154	22247
1478277	1243075	1477679	1242651
483913	431705	483913	431705
23000	21692	23000	21692
860673	699252	860075	698828
110692	90426	110692	90426
6210358	4808778	6008553	4650914
1515686	1214157	1514367	1212812
41240	31772	41240	31772
4582221	3496769	4381735	3340251
71211	66080	71211	66080
4086156	3571988	4063345	3542476
6716246	5272092	6522255	5119194
262854	185185	262854	185185
138655	106638	138140	106388

3-3 续表 2

项　目	商品购进总额		统一配送商品购进额	
	2011年	2010年	2011年	2010年
直营门店合计	**4406123**	**3790878**	**3197214**	**2672419**
一、按登记注册类型分				
内资企业	1257334	1102070	729447	616450
国有企业	9401	7610	693	584
集体企业	11855	8159	11855	8159
股份合作企业	9655	12340	8464	11102
联营企业				
国有联营企业				
集体联营企业				
国有与集体联营企业				
其他联营企业				
有限责任公司	317963	283412	215423	181236
国有独资公司	13717	12599		
其他有限责任公司	304246	270813	215423	181236
股份有限公司	284892	259358	137982	113972
私营企业	607830	515214	345534	293229
私营独资企业	40871	22923	5986	4083
私营合伙企业				
私营有限责任公司	439107	365695	265662	215317
私营股份有限公司	127852	126596	73885	73829
其他企业	15738	15976	9497	8168
港、澳、台商投资企业	577794	454969	463486	351252
合资经营企业	232411	155928	195529	120621
合作经营企业	11313	10779	11313	10779
独资经营企业	308284	266052	256644	219852
投资股份有限公司	25786	22210		
其他港澳台商投资企业				
外商投资企业	2570995	2233839	2004281	1704717
中外合资经营企业	534040	432879	447309	364224
中外合作经营企业	34384	26142	4383	3630
外资企业	1960460	1573662	1513457	1223638
外商投资股份有限公司	42112	201156	39131	113226
其他外商投资企业				
二、按行业分				
正餐服务	1324850	1320845	746615	710479
快餐服务	2957690	2386953	2336662	1880251
饮料及冷饮服务	71187	45510	71187	45510
其他餐饮服务	52397	37569	42751	36179

单位：万元

自有配送中心配送商品购进额		非自有配送中心配送商品购进额		营业额		餐费收入及商品销售额	
2011年	2010年	2011年	2010年	2011年	2010年	2011年	2010年
1789972	**1641789**	**576672**	**395644**	**9632581**	**7758451**	**9417100**	**7578364**
310878	297156	241996	190966	2474230	2117915	2459832	2093742
		190	148	21991	18037	21991	18037
				18648	12847	17955	12217
		7881	10648	23811	26645	23811	26645
79015	87362	32280	31357	683145	583289	676186	566110
				34571	32679	34571	32679
79015	87362	32280	31357	648574	550610	641615	533431
41648	51031	84019	50076	551741	442614	551741	442464
187064	156081	117625	98738	1152131	1011887	1147036	1007874
1261	1493	1079	978	46856	35308	46466	34795
135763	104288	95098	76198	892184	790312	888054	787203
50040	50300	21449	21562	213091	186267	212516	185877
3150	2683			22762	22596	21113	20395
76706	118212	125470	56264	1450664	1202692	1450066	1202268
25197	24217	19082	10228	482161	429980	482161	429980
	394	9440	9778	23000	21692	23000	21692
51509	93602	96948	36258	843179	667419	842581	666994
				102324	83601	102324	83601
1402388	1226420	209207	148414	5707688	4437843	5507202	4282355
222089	229559	81197	38458	1465009	1160913	1465009	1159568
		4383	3630	41240	31772	41240	31772
1144340	922340	120456	67622	4172287	3217104	3971802	3062960
35960	74521	3171	38705	29151	28055	29151	28055
315880	360323	235013	222320	2685168	2337058	2663852	2307546
1417163	1242242	294710	137686	6557077	5138500	6363427	4988176
37543	24973	25282	16261	262608	185009	262608	185009
19386	14251	21666	19377	127728	97883	127213	97633

3-3 续表 3

项　目	商品购进总额		统一配送商品购进额	
	2011年	2010年	2011年	2010年
加盟门店合计	**783137**	**798682**	**233500**	**395940**
一、按登记注册类型分				
内资企业	435590	382690	152938	202688
国有企业				
集体企业	571	558	184	152
股份合作企业				
联营企业				
国有联营企业				
集体联营企业				
国有与集体联营企业				
其他联营企业				
有限责任公司	130808	129049	57229	109584
国有独资公司				
其他有限责任公司	130808	129049	57229	109584
股份有限公司	120175	103568	18541	12130
私营企业	182448	147697	75425	79028
私营独资企业	6864	2052	1346	557
私营合伙企业				
私营有限责任公司	169469	139556	72093	76536
私营股份有限公司	6115	6089	1986	1934
其他企业	1588	1818	1559	1795
港、澳、台商投资企业	12262	10173	9105	7658
合资经营企业	825	813	733	722
合作经营企业				
独资经营企业	8372	6936	8372	6936
投资股份有限公司	3065	2424		
其他港澳台商投资企业				
外商投资企业	335285	405820	71457	185594
中外合资经营企业	2298	1813	2298	1813
中外合作经营企业				
外资企业	281959	121937	18684	13891
外商投资股份有限公司	51028	282070	50475	169890
其他外商投资企业				
二、按行业分				
正餐服务	732803	761344	188524	363888
快餐服务	46119	34125	40830	28839
饮料及冷饮服务	68	33	68	33
其他餐饮服务	4148	3181	4077	3181

单位：万元

自有配送中心配送商品购进额		非自有配送中心配送商品购进额		营业额		餐费收入及商品销售额	
2011年	2010年	2011年	2010年	2011年	2010年	2011年	2010年
110307	**255353**	**74467**	**96581**	**1571329**	**1377452**	**1569494**	**1374879**
53140	122326	57268	42004	1041046	966135	1040529	965937
				949	828	949	828
22210	74828	8203	5065	298423	300923	298082	300725
22210	74828	8203	5065	298423	300923	298082	300725
	4494	8172	2355	285913	268092	285913	268092
29371	41209	40893	34583	452721	394439	452545	394439
362	557			8382	4179	8382	4179
29009	40652	40893	34583	428742	376063	428566	376063
				15597	14197	15597	14197
1559	1795			3041	1852	3041	1852
418	411	8495	7058	27613	40383	27613	40383
418	411	123	121	1752	1725	1752	1725
		8372	6936	17494	31833	17494	31833
				8368	6825	8368	6825
56750	132616	8704	47520	502670	370934	501351	368559
2298	1813			50677	53244	49358	53244
11343	7348	1338	1085	409934	279665	409934	277290
43109	123455	7366	46435	42060	38025	42060	38025
95016	243920	64051	88535	1400988	1234930	1399493	1234930
12381	8404	10415	8046	159169	133592	158828	131018
				246	176	246	176
2909	3029			10927	8755	10927	8755

3-4 按登记注册类型与行业分连锁餐饮企业基本情况

正餐服务

项　目	连锁总店数(个)	门店数(个)		年末从业人员(人)		年末餐饮营业面积(平方米)		年末餐位数(位)	
	2011年	2011年	2010年	2011年	2010年	2011年	2010年	2011年	2010年
总　计	**254**	**6237**	**5765**	**358094**	**343775**	**5105920**	**4626953**	**1624837**	**1499333**
内资企业	214	3991	3725	234952	223460	3715051	3360981	1110871	1045542
国有企业	1	12	10	944	856	8831	7747	3511	2671
集体企业	1	4	3	680	650	18000	14000	3800	3800
股份合作企业	5	19	19	1312	1402	31699	31956	8856	8856
联营企业									
有限责任公司	57	1192	1150	69241	66952	1071856	1077878	395680	386739
股份有限公司	8	360	333	47343	42116	736395	632174	119990	108776
私营企业	135	2365	2172	113806	109958	1813413	1561829	571945	527074
其他企业	7	39	38	1626	1526	34857	35397	7089	7626
港、澳、台商投资企业	16	241	206	11248	11078	262897	236802	60682	54773
外商投资企业	24	2005	1834	111894	109237	1127972	1029170	453284	399018
直营门店合计		**2898**	**2643**	**193765**	**185079**	**3130622**	**2790666**	**777616**	**713933**
内资企业		1737	1622	112540	106347	2299331	2012862	526049	489294
国有企业		12	10	944	856	8831	7747	3511	2671
集体企业		4	3	680	650	18000	14000	3800	3800
股份合作企业		19	19	1312	1402	31699	31956	8856	8856
联营企业									
有限责任公司		441	417	32196	28270	534910	513519	137982	128671
股份有限公司		235	217	22730	20927	453163	365609	62270	52341
私营企业		995	926	53292	52956	1220471	1047234	303041	285729
其他企业		31	30	1386	1286	32257	32797	6589	7226
港、澳、台商投资企业		237	202	10653	10483	251597	225502	59256	53347
外商投资企业		924	819	70572	68249	579694	552302	192311	171292
加盟门店合计		**3339**	**3122**	**164329**	**158696**	**1975298**	**1836287**	**847221**	**785400**
内资企业		2254	2103	122412	117113	1415720	1348119	584822	556248
国有企业									
集体企业									
股份合作企业									
联营企业									
有限责任公司		751	733	37045	38682	536946	564359	257698	258068
股份有限公司		125	116	24613	21189	283232	266565	57720	56435
私营企业		1370	1246	60514	57002	592942	514595	268904	241345
其他企业		8	8	240	240	2600	2600	500	400
港、澳、台商投资企业		4	4	595	595	11300	11300	1426	1426
外商投资企业		1081	1015	41322	40988	548278	476868	260973	227726

3-4 续表 1

快餐服务

项　目	连锁总店数（个）	门店数（个）		年末从业人员（人）		年末餐饮营业面积（平方米）		年末餐位数（位）	
	2011年	2011年	2010年	2011年	2010年	2011年	2010年	2011年	2010年
总　计	**144**	**8893**	**7634**	**455175**	**348160**	**2896692**	**2464735**	**1094399**	**950552**
内资企业	60	2198	1867	45863	39644	492287	423811	198659	157929
国有企业	1	3	4	75	82	1073	985	418	415
集体企业	1	3	3	70	84	420	420	380	200
股份合作企业									
联营企业									
有限责任公司	26	788	749	15069	15389	152332	144063	53245	48332
股份有限公司	3	384	260	6379	3989	73841	41609	36420	21826
私营企业	28	1014	846	24152	19998	262621	234934	107890	86896
其他企业	1	6	5	118	102	2000	1800	306	260
港、澳、台商投资企业	29	1535	1264	61647	51917	446684	389237	181999	156002
外商投资企业	55	5160	4503	347665	256599	1957721	1651687	713741	636621
直营门店合计		**8031**	**6906**	**443157**	**336945**	**2752141**	**2321685**	**1030629**	**884753**
内资企业		1685	1468	41046	34820	436998	363748	182048	138455
国有企业		3	4	75	82	1073	985	418	415
集体企业									
股份合作企业									
联营企业									
有限责任公司		599	566	14467	14767	145392	136621	49363	44008
股份有限公司		209	180	5669	3446	66955	34719	34675	18676
私营企业		868	713	20717	16423	221578	189623	97286	75096
其他企业		6	5	118	102	2000	1800	306	260
港、澳、台商投资企业		1479	1201	59709	49965	436286	377537	174893	148262
外商投资企业		4867	4237	342402	252160	1878857	1580400	673688	598036
加盟门店合计		**862**	**728**	**12018**	**11215**	**144551**	**143050**	**63770**	**65799**
内资企业		513	399	4817	4824	55289	60063	16611	19474
国有企业									
集体企业		3	3	70	84	420	420	380	200
股份合作企业									
联营企业									
有限责任公司		189	183	602	622	6940	7442	3882	4324
股份有限公司		175	80	710	543	6886	6890	1745	3150
私营企业		146	133	3435	3575	41043	45311	10604	11800
其他企业									
港、澳、台商投资企业		56	63	1938	1952	10398	11700	7106	7740
外商投资企业		293	266	5263	4439	78864	71287	40053	38585

3-4 续表 2

饮料及冷饮服务

项　目	连锁总店数(个)	门店数(个)		年末从业人员(人)		年末餐饮营业面积(平方米)		年末餐位数(位)	
	2011年	2011年	2010年	2011年	2010年	2011年	2010年	2011年	2010年
总　计	**11**	**809**	**705**	**10623**	**8161**	**140123**	**121687**	**32876**	**29625**
内资企业	5	273	269	1285	980	15360	14434	3657	3508
国有企业	1	6	4	128	127	1933	1933	816	816
集体企业									
股份合作企业									
联营企业									
有限责任公司	1	53	47	626	357	4886	3826	826	372
股份有限公司									
私营企业	3	214	218	531	496	8541	8675	2015	2320
其他企业									
港、澳、台商投资企业	3	222	176	3240	2081	44063	34653	13653	10922
外商投资企业	3	314	260	6098	5100	80700	72600	15566	15195
直营门店合计		**804**	**701**	**10578**	**8121**	**139252**	**120846**	**32766**	**29525**
内资企业		268	265	1240	940	14489	13593	3547	3408
国有企业		6	4	128	127	1933	1933	816	816
集体企业									
股份合作企业									
联营企业									
有限责任公司		49	44	586	327	4615	3585	796	352
股份有限公司									
私营企业		213	217	526	486	7941	8075	1935	2240
其他企业									
港、澳、台商投资企业		222	176	3240	2081	44063	34653	13653	10922
外商投资企业		314	260	6098	5100	80700	72600	15566	15195
加盟门店合计		**5**	**4**	**45**	**40**	**871**	**841**	**110**	**100**
内资企业		5	4	45	40	871	841	110	100
国有企业									
集体企业									
股份合作企业									
联营企业									
有限责任公司		4	3	40	30	271	241	30	20
股份有限公司									
私营企业		1	1	5	10	600	600	80	80
其他企业									
港、澳、台商投资企业									
外商投资企业									

3-4 续表 3

其他餐饮服务

项　目	连锁总店数(个)	门店数(个)		年末从业人员(人)		年末餐饮营业面积(平方米)		年末餐位数(位)	
	2011年	2011年	2010年	2011年	2010年	2011年	2010年	2011年	2010年
总　计	**19**	**346**	**323**	**9053**	**7359**	**70954**	**60843**	**18600**	**15601**
内资企业	16	222	225	3830	3642	42693	34261	16001	13254
国有企业									
集体企业	1	9	9	74	69	669	669	255	255
股份合作企业									
联营企业									
有限责任公司	5	74	74	1625	1504	20133	19249	5097	4901
股份有限公司									
私营企业	8	77	80	1639	1557	19156	11608	9670	7119
其他企业	2	62	62	492	512	2735	2735	979	979
港、澳、台商投资企业	2	96	76	4778	3273	25188	23992	2238	1930
外商投资企业	1	28	22	445	444	3073	2590	361	417
直营门店合计		**258**	**240**	**8174**	**6540**	**67150**	**57659**	**17055**	**14266**
内资企业		134	142	2951	2823	38889	31077	14456	11919
国有企业									
集体企业		5	5	28	24	345	345	115	115
股份合作企业									
联营企业									
有限责任公司		53	53	1351	1220	18688	17804	4747	4551
股份有限公司									
私营企业		66	74	1488	1467	18121	11193	9115	6774
其他企业		10	10	84	112	1735	1735	479	479
港、澳、台商投资企业		96	76	4778	3273	25188	23992	2238	1930
外商投资企业		28	22	445	444	3073	2590	361	417
加盟门店合计		**88**	**83**	**879**	**819**	**3804**	**3184**	**1545**	**1335**
内资企业		88	83	879	819	3804	3184	1545	1335
国有企业									
集体企业		4	4	46	45	324	324	140	140
股份合作企业									
联营企业									
有限责任公司		21	21	274	284	1445	1445	350	350
股份有限公司									
私营企业		11	6	151	90	1035	415	555	345
其他企业		52	52	408	400	1000	1000	500	500
港、澳、台商投资企业									
外商投资企业									

3-5 按登记注册类型与行业分

正餐服务

项　　目	商品购进总额		统一配送商品购进额	
	2011年	2010年	2011年	2010年
总　　计	**2057653**	**2082189**	**935139**	**1074367**
内资企业	1404143	1256451	655013	647586
国有企业	8709	7026		
集体企业	11704	8035	11704	8035
股份合作企业	9655	12340	8464	11102
联营企业				
有限责任公司	357766	333355	199746	228201
股份有限公司	350090	319923	101546	89099
私营企业	653579	563545	325863	303755
其他企业	12641	12226	7690	7395
港、澳、台商投资企业	102673	89712	29626	25798
外商投资企业	550837	736026	250501	400983
直营门店合计	**1324850**	**1320845**	**746615**	**710479**
内资企业	992373	889893	520710	456787
国有企业	8709	7026		
集体企业	11704	8035	11704	8035
股份合作企业	9655	12340	8464	11102
联营企业				
有限责任公司	230378	207950	144226	120681
股份有限公司	240284	221636	93374	82249
私营企业	479182	420865	255403	227487
其他企业	12462	12041	7540	7233
港、澳、台商投资企业	99608	87288	29626	25798
外商投资企业	232870	343664	196279	227894
加盟门店合计	**732803**	**761344**	**188524**	**363888**
内资企业	411771	366558	134303	190800
国有企业				
集体企业				
股份合作企业				
联营企业				
有限责任公司	127388	125406	55520	107520
股份有限公司	109806	98288	8172	6850
私营企业	174397	142680	70460	76267
其他企业	179	185	150	162
港、澳、台商投资企业	3065	2424		
外商投资企业	317967	392362	54221	173089

连锁餐饮企业经营情况

单位：万元

自有配送中心配送商品购进额		非自有配送中心配送商品购进额		营业额		餐费收入及商品销售额	
2011年	2010年	2011年	2010年	2011年	2010年	2011年	2010年
410896	**604242**	**299064**	**310855**	**4086156**	**3571988**	**4063345**	**3542476**
225089	319498	260627	202832	2856937	2590745	2844261	2567716
				17781	14380	17781	14380
				18260	12488	17567	11858
		7881	10648	23811	26645	23811	26645
48460	116304	39526	35586	757467	692614	751047	676063
16975	42525	84572	46574	719607	629792	719607	629642
157890	158344	128648	110024	1302695	1196861	1298781	1193365
1765	2325			17315	17965	15666	15764
9347	8606	14855	11035	283525	241001	283525	241001
176461	276138	23583	96989	945694	740242	935559	733760
315880	**360323**	**235013**	**222320**	**2685168**	**2337058**	**2663852**	**2307546**
176928	201713	203942	161251	1869825	1659321	1857325	1636292
				17781	14380	17781	14380
				18260	12488	17567	11858
		7881	10648	23811	26645	23811	26645
26639	42200	31323	30520	468846	401920	462426	385369
16975	38031	76400	44219	446256	368595	446256	368445
131701	119319	88338	75864	877881	817547	874143	814051
1615	2163			16989	17746	15340	15545
9347	8606	14855	11035	275157	234176	275157	234176
129605	150004	16217	50034	540186	443561	531370	437078
95016	**243920**	**64051**	**88535**	**1400988**	**1234930**	**1399493**	**1234930**
48161	117785	56685	41581	987112	931424	986936	931424
21821	74104	8203	5065	288621	290694	288621	290694
	4494	8172	2355	273351	261197	273351	261197
26190	39025	40310	34160	424814	379314	424638	379314
150	162			326	219	326	219
				8368	6825	8368	6825
46855	126134	7366	46954	405508	296681	404189	296681

3-5 续表 1

快餐服务

项目	商品购进总额		统一配送商品购进额	
	2011年	2010年	2011年	2010年
总　计	**3003809**	**2421078**	**2377492**	**1909090**
内资企业	255287	208576	203594	153209
国有企业	502	437	502	437
集体企业	387	406		
股份合作企业				
联营企业				
有限责任公司	80107	71102	63090	55643
股份有限公司	54977	43003	54977	37003
私营企业	117994	90628	85026	60127
其他企业	1320	3000		
港、澳、台商投资企业	434215	342932	389797	300615
外商投资企业	2314307	1869570	1784100	1455266
直营门店合计	**2957690**	**2386953**	**2336662**	**1880251**
内资企业	235683	195658	189104	144534
国有企业	502	437	502	437
集体企业				
股份合作企业				
联营企业				
有限责任公司	77142	68215	61836	54335
股份有限公司	44608	37723	44608	31723
私营企业	112111	86284	82158	58040
其他企业	1320	3000		
港、澳、台商投资企业	425019	335183	380693	292957
外商投资企业	2296989	1856112	1766865	1442761
加盟门店合计	**46119**	**34125**	**40830**	**28839**
内资企业	19603	12918	14490	8675
国有企业				
集体企业	387	406		
股份合作企业				
联营企业				
有限责任公司	2964	2888	1254	1308
股份有限公司	10369	5281	10369	5281
私营企业	5883	4344	2868	2087
其他企业				
港、澳、台商投资企业	9197	7749	9105	7658
外商投资企业	17318	13457	17236	12505

单位：万元

自有配送中心配送商品购进额		非自有配送中心配送商品购进额		营业额		餐费收入及商品销售额	
2011年	2010年	2011年	2010年	2011年	2010年	2011年	2010年
1429543	**1250646**	**305126**	**145732**	**6716246**	**5272092**	**6522255**	**5119194**
119913	85492	38440	29985	579566	436348	577843	435246
				1153	872	1153	872
				501	396	501	396
44682	39905	957	837	192745	166559	191864	165734
24674	13000	7620	5857	118046	80914	118046	80914
50557	32588	29864	23291	264521	185432	263678	185155
				2600	2175	2600	2175
67777	110017	72358	23102	1024954	879814	1024356	879399
1241854	1055136	194327	92645	5111726	3955930	4920056	3804549
1417163	**1242242**	**294710**	**137686**	**6557077**	**5138500**	**6363427**	**4988176**
117844	83982	37858	29562	536805	410568	535423	409664
				1153	872	1153	872
44682	39905	957	837	187771	161926	187232	161299
24674	13000	7620	5857	105485	74019	105485	74019
48488	31077	29282	22869	239796	171576	238953	171300
				2600	2175	2600	2175
67359	109606	63863	16045	1005708	846255	1005110	845841
1231960	1048654	192989	92079	5014564	3881677	4822894	3732671
12381	**8404**	**10415**	**8046**	**159169**	**133592**	**158828**	**131018**
2069	1511	583	423	42761	25780	42420	25582
				501	396	501	396
				4974	4633	4633	4435
				12561	6896	12561	6896
2069	1511	583	423	24725	13856	24725	13856
418	411	8495	7058	19245	33558	19245	33558
9894	6482	1338	566	97163	74253	97163	71878

3-5 续表 2

饮料及冷饮服务

项　目	商品购进总额		统一配送商品购进额	
	2011年	2010年	2011年	2010年
总　计	**71255**	**45543**	**71255**	**45543**
内资企业	2682	1878	2682	1878
国有企业	190	148	190	148
集体企业				
股份合作企业				
联营企业				
有限责任公司	1734	996	1734	996
股份有限公司				
私营企业	757	735	757	735
其他企业				
港、澳、台商投资企业	31502	13473	31502	13473
外商投资企业	37071	30192	37071	30192
直营门店合计	**71187**	**45510**	**71187**	**45510**
内资企业	2614	1846	2614	1846
国有企业	190	148	190	148
集体企业				
股份合作企业				
联营企业				
有限责任公司	1667	964	1667	964
股份有限公司				
私营企业	756	734	756	734
其他企业				
港、澳、台商投资企业	31502	13473	31502	13473
外商投资企业	37071	30192	37071	30192
加盟门店合计	**68**	**33**	**68**	**33**
内资企业	68	33	68	33
国有企业				
集体企业				
股份合作企业				
联营企业				
有限责任公司	67	32	67	32
股份有限公司				
私营企业	2	1	2	1
其他企业				
港、澳、台商投资企业				
外商投资企业				

单位：万元

自有配送中心配送商品购进额		非自有配送中心配送商品购进额		营业额		餐费收入及商品销售额	
2011年	2010年	2011年	2010年	2011年	2010年	2011年	2010年
37544	**24974**	**25283**	**16261**	**262854**	**185185**	**262854**	**185185**
751	730	197	153	12138	9579	12138	9579
		190	148	3056	2785	3056	2785
				7304	5048	7304	5048
751	730	7	5	1778	1746	1778	1746
		25086	10161	108540	71052	108540	71052
36793	24244		5948	142176	104555	142176	104555
37543	**24973**	**25282**	**16261**	**262608**	**185009**	**262608**	**185009**
750	729	196	153	11893	9403	11893	9403
		190	148	3056	2785	3056	2785
				7061	4873	7061	4873
750	729	6	5	1776	1745	1776	1745
		25086	10161	108540	71052	108540	71052
36793	24244		5948	142176	104555	142176	104555
1	**1**	**1**	**0**	**246**	**176**	**246**	**176**
1	1	1	0	246	176	246	176
				244	175	244	175
1	1	1	0	2	1	2	1

3-5 续表 3

其他餐饮服务

项　　目	商品购进总额		统一配送商品购进额	
	2011年	2010年	2011年	2010年
总　　计	**56545**	**40750**	**46828**	**39360**
内资企业	30813	17855	21096	16465
国有企业				
集体企业	334	276	334	276
股份合作企业				
联营企业				
有限责任公司	9165	7007	8083	5980
股份有限公司				
私营企业	17948	8004	9313	7640
其他企业	3366	2568	3366	2568
港、澳、台商投资企业	21666	19024	21666	19024
外商投资企业	4066	3871	4066	3871
直营门店合计	**52397**	**37569**	**42751**	**36179**
内资企业	26665	14674	17019	13284
国有企业				
集体企业	151	124	151	124
股份合作企业				
联营企业				
有限责任公司	8776	6283	7694	5257
股份有限公司				
私营企业	15782	7331	7218	6968
其他企业	1957	935	1957	935
港、澳、台商投资企业	21666	19024	21666	19024
外商投资企业	4066	3871	4066	3871
加盟门店合计	**4148**	**3181**	**4077**	**3181**
内资企业	4148	3181	4077	3181
国有企业				
集体企业	184	152	184	152
股份合作企业				
联营企业				
有限责任公司	389	724	389	724
股份有限公司				
私营企业	2166	673	2095	673
其他企业	1409	1633	1409	1633
港、澳、台商投资企业				
外商投资企业				

单位：万元

自有配送中心配送商品购进额		非自有配送中心配送商品购进额		营业额		餐费收入及商品销售额	
2011年	2010年	2011年	2010年	2011年	2010年	2011年	2010年
22295	**17280**	**21666**	**19377**	**138655**	**106638**	**138140**	**106388**
18265	13762			66634	47378	66119	47138
				836	791	836	791
8083	5980			24053	19991	24053	19991
7237	5629			35858	22288	35343	22048
2945	2153			5888	4308	5888	4308
		21666	19024	61258	51209	61258	51200
4030	3518		353	10762	8050	10762	8050
19386	**14251**	**21666**	**19377**	**127728**	**97883**	**127213**	**97633**
15356	10733			55707	38623	55192	38383
				388	359	388	359
7694	5257			19468	14570	19468	14570
6126	4956			32679	21019	32164	20779
1536	520			3173	2675	3173	2675
		21666	19024	61258	51209	61258	51200
4030	3518		353	10762	8050	10762	8050
2909	**3029**			**10927**	**8755**	**10927**	**8755**
2909	3029			10927	8755	10927	8755
				448	432	448	432
389	724			4585	5421	4585	5421
1111	673			3179	1269	3179	1269
1409	1633			2715	1633	2715	1633

3-6 连锁餐饮企业门店分布情况

单位：个

门店所在地	门店数		直营门店		加盟门店	
	2011年	2010年	2011年	2010年	2011年	2010年
全　国	**16279**	**14429**	**11995**	**10501**	**4284**	**3928**
北　京	2406	2187	2231	2010	175	177
天　津	368	317	324	283	44	34
河　北	293	261	142	117	151	144
山　西	249	237	121	113	128	124
内蒙古	208	179	74	65	134	114
辽　宁	330	303	270	252	60	51
吉　林	116	112	86	79	30	33
黑龙江	214	193	172	152	42	41
上　海	1416	1255	1340	1182	76	73
江　苏	1363	1125	1092	903	271	222
浙　江	1239	1140	980	905	259	235
安　徽	486	364	371	266	115	98
福　建	579	504	282	250	297	254
江　西	177	150	122	104	55	46
山　东	504	433	268	237	236	196
河　南	428	406	232	228	196	178
湖　北	446	417	325	312	121	105
湖　南	282	240	222	184	60	56
广　东	2239	2007	2153	1922	86	85
广　西	132	128	84	83	48	45
海　南	60	45	44	35	16	10
重　庆	859	796	296	228	563	568
四　川	904	806	303	244	601	562
贵　州	68	55	40	33	28	22
云　南	248	229	124	98	124	131
西　藏	33	27	4	4	29	23
陕　西	245	185	148	93	97	92
甘　肃	104	97	17	16	87	81
青　海	22	16	8	7	14	9
宁　夏	42	26	17	10	25	16
新　疆	186	163	97	81	89	82
港澳台及国外	33	26	6	5	27	21

3-7　连锁餐饮企业配送中心分布情况

单位：个

所在地	配送中心数		自有配送中心数	
	2011年	2010年	2011年	2010年
全　国	**342**	**350**	**270**	**270**
北　京	46	46	35	37
天　津	5	6	4	4
河　北	3	4	2	2
山　西	4	3	4	3
内蒙古	6	5	5	4
辽　宁	9	8	8	6
吉　林	2	4	2	3
黑龙江	10	11	10	10
上　海	17	17	13	13
江　苏	33	32	17	15
浙　江	31	32	31	32
安　徽	6	6	4	4
福　建	14	16	12	14
江　西	2	3	1	1
山　东	10	11	10	10
河　南	5	5	3	4
湖　北	25	25	25	23
湖　南	6	6	4	4
广　东	39	40	24	25
广　西	4	4	2	2
海　南				
重　庆	13	13	12	12
四　川	27	26	20	20
贵　州				
云　南	8	8	8	8
西　藏	1	1	1	1
陕　西	6	7	5	5
甘　肃	3	3	2	2
青　海				
宁　夏		1		
新　疆	7	7	6	6

3-8 连锁餐饮企业门店在36城市分布情况

单位：个

门店所在地	门店数		直营门店		加盟门店	
	2011年	2010年	2011年	2010年	2011年	2010年
合　计	**10351**	**9228**	**8635**	**7568**	**1716**	**1660**
北　京	2406	2187	2231	2010	175	177
天　津	368	317	324	283	44	34
石家庄	83	76	53	41	30	35
太　原	98	94	67	63	31	31
呼和浩特	27	25	12	11	15	14
沈　阳	153	132	138	118	15	14
大　连	91	90	77	74	14	16
长　春	75	71	70	58	5	13
哈尔滨	140	138	131	127	9	11
上　海	1416	1255	1340	1182	76	73
南　京	253	223	226	194	27	29
杭　州	416	382	374	342	42	40
宁　波	205	186	182	160	23	26
合　肥	150	105	129	90	21	15
福　州	95	66	74	52	21	14
厦　门	336	258	155	102	181	156
南　昌	62	59	56	52	6	7
济　南	91	64	61	41	30	23
青　岛	154	145	141	138	13	7
郑　州	119	105	80	75	39	30
武　汉	305	310	261	270	44	40
长　沙	108	95	98	86	10	9
广　州	686	632	666	590	20	42
深　圳	770	674	757	664	13	10
南　宁	48	52	39	42	9	10
海　口	30	26	23	20	7	6
重　庆	859	796	296	228	563	568
成　都	346	268	230	178	116	90
贵　阳	42	38	35	32	7	6
昆　明	116	102	84	67	32	35
拉　萨	19	16	4	4	15	12
西　安	133	102	122	84	11	18
兰　州	33	33	13	14	20	19
西　宁	10	10	7	7	3	3
银　川	23	17	13	9	10	8
乌鲁木齐	85	79	66	60	19	19

3-9 连锁餐饮企业配送中心在36城市分布情况

单位：个

所在地	配送中心数		自有配送中心数	
	2011年	2010年	2011年	2010年
合　计	**233**	**236**	**184**	**184**
北　京	46	46	35	37
天　津	5	6	4	4
石家庄				
太　原	2	1	2	1
呼和浩特	1	2	1	1
沈　阳	4	2	3	1
大　连	1	1		
长　春	1	1	1	1
哈尔滨	6	5	6	5
上　海	17	17	13	13
南　京	9	8	7	6
杭　州	24	24	24	24
宁　波	3	3	3	3
合　肥	2	2	1	1
福　州	2	2	2	2
厦　门	7	8	5	7
南　昌	1	2		
济　南				
青　岛	4	4	4	4
郑　州	2	2	1	1
武　汉	17	17	17	16
长　沙	1	1		
广　州	25	25	11	11
深　圳	6	8	5	7
南　宁	2	2	2	2
海　口				
重　庆	13	13	12	12
成　都	21	21	16	16
贵　阳				
昆　明	3	3	3	3
拉　萨	1	1	1	1
西　安	3	4	2	2
兰　州	1	1		
西　宁				
银　川		1		
乌鲁木齐	3	3	3	3

第四部分

餐饮企业地区篇

4-1 各地区连锁餐饮企业基本情况

项目	连锁总店数(个)	门店数(个)		年末从业人员(人)		年末餐饮营业面积(平方米)		年末餐位数(位)	
	2011年	2011年	2010年	2011年	2010年	2011年	2010年	2011年	2010年
全国	**428**	**16285**	**14427**	**832945**	**707455**	**8213689**	**7274218**	**2770712**	**2495111**
北京	79	2776	2446	127311	114651	1573950	1401168	404778	365803
天津	10	331	310	31070	23018	152181	59021	47263	22870
河北	1	7	7	1117	1022	14980	14930	4674	4634
山西	6	95	87	8296	8442	62326	78330	21839	21316
内蒙古	5	714	665	49480	48071	395151	349310	137354	114005
辽宁	8	402	368	29011	15285	123649	154164	62128	77647
吉林	1	14	14	603	596	7740	7740	2461	2461
黑龙江	8	69	69	2810	3095	38674	51814	13073	15985
上海	22	1616	1375	59900	54747	491721	406114	144047	132583
江苏	20	1259	1072	64160	48035	424231	382335	138466	118917
浙江	32	1426	1283	69592	51554	873111	850124	236117	225912
安徽	8	256	188	9474	8519	425771	264366	60017	51445
福建	14	812	758	28188	26071	186540	169696	76328	72788
江西	9	78	69	7387	3505	74129	54846	18249	17913
山东	18	180	168	19037	17700	185366	186626	44962	45359
河南	21	180	179	8401	7377	99785	98078	34142	30096
湖北	31	360	323	26052	23608	318990	308626	105639	98136
湖南	11	195	156	9601	7369	104872	85335	31700	25287
广东	58	2210	1964	109176	90311	757641	697131	292224	251597
广西	2	63	63	4860	3447	24065	23999	8703	8575
海南	1	4	4	272	218	1480	1480	489	489
重庆	26	2288	2038	127132	118351	1489212	1286561	723335	654294
四川	14	460	391	15715	14112	182987	160987	84331	68985
贵州	1	10	10	1215	968	22098	22098	2595	2595
云南	7	212	213	8461	6826	83613	79547	42755	38761
西藏	1	3	3	84	83	480	440	150	170
陕西	4	109	77	9958	6814	59856	45800	18149	14988
甘肃	2	10	10	709	802	5050	6550	1400	1606
青海									
宁夏									
新疆	8	146	117	3873	2858	34040	27002	13344	9894

4-2 各地区连锁餐饮企业直营门店基本情况

项目	门店数(个)		年末从业人员(人)		年末餐饮营业面积(平方米)		年末餐位数(位)	
	2011年	2010年	2011年	2010年	2011年	2010年	2011年	2010年
全国	**11991**	**10490**	**655674**	**536685**	**6089165**	**5290856**	**1858066**	**1642477**
北京	2504	2188	113585	101840	1296906	1136522	351176	313307
天津	311	290	30850	22801	150846	57686	46983	22590
河北	7	7	1117	1022	14980	14930	4674	4634
山西	79	72	7058	7203	41916	58620	14507	14788
内蒙古	207	189	31822	30052	245976	218771	69173	54442
辽宁	402	368	29011	15285	123649	154164	62128	77647
吉林	14	7	603	300	7740	3000	2461	1200
黑龙江	69	69	2810	3095	38674	51814	13073	15985
上海	1609	1368	59669	54524	491038	405086	143795	132161
江苏	1121	956	60943	44764	388706	345292	130563	111057
浙江	963	893	60799	41552	700155	656317	188648	172802
安徽	240	167	7851	6715	356081	190635	54219	45615
福建	287	281	15493	13620	111790	105041	37883	37895
江西	77	69	7284	3505	73779	54846	18126	17913
山东	180	168	19037	17700	185366	186626	44962	45359
河南	172	175	8174	7278	96995	97158	32510	29726
湖北	353	318	25609	23085	307640	299826	103629	96973
湖南	188	150	9247	7059	100092	81005	30310	24067
广东	2137	1904	105900	87312	707273	656577	283604	245057
广西	63	63	4860	3447	24065	23999	8703	8575
海南	4	4	272	218	1480	1480	489	489
重庆	395	296	20480	18910	325281	232311	112098	85250
四川	262	215	12275	10406	123118	110595	46574	39441
贵州	10	10	1215	968	22098	22098	2595	2595
云南	115	99	5442	3799	57195	49665	23700	17811
西藏	3	3	84	83	480	440	150	170
陕西	109	77	9958	6814	59856	45800	18149	14988
甘肃	10	10	709	802	5050	6550	1400	1606
青海								
宁夏								
新疆	100	74	3517	2526	30940	24002	11784	8334

4-3 各地区连锁餐饮企业加盟门店基本情况

项　目	门店数(个)		年末从业人员(人)		年末餐饮营业面积(平方米)		年末餐位数(位)	
	2011年	2010年	2011年	2010年	2011年	2010年	2011年	2010年
全　国	**4294**	**3937**	**177271**	**170770**	**2124524**	**1983362**	**912646**	**852634**
北　京	272	258	13726	12811	277044	264646	53602	52496
天　津	20	20	220	217	1335	1335	280	280
河　北								
山　西	16	15	1238	1239	20410	19710	7332	6528
内蒙古	507	476	17658	18019	149175	130539	68181	59563
辽　宁								
吉　林		7		296		4740		1261
黑龙江								
上　海	7	7	231	223	683	1028	252	422
江　苏	138	116	3217	3271	35525	37043	7903	7860
浙　江	463	390	8793	10002	172956	193807	47469	53110
安　徽	16	21	1623	1804	69690	73731	5798	5830
福　建	525	477	12695	12451	74750	64655	38445	34893
江　西	1		103		350		123	
山　东								
河　南	8	4	227	99	2790	920	1632	370
湖　北	7	5	443	523	11350	8800	2010	1163
湖　南	7	6	354	310	4780	4330	1390	1220
广　东	73	60	3276	2999	50368	40554	8620	6540
广　西								
海　南								
重　庆	1893	1742	106652	99441	1163931	1054250	611237	569044
四　川	198	176	3440	3706	59869	50392	37757	29544
贵　州								
云　南	97	114	3019	3027	26418	29882	19055	20950
西　藏								
陕　西								
甘　肃								
青　海								
宁　夏								
新　疆	46	43	356	332	3100	3000	1560	1560

4-4 各地区连锁餐饮

项　目	商品购进总额		统一配送商品购进额		自有配送中心配送商品购进额	
	2011年	2010年	2011年	2010年	2011年	2010年
全　国	**5189261**	**4589559**	**3430714**	**3068359**	**1900278**	**1897142**
北　京	782174	668936	422721	361758	248818	273889
天　津	333995	255332	4206	2877	3767	2555
河　北	12580	11321				
山　西	42414	24091	35759	18675	34413	18269
内蒙古	104403	491885	97865	289916	82440	200665
辽　宁	271269	313763	215049	273311	162843	254539
吉　林	4500	4200				
黑龙江	16395	14143	14745	12493	8025	5791
上　海	363805	313688	322884	277850	120956	97501
江　苏	364125	251004	343883	223219	138667	99234
浙　江	399914	410774	324284	333518	229650	258806
安　徽	42315	36162	30913	26072	17878	13616
福　建	152229	116798	109528	82210	46440	41529
江　西	59141	25790	51879	19971	1568	1805
山　东	67929	68361	10766	8803	583	520
河　南	54390	34800	36394	23316	31124	16439
湖　北	257339	212789	239751	195049	175011	147285
湖　南	130760	105704	117429	92652	102365	78689
广　东	604849	505327	562643	464473	189418	149736
广　西	23399	21829	23399	21829	23399	21829
海　南	1909	1619				
重　庆	772639	531225	157876	187506	83591	129982
四　川	107582	74991	106831	74583	71617	47944
贵　州	10150	8922				
云　南	126781	31923	126434	30072	105887	16703
西　藏	237	179	237	179		
陕　西	65501	39391	60279	34488	11348	10984
甘　肃	2772	2895	1224	1850		
青　海						
宁　夏						
新　疆	13764	11718	13735	11689	10470	8832

企业经营情况

单位：万元

非自有配送中心配送商品购进额		营业额		餐费收入及商品销售额	
2011年	2010年	2011年	2010年	2011年	2010年
651139	**492225**	**11203910**	**9135903**	**10986593**	**8953243**
160383	68422	2131567	1723166	2128366	1718098
		399172	308615	399133	308576
		17465	17797	17465	17797
1088	177	90956	76464	90902	76464
13995	87842	110659	98808	110659	98479
10317	7791	512202	369869	512202	369869
		6363	4362	6363	4362
4383	3630	35365	36112	35365	36112
29787	25918	1127778	947876	1127772	947828
118838	72594	823720	630048	823720	630048
61265	44905	971876	847324	969550	845528
2686	2734	101539	79172	101539	79172
20153	14336	391144	376482	391144	376482
46028	14077	80008	61986	80008	61986
		290545	243924	85648	82269
	94	103791	85690	103389	85180
10982	5002	415347	339589	413416	329345
1069	488	158720	126996	158198	126375
91226	93028	1560166	1265551	1559441	1264921
		58009	46466	58009	46466
		5526	4474	5526	4474
48273	32737	1254168	992347	1253551	992336
11237	6755	283467	224569	282779	224569
		18384	15962	18384	15962
16163	8838	98507	95090	98507	95090
		398	327	398	327
		102252	75028	102252	75028
		6011	6560	6011	6560
3265	2857	48806	35250	46898	33541

4-5 各地区连锁餐饮

项目	商品购进总额		统一配送商品购进额		自有配送中心配送商品购进额	
	2011年	2010年	2011年	2010年	2011年	2010年
全国	**4406123**	**3790878**	**3197214**	**2672419**	**1789972**	**1641789**
北京	725107	627722	412946	353016	244671	265766
天津	333995	255332	4206	2877	3767	2555
河北	12580	11321				
山西	38641	20919	35759	18675	34413	18269
内蒙古	46827	204404	42596	115832	37200	75210
辽宁	271269	313763	215049	273311	162843	254539
吉林	4500	2100				
黑龙江	16395	14143	14745	12493	8025	5791
上海	363267	311980	322428	277095	120568	96777
江苏	358266	247233	339482	220243	135779	97516
浙江	376760	394288	301129	317032	219955	251127
安徽	35039	27515	27767	21580	16501	10905
福建	102270	66698	81192	49402	35786	20532
江西	58470	25790	51208	19971	1568	1805
山东	67929	68361	10766	8803	583	520
河南	50828	34370	36394	23316	31124	16439
湖北	253966	211203	236633	193718	173117	146985
湖南	129144	104340	117429	92652	102365	78689
广东	598347	499652	559641	461797	189418	149736
广西	23399	21829	23399	21829	23399	21829
海南	1909	1619				
重庆	235700	178701	80409	57398	52929	46886
四川	94211	63172	93919	62956	68967	44672
贵州	10150	8922				
云南	115246	21655	114990	20537	105525	15744
西藏	237	179	237	179		
陕西	65501	39391	60279	34488	11348	10984
甘肃	2772	2895	1224	1850		
青海						
宁夏						
新疆	13399	11382	13387	11369	10122	8512

企业直营门店经营情况

单位：万元

非自有配送中心配送商品购进额		营业额		餐费收入及商品销售额	
2011年	2010年	2011年	2010年	2011年	2010年
576672	**395644**	**9632581**	**7758451**	**9417100**	**7578364**
154756	67802	1977893	1595833	1974691	1593140
		395457	304596	395418	304557
		17465	17797	17465	17797
1088	177	83858	70343	83805	70343
4246	39494	38918	33694	38918	33365
10317	7791	512202	369869	512202	369869
		6363	2062	6363	2062
4383	3630	35365	36112	35365	36112
29787	25918	1119129	944758	1119124	944710
117568	71585	799818	618470	799818	618470
61265	44905	884268	766132	883304	764337
2686	2734	84648	62342	84648	62342
2471	2524	229213	194771	229213	194771
45356	14077	79245	61986	79245	61986
		290545	243924	85648	82269
	94	101216	85266	100814	84756
10929	4947	410643	336812	408711	326568
1069	488	155231	124066	154709	123444
88450	90550	1542526	1251139	1541801	1250509
		58009	46466	58009	46466
		5526	4474	5526	4474
25774	10512	351704	243369	351219	243359
6978	3858	204384	155898	203696	155898
		18384	15962	18384	15962
6283	1701	75377	57255	75377	57255
		398	327	398	327
		102252	75028	102252	75028
		6011	6560	6011	6560
3265	2857	46534	33140	44967	31629

4-6 各地区连锁餐饮企业

项目	商品购进总额		统一配送商品购进额		自有配送中心配送商品购进额	
	2011年	2010年	2011年	2010年	2011年	2010年
全国	**783137**	**798682**	**233500**	**395940**	**110307**	**255353**
北京	57067	41215	9775	8742	4147	8122
天津						
河北						
山西	3773	3172				
内蒙古	57576	287481	55269	174084	45240	125455
辽宁						
吉林		2100				
黑龙江						
上海	538	1707	456	755	389	724
江苏	5859	3771	4401	2976	2888	1718
浙江	23155	16486	23155	16486	9696	7679
安徽	7276	8647	3147	4492	1377	2712
福建	49959	50100	28336	32808	10654	20997
江西	672		672			
山东						
河南	3562	430				
湖北	3373	1586	3119	1331	1894	300
湖南	1617	1364				
广东	6502	5676	3002	2676		
广西						
海南						
重庆	536939	352524	77467	130108	30662	83096
四川	13372	11819	12912	11627	2650	3272
贵州						
云南	11535	10268	11444	9534	362	959
西藏						
陕西						
甘肃						
青海						
宁夏						
新疆	365	337	348	320	348	320

加盟门店经营情况

单位：万元

非自有配送中心配送商品购进额		营业额		餐费收入及商品销售额	
2011年	2010年	2011年	2010年	2011年	2010年
74467	**96581**	**1571329**	**1377452**	**1569494**	**1374879**
5627	620	153675	127333	153675	124958
		3715	4019	3715	4019
		7097	6121	7097	6121
9749	48348	71741	65114	71741	65114
			2300		2300
		8649	3119	8649	3119
1270	1009	23902	11578	23902	11578
		87609	81192	86247	81192
		16891	16830	16891	16830
17681	11811	161931	181711	161931	181711
672		763		763	
		2575	424	2575	424
53	55	4704	2777	4704	2777
		3489	2930	3489	2930
2776	2478	17640	14412	17640	14412
22500	22226	902464	748977	902332	748977
4259	2897	79083	68671	79083	68671
9880	7137	23130	37835	23130	37835
		2272	2110	1931	1912

4-7 按登记注册类型分各地区连锁餐饮企业基本情况

内资企业

项目	连锁总店数（个）	门店数（个）		年末从业人员（人）		年末餐饮营业面积（平方米）		年末餐位数（位）	
	2011年	2011年	2010年	2011年	2010年	2011年	2010年	2011年	2010年
全国	**295**	**6684**	**6086**	**285930**	**267726**	**4265391**	**3833487**	**1329188**	**1220233**
北京	56	1054	989	47990	45878	856236	796900	188916	179052
天津	7	69	73	940	930	17656	16956	3716	3649
河北	1	7	7	1117	1022	14980	14930	4674	4634
山西	5	32	31	2724	3490	35540	54520	12529	13040
内蒙古	4	232	209	3880	3473	63151	49299	16054	11443
辽宁	1	4	3	590	423	12563	8100	1348	892
吉林	1	14	14	603	596	7740	7740	2461	2461
黑龙江	3	28	28	1375	1002	13490	15592	5244	6323
上海	8	147	138	3548	3413	35653	33165	11134	11043
江苏	12	435	374	10666	8942	116572	107457	43691	32482
浙江	25	638	535	19751	18128	500348	484003	119615	112501
安徽	7	233	165	8922	7105	415677	254511	56258	47805
福建	8	595	562	15609	15348	97315	88977	48570	45163
江西	7	22	22	1894	1847	40385	30246	11897	9997
山东	13	59	60	2227	2623	80024	83900	15629	16257
河南	18	78	73	2403	2014	57995	55830	18380	15146
湖北	25	111	105	13554	10654	194080	209020	69403	63536
湖南	8	45	28	2483	2153	40930	39480	9924	9516
广东	39	917	875	33548	32687	353919	325739	96988	88649
广西									
海南									
重庆	22	1601	1464	99500	94207	1107171	969929	510769	478091
四川	8	81	70	3117	3570	67445	58185	30526	23421
贵州	1	10	10	1215	968	22098	22098	2595	2595
云南	4	98	109	2253	2289	48630	53389	27589	25238
西藏	1	3	3	84	83	480	440	150	170
陕西	3	44	39	2843	2418	36856	29000	10149	8988
甘肃	1	3	4	550	680	3560	5360	874	1164
青海									
宁夏									
新疆	7	124	96	2544	1783	24897	18721	10105	6977

4-7 续表 1

国有企业

项目	连锁总店数(个)	门店数(个)		年末从业人员(人)		年末餐饮营业面积(平方米)		年末餐位数(位)	
	2011年	2011年	2010年	2011年	2010年	2011年	2010年	2011年	2010年
全国	**3**	**21**	**18**	**1147**	**1065**	**11837**	**10665**	**4745**	**3902**
北京									
天津									
河北									
山西									
内蒙古									
辽宁									
吉林									
黑龙江									
上海	1	12	10	944	856	8831	7747	3511	2671
江苏									
浙江	1	6	4	128	127	1933	1933	816	816
安徽									
福建	1	3	4	75	82	1073	985	418	415
江西									
山东									
河南									
湖北									
湖南									
广东									
广西									
海南									
重庆									
四川									
贵州									
云南									
西藏									
陕西									
甘肃									
青海									
宁夏									
新疆									

4-7 续表 2

集体企业

项目	连锁总店数(个)	门店数(个)		年末从业人员(人)		年末餐饮营业面积(平方米)		年末餐位数(位)	
	2011年	2011年	2010年	2011年	2010年	2011年	2010年	2011年	2010年
全国	**3**	**16**	**15**	**824**	**803**	**19089**	**15089**	**4435**	**4255**
北京									
天津									
河北									
山西									
内蒙古									
辽宁									
吉林									
黑龙江									
上海									
江苏									
浙江									
安徽									
福建									
江西									
山东									
河南	1	3	3	70	84	420	420	380	200
湖北									
湖南									
广东	2	13	12	754	719	18669	14669	4055	4055
广西									
海南									
重庆									
四川									
贵州									
云南									
西藏									
陕西									
甘肃									
青海									
宁夏									
新疆									

4-7 续表 3

股份合作企业

项　目	连锁总店数(个)	门店数(个)		年末从业人员(人)		年末餐饮营业面积(平方米)		年末餐位数(位)	
	2011年	2011年	2010年	2011年	2010年	2011年	2010年	2011年	2010年
全　国	**5**	**19**	**19**	**1312**	**1402**	**31699**	**31956**	**8856**	**8856**
北　京	2	8	8	306	323	6610	6610	2254	2254
天　津									
河　北									
山　西									
内蒙古									
辽　宁									
吉　林									
黑龙江									
上　海									
江　苏									
浙　江									
安　徽									
福　建									
江　西									
山　东									
河　南									
湖　北									
湖　南									
广　东	3	11	11	1006	1079	25089	25346	6602	6602
广　西									
海　南									
重　庆									
四　川									
贵　州									
云　南									
西　藏									
陕　西									
甘　肃									
青　海									
宁　夏									
新　疆									

4-7 续表 4

有限责任公司

项　目	连锁总店数(个)	门店数(个)		年末从业人员(人)		年末餐饮营业面积(平方米)		年末餐位数(位)	
	2011年	2011年	2010年	2011年	2010年	2011年	2010年	2011年	2010年
全　国	**89**	**2107**	**2020**	**86561**	**84202**	**1249207**	**1245016**	**454848**	**440344**
北　京	18	367	349	11078	11086	159386	172980	45855	46822
天　津	5	56	58	646	620	12889	12165	2185	2058
河　北									
山　西									
内蒙古	3	227	204	3735	3333	62151	48319	15704	11143
辽　宁	1	4	3	590	423	12563	8100	1348	892
吉　林									
黑龙江									
上　海	4	90	86	1653	1401	15895	15568	3103	2988
江　苏	1	9	9	330	353	2250	2250	854	854
浙　江	5	30	29	2952	3440	117375	135354	20489	21260
安　徽									
福　建	2	140	132	716	718	1535	1032	628	411
江　西	2	5	5	246	246	7000	7000	2467	2467
山　东	3	26	27	512	930	13369	17169	4837	5337
河　南	5	18	16	257	240	9999	10450	1660	1540
湖　北	12	56	59	9415	6824	115687	114939	37569	34790
湖　南	2	8	6	817	673	17500	14100	3360	2911
广　东	10	349	335	14536	14765	111734	111778	30241	27746
广　西									
海　南									
重　庆	4	515	513	31175	32274	474505	471428	227602	233732
四　川	2	39	30	1417	1114	19581	16533	20315	13157
贵　州	1	10	10	1215	968	22098	22098	2595	2595
云　南	3	67	66	1963	1853	29630	27689	21839	17973
西　藏	1	3	3	84	83	480	440	150	170
陕　西	3	44	39	2843	2418	36856	29000	10149	8988
甘　肃									
青　海									
宁　夏									
新　疆	2	44	41	381	440	6724	6624	1898	2510

4-7 续表 5

股份有限公司

项目	连锁总店数(个)	门店数(个)		年末从业人员(人)		年末餐饮营业面积(平方米)		年末餐位数(位)	
	2011年	2011年	2010年	2011年	2010年	2011年	2010年	2011年	2010年
全国	**11**	**744**	**593**	**53722**	**46105**	**810236**	**673783**	**156410**	**130602**
北京	3	175	155	20256	17577	437977	371574	59155	50221
天津									
河北									
山西									
内蒙古									
辽宁									
吉林									
黑龙江									
上海									
江苏									
浙江	2	319	239	3688	3047	48834	48870	12995	11400
安徽	1	4	2	410	196	9900	4300	1400	800
福建									
江西	1	2	3	450	372	6885	4092	1986	1348
山东									
河南									
湖北									
湖南									
广东	1	16	13	2359	1913	31000	18900	7800	6500
广西									
海南									
重庆	2	189	163	25216	22421	264255	220808	68070	59007
四川									
贵州									
云南									
西藏									
陕西									
甘肃									
青海									
宁夏									
新疆	1	39	18	1343	579	11385	5239	5004	1326

4-7 续表 6

私营企业

项目	连锁总店数(个)	门店数(个)		年末从业人员(人)		年末餐饮营业面积(平方米)		年末餐位数(位)	
	2011年	2011年	2010年	2011年	2010年	2011年	2010年	2011年	2010年
全国	**174**	**3670**	**3316**	**140128**	**132009**	**2103731**	**1817046**	**691520**	**623409**
北京	33	504	477	16350	16892	252263	245736	81652	79755
天津	2	13	15	294	310	4767	4791	1531	1591
河北	1	7	7	1117	1022	14980	14930	4674	4634
山西	5	32	31	2724	3490	35540	54520	12529	13040
内蒙古	1	5	5	145	140	1000	980	350	300
辽宁									
吉林	1	14	14	603	596	7740	7740	2461	2461
黑龙江	2	24	24	1345	917	12383	9695	5109	5433
上海	3	45	42	951	1156	10927	9850	4520	5384
江苏	10	424	363	10300	8553	112822	103707	42537	31328
浙江	17	283	263	12983	11514	332206	297846	85315	79025
安徽	6	229	163	8512	6909	405777	250211	54858	47005
福建	5	452	426	14818	14548	94707	86960	47524	44337
江西	4	15	14	1198	1229	26500	19154	7444	6182
山东	7	21	22	1267	1254	49575	49851	8604	8746
河南	11	54	52	1787	1506	41056	41440	15168	12834
湖北	12	48	40	3747	3450	76593	92281	30134	27046
湖南	6	37	22	1666	1480	23430	25380	6564	6605
广东	23	528	504	14893	14211	167427	155046	48290	43746
广西									
海南									
重庆	14	832	723	42528	38916	365426	274958	213318	183223
四川	5	28	25	1240	2036	39264	34052	9111	9164
贵州									
云南	1	31	43	290	436	19000	25700	5750	7265
西藏									
陕西									
甘肃	1	3	4	550	680	3560	5360	874	1164
青海									
宁夏									
新疆	4	41	37	820	764	6788	6858	3203	3141

4-7 续表 7

其他企业

项目	连锁总店数（个）	门店数（个）		年末从业人员（人）		年末餐饮营业面积（平方米）		年末餐位数（位）	
	2011年	2011年	2010年	2011年	2010年	2011年	2010年	2011年	2010年
全国	**10**	**107**	**105**	**2236**	**2140**	**39592**	**39932**	**8374**	**8865**
北京									
天津									
河北									
山西									
内蒙古									
辽宁									
吉林									
黑龙江	1	4	4	30	85	1107	5897	135	890
上海									
江苏	1	2	2	36	36	1500	1500	300	300
浙江									
安徽									
福建									
江西									
山东	3	12	11	448	439	17080	16880	2188	2174
河南	1	3	2	289	184	6520	3520	1172	572
湖北	1	7	6	392	380	1800	1800	1700	1700
湖南									
广东									
广西									
海南									
重庆	2	65	65	581	596	2985	2735	1779	2129
四川	1	14	15	460	420	8600	7600	1100	1100
贵州									
云南									
西藏									
陕西									
甘肃									
青海									
宁夏									
新疆									

4-7 续表 8

港、澳、台商投资企业

项目	连锁总店数(个)	门店数(个)		年末从业人员(人)		年末餐饮营业面积(平方米)		年末餐位数(位)	
	2011年	2011年	2010年	2011年	2010年	2011年	2010年	2011年	2010年
全国	**50**	**2094**	**1722**	**80913**	**68349**	**778832**	**684684**	**258572**	**223627**
北京	8	641	501	17508	13691	310089	245335	79883	65570
天津	1	7	7	132	122	2365	2365	1051	1051
河北									
山西									
内蒙古									
辽宁	2	26	25	770	950	12835	12639	3659	3549
吉林									
黑龙江	2	13	13	203	733	7080	12478	3022	3425
上海	5	572	499	33848	27194	179793	168774	62585	59153
江苏	2	160	108	4259	4180	32820	26200	9566	8420
浙江	1	46	30	855	880	10621	7565	5701	4231
安徽	1	23	23	552	1414	10094	9855	3759	3640
福建	3	79	65	3516	2957	28077	29256	14583	13342
江西	1	4	2	413	252	11748	6200	1900	1200
山东	1	10	7	130	72	1468	1022	800	599
河南									
湖北	3	15	13	1006	552	11450	6750	3085	2375
湖南	1	3	3	196	184	4000	4000	1000	1000
广东	12	328	281	11604	10307	108918	112193	51770	42211
广西									
海南	1	4	4	272	218	1480	1480	489	489
重庆	1	27	11	789	366	5087	1287	2643	782
四川	2	57	51	2255	1919	23620	21577	2983	2625
贵州									
云南	2	72	73	2446	2236	15797	14518	9567	9523
西藏									
陕西									
甘肃	1	7	6	159	122	1490	1190	526	442
青海									
宁夏									
新疆									

4-7 续表 9

外商投资企业

项　目	连锁总店数（个）	门店数（个）		年末从业人员（人）		年末餐饮营业面积（平方米）		年末餐位数（位）	
	2011年	2011年	2010年	2011年	2010年	2011年	2010年	2011年	2010年
全　国	**83**	**7507**	**6619**	**466102**	**371380**	**3169466**	**2756047**	**1182952**	**1051251**
北　京	15	1081	956	61813	55082	407625	358933	135979	121181
天　津	2	255	230	29998	21966	132160	39700	42496	18170
河　北									
山　西	1	63	56	5572	4952	26786	23810	9310	8276
内蒙古	1	482	456	45600	44598	332000	300011	121300	102562
辽　宁	5	372	340	27651	13912	98251	133425	57121	73206
吉　林									
黑龙江	3	28	28	1232	1360	18104	23744	4807	6237
上　海	9	897	738	22504	24140	276275	204175	70328	62387
江　苏	6	664	590	49235	34913	274839	248678	85209	78015
浙　江	6	742	718	48986	32546	362142	358556	110801	109180
安　徽									
福　建	3	138	131	9063	7766	61148	51463	13175	14283
江　西	1	52	45	5080	1406	21996	18400	4452	6716
山　东	4	111	101	16680	15005	103874	101704	28533	28503
河　南	3	102	106	5998	5363	41790	42248	15762	14950
湖　北	3	234	205	11492	12402	113460	92856	33151	32225
湖　南	2	147	125	6922	5032	59942	41855	20776	14771
广　东	7	965	808	64024	47317	294804	259199	143466	120737
广　西	2	63	63	4860	3447	24065	23999	8703	8575
海　南									
重　庆	3	660	563	26843	23778	376954	315345	209923	175421
四　川	4	322	270	10343	8623	91922	81225	50822	42939
贵　州									
云　南	1	42	31	3762	2301	19186	11640	5599	4000
西　藏									
陕　西	1	65	38	7115	4396	23000	16800	8000	6000
甘　肃									
青　海									
宁　夏									
新　疆	1	22	21	1329	1075	9143	8281	3239	2917

4-8 按登记注册类型分各地区连锁餐饮企业直营门店基本情况

内资企业

项 目	门店数(个)		年末从业人员(人)		年末餐饮营业面积(平方米)		年末餐位数(位)	
	2011年	2010年	2011年	2010年	2011年	2010年	2011年	2010年
全 国	**3824**	**3497**	**157777**	**144930**	**2789707**	**2421280**	**726100**	**643076**
北 京	883	819	36708	35090	632937	578172	151344	143073
天 津	49	53	720	713	16321	15621	3436	3369
河 北	7	7	1117	1022	14980	14930	4674	4634
山 西	16	16	1486	2251	15130	34810	5197	6512
内蒙古	25	18	822	740	24676	14661	6054	3318
辽 宁	4	3	590	423	12563	8100	1348	892
吉 林	14	7	603	300	7740	3000	2461	1200
黑龙江	28	28	1375	1002	13490	15592	5244	6323
上 海	142	134	3454	3316	35272	32814	11034	10953
江 苏	308	269	7773	5995	85447	74814	36808	25642
浙 江	456	448	18676	16976	477469	455330	115106	105951
安 徽	217	144	7299	5301	345987	180780	50460	41975
福 建	70	85	2914	2897	22565	24322	10125	10270
江 西	22	22	1894	1847	40385	30246	11897	9997
山 东	59	60	2227	2623	80024	83900	15629	16257
河 南	70	69	2176	1915	55205	54910	16748	14776
湖 北	106	100	13214	10131	183480	200220	67632	62373
湖 南	38	22	2129	1843	36150	35150	8534	8296
广 东	844	815	30272	29688	303551	285185	88368	82109
广 西								
海 南								
重 庆	247	188	12827	12593	237358	140934	63920	43383
四 川	33	32	1727	1728	35176	33563	12848	12131
贵 州	10	10	1215	968	22098	22098	2595	2595
云 南	48	49	894	936	29010	31607	14920	11308
西 藏	3	3	84	83	480	440	150	170
陕 西	44	39	2843	2418	36856	29000	10149	8988
甘 肃	3	4	550	680	3560	5360	874	1164
青 海								
宁 夏								
新 疆	78	53	2188	1451	21797	15721	8545	5417

4-8 续表 1

国有企业

项目	门店数(个)		年末从业人员(人)		年末餐饮营业面积(平方米)		年末餐位数(位)	
	2011年	2010年	2011年	2010年	2011年	2010年	2011年	2010年
全国	**21**	**18**	**1147**	**1065**	**11837**	**10665**	**4745**	**3902**
北京								
天津								
河北								
山西								
内蒙古								
辽宁								
吉林								
黑龙江								
上海	12	10	944	856	8831	7747	3511	2671
江苏								
浙江	6	4	128	127	1933	1933	816	816
安徽								
福建	3	4	75	82	1073	985	418	415
江西								
山东								
河南								
湖北								
湖南								
广东								
广西								
海南								
重庆								
四川								
贵州								
云南								
西藏								
陕西								
甘肃								
青海								
宁夏								
新疆								

4-8 续表 2

集体企业

项目	门店数(个)		年末从业人员(人)		年末餐饮营业面积(平方米)		年末餐位数(位)	
	2011年	2010年	2011年	2010年	2011年	2010年	2011年	2010年
全国	**9**	**8**	**708**	**674**	**18345**	**14345**	**3915**	**3915**
北京								
天津								
河北								
山西								
内蒙古								
辽宁								
吉林								
黑龙江								
上海								
江苏								
浙江								
安徽								
福建								
江西								
山东								
河南								
湖北								
湖南								
广东	9	8	708	674	18345	14345	3915	3915
广西								
海南								
重庆								
四川								
贵州								
云南								
西藏								
陕西								
甘肃								
青海								
宁夏								
新疆								

4-8 续表 3

股份合作企业

项　目	门店数(个)		年末从业人员(人)		年末餐饮营业面积(平方米)		年末餐位数(位)	
	2011年	2010年	2011年	2010年	2011年	2010年	2011年	2010年
全　国	**19**	**19**	**1312**	**1402**	**31699**	**31956**	**8856**	**8856**
北　京	8	8	306	323	6610	6610	2254	2254
天　津								
河　北								
山　西								
内蒙古								
辽　宁								
吉　林								
黑龙江								
上　海								
江　苏								
浙　江								
安　徽								
福　建								
江　西								
山　东								
河　南								
湖　北								
湖　南								
广　东	11	11	1006	1079	25089	25346	6602	6602
广　西								
海　南								
重　庆								
四　川								
贵　州								
云　南								
西　藏								
陕　西								
甘　肃								
青　海								
宁　夏								
新　疆								

4-8 续表 4

有限责任公司

项目	门店数(个)		年末从业人员(人)		年末餐饮营业面积(平方米)		年末餐位数(位)	
	2011年	2010年	2011年	2010年	2011年	2010年	2011年	2010年
全国	**1142**	**1080**	**48600**	**44584**	**703605**	**671529**	**192888**	**177582**
北京	347	328	9293	8663	135518	127362	40943	40874
天津	36	38	426	403	11554	10830	1905	1778
河北								
山西								
内蒙古	22	15	697	620	23876	13881	5764	3078
辽宁	4	3	590	423	12563	8100	1348	892
吉林								
黑龙江								
上海	85	82	1559	1304	15514	15217	3003	2898
江苏	8	8	305	324	2000	2000	784	784
浙江	28	26	2697	3012	105375	117354	18889	18860
安徽								
福建	8	6	506	440	1535	1032	623	410
江西	5	5	246	246	7000	7000	2467	2467
山东	26	27	512	930	13369	17169	4837	5337
河南	18	16	257	240	9999	10450	1660	1540
湖北	55	58	9375	6781	115187	114439	37513	34734
湖南	8	6	817	673	17500	14100	3360	2911
广东	349	335	14536	14765	111734	111778	30241	27746
广西								
海南								
重庆	44	37	1126	760	32348	21736	10056	8796
四川	13	11	637	563	10625	10012	5723	4906
贵州	10	10	1215	968	22098	22098	2595	2595
云南	24	22	684	660	13650	12707	10120	6448
西藏	3	3	84	83	480	440	150	170
陕西	44	39	2843	2418	36856	29000	10149	8988
甘肃								
青海								
宁夏								
新疆	5	5	195	308	4824	4824	758	1370

4-8 续表 5

股份有限公司

项　目	门店数(个)		年末从业人员(人)		年末餐饮营业面积(平方米)		年末餐位数(位)	
	2011年	2010年	2011年	2010年	2011年	2010年	2011年	2010年
全　国	**444**	**397**	**28399**	**24373**	**520118**	**400328**	**96945**	**71017**
北　京	114	100	13114	11803	267426	228349	34359	28071
天　津								
河　北								
山　西								
内蒙古								
辽　宁								
吉　林								
黑龙江								
上　海								
江　苏								
浙　江	144	159	2978	2504	41948	41980	11250	8250
安　徽	4	2	410	196	9900	4300	1400	800
福　建								
江　西	2	3	450	372	6885	4092	1986	1348
山　东								
河　南								
湖　北								
湖　南								
广　东	14	11	2104	1644	29100	17000	7050	5750
广　西								
海　南								
重　庆	127	104	8000	7275	153474	99368	35896	25472
四　川								
贵　州								
云　南								
西　藏								
陕　西								
甘　肃								
青　海								
宁　夏								
新　疆	39	18	1343	579	11385	5239	5004	1326

4-8 续表 6

私营企业

项　目	门店数(个)		年末从业人员(人)		年末餐饮营业面积(平方米)		年末餐位数(位)	
	2011年	2010年	2011年	2010年	2011年	2010年	2011年	2010年
全　国	**2142**	**1930**	**76023**	**71332**	**1468111**	**1256125**	**411377**	**369839**
北　京	414	383	13995	14301	223383	215851	73788	71874
天　津	13	15	294	310	4767	4791	1531	1591
河　北	7	7	1117	1022	14980	14930	4674	4634
山　西	16	16	1486	2251	15130	34810	5197	6512
内蒙古	3	3	125	120	800	780	290	240
辽　宁								
吉　林	14	7	603	300	7740	3000	2461	1200
黑龙江	24	24	1345	917	12383	9695	5109	5433
上　海	45	42	951	1156	10927	9850	4520	5384
江　苏	298	259	7432	5635	81947	71314	35724	24558
浙　江	278	259	12873	11333	328213	294063	84151	78025
安　徽	213	142	6889	5105	336087	176480	49060	41175
福　建	59	75	2333	2375	19957	22305	9084	9445
江　西	15	14	1198	1229	26500	19154	7444	6182
山　东	21	22	1267	1254	49575	49851	8604	8746
河　南	49	51	1630	1491	38686	40940	13916	12664
湖　北	44	36	3447	2970	66493	83981	28419	25939
湖　南	30	16	1312	1170	18650	21050	5174	5385
广　东	461	450	11918	11526	119283	116716	40560	38096
广　西								
海　南								
重　庆	63	34	3528	4362	49551	18095	16689	7486
四　川	14	14	870	985	18551	18551	6525	6525
贵　州								
云　南	24	27	210	276	15360	18900	4800	4860
西　藏								
陕　西								
甘　肃	3	4	550	680	3560	5360	874	1164
青　海								
宁　夏								
新　疆	34	30	650	564	5588	5658	2783	2721

4-8 续表 7

其他企业

项目	门店数(个)		年末从业人员(人)		年末餐饮营业面积(平方米)		年末餐位数(位)	
	2011年	2010年	2011年	2010年	2011年	2010年	2011年	2010年
全　国	**47**	**45**	**1588**	**1500**	**35992**	**36332**	**7374**	**7965**
北　京								
天　津								
河　北								
山　西								
内蒙古								
辽　宁								
吉　林								
黑龙江	4	4	30	85	1107	5897	135	890
上　海								
江　苏	2	2	36	36	1500	1500	300	300
浙　江								
安　徽								
福　建								
江　西								
山　东	12	11	448	439	17080	16880	2188	2174
河　南	3	2	289	184	6520	3520	1172	572
湖　北	7	6	392	380	1800	1800	1700	1700
湖　南								
广　东								
广　西								
海　南								
重　庆	13	13	173	196	1985	1735	1279	1629
四　川	6	7	220	180	6000	5000	600	700
贵　州								
云　南								
西　藏								
陕　西								
甘　肃								
青　海								
宁　夏								
新　疆								

4-8 续表 8

港、澳、台商投资企业

项　目	门店数(个)		年末从业人员(人)		年末餐饮营业面积(平方米)		年末餐位数(位)	
	2011年	2010年	2011年	2010年	2011年	2010年	2011年	2010年
全　国	**2034**	**1655**	**78380**	**65802**	**757134**	**661684**	**250040**	**214461**
北　京	637	497	16913	13096	298789	234035	78457	64144
天　津	7	7	132	122	2365	2365	1051	1051
河　北								
山　西								
内蒙古								
辽　宁	26	25	770	950	12835	12639	3659	3549
吉　林								
黑龙江	13	13	203	733	7080	12478	3022	3425
上　海	572	499	33848	27194	179793	168774	62585	59153
江　苏	151	99	3981	3902	29220	22600	8846	7700
浙　江	46	30	855	880	10621	7565	5701	4231
安　徽	23	23	552	1414	10094	9855	3759	3640
福　建	79	65	3516	2957	28077	29256	14583	13342
江　西	4	2	413	252	11748	6200	1900	1200
山　东	10	7	130	72	1468	1022	800	599
河　南								
湖　北	15	13	1006	552	11450	6750	3085	2375
湖　南	3	3	196	184	4000	4000	1000	1000
广　东	328	281	11604	10307	108918	112193	51770	42211
广　西								
海　南	4	4	272	218	1480	1480	489	489
重　庆	27	11	789	366	5087	1287	2643	782
四　川	57	51	2255	1919	23620	21577	2983	2625
贵　州								
云　南	25	19	786	562	8999	6418	3181	2503
西　藏								
陕　西								
甘　肃	7	6	159	122	1490	1190	526	442
青　海								
宁　夏								
新　疆								

4-8 续表 9

外商投资企业

项 目	门店数(个)		年末从业人员(人)		年末餐饮营业面积(平方米)		年末餐位数(位)	
	2011年	2010年	2011年	2010年	2011年	2010年	2011年	2010年
全 国	**6133**	**5338**	**419517**	**325953**	**2542324**	**2207892**	**881926**	**784940**
北 京	984	872	59964	53654	365180	324315	121375	106090
天 津	255	230	29998	21966	132160	39700	42496	18170
河 北								
山 西	63	56	5572	4952	26786	23810	9310	8276
内蒙古	182	171	31000	29312	221300	204110	63119	51124
辽 宁	372	340	27651	13912	98251	133425	57121	73206
吉 林								
黑龙江	28	28	1232	1360	18104	23744	4807	6237
上 海	895	735	22367	24014	275973	203498	70176	62055
江 苏	662	588	49189	34867	274039	247878	84909	77715
浙 江	461	415	41268	23696	212065	193422	67841	62620
安 徽								
福 建	138	131	9063	7766	61148	51463	13175	14283
江 西	51	45	4977	1406	21646	18400	4329	6716
山 东	111	101	16680	15005	103874	101704	28533	28503
河 南	102	106	5998	5363	41790	42248	15762	14950
湖 北	232	205	11389	12402	112710	92856	32912	32225
湖 南	147	125	6922	5032	59942	41855	20776	14771
广 东	965	808	64024	47317	294804	259199	143466	120737
广 西	63	63	4860	3447	24065	23999	8703	8575
海 南								
重 庆	121	97	6864	5951	82836	90090	45535	41085
四 川	172	132	8293	6759	64322	55455	30743	24685
贵 州								
云 南	42	31	3762	2301	19186	11640	5599	4000
西 藏								
陕 西	65	38	7115	4396	23000	16800	8000	6000
甘 肃								
青 海								
宁 夏								
新 疆	22	21	1329	1075	9143	8281	3239	2917

4-9 按登记注册类型分各地区连锁餐饮企业加盟门店基本情况

内资企业

项　目	门店数(个)		年末从业人员(人)		年末餐饮营业面积(平方米)		年末餐位数(位)	
	2011年	2010年	2011年	2010年	2011年	2010年	2011年	2010年
全　国	**2860**	**2589**	**128153**	**122796**	**1475684**	**1412207**	**603088**	**577157**
北　京	171	170	11282	10788	223299	218728	37572	35979
天　津	20	20	220	217	1335	1335	280	280
河　北								
山　西	16	15	1238	1239	20410	19710	7332	6528
内蒙古	207	191	3058	2733	38475	34638	10000	8125
辽　宁								
吉　林		7		296		4740		1261
黑龙江								
上　海	5	4	94	97	381	351	100	90
江　苏	127	105	2893	2947	31125	32643	6883	6840
浙　江	182	87	1075	1152	22879	28673	4509	6550
安　徽	16	21	1623	1804	69690	73731	5798	5830
福　建	525	477	12695	12451	74750	64655	38445	34893
江　西								
山　东								
河　南	8	4	227	99	2790	920	1632	370
湖　北	5	5	340	523	10600	8800	1771	1163
湖　南	7	6	354	310	4780	4330	1390	1220
广　东	73	60	3276	2999	50368	40554	8620	6540
广　西								
海　南								
重　庆	1354	1276	86673	81614	869813	828995	446849	434708
四　川	48	38	1390	1842	32269	24622	17678	11290
贵　州								
云　南	50	60	1359	1353	19620	21782	12669	13930
西　藏								
陕　西								
甘　肃								
青　海								
宁　夏								
新　疆	46	43	356	332	3100	3000	1560	1560

4-9 续表 1

集体企业

项目	门店数（个）		年末从业人员（人）		年末餐饮营业面积（平方米）		年末餐位数（位）	
	2011年	2010年	2011年	2010年	2011年	2010年	2011年	2010年
全　国	**7**	**7**	**116**	**129**	**744**	**744**	**520**	**340**
北　京								
天　津								
河　北								
山　西								
内蒙古								
辽　宁								
吉　林								
黑龙江								
上　海								
江　苏								
浙　江								
安　徽								
福　建								
江　西								
山　东								
河　南	3	3	70	84	420	420	380	200
湖　北								
湖　南								
广　东	4	4	46	45	324	324	140	140
广　西								
海　南								
重　庆								
四　川								
贵　州								
云　南								
西　藏								
陕　西								
甘　肃								
青　海								
宁　夏								
新　疆								

4-9 续表 2

有限责任公司

项 目	门店数(个)		年末从业人员(人)		年末餐饮营业面积(平方米)		年末餐位数(位)	
	2011年	2010年	2011年	2010年	2011年	2010年	2011年	2010年
全 国	**965**	**940**	**37961**	**39618**	**545602**	**573487**	**261960**	**262762**
北 京	20	21	1785	2423	23868	45618	4912	5948
天 津	20	20	220	217	1335	1335	280	280
河 北								
山 西								
内蒙古	205	189	3038	2713	38275	34438	9940	8065
辽 宁								
吉 林								
黑龙江								
上 海	5	4	94	97	381	351	100	90
江 苏	1	1	25	29	250	250	70	70
浙 江	2	3	255	428	12000	18000	1600	2400
安 徽								
福 建	132	126	210	278			5	1
江 西								
山 东								
河 南								
湖 北	1	1	40	43	500	500	56	56
湖 南								
广 东								
广 西								
海 南								
重 庆	471	476	30049	31514	442157	449692	217546	224936
四 川	26	19	780	551	8956	6521	14592	8251
贵 州								
云 南	43	44	1279	1193	15980	14982	11719	11525
西 藏								
陕 西								
甘 肃								
青 海								
宁 夏								
新 疆	39	36	186	132	1900	1800	1140	1140

4-9 续表 3

股份有限公司

项目	门店数(个)		年末从业人员(人)		年末餐饮营业面积(平方米)		年末餐位数(位)	
	2011年	2010年	2011年	2010年	2011年	2010年	2011年	2010年
全国	**300**	**196**	**25323**	**21732**	**290118**	**273455**	**59465**	**59585**
北京	61	55	7142	5774	170551	143225	24796	22150
天津								
河北								
山西								
内蒙古								
辽宁								
吉林								
黑龙江								
上海								
江苏								
浙江	175	80	710	543	6886	6890	1745	3150
安徽								
福建								
江西								
山东								
河南								
湖北								
湖南								
广东	2	2	255	269	1900	1900	750	750
广西								
海南								
重庆	62	59	17216	15146	110781	121440	32174	33535
四川								
贵州								
云南								
西藏								
陕西								
甘肃								
青海								
宁夏								
新疆								

4-9 续表 4

私营企业

项　目	门店数(个)		年末从业人员(人)		年末餐饮营业面积(平方米)		年末餐位数(位)	
	2011年	2010年	2011年	2010年	2011年	2010年	2011年	2010年
全　国	**1528**	**1386**	**64105**	**60677**	**635620**	**560921**	**280143**	**253570**
北　京	90	94	2355	2591	28880	29885	7864	7881
天　津								
河　北								
山　西	16	15	1238	1239	20410	19710	7332	6528
内蒙古	2	2	20	20	200	200	60	60
辽　宁								
吉　林		7		296		4740		1261
黑龙江								
上　海								
江　苏	126	104	2868	2918	30875	32393	6813	6770
浙　江	5	4	110	181	3993	3783	1164	1000
安　徽	16	21	1623	1804	69690	73731	5798	5830
福　建	393	351	12485	12173	74750	64655	38440	34892
江　西								
山　东								
河　南	5	1	157	15	2370	500	1252	170
湖　北	4	4	300	480	10100	8300	1715	1107
湖　南	7	6	354	310	4780	4330	1390	1220
广　东	67	54	2975	2685	48144	38330	7730	5650
广　西								
海　南								
重　庆	769	689	39000	34554	315875	256863	196629	175737
四　川	14	11	370	1051	20713	15501	2586	2639
贵　州								
云　南	7	16	80	160	3640	6800	950	2405
西　藏								
陕　西								
甘　肃								
青　海								
宁　夏								
新　疆	7	7	170	200	1200	1200	420	420

4-9 续表 5

其他企业

项目	门店数(个)		年末从业人员(人)		年末餐饮营业面积(平方米)		年末餐位数(位)	
	2011年	2010年	2011年	2010年	2011年	2010年	2011年	2010年
全国	**60**	**60**	**648**	**640**	**3600**	**3600**	**1000**	**900**
北京								
天津								
河北								
山西								
内蒙古								
辽宁								
吉林								
黑龙江								
上海								
江苏								
浙江								
安徽								
福建								
江西								
山东								
河南								
湖北								
湖南								
广东								
广西								
海南								
重庆	52	52	408	400	1000	1000	500	500
四川	8	8	240	240	2600	2600	500	400
贵州								
云南								
西藏								
陕西								
甘肃								
青海								
宁夏								
新疆								

4-9 续表 6

港、澳、台商投资企业

项　目	门店数(个)		年末从业人员(人)		年末餐饮营业面积(平方米)		年末餐位数(位)	
	2011年	2010年	2011年	2010年	2011年	2010年	2011年	2010年
全　国	**60**	**67**	**2533**	**2547**	**21698**	**23000**	**8532**	**9166**
北　京	4	4	595	595	11300	11300	1426	1426
天　津								
河　北								
山　西								
内蒙古								
辽　宁								
吉　林								
黑龙江								
上　海								
江　苏	9	9	278	278	3600	3600	720	720
浙　江								
安　徽								
福　建								
江　西								
山　东								
河　南								
湖　北								
湖　南								
广　东								
广　西								
海　南								
重　庆								
四　川								
贵　州								
云　南	47	54	1660	1674	6798	8100	6386	7020
西　藏								
陕　西								
甘　肃								
青　海								
宁　夏								
新　疆								

4-9 续表 7

外商投资企业

项目	门店数(个)		年末从业人员(人)		年末餐饮营业面积(平方米)		年末餐位数(位)	
	2011年	2010年	2011年	2010年	2011年	2010年	2011年	2010年
全　国	**1374**	**1281**	**46585**	**45427**	**627142**	**548155**	**301026**	**266311**
北　京	97	84	1849	1428	42445	34618	14604	15091
天　津								
河　北								
山　西								
内蒙古	300	285	14600	15286	110700	95901	58181	51438
辽　宁								
吉　林								
黑龙江								
上　海	2	3	137	126	302	677	152	332
江　苏	2	2	46	46	800	800	300	300
浙　江	281	303	7718	8850	150077	165134	42960	46560
安　徽								
福　建								
江　西	1		103		350		123	
山　东								
河　南								
湖　北	2		103		750		239	
湖　南								
广　东								
广　西								
海　南								
重　庆	539	466	19979	17827	294118	225255	164388	134336
四　川	150	138	2050	1864	27600	25770	20079	18254
贵　州								
云　南								
西　藏								
陕　西								
甘　肃								
青　海								
宁　夏								
新　疆								

4-10 按登记注册类型分

内资企业

项　目	商品购进总额		统一配送商品购进额		自有配送中心配送商品购进额	
	2011年	2010年	2011年	2010年	2011年	2010年
全　国	**1692924**	**1484759**	**882385**	**819138**	**364017**	**419482**
北　京	319460	275875	120686	101644	26773	46217
天　津	5834	3926	2449	1559	2010	1236
河　北	12580	11321				
山　西	8592	5822	1937	406	591	
内蒙古	11263	8659	8259	6801	3371	2689
辽　宁	37261	6783	37261	6783		
吉　林	4500	4200				
黑龙江	8025	5791	8025	5791	8025	5791
上　海	21621	18806	12470	11284	6218	5523
江　苏	80878	71164	63073	50420	40126	30533
浙　江	247288	240703	171658	163447	92639	89101
安　徽	35409	29476	24008	19386	17878	13616
福　建	66216	65341	35719	41135	12107	24218
江　西	10247	10431	5852	6115	1568	1805
山　东	10956	17185	1501	1351	583	520
河　南	15642	9053	5704	4463	2207	2123
湖　北	90678	75320	74714	59036	19905	17427
湖　南	13572	12832	1069	488		
广　东	165628	159085	130689	126897	42917	36933
广　西						
海　南						
重　庆	465754	398598	133517	174652	63879	118672
四　川	14667	12073	13915	11664	8048	7577
贵　州	10150	8922				
云　南	11415	9280	11069	7429	1386	2240
西　藏	237	179	237	179		
陕　西	16868	16128	11647	11224	11348	10984
甘　肃	2447	2645	1224	1850		
青　海						
宁　夏						
新　疆	5733	5164	5704	5135	2439	2278

各地区连锁餐饮企业经营情况

单位：万元

非自有配送中心配送商品购进额		营业额		餐费收入及商品销售额	
2011年	2010年	2011年	2010年	2011年	2010年
299264	**232969**	**3515276**	**3084050**	**3500361**	**3059678**
80760	43063	774826	657332	773308	656154
		19790	16174	19751	16135
		17465	17797	17465	17797
1088	177	16957	19943	16904	19943
3458	2702	39448	32728	39448	32399
		37491	14786	37491	14786
		6363	4362	6363	4362
		15268	15218	15268	15218
		76242	51756	76242	51756
21087	18113	147919	109893	147919	109893
45650	44539	425782	402119	424806	401650
2686	2734	82796	60913	82796	60913
20153	14336	200166	224822	200166	224822
	220	16688	16100	16688	16100
		46234	52738	40700	44105
	94	21559	16263	21157	15753
4050	1847	173456	165224	171524	154980
1069	488	25180	22392	24659	21770
61206	65860	358869	328307	358144	327677
43626	31193	866561	733873	865943	733862
5867	4088	43731	35251	43043	35251
		18384	15962	18384	15962
5299	659	22034	20818	22034	20818
		398	327	398	327
		32629	26782	32629	26782
		5300	5969	5300	5969
3265	2857	23741	16202	21833	14494

4-10 续表 1

国有企业

项 目	商品购进总额		统一配送商品购进额		自有配送中心配送商品购进额	
	2011年	2010年	2011年	2010年	2011年	2010年
全 国	**9401**	**7610**	**693**	**584**		
北 京						
天 津						
河 北						
山 西						
内 蒙 古						
辽 宁						
吉 林						
黑 龙 江						
上 海	8709	7026				
江 苏						
浙 江	190	148	190	148		
安 徽						
福 建	502	437	502	437		
江 西						
山 东						
河 南						
湖 北						
湖 南						
广 东						
广 西						
海 南						
重 庆						
四 川						
贵 州						
云 南						
西 藏						
陕 西						
甘 肃						
青 海						
宁 夏						
新 疆						

单位：万元

非自有配送中心配送商品购进额		营业额		餐费收入及商品销售额	
2011年	2010年	2011年	2010年	2011年	2010年
190	**148**	**21991**	**18037**	**21991**	**18037**
		17781	14380	17781	14380
190	148	3056	2785	3056	2785
		1153	872	1153	872

4-10 续表 2

集体企业

项目	商品购进总额		统一配送商品购进额		自有配送中心配送商品购进额	
	2011年	2010年	2011年	2010年	2011年	2010年
全国	**12426**	**8717**	**12038**	**8311**		
北京						
天津						
河北						
山西						
内蒙古						
辽宁						
吉林						
黑龙江						
上海						
江苏						
浙江						
安徽						
福建						
江西						
山东						
河南	387	406				
湖北						
湖南						
广东	12038	8311	12038	8311		
广西						
海南						
重庆						
四川						
贵州						
云南						
西藏						
陕西						
甘肃						
青海						
宁夏						
新疆						

单位：万元

非自有配送中心配送商品购进额		营业额		餐费收入及商品销售额	
2011年	2010年	2011年	2010年	2011年	2010年
		19597	**13675**	**18904**	**13045**
		501	396	501	396
		19096	13279	18403	12649

4-10 续表 3

股份合作企业

项目	商品购进总额		统一配送商品购进额		自有配送中心配送商品购进额	
	2011年	2010年	2011年	2010年	2011年	2010年
全国	**9655**	**12340**	**8464**	**11102**		
北京	1031	1016				
天津						
河北						
山西						
内蒙古						
辽宁						
吉林						
黑龙江						
上海						
江苏						
浙江						
安徽						
福建						
江西						
山东						
河南						
湖北						
湖南						
广东	8624	11325	8464	11102		
广西						
海南						
重庆						
四川						
贵州						
云南						
西藏						
陕西						
甘肃						
青海						
宁夏						
新疆						

单位：万元

非自有配送中心配送商品购进额		营业额		餐费收入及商品销售额	
2011年	2010年	2011年	2010年	2011年	2010年
7881	**10648**	**23811**	**26645**	**23811**	**26645**
		4624	4300	4624	4300
7881	10648	19187	22344	19187	22344

4-10 续表 4

有限责任公司

项目	商品购进总额		统一配送商品购进额		自有配送中心配送商品购进额	
	2011年	2010年	2011年	2010年	2011年	2010年
全　国	**448771**	**412460**	**272652**	**290820**	**101225**	**162189**
北　京	60434	50972	22766	18625	8188	9411
天　津	3627	2502	714	554	275	232
河　北						
山　西						
内蒙古	9834	7249	6829	5391	3371	2689
辽　宁	37261	6783	37261	6783		
吉　林						
黑龙江						
上　海	7952	6518	7952	6518	6218	5523
江　苏	1437	1359	1437	1359		
浙　江	22438	26217	8238	9477	1278	1147
安　徽						
福　建	5320	4185	274	146		
江　西	2358	2733				
山　东	2439	2599	567	500	567	500
河　南	2750	2047	748	518		
湖　北	56537	45902	49661	38598	9379	8474
湖　南	6134	5971	1069	488		
广　东	70581	75985	60032	63822	35505	30590
广　西						
海　南						
重　庆	112865	132450	44351	114648	21729	89862
四　川	9177	5905	8530	5594	2709	1572
贵　州	10150	8922				
云　南	9683	7170	9683	5742		553
西　藏	237	179	237	179		
陕　西	16868	16128	11647	11224	11348	10984
甘　肃						
青　海						
宁　夏						
新　疆	687	684	658	655	658	655

单位：万元

非自有配送中心配送商品购进额		营业额		餐费收入及商品销售额	
2011年	2010年	2011年	2010年	2011年	2010年
40483	**36422**	**981568**	**884212**	**974268**	**866835**
3262	628	153564	139193	153075	138762
		15584	12139	15545	12100
3458	2702	36792	30518	36792	30189
		37491	14786	37491	14786
		23671	19286	23671	19286
		3095	2724	3095	2724
379	249	50470	58713	50470	58713
274	146	7016	5857	7016	5857
		4215	3833	4215	3833
		17048	16514	14327	11732
		5019	3496	4617	2986
2029	1526	125514	106347	124069	96528
1069	488	8546	6785	8546	6785
18893	26002	151680	143463	151681	143463
		249724	245447	249238	245447
5820	4022	17539	11098	17539	11098
		18384	15962	18384	15962
5299	659	19169	17249	19169	17249
		398	327	398	327
		32629	26782	32629	26782
		4021	3694	2302	2227

4-10 续表 5

股份有限公司

项目	商品购进总额		统一配送商品购进额		自有配送中心配送商品购进额	
	2011年	2010年	2011年	2010年	2011年	2010年
全国	**405067**	**362926**	**156523**	**126102**	**41648**	**55525**
北京	161940	138831	54520	49476		27243
天津						
河北						
山西						
内蒙古						
辽宁						
吉林						
黑龙江						
上海						
江苏						
浙江	38090	31623	38090	31623	15407	13477
安徽	170	332				
福建						
江西	1568	1805	1568	1805	1568	1805
山东						
河南						
湖北						
湖南						
广东	30052	24341	30052	24341		
广西						
海南						
重庆	169982	163137	29028	16000	24674	13000
四川						
贵州						
云南						
西藏						
陕西						
甘肃						
青海						
宁夏						
新疆	3265	2857	3265	2857		

单位：万元

非自有配送中心配送商品购进额		营业额		餐费收入及商品销售额	
2011年	2010年	2011年	2010年	2011年	2010年
92191	**52431**	**837654**	**710706**	**837654**	**710556**
54520	22233	379636	300482	379636	300332
		68037	52752	68037	52752
		3519	1455	3519	1455
		3431	2634	3431	2634
30052	24341	57742	45042	57742	45042
4354	3000	314462	303374	314462	303374
3265	2857	10827	4967	10827	4967

4-10 续表 6

私营企业

项目	商品购进总额		统一配送商品购进额		自有配送中心配送商品购进额	
	2011年	2010年	2011年	2010年	2011年	2010年
全国	**790278**	**662911**	**420959**	**372257**	**216435**	**197290**
北京	96056	85055	43400	33543	18585	9563
天津	2207	1424	1735	1004	1735	1004
河北	12580	11321				
山西	8592	5822	1937	406	591	
内蒙古	1430	1410	1430	1410		
辽宁						
吉林	4500	4200				
黑龙江	6736	3881	6736	3881	6736	3881
上海	4961	5262	4518	4766		
江苏	79021	69390	61216	48646	40125	30533
浙江	186569	182716	125140	122200	75954	74477
安徽	35239	29144	24008	19386	17878	13616
福建	60394	60719	34943	40553	12107	24218
江西	6321	5893	4284	4310		
山东	4614	8466	935	852	16	20
河南	10982	5700	4956	3945	2207	2123
湖北	28215	24349	19128	15368	10527	8953
湖南	7438	6861				
广东	44333	39123	20103	19322	7412	6343
广西						
海南						
重庆	179180	100103	57193	41850	14532	13657
四川	4952	5696	4910	5656	4863	5590
贵州						
云南	1732	2110	1386	1687	1386	1687
西藏						
陕西						
甘肃	2447	2645	1224	1850		
青海						
宁夏						
新疆	1781	1623	1781	1623	1781	1623

单位：万元

非自有配送中心配送商品购进额		营业额		餐费收入及商品销售额	
2011年	2010年	2011年	2010年	2011年	2010年
158518	**133321**	**1604852**	**1406327**	**1599580**	**1402313**
22978	20201	237001	213357	235973	212760
		4206	4036	4206	4036
		17465	17797	17465	17797
1088	177	16957	19943	16904	19943
		2657	2210	2657	2210
		6363	4362	6363	4362
		12857	11646	12857	11646
		34790	18090	34790	18090
21087	18113	144176	106512	144176	106512
45081	44143	304218	287868	303242	287400
2686	2734	79277	59458	79277	59458
19879	14189	191997	218094	191997	218094
	220	9042	9633	9042	9633
		20773	26846	19610	25186
	94	14419	11352	14419	11352
2021	321	42937	54562	42450	54137
		16634	15607	16112	14986
4379	4869	111164	104179	111132	104179
39272	28193	295839	180176	295706	180176
47	66	25022	23520	24334	23520
		2866	3569	2866	3569
		5300	5969	5300	5969
		8893	7541	8704	7300

4-10 续表 7

其他企业

项 目	商品购进总额		统一配送商品购进额		自有配送中心配送商品购进额	
	2011年	2010年	2011年	2010年	2011年	2010年
全 国	**17326**	**17794**	**11056**	**9963**	**4709**	**4478**
北 京						
天 津						
河 北						
山 西						
内蒙古						
辽 宁						
吉 林						
黑龙江	1289	1910	1289	1910	1289	1910
上 海						
江 苏	421	415	421	415		
浙 江						
安 徽						
福 建						
江 西						
山 东	3903	6120				
河 南	1523	900				
湖 北	5925	5070	5925	5070		
湖 南						
广 东						
广 西						
海 南						
重 庆	3727	2908	2945	2153	2945	2153
四 川	538	472	476	415	476	415
贵 州						
云 南						
西 藏						
陕 西						
甘 肃						
青 海						
宁 夏						
新 疆						

单位：万元

非自有配送中心配送商品购进额		营业额		餐费收入及商品销售额	
2011年	2010年	2011年	2010年	2011年	2010年
		25803	**24448**	**24154**	**22247**
		2410	3572	2410	3572
		648	656	648	656
		8413	9377	6763	7187
		1620	1020	1620	1020
		5005	4315	5005	4315
		6538	4876	6538	4865
		1170	633	1170	633

4-10 续表 8

港、澳、台商投资企业

项　目	商品购进总额		统一配送商品购进额		自有配送中心配送商品购进额	
	2011年	2010年	2011年	2010年	2011年	2010年
全　国	**590056**	**465142**	**472591**	**358910**	**77123**	**118623**
北　京	176979	159567	105780	96970	44208	86671
天　津	1757	1319	1757	1319	1757	1319
河　北						
山　西						
内蒙古						
辽　宁	5745	4199	4627	4199		
吉　林						
黑龙江	2285	3015	2285	3015		
上　海	195841	126800	178172	110561	5503	5563
江　苏	27502	25847	25066	18806	16268	16022
浙　江	4351	3383	4351	3383	3844	3044
安　徽	6905	6686	6905	6686		
福　建	22693	20251	11900	11381		
江　西	2867	1503				
山　东						
河　南						
湖　北	9531	6170	7907	4715		
湖　南	828	709				
广　东	94826	76486	88129	70538	1963	1833
广　西						
海　南	1909	1619				
重　庆	4647	1545	4647	1545		
四　川	16619	13442	16619	13442		
贵　州						
云　南	14445	12352	14445	12352	3581	4173
西　藏						
陕　西						
甘　肃	324	250				
青　海						
宁　夏						
新　疆						

单位：万元

非自有配送中心配送商品购进额		营业额		餐费收入及商品销售额	
2011年	2010年	2011年	2010年	2011年	2010年
133965	**63321**	**1478277**	**1243075**	**1477679**	**1242651**
61572	10299	471109	361597	470511	361183
		4133	3464	4133	3464
		14750	12916	14750	12916
		6070	7671	6070	7671
20989	18414	429545	400199	429545	400189
8402	2395	54437	49758	54437	49758
508	340	14799	10408	14799	10408
		18743	18260	18743	18260
		60941	49698	60941	49698
		10253	6030	10253	6030
		3550	2420	3550	2420
4907	1715	19956	12536	19956	12536
		1582	1276	1582	1276
21397	19825	276912	219365	276912	219365
		5526	4474	5526	4474
4647	1545	8492	3578	8492	3578
677	610	44369	35894	44369	35894
10865	8179	32402	42939	32402	42939
		711	591	711	591

4-10 续表 9

外商投资企业

项目	商品购进总额		统一配送商品购进额		自有配送中心配送商品购进额	
	2011年	2010年	2011年	2010年	2011年	2010年
全国	**2906281**	**2639659**	**2075738**	**1890311**	**1459138**	**1359036**
北京	285735	233495	196255	163145	177837	141001
天津	326403	250087				
河北						
山西	33822	18269	33822	18269	33822	18269
内蒙古	93140	483226	89606	283116	79069	197976
辽宁	228262	302780	173160	262329	162843	254539
吉林						
黑龙江	6085	5337	4435	3687		
上海	146343	168082	132242	156006	109236	86416
江苏	255744	153993	255744	153993	82274	52679
浙江	148275	166688	148275	166688	133168	166661
安徽						
福建	63320	31206	61910	29694	34333	17311
江西	46028	13857	46028	13857		
山东	56973	51176	9265	7452		
河南	38748	25748	30690	18853	28918	14317
湖北	157130	131298	157130	131298	155105	129858
湖南	116360	92164	116360	92164	102365	78689
广东	344395	269757	343825	267038	144539	110971
广西	23399	21829	23399	21829	23399	21829
海南						
重庆	302238	131083	19712	11310	19712	11310
四川	76297	49477	76297	49477	63569	40368
贵州						
云南	100920	10291	100920	10291	100920	10291
西藏						
陕西	48633	23263	48633	23263		
甘肃						
青海						
宁夏						
新疆	8031	6554	8031	6554	8031	6554

单位：万元

非自有配送中心配送商品购进额		营业额		餐费收入及商品销售额	
2011年	2010年	2011年	2010年	2011年	2010年
217910	**195934**	**6210358**	**4808778**	**6008553**	**4650914**
18051	15060	885633	704237	884547	700762
		375249	288977	375249	288977
		73999	56521	73999	56521
10537	85140	71211	66080	71211	66080
10317	7791	459960	342166	459960	342166
4383	3630	14028	13223	14028	13223
8799	7504	621991	495922	621985	495884
89349	52085	621364	470397	621364	470397
15107	26	531296	434797	529946	433470
		130037	101962	130037	101962
46028	13857	53067	39856	53067	39856
		240761	188766	41398	35743
		82233	69427	82233	69427
2025	1440	221935	161829	221935	161829
		131958	103329	131958	103329
8623	7344	924384	717878	924385	717878
		58009	46466	58009	46466
		379115	254896	379115	254896
4692	2057	195368	153424	195368	153424
		44071	31332	44071	31332
		69623	48246	69623	48246
		25065	19047	25065	19047

4-11 按登记注册类型分各地区

内资企业

项 目	商品购进总额		统一配送商品购进额		自有配送中心配送商品购进额	
	2011年	2010年	2011年	2010年	2011年	2010年
全 国	**1257334**	**1102070**	**729447**	**616450**	**310878**	**297156**
北 京	268744	241015	114197	96833	25810	41406
天 津	5834	3926	2449	1559	2010	1236
河 北	12580	11321				
山 西	4819	2650	1937	406	591	
内蒙古	4715	3248	3465	2607	1240	689
辽 宁	37261	6783	37261	6783		
吉 林	4500	2100				
黑龙江	8025	5791	8025	5791	8025	5791
上 海	21166	18050	12014	10529	5829	4799
江 苏	76409	68671	59969	48631	37655	29226
浙 江	232017	229665	156387	152409	90827	86871
安 徽	28134	20829	20861	14894	16501	10905
福 建	16257	15241	7383	8327	1453	3221
江 西	10247	10431	5852	6115	1568	1805
山 东	10956	17185	1501	1351	583	520
河 南	12080	8622	5704	4463	2207	2123
湖 北	88929	73735	73220	57705	19636	17127
湖 南	11955	11467	1069	488		
广 东	159127	153409	127687	124221	42917	36933
广 西						
海 南						
重 庆	192956	153569	56999	44945	34166	35978
四 川	7299	5711	7007	5495	5398	4304
贵 州	10150	8922				
云 南	8253	5949	7997	4831	1024	1281
西 藏	237	179	237	179		
陕 西	16868	16128	11647	11224	11348	10984
甘 肃	2447	2645	1224	1850		
青 海						
宁 夏						
新 疆	5368	4828	5356	4815	2090	1958

连锁餐饮企业直营门店经营情况

单位：万元

非自有配送中心配送商品购进额		营业额		餐费收入及商品销售额	
2011年	2010年	2011年	2010年	2011年	2010年
241996	**190966**	**2474230**	**2117915**	**2459832**	**2093742**
75234	43063	652022	553395	650505	552217
		16076	12155	16037	12116
		17465	17797	17465	17797
1088	177	9860	13822	9806	13822
1075	789	9767	5639	9767	5310
		37491	14786	37491	14786
		6363	2062	6363	2062
		15268	15218	15268	15218
		75128	50178	75128	50178
20505	17691	127180	100708	127180	100708
45650	44539	404371	385082	403438	384613
2686	2734	65904	44083	65904	44083
2471	2524	38236	43111	38236	43111
	220	16688	16100	16688	16100
		46234	52738	40700	44105
	94	18984	15839	18582	15329
3996	1792	170598	162447	168666	152203
1069	488	21691	19461	21170	18840
58430	63382	341229	313896	340504	313266
21127	8967	272035	187220	271550	187209
1608	1191	17063	14230	16375	14230
		18384	15962	18384	15962
3791	459	16398	14816	16398	14816
		398	327	398	327
		32629	26782	32629	26782
		5300	5969	5300	5969
3265	2857	21469	14092	19902	12582

4-11 续表 1

国有企业

项　目	商品购进总额		统一配送商品购进额		自有配送中心配送商品购进额	
	2011年	2010年	2011年	2010年	2011年	2010年
全　国	**9401**	**7610**	**693**	**584**		
北　京						
天　津						
河　北						
山　西						
内蒙古						
辽　宁						
吉　林						
黑龙江						
上　海	8709	7026				
江　苏						
浙　江	190	148	190	148		
安　徽						
福　建	502	437	502	437		
江　西						
山　东						
河　南						
湖　北						
湖　南						
广　东						
广　西						
海　南						
重　庆						
四　川						
贵　州						
云　南						
西　藏						
陕　西						
甘　肃						
青　海						
宁　夏						
新　疆						

单位：万元

非自有配送中心配送商品购进额		营业额		餐费收入及商品销售额	
2011年	2010年	2011年	2010年	2011年	2010年
190	**148**	**21991**	**18037**	**21991**	**18037**
		17781	14380	17781	14380
190	148	3056	2785	3056	2785
		1153	872	1153	872

4-11　续表 2

集体企业

项　目	商品购进总额		统一配送商品购进额		自有配送中心配送商品购进额	
	2011年	2010年	2011年	2010年	2011年	2010年
全　国	**11855**	**8159**	**11855**	**8159**		
北　京						
天　津						
河　北						
山　西						
内蒙古						
辽　宁						
吉　林						
黑龙江						
上　海						
江　苏						
浙　江						
安　徽						
福　建						
江　西						
山　东						
河　南						
湖　北						
湖　南						
广　东	11855	8159	11855	8159		
广　西						
海　南						
重　庆						
四　川						
贵　州						
云　南						
西　藏						
陕　西						
甘　肃						
青　海						
宁　夏						
新　疆						

单位：万元

非自有配送中心配送商品购进额		营业额		餐费收入及商品销售额	
2011年	2010年	2011年	2010年	2011年	2010年
		18648	**12847**	**17955**	**12217**
		18648	12847	17955	12217

4-11 续表 3

股份合作企业

项目	商品购进总额		统一配送商品购进额		自有配送中心配送商品购进额	
	2011年	2010年	2011年	2010年	2011年	2010年
全国	**9655**	**12340**	**8464**	**11102**		
北京	1031	1016				
天津						
河北						
山西						
内蒙古						
辽宁						
吉林						
黑龙江						
上海						
江苏						
浙江						
安徽						
福建						
江西						
山东						
河南						
湖北						
湖南						
广东	8624	11325	8464	11102		
广西						
海南						
重庆						
四川						
贵州						
云南						
西藏						
陕西						
甘肃						
青海						
宁夏						
新疆						

单位：万元

非自有配送中心配送商品购进额		营业额		餐费收入及商品销售额	
2011年	2010年	2011年	2010年	2011年	2010年
7881	**10648**	**23811**	**26645**	**23811**	**26645**
		4624	4300	4624	4300
7881	10648	19187	22344	19187	22344

4-11 续表 4

有限责任公司

项 目	商品购进总额		统一配送商品购进额		自有配送中心配送商品购进额	
	2011年	2010年	2011年	2010年	2011年	2010年
全 国	**317963**	**283411**	**215423**	**181236**	**79015**	**87362**
北 京	55642	49252	22766	18625	8188	9411
天 津	3627	2502	714	554	275	232
河 北						
山 西						
内蒙古	3566	2119	2315	1478	1240	689
辽 宁	37261	6783	37261	6783		
吉 林						
黑龙江						
上 海	7497	5763	7496	5763	5829	4799
江 苏	1386	1299	1386	1299		
浙 江	19565	22844	5364	6103	1278	1147
安 徽						
福 建	3638	2631	274	146		
江 西	2358	2733				
山 东	2439	2599	567	500	567	500
河 南	2750	2047	748	518		
湖 北	56150	45502	49338	38243	9109	8174
湖 南	6134	5971	1069	488		
广 东	70581	75985	60032	63822	35505	30590
广 西						
海 南						
重 庆	7140	23107	3465	19446	3465	19446
四 川	3332	1853	3115	1711	1552	585
贵 州	10150	8922				
云 南	6973	4527	6973	3701		150
西 藏	237	179	237	179		
陕 西	16868	16128	11647	11224	11348	10984
甘 肃						
青 海						
宁 夏						
新 疆	670	667	658	655	658	655

单位：万元

非自有配送中心配送商品购进额		营业额		餐费收入及商品销售额	
2011年	2010年	2011年	2010年	2011年	2010年
32280	**31357**	**683145**	**583289**	**676186**	**566110**
3262	628	141870	120933	141381	120503
		11869	8120	11830	8081
1075	789	8096	4219	8096	3890
		37491	14786	37491	14786
		22557	17708	22557	17708
		2993	2626	2993	2626
379	249	45123	52689	45123	52689
274	146	5126	4302	5126	4302
		4215	3833	4215	3833
		17048	16514	14327	11732
		5019	3496	4617	2986
1975	1471	125240	106030	123796	96211
1069	488	8546	6785	8546	6785
18893	26002	151680	143463	151681	143463
		21164	14770	20679	14770
1562	1126	6158	4463	6158	4463
		18384	15962	18384	15962
3791	459	14338	12497	14338	12497
		398	327	398	327
		32629	26782	32629	26782
		3200	2984	1822	1715

4-11 续表 5

股份有限公司

项 目	商品购进总额		统一配送商品购进额		自有配送中心配送商品购进额	
	2011年	2010年	2011年	2010年	2011年	2010年
全 国	**284892**	**259358**	**137982**	**113972**	**41648**	**51031**
北 京	118231	107984	48995	44982		22749
天 津						
河 北						
山 西						
内蒙古						
辽 宁						
吉 林						
黑龙江						
上 海						
江 苏						
浙 江	27721	26342	27721	26342	15407	13477
安 徽	170	332				
福 建						
江 西	1568	1805	1568	1805	1568	1805
山 东						
河 南						
湖 北						
湖 南						
广 东	27405	21986	27405	21986		
广 西						
海 南						
重 庆	106530	98052	29028	16000	24674	13000
四 川						
贵 州						
云 南						
西 藏						
陕 西						
甘 肃						
青 海						
宁 夏						
新 疆	3265	2857	3265	2857		

单位：万元

非自有配送中心配送商品购进额		营业额		餐费收入及商品销售额	
2011年	2010年	2011年	2010年	2011年	2010年
84019	**50076**	**551741**	**442614**	**551741**	**442464**
48995	22233	276530	223763	276530	223613
		55476	45857	55476	45857
		3519	1455	3519	1455
		3431	2634	3431	2634
27405	21986	52912	40751	52912	40751
4354	3000	149046	123187	149046	123187
3265	2857	10827	4967	10827	4967

4-11 续表 6

私营企业

项 目	商品购进总额		统一配送商品购进额		自有配送中心配送商品购进额	
	2011年	2010年	2011年	2010年	2011年	2010年
全 国	**607830**	**515214**	**345534**	**293229**	**187064**	**156081**
北 京	93840	82763	42436	33227	17621	9247
天 津	2207	1424	1735	1004	1735	1004
河 北	12580	11321				
山 西	4819	2650	1937	406	591	
内蒙古	1150	1130	1150	1130		
辽 宁						
吉 林	4500	2100				
黑龙江	6736	3881	6736	3881	6736	3881
上 海	4961	5262	4518	4766		
江 苏	74602	66957	58163	46917	37655	29226
浙 江	184540	180332	123111	119817	74142	72247
安 徽	27963	20497	20861	14894	16501	10905
福 建	12117	12174	6607	7744	1453	3221
江 西	6321	5893	4284	4310		
山 东	4614	8466	935	852	16	20
河 南	7807	5675	4956	3945	2207	2123
湖 北	26854	23163	17957	14392	10527	8953
湖 南	5821	5497				
广 东	40662	35955	19932	19153	7412	6343
广 西						
海 南						
重 庆	76968	31135	22971	8979	4492	3011
四 川	3608	3571	3566	3531	3520	3466
贵 州						
云 南	1280	1422	1024	1130	1024	1130
西 藏						
陕 西						
甘 肃	2447	2645	1224	1850		
青 海						
宁 夏						
新 疆	1433	1303	1433	1303	1433	1303

单位：万元

非自有配送中心配送商品购进额		营业额		餐费收入及商品销售额	
2011年	2010年	2011年	2010年	2011年	2010年
117625	**98738**	**1152131**	**1011887**	**1147036**	**1007874**
22978	20201	228997	204398	227969	203801
		4206	4036	4206	4036
		17465	17797	17465	17797
1088	177	9860	13822	9806	13822
		1671	1420	1671	1420
		6363	2062	6363	2062
		12857	11646	12857	11646
		34790	18090	34790	18090
20505	17691	123539	97425	123539	97425
45081	44143	300716	283751	299783	283282
2686	2734	62385	42628	62385	42628
2198	2378	31957	37937	31957	37937
	220	9042	9633	9042	9633
		20773	26846	19610	25186
	94	12345	11324	12345	11324
2021	321	40352	52103	39865	51677
		13145	12677	12623	12055
4250	4746	98802	94490	98770	94490
16772	5967	98002	46021	98002	46021
46	65	10061	9354	9373	9354
		2060	2320	2060	2320
		5300	5969	5300	5969
		7442	6141	7253	5900

4-11 续表 7

其他企业

项目	商品购进总额		统一配送商品购进额		自有配送中心配送商品购进额	
	2011年	2010年	2011年	2010年	2011年	2010年
全国	**15738**	**15976**	**9497**	**8168**	**3150**	**2683**
北京						
天津						
河北						
山西						
内蒙古						
辽宁						
吉林						
黑龙江	1289	1910	1289	1910	1289	1910
上海						
江苏	421	415	421	415		
浙江						
安徽						
福建						
江西						
山东	3903	6120				
河南	1523	900				
湖北	5925	5070	5925	5070		
湖南						
广东						
广西						
海南						
重庆	2318	1275	1536	520	1536	520
四川	359	287	326	253	326	253
贵州						
云南						
西藏						
陕西						
甘肃						
青海						
宁夏						
新疆						

单位：万元

非自有配送中心配送商品购进额		营业额		餐费收入及商品销售额	
2011年	2010年	2011年	2010年	2011年	2010年
		22762	**22596**	**21113**	**20395**
		2410	3572	2410	3572
		648	656	648	656
		8413	9377	6763	7187
		1620	1020	1620	1020
		5005	4315	5005	4315
		3823	3243	3823	3232
		844	414	844	414

4-11 续表 8

港、澳、台商投资企业

项 目	商品购进总额		统一配送商品购进额		自有配送中心配送商品购进额	
	2011年	2010年	2011年	2010年	2011年	2010年
全 国	**577794**	**454969**	**463486**	**351252**	**76706**	**118212**
北 京	173914	157143	105780	96970	44208	86671
天 津	1757	1319	1757	1319	1757	1319
河 北						
山 西						
内蒙古						
辽 宁	5745	4199	4627	4199		
吉 林						
黑龙江	2285	3015	2285	3015		
上 海	195841	126800	178172	110561	5503	5563
江 苏	26677	25035	24333	18084	15851	15611
浙 江	4351	3383	4351	3383	3844	3044
安 徽	6905	6686	6905	6686		
福 建	22693	20251	11900	11381		
江 西	2867	1503				
山 东						
河 南						
湖 北	9531	6170	7907	4715		
湖 南	828	709				
广 东	94826	76486	88129	70538	1963	1833
广 西						
海 南	1909	1619				
重 庆	4647	1545	4647	1545		
四 川	16619	13442	16619	13442		
贵 州						
云 南	6074	5416	6074	5416	3581	4173
西 藏						
陕 西						
甘 肃	324	250				
青 海						
宁 夏						
新 疆						

单位：万元

非自有配送中心配送商品购进额		营业额		餐费收入及商品销售额	
2011年	2010年	2011年	2010年	2011年	2010年
125470	**56264**	**1450664**	**1202692**	**1450066**	**1202268**
61572	10299	462741	354773	462143	354358
		4133	3464	4133	3464
		14750	12916	14750	12916
		6070	7671	6070	7671
20989	18414	429545	400199	429545	400189
8279	2274	52685	48033	52685	48033
508	340	14799	10408	14799	10408
		18743	18260	18743	18260
		60941	49698	60941	49698
		10253	6030	10253	6030
		3550	2420	3550	2420
4907	1715	19956	12536	19956	12536
		1582	1276	1582	1276
21397	19825	276912	219365	276912	219365
		5526	4474	5526	4474
4647	1545	8492	3578	8492	3578
677	610	44369	35894	44369	35894
2493	1243	14908	11106	14908	11106
		711	591	711	591

4-11 续表 9

外商投资企业

项　目	商品购进总额		统一配送商品购进额		自有配送中心配送商品购进额	
	2011年	2010年	2011年	2010年	2011年	2010年
全　国	**2570995**	**2233839**	**2004281**	**1704717**	**1402388**	**1226420**
北　京	282450	229563	192969	159213	174653	137689
天　津	326403	250087				
河　北						
山　西	33822	18269	33822	18269	33822	18269
内蒙古	42112	201156	39131	113226	35960	74521
辽　宁	228262	302780	173160	262329	162843	254539
吉　林						
黑龙江	6085	5337	4435	3687		
上　海	146260	167130	132242	156006	109236	86416
江　苏	255179	153528	255179	153528	82274	52679
浙　江	140391	161239	140391	161239	125284	161213
安　徽						
福　建	63320	31206	61910	29694	34333	17311
江　西	45356	13857	45356	13857		
山　东	56973	51176	9265	7452		
河　南	38748	25748	30690	18853	28918	14317
湖　北	155506	131298	155506	131298	153481	129858
湖　南	116360	92164	116360	92164	102365	78689
广　东	344395	269757	343825	267038	144539	110971
广　西	23399	21829	23399	21829	23399	21829
海　南						
重　庆	38097	23588	18763	10909	18763	10909
四　川	70293	44020	70293	44020	63569	40368
贵　州						
云　南	100920	10291	100920	10291	100920	10291
西　藏						
陕　西	48633	23263	48633	23263		
甘　肃						
青　海						
宁　夏						
新　疆	8031	6554	8031	6554	8031	6554

单位：万元

非自有配送中心配送商品购进额		营业额		餐费收入及商品销售额	
2011年	2010年	2011年	2010年	2011年	2010年
209207	**148414**	**5707688**	**4437843**	**5507202**	**4282355**
17950	14440	863130	687665	862044	686565
		375249	288977	375249	288977
		73999	56521	73999	56521
3171	38705	29151	28055	29151	28055
10317	7791	459960	342166	459960	342166
4383	3630	14028	13223	14028	13223
8799	7504	614456	494381	614451	494343
88784	51620	619953	469730	619953	469730
15107	26	465098	370643	465067	369316
		130037	101962	130037	101962
45356	13857	52304	39856	52304	39856
		240761	188766	41398	35743
		82233	69427	82233	69427
2025	1440	220089	161829	220089	161829
		131958	103329	131958	103329
8623	7344	924384	717878	924385	717878
		58009	46466	58009	46466
		71177	52572	71177	52572
4692	2057	142953	105774	142953	105774
		44071	31332	44071	31332
		69623	48246	69623	48246
		25065	19047	25065	19047

4-12 按登记注册类型分各地区

内资企业

项目	商品购进总额		统一配送商品购进额		自有配送中心配送商品购进额	
	2011年	2010年	2011年	2010年	2011年	2010年
全国	**435590**	**382690**	**152938**	**202688**	**53140**	**122326**
北京	50717	34859	6489	4811	964	4811
天津						
河北						
山西	3773	3172				
内蒙古	6548	5411	4794	4194	2131	2000
辽宁						
吉林		2100				
黑龙江						
上海	456	755	456	755	389	724
江苏	4469	2493	3104	1789	2470	1306
浙江	15271	11038	15271	11038	1812	2230
安徽	7276	8647	3147	4492	1377	2712
福建	49959	50100	28336	32808	10654	20997
江西						
山东						
河南	3562	430				
湖北	1749	1586	1494	1331	270	300
湖南	1617	1364				
广东	6502	5676	3002	2676		
广西						
海南						
重庆	272798	245029	76518	129707	29713	82694
四川	7368	6361	6909	6169	2650	3272
贵州						
云南	3163	3331	3072	2598	362	959
西藏						
陕西						
甘肃						
青海						
宁夏						
新疆	365	337	348	320	348	320

连锁餐饮企业加盟门店经营情况

单位：万元

非自有配送中心配送商品购进额		营业额		餐费收入及商品销售额	
2011年	2010年	2011年	2010年	2011年	2010年
57268	**42003**	**1041046**	**966135**	**1040529**	**965937**
5526		122803	103937	122803	103937
		3715	4019	3715	4019
		7097	6121	7097	6121
2383	1914	29682	27089	29682	27089
			2300		2300
		1114	1578	1114	1578
583	423	20739	9185	20739	9185
		21411	17038	21367	17038
		16891	16830	16891	16830
17681	11811	161931	181711	161931	181711
		2575	424	2575	424
53	55	2858	2777	2858	2777
		3489	2930	3489	2930
2776	2478	17640	14412	17640	14412
22500	22226	594526	546653	594393	546653
4259	2897	26668	21020	26668	21020
1508	200	5637	6002	5637	6002
		2272	2110	1931	1912

4-12 续表 1

集体企业

项目	商品购进总额		统一配送商品购进额		自有配送中心配送商品购进额	
	2011年	2010年	2011年	2010年	2011年	2010年
全国	**571**	**558**	**184**	**152**		
北京						
天津						
河北						
山西						
内蒙古						
辽宁						
吉林						
黑龙江						
上海						
江苏						
浙江						
安徽						
福建						
江西						
山东						
河南	387	406				
湖北						
湖南						
广东	184	152	184	152		
广西						
海南						
重庆						
四川						
贵州						
云南						
西藏						
陕西						
甘肃						
青海						
宁夏						
新疆						

单位：万元

非自有配送中心配送商品购进额		营业额		餐费收入及商品销售额	
2011年	2010年	2011年	2010年	2011年	2010年
		949	**828**	**949**	**828**
		501	396	501	396
		448	432	448	432

4-12 续表 2

有限责任公司

项目	商品购进总额		统一配送商品购进额		自有配送中心配送商品购进额	
	2011年	2010年	2011年	2010年	2011年	2010年
全国	**130808**	**129049**	**57229**	**109584**	**22210**	**74828**
北京	4792	1720				
天津						
河北						
山西						
内蒙古	6268	5131	4514	3914	2131	2000
辽宁						
吉林						
黑龙江						
上海	456	755	456	755	389	724
江苏	51	60	51	60		
浙江	2874	3374	2874	3374		
安徽						
福建	1682	1554				
江西						
山东						
河南						
湖北	388	400	323	355	270	300
湖南						
广东						
广西						
海南						
重庆	105726	109343	40887	95202	18264	70416
四川	5846	4052	5415	3883	1157	986
贵州						
云南	2711	2644	2711	2041		402
西藏						
陕西						
甘肃						
青海						
宁夏						
新疆	17	17				

单位：万元

非自有配送中心配送商品购进额		营业额		餐费收入及商品销售额	
2011年	2010年	2011年	2010年	2011年	2010年
8203	**5065**	**298423**	**300923**	**298082**	**300725**
		11694	18259	11694	18259
		3715	4019	3715	4019
2383	1914	28696	26299	28696	26299
		1114	1578	1114	1578
		102	98	102	98
		5347	6024	5347	6024
		1890	1554	1890	1554
53	55	274	317	274	317
		228559	230678	228559	230678
4258	2896	11381	6635	11381	6635
1508	200	4831	4753	4831	4753
		821	710	480	512

4-12 续表 3

股份有限公司

项目	商品购进总额		统一配送商品购进额		自有配送中心配送商品购进额	
	2011年	2010年	2011年	2010年	2011年	2010年
全国	**120175**	**103568**	**18541**	**12130**		**4494**
北京	43708	30847	5526	4494		4494
天津						
河北						
山西						
内蒙古						
辽宁						
吉林						
黑龙江						
上海						
江苏						
浙江	10369	5281	10369	5281		
安徽						
福建						
江西						
山东						
河南						
湖北						
湖南						
广东	2647	2355	2647	2355		
广西						
海南						
重庆	63451	65085				
四川						
贵州						
云南						
西藏						
陕西						
甘肃						
青海						
宁夏						
新疆						

单位：万元

非自有配送中心配送商品购进额		营业额		餐费收入及商品销售额	
2011年	2010年	2011年	2010年	2011年	2010年
8172	**2355**	**285913**	**268092**	**285913**	**268092**
5526		103106	76719	103106	76719
		12561	6896	12561	6896
2647	2355	4830	4291	4830	4291
		165415	180187	165415	180187

4-12 续表 4

私营企业

项　　目	商品购进总额		统一配送商品购进额		自有配送中心配送商品购进额	
	2011年	2010年	2011年	2010年	2011年	2010年
全　　国	**182448**	**147697**	**75425**	**79028**	**29371**	**41209**
北　　京	2216	2292	964	317	964	317
天　　津						
河　　北						
山　　西	3773	3172				
内 蒙 古	280	280	280	280		
辽　　宁						
吉　　林		2100				
黑 龙 江						
上　　海						
江　　苏	4418	2433	3053	1729	2470	1306
浙　　江	2028	2384	2028	2384	1812	2230
安　　徽	7276	8647	3147	4492	1377	2712
福　　建	48277	48546	28336	32808	10654	20997
江　　西						
山　　东						
河　　南	3175	24				
湖　　北	1361	1186	1171	976		
湖　　南	1617	1364				
广　　东	3671	3169	171	169		
广　　西						
海　　南						
重　　庆	102212	68968	34223	32872	10041	10646
四　　川	1344	2124	1344	2124	1343	2124
贵　　州						
云　　南	452	688	362	557	362	557
西　　藏						
陕　　西						
甘　　肃						
青　　海						
宁　　夏						
新　　疆	348	320	348	320	348	320

单位：万元

非自有配送中心配送商品购进额		营业额		餐费收入及商品销售额	
2011年	2010年	2011年	2010年	2011年	2010年
40893	**34583**	**452721**	**394439**	**452545**	**394439**
		8004	8959	8004	8959
		7097	6121	7097	6121
		986	790	986	790
			2300		2300
583	423	20637	9087	20637	9087
		3502	4118	3459	4118
		16891	16830	16891	16830
17681	11811	160040	180157	160040	180157
		2074	28	2074	28
		2585	2460	2585	2460
		3489	2930	3489	2930
129	123	12362	9689	12362	9689
22500	22226	197837	134155	197704	134155
1		14961	14167	14961	14167
		806	1249	806	1249
		1451	1400	1451	1400

4-12 续表 5

其他企业

项 目	商品购进总额		统一配送商品购进额		自有配送中心配送商品购进额	
	2011年	2010年	2011年	2010年	2011年	2010年
全 国	**1588**	**1818**	**1559**	**1795**	**1559**	**1795**
北 京						
天 津						
河 北						
山 西						
内蒙古						
辽 宁						
吉 林						
黑龙江						
上 海						
江 苏						
浙 江						
安 徽						
福 建						
江 西						
山 东						
河 南						
湖 北						
湖 南						
广 东						
广 西						
海 南						
重 庆	1409	1633	1409	1633	1409	1633
四 川	179	185	150	162	150	162
贵 州						
云 南						
西 藏						
陕 西						
甘 肃						
青 海						
宁 夏						
新 疆						

单位：万元

非自有配送中心配送商品购进额		营业额		餐费收入及商品销售额	
2011年	2010年	2011年	2010年	2011年	2010年
		3041	**1852**	**3041**	**1852**
		2715	1633	2715	1633
		326	219	326	219

4-12 续表 6

港、澳、台商投资企业

项　目	商品购进总额		统一配送商品购进额		自有配送中心配送商品购进额	
	2011年	2010年	2011年	2010年	2011年	2010年
全　国	**12262**	**10173**	**9105**	**7658**	**418**	**411**
北　京	3065	2424				
天　津						
河　北						
山　西						
内 蒙 古						
辽　宁						
吉　林						
黑 龙 江						
上　海						
江　苏	825	813	733	722	418	411
浙　江						
安　徽						
福　建						
江　西						
山　东						
河　南						
湖　北						
湖　南						
广　东						
广　西						
海　南						
重　庆						
四　川						
贵　州						
云　南	8372	6936	8372	6936		
西　藏						
陕　西						
甘　肃						
青　海						
宁　夏						
新　疆						

单位：万元

非自有配送中心配送商品购进额		营业额		餐费收入及商品销售额	
2011年	2010年	2011年	2010年	2011年	2010年
8495	**7058**	**27613**	**40383**	**27613**	**40383**
		8368	6825	8368	6825
123	121	1752	1725	1752	1725
8372	6936	17494	31833	17494	31833

4-12 续表 7

外商投资企业

项 目	商品购进总额		统一配送商品购进额		自有配送中心配送商品购进额	
	2011年	2010年	2011年	2010年	2011年	2010年
全 国	**335285**	**405820**	**71457**	**185594**	**56750**	**132616**
北 京	3285	3931	3285	3931	3184	3312
天 津						
河 北						
山 西						
内蒙古	51028	282070	50475	169890	43109	123455
辽 宁						
吉 林						
黑龙江						
上 海	83	952				
江 苏	565	465	565	465		
浙 江	7884	5448	7884	5448	7884	5448
安 徽						
福 建						
江 西	672		672			
山 东						
河 南						
湖 北	1624		1624		1624	
湖 南						
广 东						
广 西						
海 南						
重 庆	264141	107495	949	401	949	401
四 川	6004	5458	6004	5458		
贵 州						
云 南						
西 藏						
陕 西						
甘 肃						
青 海						
宁 夏						
新 疆						

单位：万元

非自有配送中心配送商品购进额		营业额		餐费收入及商品销售额	
2011年	2010年	2011年	2010年	2011年	2010年
8704	**47520**	**502670**	**370934**	**501351**	**368559**
102	620	22504	16572	22504	14197
7366	46435	42060	38025	42060	38025
		7535	1541	7535	1541
565	465	1412	668	1412	668
		66198	64154	64879	64154
672		763		763	
		1846		1846	
		307938	202324	307938	202324
		52416	47651	52416	47651

4-13 按行业分各地区连锁餐饮企业基本情况

正餐服务

项目	连锁总店数(个)	门店数(个)		年末从业人员(人)		年末餐饮营业面积(平方米)		年末餐位数(位)	
	2011年	2011年	2010年	2011年	2010年	2011年	2010年	2011年	2010年
全国	**254**	**6237**	**5765**	**358094**	**343775**	**5105920**	**4626953**	**1624837**	**1499333**
北京	45	966	913	70780	67251	1076285	986211	223905	211499
天津	1	2	2	95	95	2100	2100	600	600
河北	1	7	7	1117	1022	14980	14930	4674	4634
山西	4	27	26	2622	3385	33040	52020	11029	11540
内蒙古	5	714	665	49480	48071	395151	349310	137354	114005
辽宁	3	21	20	850	941	23746	19665	4281	3608
吉林	1	14	14	603	596	7740	7740	2461	2461
黑龙江	7	54	56	2040	2315	32516	46458	10457	12729
上海	8	241	213	5320	8534	95752	91361	39106	38252
江苏	6	57	47	1199	992	30219	24454	6903	6247
浙江	22	619	605	23116	23989	640092	638912	144328	144779
安徽	6	129	103	8102	6338	394677	241711	50458	44605
福建	8	465	437	15036	14731	97060	89412	48667	45077
江西	8	26	24	2307	2099	52133	36446	13797	11197
山东	12	59	59	2723	3127	80810	84610	15297	15829
河南	18	106	110	2983	3140	71806	72119	25345	23474
湖北	27	120	116	14260	11146	201754	214970	71488	65571
湖南	7	24	23	2018	1902	39680	39880	8938	9180
广东	29	294	273	17712	17491	225963	215010	50367	45913
广西									
海南									
重庆	19	2055	1862	119910	113744	1419549	1249739	691509	634583
四川	7	77	66	3077	3521	66645	57385	30425	23320
贵州	1	10	10	1215	968	22098	22098	2595	2595
云南	2	33	30	1281	1189	17486	16070	12201	10852
西藏									
陕西	3	99	67	9292	6031	54866	42800	16259	13488
甘肃	1	3	4	550	680	3560	5360	874	1164
青海									
宁夏									
新疆	3	15	13	406	477	6212	6182	1519	2131

4-13 续表 1

快餐服务

项　　目	连锁总店数(个)	门店数(个)		年末从业人员(人)		年末餐饮营业面积(平方米)		年末餐位数(位)	
	2011年	2011年	2010年	2011年	2010年	2011年	2010年	2011年	2010年
全　国	**144**	**8893**	**7634**	**455175**	**348160**	**2896692**	**2464735**	**1094399**	**950552**
北　京	28	1616	1356	53738	45252	462729	388004	167412	144130
天　津	8	301	276	30608	22544	144606	51436	45963	21570
河　北									
山　西	2	68	61	5674	5057	29286	26310	10810	9776
内蒙古									
辽　宁	5	381	348	28161	14344	99903	134499	57847	74039
吉　林									
黑龙江	1	15	13	770	780	6158	5356	2616	3256
上　海	10	1000	852	45361	38627	327039	254818	90920	82764
江　苏	10	1093	928	59876	44946	345724	310443	123770	103426
浙　江	8	789	662	45867	26995	227811	206696	89597	79115
安　徽	2	127	85	1372	2181	31094	22655	9559	6840
福　建	6	347	321	13152	11340	89480	80284	27661	27711
江　西	1	52	45	5080	1406	21996	18400	4452	6716
山　东	6	121	109	16314	14573	104556	102016	29665	29530
河　南	2	68	62	5348	4163	24179	22159	8097	5922
湖　北	4	240	207	11792	12462	117236	93656	34151	32565
湖　南	4	171	133	7583	5467	65192	45455	22762	16107
广　东	23	1573	1370	88765	70718	496141	452530	231897	196386
广　西	2	63	63	4860	3447	24065	23999	8703	8575
海　南	1	4	4	272	218	1480	1480	489	489
重　庆	4	164	116	6663	4131	64780	35587	30221	19032
四　川	4	370	317	12363	10503	112322	100025	52862	44819
贵　州									
云　南	5	179	183	7180	5637	66127	63477	30554	27909
西　藏	1	3	3	84	83	480	440	150	170
陕　西	1	10	10	666	783	4990	3000	1890	1500
甘　肃	1	7	6	159	122	1490	1190	526	442
青　海									
宁　夏									
新　疆	5	131	104	3467	2381	27828	20820	11825	7763

4-13　续表 2

饮料及冷饮服务

项　目	连锁总店数(个)	门店数(个)		年末从业人员(人)		年末餐饮营业面积(平方米)		年末餐位数(位)	
	2011年	2011年	2010年	2011年	2010年	2011年	2010年	2011年	2010年
全　国	**11**	**809**	**705**	**10623**	**8161**	**140123**	**121687**	**32876**	**29625**
北　京	2	125	102	1527	929	23548	19204	7640	5758
天　津									
河　北									
山　西									
内蒙古									
辽　宁									
吉　林									
黑龙江									
上　海	2	273	227	4126	3857	44486	36226	11826	9372
江　苏	1	90	80	2538	1600	40700	40200	4526	6195
浙　江	1	6	4	128	127	1933	1933	816	816
安　徽									
福　建									
江　西									
山　东									
河　南									
湖　北									
湖　南									
广　东	3	307	288	2204	1599	28256	23324	7927	7383
广　西									
海　南									
重　庆									
四　川	2	8	4	100	49	1200	800	141	101
贵　州									
云　南									
西　藏									
陕　西									
甘　肃									
青　海									
宁　夏									
新　疆									

4-13 续表 3

其他餐饮服务

项 目	连锁总店数(个)	门店数(个)		年末从业人员(人)		年末餐饮营业面积(平方米)		年末餐位数(位)	
	2011年	2011年	2010年	2011年	2010年	2011年	2010年	2011年	2010年
全 国	**19**	**346**	**323**	**9053**	**7359**	**70954**	**60843**	**18600**	**15601**
北 京	4	69	75	1266	1219	11388	7749	5821	4416
天 津	1	28	32	367	379	5475	5485	700	700
河 北									
山 西									
内蒙古									
辽 宁									
吉 林									
黑龙江									
上 海	2	102	83	5093	3729	24444	23709	2195	2195
江 苏	3	19	17	547	497	7588	7238	3267	3049
浙 江	1	12	12	481	443	3275	2583	1376	1202
安 徽									
福 建									
江 西									
山 东									
河 南	1	6	7	70	74	3800	3800	700	700
湖 北									
湖 南									
广 东	3	36	33	495	503	7281	6267	2033	1915
广 西									
海 南									
重 庆	3	69	60	559	476	4883	1235	1605	679
四 川	1	5	4	175	39	2820	2777	903	745
贵 州									
云 南									
西 藏									
陕 西									
甘 肃									
青 海									
宁 夏									
新 疆									

4-14 按行业分各地区连锁餐饮企业直营门店基本情况

正餐服务

项目	门店数（个）		年末从业人员（人）		年末餐饮营业面积（平方米）		年末餐位数（位）	
	2011年	2010年	2011年	2010年	2011年	2010年	2011年	2010年
全　国	**2898**	**2643**	**193765**	**185079**	**3130622**	**2790666**	**777616**	**713933**
北　京	781	731	58633	55648	836906	753551	183513	172992
天　津	2	2	95	95	2100	2100	600	600
河　北	7	7	1117	1022	14980	14930	4674	4634
山　西	16	16	1486	2251	15130	34810	5197	6512
内蒙古	207	189	31822	30052	245976	218771	69173	54442
辽　宁	21	20	850	941	23746	19665	4281	3608
吉　林	14	7	603	300	7740	3000	2461	1200
黑龙江	54	56	2040	2315	32516	46458	10457	12729
上　海	241	213	5320	8534	95752	91361	39106	38252
江　苏	57	47	1199	992	30219	24454	6903	6247
浙　江	384	345	16326	15762	486292	464712	104968	100779
安　徽	113	82	6479	4534	324987	167980	44660	38775
福　建	72	86	2551	2558	22310	24757	10227	10185
江　西	26	24	2307	2099	52133	36446	13797	11197
山　东	59	59	2723	3127	80810	84610	15297	15829
河　南	101	109	2826	3125	69436	71619	24093	23304
湖　北	115	111	13920	10623	191154	206170	69717	64408
湖　南	23	22	1964	1842	37600	37800	8568	8810
广　东	225	217	14482	14537	175919	174780	41887	39513
广　西								
海　南								
重　庆	217	172	13689	14703	256988	196489	80864	66039
四　川	30	29	1692	1689	34976	33363	12827	12110
贵　州	10	10	1215	968	22098	22098	2595	2595
云　南	6	5	178	174	6216	6400	3099	2390
西　藏								
陕　西	99	67	9292	6031	54866	42800	16259	13488
甘　肃	3	4	550	680	3560	5360	874	1164
青　海								
宁　夏								
新　疆	15	13	406	477	6212	6182	1519	2131

4-14 续表 1

快餐服务

项　目	门店数(个)		年末从业人员(人)		年末餐饮营业面积(平方米)		年末餐位数(位)	
	2011年	2010年	2011年	2010年	2011年	2010年	2011年	2010年
全　国	**8031**	**6906**	**443157**	**336945**	**2752141**	**2321685**	**1030629**	**884753**
北　京	1529	1280	52159	44044	425064	356018	154202	130141
天　津	301	276	30608	22544	144606	51436	45963	21570
河　北								
山　西	63	56	5572	4952	26786	23810	9310	8276
内蒙古								
辽　宁	381	348	28161	14344	99903	134499	57847	74039
吉　林								
黑龙江	15	13	770	780	6158	5356	2616	3256
上　海	998	849	45224	38501	326737	254141	90768	82432
江　苏	963	818	56787	41765	310864	273815	116330	95911
浙　江	561	532	43864	25220	208655	187089	81488	70005
安　徽	127	85	1372	2181	31094	22655	9559	6840
福　建	215	195	12942	11062	89480	80284	27656	27710
江　西	51	45	4977	1406	21646	18400	4329	6716
山　东	121	109	16314	14573	104556	102016	29665	29530
河　南	65	59	5278	4079	23759	21739	7717	5722
湖　北	238	207	11689	12462	116486	93656	33912	32565
湖　南	165	128	7283	5217	62492	43205	21742	15257
广　东	1573	1370	88765	70718	496141	452530	231897	196386
广　西	63	63	4860	3447	24065	23999	8703	8575
海　南	4	4	272	218	1480	1480	489	489
重　庆	164	116	6663	4131	64780	35587	30221	19032
四　川	220	179	10313	8639	84722	74255	32783	26565
贵　州								
云　南	109	94	5264	3625	50979	43265	20601	15421
西　藏	3	3	84	83	480	440	150	170
陕　西	10	10	666	783	4990	3000	1890	1500
甘　肃	7	6	159	122	1490	1190	526	442
青　海								
宁　夏								
新　疆	85	61	3111	2049	24728	17820	10265	6203

4-14 续表 2

饮料及冷饮服务

项　目	门店数(个)		年末从业人员(人)		年末餐饮营业面积(平方米)		年末餐位数(位)	
	2011年	2010年	2011年	2010年	2011年	2010年	2011年	2010年
全　国	**804**	**701**	**10578**	**8121**	**139252**	**120846**	**32766**	**29525**
北　京	125	102	1527	929	23548	19204	7640	5758
天　津								
河　北								
山　西								
内蒙古								
辽　宁								
吉　林								
黑龙江								
上　海	269	224	4086	3827	44215	35985	11796	9352
江　苏	90	80	2538	1600	40700	40200	4526	6195
浙　江	6	4	128	127	1933	1933	816	816
安　徽								
福　建								
江　西								
山　东								
河　南								
湖　北								
湖　南								
广　东	307	288	2204	1599	28256	23324	7927	7383
广　西								
海　南								
重　庆								
四　川	7	3	95	39	600	200	61	21
贵　州								
云　南								
西　藏								
陕　西								
甘　肃								
青　海								
宁　夏								
新　疆								

4-14 续表 3

其他餐饮服务

项　目	门店数(个)		年末从业人员(人)		年末餐饮营业面积(平方米)		年末餐位数(位)	
	2011年	2010年	2011年	2010年	2011年	2010年	2011年	2010年
全　国	**258**	**240**	**8174**	**6540**	**67150**	**57659**	**17055**	**14266**
北　京	69	75	1266	1219	11388	7749	5821	4416
天　津	8	12	147	162	4140	4150	420	420
河　北								
山　西								
内蒙古								
辽　宁								
吉　林								
黑龙江								
上　海	101	82	5039	3662	24334	23599	2125	2125
江　苏	11	11	419	407	6923	6823	2804	2704
浙　江	12	12	481	443	3275	2583	1376	1202
安　徽								
福　建								
江　西								
山　东								
河　南	6	7	70	74	3800	3800	700	700
湖　北								
湖　南								
广　东	32	29	449	458	6957	5943	1893	1775
广　西								
海　南								
重　庆	14	8	128	76	3513	235	1013	179
四　川	5	4	175	39	2820	2777	903	745
贵　州								
云　南								
西　藏								
陕　西								
甘　肃								
青　海								
宁　夏								
新　疆								

4-15 按行业分各地区连锁餐饮企业加盟门店基本情况

正餐服务

项　目	门店数（个）		年末从业人员（人）		年末餐饮营业面积（平方米）		年末餐位数（位）	
	2011年	2010年	2011年	2010年	2011年	2010年	2011年	2010年
全　国	**3339**	**3122**	**164329**	**158696**	**1975298**	**1836287**	**847221**	**785400**
北　京	185	182	12147	11603	239379	232660	40392	38507
天　津								
河　北								
山　西	11	10	1136	1134	17910	17210	5832	5028
内蒙古	507	476	17658	18019	149175	130539	68181	59563
辽　宁								
吉　林		7		296		4740		1261
黑龙江								
上　海								
江　苏								
浙　江	235	260	6790	8227	153800	174200	39360	44000
安　徽	16	21	1623	1804	69690	73731	5798	5830
福　建	393	351	12485	12173	74750	64655	38440	34892
江　西								
山　东								
河　南	5	1	157	15	2370	500	1252	170
湖　北	5	5	340	523	10600	8800	1771	1163
湖　南	1	1	54	60	2080	2080	370	370
广　东	69	56	3230	2954	50044	40230	8480	6400
广　西								
海　南								
重　庆	1838	1690	106221	99041	1162561	1053250	610645	568544
四　川	47	37	1385	1832	31669	24022	17598	11210
贵　州								
云　南	27	25	1103	1015	11270	9670	9102	8462
西　藏								
陕　西								
甘　肃								
青　海								
宁　夏								
新　疆								

4-15 续表 1

快餐服务

项　目	门店数（个）		年末从业人员（人）		年末餐饮营业面积（平方米）		年末餐位数（位）	
	2011年	2010年	2011年	2010年	2011年	2010年	2011年	2010年
全　国	**862**	**728**	**12018**	**11215**	**144551**	**143050**	**63770**	**65799**
北　京	87	76	1579	1208	37665	31986	13210	13989
天　津								
河　北								
山　西	5	5	102	105	2500	2500	1500	1500
内蒙古								
辽　宁								
吉　林								
黑龙江								
上　海	2	3	137	126	302	677	152	332
江　苏	130	110	3089	3181	34860	36628	7440	7515
浙　江	228	130	2003	1775	19156	19607	8109	9110
安　徽								
福　建	132	126	210	278			5	1
江　西	1		103		350		123	
山　东								
河　南	3	3	70	84	420	420	380	200
湖　北	2		103		750		239	
湖　南	6	5	300	250	2700	2250	1020	850
广　东								
广　西								
海　南								
重　庆								
四　川	150	138	2050	1864	27600	25770	20079	18254
贵　州								
云　南	70	89	1916	2012	15148	20212	9953	12488
西　藏								
陕　西								
甘　肃								
青　海								
宁　夏								
新　疆	46	43	356	332	3100	3000	1560	1560

4-15　续表 2

饮料及冷饮服务

项　　目	门店数(个)		年末从业人员(人)		年末餐饮营业面积(平方米)		年末餐位数(位)	
	2011年	2010年	2011年	2010年	2011年	2010年	2011年	2010年
全　　国	**5**	**4**	**45**	**40**	**871**	**841**	**110**	**100**
北　　京								
天　　津								
河　　北								
山　　西								
内 蒙 古								
辽　　宁								
吉　　林								
黑 龙 江								
上　　海	4	3	40	30	271	241	30	20
江　　苏								
浙　　江								
安　　徽								
福　　建								
江　　西								
山　　东								
河　　南								
湖　　北								
湖　　南								
广　　东								
广　　西								
海　　南								
重　　庆								
四　　川	1	1	5	10	600	600	80	80
贵　　州								
云　　南								
西　　藏								
陕　　西								
甘　　肃								
青　　海								
宁　　夏								
新　　疆								

4-15 续表 3

其他餐饮服务

项　目	门店数(个)		年末从业人员(人)		年末餐饮营业面积(平方米)		年末餐位数(位)	
	2011年	2010年	2011年	2010年	2011年	2010年	2011年	2010年
全　国	**88**	**83**	**879**	**819**	**3804**	**3184**	**1545**	**1335**
北　京								
天　津	20	20	220	217	1335	1335	280	280
河　北								
山　西								
内蒙古								
辽　宁								
吉　林								
黑龙江								
上　海	1	1	54	67	110	110	70	70
江　苏	8	6	128	90	665	415	463	345
浙　江								
安　徽								
福　建								
江　西								
山　东								
河　南								
湖　北								
湖　南								
广　东	4	4	46	45	324	324	140	140
广　西								
海　南								
重　庆	55	52	431	400	1370	1000	592	500
四　川								
贵　州								
云　南								
西　藏								
陕　西								
甘　肃								
青　海								
宁　夏								
新　疆								

4-16 按行业分各地区连锁

正餐服务

项　目	商品购进总额		统一配送商品购进额		自有配送中心配送商品购进额	
	2011年	2010年	2011年	2010年	2011年	2010年
全　国	**2057653**	**2082189**	**935139**	**1074367**	**410896**	**604242**
北　京	411438	362428	156735	134543	71335	86584
天　津	473	420				
河　北	12580	11321				
山　西	8229	5552	1937	406	591	
内蒙古	104403	491885	97865	289916	82440	200665
辽　宁	38944	7418	37261	6783		
吉　林	4500	4200				
黑龙江	12012	10513	10362	8863	8025	5791
上　海	46693	38031	36023	28898	22706	16628
江　苏	16718	13723	16718	13723	7554	7993
浙　江	218899	222382	143269	145126	102904	100565
安　徽	32811	28041	24008	19386	17878	13616
福　建	62319	62666	35355	40841	12107	24218
江　西	13114	11933	5852	6115	1568	1805
山　东	9526	16014	919	831		
河　南	24004	19051	7477	8999	2207	2123
湖　北	98209	81190	80621	63450	19905	17427
湖　南	11821	11708	1069	488		
广　东	124248	125026	95658	97827	2188	2187
广　西						
海　南						
重　庆	711585	495344	106231	161286	43023	108307
四　川	14650	12055	13898	11646	8037	7564
贵　州	10150	8922				
云　南	5299	3097	5299	1668		553
西　藏						
陕　西	61667	35757	56445	30854	7514	7350
甘　肃	2447	2645	1224	1850		
青　海						
宁　夏						
新　疆	914	867	914	867	914	867

餐饮企业经营情况

单位：万元

非自有配送中心配送商品购进额		营业额		餐费收入及商品销售额	
2011年	2010年	2011年	2010年	2011年	2010年
299064	**310855**	**4086156**	**3571988**	**4063345**	**3542476**
81252	45050	1110753	934922	1110130	934261
		1206	1200	1206	1200
		17465	17797	17465	17797
1088	177	16017	19236	15963	19236
13995	87842	110659	98808	110659	98479
		40735	18577	40735	18577
		6363	4362	6363	4362
		24126	26853	24126	26853
8799	7504	133291	121133	133286	121114
9161	5730	26070	19125	26070	19125
33784	36480	423842	425095	421979	423301
2686	2734	75463	56557	75463	56557
20153	14336	195087	221156	195087	221156
	220	26941	22131	26941	22131
		57423	60409	43199	46760
	94	43097	40444	42695	39934
6957	3262	190412	177260	188481	167016
1069	488	22074	19851	21552	19229
69689	74003	256729	237867	256036	237237
39272	28193	1129320	909126	1128702	909115
5861	4082	43523	35070	42835	35070
		18384	15962	18384	15962
5299	659	9011	8177	9011	8177
		95996	69036	95996	69036
		5300	5969	5300	5969
		6869	5867	5681	4825

4-16 续表 1

快餐服务

项 目	商品购进总额		统一配送商品购进额		自有配送中心配送商品购进额	
	2011年	2010年	2011年	2010年	2011年	2010年
全 国	**3003809**	**2421078**	**2377492**	**1909090**	**1429543**	**1250646**
北 京	337554	289154	235399	210119	172018	182734
天 津	333522	254912	4206	2877	3767	2555
河 北						
山 西	34185	18539	33822	18269	33822	18269
内蒙古						
辽 宁	232325	306345	177788	266528	162843	254539
吉 林						
黑龙江	4383	3630	4383	3630		
上 海	260230	228719	229978	202015	64090	53345
江 苏	335685	227210	315749	199531	120118	87639
浙 江	179750	187241	179750	187241	125672	157238
安 徽	9503	8121	6905	6686		
福 建	89910	54132	74173	41369	34333	17311
江 西	46028	13857	46028	13857		
山 东	58403	52347	9847	7972	583	520
河 南	29305	14723	28918	14317	28918	14317
湖 北	159130	131598	159130	131598	155105	129858
湖 南	118939	93996	116360	92164	102365	78689
广 东	468661	373328	455046	359673	182042	144165
广 西	23399	21829	23399	21829	23399	21829
海 南	1909	1619				
重 庆	50300	33728	46625	24067	37624	19523
四 川	91960	62309	91960	62309	63569	40368
贵 州						
云 南	121482	28826	121136	28404	105887	16151
西 藏	237	179	237	179		
陕 西	3834	3634	3834	3634	3834	3634
甘 肃	324	250				
青 海						
宁 夏						
新 疆	12850	10851	12822	10822	9556	7965

单位：万元

非自有配送中心配送商品购进额		营业额		餐费收入及商品销售额	
2011年	2010年	2011年	2010年	2011年	2010年
305126	**145732**	**6716246**	**5272092**	**6522255**	**5119194**
54046	12859	942979	734984	940883	730818
		392316	301775	392277	301736
		74939	57228	74939	57228
10317	7791	471467	351292	471467	351292
4383	3630	11239	9259	11239	9259
		804295	685420	804295	685401
109677	60916	762254	578264	762254	578264
27290	8277	534136	409927	533674	409927
		26076	22616	26076	22616
		196057	155326	196057	155326
46028	13857	53067	39856	53067	39856
		233123	183515	42448	35509
		59614	44221	59614	44221
4025	1740	224935	162329	224935	162329
		136647	107146	136647	107146
21537	19025	1242626	987558	1242626	987558
		58009	46466	58009	46466
		5526	4474	5526	4474
9001	4545	111025	79569	111025	79569
4692	2057	237122	187662	237122	187662
10865	8179	89496	86913	89496	86913
		398	327	398	327
		6256	5992	6256	5992
		711	591	711	591
3265	2857	41937	29383	41217	28716

4-16 续表 2

饮料及冷饮服务

项目	商品购进总额		统一配送商品购进额		自有配送中心配送商品购进额	
	2011年	2010年	2011年	2010年	2011年	2010年
全国	**71255**	**45543**	**71255**	**45543**	**37544**	**24974**
北京	25198	10285	25198	10285	112	125
天津						
河北						
山西						
内蒙古						
辽宁						
吉林						
黑龙江						
上海	32039	25239	32039	25239	30305	24244
江苏	6489	5948	6489	5948	6489	
浙江	190	148	190	148		
安徽						
福建						
江西						
山东						
河南						
湖北						
湖南						
广东	7044	3905	7044	3905	628	593
广西						
海南						
重庆						
四川	295	18	295	18	11	13
贵州						
云南						
西藏						
陕西						
甘肃						
青海						
宁夏						
新疆						

单位：万元

非自有配送中心配送商品购进额		营业额		餐费收入及商品销售额	
2011年	2010年	2011年	2010年	2011年	2010年
25283	**16261**	**262854**	**185185**	**262854**	**185185**
25086	10161	58991	39859	58991	39859
		123047	85072	123047	85072
	5948	25750	24530	25750	24530
190	148	3056	2785	3056	2785
		51118	32757	51118	32757
7	5	891	181	891	181

4-16 续表 3

其他餐饮服务

项　　目	商品购进总额		统一配送商品购进额		自有配送中心配送商品购进额	
	2011年	2010年	2011年	2010年	2011年	2010年
全　　国	**56545**	**40750**	**46828**	**39360**	**22295**	**17280**
北　　京	7985	7069	5389	6811	5353	4447
天　　津						
河　　北						
山　　西						
内 蒙 古						
辽　　宁						
吉　　林						
黑 龙 江						
上　　海	24844	21698	24844	21698	3855	3284
江　　苏	5233	4123	4927	4017	4506	3602
浙　　江	1075	1003	1075	1003	1075	1003
安　　徽						
福　　建						
江　　西						
山　　东						
河　　南	1082	1027				
湖　　北						
湖　　南						
广　　东	4896	3068	4896	3068	4561	2792
广　　西						
海　　南						
重　　庆	10754	2153	5020	2153	2945	2153
四　　川	677	610	677	610		
贵　　州						
云　　南						
西　　藏						
陕　　西						
甘　　肃						
青　　海						
宁　　夏						
新　　疆						

单位：万元

非自有配送中心配送商品购进额		营业额		餐费收入及商品销售额	
2011年	2010年	2011年	2010年	2011年	2010年
21666	**19377**	**138655**	**106638**	**138140**	**106388**
	353	18845	13401	18362	13161
		5650	5640	5650	5640
20989	18414	67145	56251	67145	56241
		9646	8129	9646	8129
		10842	9516	10842	9516
		1080	1025	1080	1025
		9693	7369	9661	7369
		13824	3652	13824	3652
677	610	1931	1656	1931	1656

4-17 按行业分各地区连锁

正餐服务

项　目	商品购进总额		统一配送商品购进额		自有配送中心配送商品购进额	
	2011年	2010年	2011年	2010年	2011年	2010年
全　国	**1324850**	**1320845**	**746615**	**710479**	**315880**	**360323**
北　京	357169	324170	149746	128748	69871	81308
天　津	473	420				
河　北	12580	11321				
山　西	4819	2650	1937	406	591	
内蒙古	46827	204404	42596	115832	37200	75210
辽　宁	38944	7418	37261	6783		
吉　林	4500	2100				
黑龙江	12012	10513	10362	8863	8025	5791
上　海	46693	38031	36023	28898	22706	16628
江　苏	16718	13723	16718	13723	7554	7993
浙　江	211916	214966	136286	137710	98794	96522
安　徽	25536	19394	20861	14894	16501	10905
福　建	14042	14120	7020	8033	1453	3221
江　西	13114	11933	5852	6115	1568	1805
山　东	9526	16014	919	831		
河　南	20829	19027	7477	8999	2207	2123
湖　北	96460	79605	79127	62119	19636	17127
湖　南	11472	11496	1069	488		
广　东	117931	119502	92840	95303	2188	2187
广　西						
海　南						
重　庆	177040	144452	31157	32811	13770	26844
四　川	7283	5694	6991	5478	5388	4292
贵　州	10150	8922				
云　南	3791	1701	3791	875		150
西　藏						
陕　西	61667	35757	56445	30854	7514	7350
甘　肃	2447	2645	1224	1850		
青　海						
宁　夏						
新　疆	914	867	914	867	914	867

餐饮企业直营门店经营情况

单位：万元

非自有配送中心配送商品购进额		营业额		餐费收入及商品销售额	
2011年	2010年	2011年	2010年	2011年	2010年
235013	**222320**	**2685168**	**2337058**	**2663852**	**2307546**
75726	44530	974771	821099	974149	820438
		1206	1200	1206	1200
		17465	17797	17465	17797
1088	177	9860	13822	9806	13822
4246	39494	38918	33694	38918	33365
		40735	18577	40735	18577
		6363	2062	6363	2062
		24126	26853	24126	26853
8799	7504	133291	121133	133286	121114
9161	5730	26070	19125	26070	19125
33784	36480	364643	361991	364141	360196
2686	2734	58572	39727	58572	39727
2471	2524	35047	41000	35047	41000
	220	26941	22131	26941	22131
		57423	60409	43199	46760
	94	41023	40416	40621	39906
6904	3207	187554	174483	185622	164239
1069	488	21225	19320	20703	18699
66913	71525	239537	223887	238844	223257
16772	5967	230675	161782	230190	161771
1602	1186	16857	14050	16169	14050
		18384	15962	18384	15962
3791	459	6318	5668	6318	5668
		95996	69036	95996	69036
		5300	5969	5300	5969
		6869	5867	5681	4825

4-17 续表 1

快餐服务

项目	商品购进总额		统一配送商品购进额		自有配送中心配送商品购进额	
	2011年	2010年	2011年	2010年	2011年	2010年
全国	**2957690**	**2386953**	**2336662**	**1880251**	**1417162**	**1242242**
北京	334757	286198	232613	207172	169334	179887
天津	333522	254912	4206	2877	3767	2555
河北						
山西	33822	18269	33822	18269	33822	18269
内蒙古						
辽宁	232325	306345	177788	266528	162843	254539
吉林						
黑龙江	4383	3630	4383	3630		
上海	260147	227767	229978	202015	64090	53345
江苏	331008	224112	312459	197228	118342	86594
浙江	163579	178172	163579	178172	120086	153603
安徽	9503	8121	6905	6686		
福建	88228	52577	74173	41369	34333	17311
江西	45356	13857	45356	13857		
山东	58403	52347	9847	7972	583	520
河南	28918	14317	28918	14317	28918	14317
湖北	157506	131598	157506	131598	153481	129858
湖南	117672	92844	116360	92164	102365	78689
广东	468661	373328	455046	359673	182042	144165
广西	23399	21829	23399	21829	23399	21829
海南	1909	1619				
重庆	50300	33728	46625	24067	37624	19523
四川	85957	56851	85957	56851	63569	40368
贵州						
云南	111456	19954	111200	19663	105525	15594
西藏	237	179	237	179		
陕西	3834	3634	3834	3634	3834	3634
甘肃	324	250				
青海						
宁夏						
新疆	12486	10515	12473	10502	9208	7645

单位：万元

非自有配送中心配送商品购进额		营业额		餐费收入及商品销售额	
2011年	2010年	2011年	2010年	2011年	2010年
294710	**137686**	**6557077**	**5138500**	**6363427**	**4988176**
53944	12758	925285	721474	923190	719683
		392316	301775	392277	301736
		73999	56521	73999	56521
10317	7791	471467	351292	471467	351292
4383	3630	11239	9259	11239	9259
		796760	683879	796760	683860
108407	59907	740426	567955	740426	567955
27290	8277	505727	391840	505265	391839
		26076	22616	26076	22616
		194167	153772	194167	153772
45356	13857	52304	39856	52304	39856
		233123	183515	42448	35509
		59113	43825	59113	43825
4025	1740	223089	162329	223089	162329
		134007	104746	134007	104746
21537	19025	1242626	987558	1242626	987558
		58009	46466	58009	46466
		5526	4474	5526	4474
9001	4545	111025	79569	111025	79569
4692	2057	184707	140012	184707	140012
2493	1243	69059	51586	69059	51586
		398	327	398	327
		6256	5992	6256	5992
		711	591	711	591
3265	2857	39665	27273	39286	26804

4-17 续表 2

饮料及冷饮服务

项 目	商品购进总额		统一配送商品购进额		自有配送中心配送商品购进额	
	2011年	2010年	2011年	2010年	2011年	2010年
全 国	**71187**	**45510**	**71187**	**45510**	**37543**	**24973**
北 京	25198	10285	25198	10285	112	125
天 津						
河 北						
山 西						
内蒙古						
辽 宁						
吉 林						
黑龙江						
上 海	31972	25208	31972	25208	30305	24244
江 苏	6489	5948	6489	5948	6489	
浙 江	190	148	190	148		
安 徽						
福 建						
江 西						
山 东						
河 南						
湖 北						
湖 南						
广 东	7044	3905	7044	3905	628	593
广 西						
海 南						
重 庆						
四 川	294	17	294	17	10	12
贵 州						
云 南						
西 藏						
陕 西						
甘 肃						
青 海						
宁 夏						
新 疆						

单位：万元

非自有配送中心配送商品购进额		营业额		餐费收入及商品销售额	
2011年	2010年	2011年	2010年	2011年	2010年
25282	**16261**	**262608**	**185009**	**262608**	**185009**
25086	10161	58991	39859	58991	39859
		122804	84897	122804	84897
	5948	25750	24530	25750	24530
190	148	3056	2785	3056	2785
		51118	32757	51118	32757
6	5	889	180	889	180

4-17 续表 3

其他餐饮服务

项目	商品购进总额		统一配送商品购进额		自有配送中心配送商品购进额	
	2011年	2010年	2011年	2010年	2011年	2010年
全国	**52397**	**37569**	**42751**	**36179**	**19386**	**14251**
北京	7985	7069	5389	6811	5353	4447
天津						
河北						
山西						
内蒙古						
辽宁						
吉林						
黑龙江						
上海	24455	20975	24455	20975	3466	2561
江苏	4050	3450	3816	3345	3395	2930
浙江	1075	1003	1075	1003	1075	1003
安徽						
福建						
江西						
山东						
河南	1082	1027				
湖北						
湖南						
广东	4712	2916	4712	2916	4561	2792
广西						
海南						
重庆	8361	520	2627	520	1536	520
四川	677	610	677	610		
贵州						
云南						
西藏						
陕西						
甘肃						
青海						
宁夏						
新疆						

单位：万元

非自有配送中心配送商品购进额		营业额		餐费收入及商品销售额	
2011年	2010年	2011年	2010年	2011年	2010年
21666	**19377**	**127728**	**97883**	**127213**	**97633**
	353	18845	13401	18362	13161
		1936	1621	1936	1621
20989	18414	66274	54849	66274	54839
		7572	6860	7572	6860
		10842	9516	10842	9516
		1080	1025	1080	1025
		9245	6937	9213	6937
		10004	2019	10004	2019
677	610	1931	1656	1931	1656

4-18 按行业分各地区连锁

正餐服务

项　目	商品购进总额		统一配送商品购进额		自有配送中心配送商品购进额	
	2011年	2010年	2011年	2010年	2011年	2010年
全　国	**732803**	**761344**	**188524**	**363888**	**95016**	**243919**
北　京	54269	38259	6989	5795	1464	5276
天　津						
河　北						
山　西	3410	2902				
内蒙古	57576	287481	55269	174084	45240	125455
辽　宁						
吉　林		2100				
黑龙江						
上　海						
江　苏						
浙　江	6983	7417	6983	7417	4110	4043
安　徽	7276	8647	3147	4492	1377	2712
福　建	48277	48546	28336	32808	10654	20997
江　西						
山　东						
河　南	3175	24				
湖　北	1749	1586	1494	1331	270	300
湖　南	350	212				
广　东	6318	5524	2818	2524		
广　西						
海　南						
重　庆	534546	350891	75074	128475	29253	81463
四　川	7367	6361	6907	6168	2649	3272
贵　州						
云　南	1508	1396	1508	793		402
西　藏						
陕　西						
甘　肃						
青　海						
宁　夏						
新　疆						

餐饮企业加盟门店经营情况

单位：万元

非自有配送中心配送商品购进额		营业额		餐费收入及商品销售额	
2011年	2010年	2011年	2010年	2011年	2010年
64051	**88535**	**1400988**	**1234930**	**1399493**	**1234930**
5526	519	135981	113823	135982	113823
		6157	5414	6157	5414
9749	48348	71741	65114	71741	65114
			2300		2300
		59200	63104	57838	63104
		16891	16830	16891	16830
17681	11811	160040	180157	160040	180157
		2074	28	2074	28
53	55	2858	2777	2858	2777
		849	530	849	530
2776	2478	17192	13980	17192	13980
22500	22226	898644	747344	898512	747344
4258	2897	26666	21020	26666	21020
1508	200	2693	2509	2693	2509

4-18 续表 1

快餐服务

项　目	商品购进总额		统一配送商品购进额		自有配送中心配送商品购进额	
	2011年	2010年	2011年	2010年	2011年	2010年
全　国	**46118**	**34125**	**40830**	**28839**	**12381**	**8404**
北　京	2798	2956	2785	2947	2684	2847
天　津						
河　北						
山　西	363	270				
内蒙古						
辽　宁						
吉　林						
黑龙江						
上　海	83	952				
江　苏	4677	3098	3290	2303	1777	1045
浙　江	16171	9069	16171	9069	5586	3635
安　徽						
福　建	1682	1554				
江　西	672		672			
山　东						
河　南	387	406				
湖　北	1624		1624		1624	
湖　南	1267	1152				
广　东						
广　西						
海　南						
重　庆						
四　川	6004	5458	6004	5458		
贵　州						
云　南	10026	8872	9936	8741	362	557
西　藏						
陕　西						
甘　肃						
青　海						
宁　夏						
新　疆	365	337	348	320	348	320

单位：万元

非自有配送中心配送商品购进额		营业额		餐费收入及商品销售额	
2011年	2010年	2011年	2010年	2011年	2010年
10415	**8046**	**159169**	**133592**	**158828**	**131018**
102	101	17693	13510	17693	11135
		940	707	940	707
		7535	1541	7535	1541
1270	1009	21828	10309	21828	10309
		28409	18087	28409	18087
		1890	1554	1890	1554
672		763		763	
		501	396	501	396
		1846		1846	
		2640	2400	2640	2400
		52416	47651	52416	47651
8372	6936	20437	35326	20437	35326
		2272	2110	1931	1912

4-18 续表 2

饮料及冷饮服务

项目	商品购进总额		统一配送商品购进额		自有配送中心配送商品购进额	
	2011年	2010年	2011年	2010年	2011年	2010年
全国	**68**	**33**	**68**	**33**	**1**	**1**
北京						
天津						
河北						
山西						
内蒙古						
辽宁						
吉林						
黑龙江						
上海	67	32	67	32		
江苏						
浙江						
安徽						
福建						
江西						
山东						
河南						
湖北						
湖南						
广东						
广西						
海南						
重庆						
四川	2	1	2	1	1	1
贵州						
云南						
西藏						
陕西						
甘肃						
青海						
宁夏						
新疆						

单位：万元

非自有配送中心配送商品购进额		营业额		餐费收入及商品销售额	
2011年	2010年	2011年	2010年	2011年	2010年
1		**246**	**176**	**246**	**176**
		244	175	244	175
1		2	1	2	1

4-18 续表 3

其他餐饮服务

项目	商品购进总额		统一配送商品购进额		自有配送中心配送商品购进额	
	2011年	2010年	2011年	2010年	2011年	2010年
全国	**4148**	**3181**	**4077**	**3181**	**2909**	**3029**
北京						
天津						
河北						
山西						
内蒙古						
辽宁						
吉林						
黑龙江						
上海	389	724	389	724	389	724
江苏	1182	673	1111	673	1111	673
浙江						
安徽						
福建						
江西						
山东						
河南						
湖北						
湖南						
广东	184	152	184	152		
广西						
海南						
重庆	2393	1633	2393	1633	1409	1633
四川						
贵州						
云南						
西藏						
陕西						
甘肃						
青海						
宁夏						
新疆						

单位：万元

非自有配送中心配送商品购进额		营业额		餐费收入及商品销售额	
2011年	2010年	2011年	2010年	2011年	2010年
		10927	**8755**	**10927**	**8755**
		3715	4019	3715	4019
		871	1402	871	1402
		2074	1269	2074	1269
		448	432	448	432
		3820	1633	3820	1633

4-19 36城市连锁餐饮企业基本情况

项目	连锁总店数（个）	门店数（个）		年末从业人员（人）		年末餐饮营业面积（平方米）		年末餐位数（位）	
	2011年	2011年	2010年	2011年	2010年	2011年	2010年	2011年	2010年
合　计	**348**	**13678**	**12090**	**719197**	**608235**	**7211929**	**6346283**	**2405658**	**2188901**
北　京	79	2776	2446	127311	114651	1573950	1401168	404778	365803
天　津	10	331	310	31070	23018	152181	59021	47263	22870
石家庄									
太　原	3	80	72	7654	7814	52796	68800	17643	17120
呼和浩特									
沈　阳	4	315	287	25698	11987	93728	130665	46829	69328
大　连	3	82	76	3163	2898	22065	15399	13939	6959
长　春	1	14	14	603	596	7740	7740	2461	2461
哈尔滨	8	69	69	2810	3095	38674	51814	13073	15985
上　海	22	1616	1375	59900	54747	491721	406114	144047	132583
南　京	8	395	310	26583	20255	153602	125775	51283	43813
杭　州	25	1071	1012	62188	44895	707572	673984	192600	186484
宁　波	4	52	49	3548	3975	124714	143041	23289	24465
合　肥	4	240	174	7656	7000	390371	234566	50217	42245
福　州	5	403	402	18261	16765	115485	104612	50585	49076
厦　门	8	407	354	9907	9286	70381	64410	25593	23562
南　昌	6	67	58	6155	2243	54744	37100	11843	11775
济　南	1	46	36	918	1054	17340	15170	6006	5976
青　岛	17	134	132	18119	16646	168026	171456	38956	39383
郑　州	3	102	106	5998	5363	41790	42248	15762	14950
武　汉	25	333	297	24540	22057	289665	279301	93734	86239
长　沙	5	161	138	8374	6323	86842	68655	26294	20451
广　州	30	1014	862	61748	49758	424354	379939	159813	140007
深　圳	20	780	687	37346	31676	275102	250458	103625	89689
南　宁	2	63	63	4860	3447	24065	23999	8703	8575
海　口	1	4	4	272	218	1480	1480	489	489
重　庆	26	2288	2038	127132	118351	1489212	1286561	723335	654294
成　都	9	401	340	13689	12429	148304	130352	58114	49926
贵　阳	1	10	10	1215	968	22098	22098	2595	2595
昆　明	7	212	213	8461	6826	83613	79547	42755	38761
拉　萨	1	3	3	84	83	480	440	150	170
西　安	4	109	77	9958	6814	59856	45800	18149	14988
兰　州	2	10	10	709	802	5050	6550	1400	1606
西　宁									
银　川									
乌鲁木齐	4	90	66	3267	2195	24928	18020	10335	6273

4-20　36城市连锁餐饮企业直营门店基本情况

项　目	门店数（个）		年末从业人员（人）		年末餐饮营业面积（平方米）		年末餐位数（位）	
	2011年	2010年	2011年	2010年	2011年	2010年	2011年	2010年
合　计	**10297**	**8903**	**565376**	**460707**	**5302268**	**4555815**	**1591526**	**1419652**
北　京	2504	2188	113585	101840	1296906	1136522	351176	313307
天　津	311	290	30850	22801	150846	57686	46983	22590
石家庄								
太　原	69	62	6518	6680	34886	51590	11811	12092
呼和浩特								
沈　阳	315	287	25698	11987	93728	130665	46829	69328
大　连	82	76	3163	2898	22065	15399	13939	6959
长　春	14	7	603	300	7740	3000	2461	1200
哈尔滨	69	69	2810	3095	38674	51814	13073	15985
上　海	1609	1368	59669	54524	491038	405086	143795	132161
南　京	394	309	26558	20226	153352	125525	51213	43743
杭　州	788	707	54403	35896	554295	505650	148840	139124
宁　波	47	44	3250	3515	111921	124458	21325	21865
合　肥	224	153	6033	5196	320681	160835	44419	36415
福　州	139	147	7721	6450	55115	49157	18385	18676
厦　门	146	132	7752	7150	56001	55210	19348	19069
南　昌	66	58	6052	2243	54394	37100	11720	11775
济　南	46	36	918	1054	17340	15170	6006	5976
青　岛	134	132	18119	16646	168026	171456	38956	39383
郑　州	102	106	5998	5363	41790	42248	15762	14950
武　汉	326	292	24097	21534	278315	270501	91724	85076
长　沙	161	138	8374	6323	86842	68655	26294	20451
广　州	941	802	58472	46759	373986	339385	151193	133467
深　圳	780	687	37346	31676	275102	250458	103625	89689
南　宁	63	63	4860	3447	24065	23999	8703	8575
海　口	4	4	272	218	1480	1480	489	489
重　庆	395	296	20480	18910	325281	232311	112098	85250
成　都	238	192	11270	9515	99992	89082	35450	29034
贵　阳	10	10	1215	968	22098	22098	2595	2595
昆　明	115	99	5442	3799	57195	49665	23700	17811
拉　萨	3	3	84	83	480	440	150	170
西　安	109	77	9958	6814	59856	45800	18149	14988
兰　州	10	10	709	802	5050	6550	1400	1606
西　宁								
银　川								
乌鲁木齐	83	59	3097	1995	23728	16820	9915	5853

4-21 36城市连锁餐饮企业加盟门店基本情况

项　目	门店数（个）		年末从业人员（人）		年末餐饮营业面积（平方米）		年末餐位数（位）	
	2011年	2010年	2011年	2010年	2011年	2010年	2011年	2010年
合　计	**3381**	**3187**	**153821**	**147528**	**1909661**	**1790468**	**814132**	**769249**
北　京	272	258	13726	12811	277044	264646	53602	52496
天　津	20	20	220	217	1335	1335	280	280
石家庄								
太　原	11	10	1136	1134	17910	17210	5832	5028
呼和浩特								
沈　阳								
大　连								
长　春		7		296		4740		1261
哈尔滨								
上　海	7	7	231	223	683	1028	252	422
南　京	1	1	25	29	250	250	70	70
杭　州	283	305	7785	8999	153277	168334	43760	47360
宁　波	5	5	298	460	12793	18583	1964	2600
合　肥	16	21	1623	1804	69690	73731	5798	5830
福　州	264	255	10540	10315	60370	55455	32200	30400
厦　门	261	222	2155	2136	14380	9200	6245	4493
南　昌	1		103		350		123	
济　南								
青　岛								
郑　州								
武　汉	7	5	443	523	11350	8800	2010	1163
长　沙								
广　州	73	60	3276	2999	50368	40554	8620	6540
深　圳								
南　宁								
海　口								
重　庆	1893	1742	106652	99441	1163931	1054250	611237	569044
成　都	163	148	2419	2914	48312	41270	22664	20892
贵　阳								
昆　明	97	114	3019	3027	26418	29882	19055	20950
拉　萨								
西　安								
兰　州								
西　宁								
银　川								
乌鲁木齐	7	7	170	200	1200	1200	420	420

4-22 36城市连锁餐饮企业经营情况

单位：万元

项目	商品购进总额		统一配送商品购进额		自有配送中心配送商品购进额	
	2011年	2010年	2011年	2010年	2011年	2010年
合计	**4676528**	**3788204**	**2987023**	**2525550**	**1727403**	**1626484**
北京	782174	668936	422721	361758	248818	273889
天津	333995	255332	4206	2877	3767	2555
石家庄						
太原	40443	22592	35501	18446	34413	18269
呼和浩特						
沈阳	230671	284468	200105	261322	162843	254539
大连	39480	29294	14944	11990		
长春	4500	4200				
哈尔滨	16395	14143	14745	12493	8025	5791
上海	363805	313688	322884	277850	120956	97501
南京	124223	91954	123431	86533	79760	57848
杭州	340039	356132	278708	295434	229650	258806
宁波	24632	27886	10685	11661		
合肥	35790	30065	25155	21546	12120	9090
福州	94185	77390	59977	49417	12107	21284
厦门	57617	38823	49125	32208	34333	20245
南昌	54485	21041	48634	16524		
济南	9265	7452	9265	7452		
青岛	58665	60909	1501	1351	583	520
郑州	38748	25748	30690	18853	28918	14317
武汉	241492	198213	232908	189276	175011	147285
长沙	125700	101701	117429	92652	102365	78689
广州	327905	263493	311922	249238	134828	101650
深圳	218287	177364	192393	151349	36694	30785
南宁	23399	21829	23399	21829	23399	21829
海口	1909	1619				
重庆	772639	531225	157876	187506	83591	129982
成都	97825	68574	97825	68574	68432	45958
贵阳	10150	8922				
拉萨	126781	31923	126434	30072	105887	16703
昆明	237	179	237	179		
西安	65501	39391	60279	34488	11348	10984
兰州	2772	2895	1224	1850		
西宁						
银川						
乌鲁木齐	12822	10822	12822	10822	9556	7965

4-22 续表

单位：万元

项目	非自有配送中心配送商品购进额		营业额		餐费收入及商品销售额	
	2011年	2010年	2011年	2010年	2011年	2010年
合计	**479520**	**284769**	**10293032**	**8401379**	**10078990**	**8222171**
北京	160383	68422	2131567	1723166	2128366	1718098
天津			399172	308615	399133	308576
石家庄						
太原	1088	177	86970	72615	86970	72615
呼和浩特						
沈阳			414040	293507	414040	293507
大连	10317	7791	96435	74241	96435	74241
长春			6363	4362	6363	4362
哈尔滨	4383	3630	35365	36112	35365	36112
上海	29787	25918	1127778	947876	1127772	947828
南京	13716	4596	353013	264452	353013	264452
杭州	49057	36628	847075	737850	845180	736055
宁波			56247	63589	55816	63589
合肥	2686	2734	86001	67190	86001	67190
福州	17763	14189	258795	270490	258795	270490
厦门	2390	146	131073	105213	131073	105213
南昌	46028	13857	71478	54109	71478	54109
济南			24897	19649	24897	19649
青岛			265649	224275	60751	62620
郑州			82233	69427	82233	69427
武汉	10202	4752	398895	324262	397353	314443
长沙	1069	488	148744	118531	148744	118388
广州	53528	50406	872152	697295	871427	696665
深圳	4004	3870	550597	447481	550597	447481
南宁			58009	46466	58009	46466
海口			5526	4474	5526	4474
重庆	48273	32737	1254168	992347	1253551	992336
成都	5416	2733	264713	212806	264025	212806
贵阳			18384	15962	18384	15962
拉萨	16163	8838	98507	95090	98507	95090
昆明			398	327	398	327
西安			102252	75028	102252	75028
兰州			6011	6560	6011	6560
西宁						
银川						
乌鲁木齐	3265	2857	40527	28015	40527	28015

4-23 36城市连锁餐饮企业直营门店经营情况

单位：万元

项目	商品购进总额		统一配送商品购进额		自有配送中心配送商品购进额	
	2011年	2010年	2011年	2010年	2011年	2010年
合计	**3978727**	**3292312**	**2829076**	**2315935**	**1666531**	**1499452**
北京	725107	627722	412946	353016	244671	265766
天津	333995	255332	4206	2877	3767	2555
石家庄						
太原	37033	19690	35501	18446	34413	18269
呼和浩特						
沈阳	230671	284468	200105	261322	162843	254539
大连	39480	29294	14944	11990		
长春	4500	2100				
哈尔滨	16395	14143	14745	12493	8025	5791
上海	363267	311980	322428	277095	120568	96777
南京	124172	91894	123380	86473	79760	57848
杭州	330343	348453	269012	287755	219955	251127
宁波	21542	24359	7595	8134		
合肥	28514	21418	22009	17054	10743	6379
福州	48458	32343	33691	19466	1453	3144
厦门	53385	33770	47075	29351	34333	17388
南昌	53813	21041	47962	16524		
济南	9265	7452	9265	7452		
青岛	58665	60909	1501	1351	583	520
郑州	38748	25748	30690	18853	28918	14317
武汉	238118	196628	229790	187945	173117	146985
长沙	125700	101701	117429	92652	102365	78689
广州	321403	257817	308921	246562	134828	101650
深圳	218287	177364	192393	151349	36694	30785
南宁	23399	21829	23399	21829	23399	21829
海口	1909	1619				
重庆	235700	178701	80409	57398	52929	46886
成都	90478	60992	90478	60992	67089	43834
贵阳	10150	8922				
拉萨	115246	21655	114990	20537	105525	15744
昆明	237	179	237	179		
西安	65501	39391	60279	34488	11348	10984
兰州	2772	2895	1224	1850		
西宁						
银川						
乌鲁木齐	12473	10502	12473	10502	9208	7645

4-23 续表

单位：万元

项目	非自有配送中心配送商品购进额		营业额		餐费收入及商品销售额	
	2011年	2010年	2011年	2010年	2011年	2010年
合计	**420331**	**240442**	**8849337**	**7119042**	**8636790**	**6942209**
北京	154756	67802	1977893	1595833	1974691	1593140
天津			395457	304596	395418	304557
石家庄						
太原	1088	177	80813	67201	80813	67201
呼和浩特						
沈阳			414040	293507	414040	293507
大连	10317	7791	96435	74241	96435	74241
长春			6363	2062	6363	2062
哈尔滨	4383	3630	35365	36112	35365	36112
上海	29787	25918	1119129	944758	1119124	944710
南京	13716	4596	352911	264354	352911	264354
杭州	49057	36628	777701	669860	777168	668064
宁波			50574	57282	50143	57283
合肥	2686	2734	69110	50360	69110	50360
福州	2132	2378	115135	104182	115135	104182
厦门	340	146	112803	89809	112803	89809
南昌	45356	13857	70715	54109	70715	54109
济南			24897	19649	24897	19649
青岛			265649	224275	60751	62620
郑州			82233	69427	82233	69427
武汉	10149	4697	394191	321485	392649	311666
长沙	1069	488	148744	118531	148744	118388
广州	50752	47928	854512	682883	853787	682253
深圳	4004	3870	550597	447481	550597	447481
南宁			58009	46466	58009	46466
海口			5526	4474	5526	4474
重庆	25774	10512	351704	243369	351219	243359
成都	5416	2732	197337	150989	196649	150989
贵阳			18384	15962	18384	15962
拉萨	6283	1701	75377	57255	75377	57255
昆明			398	327	398	327
西安			102252	75028	102252	75028
兰州			6011	6560	6011	6560
西宁						
银川						
乌鲁木齐	3265	2857	39076	26615	39076	26615

4-24 36城市连锁餐饮企业加盟门店经营情况

单位：万元

项目	商品购进总额		统一配送商品购进额		自有配送中心配送商品购进额	
	2011年	2010年	2011年	2010年	2011年	2010年
合计	**697801**	**495892**	**157947**	**209615**	**60872**	**127032**
北京	57067	41215	9775	8742	4147	8122
天津						
石家庄						
太原	3410	2902				
呼和浩特						
沈阳						
大连						
长春		2100				
哈尔滨						
上海	538	1707	456	755	389	724
南京	51	60	51	60		
杭州	9696	7679	9696	7679	9696	7679
宁波	3090	3527	3090	3527		
合肥	7276	8647	3147	4492	1377	2712
福州	45727	45048	26286	29951	10654	18140
厦门	4232	5052	2050	2857		2857
南昌	672		672			
济南						
青岛						
郑州						
武汉	3373	1586	3119	1331	1894	300
长沙						
广州	6502	5676	3002	2676		
深圳						
南宁						
海口						
重庆	536939	352524	77467	130108	30662	83096
成都	7347	7582	7347	7582	1343	2124
贵阳						
拉萨	11535	10268	11444	9534	362	959
昆明						
西安						
兰州						
西宁						
银川						
乌鲁木齐	348	320	348	320	348	320

4-24 续表

单位：万元

项目	非自有配送中心配送商品购进额		营业额		餐费收入及商品销售额	
	2011年	2010年	2011年	2010年	2011年	2010年
合计	**59189**	**44327**	**1443695**	**1282337**	**1442200**	**1279962**
北京	5627	620	153675	127333	153675	124958
天津			3715	4019	3715	4019
石家庄						
太原			6157	5414	6157	5414
呼和浩特						
沈阳						
大连						
长春				2300		2300
哈尔滨						
上海			8649	3119	8649	3119
南京			102	98	102	98
杭州			69374	67990	68012	67990
宁波			5673	6306	5673	6306
合肥			16891	16830	16891	16830
福州	15631	11811	143660	166308	143660	166308
厦门	2050		18270	15403	18270	15403
南昌	672		763		763	
济南						
青岛						
郑州						
武汉	53	55	4704	2777	4704	2777
长沙						
广州	2776	2478	17640	14412	17640	14412
深圳						
南宁						
海口						
重庆	22500	22226	902464	748977	902332	748977
成都	1		67376	61817	67376	61817
贵阳						
拉萨	9880	7137	23130	37835	23130	37835
昆明						
西安						
兰州						
西宁						
银川						
乌鲁木齐			1451	1400	1451	1400

第五部分

连锁企业情况

5-1 销售额10亿元以上连锁零售企业

企业名称	业态	连锁商号	所在地
苏宁电器股份有限公司	专业店	苏宁电器	江苏省南京市
中国石油化工股份有限公司广东石油分公司	加油站	中国石化	广东省广州市
中国石油化工股份有限公司江苏石油分公司	加油站	中国石化	江苏省南京市
中国石油化工股份有限公司浙江石油分公司	加油站	中国石化	浙江省杭州市
中国石油化工股份有限公司广东云浮石油分公司	加油站	中国石化	广东省云浮市
中国石油化工股份有限公司山东石油分公司	加油站	中国石化	山东省济南市
联华超市股份有限公司	超市	世纪联华、华联、快客	上海市
中国石油天然气股份有限公司华南销售分公司	加油站	中国石油	广东省广州市
上海大润发有限公司	仓储会员店	大润发	上海市
中国石油化工股份有限公司北京石油分公司	加油站	中国石化	北京市
中国石油天然气股份有限公司内蒙古分公司	加油站	中国石油	内蒙古自治区呼和浩特市
中国石油化工股份有限公司上海石油分公司	加油站	中国石化	上海市
苏果超市有限公司	超市	苏果	江苏省南京市
中国石油天然气股份有限公司江苏销售分公司	加油站	中国石油	江苏省南京市
中国石油化工股份有限公司安徽石油分公司	加油站	中国石化	安徽省合肥市
中国石油化工股份有限公司津石油分公司	加油站	中国石化	天津市
中国石油天然气股份有限公司浙江销售分公司	加油站	中国石油	浙江省杭州市
合肥百货大楼集团股份有限公司	百货店	合肥百大	安徽省合肥市
山东银座商城股份有限公司	百货店	银座商城	山东省济南市
中国石油天然气股份有限公司重庆销售分公司	加油站	中国石油	重庆市
中百控股集团股份有限公司	超市	中百	湖北省武汉市
中国石油天然气股份有限公司北京销售分公司	加油站	中国石油	北京市
中国石油化工股份有限公司广东广州石油分公司	加油站	中国石化	广东省广州市
中国石油天然气股份有限公司安徽销售分公司	加油站	中国石油	安徽省合肥市
利群集团股份有限公司	百货店	青岛利群	山东省青岛市
物美控股集团有限公司	超市	物美	北京市
武汉武商集团股份有限公司	百货店	武商	湖北省武汉市
南通文峰大世界连锁发展股份有限公司	百货店	文峰大世界	江苏省南通市
北京王府井百货(集团)股份有限公司	百货店	王府井	北京市
永辉超市股份有限公司福州鼓楼分公司	大型超市	永辉超市、轩辉	福建省福州市
中国石油天然气股份有限公司上海销售分公司	加油站	中国石油	上海市
中国石油天然气股份有限公司大连销售分公司	加油站	中国石油	辽宁省大连市
北国商城股份有限公司	百货店	北国商城	河北省石家庄市
上海世纪联华超市发展有限公司	大型超市	世纪联华	上海市
昆山润华商业有限公司	大型超市	大润发	江苏省苏州市
锦江麦德龙现购自运有限公司	仓储会员店	麦德龙	上海市
广东物资集团汽车贸易公司	专业店	广物汽贸	广东省广州市
重庆商社新世纪百货有限公司	百货店	新世纪	重庆市
安徽辉隆农资集团股份有限公司	专业店	辉隆农资	安徽省合肥市
中国石油天然气股份有限公司天津销售分公司	加油站	中国石油	天津市
中国石油化工股份有限公司云南昆明石油分公司	加油站	中国石化	云南省昆明市
农工商超市(集团)有限公司	超市	农工商超市	上海市
上海老庙黄金连锁经营有限公司	专业店	老庙黄金	上海市
江苏乐天玛特商业有限公司	大型超市	乐天玛特	江苏省南通市
华润万家有限公司	大型超市	华润万家	广东省深圳市
中国石油天然气股份有限公司辽宁沈阳销售分公司	加油站	中国石油	辽宁省沈阳市
中国石油化工股份有限公司深圳石油分公司	加油站	中国石化	广东省深圳市
北京菜市口百货股份有限公司	专业店	菜百首饰	北京市
山东潍坊百货集团股份有限公司	超市	中百、佳乐家	山东省潍坊市
江苏苏农农资连锁集团股份有限公司	专业店	苏农连锁	江苏省南京市
武汉中商集团股份有限公司	大型超市	中商	湖北省武汉市
中石化壳牌(江苏)石油销售有限公司	加油站	中国石化	江苏省苏州市

5-1 续表 1

企业名称	业态	连锁商号	所在地
重庆百货大楼股份有限公司	百货店	重庆百货	重庆市
天虹商场股份有限公司	百货店	天虹	广东省深圳市
中国石油化工股份有限公司湖北武汉分公司	加油站	中国石化	湖北省武汉市
中国石油天然气股份有限公司黑龙江哈尔滨销售分公司	加油站	中国石油	黑龙江省哈尔滨市
江苏五星电器有限公司	专业店	五星电器	江苏省南京市
山东家家悦集团有限公司	超市	家家悦	山东省威海市
安徽商之都股份有限公司	百货店	商之都	安徽省合肥市
江苏凤凰出版传媒股份有限公司	专业店	新华书店	江苏省南京市
郑州丹尼斯百货有限公司	百货店	丹尼斯	河南省郑州市
中国石油化工股份有限公司河北唐山分公司	加油站	中国石化	河北省唐山市
中国石油化工股份有限公司河北石家庄石油分公司	加油站	中国石化	河北省石家庄市
中国石油化工股份有限公司广西南宁石油分公司	加油站	中国石化	广西壮族自治区南宁市
上海亚一金店有限公司	专业店	亚一	上海市
中国石油化工股份有限公司福建石油分公司	专业店	中国石化	福建省福州市
中国石油天然气总公司长春分公司	加油站	中国石油	吉林省长春市
步步高商业连锁股份有限公司	大型超市	步步高	湖南省湘潭市
中国石油天然气股份有限公司湖北销售分公司武汉零售分公司	加油站	中国石油	湖北省武汉市
北京苏宁电器有限公司	专业店	苏宁电器	北京市
中国石油化工有限公司广东东莞石油分公司	加油站	中国石化	广东省东莞市
陕西省烟草公司西安分公司	专业店	陕西烟草	陕西省西安市
国美电器有限公司	专业店	国美电器	北京市
中国石油天然气股份有限公司云南昆明销售公司	加油站	中国石油	云南省昆明市
浙江省新华书店集团有限公司	专业店	新华书店	浙江省杭州市
北京市大中家用电器连锁销售有限公司	专业店	大中电器	北京市
上海苏宁电器有限公司	专业店	苏宁电器	上海市
路易威登(中国)商业销售有限公司	专卖店	路易威登	上海市
广州市广百股份有限公司	百货店	广百	广东省广州市
重庆永辉超市有限公司	超市	永辉超市	重庆市
中国石油化工股份有限公司重庆石油分公司	加油站	中国石化	重庆市
广州市国美电器有限公司	专业店	国美电器	广东省广州市
中国石油化工股份有限公司江西赣州石油分公司	加油站	中国石化	江西省赣州市
上海联家超市有限公司	大型超市	家乐福	上海市
中国石油化工股份有限公司湖南长沙石油分公司	加油站	中国石化	湖南省长沙市
北京家乐福商业有限公司	大型超市	家乐福	北京市
永乐(中国)电器销售有限公司	专业店	永乐电器	上海市
中油碧辟石油有限公司广州分公司	专业店	中油碧辟	广东省广州市
济南人民大润发商业有限公司	大型超市	大润发	山东省济南市
中国石油化工股份有限公司山西太原石油分公司	加油站	中国石化	山西省太原市
山东鲁花集团商贸有限公司	专业店	鲁花	山东省烟台市
沃尔玛深国投百货有限公司	大型超市	沃尔玛	广东省深圳市
武汉工贸有限公司	专业店	工贸家电	湖北省武汉市
中国石油化工股份有限公司江西南昌石油分公司	加油站	中国石化	江西省南昌市
上海易初莲花连锁超市有限公司	大型超市	卜蜂莲花	上海市
中国石油天然气股份有限公司辽宁营口销售分公司	专业店	中国石油	辽宁省营口市
北京京客隆商业集团股份有限公司	超市	京客隆	北京市
中国石化森美(福建)石油有限公司泉州分公司	加油站	中国石化	福建省泉州市
中国石油化工股份有限公司湖南株洲石油公司	加油站	中国石化	湖南省株洲市
中国石油化工股份有限公司广西柳州石油分公司	加油站	中国石化	广西壮族自治区柳州市
山东新星集团有限公司	超市	新星	山东省淄博市
中国石油天然气股份有限公司新疆乌鲁木齐销售公司	加油站	中国石油	新疆维吾尔自治区乌鲁木齐市
济南华联商厦集团股份有限公司	大型超市	华联	山东省济南市
中国石油化工股份有限公司河南南阳石油分公司	加油站	中国石化	河南省南阳市
成都红旗连锁股份有限公司	超市	红旗连锁	四川省成都市

5-1　续表 2

企业名称	业态	连锁商号	所在地
上海国美电器有限公司	专业店	国美电器	上海市
三江购物俱乐部股份有限公司	超市	三江购物	浙江省宁波市
广州屈臣氏个人用品商店有限公司	百货店	屈臣氏	广东省广州市
深圳茂业商厦有限公司	百货店	茂业	广东省深圳市
天盟农资连锁有限责任公司	专卖店	天盟农资	云南省昆明市
广州友谊集团股份有限公司	百货店	广州友谊	广东省广州市
中国石油化工股份有限公司山东东营石油分公司	加油站	中国石化	山东省东营市
中国石油化工股份有限公司广西桂林石油分公司	加油站	中国石化	广西壮族自治区桂林市
中石化森美(福建)石油有限公司南平分公司	加油站	中国石化	福建省南平市
北京翠微大厦股份有限公司	百货店	翠微百货	北京市
中国石油化工股份有限公司广东中山石油分公司	加油站	中国石化	广东省中山市
广州易初莲花连锁超市有限公司	大型超市	易初莲花	广东省广州市
中国石油化工股份有限公司河南洛阳石油分公司	加油站	中国石化	河南省洛阳市
中国石油化工股份有限公司河北邢台石油分公司	加油站	中国石化	河北省邢台市
中国石化森美(福建)石油有限公司漳州分公司	加油站	中国石化	福建省漳州市
中国石化工股份有限公司广东肇庆石油分公司	专业店	中国石化	广东省肇庆市
中国石油化工股份有限公司山西晋中石油分公司	专业店	中国石化	山西省晋中市
四川苏宁电器有限公司	专业店	苏宁电器	四川省成都市
中国石油化工股份有限公司河北保定石油分公司	加油站	中国石化	河北省保定市
新华文轩出版传媒股份有限公司	专卖店	新华文轩	四川省成都市
中国石油天然气股份有限公司新疆阿克苏销售分公司	加油站	中国石油	新疆维吾尔自治区阿克苏地区
中国石油天然气股份有限公司甘肃兰州分公司	加油站	中国石油	甘肃省兰州市
中国石油化工股份公司江西吉安分公司	加油站	中国石化	江西省吉安市
中国石油天然气股份有限新疆库尔勒销售分公司	加油站	中国石油	新疆维吾尔自治区巴音郭楞蒙古自治州
中国石油化工股份有限公司湖南岳阳石油分公司	加油站	中国石化	湖南省岳阳市
中国石油化工股份有限公司河北邯郸石油分公司	加油站	中国石化	河北省邯郸市
江西省烟草公司南昌市公司	专业店	江西烟草	江西省南昌市
中国石油天然气股份有限公司湖南长沙销售分公司	加油站	中国石油	湖南省长沙市
中国石油化工股份有限公司江西宜春石油分公司	加油站	中国石化	江西省宜春市
江西新华发行集团有限公司	专业店	新华书店	江西省南昌市
青岛维客集团股份有限公司	百货店	维客、好客	山东省青岛市
中石化森美(福建)石油有限公司三明分公司	加油站	中国石化	福建省三明市
中国石油化工股份有限公司河北沧州石油分公司	加油站	中国石化	河北省沧州市
中石化森美(福建)石油有限公司福州分公司	加油站	中国石化(森美)	福建省福州市
江西省烟草公司赣州市公司	专业店	江西烟草	江西省赣州市
中石化森美(福建)石油有限公司龙岩分公司	专业店	中国石化	福建省龙岩市
西安开元商城有限公司	百货店	西安开元商城	陕西省西安市
中国石化销售有限公司西北宁夏分公司	加油站	中国石化	宁夏回族自治区银川市
中国石油化工股份有限公司广西梧州石油分公司	加油站	中国石化	广西壮族自治区梧州市
中石化森美(福建)石油有限公司厦门分公司	加油站	中国石化	福建省厦门市
深圳市国美电器有限公司	专业店	国美电器	广东省深圳市
江西省烟草公司上饶分公司	专业店	江西烟草	江西省上饶市
天津国美电器有限公司	专业店	国美电器	天津市
中国石油天然气股份有限公司辽宁抚顺销售分	加油站	中国石油	辽宁省抚顺市
重庆渝宁苏宁电器有限公司	专业店	苏宁电器	重庆市
中国石油化工股份有限公司襄樊石油分公司	专业店	中国石化	湖北省襄阳市
浙江惠多利农资连锁有限公司	专业店	惠多利	浙江省杭州市
广东苏宁电器有限公司	专业店	苏宁电器	广东省广州市
成都国美电器有限公司	专卖店	国美电器	四川省成都市
深圳市人人乐商业有限公司	大型超市	人人乐	广东省深圳市
长沙通程实业(集团)有限公司	百货店	通程电器	湖南省长沙市
中国石油天然气股份有限公司广东广州销售分公司	专业店	中国石油	广东省广州市
北京沃尔玛百货有限公司	仓储会员店	沃尔玛	北京市

5-1 续表 3

企业名称	业态	连锁商号	所在地
华联集团吉买盛购物中心有限公司	大型超市	华联吉买盛	上海市
中国石油化工股份有限公司河北廊坊石油分公司	加油站	中国石化	河北省廊坊市
重庆新华书店集团公司	专业店	新华书店	重庆市
中国石油天然气股份有限公司宁夏银川销售公司	加油站	中国石油	宁夏回族自治区银川市
深圳市苏宁电器有限公司	专业店	苏宁电器	广东省深圳市
秦皇岛中油华奥销售有限公司	加油站	中国石油	河北省秦皇岛市
北京北星行汽车销售有限公司	专卖店	北星行	北京市
中国石油天然气股份有限公司辽宁盘锦销售分公司	加油站	中国石油	辽宁省盘锦市
中国石油天然股份有限公司新疆喀什销售分公司	加油站	中国石油	新疆维吾尔自治区喀什地区
北京美廉美连锁商业有限公司	大型超市	美廉美	北京市
中域电讯连锁集团股份有限公司	专业店	中域电讯	广东省东莞市
湖北高路油站经营有限责任公司	加油站	中国石化	湖北省武汉市
中国石油化工股份有限公司广西百色石油分公司	加油站	中国石化	广西壮族自治区百色市
中国石油化工股份有限公司河南三门峡石油分公司	加油站	中国石化	河南省三门峡市
中国石油天然气股份有限公司河北保定销售分公司	加油站	中国石油	河北省保定市
中国石油化工股份有限公司湖南怀化石油分公司	加油站	中国石化	湖南省怀化市
中国石油天然气股份有限公司新疆哈密销售分公司	加油站	中国石油	新疆维吾尔自治区哈密地区
中国石油天然气股份有限公司广西南宁销售分公司	加油站	中国石油	广西壮族自治区南宁市
中国石油化工股份有限公司河北承德销售分公司	加油站	中国石化	河北省承德市
广东吉之岛天贸百货有限公司	百货店	吉之岛	广东省广州市
中国石油化工股份有限公司山西长治石油分公司	加油站	中国石化	山西省长治市
中国石油化工股份有限公司广西玉林石油分公司	加油站	中国石化	广西壮族自治区玉林市
中国石油化工股份有限公司河南信阳石油分公司	加油站	中国石化	河南省信阳市
广州友谊班尼路服饰有限公司	专卖店	友谊班尼路	广东省广州市
中国石油化工股份有限公司九江石油分公司	加油站	中国石化	江西省九江市
江西省烟草公司九江分公司	专业店	江西烟草	江西省九江市
中国石油天然气股份有限公司辽宁丹东销售分公司	加油站	中国石油	辽宁省丹东市
中国石油天然气股份有限公司辽宁葫芦岛分公司	加油站	中国石油	辽宁省葫芦岛市
江西省烟草公司宜春市公司	专业店	江西烟草	江西省宜春市
中国石油天然气股份有限公司辽宁朝阳销售分公司	加油站	中国石油	辽宁省朝阳市
江苏省食品集团有限公司	其他	苏食集团	江苏省南京市
广州百佳超级市场有限公司	超市	百佳	广东省广州市
中国石油辽宁本溪销售分公司	加油站	石油	辽宁省本溪市
华润万家生活超市(广州)有限公司	大型超市	润之家、简约组合	广东省广州市
中国石油天然气股份有限公司新疆昌吉销售分公司	加油站	中国石油	新疆维吾尔自治区昌吉回族自治州
中石化安徽安庆石油分公司	加油站	中国石化	安徽省安庆市
中国石化销售有限公司西北新疆阿克苏分公司	加油站	中国石油	新疆维吾尔自治区阿克苏地区
中国石油化工股份有限公司山东滨州石油分公司	加油站	中国石化	山东省滨州市
陕西省烟草公司榆林市公司	专卖店	陕西烟草	陕西省榆林市
天津华润万家生活超市有限公司	大型超市	华润万家	天津市
中国石油化工股份有限公司珠海石油分公司	专业店	中国石化	广东省珠海市
中国石油化工股份有限公司河南平顶山石油分公司	加油站	中国石化	河南省平顶山市
中国石油化工股份有限公司上饶分公司	加油站	中国石化	江西省上饶市
中国石油天然气股份有限公司辽宁辽阳销售分公司	加油站	中国石油	辽宁省辽阳市
奥康鞋业销售有限公司	专卖店	奥康鞋业	浙江省温州市
浙江银泰百货有限公司	百货店	银泰	浙江省杭州市
中国石油化工股份有限公司抚州分公司	加油站	中国石化	江西省抚州市
江西洪客隆百货投资有限公司	百货店	洪客隆	江西省南昌市
中国石油化工股份有限公司驻马店分公司	加油站	中国石化	河南省驻马店市
中国石油天然气股份有限公司河北石家庄销售分公司	加油站	中国石油	河北省石家庄市
中国石油化工股份有限公司广西河池石油分公司	加油站	中国石化	广西壮族自治区河池市
中国石油化工股份有限公司河北衡水石油分公司	加油站	中国石化	河北省衡水市
广州天河城百货有限公司	百货店	天河城百货	广东省广州市

5-1 续表 4

企业名称	业态	连锁商号	所在地
中国石油天然气股份有限公司新疆伊犁销售分公司	加油站	中国石油	新疆维吾尔自治区伊犁哈萨克自治州
中山市壹加壹连锁商业有限公司	大型超市	壹加壹	广东省中山市
北京首商集团股份有限公司	百货店	西单商场	北京市
山西省烟草公司晋中市公司	专业店	山东烟草	山西省晋中市
重庆国美电器有限公司	专卖店	国美电器	重庆市
天津壳牌石油有限公司	加油站	壳牌	天津市
北京超市发连锁股份有限公司	超市	超市发	北京市
雄风集团有限公司	百货店	雄风	浙江省绍兴市
中国石油天然气股份有限公司四川宜宾销售分公司	加油站	中国石油	四川省宜宾市
天宁苏宁电器有限公司	专业店	苏宁电器	天津市
广州壳牌石油化工有限公司	其他	壳牌	广东省广州市
青岛利客来商贸集团股份有限公司	百货店	利客来	山东省青岛市
广州市振戎燃气连锁经营有限公司	其他	振戎燃气	广东省广州市
青岛永旺东泰商业有限公司	百货店	佳世客	山东省青岛市
沈阳家乐福商业有限公司	大型超市	家乐福	辽宁省沈阳市
北京国泰平安百货有限公司.	百货店	国泰平安百货	北京市
中国石油天然气股份有限公司甘肃天水销售分公司	加油站	中国石油	甘肃省天水市
青岛北方国贸大厦集团股份有限公司	百货店	北方国贸	山东省青岛市
浙江供销超市有限公司	超市	浙江供销超市	浙江省绍兴市
广西南城百货股份有限公司	大型超市	南城百货	广西壮族自治区南宁市
中国石油化工股份有限公司广西钦州石油分公司	加油站	中国石化	广西壮族自治区钦州市
江苏新合作常客隆连锁超市有限公司	超市	新合作常客隆	江苏省苏州市
中国石油化工股份有限公司广西贵港石油分公司	加油站	中国石化	广西壮族自治区贵港市
上海联华快客便利有限公司	便利店	快客	上海市
云南沃尔玛百货有限公司	大型超市	沃尔玛	云南省昆明市
华糖洋华堂商业有限公司	大型超市	华堂商场	北京市
济宁中油石化有限公司	加油站	中油石化	山东省济宁市
中国石油天然气股份有限公司四川德阳销售分公司	加油站	中国石油	四川省德阳市
中国石油化工股份有限公司湖北荆门石油分公司	加油站	中国石化	湖北省荆门市
南昌百货大楼股份有限公司	百货店	南昌百货大楼	江西省南昌市
江西省烟草公司抚州分公司	专业店	江西烟草	江西省抚州市
中国石油化工股份有限公司湖南娄底石油分公司	加油站	中国石化	湖南省娄底市
中国石油化工股份有限公司湖南邵阳石油分公司	加油站	中国石化	湖南省邵阳市
中国石油天然气股份有限公司山西太原销售分公司	加油站	中国石油	山西省太原市
中国石油化工股份有限公司湖南常德石油分公司	加油站	中国石化	湖南省常德市
中国石油天然气股份有限公司广东肇庆分公司	加油站	中国石油	广东省肇庆市
中国石油化工股份有限公司河南许昌石油分公司	加油站	中国石化	河南省许昌市
中国石油天然气股份有限公司辽宁阜新销售分公司	加油站	中国石油	辽宁省阜新市
泉州新华都购物广场有限公司	大型超市	新华都	福建省泉州市
沈阳国美电器有限公司	专业店	国美电器	辽宁省沈阳市
中石化森美(福建)石油有限公司莆田分公司	加油站	中国石化	福建省莆田市
中国石油天然气股份有限公司广西柳州销售分公司	加油站	中国石油	广西壮族自治区柳州市
中国石油化工股份有限公司广东阳江分公司	加油站	中国石化	广东省阳江市
中国石油天然气股份有限公司河南洛阳销售分公司	加油站	中国石油	河南省洛阳市
浙江红蜻蜓鞋业股份有限公司销售部	专卖店	红蜻蜓	浙江省温州市
苏州欧尚超市有限公司	大型超市	欧尚	江苏省苏州市
华润万家生活超市(浙江)有限公司	大型超市	华润万家	浙江省杭州市
中国石油化工股份有限公司湖南永州石油分公司	加油站	中国石化	湖南省永州市
四川省烟草公司德阳市公司	专业店	四川烟草	四川省德阳市
中国石油天然气股份有限公司福建福州销售分公司	加油站	中国石油	福建省福州市
广西辉煌交通石化有限公司	加油站	中国石化	广西壮族自治区南宁市
中国石油销售有限公司唐山分公司	加油站	中国石油	河北省唐山市

5-1　续表 5

企业名称	业态	连锁商号	所在地
烟台市家家悦超市有限公司	超市	家家悦	山东省烟台市
浙江华润慈客隆超市有限公司	超市	华润万家	浙江省宁波市
陕西省烟草公司安康市公司	专卖店	陕西烟草	陕西省安康市
江苏省苏盐连锁有限公司	专业店	苏盐连锁	江苏省南京市
浙江人本超市有限公司	超市	人本	浙江省温州市
宁波市北仑加贝购物俱乐部	大型超市	加贝	浙江省宁波市
中石化森美(福建)石油有限公司宁德分公司	加油站	中国石化	福建省宁德市
安徽徽商农家福有限公司	其他	农家福	安徽省合肥市
山东全福元商业集团有限责任公司总店	超市	全福元	山东省潍坊市
黑龙江黑天鹅家电有限公司	专业店	黑天鹅	黑龙江省哈尔滨市
深圳市顺电连锁股份有限公司	专业店	顺电连锁	广东省深圳市
成都家乐福超市有限公司	大型超市	家乐福	四川省成都市
上海家得利超市有限公司	超市	家得利	上海市
湖南省新华书店有限责任公司	专业店	新华书店	湖南省长沙市
上海老凤祥银楼有限公司	专卖店	老凤祥	上海市
中国石油天然气股份有限公司新疆阿勒泰销售分公司	加油站	中国石油	新疆维吾尔自治区阿勒泰地区
山西美特好连锁超市有限公司	超市	美特好	山西省太原市
中国石油化工股份有限公司湖南石油销售分公司	加油站	中国石化	湖南省长沙市
中国石油天然气股份有限公司新疆吐鲁番销售分公司	加油站	中国石油	新疆维吾尔自治区吐鲁番地区
江西赣兴格力空调销售有限公司	专业店	格力空调	江西省南昌市
上海永乐通讯设备有限公司	专业店	永乐	上海市
中国石油化工股份有限公司福建泉州石油分公司	加油站	中国石化	福建省泉州市
中国石油化工股份有限公司福建福州分公司	加油站	中国石化	福建省福州市
中国石油天然气股份有限公司福建厦门销售分	加油站	中国石油	福建省厦门市
廊坊市商业明珠大厦	百货店	商业明珠	河北省廊坊市
乐天超市有限公司	大型超市	乐天玛特、乐之选	北京市
山东银宝食品有限公司	专卖店	银宝	山东省泰安市
武汉苏宁电器有限公司	专业店	苏宁电器	湖北省武汉市
中国石油天然气股份有限公司泉州销售分公司	加油站	中国石油	福建省泉州市
中国石油化工股份有限公司河北秦皇岛石油分公司	加油站	中国石化	河北省秦皇岛市
中国石油天然气股份有限公司江西南昌销售分公司	加油站	中国石油	江西省南昌市
无锡悦家商业有限公司	大型超市	家乐福	江苏省无锡市
上海可的便利店有限公司	便利店	可的	上海市
中石化湖南益阳石油分公司	加油站	中国石化	湖南省益阳市
中国石油天然气股份有限公司广西玉林销售分公司	加油站	中国石油	广西壮族自治区玉林市
河南永乐生活电器有限公司	专业店	永乐电器	河南省郑州市
江苏鹏润国美电器有限公司	专业店	国美电器	江苏省南京市
中国石油化工股份有限公司周口分公司	加油站	中国石化	河南省周口市
武汉国美电器有限公司	专业店	国美电器	湖北省武汉市
河南省国美电器有限公司	专业店	国美电器	河南省郑州市
上海欧尚超市有限公司	大型超市	欧尚	上海市
上海好德便利有限公司	便利店	好德	上海市
上海太平洋百货有限公司	百货店	太平洋百货	上海市
中国石油天然气股份有限公司河北秦皇岛销售分公司	加油站	中国石油	河北省秦皇岛市
中国石油天然气股份有限公司河北邢台销售分公司	加油站	中国石油	河北省邢台市
新疆兵团农业生产资料供应公司	专业店	新疆兵团农业生产资料	新疆维吾尔自治区乌鲁木齐市
中国石油化工股份有限公司江西新余石油分公司	加油站	中国石化	江西省新余市
华润万家(苏州)超市有限公司	超市	华润万家	江苏省苏州市
中国石油天然气股份有限公司河北沧州销售分公司	加油站	中国石油	河北省沧州市
大庆市庆客隆连锁商贸有限公司	超市	庆客隆	黑龙江省大庆市
中国石油天然气股份有限公司新疆克拉玛依销售分公司	加油站	中国石油	新疆维吾尔自治区克拉玛依市
中国石油天然气股份有限公司河南周口销售分公司	加油站	中国石油	河南省周口市

5-1 续表 6

企业名称	业态	连锁商号	所在地
北京屈臣氏个人用品连锁商店有限公司	超市	屈臣氏	北京市
中国石油化工股份有限公司广东粤东石油公司	专业店	中国石化	广东省汕头市
西安民生集团股份有限公司	百货店	民生	陕西省西安市
昆明云顺和商业发展有限公司	百货店	云顺和	云南省昆明市
中国石油化工股份有限公司江西萍乡石油分公司	加油站	中国石化	江西省萍乡市
中国石油化工股份有限公司河南新乡石油分公司	专业店	中国石化	河南省新乡市
湖南家润多超市有限公司	大型超市	家润多	湖南省长沙市
美克美家家具连锁有限公司	专卖店	美克美家	新疆维吾尔自治区乌鲁木齐市
新一佳超市有限公司	大型超市	新一佳	广东省深圳市
烟台振华量贩超市有限公司	超市	振华量饭	山东省烟台市
中国石油化工股份有限公司河南开封石油分公司	加油站	中国石化	河南省开封市
北京欧尚超市有限公司	大型超市	欧尚	北京市
苏州悦家超市有限公司	大型超市	家乐福	江苏省苏州市
北京稻香村食品有限责任公司	专卖店	三禾、稻香村	北京市
武汉汉福超市有限公司	大型超市	家乐福	湖北省武汉市
昆明家乐福超市有限公司	大型超市	家乐福	云南省昆明市
浙江华联商厦有限公司	百货店	家家福	浙江省宁波市
上海易买得超市有限公司	大型超市	易买得	上海市
中国石油化工股份有限公司马鞍山市石油分公司	专业店	中国石化	安徽省马鞍山市
中国石油化工股份有限公司湖南湘西分公司	加油站	中国石化	湖南省湘西土家族苗族自治州
中国石油化工股份有限公司广西北海石油分公司	加油站	中国石化	广西壮族自治区北海市
广州市好又多百货商业广场有限公司	超市	好又多	广东省广州市
山东九州商业集团有限公司	大型超市	九州	山东省临沂市
陕西省烟草公司商洛市公司	专业店	商洛烟草	陕西省商洛市
中国石油天然气股分有限公司宁夏固原销售分公司	加油站	中国石油	宁夏回族自治区固原市
北京永辉超市有限公司	大型超市	永辉超市	北京市
福州国美电器有限公司	专卖店	国美电器	福建省福州市
浙江话机世界数码连锁集团股份有限公司	专卖店	话机世界	浙江省杭州市
上海宏图三胞电脑发展有限公司	专业店	宏图三胞	上海市
中国石油天然气股份有限公司广西钦州销售分公司	加油站	中国石油	广西壮族自治区钦州市
中国石油化工股份有限公司江西景德镇石油分公司	加油站	中国石化	江西省景德镇市
广东龙粤通信设备集团有限公司	专业店	龙粤通信	广东省广州市
中国石油天然气股份有限公司河北邯郸销售分公司	加油站	中国石油	河北省邯郸市
山西华宇商业发展股份有限公司	百货店	华宇	山西省太原市
大连国美电器有限公司	专业店	国美电器	辽宁省大连市
北京市上品商业发展有限责任公司	折扣店	上品折扣	北京市
三联商社股份有限公司	专业店	三联商社	山东省济南市
上海屈臣氏日用品有限公司	超市	屈臣氏	上海市
中国石油天然气股份有限公司福建省漳州销售分公司	加油站	中国石油	福建省漳州市
中国石油天然气股份有限公司河南许昌销售分公司	加油站	中国石油	河南省许昌市
福中集团有限公司	专业店	福中	江苏省南京市
南昌洪城大厦股份有限公司	百货店	洪城大厦	江西省南昌市
广州家广超市有限公司	大型超市	家乐福	广东省广州市
中国石油天然气股份有限公司广西桂林销售分公司	加油站	中国石油	广西壮族自治区桂林市
青岛国美电器有限公司	专业店	国美电器	山东省青岛市
浙江上百贸易有限公司	百货店	上百贸易	浙江省绍兴市
银川市新华百货连锁超市有限公司	大型超市	新华百货	宁夏回族自治区银川市
唐山市金客隆超市有限公司	超市	金客隆	河北省唐山市
上海福满家便利有限公司	便利店	福满家	上海市
中国石油天然气股份有限公司河南平顶山销售分公司	加油站	中国石油	河南省平顶山市
东莞市时尚电器有限公司	专业店	时尚电器	广东省东莞市
北京华冠商贸有限公司	超市	北京华冠	北京市

5-1　续表 7

企业名称	业态	连锁商号	所在地
成都市人人乐商业有限公司	大型超市	人人乐	四川省成都市
中国石油天然气股份有限公司新疆和田销售分公司	加油站	中国石油	新疆维吾尔自治区和田地区
上海伍缘现代杂货有限公司	折扣店	伍缘	上海市
湖南新一佳商业投资有限公司	大型超市	新一佳	湖南省长沙市
哈尔滨家乐福超市有限公司	大型超市	家乐福	黑龙江省哈尔滨市
十堰市新合作超市有限公司	超市	新合作超市	湖北省十堰市
重庆重客隆超市连锁有限责任公司	超市	重客隆	重庆市
中国石油天然气股份有限公司河北张家口销售分公司	加油站	中国石油	河北省张家口市
东莞市嘉荣超市有限公司	大型超市	嘉荣	广东省东莞市
安徽五星电器有限公司	专业店	五星电器	安徽省合肥市
沈阳苏宁电器有限公司	专业店	苏宁电器	辽宁省沈阳市
辽宁成大方圆医药连锁有限公司	专业店	成大方圆	辽宁省沈阳市
东莞市天虹商场有限公司	百货店	天虹	广东省东莞市
中石化长江燃料有限公司武汉分公司	加油站	中石化长燃	湖北省武汉市
浙江三江购物有限公司	超市	三江	浙江省杭州市
合肥悦家商业有限公司	大型超市	家乐福	安徽省合肥市
中石化江西鹰潭石油分公司	加油站	中国石化	江西省鹰潭市
北京宜家家居有限公司	家居建材商店	宜家家居	北京市
山西国美电器有限公司	专业店	国美电器	山西省太原市
江苏华润万家超市有限公司	超市	华润万家	江苏省苏州市
上海新华传媒连锁有限公司	专卖店	新华书店、上海书城	上海市
厦门永乐思文家电有限公司	专业店	永乐电器	福建省厦门市
捷强烟草糖酒(集团)连锁有限公司	专卖店	捷强	上海市
宁波欧尚超市有限公司	大型超市	欧尚	浙江省宁波市
中国石油天然气股份有限公司山西晋中销售分公司	加油站	中国石油	山西省晋中市
山东统一银座商业有限公司	超市	统一银座	山东省济南市
青岛鲁宁苏宁电器有限公司	专业店	苏宁电器	山东省青岛市
中国石油天然气股份有限公司山东济宁销售分公司	加油站	中国石油	山东省济宁市
哈尔滨申格体育连锁有限公司	专业店	申格	黑龙江省哈尔滨市
武汉市南浦食品有限责任公司	专业店	南浦	湖北省武汉市
中国石油天然气股份有限公司河北衡水销售分公司	加油站	中国石油	河北省衡水市
中国石油化工股份有限公司新疆哈密石油分公司	加油站	中国石化	新疆维吾尔自治区哈密地区
上海古今内衣有限公司	专卖店	古今内衣	上海市
上海迪亚零售有限公司	折扣店	迪亚	上海市
天津市津工超市有限责任公司	超市	津工超市	天津市
山东苏宁电器有限公司	专业店	苏宁电器	山东省济南市
中国石油化工有限公司湖北十堰石油分公司	加油站	中国石化	湖北省十堰市
大连沃尔玛百货有限公司	大型超市	沃尔玛	辽宁省大连市
北京崇德商贸有限公司	专业店	滔搏运动	北京市
深圳市海王星辰医药有限公司	专业店	海王星辰	广东省深圳市
银川新华百货东桥电器有限公司	专业店	新华百货东桥电器	宁夏回族自治区银川市
云南鸿翔一心堂药业(集团)股份有限公司	专业店	一心堂	云南省昆明市
深圳虎威制衣有限公司广州分公司	专卖店	佐丹奴	广东省广州市
好美家装潢建材有限公司	家居建材商店	好美家	上海市
江苏苏盛商贸有限公司	专业店	苏盛	江苏省南京市
中国石油天然气股份有限公司广西百色销售分公司	加油站	中国石油	广西壮族自治区百色市
福建苏宁电器有限公司	专卖店	苏宁电器	福建省福州市
沃尔玛(江苏)商业零售有限公司	大型超市	沃尔玛	江苏省南京市
深圳岁宝百货有限公司	百货店	岁宝百货	广东省深圳市
江西高速实业开发有限公司	加油站	中国石化	江西省南昌市
江西运通汽车技术服务有限公司	专卖店	运通汽车	江西省南昌市
北京迪信通电子通信技术有限公司	专业店	迪信通	北京市

5-1 续表 8

企业名称	业态	连锁商号	所在地
天津市人人乐商业有限公司	大型超市	人人乐	天津市
中国石油天然气股份有限公司黑龙江鹤岗销售分公司	加油站	中国石油	黑龙江省鹤岗市
中国石油天然气股份有限公司湖南销售常德分公司	加油站	中国石油	湖南省常德市
淄博东泰集团有限公司	百货店	东泰超市	山东省淄博市
中国石油天然气股份有限公司河北廊坊销售分公司	加油站	中国石油	河北省廊坊市
上海华联罗森有限公司	便利店	罗森	上海市
中国石油天然气股份有限公司广西梧州市销售分公司	加油站	中国石油	广西壮族自治区梧州市
许昌市胖东来商贸集团有限公司	大型超市	胖东来	河南省许昌市
雅芳(中国)有限公司	专卖店	AVON雅芳	广东省广州市
中国石油化工股份有限公司新疆喀什石油公司	加油站	中国石化	新疆维吾尔自治区喀什地区
联盛商业连锁股份有限公司	超市	联盛	江西省九江市
北京同仁堂连锁药店有限责任公司	专业店	同仁堂	北京市
中国石油化工股份有限公司河南鹤壁石油分公司	加油站	中国石化	河南省鹤壁市
中国石油化工股份有限公司广西崇左石油分公司	加油站	中国石化	广西壮族自治区崇左市
宁夏中农金合农业生产资料有限责任公司	专业店	中农金合	宁夏回族自治区银川市
上海新欧尚超市有限公司	大型超市	欧尚	上海市
福建天福茗茶销售有限公司	专业店	天福茗茶	福建省厦门市
泸州汇通百货股份有限公司	百货店	汇通百货	四川省泸州市
中国石油化工股份有限公司新疆石油分公司	加油站	中国石化	新疆维吾尔自治区乌鲁木齐市
哈药集团医药有限公司	专业店	人民同泰	黑龙江省哈尔滨市
苏州宏图三胞科技发展有限公司	专业店	宏图三胞	江苏省苏州市
新疆国美电器有限公司	专业店	国美电器	新疆维吾尔自治区乌鲁木齐市
广州市新大新有限公司	百货店	新大新	广东省广州市
哈尔滨中央红集团股份有限公司	便利店	小月亮	黑龙江省哈尔滨市
天津华润超级市场有限公司	超市	华润	天津市
湖北富迪实业有限公司	超市	富迪	湖北省仙桃市
永旺华南商业有限公司	大型超市	永旺	广东省深圳市
湖南邵阳中油销售有限公司	加油站	中国石油	湖南省邵阳市
阜阳华联集团股份有限公司	超市	华联	安徽省阜阳市
中国石油天然气股份有限公司广西河池销售分公司	加油站	中国石油	广西壮族自治区河池市
常州市五星电器有限公司	专业店	五星电器	江苏省常州市
中国石油化工股份有限公司湖北高速公路油站管理分公司	加油站	中国石化	湖北省武汉市
昆明国美电器有限公司	专业店	国美电器	云南省昆明市
云南苏宁电器有限公司	专业店	苏宁电器	云南省昆明市
上海三枪(集团)有限公司	专卖店	三枪	上海市
威海长江糖酒有限公司	超市	万村千乡	山东省威海市
山东奥德隆集团有限公司	百货店	奥德隆	山东省淄博市
重庆家乐福商业有限公司	大型超市	家乐福	重庆市
大连沈大苏宁电器有限公司	专业店	苏宁电器	辽宁省大连市
上海良友金伴便利连锁有限公司	便利店	上海良友金伴	上海市
浙江凯虹集团有限公司	百货店	华之友、凯虹	浙江省舟山市
南通文峰电器销售有限公司	专业店	文峰电器	江苏省南通市
特易购商业(辽宁)有限公司	大型超市	特易购	辽宁省沈阳市
南昌市天虹商场有限公司	百货店	天虹	江西省南昌市
中国石油天然气股份有限公司湖南益阳销售分公司	加油站	中国石油	湖南省益阳市
广东本草药业连锁有限公司	其他	本草	广东省广州市
湖南苏宁电器有限公司	专业店	苏宁电器	湖南省长沙市
中国石油天然气股份有限公司湖南销售衡阳分公司	加油站	中国石油	湖南省衡阳市
中国石油化工股份有限公司湖南张家界石油分公司	加油站	中国石化	湖南省张家界市
北京市亨得利瑞士钟表有限责任公司	专业店	亨得利	北京市
广东赛壹便利店有限公司	便利店	7-ELEVEN	广东省广州市

5-2 100门店以上连锁零售企业

企业名称	业态	连锁商号	所在地
雅芳(中国)有限公司	专卖店	雅芳	广东省广州市
联华超市股份有限公司	超市	世纪联华、华联、快客	上海市
奥康鞋业销售有限公司	专卖店	奥康鞋业	浙江省温州市
安徽辉隆农资集团股份有限公司	专业店	辉隆农资	安徽省合肥市
中国石油化工股份有限公司山东石油分公司	加油站	中国石化	山东省济南市
重庆桐君阁大药房连锁有限责任公司	专业店	桐君阁大药房	重庆市
中国石油化工股份有限公司广东石油分公司	加油站	中国石化	广东省广州市
浙江供销超市有限公司	超市	浙江供销超市	浙江省绍兴市
中国石油化工股份有限公司江苏石油分公司	加油站	中国石化	江苏省南京市
上海联华快客便利有限公司	便利店	快客	上海市
中国石油化工股份有限公司浙江石油分公司	加油站	中国石化	浙江省杭州市
苏果超市有限公司	超市	苏果	江苏省南京市
江苏苏农农资连锁集团股份有限公司	专业店	苏农连锁	江苏省南京市
浙江红蜻蜓鞋业股份有限公司销售部	专卖店	红蜻蜓	浙江省温州市
安徽徽商农家福有限公司	其他	农家福	安徽省合肥市
云阳县腾龙商贸有限公司	超市	腾龙超市	重庆市县
苏宁电器股份有限公司	专业店	苏宁电器	江苏省南京市
浙江惠多利农资连锁有限公司	专业店	惠多利	浙江省杭州市
中国石油天然气股份有限公司内蒙古分公司	加油站	中国石油	内蒙古自治区呼和浩特市
上海古今内衣有限公司	专卖店	古今内衣	上海市
宜宾绿源食品有限公司	超市	绿源	四川省宜宾市
中国石油化工股份有限公司安徽石油分公司	加油站	中国石化	安徽省合肥市
四川天诚大药房连锁有限责任公司	专业店	天诚大药房	四川省绵阳市
上海可的便利店有限公司	便利店	可的	上海市
宁夏中农金合农业生产资料有限责任公司	专业店	中农金合	宁夏回族自治区银川市
云南鸿翔一心堂药业(集团)股份有限公司	专业店	一心堂	云南省昆明市
江山市左邻右舍便利商店有限公司	专业店	左邻右舍、生活驿站	浙江省衢州市
广东国药医药连锁企业有限公司	专业店	国药医药	广东省广州市
中域电讯连锁集团股份有限公司	专业店	中域电讯	广东省东莞市
新疆兵团农业生产资料供应公司	专业店	新疆兵团农业生产资料	新疆维吾尔自治区乌鲁木齐市
广东本草药业连锁有限公司	其他	本草	广东省广州市
上海好德便利有限公司	便利店	好德	上海市
广州友谊班尼路服饰有限公司	专卖店	友谊班尼路	广东省广州市
大连金玛超市连锁有限公司	超市	金玛超市	辽宁省大连市
南通文峰大世界连锁发展股份有限公司	百货店	文峰大世界	江苏省南通市
江苏新合作常客隆连锁超市有限公司	超市	新合作常客隆	江苏省苏州市
中国石油天然气股份有限公司华南销售分公司	加油站	中国石油	广东省广州市
成都红旗连锁股份有限公司	超市	红旗连锁	四川省成都市
利群集团股份有限公司	百货店	青岛利群	山东省青岛市
中国石油天然气股份有限公司江苏销售分公司	加油站	中国石油	江苏省南京市
江西煌上煌集团食品股份有限公司	专卖店	煌上煌	江西省南昌市
深圳虎威制衣有限公司广州分公司	专卖店	佐丹奴	广东省广州市
中百控股集团股份有限公司	超市	中百	湖北省武汉市
湖州老大房超市有限公司	超市	老大房	浙江省湖州市
广州市宝生园有限公司	其他	宝生园	广东省广州市
上海福满家便利有限公司	便利店	福满家	上海市
北京福兰德连锁超市	超市	福兰德	北京市
辽宁成大方圆医药连锁有限公司	专业店	成大方圆	辽宁省沈阳市
长沙市欧林雅家纺有限责任公司	专业店	欧林雅	湖南省长沙市
江苏省食品集团有限公司	其他	苏食集团	江苏省南京市

5-2 续表 1

企业名称	业态	连锁商号	所在地
湘乡市振兴连锁超市有限责任公司	超市	振兴超市	湖南省湘潭市
山东家家悦集团有限公司	超市	家家悦	山东省威海市
山西省太原唐久超市有限公司	便利店	唐久便利	山西省太原市
中国石油化工股份有限公司上海石油分公司	加油站	中国石化	上海市
四川省互惠商业有限责任公司	超市	互惠超市	四川省成都市
绍兴大通超市有限公司	超市	大通超市	浙江省绍兴市
上海伍缘现代杂货有限公司	折扣店	伍缘	上海市
阜阳华联集团股份有限公司	超市	华联	安徽省阜阳市
中国石油化工股份有限公司北京石油分公司	加油站	中国石化	北京市
上海良友金伴便利连锁有限公司	便利店	上海良友金伴	上海市
农工商超市(集团)有限公司	超市	农工商超市	上海市
四川永正药业有限公司	专业店	永正药业	四川省泸州市
浙江红黄蓝服饰股份有限公司销售部	专卖店	红黄蓝	浙江省温州市
成都舞东风连锁超市有限责任公司	超市	舞东风	四川省成都市
山西金虎便利连锁股份有限公司	便利店	金虎便利	山西省太原市
舟山市民生商厦有限责任公司	超市	台客隆	浙江省舟山市
江苏苏盛商贸有限公司	专业店	苏盛	江苏省南京市
中国石油天然气股份有限公司重庆销售分公司	加油站	中国石油	重庆市
杭州华辰连锁超市有限公司	超市	华辰	浙江省杭州市
天津市津工超市有限责任公司	超市	津工超市	天津市
上海复美益星大药房连锁有限公司	专业店	上海复美益星	上海市
山东新星集团有限公司	超市	新星集团	山东省淄博市
中国石油天然气股份有限公司安徽销售分公司	加油站	中国石油	安徽省合肥市
中国石油天然气股份有限公司浙江销售分公司	加油站	中国石油	浙江省杭州市
重庆市万州区福意百货有限公司	超市	福意百货	重庆市
江苏省苏盐连锁有限公司	专业店	苏盐集团	江苏省南京市
捷强烟草糖酒(集团)连锁有限公司	专卖店	捷强	上海市
广东赛壹便利店有限公司	便利店	7-ELEVEN	广东省广州市
辽宁亿家商业集团有限公司	超市	亿家	辽宁省鞍山市
祁东县兴农农资连锁有限公司	专业店	祁东兴农农资	湖南省衡阳市
浙江当家人便利店连锁有限公司	便利店	当家人	浙江省温州市
汇星超市	超市	江油汇星	四川省绵阳市
重庆津科农业有限责任公司	其他	津科农业	重庆市
山东潍坊百货集团股份有限公司	超市	中百	山东省潍坊市
诸暨雄城物资配送有限公司	其他	雄城	浙江省绍兴市
青岛利客来商贸集团股份有限公司	百货店	利客来	山东省青岛市
深圳市海王星辰医药有限公司	专业店	海王星辰	广东省深圳市
湖南绝味食品股份有限公司	专卖店	绝味	湖南省长沙市
杭州萧山农业生产资料有限公司	专业店	萧农	浙江省杭州市
云南健之佳连锁健康药房有限公司	专业店	健之佳	云南省昆明市
开县孙氏商贸有限责任公司	其他	心连心超市	重庆市县
唐河县新合作商贸有限责任公司	便利店	万村千乡	河南省南阳市
上海梅林正广和便利连锁有限公司	便利店	光明、正广和	上海市
中石化天津石油分公司	加油站	中国石化	天津市
上海九州通大药房连锁有限公司	专业店	好药师大药房	上海市
漯河双汇商业连锁有限公司	专卖店	双汇	河南省漯河市
重庆市万州区江南医药有限公司	专业店	江南医药	重庆市
哈药集团医药有限公司	专业店	人民同泰	黑龙江省哈尔滨市
新华文轩出版传媒股份有限公司	专卖店	新华文轩	四川省成都市
广西一心医药有限责任公司	专业店	一心医药	广西壮族自治区南宁市
江苏通联农资连锁有限公司	专业店	通联	江苏省南通市

5-2 续表 2

企业名称	业态	连锁商号	所在地
深圳市南北医药有限公司	专卖店	南北(宝华)药行	广东省深圳市
四川省富江商贸有限公司	超市	富江商贸	四川省德阳市
浙江省新华书店集团有限公司	专业店	新华书店	浙江省杭州市
重庆市新大兴实业(集团)有限公司	超市	爱家超市	重庆市
湖北富迪实业有限公司	超市	富迪	湖北省省仙桃市
郏县万客来商贸有限公司	超市	万客来	河南省平顶山市
浙江话机世界数码连锁集团股份有限公司	专卖店	话机世界	浙江省杭州市
杭州余杭禹倡商厦有限公司	超市	禹倡商厦	浙江省杭州市
博马努瓦服饰商贸(上海)有限公司	专卖店	Cache-cache	上海市
江苏海王星辰健康药房连锁有限公司	专业店	海王星辰	江苏省苏州市
上海华联罗森有限公司	便利店	罗森	上海市
中国石油化工股份有限公司广东广州石油分公司	专业店	中国石化	广东省广州市
山东银宝食品有限公司	专卖店	银宝	山东省泰安市
浙江来伊份食品有限公司	专业店	来伊份	浙江省杭州市
中国石油化工股份有限公司河南洛阳石油分公司	加油站	中国石化	河南省洛阳市
杭州蜂之语健康食品有限公司	专卖店	蜂之语	浙江省杭州市
上海迪亚零售有限公司	折扣店	迪亚	上海市
河北国大连锁商业有限公司	便利店	国大	河北省石家庄市
中国石油天然气股份有限公司大连销售分公司	加油站	中国石油	辽宁省大连市
北京隆华顺平副食品批发中心	专业店	隆华顺平	北京市
湖南千金金沙大药房零售连锁有限公司	专业店	千金大药房	湖南省长沙市
云南玉溪家佳购物超市有限公司	超市	家佳	云南省玉溪市
宁波市北仑加贝购物俱乐部	大型超市	加贝	浙江省宁波市
中国石油天然气总公司长春分公司	加油站	中国石油	吉林省长春市
重庆新华书店集团公司	专业店	新华书店	重庆市
物美控股集团有限公司	超市	物美	北京市
北京吴裕泰茶业股份有限公司	专卖店	吴裕泰	北京市
哈尔滨中央红集团股份有限公司	便利店	小月亮	黑龙江省哈尔滨市
瑞安市五洲超市连锁有限公司	超市	五洲超市	浙江省温州市
浙江东兴商厦股份有限公司	超市	东兴超市	浙江省嘉兴市
江苏真维斯服饰有限公司	专卖店	真维斯	江苏省南京市
中国石油化工股份有限公司河北石家庄石油分公司	加油站	中国石化	河北省石家庄市
中国石油化工股份有限公司河北保定石油分公司	加油站	中国石化	河北省保定市
云南东骏药业有限公司	专业店	东骏药业	云南省昆明市
中国石油化工股份有限公司重庆石油分公司	加油站	中国石化	重庆市
泸州市合江县家家乐商贸有限公司	超市	家家乐	四川省泸州市
宁波开开便利超市连锁有限公司	便利店	开开便利	浙江省宁波市
大连联华快客中山便利商业有限公司	便利店	联华快客	辽宁省大连市
北京京客隆商业集团股份有限公司	超市	京客隆	北京市
大足唯一食品有限公司	其他	唯一	重庆市
新疆兵团农五师农业生产资料公司	专业店	农五师农资	新疆维吾尔自治区博尔塔拉蒙古自治州
中石化河北唐山分公司	加油站	中国石化	河北省唐山市
金华市太和堂医药连锁有限公司	专业店	太和堂	浙江省金华市
广州市海王星辰医药连锁有限公司	专业店	海王医药	广东省广州市
四川哦哦超市连锁管理有限公司	便利店	哦哦超市	四川省成都市
深圳市一致医药连锁有限公司	专业店	一致医药	广东省深圳市
中国石油化工股份有限公司福建石油分公司	专业店	中国石化	福建省福州市
中国石油天然气股份有限公司山西太原销售分公司	加油站	中国石油	山西省太原市
中国石油化工股份有限公司江西赣州石油分公司	加油站	中国石化	江西省赣州市
中国石油化工股份有限公司湖北武汉分公司	加油站	中国石化	湖北省武汉市
重庆和平药房连锁有限责任公司	专业店	和平药房	重庆市

5-2　续表 3

企业名称	业态	连锁商号	所在地
江苏超越超市连锁发展有限公司	超市	超越超市	江苏省南通市
江山市新红塔商贸有限公司	超市	红塔超市	浙江省衢州市
华氏大药房有限公司	专卖店	华氏大药房	上海市
北京味多美食品有限责任公司	专卖店	味多美	北京市
北京农业生产资料有限公司	专业店	首都农资	北京市
重庆丰谷农资荣昌连锁超市有限公司	其他	丰谷农资	重庆市县
柳州百草堂医药连锁有限责任公司	专业店	百草堂	广西壮族自治区柳州市
浙江江南大厦股份有限公司	超市	江南大厦	浙江省嘉兴市
湖南益丰大药房医药连锁有限公司	专业店	益丰	湖南省常德市
松阳县永兴商贸有限公司	专业店	永兴	浙江省丽水市
江西黄庆仁栈华氏大药房有限公司	专业店	黄庆仁栈	江西省南昌市
中国石油化工股份有限公司河北邯郸石油分公司	加油站	中国石化	河北省邯郸市
西安怡康医药连锁有限责任公司	专业店	西安怡康医药	陕西省西安市
北京港佳好邻居连锁便利店有限责任公司	便利店	好邻居	北京市
哈尔滨乾坤医药连锁有限公司	专业店	乾坤	黑龙江省哈尔滨市
荣昌县老百姓副食超市	超市	老百姓	重庆市县
旺苍县粮贸超市连锁有限责任公司	超市	旺苍县粮贸超市	四川省广元市
中国石油化工股份有限公司周口分公司	加油站	中国石化	河南省周口市
中国石油化工股份有限公司襄樊石油分公司	专业店	中国石化	湖北省襄阳市
大连海王星辰医药有限公司	专业店	海王星辰	辽宁省大连市
上海喜士多便利连锁有限公司	便利店	喜士多	上海市
北京金凤成祥食品有限责任公司	专业店	金凤成祥	北京市
合肥百货大楼集团股份有限公司	百货店	合肥百大	安徽省合肥市
中石化壳牌(江苏)石油销售有限公司	加油站	中石化壳牌	江苏省苏州市
中国石油化工股份有限公司云南昆明石油分公司	加油站	中国石化	云南省昆明市
吉林大药房药业股份有限公司	专业店	吉林大药房	吉林省长春市
广东大参林连锁药店有限公司	专业店	大参林	广东省广州市
华润万家有限公司	大型超市	华润万家	广东省深圳市
广西联华超市股份有限公司	超市	联华	广西壮族自治区柳州市
青岛北方国贸大厦集团股份有限公司	百货店	北方国贸	山东省青岛市
宁波海王星辰健康药房有限公司	专业店	海王星辰	浙江省宁波市
中国石油化工股份有限公司河北衡水石油分公司	加油站	中国石化	河北省衡水市
北京金象大药房医药连锁有限责任公司	专业店	金象大药房	北京市
中国石油化工股份有限公司山西长治石油分公司	加油站	中国石化	山西省长治市
广东济和堂药业连锁有限公司	其他	济和堂	广东省广州市
中国石油天然气股份有限公司天津销售分公司	加油站	中国石油	天津市
台州人本十足便利店有限公司	便利店	十足便利店	浙江省台州市
湖北良品铺子食品有限公司	专业店	良品铺子	湖北省武汉市
厦门向阳坊食品有限公司	专业店	向阳坊	福建省厦门市
南京市江宁区土产棉麻有限公司	超市	岗山超市	江苏省南京市
广州屈臣氏个人用品商店有限公司	百货店	屈臣氏	广东省广州市
中国石油天然气股份有限公司辽宁沈阳销售分公司	加油站	中国石油	辽宁省沈阳市
天津华润超级市场有限公司	超市	华润	天津市
中国石油化工股份有限公司河北承德销售分公司	加油站	中国石化	河北省承德市
永辉超市股份有限公司福州鼓楼分公司	大型超市	永辉超市、轩辉	福建省福州市
四川天寿药房连锁有限公司	专业店	天寿药业	四川省泸州市
浙江上百贸易有限公司	百货店	上百贸易	浙江省绍兴市
海南养天和大药房连锁有限公司	专业店	养天和	海南省海口市
山东统一银座商业有限公司	超市	统一银座	山东省济南市
宁海县小小食品超市有限公司	超市	小小	浙江省宁波市
中国石油化工股份有限公司广西柳州石油分公司	加油站	中国石化	广西壮族自治区柳州市

5-2 续表 4

企业名称	业态	连锁商号	所在地
中国石油化工股份有限公司驻马店分公司	加油站	中国石化	河南省驻马店市
深圳市万泽医药连锁有限公司	专业店	万泽医药	广东省深圳市
嘉兴市万寿堂医药连锁有限公司	专业店	万寿堂	浙江省嘉兴市
苏州来伊份食品有限公司	专卖店	来伊份	江苏省苏州市
北京科曼维斯凯服饰有限公司	专业店	VISCAP	北京市
上海真维斯服饰有限公司	专卖店	真维斯	上海市
天盟农资连锁有限责任公司	专卖店	金沙江	云南省昆明市
中国石油化工股份有限公司河南南阳石油分公司	加油站	中国石化	河南省南阳市
中国石油化工股份有限公司广西南宁石油分公司	加油站	中国石化	广西壮族自治区南宁市
重庆市合川区金利医药贸易有限公司	其他	金利医药	重庆市
好药师大药房连锁有限公司	专业店	好药师大药房	湖北省武汉市
湖北来伊份食品有限公司	专业店	来伊份	湖北省武汉市
山东德州扒鸡集团有限公司	专业店	德州扒鸡	山东省德州市
重庆市合川区国泰生化药品有限责任公司	专业店	国泰	重庆市
中国石油天然气股份有限公司北京销售分公司	加油站	中国石油	北京市
广西鸿翔一心堂药业有限责任公司	专业店	一心堂	广西壮族自治区南宁市
中国石油化工股份有限公司河南新乡石油分公司	专业店	中国石化	河南省新乡市
中山市中智大药房连锁有限公司	专业店	中智大药房	广东省中山市
东莞市大地通讯连锁服务有限公司	专业店	大地通讯	广东省东莞市
中国石油化工股份有限公司河北沧州石油分公司	加油站	中国石化	河北省沧州市
中国石油化工股份有限公司湖南株洲石油公司	加油站	中国石化	湖南省株洲市
重庆市江津区新联佳商贸有限责任公司	超市	新联佳	重庆市
中国石油化工股份公司江西吉安分公司	加油站	中国石化	江西省吉安市
广州喜士多便利连锁有限公司	便利店	喜士多	广东省广州市
柒一拾壹(北京)有限公司	便利店	7-ELEVEN	北京市
沈阳东北大药房有限责任公司	专业店	东北大药房	辽宁省沈阳市
中国石油天然气股份有限公司河北保定销售分公司	加油站	中国石油	河北省保定市
重庆医药合川医药有限责任公司	专业店	合川医药	重庆市
中国石油天然气股份有限公司上海销售分公司	加油站	中国石油	上海市
湖南芝林大药房零售连锁有限公司	专业店	特格尔、芝林大药房	湖南省长沙市
中国石油化工有限公司广东东莞石油分公司	加油站	中国石化	广东省东莞市
苏州可的便利店有限公司	便利店	可的便利	江苏省苏州市
中国石油化工股份有限公司湖南邵阳石油分公司	加油站	中国石化	湖南省邵阳市
中国石油化工股份有限公司广西桂林石油分公司	加油站	中国石化	广西壮族自治区桂林市
浙江天天好大药房连锁有限公司	专业店	天天好	浙江省杭州市
中国石油化工股份有限公司山西晋中石油分公司	专业店	中国石化	山西省晋中市
四川德仁堂连锁有限公司	专业店	德仁堂	四川省成都市
中国石油天然气股份有限公司新疆阿克苏销售分公司	加油站	中国石油	新疆维吾尔自治区阿克苏地区
重庆百货大楼股份有限公司	百货店	重庆百货	重庆市
广东赛壹便利店有限公司深圳分公司	便利店	7-ELEVEN	广东省深圳市
北京屈臣氏个人用品连锁商店有限公司	超市	屈臣氏	北京市
北京嘉事堂连锁药店有限责任公司	专业店	嘉事堂	北京市
杭州五丰联合肉类有限公司	专业店	联合康康	浙江省杭州市
浙江万客隆商贸有限公司	大型超市	万客隆	浙江省丽水市
北京迪信通电子通信技术有限公司	专业店	迪信通	北京市
广州市国美电器有限公司	专业店	国美电器	广东省广州市
桐乡市农业生产资料有限责任公司	专业店	桐乡农资	浙江省嘉兴市
舞钢市万客来量贩	超市	万客来	河南省平顶山市
上海家得利超市有限公司	超市	家得利	上海市
老百姓大药房连锁有限公司	专业店	老百姓大药房	湖南省长沙市

5-2　续表 5

企业名称	业态	连锁商号	所在地
中国石油化工股份有限公司河北邢台石油分公司	加油站	中国石化	河北省邢台市
中国石油化工股份有限公司河南信阳石油分公司	加油站	中国石化	河南省信阳市
重庆市合川区正强再生资源物资回收有限公司	其他	正强再生	重庆市
中国石油化工股份有限公司湖南常德石油分公司	加油站	中国石化	湖南省常德市
福建真维斯服饰有限公司	专卖店	真维斯	福建省福州市
云南白药大药房有限公司	专业店	云南白药	云南省昆明市
上海新华传媒连锁有限公司	专卖店	新华书店、上海书城	上海市
常山县青草地超市	便利店	青草地	浙江省衢州市
中国石油销售有限公司唐山分公司	加油站	中国石油	河北省唐山市
金华市九德堂医药连锁有限公司	专业店	九德堂	浙江省金华市
中山市及时便利连锁有限公司	便利店	及时便利	广东省中山市
北京张一元茶叶有限责任公司	专卖店	张一元	北京市
湖南双舟大药房连锁有限公司	专业店	双舟连锁	湖南省长沙市
北京联华快客便利超市有限公司	便利店	联华快客	北京市
广州市8字连锁店有限公司	便利店	8字连锁	广东省广州市
中国石油化工股份有限公司河北廊坊石油分公司	加油站	中国石化	河北省廊坊市
重庆聚富再生资源有限公司	其他	聚富再生资源	重庆市
步步高商业连锁股份有限公司	大型超市	步步高	湖南省湘潭市
合肥采蝶轩企业管理服务有限公司	专卖店	采蝶轩	安徽省合肥市
湖北真维斯服饰有限公司	专卖店	真维斯	湖北省武汉市
湖北中联大药房连锁有限公司	专业店	中联大药房	湖北省武汉市
中国石油天然气股份有限公司河北石家庄销售分公司	加油站	中国石油	河北省石家庄市
中国石油化工股份有限公司深圳石油分公司	加油站	中国石化	广东省深圳市
中国石油化工股份有限公司湖南长沙石油分公司	加油站	中国石化	湖南省长沙市
深圳市中联大药房有限公司	专业店	中联大药房	广东省深圳市
商丘市京港百货股份有限公司	大型超市	京港百货	河南省商丘市
重庆市涪陵医药总公司	专业店	桐君阁大药房	重庆市
北京稻香村食品有限责任公司	专卖店	三禾、稻香村	北京市
辽宁天士力大药房连锁有限公司	专业店	天士力	辽宁省沈阳市
江苏五星电器有限公司	专业店	五星电器	江苏省南京市
烟台市家家悦超市有限公司	超市	家家悦	山东省烟台市
中国石油天然气股份有限公司河北邢台销售分公司	加油站	中国石油	河北省邢台市
厦门夏商黄金香食品有限公司	专卖店	黄金香	福建省厦门市
湖南时代阳光养天和大药房连锁有限公司	专业店	养天和	湖南省长沙市
四川海王星辰健康药房有限公司	专业店	海王星辰	四川省成都市
四川省老邻居商贸连锁有限公司	超市	老邻居商贸	四川省成都市
十堰市新合作超市有限公司	超市	新合作	湖北省十堰市
江苏大众医药连锁有限公司	专业店	大众医药	江苏省无锡市
云南之佳便利店有限公司	便利店	之佳便利	云南省昆明市
昆明福林堂药业有限公司	专卖店	福林堂药业	云南省昆明市
溧阳市扬子广场有限公司	超市	扬子广场	江苏省常州市
金华市老百姓医药连锁有限公司	便利店	老百姓	浙江省金华市
太极集团四川德阳荣升药业有限公司	专业店	太极大药房	四川省德阳市
中国石油化工股份有限公司上饶分公司	加油站	中国石化	江西省上饶市
西安藻露堂药业集团藻露堂药业连锁有限公司	专业店	西安藻露堂药业	陕西省西安市
浙江易川体育用品连锁有限公司	专卖店	易川体育	浙江省金华市
中国石油化工股份有限公司湖南岳阳石油分公司	加油站	中国石化	湖南省岳阳市
重庆鼎洲医药有限公司	专业店	鼎洲医药	重庆市
贵州吉大夫大药房连锁有限公司	专业店	吉大夫	贵州省黔东南苗族侗族自治州
广西富满地农资连锁配送有限公司	专业店	富满地	广西壮族自治区南宁市

5-2 续表 6

企业名称	业态	连锁商号	所在地
江西新华发行集团有限公司	专业店	新华书店	江西省南昌市
海宁大厦	专业店	海宁大厦	浙江省嘉兴市
中油碧辟石油有限公司广州分公司	专业店	中油碧辟	广东省广州市
甘肃众友医药连锁有限公司	专业店	众友医药	甘肃省兰州市
中国石油化工股份有限公司江西宜春石油分公司	加油站	中国石化	江西省宜春市
中石化森美(福建)石油有限公司漳州分公司	加油站	中国石化	福建省漳州市
北京迪亚商业有限公司	折扣店	迪亚	北京市
中石化森美(福建)石油有限公司泉州分公司	加油站	中国石化	福建省泉州市
中国石油天然气股份有限公司辽宁营口销售分公司	专业店	中国石油	辽宁省营口市
中国石油化工股份有限公司河南三门峡石油分公司	加油站	中国石化	河南省三门峡市
南京九天药房连锁有限公司	专业店	九天药方	江苏省南京市
汝州市同心医药连锁有限公司	专业店	同心医药	河南省平顶山市
中国石油化工有限公司湖北十堰石油分公司	加油站	中国石化	湖北省十堰市
北京同仁堂连锁药店有限责任公司	专业店	同仁堂	北京市
重庆重客隆超市连锁有限责任公司	超市	重客隆	重庆市
宁夏国大药房连锁有限公司	专业店	国大药房	宁夏回族自治区银川市
重庆市万和药房连锁有限公司	专业店	万和	重庆市
江西中石化股份有限公司抚州分公司	加油站	中国石化	江西省抚州市
深圳市博士眼镜连锁股份有限公司	专业店	博士眼镜	广东省深圳市
山西益源大药房连锁有限公司	专业店	益源	山西省太原市
唐河县医药公司	仓储会员店	同春堂	河南省南阳市
重庆商社新世纪百货有限公司	百货店	新世纪	重庆市
浙江真维斯服饰有限公司	专卖店	真维斯	浙江省杭州市
泸州宝光药房连锁有限公司	专业店	宝光药房	四川省泸州市
成都红艳超市有限公司	超市	红艳超市	四川省成都市
三江购物俱乐部股份有限公司	超市	三江购物	浙江省宁波市
武汉马应龙大药房连锁有限公司	专业店	马应龙	湖北省武汉市
成都市青羊区红旗连锁有限公司	超市	红旗连锁	四川省成都市
江苏苏捷商贸有限公司	专业店	苏捷	江苏省南京市
中国石油化工股份有限公司河南平顶山石油分公司	加油站	中国石化	河南省平顶山市
浙江超锐实业有限公司	专卖店	KAPPA	浙江省杭州市
云南玉溪百信商贸集团有限公司	超市	百信	云南省玉溪市
仙桃市丰联农业生产资料有限公司	专业店	丰联农资	湖北省仙桃市
河南思达连锁商业有限公司	超市	正道思达	河南省郑州市
河南家天下商贸有限公司	超市	家天下	河南省鹤壁市
中国石油天然气股份有限公司湖北销售分公司武汉零售分	加油站	中国石油	湖北省武汉市
上海世纪联华超市发展有限公司	大型超市	世纪联华	上海市
中国石油化工股份有限公司河南开封石油分公司	加油站	中国石化	河南省开封市
青岛国风大药房连锁有限公司	专业店	国风大药房	山东省青岛市
北京超市发连锁股份有限公司	超市	超市发	北京市
深圳市俊龙医药连锁有限公司	专业店	俊龙医药	广东省深圳市
雄风集团有限公司	百货店	雄风	浙江省绍兴市
南通市通州仁寿大药房连锁有限公司	专业店	仁寿	江苏省南通市
郑州丹尼斯百货有限公司	百货店	丹尼斯	河南省郑州市
广东万宁连锁商业有限公司	百货店	万宁	广东省广州市
中国石油化工股份有限公司山西太原石油分公司	加油站	中国石化	山西省太原市
中国石油化工股份有限公司广西百色石油分公司	加油站	中国石化	广西壮族自治区百色市
柳州桂中大药房连锁有限责任公司	专业店	桂中大药房	广西壮族自治区柳州市
新疆百草堂医药连锁经销有限公司	专业店	百草堂	新疆维吾尔自治区乌鲁木齐市

5-3 营业额亿元以上连锁餐饮企业

名　　称	所属行业	连锁商号	所在地
杭州肯德基有限公司	快餐服务	肯德基	浙江省杭州市
百胜餐饮广东有限公司	快餐服务	肯德基、必胜客、必胜宅急送、东方既白	广东省广州市
百胜餐饮(沈阳)有限公司	快餐服务	肯德基、必胜客、东方既白	辽宁省沈阳市
北京肯德基有限公司	快餐服务	肯德基	北京市
重庆秦妈餐饮管理有限公司	正餐服务	秦妈火锅	重庆市
天津肯德基有限公司	快餐服务	肯德基	天津市
上海肯德基有限公司	快餐服务	肯德基	上海市
南京肯德基有限公司	快餐服务	肯德基	江苏省南京市
重庆陶然居饮食文化(集团)股份有限公司	正餐服务	陶然居	重庆市
上海必胜客有限公司	快餐服务	必胜客、东方既白	上海市
中国全聚德(集团)股份有限公司	正餐服务	全聚德、仿膳、四川饭店	北京市
广东三元麦当劳食品有限公司	快餐服务	麦当劳	广东省广州市
北京麦当劳食品有限公司	快餐服务	麦当劳	北京市
百胜餐饮(深圳)有限公司	快餐服务	肯德基、必胜客、必胜宅急送、东方既白	广东省深圳市
青岛肯德基有限公司	快餐服务	肯德基	山东省青岛市
北京必胜客披萨饼有限公司	正餐服务	必胜客、必胜宅急送	北京市
重庆德庄酒店管理有限公司	正餐服务	德庄火锅	重庆市
浙江凯旋门澳门豆捞控股集团有限公司	正餐服务	澳门豆捞	浙江省杭州市
百胜餐饮(武汉)有限公司	快餐服务	肯德基、必胜客、必胜宅急送、东方既白	湖北省武汉市
曼伯罗食品有限公司	正餐服务	曼德夫	福建省福州市
重庆骑龙饮食文化有限责任公司	正餐服务	骑龙	重庆市
苏州肯德基有限公司	快餐服务	肯德基	江苏省苏州市
麦当劳餐厅(深圳)有限公司	快餐服务	麦当劳	广东省深圳市
上海麦当劳食品有限公司	快餐服务	麦当劳	上海市
北京湘鄂情股份有限公司	正餐服务	湘鄂情、湘鄂春、湘鄂情源	北京市
上海统一星巴克咖啡有限公司	饮料及冷饮服务	星巴克	上海市
北京吉野家快餐有限公司	快餐服务	吉野家、DQ	北京市
俏江南股份有限公司	正餐服务	俏江南	北京市
大娘水饺餐饮集团股份有限公司	快餐服务	大娘水饺	江苏省常州市
无锡肯德基有限公司	快餐服务	肯德基	江苏省无锡市
百胜餐饮成都有限公司	快餐服务	肯德基	四川省成都市
长沙肯德基有限公司	快餐服务	肯德基	湖南省长沙市
呷哺呷哺餐饮管理有限公司	快餐服务	呷哺呷哺	北京市
天津麦当劳食品有限公司	快餐服务	麦当劳	天津市
浙江两岸食品连锁有限公司	正餐服务	两岸咖啡、木之兰	浙江省杭州市
太原肯德基有限公司	快餐服务	肯德基	山西省太原市
内蒙古小肥羊餐饮连锁有限公司	正餐服务	小肥羊	内蒙古自治区包头市
百胜餐饮(西安)有限公司	正餐服务	肯德基、必胜客、必胜宅急送、东方既白	陕西省西安市
厦门肯德基有限公司	快餐服务	肯德基	福建省厦门市
重庆兴红得聪餐饮管理有限公司	快餐服务	乡村基	重庆市
顺峰饮食酒店管理股份有限公司	正餐服务	顺峰	北京市
上海领先餐饮管理有限公司	快餐服务	味千拉面	上海市
重庆和之吉饮食文化有限公司	正餐服务	和之吉	重庆市
百胜餐饮(福州)有限公司	快餐服务	肯德基、必胜客、必胜宅急送、东方既白	福建省福州市
津味(上海)餐饮管理有限公司	其他餐饮服务	85度C	上海市
郑州肯德基有限公司	快餐服务	肯德基	河南省郑州市
四川德克士食品开发有限公司	快餐服务	德克士	四川省成都市
北京星巴克咖啡有限公司	饮料及冷饮服务	星巴克	北京市
广州酒家集团股份有限公司	正餐服务	广州酒家	广东省广州市
大连肯德基有限公司	快餐服务	肯德基、必胜客	辽宁省大连市
上海一茶一坐餐饮有限公司	正餐服务	一茶一坐	上海市
重庆小天鹅餐饮连锁经营管理有限公司	正餐服务	小天鹅	重庆市
南昌肯德基有限公司	快餐服务	肯德基	江西省南昌市
南京麦当劳餐饮食品有限公司	快餐服务	麦当劳	江苏省南京市

5-3 续表 1

名　　称	所属行业	连锁商号	所在地
武汉麦当劳餐饮食品有限公司	快餐服务	麦当劳	湖北省武汉市
东莞肯德基有限公司	快餐服务	肯德基	广东省东莞市
重庆佳永小天鹅餐饮有限公司	正餐服务	佳永小天鹅	重庆市
深圳面点王饮食连锁有限公司	快餐服务	面点王	广东省深圳市
武汉艳阳天商贸发展有限公司	正餐服务	艳阳天	湖北省武汉市
南宁肯德基有限公司	快餐服务	肯德基	广西壮族自治区南宁市
昆明肯德基有限公司	快餐服务	肯德基	云南省昆明市
四川麦当劳餐厅食品有限公司	快餐服务	麦当劳	四川省成都市
浙江麦当劳餐厅食品有限公司	快餐服务	麦当劳	浙江省杭州市
浙江五芳斋实业股份有限公司五芳斋粽子总店	快餐服务	五芳斋粽子	浙江省嘉兴市
上海永和大王餐饮有限公司	快餐服务	永和大王	上海市
沈阳顺峰饮食有限公司	正餐服务	顺峰饮食	辽宁省沈阳市
北京好伦哥餐饮有限公司	快餐服务	好伦哥	北京市
广州市绿茵阁饮食连锁有限公司	正餐服务	绿茵阁	广东省广州市
北京郭林家常菜食品有限责任公司	正餐服务	郭林家常菜	北京市
浙江向阳渔港集团股份有限公司	正餐服务	向阳渔港	浙江省宁波市
北京首都机场餐饮发展有限公司	正餐服务	星阳舫、好食汇、麦麦	北京市
安徽金满楼餐饮股份有限公司	正餐服务	金满楼	安徽省合肥市
四川乡村基餐饮有限公司	快餐服务	乡村基	四川省成都市
北京大董烤鸭店有限责任公司	正餐服务	大董	北京市
内蒙古草原牧歌餐饮发展有限责任公司	正餐服务	草原牧歌	内蒙古自治区包头市
武汉市亢龙太子酒轩有限责任公司	正餐服务	亢龙太子	湖北省武汉市
厦门麦当劳食品发展有限公司	快餐服务	麦当劳	福建省厦门市
沈阳麦当劳(餐厅食品)有限公司	快餐服务	麦当劳	辽宁省沈阳市
浙江老娘舅餐饮有限公司	快餐服务	老娘舅	浙江省湖州市
湖南麦当劳(餐厅食品)有限公司	快餐服务	麦当劳	湖南省长沙市
北京永和大王餐饮有限公司	快餐服务	永和大王	北京市
杭州饮食服务集团有限公司	正餐服务	知味观	浙江省杭州市
常州丽华快餐集团有限公司	快餐服务	丽华快餐	江苏省常州市
北京嘉和一品企业管理股份有限公司	正餐服务	嘉和一品	北京市
美心星巴克咖啡餐饮(广东)有限公司	饮料及冷饮服务	星巴克	广东省广州市
杭州花中城大酒店有限公司	正餐服务	花中城	浙江省杭州市
福州麦当劳食品有限公司	快餐服务	麦当劳	福建省福州市
北京便宜坊烤鸭集团有限公司	正餐服务	便宜坊、御膳、功德林	北京市
真功夫餐饮管理有限公司	正餐服务	真功夫	广东省东莞市
重庆肯德基有限公司	快餐服务	肯德基	重庆市
北京真功夫快餐连锁管理有限公司	快餐服务	真功夫	北京市
大连麦当劳餐厅食品有限公司	快餐服务	麦当劳	辽宁省大连市
北京市新宏状元餐饮管理有限公司	正餐服务	宏状元	北京市
北京金鼎轩酒楼有限责任公司	正餐服务	金鼎轩	北京市
安徽蜀王饮食服务有限责任公司	正餐服务	蜀王火锅、涮涮锅、蜀王贵人香、牡丹阁	安徽省合肥市
迪欧餐饮管理有限公司	饮料及冷饮服务	迪欧咖啡	江苏省苏州市
深圳真功夫餐饮管理有限公司	快餐服务	真功夫	广东省深圳市
南京味千餐饮管理有限公司	快餐服务	味千拉面	江苏省南京市
新疆肯德基有限公司	快餐服务	肯德基	新疆维吾尔自治区乌鲁木齐市
山东麦当劳(餐厅)有限公司	快餐服务	麦当劳	山东省济南市
成都市皇城老妈酒店管理有限公司	正餐服务	皇城老妈	四川省成都市
上海萨莉亚餐饮有限公司	正餐服务	萨莉亚	上海市
北京和合谷餐饮管理有限公司	快餐服务	和合谷、嘉和面	北京市
无锡市麦当劳餐厅食品有限公司	快餐服务	麦当劳	江苏省无锡市
昆明德克士食品开发有限公司	快餐服务	德克士	云南省昆明市
东莞麦华食品有限公司	快餐服务	麦当劳	广东省东莞市
杭州德克士食品有限公司	快餐服务	德克士	浙江省杭州市
浙江外婆家餐饮有限公司	正餐服务	外婆家	浙江省杭州市
河南麦当劳(餐厅食品)有限公司	正餐服务	麦当劳	河南省郑州市

5-3 续表 2

名　　称	所属行业	连锁商号	所在地
深圳永和大王餐饮有限公司	快餐服务	永和大王	广东省深圳市
星巴克咖啡(深圳)有限公司	饮料及冷饮服务	星巴克	广东省深圳市
上海弘奇永和食品发展有限公司	快餐服务	永和豆浆	上海市
南海渔村有限公司	正餐服务	南海渔村	广东省广州市
安徽麦当劳(餐厅食品)有限公司	快餐服务	麦当劳	安徽省合肥市
贵州雅园饮食娱乐有限责任公司	正餐服务	雅园	贵州省贵阳市
广州黄埔华苑大酒店	正餐服务	黄埔华苑	广东省广州市
东莞麦长食品有限公司	快餐服务	麦当劳	广东省东莞市
北京东来顺集团有限责任公司	正餐服务	东来顺	北京市
上海大富贵酒楼	正餐服务	大富贵	上海市
广州市越秀区艺都燕窝鱼翅酒家	正餐服务	鸿星	广东省广州市
中山麦当奴食品有限公司	快餐服务	麦当劳	广东省中山市
重庆家福饮食文化公司	正餐服务	家福	重庆市
唐山凤凰园美食城	正餐服务	凤凰园	河北省唐山市
上海新亚大家乐餐饮有限公司	正餐服务	新亚大包	上海市
厦门沃头中餐有限公司	正餐服务	沃头	福建省厦门市
北京万龙洲饮食有限责任公司	正餐服务	万龙洲	北京市
四川请你来餐饮管理有限公司	正餐服务	芭夯兔	四川省自贡市
深圳市嘉旺餐饮连锁有限公司	快餐服务	嘉旺	广东省深圳市
杭州味千餐饮管理有限公司	正餐服务	味千拉面	浙江省杭州市
深圳大快活快餐有限公司	快餐服务	大快活	广东省深圳市
重庆苏大姐餐饮文化有限责任公司	正餐服务	苏大姐餐饮	重庆市
上海禾绿饮食有限公司	正餐服务	禾绿回转寿司	上海市
武汉市小蓝鲸健康美食酒店管理有限公司	正餐服务	小蓝鲸	湖北省武汉市
上海沃歌斯餐饮有限公司	快餐服务	Wagas	上海市
青岛麦当劳(餐厅食品)有限公司	正餐服务	麦当劳	山东省青岛市
西安百姓厨房人馄饨餐饮有限责任公司	正餐服务	百姓厨房大馄饨	陕西省西安市
西安小六汤包餐饮有限责任公司	正餐服务	小六汤包	陕西省西安市
大连合兴快餐有限公司	快餐服务	吉野家、DQ	辽宁省大连市
广州泛亚饮食有限公司	快餐服务	大家乐	广东省广州市
广西麦当劳餐厅食品有限公司	快餐服务	麦当劳	广西壮族自治区南宁市
北京无名居美食有限公司	正餐服务	无名居	北京市
杭州哨兵汤姆酒店有限公司	正餐服务	哨兵	浙江省杭州市
北京德克士食品有限公司	快餐服务	康师傅私房牛肉面、德克士	北京市
深圳市禾绿餐饮管理有限公司	快餐服务	禾绿餐饮	广东省深圳市
北京米斯特比萨餐饮管理有限公司	正餐服务	Mr Pizza	北京市
宁波市海曙汉通中央花园酒店有限	正餐服务	汉通	浙江省宁波市
北京金白领餐饮有限公司	正餐服务	金白领	北京市
黑龙江麦当劳餐厅食品有限公司	快餐服务	麦当劳	黑龙江省哈尔滨市
山东味千餐饮管理有限公司	正餐服务	味千餐饮	山东省青岛市
湖北巴山夜雨酒店管理有限公司	正餐服务	巴山夜雨	湖北省武汉市
杭州新丰小吃有限公司	其他餐饮服务	新丰小吃	浙江省杭州市
新疆百富餐饮管理有限公司	快餐服务	百富	新疆维吾尔自治区乌鲁木齐市
北京星物语餐饮管理有限公司	其他餐饮服务	面包新语、土司工坊	北京市
深圳威耀饮食有限公司	快餐服务	大家乐	广东省深圳市
上海吉野家快餐有限公司	快餐服务	吉野家	上海市
北京禾绿回转寿司饮食有限公司	快餐服务	禾绿	北京市
江西新阳光娱乐餐饮管理有限公司	正餐服务	阳光	江西省南昌市
美诺(北京)餐饮有限公司	快餐服务	品奇、时时乐	北京市
湖北湘鄂情餐饮投资有限公司	正餐服务	湘鄂情	湖北省武汉市
昆明饮食服务有限公司	快餐服务	建新园、福华园	云南省昆明市
广州市顺峰饮食有限公司	正餐服务	顺峰	广东省广州市
深圳市小肥羊餐饮连锁有限公司	正餐服务	小肥羊	广东省深圳市

5-4　50门店以上连锁餐饮企业

企业名称	所属行业	连锁商号	所在地
重庆秦妈餐饮管理有限公司	正餐服务	秦妈火锅	重庆市
内蒙古小肥羊餐饮连锁有限公司	正餐服务	小肥羊	内蒙古自治区包头市
百胜餐饮广东有限公司	快餐服务	肯德基、必胜客、必胜宅急送、东方既白	广东省广州市
重庆德庄酒店管理有限公司	正餐服务	德庄火锅	重庆市
大娘水饺餐饮集团股份有限公司	快餐服务	大娘水饺	江苏省常州市
杭州肯德基有限公司	快餐服务	肯德基	浙江省杭州市
重庆骑龙饮食文化有限责任公司	正餐服务	骑龙	重庆市
曼伯罗食品有限公司	正餐服务	曼德夫	福建省福州市
上海必胜客有限公司	快餐服务	必胜客、东方既白	上海市
上海肯德基有限公司	快餐服务	肯德基	上海市
浙江两岸食品连锁有限公司	正餐服务	两岸咖啡、木之兰	浙江省杭州市
北京肯德基有限公司	快餐服务	肯德基	北京市
百胜餐饮(沈阳)有限公司	快餐服务	肯德基、必胜客、东方既白	辽宁省沈阳市
浙江五芳斋实业股份有限公司五芳斋粽子总店	快餐服务	五芳斋粽子	浙江省嘉兴市
南京肯德基有限公司	快餐服务	肯德基	江苏省南京市
北京必胜客披萨饼有限公司	正餐服务	必胜客、必胜宅急送	北京市
上海统一星巴克咖啡有限公司	饮料及冷饮服务	星巴克	上海市
北京吉野家快餐有限公司	快餐服务	吉野家、DQ	北京市
北京麦当劳食品有限公司	快餐服务	麦当劳	北京市
东莞市杏林春凉茶有限公司	饮料及冷饮服务	杏林春	广东省东莞市
百胜餐饮(深圳)有限公司	快餐服务	肯德基、必胜客、必胜宅急送、东方既白	广东省深圳市
呷哺呷哺餐饮管理有限公司	快餐服务	呷哺呷哺	北京市
广东三元麦当劳食品有限公司	快餐服务	麦当劳	广东省广州市
内蒙古草原牧歌餐饮发展有限责任公司	正餐服务	草原牧歌	内蒙古自治区包头市
百胜餐饮(武汉)有限公司	快餐服务	肯德基、必胜客、必胜宅急送、东方既白	湖北省武汉市
天津肯德基有限公司	快餐服务	肯德基	天津市
四川德克士食品开发有限公司	快餐服务	德克士	四川省成都市
重庆君之薇餐饮文化有限公司	正餐服务	君之薇	重庆市
苏州肯德基有限公司	快餐服务	肯德基	江苏省苏州市
厦门市黄则和食品有限公司	快餐服务	花生汤	福建省厦门市
上海领先餐饮管理有限公司	快餐服务	味千拉面	上海市
厦门沃头中餐有限公司	正餐服务	沃头	福建省厦门市
浙江凯旋门澳门豆捞控股集团有限公司	正餐服务	澳门豆捞	浙江省杭州市
麦当劳餐厅(深圳)有限公司	快餐服务	麦当劳	广东省深圳市
广州真功夫快餐连锁管理有限公司	快餐服务	真功夫	广东省广州市
北京星巴克咖啡有限公司	饮料及冷饮服务	星巴克	北京市
重庆家福饮食文化公司	正餐服务	家福	重庆市
重庆小天鹅餐饮连锁经营管理有限公司	正餐服务	小天鹅	重庆市
上海麦当劳食品有限公司	快餐服务	麦当劳	上海市
长沙肯德基有限公司	快餐服务	肯德基	湖南省长沙市
重庆佳永小天鹅餐饮有限公司	正餐服务	佳永小天鹅	重庆市
北京龙盛众望早餐有限公司	快餐服务	众望早餐	北京市
北京好伦哥餐饮有限公司	快餐服务	好伦哥	北京市
合肥肥西老母鸡餐饮有限责任公司	快餐服务	肥西老母鸡	安徽省合肥市
无锡肯德基有限公司	快餐服务	肯德基	江苏省无锡市

5-4 续表

企业名称	所属行业	连锁商号	所在地
重庆苏大姐餐饮文化有限责任公司	正餐服务	苏大姐餐饮	重庆市
百胜餐饮成都有限公司	快餐服务	肯德基	四川省成都市
重庆兴红得聪餐饮管理有限公司	快餐服务	乡村基	重庆市
安徽蜀王饮食服务有限责任公司	正餐服务	蜀王火锅、涮涮锅、蜀王贵人香、牡丹阁	安徽省合肥市
广州市绿茵阁饮食连锁有限公司	正餐服务	绿茵阁	广东省广州市
重庆陶然居饮食文化(集团)股份有限公司	正餐服务	陶然居	重庆市
津味(上海)餐饮管理有限公司	其他餐饮服务	85度C	上海市
迪欧餐饮管理有限公司	饮料及冷饮服务	迪欧咖啡	江苏省苏州市
重庆和之吉饮食文化有限公司	正餐服务	和之吉	重庆市
上海一茶一坐餐饮有限公司	正餐服务	一茶一坐	上海市
上海永和大王餐饮有限公司	快餐服务	永和大王	上海市
天津麦当劳食品有限公司	快餐服务	麦当劳	天津市
深圳真功夫餐饮管理有限公司	快餐服务	真功夫	广东省深圳市
中国全聚德(集团)股份有限公司	正餐服务	全聚德、仿膳、四川饭店	北京市
南京味千餐饮管理有限公司	快餐服务	味千拉面	江苏省南京市
北京上岛餐饮有限公司	正餐服务	上岛咖啡	北京市
常州丽华快餐集团有限公司	快餐服务	丽华快餐	江苏省常州市
深圳市嘉旺餐饮连锁有限公司	快餐服务	嘉旺	广东省深圳市
厦门肯德基有限公司	快餐服务	肯德基	福建省厦门市
杭州德克士食品有限公司	快餐服务	德克士	浙江省杭州市
杭州饮食服务集团有限公司	正餐服务	知味观	浙江省杭州市
深圳面点王饮食连锁有限公司	快餐服务	面点王	广东省深圳市
北京嘉和一品企业管理股份有限公司	正餐服务	嘉和一品	北京市
真功夫餐饮管理有限公司	正餐服务	真功夫	广东省东莞市
郑州肯德基有限公司	快餐服务	肯德基	河南省郑州市
百胜餐饮(福州)有限公司	快餐服务	肯德基、必胜客、必胜宅急送、东方既白	福建省福州市
百胜餐饮(西安)有限公司	正餐服务	肯德基、必胜客、必胜宅急送、东方既白	陕西省西安市
北京永和大王餐饮有限公司	快餐服务	永和大王	北京市
北京真功夫快餐连锁管理有限公司	快餐服务	真功夫	北京市
太原肯德基有限公司	快餐服务	肯德基	山西省太原市
俏江南股份有限公司	正餐服务	俏江南	北京市
昆明德克士食品开发有限公司	快餐服务	德克士	云南省昆明市
重庆市明海食品有限公司	其他餐饮服务	明海食品	重庆市
美心星巴克咖啡餐饮(广东)有限公司	饮料及冷饮服务	星巴克	广东省广州市
深圳永和大王餐饮有限公司	快餐服务	永和大王	广东省深圳市
南京麦当劳餐饮食品有限公司	快餐服务	麦当劳	江苏省南京市
上海新亚大家乐餐饮有限公司	正餐服务	新亚大包	上海市
东莞肯德基有限公司	快餐服务	肯德基	广东省东莞市
四川乡村基餐饮有限公司	快餐服务	乡村基	四川省成都市
北京和合谷餐饮管理有限公司	快餐服务	和合谷、嘉和面	北京市
上海仟果企业管理有限公司	饮料及冷饮服务	爱茜茜里	上海市
南昌肯德基有限公司	快餐服务	肯德基	江西省南昌市
四川麦当劳餐厅食品有限公司	快餐服务	麦当劳	四川省成都市
浙江麦当劳餐厅食品有限公司	快餐服务	麦当劳	浙江省杭州市

附录

统计指标解释

附录　统计指标解释

连锁经营：指经营同类商品或服务，使用统一商号的若干店铺，在同一总店（总部）的管理下，采取统一采购或特许经营等方式,实现规模效益的组织形式,包括直营连锁、特许连锁和自愿连锁三种形式。

连锁总店（总部）：负责连锁企业资源（如商号、商誉、经营模式、服务标准、管理模式等等）的开发、配置、控制或使用等功能的企业核心管理机构。

连锁门店：在连锁企业经营管理的基础上，按照总店（总部）的指示和服务规范要求，承担日常销售业务的店铺，包括直营店和加盟店。

直营店是指由连锁企业总部投资开设，按连锁经营管理模式，由总部统一管理的店铺。

加盟店是指在特许连锁中，被特许人获得特许人授权后，使用其商标、商号、经营模式、专利和专有技术等经营资源建立的店铺，也包括自愿连锁的成员店。

连锁品牌（商标或商号）名称：指连锁经营使用的统一的商号或商标名称。

零售业态

—便利店：位于商业中心区、交通要道以及车站、医院、学校、娱乐场所、办公楼、加油站等公共活动区；商圈范围小，顾客步行 5 分钟内到达，目标顾客主要为单身者、年轻人，顾客多为有目的的购买；营业面积一般在 100 平方米左右，利用率高；以即时食品、日用小百货为主，有即时消费性、小容量、应急性等特点，商品品种在 3000 种左右，售价一般高于市场平均水平；商品销售方式以开架自选为主，结算在收银处统一进行；营业时间一般在 16 小时以上，提供即时性食品的辅助设施，开设多项服务项目；信息管理系统程度较高。

—折扣店：位于居民区、交通要道等租金相对便宜的地区；辐射半径 2 公里左右，目标顾客主要为商圈内的居民；自有品牌占有较大的比例，商品平均价格低于市场平均水平；以开架自选方式进行商品销售，并统一结算；用工精简，为顾客提供有限的服务；信息管理系统程度一般。

—超市：位于市、区商业中心、居住区；辐射半径 2 公里左右，目标顾客以居民为主；营业面积在 6000 平方米以下；经营包装食品、生鲜食品和日用品。食品超市与综合超市商品结构有所不同；采用自选销售，出入口分设，在收银台统一结算；营业时间一般在 12 小时以上；信息管理系统程度较高。

—大型超市：位于市、区商业中心、城郊结合部、交通要道及大型居住区；辐射半径 2 公里以上，目标顾客以居民、流动顾客为主；实际营业面积在 6000 平方米以上；以大众化衣、食、日用品为主，品种齐全，注重自有品牌开发；采用自选销售方式，出入口分设，在收银台统一结算；一般设不低于营业面积 40%的停车场；信息管理系统程度较高。

—仓储会员店：位于城乡结合部的交通要道；辐射半径 5 公里以上，目标顾客以中小零售店、餐饮店、集团购买和流动顾客为主；营业面积一般在 6000 平方米以上；以大众化衣、食、日用品为主，自有品牌占相当部分，商品在 4000 种左右，实行低价、批量销售；采用自选销售，出入口分设，在收银台统一结算；设相当于营业面积的停车场；信息管理系统程度较高并对顾客实行会员制管理。

—百货店：位于市、区级商业中心、历史形成的商业集聚地；目标顾客以追求时尚和品味的流动顾客为主；营业面积一般在 6000 平方米以上；综合性商品结构，门类齐全，以服饰、鞋类、箱包、化妆品、家庭用品、家用电器为主；采取柜台销售和开架面售相结合方式进行商品销售；注重服务，设餐饮、娱乐等服务项目和设施；信息管理系统程度较高。

—**专业店**：位于市、区级商业中心以及百货店、购物中心内；目标顾客以有目的选购某类商品的流动顾客为主；营业面积根据商品特点而定；以销售某类商品为主，体现专业性、深度性、品种丰富，选择余地大；采取柜台销售或开架面售方式进行商品销售；从业人员具有丰富的专业知识；信息管理系统程度较高。

—**加油站**：指经营石油、石化商品的零售门店。

—**专卖店**：一般位于市、区级商业中心、专业街以及百货店、购物中心内；目标顾客以中高档消费者和追求时尚的年轻人为主；以销售某一品牌系列商品为主，具有销售量少、质优、高毛利等特点；采取柜台销售或开架面售方式进行商品销售，商店陈列、照明、包装、广告讲究；注重品牌声誉，从业人员具备丰富的专业知识，提供专业性服务；信息管理系统程度一般。

—**家居建材商店**：位于城乡结合部、交通要道或消费者自有房产比较高的地区；目标顾客以拥有自有房产的顾客为主；营业面积一般在 6000 平方米以上；经营商品以改善、建设家庭居住环境有关的装饰、装修等用品、日用杂品、技术及服务为主；采取开架自选方式销售商品；提供一站式购足和一条龙服务，停车位一般在 300 个以上；信息管理系统程度较高。

—**厂家直销中心**：一般远离市区；目标顾客多为重视品牌的有目的的购买；单个建筑面积在 100-200 平方米左右；品牌商品生产商直接设立，商品均为本企业的品牌；采用自选式售货方式进行商品销售；各个租赁店使用各自的信息管理系统。

—**其他**：其他未列明的零售业态

餐饮活动

—**正餐**：指提供各种中西式炒菜和主食，并由服务员送餐上桌的餐饮服务。包括各种中式正餐和西式正餐。

—**快餐**：指服务员不送餐上桌，由顾客自己领取食物的一种自我服务的餐饮活动。包括各种中式快餐和西式快餐。

—**茶馆**：以现场提供现场消费茶饮料为主，兼卖各式点心和小食品。包括各种茶艺馆、茶楼、茶铺等。

—**咖啡馆**：以现场制作现场消费咖啡饮料为主，兼卖各式点心和小食品。包括各种咖啡馆、咖啡厅、咖啡屋等。

—**酒吧**：以出售各种酒及酒精饮料为主，兼卖各式点心和小食品。

—**其它餐饮**：指上述未列明的餐饮活动。

门店总数：指该连锁企业所拥有的全部连锁门店数量，包括总店（如果总公司有门店的话）和全部直营分店、加盟分店数。

年末从业人员数：指在该连锁总店（总部）或门店工作并取得劳动报酬的年末实有人员数。包括在岗职工、再就业的离退休人员、在该企业工作的外方人员、港澳台方人员、兼职人员、借用的外单位人员和第二职业者。不包括离开本单位但仍保留劳动关系的职工。从业人数包括总店和全部门店以及自有配送中心的从业人员数。

连锁门店商品购进额：指连锁总店（总部）统一配送给连锁门店与连锁门店自主采购商品金额之和（含增值税）。

统一配送商品购进额：是指由连锁总店（总部）统一购进后，配送到门店的商品金额（按购进价计算）。

配送中心：是指从事配送业务且具有完善信息网络的场所或组织。配送是指在经济合理区域范围内，根据客户要求，对物品进行拣选、加工、包装、分割、组配等作业，并按时送达指定地点的物流活动。配送中心应基本符合下列要求：（1）主要为特定客户或末端客户提供服务；（2）配送功能健全；（3）辐射范围小；（4）提供高频率、小批量、多批次配送服务。

自有配送中心配送商品购进额：指连锁总店（总部）通过自有配送中心配送到门店的商品金额。

非自有配送中心配送商品购进额：指连锁总店（总部）通过第三方物流配送中心配送到门店的商品金额。

年末零售营业面积：指批发和零售业连锁门店用于零售的对外营业的门店建筑面积，不包括其办公用房、仓库和加工场地。该指标按年末实有建筑面积统计。

连锁门店商品销售额：批发和零售业连锁门店对本门店以外单位和个人出售的商品金额（含增值税）。

零售额：指售给城乡居民用于生活消费和社会集团用于公共消费的商品金额。

商品零售包括：（1）售给城乡居民的各种生活消费品，售给入境旅游的外国人、华侨、港澳台同胞的各类商品；（2）售给行政事业单位、社会团体、军队和武警等机构的商品，以及以零售方式售给各类企业的商品。具体包括：用于非生产和社会交往的办公用品，如通讯设备、计算器具和设备、电讯网络设备、文印设备、音像视听器材和设备、纸张、本册、文具及装订文印材料、家具、日用电器、针纺织品、清洁卫生用品、文体用品、奖品、纪念品、礼品等；供内部人员乘坐的交通工具和燃料；用于办公设施修缮的各类配件、材料、工具等；用于取暖和防暑降温的设备、燃料、材料及食品等；专用于教学的用品和设备；非营利医疗机构的中、西药品、中药材和医疗设备器材；非专用的劳动保护用品；不对外营业的内部食堂用的餐具、炊具、设备、清洁卫生工具和食品、燃料等；军队、武警用于其人员生活的衣着品和个人用品；其它各类非生产性设备和用品。

商品零售不包括：（1）售给城乡居民已确知是用于生产、经营的商品；（2）售给各类农业生产者的生产资料类商品，如农机、农药化肥、农膜、种子饲料等商品；（3）售给企业单位生产用具及生产上专用的劳动保护用品。

年末餐饮营业面积：住宿和餐饮业连锁门店营业面积，指对外提供就餐服务的门店建筑面积和从事食品加工、烹饪、调制的厨房面积，不包括办公用房和仓库等面积。该指标按年末实有面积统计。

客房数：指住宿和餐饮业连锁门店提供住宿服务的房间数，该指标按年内正常情况下的实有数统计。

床位数：指住宿和餐饮业连锁门店供应旅客使用的床位数，不包括临时加床和门店内部工作人员使用的床位。该指标按年内正常情况下的实有数统计。

餐位数：指住宿和餐饮业连锁门店为顾客提供就餐服务时，正常可同时容纳就餐人员的餐位数量，不包括临时加的餐位。该指标按年内正常情况下的实有数统计。

连锁门店营业额：指住宿和餐饮业连锁门店在经营活动中因提供服务或销售商品所取得的总收入。包括：客房收入、餐费收入、商品销售额（含增值税）和其它收入。

餐费收入和商品销售额：指住宿和餐饮业连锁门店因提供就餐服务（包括经烹饪、调制加工后出售的各种食品，如主食、炒菜、凉拌菜等的收入）和出售商品（含增值税）所取得的收入合计。

登记注册类型

—国有企业：指企业全部资产归国家所有，并按《中华人民共和国企业法人登记管理条例》规定登记注册的非公司制的经济组织。不包括有限责任公司中的国有独资公司。

—集体企业：指企业资产归集体所有，并按《中华人民共和国企业法人登记管理条例》规定登记注册的经济组织。

—股份合作企业：指以合作制为基础，由企业职工共同出资入股，吸收一定比例的社会资产投资组建，实行自主经营，自负盈亏，共同劳动，民主管理，按劳分配与按股分红相结合的一种集体经济组织。

—联营企业：两个及两个以上相同或不同所有制性质的企业法人或事业单位法人，按自愿、平等、互利的原则，共同投资组成的经济组织称为联营企业。联营企业包括国有联营企业、集体联营企业、国有与集体联营企业和其他联营企业。

国有联营企业：指所有联营单位均为国有。

集体联营企业：指所有联营单位均为集体。

国有与集体联营企业：指联营单位既有国有也有集体。

其他联营企业：指上述三种联营企业之外的其他联营形式的企业。

—有限责任公司：根据《中华人民共和国公司登记管理条例》规定登记注册，由两个以上，五十个以下的股东共同出资，每个股东以其所认缴的出资额对公司承担有限责任，公司以其全部资产对其债务承担责任的经济组织称为有限责任公司。有限责任公司分为国有独资公司以及其他有限责任公司。

国有独资公司：指国家授权的投资机构或者国家授权的部门单独投资设立的有限责任公司。

其他有限责任公司：指国有独资公司以外的其他有限责任公司。

—股份有限公司：指根据《中华人民共和国公司登记管理条例》规定登记注册，其全部注册资本由等额股份构成并通过发行股票筹集资本，股东以其认购的股份对公司承担有限责任，公司以其全部资产对其债务承担责任的经济组织。

—私营企业：由自然人投资设立或由自然人控股，以雇佣劳动为基础的营利性经济组织称为私营企业。包括按照《公司法》、《合伙企业法》、《私营企业暂行条例》以及《个人独资企业法》规定登记注册的私营独资企业、私营有限责任公司、私营股份有限公司、私营合伙企业和个人独资企业。

私营独资企业：指按《私营企业暂行条例》的规定，由一名自然人投资经营，以雇佣劳动为基础，投资者对企业债务承担无限责任的企业。

个人独资企业：指按《个人独资企业法》、《个人独资企业登记管理办法》的规定，由一个自然人投资，财产为投资人个人所有，投资人以其个人财产对企业债务承担无限责任的经营实体。个人独资企业填表时归入私营独资企业。

私营合伙企业：指按《合伙企业法》或《私营企业暂行条例》的规定，由两个以上自然人按照协议共同投资、共同经营、共负盈亏，以雇佣劳动为基础，对债务承担无限责任的企业。

私营有限责任公司：指按《公司法》、《私营企业暂行条例》的规定，由两个以上自然人投资或由单个自然人控股的有限责任公司。

私营股份有限公司：指按《公司法》的规定，由五个以上自然人投资，或由单个自然人控股的股份有限公司。

—其他内资企业：指上述之外的其他内资经济组织。

—与港澳台商合资经营企业：指港澳台地区投资者与内地的企业依照《中华人民共和国中外合资经营企业法》及有关法律的规定，按合同规定的比例投资设立，分享利润和分担风险的企业。

—与港澳台商合作经营企业：指港澳台地区投资者与内地企业依照《中华人民共和国中外合作经营企业法》及有关法律的规定，依照合作合同的约定进行投资或提供条件设立，分配利润、分担风险和亏损的企业。

—港澳台商独资经营企业：指依照《中华人民共和国外资企业法》及有关法律的规定，在内地设立的由港澳台地区投资者在内地全额投资设立的企业。

—港澳台商投资股份有限公司：指根据国家有关规定，经商务部(原外经贸部)批准设立，并且其中港、澳、台商的股本占公司注册资本的比例达25%以上的股份有限公司。凡其中港、澳、台商的股本占公司注册资本的比例小于25%的，属于内资中的股份有限公司。

—中外合资经营企业：指外国企业或外国人与中国内地企业依照《中华人民共和国中外合资经营企业法》及有关法律的规定，按合同规定的比例投资设立，分享利润和分担风险的企业。

—中外合作经营企业：指外国企业或外国人与中国内地企业依照《中华人民共和国中外合作经营企业法》及有关法律的规定，依照合作合同的约定进行投资或提供条件设立，分配利润、分担风险和亏损的企业。

—外资企业：指依照《中华人民共和国外资企业法》及有关法律的规定，在中国内地设立的由外国投资者全额投资设立的企业。

—外商投资股份有限公司：指根据国家有关规定，经商务部(原外经贸部)批准设立，并且其中外资的股本占公司注册资本的比例达25%以上的股份有限公司。凡其中外资股本占公司注册资本的比例小于25%的，属于内资中的股份有限公司。